Studienbücher zur Kommunikations- und Medienwissenschaft

Gründungsherausgeber

Günter Bentele, Universität Leipzig, Leipzig, Deutschland

Otfried Jarren, Universität Zürich, Zürich, Schweiz

Reihe herausgegeben von

Hans-Bernd Brosius, Universität München, München, Deutschland

Patrick Donges, Universität Leipzig, Leipzig, Deutschland

Maria Löblich, FU Berlin, Berlin, Deutschland

Jörg Matthes, Universität Wien, Wien, Österreich

Herausgeber und Verlag streben mit der Reihe „Studienbücher zur Kommunikations- und Medienwissenschaft" an, die Kommunikationswissenschaft sowie ihre relevanten Teil- und Forschungsgebiete darzustellen. In den Bänden werden die vielfältigen Perspektiven und Forschungsergebnisse der Kommunikationswissenschaft systematisch präsentiert, eingeordnet sowie kritisch reflektiert. Die Studienbücher wenden sich sowohl an Studierende des Fachs wie angrenzender Bereiche als auch an eine größere, thematisch interessierte Öffentlichkeit.

Herausgeber und Verlag wollen mit der Reihe zweierlei erreichen:

Zum ersten soll zur weiteren Entwicklung und Profilierung des Faches Kommunikationswissenschaft beigetragen werden. Kommunikationswissenschaft wird als sozialwissenschaftliche Disziplin verstanden, die sich – mit interdisziplinären Bezügen – vor allem mit Phänomenen der öffentlichen Kommunikation in der Gesellschaft befasst.

Zum zweiten soll den Studierenden und allen thematisch Interessierten ein solider, zuverlässiger, kompakter und aktueller Überblick über die Teilgebiete der Kommunikationswissenschaft geboten werden. Dies beinhaltet die Darstellung der zentralen Theorien, Ansätze, Methoden sowie der Kernbefunde der Forschung. Die Studienbücher konzentrieren sich also auf das notwendige Basiswissen und sollen sowohl dem studienbegleitenden Lernen an Universitäten, Fachhochschulen und einschlägigen Akademien wie auch dem Selbststudium dienlich sein. Auf die didaktische Aufbereitung des Stoffes wird deshalb großer Wert gelegt.

Mario Haim

Computational Communication Science

Eine Einführung

 Springer VS

Mario Haim
Institut für Kommunikationswissenschaft und Medienforschung,
Ludwig-Maximilians-Universität München,
München, Deutschland

ISSN 2524-3306   ISSN 2524-3314 (electronic)
Studienbücher zur Kommunikations- und Medienwissenschaft
ISBN 978-3-658-40170-2   ISBN 978-3-658-40171-9 (eBook)
https://doi.org/10.1007/978-3-658-40171-9

Die Deutsche Nationalbibliothek verzeichnet diese Publikation in der Deutschen Nationalbibliografie; detaillierte bibliografische Daten sind im Internet über http://dnb.d-nb.de abrufbar.

Lektorat/Planung: Barbara Emig-Roller
Springer VS ist ein Imprint der eingetragenen Gesellschaft Springer Fachmedien Wiesbaden GmbH und ist ein Teil von Springer Nature.
Die Anschrift der Gesellschaft ist: Abraham-Lincoln-Str. 46, 65189 Wiesbaden, Germany

Vorwort

Mit dem Medienwandel durchlebt die Kommunikations- und Medienwissenschaft auch einen methodischen Wandel. Dabei geht es weniger darum, etablierte Verfahren zu verändern. Vielmehr geht es darum, das bestehende methodische Repertoire um Perspektiven und Techniken zu ergänzen, die einen adäquaten Umgang mit größeren Datenmengen, persönlicheren Informationen, komplexeren Datenstrukturen und algorithmisch kuratierten Informationsflüssen überhaupt erst ermöglichen.

Computational Communication Science (kurz: CCS) dient dieser methodischen Veränderung als Sammelbegriff. Darunter werden ein Verständnis für den Umgang mit Daten sowie Grundkenntnisse einfacher Programmierung, aber auch informatische Verfahren zum Beziehen und Generieren von Daten, zur Verarbeitung von Netzwerken, Texten, Bildern oder multimodalen Daten sowie zum maschinellen Lernen und der sogenannten künstlichen Intelligenz verstanden.

Doch CCS beschreibt nicht nur ein methodisches Verständnis, sondern eben auch Teile des Medienwandels selbst. Die Beforschung von Plattformen wie Suchmaschinen und Nachrichtenaggregatoren fällt ebenso hierunter wie die Betrachtung der politischen Parteienkommunikation über soziale Medien. Diese Phänomene sind ebenso Teil des Medienwandels wie die veränderten methodischen Herausforderungen.

Vor dem Hintergrund dieser methodischen wie inhaltlichen Vielfalt richtet sich das vorliegende Lehrbuch in erster Linie an Studierende. Vorkenntnisse sind nicht nötig, denn das Buch soll Grundkenntnisse für die CCS vermitteln. Grundkenntnisse zu den zentralen Überlegungen und Herausforderungen sowie zu den darin verankerten Forschungsgegenständen, aber eben auch zu den zahlreichen einzelnen methodischen Verfahren. Es ist dabei nicht Ziel dieses Lehrbuchs, jedes Verfahren bis ins kleinste Detail vorzustellen – dafür sind die meisten der Verfahren zu umfangreich und in vielen Fällen auch zu schnelllebig. Stattdessen soll eine Wissensbasis geschaffen werden, die CCS ermöglicht und mit der es im Anschluss möglich ist, sich Verfahren auch in der Tiefe selbstständig und durch Übung anzueignen.

Dafür sollte die Lektüre idealerweise mit aktiver Übung begleitet werden. Denn gerade Methoden benötigen das „Einstudieren" durch eigene Anwendung. Dafür hält jeder Abschnitt eine Starthilfe bereit, die das Üben erleichtern soll: In den Online-Begleitmaterialien dieses Lehrbuchs stehen jeweils Übungen, Links und Skripten (in *Python* und *R*) zur Verfügung. Literaturhinweise zu jedem Abschnitt bieten ferner die Möglichkeit, sich tiefergehend zu informieren. Und ein Literaturverzeichnis am Ende des Buchs fasst die derzeitige CCS in ihrer methodischen wie inhaltlichen Breite in wesentlichen Zügen zusammen.

Insgesamt ist dieses Lehrbuch in 14 Abschnitte gegliedert, was sich in der Gesamtschau an der Konzeption einer einführenden Lehrveranstaltung über ein Semester orientiert. Das bedeutet auch, dass die Abschnitte ein wenig ineinander übergehen – wenngleich darauf geachtet wurde, dass jeder Abschnitt auch singulär betrachtet funktioniert. Dafür ist das Lehrbuch entsprechend anschaulich und erzählerisch aufgebaut. Stets von der Hoffnung genährt, Sie für Daten, Algorithmen und die CCS insgesamt zu begeistern – sowohl als Methode als auch als Forschungsgegenstand.

München, Deutschland   Mario Haim

Inhaltsverzeichnis

Abbildungsverzeichnis

Was ist Computational Communication Science?

Computational Communication Science ist Kommunikationswissenschaft. Mit all ihren Theorien und Methoden handelt es sich bei der Kommunikationswissenschaft um eine empirische Sozialwissenschaft, die sich mit gesellschaftlicher und (teil-)öffentlicher Kommunikation beschäftigt. Ihr Ziel ist es, Erfahrungen über soziale Realitäten systematisch zu sammeln, zu analysieren und zu verstehen. Zentrales Kriterium ist dabei die Systematik und ihre intersubjektive Nachvollziehbarkeit: Angewandte Methoden müssen so dokumentiert sein, dass es anderen möglich ist, die Verfahren nachzuvollziehen und zu wiederholen.

Doch die gesellschaftliche und (teil-)öffentliche Kommunikation hat sich stark gewandelt – und mit ihr die Kommunikationswissenschaft. Kaum ein Lebensbereich kommt heute ohne digitale Kommunikation aus. Noch nie sahen sich Menschen mit einer solchen Vielzahl und mit einer solchen Vielfalt an Medieninhalten konfrontiert wie heute. Medieninhalte, die um ein Vielfaches interaktiver und vernetzter sind als sie es bislang waren. Diese Vielfalt und Komplexität von Daten lässt sich mit dem methodischen Repertoire der Kommunikationswissenschaft kaum fassen. Hinzu kommt, dass die Nutzung digitaler Technologien wie Smartphones oder Suchmaschinen Spuren hinterlässt. Spuren, die als Daten von Unternehmen genutzt werden, um Medieninhalte zu filtern und Kommunikationskanäle zu personalisieren. Die Mechanismen solcher Filter, sogenannte Algorithmen, sind dabei jedoch oftmals so intransparent wie die dahinterstehenden Unternehmen einflussreich. Einblicke in Daten und Algorithmen, zum Beispiel für die unabhängige akademische Forschung, werden nur selten gewährt, und wenn, dann unter strengen Auflagen.

Entsprechend bedarf es überarbeiteter Methoden, die den Herausforderungen digitaler Kommunikation gewachsen sind. Zu diesen Herausforderungen zählen insbesondere (1) Datenmengen, die manuell nicht mehr bewältigbar sind, (2) komplexere und bisweilen für die Kommunikationswissenschaft neuartige Datentypen, digitale Spuren oder

M. Haim, *Computational Communication Science*, Studienbücher zur Kommunikations- und Medienwissenschaft, https://doi.org/10.1007/978-3-658-40171-9_1

Tracking-Daten beispielsweise, die nicht ohne Weiteres verfügbar sind und einen eigenen Umgang erforderlich machen, und (3) die immer häufiger auftretende Notwendigkeit, selbst algorithmische Lösungen zur Sammlung, Analyse und Interpretation von Daten zu entwickeln (vgl. van Atteveldt und Peng 2018).

> Computational Communication Science (CCS) beschreibt Kommunikationswissenschaft, die sich digital veränderten Forschungsgegenständen widmet, denen klassische Methoden nicht ausreichend gewachsen sind. Stattdessen kommen verstärkt informatisch geprägte Methoden zum Einsatz, um großen, komplexen und mitunter algorithmisch kuratierten Daten angemessen begegnen zu können.

Ein Beispiel soll das verdeutlichen: Bei der anstehenden Parlamentswahl ist Dominique zum ersten Mal wahlberechtigt und will von diesem Wahlrecht auch Gebrauch machen. Als Forschende der Kommunikationswissenschaft interessiert uns die Mediennutzung von Erstwählenden wie Dominique. Wir fragen uns, mit welchen Inhalten politischer Berichterstattung Erstwählende in Kontakt kommen.

Dieselbe Frage haben sich Forschende schon früher gestellt, als Dominiques Eltern Erstwählende waren. Damals führten die Forschenden eine Telefonbefragung durch und befragten Menschen nach ihren genutzten Medien und ihrer Wahlabsicht. Dominiques Eltern abonnieren bis heute eine überregionale Tageszeitung, aus der sie sich über das politische Tagesgeschehen informieren. Im Anschluss an die Befragung konnten Forschende einzelne Ausgaben der genannten Medien, im Fall von Dominiques Eltern also der überregionalen Tageszeitung, in Archiven einsehen und einer Inhaltsanalyse unterziehen. Dabei stellten sie unter anderem fest, dass Menschen, die beabsichtigen, konservative Parteien zu wählen, auch eher konservative Medieninhalte konsumieren. Und sie stellten fest, dass die zuhause vorgelebte Mediennutzung, zum Beispiel ein Abonnement einer überregionalen Tageszeitung, die eigene Mediennutzung stark beeinflusst.

Bei Dominique ist das anders. Zwar interessiert sich auch Dominique für Politik, doch Nachrichten und politische Berichterstattung konsumiert Dominique vorwiegend auf dem Smartphone. Das ist nicht nur praktischer, sondern auch vielfältiger. Denn am Smartphone nutzt Dominique eine App, die Nachrichten von vielen unterschiedlichen Quellen sammelt und nach individuellen Themeninteressen filtert. So bleibt Dominique über Klimawandel und Migrationspolitik auf dem Laufenden und erhält neben Beiträgen von überregionalen Tageszeitungen auch Beiträge öffentlich-rechtlicher und gelegentlich auch alternativer Medien angezeigt. Um Dominiques Mediennutzung zu erheben, könnten wir nun abermals Erstwählende danach fragen, welche Medien sie nutzen. Doch Studien zeigen, dass Menschen heute kaum imstande sind, die Vielzahl genutzter Medien in Befragungen akkurat wiederzugeben. Wir erfahren durch eine Befragung also höchstens, dass Dominique die beschriebene App nutzt. Das ist besser als nichts, aber es ist aus Forschungssicht nur bedingt befriedigend. Denn um uns anschließend jene Medieninhalte mithilfe einer Inhaltsanalyse genauer ansehen zu können, die Dominique tatsächlich konsumiert hat, müssten wir in das App-Archiv schauen. Zwar protokolliert die App, welche Nachrichten Dominique erhalten und gelesen hat. Doch in diese Daten und das App-Archiv erhalten Forschende keinen Einblick.

Stattdessen sind wir gefordert, unsere Methoden anzupassen. Drei mögliche Ansätze wollen wir hier kurz diskutieren: (1) Wir könnten als Forschende selbst die App nutzen, um herauszufinden, welche Medien *uns* dabei vorgeschlagen werden. Idealerweise simulieren wir verschiedene Themeninteressen, um das Filter-Verhalten der App besser zu verstehen. Kombiniert mit einer Befragung, in der wir Dominiques Themeninteressen erfassen, nähern wir uns so auf indirektem Weg der Forschungsfrage nach den Inhalten, mit denen Erstwählende in Kontakt kommen. (2) Deutlich direkter – wenn auch etwas aufwändiger – könnten wir die Inhalte politischer Berichterstattung auch erfassen, indem wir Dominique bitten, eine eigene Forschungssoftware auf dem Smartphone zu installieren. Diese Forschungssoftware könnte automatisch erfassen, welche Nachrichtenbeiträge Dominique konsumiert. Und sie könnte zudem die Befragung abwickeln und Dominique so nicht nur ein Telefonat ersparen, sondern direkt Befragungsdaten und Medieninhalte erheben und kombinieren. (3) Eine weitere Möglichkeit eröffnet uns die Datenschutzgrundverordnung, nach der Dominique das Recht hat, in der App gespeicherte personenbezogene Daten selbst einzusehen. Als Forschende könnten wir also Dominique und andere Erstwählende bitten, uns die so verfügbaren Daten für Forschungszwecke zur Verfügung zu stellen. Mit etwas Glück enthalten diese Daten Informationen darüber, wann welche Beiträge konsumiert wurden. Sofern wir Dominique und andere Erstwählende von dieser Methode überzeugen, kämen wir so an Nutzungsspuren, die wir dann noch um separat erhobene und inhaltsanalysierte Nachrichtenbeiträge ergänzen müssten.

Wie wir noch im Detail sehen werden, haben alle drei hier diskutierten Ansätze Vor- und Nachteile. Aus Sicht der klassischen Kommunikationswissenschaft sind alle drei Ansätze außerdem bis zu einem gewissen Grad neu und erfordern ein methodisches Umdenken:

- Wir haben es mit verändertem Verhalten zu tun, das wir nicht unbedingt über klassische Erhebungsmethoden erfassen können.
- Gerade in algorithmisch kuratierten Umgebungen spielen komplexe Rechenmodelle eine große Rolle. Solche Modelle erschweren uns Erhebungen und Analysen, denn sie bauen auf Grundprämissen auf, die im Gegensatz zur Kommunikationswissenschaft andere Fehlertoleranzen nutzen und verstärkt auf die Prognose künftigen Verhaltens ausgelegt sind.
- Mit der App-Betreiberfirma haben wir es mit einer Art von Akteur zu tun, der sich weniger als Medien- und vielmehr als Technologiekonzern versteht. Das hat mitunter Auswirkungen auf die Gesetzgebung, der sie unterworfen sind.
- Während Akteure wie die App-Betreiberfirma immer mehr Daten über Menschen und ihr digitales soziales Verhalten sammeln, fehlt uns Forschenden immer häufiger die Möglichkeit, an vergleichbare Nutzungsspuren zu kommen.

- Sollten wir dennoch an solche Daten kommen, stellen sich uns zentrale ethische Fragen nach Privatsphäre, Datenschutz und Datensicherheit.
- Uns fehlen zudem Archive, um schnelllebige Online-Medieninhalte auch später noch nachschlagen zu können.
- Wir sind bisweilen mit ungewohnten Datenformaten und sehr großen Datenmengen konfrontiert, die unsere klassische Auswertungsstrategie überfordern.
- Wir sind häufiger gefordert, eigene Forschungssoftware zu entwickeln.

An diesen und ähnlichen Veränderungen setzt die CCS und dieses Lehrbuch an. In den kommenden Kapiteln werden wir uns den beschriebenen Chancen und Herausforderungen aus methodischer Perspektive widmen, Daten und Algorithmen einschätzen und verstehen lernen, erste Forschungssoftware selbst entwickeln, mit unterschiedlichen Datentypen arbeiten, komplexe Rechenmodelle dechiffrieren und damit klassische kommunikations-wissenschaftliche Methoden ergänzen.

1.1   Daten, Datafizierung und Big Data

Zentrales Element in der CCS sind Daten. Daten stehen umgangssprachlich für Messungen oder Befunde, manchmal auch schlicht für irgendwie belastbare Zahlen. Rein grammatisch betrachtet ist Daten der Plural von Datum, steht also für Zeitangaben. Und in der Informatik werden Daten häufig technisch als zu verarbeitende Zeichen oder Symbole verstanden. Das Recht kennt darüber hinaus personenbezogene Daten und meint damit Informationen über Menschen und ihr Verhalten.

Es wird deutlich, dass eine einheitliche Definition von Daten nicht existiert. Was mit Daten gemeint ist, variiert vielmehr zwischen Kontexten und Fachgebieten. Die größte Gemeinsamkeit besteht darin, dass Daten *Träger einfacher Informationen* sind. Als solche manifestieren sie sich als Zahlen oder Texte, als Zeichenketten oder Tabellen, als Messung oder Modellierung. Abgesehen von diesem singulären Verständnis, lassen sich Daten zu Datensätzen kombinieren, woraus wiederum komplexere Informationen gewonnen werden können. Wir werden darauf in den nächsten beiden Kap. 2 und 3 ausführlicher eingehen. Wichtig ist hier zunächst, dass Daten ganz unterschiedliche Formen annehmen und je nach Kombination unterschiedliche Qualitäten haben können.

Hinzu kommt, dass Daten heute allerorten generiert werden. Jede Smartphone-Aktivierung, jeder Webseitenaufruf, jedes Scrollen generiert Nutzungsdaten. Aber auch vor und nach der Nutzung entstehen Daten. Vor der Nutzung beispielsweise über Attribute, die Inhalten (z. B. das Thema eines Nachrichtenbeitrags) oder Nutzenden (z. B. die Parteipräferenz einer Person auf Basis gefolgter Twitter-Accounts) zugeschrieben werden. Und nach der Nutzung, indem aus ähnlichen Nutzungsmustern Empfehlungen abgeleitet werden: Menschen, denen die Serie „Unorthodox" gefällt, gefällt auch „The Queen's Gambit". Auch das sogenannte Internet der Dinge (oder Internet of Things, kurz: IoT) ist mitverantwortlich dafür, dass immer mehr Daten verfügbar sind: Fitnessarmbänder zeichnen körperliche Aktivitäten auf, Smart-TVs protokollieren die Fernseh- und Spielkonsolennutzung, Sprachassistenzsysteme speichern ausschnittweise Aufnahmen, um aus diesen akustischen Daten emotionale Erregung zu erkennen.

Gesellschaftlich ist hierbei von einer *Datafizierung* die Rede. Dabei wird möglichst alles vermessen, was sich als Daten festhalten lässt, um daraus neue Informationen, Dienstleistungen oder Produkte extrahieren zu können. So lassen sich auf Basis gesammelter Daten Social-Media-Feeds personalisieren oder neue Serienproduktionen auf besonders erfolgreiche Narrative und Ensembles aufbauen. Dass allerorten Daten generiert werden, hat also einerseits wirtschaftliche Gründe, andererseits haben sich moderne Gesellschaften an passgenaue Informationen, Dienstleistungen und Produkte gewöhnt. Das Phänomen der Datafizierung basiert auf einer beidseitigen Abhängigkeit: Denn selbstverständlich könnten Unternehmen ihr Angebot an Bauchgefühl oder vereinzelter Marktforschung ausrichten. Datenbasierte Entscheidungen haben sich aber vielerorts als effizienter und effektiver herausgestellt. Gleichzeitig muss natürlich niemand Smart-TVs nutzen und die eigenen Nutzungsdaten zur Verfügung stellen – eine echte Alternative ist der De-facto-Verzicht auf moderne Unterhaltung aber auch nicht.

So entstehen immer mehr Daten und immer größere Datensätze. Hartnäckig hält sich dabei der Begriff *big data* als Umschreibung für das gesellschaftliche Phänomen, zunächst möglichst viele Daten anzuhäufen, um erst später Erkenntnisinteresse mit den Daten zu verknüpfen. Prominent auf den Punkt brachte dieses Verständnis der ehemalige NSA-Direktor Keith Alexander, der die von Edward Snowden ans Licht gebrachte globale Überwachungs- und Spionageaffäre unter anderem mit den Worten[1] verteidigte: „You need the haystack to find the needle."

Doch Datensätzen, die als metaphorische Heuhaufen herhalten sollen, haftet ein zentrales Dilemma an. Einerseits suggerieren sie empirische Belastbarkeit. Gerade wenn es sich um Tracking-Daten handelt, wir es also mit Dominiques erfasstem Klick- und Leseverhalten zu tun haben, unterstellt man solchen Daten mitunter mehr Wahrheitsgehalt, als wenn es sich um Befragungsdaten handelt. Große Datenmengen, so ein häufiger Irrglaube, seien objektiver. Dieser Irrglaube mag sich darin begründen, dass große Datenmengen eine differenziertere deskriptive Beschreibung erlauben, kleinere statistische Fehler aufweisen und (deshalb) häufiger statistisch signifikante Ergebnisse liefern. Doch statistische Signifikanz ist – gerade bei großen Datenmengen – kein guter Indikator für die Datenqualität. So zeigen Studien, dass bei der Online-Mediennutzung individuelle Tracking- und Befragungsdaten recht weit auseinanderliegen können und dass zum Beispiel gemessene Mausbewegungen nicht unbedingt dem entsprechen, was Menschen auf Bildschirmen wahrnehmen.

Andererseits sind gerade soziale Phänomene äußerst komplex. Große Datenmengen neigen dazu, einfache Zusammenhänge als statistisch signifikant aufzuzeigen, die in Wahrheit deutlich komplexer sind. Man nennt solche Begleiterscheinungen großer

---

[1]Zitiert nach Gellman und Soltani in der Washington Post vom 14. Oktober 2013 (https://wapo.st/1gFM2f9).

Datenmengen auch Rauschen. Dahinter steht eine gewisse Zufälligkeit, deren Auftreten mit der Größe von Datensätzen zunehmen kann. Ursache kann auch eine verzerrte Grundgesamtheit sein, etwa, wenn große Datensätze von Twitter als öffentlicher Diskurs analysiert werden, wenngleich in Deutschland nur rund ein Achtel der Bevölkerung[2] die Plattform überhaupt nutzt. Es würden dann eventuelle Zusammenhänge sichtbar, beispielsweise zwischen einer bestimmten Parteinähe und der Häufigkeit, mit der auf einen neuen Gesetzesentwurf hingewiesen wird, die sich so in der breiten Bevölkerung nicht finden lassen.

Ein weiteres Problem von *big data* ist der Besitz von und der Zugang zu diesen Daten. Denn wer über große Datenmengen verfügt, verfügt auch über Macht. Macht, die in dieser Form bis vor einigen Jahren kaum vorstellbar war, und die sich nur allmählich durch prominente Exempel wie etwa die Cambridge-Analytica-Affäre Bahn bricht. Mit großen Datenmengen gehen also auch große Verantwortung und damit ethische und rechtliche Fragen einher, denen wir uns im Laufe dieses Lehrbuchs immer wieder widmen werden. Auf die unterschiedlichen Arten, Daten zu beziehen, gehen wir in den Kap. 5 und 6 genauer ein.

Für die Nutzbarmachung großer Datensätze ist in Unternehmen in aller Regel die Rolle eines *Data Scientists* vorgesehen. Zentrale Aufgabe eines Data Scientists ist es, aus unterschiedlichsten Datensätzen, die im Unternehmen anfallen oder anderweitig zur Verfügung stehen, Mehrwert für neue oder bestehende Angebote zu generieren. So könnten aus vergangenem Nutzungsverhalten Empfehlungen für künftige Serienabende abgeleitet werden. Ähnlich wie Forschende der CCS stehen also auch sie immer wieder vor der Aufgabe, große Mengen an Daten nutzbar zu machen und mit ihnen Fragen zu beantworten, die soziale Realitäten betreffen. Und wenig überraschend gibt es auch in benachbarten Disziplinen ganz ähnliche Entwicklungen (Lazer et al. 2009, 2020) – in der Soziologie die sogenannte Computational Social Science und in der Politikwissenschaft die Computational Political Science. Allen diesen Feldern ist gemein, dass sie sich an der Schnittstelle zwischen Sozialwissenschaften und Informatik bewegen. Sie unterscheiden sich lediglich in ihren Theorien und im Fokus ihrer Methoden. So legt die Kommunikationswissenschaft einen traditionell starken Fokus auf inhaltsanalytische Verfahren, was sich insbesondere in den Kap. 8, 9 und 14 widerspiegelt.

1.2   Software, Algorithmen und Modelle

Das zweite zentrale Element in der CCS ist Software. Ähnlich wie Daten ist auch Software ein schwammiger Begriff. Ursprünglich beschreibt Software das Gegenstück zu Hardware, die wiederum die physischen Anteile eines Computers bezeichnet. Mit Computer sind natürlich nicht nur Notebooks und Desktop-Rechner gemeint, sondern – wie der

---

[2] Laut Digital News Report 2021 des Reuters-Instituts geben nur zwölf Prozent deutscher Internetnutzender an, in der vergangenen Woche Twitter verwendet zu haben (Newman et al. 2021).

englische Ursprungsbegriff „to compute" schon andeutet – jegliche Art von Rechengerät, das zur Verarbeitung von Software ausgelegt ist. Dazu zählen auch Smartphones, Server, Sprachassistenzsysteme oder moderne Autos. Software meint also Computerprogramme, die definierte Aufgaben lösen sollen.

Dafür ist Software in einer bestimmten Programmiersprache geschrieben. Dieser sogenannte Quellcode legt Schritt für Schritt fest, was der Computer tun soll. Unterschiedliche Programmiersprachen eignen sich dabei für unterschiedliche Aufgabenbereiche unterschiedlich gut. Für die CCS bildet Software einerseits einen Forschungsgegenstand, andererseits ein Werkzeug. So haben sich für die CCS wie auch für die Data Science und die moderne Statistik insbesondere die Programmiersprachen *R* und *Python* als brauchbar erwiesen. Sie sind beide frei verfügbar, sehr flexibel, auf schnelle Datenverarbeitung optimiert, laufen in allen gängigen Betriebssystemen und verfügen jeweils über eine sehr große Community. Im Kap. 4 werden wir uns ihrer genauer annehmen.

Die Aufgaben, denen sich eine Software widmet, könnten vielseitiger kaum sein. So kümmert sich ein Betriebssystem wie Microsofts Windows oder Apples iOS um die Kommunikation mit der Hardware, verwaltet die Speicher und organisiert andere installierte Software. Prominente Textverarbeitungssoftware wie Word oder Pages hilft uns, Dokumente zu organisieren, zu formatieren oder zu drucken. Etwas weniger sichtbar ist die Software eines Webservers, Apache oder nginx beispielsweise; sie hört auf eingehende Anfragen, verarbeitet sie und antwortet mit Code zur Darstellung einer Webseite. Dem gegenüber steht häufig Browser-Software wie Chrome, Firefox oder Safari, die mit Webservern kommuniziert, Anfragen stellt und den Code einer Webseite visuell darstellt.

Etwas spezifischer sehen die Aufgaben von Software in der CCS aus: Dazu zählt etwa das Sammeln zahlreicher journalistischer Berichte auf ausgewählten Webseiten. Oder das automatisierte Simulieren von Themeninteressen in Dominiques Nachrichten-App. Und auch die Datenanalyse übernimmt Software. Mehr noch: Software hat diese Arten der Datenerhebung und Datenauswertung erst möglich gemacht. Denn der Computer ist, insbesondere wenn es um die Verarbeitung von Zahlen und Daten geht, in vielen Fällen deutlich schneller als Menschen. Das liegt an der mechanischen Grundanlage von Computern. Vereinfacht gesagt sind elektronische Signale pfeilschnell und neigen nicht zu Prokrastination.

Wie schnell Software eine bestimmte Aufgabe bewältigen kann, hängt von drei Parametern ab. Erstens von der Aufgabe selbst und, damit einhergehend, von den zu verarbeitenden Daten – viertausend Themeninteressen zu simulieren, dauert eben länger als nur vier Themeninteressen zu simulieren. Zweitens kann eine Software immer nur so schnell sein, wie es die zugehörige Hardware erlaubt. Ein Computer mit mehreren Prozessorkernen oder gar mehreren Prozessoren kann Abläufe parallelisieren und schafft so möglicherweise doppelt (bei zwei Kernen) oder viermal (bei zwei Prozessoren mit je zwei Kernen) so viele Rechenoperationen wie ein einfacher Prozessor in derselben Zeit. Den dritten Parameter, der zugleich am stärksten von uns beeinflusst werden kann, bilden schließlich die einzelnen Ablaufbeschreibungen. Solche Ablaufbeschreibungen werden *Algorithmen* genannt. Algorithmen müssen zunächst nicht programmiert sein, sondern

können vorerst auch als Ablaufdiagramm skizziert oder als eine Art Kochrezept ausformuliert werden. Übersetzen wir sie indes in eine Programmiersprache, so nennt sich
dieser Prozess Implementierung und beeinflusst durch die benötigten Rechenschritte und
den benötigten Arbeitsspeicher ganz maßgeblich, wie schnell eine Software eine bestimmte Aufgabe bewältigen kann.

> ▶   Ein Algorithmus gibt Schritt für Schritt vor, wie eine definierte Aufgabe zu lösen
>   ist. Er ist sprachunabhängig und kann sowohl frei formuliert als auch in einer
>   bestimmten Programmiersprache implementiert sein.

Wie wir mit Algorithmen und ihrer Implementierung die Schnelligkeit von Software
beeinflussen, schauen wir uns an einem Beispiel an: Für ein Streaming-Angebot entwickeln wir zwei unterschiedliche Empfehlungsalgorithmen. Für den ersten Empfehlungsalgorithmus legen wir fest, dass dieser jede Serie in Einzelbilder aufteilt, diese Einzelbilder auf ihre Farbtöne hin untersucht, die Farbschemata bereits gesehener und noch nicht
gesehener Serien miteinander vergleicht und anschließend farblich ähnlich gestaltete (aber
noch nicht gesehene) Serien empfiehlt. Die Serie „Unorthodox" zum Beispiel besteht aus
zahlreichen Abstufungen von Blau und Gelb, während „The Queen's Gambit" auf viele
braune und graue Töne setzt. Die zugrunde liegende Logik besteht darin, dass mit farb-
licher Ähnlichkeit auch eine Ähnlichkeit der Emotionalität und damit eigener Vorlieben
einhergeht. Den zweiten Empfehlungsalgorithmus bauen wir auf einer ganz anderen Logik
auf: Dieses Mal sucht der Algorithmus nach Serien, die Menschen unmittelbar im Anschluss an eine andere Serie gesehen haben. Sind sie bei dieser Anschlussserie geblieben,
haben sich also mehrere Episoden davon angeschaut, geht der Algorithmus davon aus,
dass die zuerst gesehene Ausgangsserie und die Anschlussserie etwas gemein haben. Dieser zweite Empfehlungsalgorithmus benötigt also bereits gesehene Serien, für die er dann
passende Anschlussserien empfehlen kann.
Ob die Empfehlungsalgorithmen gut funktionieren, hängt nun von zwei Aspekten ab.
Erstens müssen wir klären, wann eine Empfehlung als „richtig" gilt. Aus Sicht eines
Streaming-Angebots, das mit Werbung sein Geld verdient, ist eine Empfehlung möglicherweise dann „richtig", wenn sie verhindert, dass Nutzende abschalten. Um das evaluieren zu können, müssen wir messen, wann abgeschaltet wird. Erst dann können wir beurteilen, welcher Empfehlungsalgorithmus die Aufgabe *effektiv* bewältigt hat. Hier zeigt
sich in unserem fiktiven Beispiel, dass der Anschlussserialgorithmus gute Arbeit leistet,
während der Farbschemaalgorithmus nach düsteren Serien immer weitere düstere Serien
vorschlägt, was sich für die Nutzenden mit der Zeit als öde herausstellt. Zweitens gilt es
zu klären, wie *effizient* die Algorithmen arbeiten. Auch hier zeigt sich die Stärke des Anschlussserialgorithmus, der lediglich mit Tracking-Daten arbeitet, die ohnehin erhoben
werden müssen, um für Werbende feststellen zu können, wer welche Werbung gesehen
hat. Er verrechnet also lediglich bestehende Zahlen miteinander. Der Farbschemaalgorithmus hingegen muss zunächst Serien in Einzelbilder zerlegen, dann diese Bilder einzeln
analysieren und schließlich Cluster bilden. Das schafft ein Computer zwar deutlich

schneller als ein Mensch, aber es sind dennoch verschwendete Ressourcen, denn der Algorithmus kommt trotz verarbeiteter Bilder nicht zu einem besseren („richtigeren") Ergebnis. Mit Blick auf die gestellte Aufgabe arbeitet der Farbschemaalgorithmus also weder sonderlich zielführend (effektiv) noch besonders wirtschaftlich (effizient).

Die beiden Algorithmen unterscheiden sich aber nicht nur in ihrer Effektivität und ihrer Effizienz, sondern noch etwas grundsätzlicher: Denn während wir uns den Farbschemaalgorithmus frei ausgedacht haben, haben wir den Anschlussserienalgorithmus auf bestehendes Wissen aufgebaut. Indem wir den Computer mit Datenpaaren aus Ausgangs- und Anschlussserien gefüttert haben, konnte dieser selbständig Muster für gute Empfehlungen erkennen. Man spricht dabei vom Prozess des maschinellen Lernens. Da wir dem Computer zusätzlich valide Informationen darüber gegeben haben, ob Nutzende bei der Anschlussserie geblieben sind, konnte der Computer seinen Lernfortschritt auch noch überwachen. Wir widmen uns dieser und auch einer alternativen Art des maschinellen Lernens in den beiden späteren Kap. 10 und 11. Im Anschluss daran wenden wir uns auch der Verarbeitung scheinbar komplexerer Daten zu, wie sie bereits im Beispiel angeklungen sind: Kap. 12, 13 und 14.

Übrigens: Wenn Sie schon mit Statistik in Berührung gekommen sind, dann hatten Sie mit ziemlicher Sicherheit bereits Kontakt mit Verfahren des maschinellen Lernens – wenngleich vielleicht nicht unter diesem Namen. Denn Regressions-, Varianz- oder Clusteranalysen machen letztlich nichts anders: Sie lernen aus vorhandenen Daten, wie sich Datenpunkte mit einer bestimmten Wahrscheinlichkeit verhalten werden. Man spricht dabei auch von *Modellen*, die mithilfe statistischer Werkzeuge aus Daten abgeleitet („gelernt") werden. Solche Modelle sind unterschiedlich präzise, je nach Verfahren und Qualität der verwendeten Daten. Würden wir beispielsweise unseren Anschlussserienalgorithmus nur mit Nutzungsdaten von Studierenden trainieren, dann wären die Empfehlungen für Kinder oder ältere Menschen nur bedingt brauchbar. Auch darauf werden wir noch zurückkommen, ebenfalls im Kap. 10. Abschließend lassen sich gelernte Modelle, genau wie Regressionsgleichungen, für bislang unbekannte Daten weiter nutzen. Unseren Anschlussserienalgorithmus, den wir mit erhobenen Daten trainiert haben, können wir also anschließend fest im Streaming-Angebot einbauen, um so auch Empfehlungen für künftige Nutzende zu generieren.

1.3   CCS im empirischen Forschungsprozess

Computational Communication Science (oder kurz: CCS) ist Kommunikationswissenschaft – so weit waren wir ja schon. Als solche folgt der Ablauf akademischer Projekte – wie unser Vergleich von Empfehlungsalgorithmen oder die Untersuchung der Mediennutzung von Erstwählenden wie Dominique – einem klar strukturierten Wissenschaftsprozess. Dieser findet sich in ähnlicher Form in zahlreichen methodischen Lehrbüchern – wir stützen uns hier auf eine Version von Brosius, Haas und Unkel (2022; Abb. 1.1 links). Allen Versionen ist aber gemein, dass Methoden darin eine Teilrolle spielen. Der Forschungsprozess in seiner

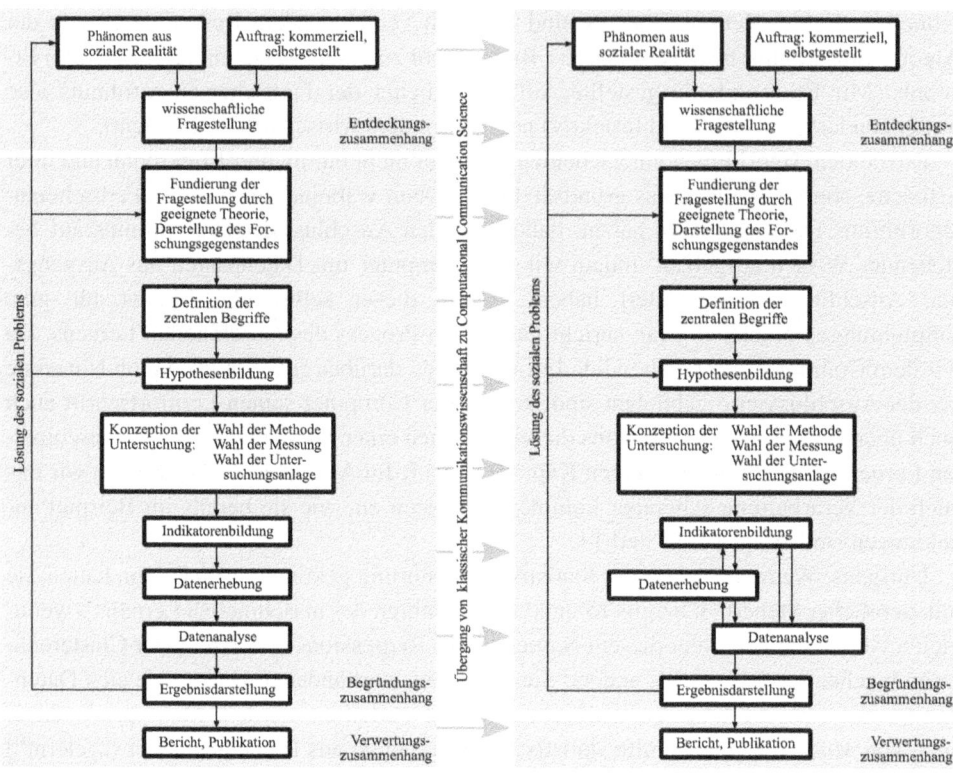

Abb. 1.1 Der klassische (links; nach Brosius et al. 2022) und der CCS-Forschungsprozess (rechts; eigene Darstellung)

Gänze erstreckt sich vielmehr über drei Phasen – von der Entdeckung eines Phänomens, einer entsprechenden wissenschaftlichen Fragestellung oder in unserem Beispiel dem Auftrag eines Streaming-Angebots (Entdeckungszusammenhang) bis zum finalen Bericht, einer Publikation oder dem Einbau des Empfehlungsalgorithmus (Verwertungszusammenhang).

Dazwischen liegt die große Phase des Begründungszusammenhangs. In ihr werden zunächst einschlägige Theorien und Begriffe geklärt sowie Hypothesen gebildet. Anschließend kann die Untersuchung im Hinblick auf ihre Methode finalisiert werden. Erst hier zeichnet sich die CCS aus und unterscheidet sich von der klassischen – und hier insbesondere der quantitativ-empirischen – Kommunikationswissenschaft. Denn während die drei Schritte der Indikatorenbildung, der Datenerhebung und der Datenanalyse klassischerweise linear ablaufen und aufeinander aufbauen, bevor es zuletzt in die Ergebnisdarstellung und die weitere Verwertung geht, läuft dieser Dreischritt in der CCS bidirektional und iterativ ab. Die drei Schritte beeinflussen sich also stärker als in der klassischen Kommunikationswissenschaft gegenseitig und wiederholen sich (Abb. 1.1 rechts).

Im Rahmen der Indikatorenbildung werden jene Größen bestimmt, die den Forschungsgegenstand eingrenzen und als Messgrößen herhalten sollen. Hier legen wir also beispielsweise fest, ab wann wir für unseren Anschlussserienalgorithmus davon ausgehen, dass der Anschlussempfehlung gefolgt wurde: Sobald die Anschlussserie gestartet wird? Wenn eine Episode gestreamt wurde? Oder erst, wenn die gesamte Serie zur Gänze geschaut wurde? Diese Entscheidung ist zunächst eine, die sich aus der Theorie, bisheriger Forschung, zentralen Begriffsdefinitionen oder den formulierten Hypothesen speist. Erst in weiterer Folge kann es in der CCS notwendig sein, die Indikatorenbildung zu verändern – wir kommen gleich darauf zurück.

Es ist durchaus denkbar, dass die Datenerhebung und die zugehörige Datenanalyse anschließend wie bei der klassischen Kommunikationswissenschaft nacheinander erfolgen und es schließlich in die Ergebnisdarstellung geht. Doch allzu oft greifen wir in der CCS auf Daten zurück, die in dieser Form für die Kommunikationswissenschaft neu und deshalb schwierig zu verarbeiten sind oder gar erst generiert werden müssen. Wir behelfen uns dann mit Techniken der Datenanalyse, um überhaupt erst die Daten greifbar zu machen. Nicht selten überarbeiten wir im Anschluss daran die Indikatorenbildung nochmals, bevor wir im klassischen Forschungsprozess weiterkommen.

Was hier sehr abstrakt klingt, soll mit einem Beispiel verdeutlicht werden: Twitter spielt in Deutschland für den Journalismus eine größere Rolle als für die breite Bevölkerung. Für politische Parteien kann es deshalb gerade im Wahlkampf sinnvoll sein, die Verbreitung eigener Themen bei Twitter zu forcieren, um dem Journalismus Anhaltspunkte zur Berichterstattung zu liefern. Wir wollen daher untersuchen, welche Themen im Bundestagswahlkampf von welchen parteinahen Twitter-Accounts besonders forciert wurden. Dafür benötigen wir Tweets im Rahmen des Wahlkampfs, um darin Themen identifizieren zu können. Außerdem benötigen wir Informationen darüber, welcher Partei ein Twitter-Account nahesteht, um die Themenforcierung den Parteien zuschreiben zu können.

Tweets verorten wir im Rahmen des Bundestagswahlkampfs mithilfe des Hashtags *#btw* (Indikatorenbildung). Die Tweets selbst, in unserem Beispiel immerhin mehrere Hunderttausend, erhalten wir von Twitter als große Sammlung von Textdaten (Datenerhebung). Für die Identifikation von Themen greifen wir auf das Verfahren des Topic Modeling zurück, das wir im Kap. 11 kennenlernen werden (Datenanalyse, Teil 1). Nun fehlt uns für die Auswertung noch die Parteinähe der einzelnen Twitter-Accounts, um festzustellen, welche Themen von welchen Parteien forciert werden.

Dafür behelfen wir uns mit einem Verfahren, das der Computational Political Scientist Pablo Barberá in einer Studie mit vier Kollegen (2015) präsentierte: Sie schrieben Twitter-Accounts Parteinähe auf Grundlage anderer gefolgter Twitter-Accounts zu. Übertragen auf unser Forschungsvorhaben sammeln wir also zunächst alle Twitter-Handles (so nennen sich die Namen der Accounts), die Tweets in unserer Tweet-Sammlung verfasst haben. Hat das fiktive Handle *@wahlberechtigt* also zum Thema getwittert, landet das Handle in dieser Liste. Der Einfachheit halber nennen wir diese Liste Author-Handles. Da nicht jeder Tweet von einem anderen Account stammt, ist diese Liste zwar nur noch mehrere zehntausend Einträge lang, doch das ist immer noch zu viel für eine manuelle Analyse. Deshalb sammeln wir anschließend alle einflussreichen Twitter-Accounts, denen die

Author-Handles folgen. Als einflussreich bezeichnen wir Twitter-Accounts, denen mehr als eintausend andere Accounts folgen. Folgt *@wahlberechtigt* beispielsweise *@abaerbock* und *@luisamneubauer*, denen beiden jeweils weit mehr als eintausend Accounts folgen, so landen diese beiden Handles auf einer weiteren Liste, die wir Follow-Handles nennen. Interessant dabei ist, dass diese Follow-Handles-Liste nur noch rund fünfhundert Einträge enthält. Einer Vielzahl wenig erfolgreicher Accounts stehen also sehr wenige sehr erfolgreiche Accounts bei Twitter gegenüber – ein Muster, das wir bei Online-Plattformen immer wieder sehen werden. Das Verfahren, das Barberá und Kollegen präsentieren, sieht nun vor, dass wir den Einträgen auf der Follow-Handles-Liste manuell eine Parteinähe zuschreiben, sofern es denn eine gibt. Da es sich dabei nur noch um rund fünfhundert Einträge handelt, verorten wir also *@abaerbock* bei den Grünen und sehen bei *@luisamneubauer* von einer Verortung ab, da sie selbst keine Partei ergreift. Aus diesen codierten Follow-Handles können wir nun Parteinähen der Author-Handles berechnen: Da *@wahlberechtigt* einem den Grünen zugeordneten und einem keiner Partei zugeordneten Account folgt, berechnen wir lediglich eine Grünen-Parteinähe von ½ oder 0,5; zu den restlichen Parteien besteht in diesem Beispiel keine Nähe.

Mit diesem Wissen kehren wir zu unserer eigentlichen Untersuchung zurück. Wir können nun die Auswertung der Themen mit der Parteinähe der Accounts verknüpfen und beispielsweise den Zusammenhang zwischen Tweets zum Klimawandel und den Grünen erörtern (Datenanalyse, Teil 2). Um hierher zu gelangen, war es allerdings notwendig, einflussreiche Twitter-Accounts zu identifizieren (Indikatorenbildung!), Author- und Follow-Handles zu sammeln (Datenerhebung!), eine manuelle Codierung der Follow-Handles vorzunehmen (Datenanalyse!) um daraus wiederum Parteinähen der Author-Handles zu berechnen (Noch mehr Datenanalyse!), die letzten Endes als Ausgangsgrößen parteinaher Accounts fungieren (Nochmals Indikatorenbildung!). Der klassische empirische Forschungsprozess verschwimmt an dieser Stelle des methodischen und analytischen Begründungszusammenhangs in der CCS also und ist alles andere als linear.

1.3.1 Befragung, Beobachtung, Inhaltsanalyse oder Experiment?

Erschwerend kommt hinzu, dass in der CCS auf den ersten Blick auch Methoden untereinander verschwimmen. In der empirischen Kommunikationswissenschaft unterscheidet man traditionell zwischen Methoden der Untersuchungsanlage, die experimentell oder nicht-experimentell sein können, und Methoden der Datenerhebung, zu denen klassischerweise die Befragung, die Beobachtung und die Inhaltsanalyse gehören.

Die Untersuchungsanlage kann auch in der CCS experimentell und nicht-experimentell sein. Allerdings gelten die aus der Experimentalforschung bekannten Grundannahmen nicht zwangsläufig. So geht man in der Experimentalforschung in der Regel davon aus, dass in kontrollierten Umgebungen einzelne Merkmale einer Normalverteilung folgen; die Datenanalyse ist dann statistisch an dieser Verteilung ausgerichtet. Die CCS arbeitet hingegen häufig mit Daten, die diese Voraussetzung verletzen. Gerade Daten von Online-

Plattformen folgen oftmals eher einer Pareto- oder Long-Tail-Verteilung, bei der ein Großteil der Analyseeinheiten auf einen sehr kleinen Teil der Merkmalsausprägungen entfällt,
während der Großteil der Merkmalsausprägungen nur sehr wenige oder gar keine Analyseeinheiten auf sich vereint. In solchen Fällen ist dennoch von Experimentalforschung
die Rede; es müssen aber in der Datenanalyse Rücksicht auf diese verletzten Voraussetzungen genommen und eventuell andere Auswertungsverfahren eingesetzt werden. Wir
werden im Kap. 5 vertieft auf Verteilungen und zudem an entsprechenden Stellen im Lehrbuch auf alternative Auswertungsverfahren eingehen.

Bei der Datenerhebung ist die Abgrenzung noch etwas schwieriger. Denn womit haben
wir es im vorhin beschriebenen Beispiel eigentlich zu tun: Beobachten wir Twitter-
Accounts oder handelt es sich es sich um eine Inhaltsanalyse von Tweets? Beides ist denkbar und beides ist – gerade in der CCS – auch kombinierbar. Um sich für das eine oder das
andere zu entscheiden, müssen wir uns anschauen, was damit einhergeht. So geht die
Inhaltsanalyse von post-hoc gesammelten und damit in der Regel nicht mehr veränder-
baren Daten aus, wohingegen die Beobachtung in Echtzeit erfolgt und Forschende auch
Teil des Geschehens sein können. Je nachdem, wie wir unsere Daten also erheben, können
Benennung und notwendige Beschreibung der Datenerhebung variieren.

1.3.2   Qualitativ oder quantitativ?

Empirische Kommunikationswissenschaft unterscheidet sich häufig in qualitative und
quantitative Methoden. Dabei beschreiben qualitative Methoden Phänomene in ihrer
Tiefe, während quantitative Verfahren nach systematischen Belegen auf breiter Datenbasis
suchen. Ob qualitative oder quantitative Verfahren geeigneter sind, hängt vom wissenschaftlichen Erkenntnisinteresse und der jeweiligen Fragestellung ab. Brosius, Haas und
Unkel (2022) verweisen darauf, dass gerade bei bislang wenig erforschten Gegenstands-
bereichen häufiger qualitative Verfahren zum Einsatz kommen. Ein Beispiel dafür sind
qualitative Leitfadeninterviews, mit denen sich Phänomene explorativ erkunden und beschreiben lassen, indem Gespräche mit wenigen, aber zentralen Personen geführt werden.

Ein häufiges Wesensmerkmal quantitativer Methoden ist demnach eine große Anzahl
untersuchter Analyseeinheiten – eine Eigenschaft, die auch in der CCS regelmäßig zu finden ist. Das liegt sicherlich auch an der Interdisziplinarität von CCS, die sich aus der Informatik wie auch den unterschiedlichen Methodendepartments der Sozialwissenschaften
speist. Gemeinsamer Nenner sind hierbei häufig quantitative Methoden.

Doch CCS ist nicht automatisch quantitative Forschung. Gerade neue Gegenstands-
bereiche profitieren von der Kombination qualitativer und quantitativer Methoden. Zum
einen erlaubt diese Flexibilität auch auf forschungsökonomische Aspekte, also verfügbare
Ressourcen wie Zeit und Geld, Rücksicht zu nehmen. Zum anderen ermöglicht sie das
volle Spektrum akademischer Erkenntnis, also sowohl einen Überblick über das zu
erwerbende Wissen wie auch die Möglichkeit, gesammelte Erfahrungen systematisch und
empirisch zu prüfen und damit neues Wissen zu schaffen.

1.3.3 Deskriptiv oder explanativ?

Die empirische Forschung ist stets bemüht, Phänomene einerseits zu beschreiben und andererseits zu erklären. Dass Twitter in Deutschland nur von einem Achtel der Bevölkerung genutzt wird, ist das Ergebnis deskriptiver Forschung (Newman et al. 2021). Dass bei Twitter politische Informationen eher weiter geteilt werden, wenn sie von Accounts mit ähnlicher Parteinähe stammen, ist das Ergebnis explanativer Forschung (Barberá et al. 2015).

Insbesondere Teile der psychologisch geprägten Kommunikationswissenschaft haben einen Hang zur explanativen Forschung. Das drückt sich etwa in Anforderungen aus, die einige Fachzeitschriften an eingereichte Beiträge stellen: Diese sollen eindeutig falsifizierbare Hypothesen enthalten – eine Forderung, der deskriptive Forschung kaum nachkommen kann. Denn anstatt der geforderten Wenn-Dann-Beziehungen, fragt deskriptive Forschung vielmehr nach Anteilen oder Mittelwerten.

Für die CCS sind solche Anforderungen aus zwei weiteren Gründen schwierig. Der erste Grund ist das Erkenntnisinteresse: Wir haben es in der CCS immer wieder mit Online-Plattformen zu tun, die zwar kaum über Nutzungsdaten berichten, aber Nutzungsspuren zur Verfügung stellen. Es besteht also ein wissenschaftliches Interesse daran, zunächst die Nutzung von Online-Plattformen deskriptiv aufzuarbeiten. Der zweite Grund ist statistischer Natur: In großen Datenmengen, und damit haben wir es in der CCS regelmäßig zu tun, sinkt der Standardfehler, was es im Gegenzug wahrscheinlicher macht, dass statistische Überprüfungen signifikant werden. Man könnte auch sagen: Je mehr Daten, desto eher sind auch kleinste Zusammenhänge statistisch signifikant. Das klingt positiv, zumal signifikante Zusammenhänge (leider) bisweilen einfacher zu veröffentlichen sind,[3] doch diese Signifikanz beruht eben nicht auf beobachteter Realität, sondern auf statistischem Rauschen.

Mittlerweile gibt es einige Gegenbewegungen zu diesem Trend. Eine davon sieht die Abkehr von der Forderung nach ausschließlich explanativer Forschung vor. Gerade Fachzeitschriften, die sich generell mit Methodenforschung oder spezifisch mit CCS beschäftigen, veröffentlichen regelmäßig auch deskriptive Befunde.[4] Noch einen Schritt weiter gehen Fachzeitschriften, die ausschließlich deskriptive Befunde veröffentlichen.[5]

Dabei ist weder das eine noch das andere Extrem allein zielführend. Empirische Forschung und nicht zuletzt CCS will und soll Phänomene sowohl beschreiben als auch erklären. Ähnlich wie die Diskussion um qualitative und quantitative Methoden sind Präfe-

---

[3] Diesen Effekt, wonach Studien eher veröffentlicht werden, wenn postulierte Hypothesen nicht widerlegt werden, nennt man auch *publication bias*. Er stellt ein großes Problem dar, denn er führt dazu, dass in der Gesamtschau veröffentlichter Studien systematisch Teile fehlen.

[4] Zu den wichtigsten Fachzeitschriften dieser Art gehören *Computational Communication Research* und *Communication Methods and Measures*.

[5] Für die Kommunikationswissenschaft ist hier insbesondere das *Journal of Quantitative Description: Digital Media* zu nennen.

renzen für die eine oder die andere Seite wohl auch darin begründet, in welcher Ecke des Fachs Forschende sozialisiert wurden. Vielversprechender als sich dezidiert zu positionieren, ist es deshalb, Methoden und Prämissen am wissenschaftlichen Erkenntnisinteresse und der jeweiligen Fragestellung auszurichten.

1.3.4 Deterministisch oder probabilistisch?

Damit einher geht immer häufiger auch die Diskussion um deterministische und probabilistische Daten. Gerade bei informatischen Themen dreht sich diese Diskussion um die Vor- und Nachteile von einerseits gemessenen und bestimmbaren (deterministischen) Daten und andererseits vorhergesagten und wahrscheinlichen (probabilistischen) Daten.

Besonders intensiv wird diese Diskussion mit Blick auf den Schutz von Privatsphäre bei Tracking-Daten geführt. Denn diese Daten sind als Ergebnis gemessener Nutzung deterministisch. Davon profitiert die Werbeindustrie, die daraus Interessensprofile ableitet – zum Beispiel, ob wir eher Fan von Bayern München oder Union Berlin (und damit vielleicht eher reaktionär oder liberal) sind, ob wir uns ein iPhone leisten können (und wollen) oder ob wir gerade auf der Suche nach Babywindeln (und damit bald auch nach Kinderschuhen) sind. Doch die Werbeindustrie ist nicht unbedingt an den Details von Einzelpersonen interessiert, sondern nur daran, passende Werbung im passenden Moment passenden Personen anzuzeigen. Um unsere Privatsphäre zu schützen, kann es also durchaus legitim sein, deterministische Tracking-Daten in probabilistische Werbeindikatoren zu überführen. Anstatt Informationen über eine einzelne Person würde die Werbeindustrie also lediglich Wahrscheinlichkeiten über bestimmte Kategorien erhalten – und unsere persönlichen Daten würden in einer Masse aus Wahrscheinlichkeiten verschwinden.

Die klassische Kommunikationswissenschaft arbeitet in erster Linie mit deterministischen Daten. Forschende befragen Menschen, vermessen Beiträge oder beobachten Handlungen. Erst in einem zweiten Schritt wird aus kommunikationswissenschaftlicher Forschung häufig probabilistische Forschung; nämlich dann, wenn unsere Datenanalyse auf statistische Verfahren zur Hypothesenprüfung setzt.

Doch wie wir bereits im veränderten Forschungsprozess gesehen haben, spielt die Datenanalyse in der CCS teilweise mehrfach eine Rolle. Daten, die im Rahmen einer Datenanalyse entstehen, fungieren in der CCS bisweilen auch als erhobene Daten, mit denen weitergearbeitet wird. So kann es im besprochenen Twitter-Beispiel durchaus sein, dass der von uns untersuchte Account @*wahlberechtigt* nicht so sehr den Grünen nahesteht, wie es unsere Codierung suggeriert. Man kann nun argumentieren, dass das nicht so schlimm wäre, weil wir aus früherer Forschung wissen, dass es dennoch genau diese Art von Verbindungen sind, die zu größerer Verbreitung von Tweets führen – und die Verbreitung von Tweets war ja unser Ausgangsinteresse. Es ist aber unbestritten, dass wir letzten Endes bei der Parteinähe der Twitter-Accounts mit Daten arbeiten, die die Realität nur mit einer gewissen Wahrscheinlichkeit abbilden. Ganz ähnlich verhält es sich übrigens mit dem Topic Modeling, auf das wir für die Identifikation von Themen zurückgegriffen haben.

Solche Wahrscheinlichkeiten im empirischen Forschungsprozess gilt es zu prüfen. Man spricht dabei von der Validierung einzelner und insbesondere probabilistischer Methoden und Verfahren. Im vorliegenden Beispiel stützen wir uns bereits auf bestehende Forschung, die dasselbe Verfahren verwendet. Zusätzlich könnten wir manuell für eine Stichprobe der Author-Handles Recherchen zu deren Parteinähe durchführen und deterministisch auswerten, bevor wir diese Auswertung mit der probabilistischen Einschätzung abgleichen. Da wir die Tweets mitsamt ihren Accounts selbst gesammelt haben, ist es also lediglich ein bisschen mehr Aufwand, den wir investieren müssen, um die Funktionstüchtigkeit unserer Methoden, Verfahren und Daten sicherzustellen.

1.3.5 Offen oder proprietär?

Doch nicht immer haben wir die Möglichkeit, in den „Maschinenraum" der Methoden, Verfahren und Daten zu schauen. Stattdessen sind wir in der CCS immer wieder auf Dienstleistende angewiesen, die uns Daten oder Modelle zur Verfügung stellen. Ein typisches Beispiel dafür sind computergestützte Bildanalyseverfahren, bei denen gelernte Modelle beispielsweise erkennen sollen, ob Menschen oder Tiere abgebildet sind. Solche Modelle sind sehr aufwändig und komplex in der Herstellung und Wartung, sodass sich einige Unternehmen auf diesem Gebiet spezialisiert haben. Zu diesen Unternehmen zählen beispielsweise die US-Firmen Amazon, Apple, Facebook, Google und Microsoft, aber auch die chinesischen Firmen Alibaba, Baidu, Tencent und Xiaomi.

Typischerweise erhalten wir von diesen Unternehmen jedoch keine Modelle, die wir einsehen und validieren könnten. Stattdessen sind die Modelle proprietär, die Firmen bestehen auf ihre Betriebsgeheimnisse. Um die Dienste nutzen zu können, stellen Forschende die zu analysierenden Bilder den Unternehmen zur Verfügung und erhalten im Gegenzug einen (probabilistischen) Datensatz mit Wahrscheinlichkeiten, ob das Modell auf einem Bild nun Menschen oder Tiere vermutet. Die Kosten für Forschende halten sich dabei meist in Grenzen, denn für die Unternehmen sind die gewonnenen Trainingsdaten deutlich wertvoller.

Der Vorteil solcher proprietären Systeme für uns als Forschende ist sicherlich, dass wir auf Technologien zurückgreifen können, die wir selbst nicht oder nicht in dieser Qualität und Geschwindigkeit entwerfen könnten. Das liegt auch daran, dass diese Unternehmen mitunter mit besseren Arbeitsbedingungen talentierte Forschende aus den Universitäten abwerben.

Der Nachteil klang bereits an: Wir sind auf die Herstellerangaben angewiesen, um uns über die Funktionsweise der Dienste ein Bild zu machen. Zwar werben die Unternehmen allesamt mit hohen Werten der Validität und Reliabilität, doch die Verifizierung dieser Angaben ist kaum möglich. Was uns also bleibt, ist eine eigene Validierung so erhaltener Daten und Modelle vorzunehmen.

1.3.6   Ethisch oder unethisch?

Darin verwoben ist auch eine ethische Frage: Sollte die unabhängige Wissenschaft überhaupt mit privatwirtschaftlichen oder staatsnahen Unternehmen kooperieren? Fraglos gibt es Forschende, die solche proprietären Dienstleistungen kategorisch ablehnen. Andere sehen sie als Chance, Technologien in der Forschung validieren und nutzen zu können, die ihnen sonst nicht zur Verfügung stünden.

Die CCS sieht sich mit zahlreichen weiteren ethischen Fragen konfrontiert. Das ergibt sich vor allen Dingen aus den veränderten Daten und Methoden, mit denen die CCS arbeitet. Es ist aber nicht so, dass CCS automatisch unethischer ist als die klassische Kommunikationswissenschaft. Vielmehr sind zahlreiche ethische Fragen im Rahmen von digitalen Daten und Online-Plattformen neu aufgekommen und bislang nicht abschließend beantwortet. Dazu zählen zum Beispiel:

- Woher stammen erhaltene Daten und wer verbindet ein Interesse mit ihnen?
- Wussten die Untersuchungsobjekte davon, dass ihre Daten gesammelt werden?
- Haben die Untersuchungsobjekte einer Datensammlung aktiv zugestimmt?
- Auf welchen Trainingsdaten basiert ein statistisches Modell?
- Unter welchen Arbeitsbedingungen sind die Trainingsdaten entstanden?
- Wie „neutral" oder „fair" sind die Entscheidungen eines statistischen Modells?
- Gibt es die Möglichkeit zur Einsicht in die Entscheidungsfindung eines Modells?

Das sind nur einige der drängendsten Fragen. Und auf viele davon werden wir noch detaillierter eingehen. Für den Moment bleibt festzuhalten, dass Fragen der Ethik in der CCS allgegenwärtig sind. Das mag anstößig klingen, tatsächlich ist aber das Gegenteil der Fall: Die ständige Diskussion über ethische Standards bei digitalen Daten und Methoden im Rahmen von gesellschaftlicher und (teil-)öffentlicher Kommunikation hat vielmehr dazu geführt, dass diese Fragen vielfach diskutiert und ihre Konsequenzen ernst genommen werden.

1.3.7   Legal oder illegal?

Eng mit Fragen der Ethik verknüpft sind rechtliche Aspekte. Auch sie sind für den digitalen Raum nicht immer eindeutig geklärt. Wem gehören beispielsweise Tweets? Dürfen Forschende die Tweets ohne Weiteres sammeln? Analysieren? Speichern? Für weitere Forschung zur Verfügung stellen – kostenfrei oder gegen Bezahlung?

Einiges davon lässt sich mit ein wenig Hintergrundwissen aus der klassischen Kommunikationswissenschaft beantworten – immerhin gab es Inhaltsanalysen auch schon vor Twitter. Doch andere Aspekte sind neu hinzugekommen:

- Wer legt fest, welche Daten gesammelt werden dürfen?
- Welches Recht gilt, wenn Forschende aus Norwegen in Deutschland Daten australischer Accounts vom US-Unternehmen Twitter beziehen?

- Macht es einen Unterschied, ob Forschende oder Firmen Daten sammeln?
- Was müssen Forschende bei personenbezogenen Daten beachten?
- Haben Privatpersonen den gleichen Anspruch auf ihre Daten gegenüber Forschenden, wie sie ihn auch gegenüber Firmen haben?
- Welcher Anspruch besteht, wenn Daten in gelernte Modelle einfließen?
- Sind Forschende oder akademische Institutionen haftbar?

Auch diese Fragen sind zu spezifisch, um sie an dieser Stelle zu beantworten. Stattdessen gehen wir darauf in den einzelnen Kapiteln dieses Lehrbuchs genauer ein. Grundsätzlich gilt aber auch hier: Rechtsfragen sind in der CCS insbesondere deshalb so prominent, weil sich vieles im digitalen und damit bis heute rechtlich nicht abschließend geklärtem Raum abspielt. Viele prominent diskutierte Fälle und eine laute Diskussion auf Fachkonferenzen und in der Fachliteratur haben aber sicherlich dazu beigetragen, sowohl die Forschung rechtssicherer als auch das Recht sensibler für die Forschung zu machen.

1.4   Zwischenfazit und Literaturhinweise

Die CCS ist vielschichtig und auf den ersten Blick äußerst komplex. Gerade für Forschende der Sozialwissenschaften ist die stark informatisch geprägte Denkweise, die in der CCS immer wieder vorherrscht, neu. Das macht den Einstieg nicht unbedingt leicht und führt gerade am Anfang vielleicht zu einer gefühlten Überforderung. Dieses Gefühl, so es auf Sie zutrifft, würde ich Ihnen gerne nehmen.

Dieses Buch richtet sich an Menschen ohne Vorkenntnis. Und dieses erste Kapitel hat an das Thema herangeführt. Wir haben Grundbegriffe kennengelernt und nun ein vages Verständnis davon, was Daten sind und was Software ist. Wir sind zudem mehrfach auf die Herausforderungen eingegangen, mit denen sich klassische Kommunikationswissenschaft seit einigen Jahren konfrontiert sieht und die gleichzeitig den Übergang zu CCS markieren. Diese Herausforderungen machen sich nicht zuletzt in einem leicht veränderten Forschungsprozess, in mehr quantitativen, explanativen, probabilistischen oder proprietären Daten und Methoden sowie in zusätzlichen ethischen und rechtlichen Fragen bemerkbar.

Um möglichst viel aus diesem Lehrbuch zu ziehen und möglichst tief in die CCS einzusteigen, möchte ich Ihnen zum Abschluss dieses ersten Kapitels noch drei „S" mit auf den Weg geben:

1. Scheuen Sie sich nicht vor Code. Und auch nicht vor Statistik oder mathematischen Formeln. Das Schöne an ihnen ist ihre Logik. Dadurch sind sie gut erlernbar und der Lernfortschritt fördert zudem die eigene Motivation. Probieren Sie aus, bauen Sie nach und zögern Sie auch nicht, um Hilfe zu fragen.

2. Stecken Sie sich kleine Ziele. Es ist nicht nötig, alle Bereiche der CCS sofort und bis
   ins kleinste Detail zu beherrschen – suchen Sie sich Ihre Nischen, in denen Sie sich
   wohlfühlen, und arbeiten Sie von dort aus los.
3. Suchen Sie sich Verbündete. Gerade beim Eintauchen in die Programmierung lehrt die
   Erfahrung, dass es sich gemeinsam einfacher lernt. Gründen Sie also eine Lerngruppe
   oder treten Sie einer Online-CCS-Community bei und bleiben Sie gemeinsam am Ball.

Literaturhinweise
- Brosius, H.-B., Haas, A., & Unkel, J. (2022). *Methoden der empirischen Kommunikationsforschung. Eine Einführung* (8. Aufl.). Springer VS.
- Crawford, K. (2021). *Atlas of AI.* Yale University Press.
- Salganik, M. (2019). *Bit by bit: Social research in the digital age.* Princeton University Press.
- van Atteveldt, W., & Peng, T.-Q. (2018). When communication meets computation: Opportunities, challenges, and pitfalls in computational communication science. *Communication Methods and Measures, 12*(2–3), 81–92. https://doi.org/10.1080/1931245 8.2018.1458084

Daten sichten

Daten sind zentraler Bestandteil der CCS. Für sich genommen stellen sie einfache Informationen dar, etwa das Alter einer einzelnen Person in Jahren (beispielsweise 42) oder den offiziellen Twitter-Handle des deutschen Außenministeriums („@AuswaertigesAmt"). Daten ermöglichen so, soziale Realitäten auf eine einheitliche Schreibweise zu reduzieren. Sie machen Erfahrungen und Sachverhalte mess- und nachvollziehbar.

Als Datensatz, also als Kombination mehrerer singulärer Informationen, lassen Daten die Darstellung und Erforschung komplexer Informationen zu, zum Beispiel des Mittelwerts des Alters einer Personengruppe (beispielsweise $M = 31{,}41$) oder des Anteils deutscher Ministerien, die über einen Twitter-Handle verfügen ($p = 100\ \%$). Nur so kann in weiterer Folge auch ein Verständnis darüber entstehen, was für einen Einzelfall und was möglicherweise über Einzelfälle hinaus gültig ist.

Um eine Fragestellung mit einem Datensatz zu bearbeiten, sind zahlreiche Entscheidungen notwendig: Welche Merkmale müssen in Daten übersetzt werden? Welche Auswertungen sollen mit den Daten möglich sein? Wie müssen die Daten dafür beschaffen sein? In welchem Dateiformat soll der Datensatz vorliegen?

Eng verbunden mit diesen eher formalen Entscheidungen sind Entscheidungen inhaltlicher Natur: Welche Aussagekraft soll in einem Datensatz stecken? Welche Darstellungsweise(n) soll(en) die Daten ermöglichen? Wie sind die Daten entstanden und welche Daten und Darstellungsweisen sind dabei möglicherweise üblich? Stehen sowohl die singulären Daten als auch der gesamte Datensatz auf rechtssicherem Grund – und wenn ja, auf welchem? Und mit welchen ethischen Prinzipien ist der Datensatz vereinbar?

Die eher formalen und die eher inhaltlichen Entscheidungen sind eng miteinander verzahnt. Wann immer wir mit einem Datensatz arbeiten oder einen selbst erzeugen, gilt es,

M. Haim, *Computational Communication Science*, Studienbücher zur Kommunikations- und Medienwissenschaft, https://doi.org/10.1007/978-3-658-40171-9_2

alle diese Entscheidungen sorgfältig zu reflektieren. Wir widmen uns in diesem Kapitel den eher formalen Aspekten, die Datensätzen sichtbar anhaften. Es handelt sich dabei also um manifeste Charakteristika eines Datensatzes. Dieses Kapitel nennt sich deshalb *Daten sichten*. Im nächsten Kap. 3 widmen wir uns dann ergänzend den eher inhaltlichen und damit latenten Charakteristika eines Datensatzes.

Zurück zum Beispiel vom Anfang: Wir fragen uns, mit welchen Inhalten politischer Berichterstattung Erstwählende wie Dominique in Kontakt kommen. Methodisch haben wir uns für eine Kombination entschieden: Dominique und 767 andere Erstwählende haben uns einen Fragebogen beantwortet und anschließend eine Forschungssoftware auf dem Smartphone installiert.[1] Werden Nachrichtenbeiträge auf dem Smartphone über den Browser aufgerufen, erfasst diese Forschungssoftware fortan die URL[2] und den aktuellen Zeitpunkt des Aufrufs, aus welcher App heraus der Aufruf für den Browser initiiert wurde sowie außerdem Überschrift, Titelbild und Text des Beitrags (wenn es sich denn um einen textuellen Beitrag handelt). Die Forschungssoftware beobachtet also die Nachrichtennutzung und ermöglicht uns so, im Nachgang noch eine Inhaltsanalyse der beobachteten Nachrichtenbeiträge durchzuführen. Nach einem Erhebungszeitraum von zwei Wochen haben wir den gesammelten Datensatz aller Studienteilnehmenden vor uns. Er besteht aus den Antworten auf die Befragung für jede Person sowie aus einem Protokoll der Forschungssoftware über die erfassten Nachrichtenbeiträge für jede Person.

Um diesen – aber auch jeden anderen – Datensatz zu sichten und damit näher zu beschreiben, nehmen wir nun nach und nach vier Perspektiven ein:

1. Eine *empirische* Perspektive, um zu verstehen, welche Merkmale, Merkmalsträger und Merkmalsausprägungen vorliegen, wie sie operationalisiert (d. h. messbar gemacht) und mit welchen Mess- und Skalenniveaus (z. B. nominal, metrisch) sie versehen wurden.
2. Eine *technische* Perspektive, um das genutzte Dateiformat (z. B. CSV, JSON) korrekt einschätzen und den Datensatz vollständig einlesen zu können.
3. Eine *informatische* Perspektive, um sicherzustellen, dass die eingelesenen Datentypen (z. B. Zahlen, Texte) mit den Merkmalsausprägungen und Skalenniveaus übereinstimmen.
4. Eine *statistische* Perspektive, um die Daten erstmalig deskriptiv zu beschreiben (z. B. über Mittelwerte, Standardabweichungen), zu visualisieren (z. B. durch Histogramme, Box-Plots) und dadurch kennenzulernen.

---

[1] Der Vollständigkeit halber sei erwähnt, dass diese Studie fiktiv ist. Alle dazu beschriebenen Daten wurden aus Lehrzwecken frei erfunden.

[2] Eine URL (engl. Uniform Resource Locator) ist eine eindeutige Kennung, um in Computernetzwerken eine Datei – allgemeiner formuliert: eine Ressource – zu adressieren. Damit sind auch Internetadressen wie https://doi.org/10.1177/0956797615594620 oder https://www.youtube.com/ gemeint.

2.1 Empirische Perspektive

Aus empirischer Perspektive gilt es, das Forschungsinteresse mit den vorliegenden oder geplanten Daten zusammenzubringen: Was repräsentieren die Daten – und was nicht? Welcher für die Beantwortung des Forschungsinteresses notwendige Informationsgehalt steckt in den Daten – und welcher nicht? Diese erste Perspektive auf Daten bildet also innerhalb des Begründungszusammenhangs des Forschungsprozesses den Übergang von der Konzeption einer Untersuchung zum CCS-eigenen Dreieck aus Indikatorenbildung, Datenerhebung und Datenanalyse.

2.1.1 Merkmale, Merkmalsträger und Merkmalsausprägungen

Dafür gilt es zunächst zu verstehen, wer oder was der Merkmalsträger ist. Als Merkmalsträger bezeichnen wir die zentrale Analyseeinheit, die einem Datensatz zugrunde liegt. Bei Befragungen sind das meist einzelne Personen, bei Inhaltsanalysen häufig einzelne Medienbeiträge. Stellen wir uns als Datensatz eine Tabelle vor, bildet ein Merkmalsträger also genau eine (horizontale) Zeile. Doch bereits unser Einstiegsbeispiel macht deutlich, dass Merkmalsträger nicht immer so einfach zu bestimmen sind. Vielmehr hängen sie von der Fragestellung ab und müssen dafür teilweise umgebaut oder aggregiert werden (Tab. 2.1).

Tab. 2.1 Von der Fragestellung zu den Merkmalsausprägungen (eigene Darstellung)

Fragestellung	Merkmalsträger	Merkmal(e)	Ausprägungen
Wie alt sind Erstwählende in der Studie?	Personen	Alter	Zahlen (18–25)
Welchen Smartphone-Hersteller nutzen die Erstwählenden in der Studie?	Personen	Hersteller	Apple, OnePlus, Samsung, Sony …
Welche Medien konsumieren Erstwählende?	Beiträge	Medium	bild.de, zeit.de, tagesschau.de …
Informieren sich Erstwählerinnen eher bei öffentlich-rechtlichen Medien als Erstwähler?	Personen	Anteil ö.-r. Medien	Zahlen (0–100)
		Geschlecht	männlich, weiblich, divers
Über welchen Kanal werden Erstwählende auf Nachrichtenbeiträge aufmerksam?	Beiträge	Öffnende App	Browser, Instagram, Google News, WhatsApp …
Unterscheiden sich die Parteipräferenzen von Erstwählenden nach primär genutzter App?	Personen	Primär genutzte App	Browser, Instagram, Google News, WhatsApp …
		Parteipräferenz	CDU/CSU, SPD, Grüne, FDP, AfD …

Jeder Merkmalsträger weist Merkmale auf. Häufig sind Datensätze so aufgebaut, dass jeder Merkmalsträger dieselben Merkmale aufweist, dass also beispielsweise jede Person in einem Datensatz ein Alter hinterlegt hat. Das bezeichnet man auch als *globale* Merkmale. Beim erdachten Datensatz als Tabelle bilden solche Merkmale die (vertikalen) Spalten. Datensätze können allerdings von solchen globalen Merkmalen abweichen, sodass einzelne Merkmale nur von einigen Merkmalsträgern aufgegriffen werden. Etwa indem sie sowohl textuelle als auch audiovisuelle Nachrichtenbeiträge einer Inhaltsanalyse enthalten: Dabei bilden einzelne Beiträge die Merkmalsträger, doch nicht alle Merkmalsträger – also nicht alle Beiträge – weisen das Merkmal „Lautstärke" auf; stattdessen wird bei diesem *lokalen* Merkmal ein fehlender Wert vermerkt.

Merkmale können schließlich verschiedene Merkmalsausprägungen annehmen, das Alter einer Person beispielsweise Zahlen von 0 bis 125, das Geschlecht „männlich", „weiblich" oder „divers" und der Titel eines Beitrags einen kurzen Text. Eine angenommene Merkmalsausprägung eines Merkmalträgers – etwa ein Alter von 56 – bezeichnet man schließlich als Wert. Werte landen in unserem erdachten tabellarischen Datensatz in den einzelnen Zellen. Daraus ergibt sich übrigens auch, dass ein Datensatz nicht unbedingt alle verfügbaren Merkmalsausprägungen aufweisen muss. Wenn also für das Merkmal Geschlecht kein „divers" als Wert im Datensatz auftaucht, können wir nicht mit Sicherheit sagen, ob die Befragten überhaupt die Möglichkeit hatten, „divers" anzugeben.

2.1.2   Mess- und Skalenniveaus

Merkmale weisen ferner ein Skalenniveau auf. Das Skalenniveau ergibt sich aus der Messung – und mitunter aus der anschließenden Datenaufbereitung – und gibt vor, welche Auswertungen mit Merkmalen überhaupt möglich sind. So können wir aus dem Alter der Personen (in Jahren) einen Mittelwert berechnen und dadurch etwas über die Zusammensetzung der Stichprobe erfahren. Im Gegensatz dazu können wir aus dem erhobenen Geschlecht der Personen keinen Mittelwert bilden, sondern greifen für die statistische Betrachtung der Verteilung männlicher, weiblicher und diverser Personen auf Häufigkeiten und Prozentzahlen zurück.

Unterschiedliche Skalenniveaus eignen sich also unterschiedlich gut für einzelne Merkmale. Das eine ist dabei nicht besser oder schlechter als das andere. Aber es gibt klare Regeln, wonach wir Skalenniveaus unterscheiden. Drei Skalenniveaus sind von zentraler Bedeutung – nominal, ordinal und metrisch skalierte. Sie bauen außerdem aufeinander auf, insofern eine Ordinalskala alle Eigenschaften der Nominalskala und eine metrische Skala alle Eigenschaften der Ordinalskala aufweist.

Bei einer *Nominalskala* schließen sich die Merkmalsausprägungen gegenseitig aus und stehen in keiner logischen Rangfolge zueinander. Beispiele dafür sind das Geschlecht oder der Smartphone-Hersteller: Weibliche Personen können in dieser Messung nicht gleichzeitig männlich oder divers sein, ein Apple-Gerät kann nicht auch ein Gerät von Sony sein. Mitunter findet sich auch eine Unterscheidung zwischen nominal skalierten Merkmalen mit genau zwei möglichen Ausprägungen (dichotome Merkmale) und nominal skalierten Merkmalen mit mehr als zwei möglichen Ausprägungen (polytome Merkmale). In beiden Fällen lassen sich solche Merkmalsausprägungen nicht miteinander verrechnen, zum Beispiel zu Mittelwerten; zur Beschreibung von nominalen Merkmalen greift man stattdessen auf Häufigkeiten und Prozentzahlen, zur Visualisierung auf Verteilungen und Kreuztabellen, auf Balken, Säulen und Histogramme zurück.

Auch bei *Ordinalskalen* schließen sich Merkmalsausprägungen gegenseitig aus, stehen aber in einer logischen Rangfolge zueinander, die jedoch keinen einheitlichen Abständen folgt. Man spricht deshalb auch von einer Rangskala, weil sich die einzelnen Ausprägungen in eine Rangfolge bringen lassen, obschon wir die Ränge ebenfalls nicht miteinander verrechnen können. Ein Beispiel ist die von Erstwählenden primär genutzte App für Nachrichteninhalte: Wenn Dominique in den zwei Wochen Erhebungszeitraum insgesamt 42 Nachrichtenbeiträge – 32 aus WhatsApp und jeweils 5 aus Instagram und der Tagesschau-App heraus – geöffnet hat, so bildet WhatsApp die primär genutzte App für Nachrichteninhalte (Rang 1), gefolgt von Instagram und der Tagesschau-App (beide Rang 2). WhatsApp ist dabei aber nicht doppelt so wichtig wie die anderen beiden Apps. Wir können über die Abstände der Rangfolge keine Aussage treffen. Ebenso wenig können wir mit den Werten einer Ordinalskala rechnen. Stattdessen greifen wir auch hier auf Häufigkeiten, Prozentzahlen, Verteilungen und Histogramme zurück.

Mit Mittelwerten oder anderen statistischen Maßen zu rechnen, ist lediglich *metrischen Skalen* vorbehalten. Auch die Merkmalsausprägungen bei metrischen Skalen schließen sich gegenseitig aus und stehen in einer logischen Rangfolge zueinander, allerdings sind die Abstände zwischen den einzelnen Ausprägungen jeweils identisch (äquidistant). Nur deshalb dürfen wir auch mit ihnen rechnen, wie beispielsweise mit dem Alter (in Jahren) oder dem Anteil öffentlich-rechtlicher Medien je Person (in Prozent). Man unterscheidet metrisch skalierte Merkmale gelegentlich in solche, die lediglich abzählbare ganze Zahlen annehmen können (diskrete Merkmale; z. B. eine Anzahl an Personen), und solche, die jeden möglichen Wert aufweisen können (stetige Merkmale; z. B. die Dauer eines Nutzungsvorgangs). Darüber hinaus stößt man gelegentlich auf die Unterscheidung metrischer Skalen in Verhältnis- und Intervallskalen. Verhältnisskalen haben einen natürlichen Nullpunkt (z. B. das Alter oder die Anzahl genutzter Medien) und erlauben eine Interpretation nach Verhältnis – eine 40-Jährige ist mathematisch gesprochen genau doppelt so alt wie eine 20-Jährige. Intervallskalen weisen hingegen keinen absoluten Nullpunkt auf (z. B. eine fünf-stufige Bewertung von „sehr gut" bis „sehr schlecht") und die genauen Abstände zwischen den einzelnen Ausprägungen sind, obschon identisch, unklar. Beide Unterscheidungen (direkt vs. stetig und Verhältnis vs. Intervall) wirken sich nicht auf die möglichen Berechnungen, aber auf die Präsentation der Ergebnisse aus – darauf kommen wir im Kap. 2.4 noch zurück. Berechnen können wir für metrisch skalierte Merkmale alle möglichen Lage- und Streuungsmaße wie Mittelwert und Varianz, aber auch Häufigkeiten und Prozentzahlen. Zur Visualisierung können wir auf Verteilungen und Histogramme, aber auch auf Box-Plots zurückgreifen, die deutlich mehr Informationen in einzelnen Graphen enthalten.

Zuletzt stößt man in der Literatur, insbesondere in den Sozialwissenschaften, immer wieder auf die *quasi-metrische Skala*. Davon ist die Rede, wenn Merkmalsausprägungen als metrische Skala präsentiert und ausgewertet werden, obwohl sie aufgrund fehlender identischer Abstände streng genommen ordinalskaliert sind. Typische Beispiele dafür sind Likert-Skalen, die Menschen nach Zustimmung oder Ablehnung fragen und dafür beispielsweise vier Ausprägungen anbieten – von „stimme überhaupt nicht zu" über „stimme eher nicht zu" und „stimme eher zu" bis „stimme voll und ganz zu". Die baugleiche Formulierung zwischen „eher nicht" und „eher" sowie die visuelle Präsentation als Skala mit identischen Abständen sollen dazu beitragen, dass befragte Personen das Merkmal als metrisch interpretieren und Forschende anschließend mehr statistischen Spielraum in der Auswertung haben.

2.2   Technische Perspektive

Um Daten adäquat beurteilen zu können, ist ferner eine technische Perspektive essenziell. Denn gerade in der CCS arbeiten wir häufig mit Datensätzen, die uns zur Verfügung gestellt werden oder das Ergebnis einer eingesetzten Forschungssoftware sind. In beiden Fällen haben wir keinen oder kaum Einfluss darauf, in welchem Dateiformat ein Datensatz vorliegt.

Grundsätzlich existiert eine schier unüberschaubare Vielzahl an Dateiformaten. Das rührt daher, dass an unterschiedliche Dateiformate unterschiedliche Anforderungen gestellt werden. So soll eine Video-Datei (z. B. .avi oder .mp4) unter anderem so aufgebaut sein, dass der Computer sie Stück für Stück verarbeiten und streamen kann, ohne dafür die gesamte Datei einlesen zu müssen. Im Gegensatz dazu muss eine einzelne Bild-Datei (z. B. .jpg oder .png) nicht unbedingt portionsweise verarbeitbar sein; stattdessen liegt hier der Schwerpunkt auf zusätzlich speicherbaren Meta-Informationen, etwa zur Urheberschaft des Bildes. So bringt jede Software ihre eigenen (d. h. proprietären) Formate mit – man denke nur an Microsofts Word- (.docx) oder an Apples Pages-Dokumente (.pages).

Glücklicherweise haben sich gerade für textuelle Datensätze einige De-facto-Standards etabliert. Sie unterscheiden sich primär darin, ob sie tabellarische oder hierarchische Daten enthalten, und sekundär darin, ob sie eher auf möglichst wenig benötigten Speicherplatz (zulasten missverständlicher Notation) oder auf möglichst unmissverständliche Notation (zulasten benötigten Speicherplatzes) optimiert sind. Im Laufe des Lehrbuchs lernen wir außerdem weitere Dateiformate kennen, die auf besonders große Datensätze oder auf nicht-textuelle (sondern auf auditive oder visuelle) Daten zugeschnitten sind.

2.2.1   Tabellarische Datensätze

Tabellarische Datensätze bilden die einfachste Möglichkeit, textuelle Daten als Datei zu speichern. Dabei handelt es sich meist um einfache Textdateien, die neben den eigentlichen Daten keine zusätzlichen Informationen enthalten. Zahlen und Texte können also nicht formatiert werden, es gibt weder Meta-Informationen noch Datentypen und jede Zeile (jeder Merkmalsträger) weist zwangsläufig dieselben Spalten (Merkmale) auf. Ein typisches Beispiel dafür sind Befragungsdaten.

Es gibt verschiedene Dateiformate, die textuelle Daten als tabellarische Datensätze speichern. Sie unterscheiden sich lediglich in Nuancen – nämlich darin, wie einzelne Zeilen und Spalten voneinander getrennt werden. Zeilen werden in der Regel durch einen Zeilenumbruch voneinander getrennt, der sich allerdings zwischen Betriebssystemen unterscheiden kann.[3] Spalten sind in CSV-Dateien (engl. comma-separated values) üblicherweise durch Kommata voneinander getrennt, während in TSV-Dateien (engl. tab-separated values) ein Tabulatorzeichen Spalten voneinander separiert. Üblich sind auch Semikolons oder Leerzeichen – solche Dateien werden ebenfalls als CSV-Dateien bezeichnet (Abb. 2.1).

Es kann vorkommen, dass einzelne Werte Trennzeichen selbst enthalten. Der Computer könnte dann beispielsweise in einer Komma-getrennten CSV-Datei nicht unterscheiden, ob der Wert 3,14 eine Kommazahl als Merkmalsausprägung (Dreikommaeinsvier) oder zwei Merkmale (Drei und Vierzehn) darstellt. Ein ähnliches Problem kann es auch bei Merkmalsträgern geben: Nämlich dann, wenn einzelne Texte in den Daten selbst Zeilenumbrüche enthalten, die aber nicht fälschlicherweise als neue Zeile und damit als neuer Merkmalsträger interpretiert werden sollen. In solchen Fällen umschließen begrenzende Zeichen, typischerweise Anführungszeichen, die eigentlichen Werte. Soll das begrenzende Zeichen selbst Teil der Merkmalsausprägung sein, muss es zudem speziell gekennzeichnet werden, üblicherweise indem es zweimal hintereinander verwendet wird.

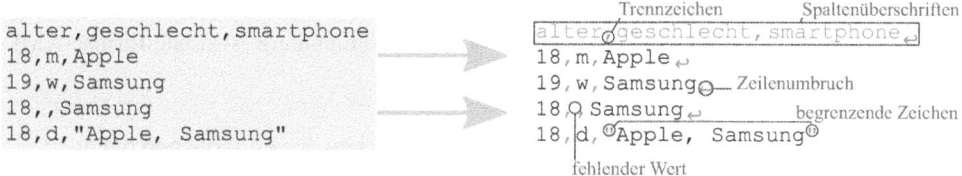

Abb. 2.1 Aufbau einer CSV-Datei (eigene Darstellung)

[3] Aus historischen Gründen vermerken unterschiedliche Betriebssysteme Zeilenumbrüche auf unterschiedliche Art. So notiert Windows in der Regel zwei Steuerzeichen – einen von der Schreibmaschine möglicherweise noch bekannten „Wagenrücklauf" (also die Bewegung des Cursors zum Zeilenanfang) und einen „Zeilenvorschub" (also die Bewegung des Cursors in die nächste Zeile). Mac OS und iOS hingegen vereinen den Zeilenumbruch lediglich im Steuerzeichen des Wagenrücklaufs, während andere Unix- und Linux-Systeme wie etwa Android den Zeilenumbruch im Steuerzeichen des Zeilenvorschubs vereinen.

▶   CSV und TSV sind Textformate für Datensätze in tabellarischer Struktur. Sie be-
      nötigen ausschließlich Trennzeichen zwischen Spalten und Zeilen und mit-
      unter begrenzende Zeichen. So wenig Notation braucht entsprechend wenig
      zusätzlichen Speicherplatz.

Textbasierte tabellarische Dateiformate kennen keine Merkmalsbezeichnungen. Es
kommt allerdings vor, dass die erste Zeile nicht als Merkmalsträger, sondern für Merkmalsbezeichnungen als Spaltenüberschriften zweckentfremdet wird. Davon abgesehen ist bis
auf die reinen Daten und die beschriebenen Trennzeichen aber keine weitere Notation
nötig. Die Dateien sind entsprechend schlank, brauchen also über die eigentlichen Daten
hinaus kaum zusätzlichen Speicherplatz.

2.2.2   Hierarchische Datensätze

Auch hierarchische Datensätze für textuelle Daten sind einfache Textdateien, die aber mit
hierarchischen Beziehungen in und zwischen Daten umgehen können. Ein Beispiel dafür
ist unsere kombinierte Untersuchung der Erstwählenden: Darin haben wir Befragungsdaten und je befragter Person ein Protokoll der Forschungssoftware über die erfassten
Nachrichtenbeiträge. Darüber hinaus kennen einige hierarchische Textdateiformate Datentypen, Meta-Informationen und lokale Merkmale – also Merkmale, die nicht jeder
Merkmalsträger aufweisen muss.
    Ein prominentes hierarchisches Textdateiformat ist HTML (engl. hypertext markup
language), das seinen Ursprung als Auszeichnungssprache für Webseiten hat. Auszeichnungssprachen ermöglichen die Gliederung und Formatierung von Texten und Daten
mithilfe sogenannter Tags, können darüber hinaus aber – im Gegensatz zu Programmiersprachen – keine Anweisungen formulieren. Im Laufe der Zeit wurde das HTML-Format
immer wieder überarbeitet und an das für Daten prominentere Textdateiformat XML
(engl. extensible markup language) angeglichen.[4]

▶   XML und HTML sind textuelle Auszeichnungssprachen. Sie ermöglichen hierar-
      chische Strukturen von Textdaten und Attributen, wobei alle Tags und Attribute
      einzeln benannt sind. XML und HTML können keine Anweisungen für Compu-
      ter formulieren, sind also keine Programmiersprachen.

Zentrale Zeichen der Notation bei XML (Abb. 2.2) und HTML sind die spitzen Klammern (< und >). Sie zeigen Anfang und Ende von Tags an und geben so den Rahmen für
Attribute und Daten vor. Die Kombination aus einem öffnenden und einem schließenden
Tag ermöglicht außerdem eine theoretisch unendlich tiefe hierarchische Anordnung. Während für HTML Tag- und Attribut-Bezeichnungen in einer offiziellen Norm vorgegeben

---

[4] Diese angeglichene Form wird auch XHTML (aus XML und HTML) genannt.

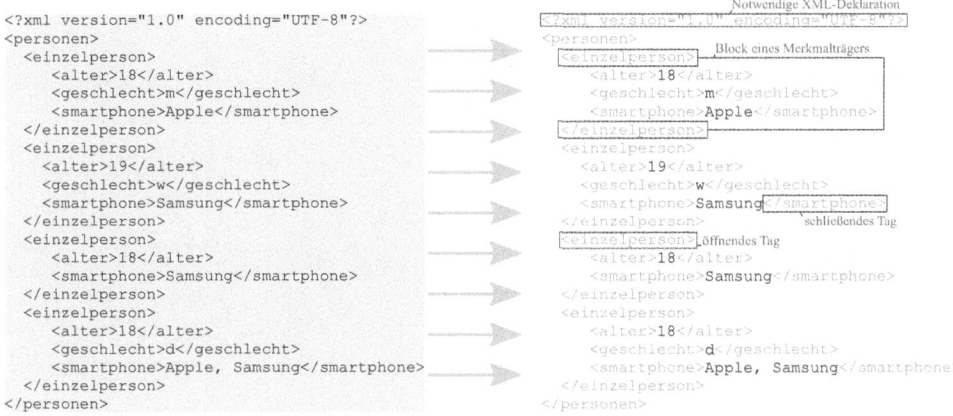

Abb. 2.2 Aufbau einer XML-Datei (eigene Darstellung)

sind, etwa um einen Text als Link oder ein Wort als kursiv auszuzeichnen, ist die Wahl der Bezeichnungen und Attribute für XML-Dateien frei. Da aber sämtliche Daten in XML- und HTML-Dateien immer eine Bezeichnung in Form eines Tags oder eines Attributs benötigen, brauchen beide Dateiformate mehr zusätzlichen Speicherplatz als CSV- oder TSV-Dateien.

Im Gegensatz zu XML und HTML verzichtet das ebenfalls textuelle JSON-Format (engl. JavaScript object notation) auf eine Unterscheidung in Tags und Attribute. Stattdessen setzt das mittlerweile wohl populärste und eigens entwickelte Format für hierarchische Daten auf eine Schlüssel-Wert-Notation (Abb. 2.3). Dabei wird für jeden Merkmalsträger jeder Wert mit der entsprechenden Merkmalsbezeichnung versehen (hier als Schlüssel bezeichnet; engl. key-value pair), was ebenfalls zu zusätzlich benötigtem Speicherplatz führt – wenngleich JSON in dieser Hinsicht etwas sparsamer ist als XML und HTML.

Durch seine sehr individuelle Struktur ist es bei JSON nicht nötig, dass jeder Merkmalsträger jedes Merkmal aufweist. Stattdessen lassen sich Daten und Notation auf tatsächlich benötigte Elemente beschränken, sodass diese Datensparsamkeit mitunter den durch die Schlüssel-Wert-Notation zusätzlich benötigten Speicherplatz gegenüber anderen Dateiformaten aufwiegen kann.

> JSON ist ein Textformat für hierarchische Daten, das aufgrund seiner Schlüssel-Wert-Notation sehr einfach lesbar und wohl auch deshalb sehr verbreitet ist. Es benötigt dafür etwas zusätzlichen Speicherplatz, den es aber ein wenig durch grundlegende Datentypen und lokale Merkmale wettmachen kann.

Ein zentraler Vorteil von JSON sind grundlegende Datentypen – ein Konzept, dem wir uns auch gleich in der informatischen Perspektive im Detail widmen. Denn während in XML und HTML alle enthaltenen Daten als Texte hinterlegt sind und für die

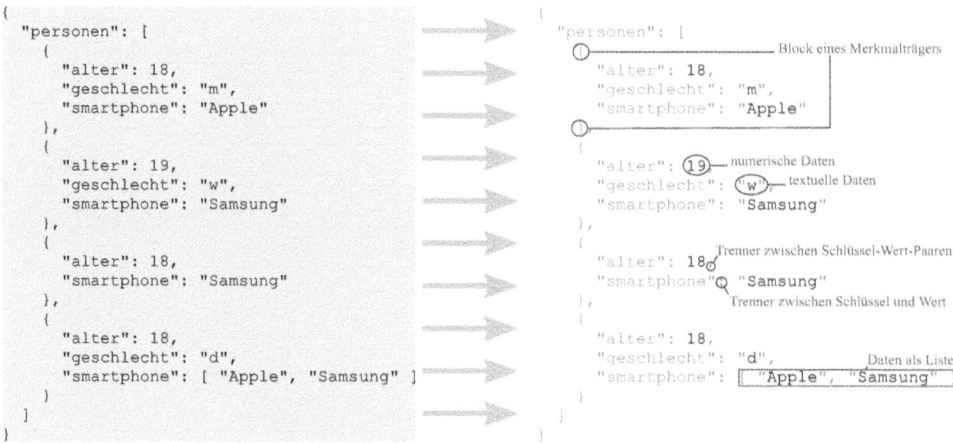

Abb. 2.3 Aufbau einer JSON-Datei (eigene Darstellung)

weitere Verarbeitung erst umformatiert werden müssen, kennt JSON nicht nur Texte, sondern auch Zahlen und explizit fehlende Werte, dichotome Größen und Listen. Diese Datentypen geben so bereits erste Hinweise auf Merkmalsausprägungen und Skalenniveaus. Darüber hinaus helfen spezifizierte Datentypen dem Computer beim Einlesen, indem sie weniger Speicher benötigen und daher schneller geladen sind – auch dazu gleich mehr.

JSON ist als Dateiformat für Daten in vielerlei Hinsicht XML (und HTML) vorzuziehen. Gleichzeitig ist JSON keine Auszeichnungssprache und findet deshalb dort, wo Daten auch unmittelbar dargestellt werden sollen, weniger Anwendung. Stecken Daten also beispielsweise in einer Tabelle auf einer Webseite, so haben wir es meist mit einem HTML-Format zu tun. Bietet die Webseite an, die Daten auch in sogenannter Rohform herunterzuladen, ist damit häufig ein CSV-Format gemeint. Es sei denn, die Daten lassen sich nicht als Tabelle abbilden. Dann weichen insbesondere Online-Plattformen gerne auf JSON als schlankes und modernes Dateiformat der Wahl aus.

2.3   Informatische Perspektive

Für die angemessene Sichtung von Daten ist außerdem eine informatische Perspektive notwendig. Denn zwischen unserem augenscheinlichen und einem maschinenlesbaren Verständnis von Daten können Welten liegen. Ein bekanntes Missverständnis ist etwa, wenn Google Sheets verweigert, mit einer Kommazahl wie 3,14 zu rechnen, oder wenn Microsoft Excel Text als Datum missinterpretiert. Letzteres führte gar zu neuen Leitlinien zur Benennung menschlicher Gene (Bruford et al. 2020), die von Namen abraten, welche in Microsoft Excel automatisch in ein Datum konvertiert werden (z. B. „SEPT1").

Um die Relevanz und Tragweite von Datentypen zu verstehen, brauchen wir zunächst ein wenig informatisches Hintergrundwissen. Denn ein Computer kennt bis heute als kleinste Instanz nur zwei Zustände: Strom und kein Strom. Das bedeutet, dass sämtliche Computer – also auch jedes Notebook, jeder Server und jedes Smartphone – alle durchgeführten Aktivitäten im Kern nur mithilfe von Elektrizität und einigen Schaltern[5] abbilden müssen: Strom fließt oder fließt nicht, Schalter sind an oder aus, ein Zustand ist „1" oder eben „0". Man nennt diese kleinste Zustandsbeschreibung eines Computers Bit und wir haben damit bereits den ersten Datentyp kennengelernt, der auch Boolean genannt wird.

Um nun mit Bit mehr als nur zwei Zustandsbeschreibungen erreichen zu können, arbeiten Computer traditionell mit sogenannten Byte. Als Byte versteht man eine Reihe aus acht aufeinander folgenden Bit, zum Beispiel 10010010. Der Computer wartet also – vereinfacht ausgedrückt – acht kurze Pausen ab, um zu prüfen, ob jeweils kurz Strom fließt oder nicht. Fließt Strom, wird das als „1" interpretiert; bleibt der Strom aus, ergibt das eine „0". Warum genau acht? Das erschien zum Zeitpunkt der Erfindung eben praktisch; es gibt heute auch andere (größere) Einheiten. Wenn wir nun alle Kombinationen aus acht Einsen und Nullen notieren, erhalten wir $2^8 = 256$ verschiedene Zustandsbeschreibungen. Neben der 10010010 also die 11010010 und die 11011010 und so weiter. Ein Byte kann also Werte bis 256 annehmen und ist damit unser zweiter Datentyp.

Doch ein Byte kann noch mehr: Die American Standards Association, das Pendant zum Deutschen Institut für Normung (DIN), veröffentlichte bereits in den 1960er-Jahren die erste ASCII-Tabelle (engl. American Standard Code for Information Interchange). Die ASCII-Tabelle stellt eine Kodierung dar, also eine Art Wörterbuch zwischen Byte auf der einen und Zeichen für Druck und Steuerung auf der anderen Seite. So steht in der ASCII-Kodierung das Byte 01000001, das man auch als 65 (von 256) lesen kann, für ein groß geschriebenes „A". Die 32, die dem Byte 00100000 entspricht, steht für ein Leerzeichen.

An dieser Stelle wird jedoch deutlich, dass sich mit 256 Zeichen zwar das lateinische Alphabet samt einiger Steuerzeichen, keinesfalls aber größere Zahlen oder Zeichen anderer Alphabete abbilden lassen. So fehlen in der originalen ASCII-Kodierung auch die Umlaute der deutschen Sprache. Stattdessen bildet die US-amerikanisch geprägte Norm im Großen und Ganzen die Zeichen einer US-amerikanischen Tastatur ab. Um größere Zahlen, Zeichen anderer Sprachen oder Daten anderen Typs abzubilden, nutzen Computer deshalb mehrere Byte hintereinander. Wie viele und wie genau, das hängt vom jeweiligen Datentyp ab (Tab. 2.2).

---

[5] Diese Schalter heißen eigentlich Transistoren, funktionieren im Grunde aber ganz ähnlich. Übrigens ist die Mengenangabe „einige" hier durchaus irreführend: So steckt beispielsweise in Apples iPhone 12 ein sogenannter A14-Prozessor, auf dem sage und schreibe 11,8 Mrd. Transistoren auf etwas unter einem Quadratzentimeter verbaut sind.

Tab. 2.2 Datentypen im Überblick (eigene Darstellung)

Datentyp	Beschreibung	Beispiel	Benötigter Speicher
Bit oder Boolean	Logischer Zustand (an/aus, true/false)	1	1 Bit
Byte	Kleine ganze Zahl ohne Vorzeichen	42	8 Bit
Integer (unsigned)	Größere ganze Zahl ohne Vorzeichen	7353	16, 32 oder 64 Bit
Integer (signed)	Größere ganze Zahl mit Vorzeichen	−7353	16, 32 oder 64 Bit
Float	Dezimalzahl mit Vorzeichen	3,1415	32 Bit
Double	Dezimalzahl mit Vorzeichen und doppelter Genauigkeit	3,1415	64 Bit
Char	Einzelnes Zeichen	B	8 Bit
Char (UTF-8)	Einzelnes Zeichen	ä	8, 16, 32 oder 64 Bit
String	Zeichenkette	Hallo, Welt	Abhängig von Kodierung und Länge
NULL	Fehlender Wert		meist 8 Bit

2.3.1 Zahlen

Soll der Computer Zahlen, die größer als 256 sind, verarbeiten, benötigt er zwangsläufig mehr Platz als die in einem Byte zur Verfügung stehenden acht Bit. Mit zwei Byte stehen ihm beispielsweise $2^{16} = 65.536$ Möglichkeiten zur Verfügung. Da wir auch die 0 als Zahl speichern wollen, reichen zwei Byte (oder 16 Bit) also für ganze Zahlen von 0 bis 65.535. Man nennt diesen Datentyp auch Integer (ganze Zahl) oder kurz „int". Er benötigt mit zwei Byte verhältnismäßig wenig Speicherplatz und erlaubt dem Computer durch seinen einfachen Bit-für-Bit-Aufbau, sehr effizient (also mit angemessen geringem Aufwand) zu rechnen.

Doch bereits bei negativen Zahlen stößt dieser Datentyp an erste Grenzen. Denn um ein Minus abzubilden, muss ein Bit dafür abgezweigt werden. Dieses Bit ist entweder „0" bei positiven oder „1" bei negativen Zahlen. Der Zahlenbereich erstreckt sich nun also nur noch über 15 verbleibende Bit von −32.768 bis 32.767. In der Informatik ist deshalb bei Zahlentypen ergänzend von „unsigned" (ohne Vorzeichen) oder „signed" (mit Vorzeichen) die Rede.

Dasselbe Prinzip wiederholt sich für größere Zahlen: Reserviert der Computer vier Byte je Zahl, stehen ihm entsprechend 32 Bit zur Verfügung. Für ganze Zahlen („int") ohne Vorzeichen („u") reicht das Zahlenspektrum dieses „uint32" genannten Datentyps dann von 0 bis 4.294.967.295 ($2^{32} - 1$); zuzüglich eines negativen Vorzeichens wird „int32" wiederum halbiert. Größere Zahlen, egal ob positiv oder negativ, sind für Computer also kein Problem, sie brauchen lediglich mehr Speicherplatz.

Etwas anders sieht es bei Dezimalzahlen aus. Denn der Computer braucht eine zusätzliche Angabe darüber, an welcher Stelle das Komma steht. Da das Komma grundsätzlich nach jeder Ziffer stehen könnte, müsste ein entsprechender Datentyp aber an zahlreichen

Stellen Platz dafür reservieren. Eine solche Notation wäre nicht sonderlich effizient. Deshalb gehen Computer von einer festen Position des Kommas aus (ganz rechts) und speichern zusätzlich zur Zahl einen Exponenten, mit dem das Komma verschoben wird. Aus 3,14 wird dann 314×10^{-2}. Man kennt diese Schreibweise vielleicht als wissenschaftliche Notation oder als Exponentialdarstellung. Für den Computer genügt es, die 314 und die 2 zu speichern – zwei ganze Zahlen mit Vorzeichen. Dafür nutzt der Computer häufig 32 Bit, wobei ein Bit für das Vorzeichen (der Zahl), acht Bit für den Exponenten und die verbleibenden 23 Bit für die eigentliche Zahl reserviert sind. Dieser Datentyp nennt sich Float (engl. floating point number) und auch mit ihm kann ein Computer sehr effizient arbeiten und rechnen.

▶   Numerische Daten werden entweder als Ganz- oder als Dezimalzahlen gespeichert, jeweils mit oder ohne Vorzeichen. Der Datentyp belegt dabei eine feste Größe im Speicher und ist entsprechend in seinem Wertebereich begrenzt. Zahlen sind für den Computer nicht zuletzt aufgrund ihrer festen Größe sehr gut handhabbar.

Ein letztes Gedankenexperiment erlauben wir uns an dieser Stelle noch: Denn was passiert, wenn der Computer ein Drittel als Float speichern soll? Ein Drittel als Dezimalzahl besteht aus unendlich vielen Dreien hinter dem Komma. Bei einem 32-Bit-Float stehen dem Computer aber „nur" 23 Bit für die Zahl zur Verfügung. Egal, ob der Computer nun die 23 Bit mit Dreien füllt oder die letzte Stelle abrundet – wenn er das nächste Mal die Zahl aus dem Speicher lädt, ist völlig unklar, wie es nach der letzten Stelle weitergeht. Das ist gerade in der Statistik – und davon gibt es in der CCS mehr als genug – ein Problem. Um diesem Problem zu begegnen, nutzen Computer manchmal auch 64 Bit für Dezimalzahlen (ein Bit für das Vorzeichen, 11 Bit für den Exponenten und 52 Bit für die Zahl). Damit lösen Computer das Problem zwar nicht vollständig, denn letztlich bräuchten sie für Dezimalzahlen unendlich viele Stellen hinter dem Komma, aber sie erhöhen die Genauigkeit. Genau genommen verdoppeln sie die Genauigkeit, weshalb dieser Datentyp etwas selbstironisch Double (engl. double precision) heißt.

2.3.2 Fehlende Werte

Soll der Computer einen fehlenden Wert vermerken, speichert er das als eigenen Wert. Das klingt absurd, rührt aber daher, dass Computer Werte im Speicher immer adressieren müssen. Würde der Computer für einen fehlenden Wert einfach eine unbekannte Adresse im Speicher nutzen, kann nicht ausgeschlossen werden, dass diese Adresse irgendwann verwendet wird – und der fehlende Wert plötzlich einen Wert bekommt. Daher gibt es ein eigenes Steuerzeichen, das man als NULL bezeichnet (gesprochen: nal). Es hat mit der „0" nichts zu tun und ist auch nicht damit gleichzusetzen. Schließlich macht es einen großen Unterschied, ob man weiß, dass kein Geld auf dem Konto liegt (also 0), oder ob man

nicht weiß, wie viel Geld auf dem Konto liegt (NULL). NULL fungiert als eigener Datentyp und belegt in den meisten Fällen ein Byte.

▶   Auch fehlende Werte sind für den Computer Werte. Sie werden NULL genannt,
        was aber nichts mit Null („0") zu tun hat.

2.3.3 Texte (und ï»¿e Probleme)

Über zu speichernde Texte haben wir bereits kurz zu Beginn dieses Kapitels gesprochen:
Die ASCII-Kodierung sorgt für eine Übersetzung, sodass Text in Zahlen umgewandelt,
gespeichert und verarbeitet werden kann. ASCII umfasst im Wesentlichen alle Tasten
einer US-amerikanischen Tastatur. Jedes Byte kann damit also einen Buchstaben des US-
amerikanischen Teils des lateinischen Alphabets abbilden. Doch wir haben ebenfalls bereits gesehen, dass ASCII beispielsweise Umlaute für die deutsche Sprache vermissen
lässt. Um dem zu begegnen, sind in der ISO-Norm 8859 alternative Kodierungen festgehalten: Neben ISO-8859-1, in dem das Deutsche festgehalten ist, existieren auch Kodierungen für das Arabische (ISO-8859-6), das Hebräische (ISO-8859-8) oder das Kyril-
lische (ISO-8859-5). Speichert ein Computer Text, muss er also ergänzend die zugehörige
Kodierung speichern. Denn während bei der deutschen ISO-8859-1 ein Byte mit dem Wert
11100100 ein kleines „ä" meint, stellt ein Computer dasselbe Byte mit einer ISO-8859-8-
Kodierung als hebräisches „ה" dar. Das klingt ziemlich kompliziert, chaotisch und fehleranfällig – und genau das ist es auch.
     Im Laufe der Zeit einigten sich die unterschiedlichen Normierungsinstitute deshalb auf
den sogenannten Unicode-Standard und die UTF-8-Kodierung (engl. Unicode trans-
formation format). Der Standard bildet einen Rahmen, um alle sinnvollen Zeichen für
Druck und Steuerung dieser Welt in einer Kodierung zu sammeln. Dazu zählen neben den
unterschiedlichen Alphabeten auch chinesische, japanische und koreanische Schrift-
zeichen, mathematische Symbole oder Emojis. Das gemeinnützige Unicode-Konsortium
kümmert sich dabei um die ständige Aktualisierung und gibt regelmäßig neue Versionen
heraus. Leider richtet sich bis heute nicht jede Software und jeder Datensatz nach dem
Unicode-Standard.
     Aus informatischer Sicht sieht die UTF-8-Kodierung eine dynamische Länge vor. Das
erste Byte enthält zunächst eine Information darüber, wie viele Byte noch folgen, um das
Zeichen vollständig abzubilden. So belegt ein „ä" nach UTF-8 nunmehr zwei Byte, ein „←"
drei Byte und das gelbe Daumen-hoch-Emoji benötigt vier Byte. Das funktioniert einwand-
frei, solange der Computer weiß, mit welcher Kodierung er es zu tun hat. Versucht ein Computer allerdings, einen mit UTF-8 kodierten Text als ISO-8859-1 einzulesen (oder umgekehrt),
interpretiert er jedes Byte der Multi-Byte-Kodierung einzeln (oder versucht, einzelne Byte als
Multi-Byte-Kodierung zu interpretieren) – und erzeugt so mitunter kryptiï»¿e.
     Um Text zu speichern, benötigen Computer also je nach Kodierung unterschiedlich viel
Platz. Da wir bevorzugt mit einer Unicode-Kodierung (wie UTF-8) arbeiten, werden

üblicherweise ein bis vier Byte (oder eben 8 bis 64 Bit) pro Zeichen benötigt. Der entsprechende Datentyp eines einzelnen solchen Zeichens heißt Char (engl. character).

Text, der aus mehreren Zeichen besteht, wird als String (Zeichenkette) bezeichnet und im Speicher als Liste einzelner Zeichen abgelegt. Damit würde der Text „Hallo Welt" zehn Zeichen á ein Byte benötigen. Damit Computer wissen, wo ein String im Speicher endet, schließen sie jeden Text mit einem speziellen Steuerungszeichen ab oder speichern separat die Länge des Strings. In beiden Fällen wird also noch zusätzlicher Speicherplatz benötigt. Generell braucht Text also recht viel Speicherplatz, wohingegen seine Verarbeitung, etwa das Herauslösen einzelner Teile oder das Verketten zweier Strings, aufgrund ihrer numerischen Repräsentation eine überschaubare Aufgabe darstellt.

▶ Jedes Zeichen wird als numerisches Äquivalent gespeichert. Historisch bedingt ist der Wertebereich aber begrenzt, sodass eine Kodierung den Sprachraum spezifiziert. Texte mit moderner Unicode-Kodierung funktionieren zwar global, benötigen aber mehr Speicherplatz. Wie viel Speicherplatz, hängt von der Länge eines Texts ab.

2.3.4 Listen, Arrays und Tabellen

Mit Strings haben wir außerdem bereits einen etwas außergewöhnlichen Datentyp kennengelernt. Denn Strings sind Listen, die aus einzelnen Chars, also aus einzelnen Elementen eines anderen Datentyps, bestehen. Solche Listen nutzen Computer auch an vielen anderen Stellen. Gerade bei Datensätzen sind sie ein wesentlicher Bestandteil: Denn immer dann, wenn mehrere Daten desselben Datentyps verarbeitet werden sollen, können Computer Rechenleistung und damit jede Menge Zeit einsparen. Sie tun das, indem sie Datentypprüfungen und Befehlsanordnungen verkürzen oder nur einmal pro Liste durchführen.

Effiziente Datensätze sind deshalb in Spalten organisiert, die jeweils nur Daten eines Datentyps aufweisen. Der Datentyp einer Spalte sollte dabei so groß wie nötig aber so klein wie möglich sein.

Denken wir zurück an unser Beispiel von Dominique und den Erstwählenden: Es wäre ineffizient, das Alter als String zu speichern, denn der Computer würde das Alter nicht als zusammenhängende Zahl, sondern als einzelne Zeichen in separaten Chars ablegen. Um mit dem Alter zu rechnen, zum Beispiel für die Ermittlung eines Mittelwerts, müsste der Computer zunächst alle Ziffern einer Altersangabe durchlaufen und in eine zusammenhängende Zahl umwandeln. Stattdessen können wir dem Computer (und damit auch uns) die Arbeit erleichtern, indem wir alle Werte in der Altersspalte mit einem einheitlichen Datentyp versehen. Da das Alter weder negativ noch größer als 256 sein kann, eignet sich Byte als Datentyp. So muss der Computer für die Berechnung eines Mittelwerts keine Umwandlung vornehmen und auch nicht für jede Person prüfen, welchen Datentyp das Alter aufweist.

Die Liste ist also streng genommen kein Datentyp, sondern eine Datenstruktur. Inner-halb einer solchen Datenstruktur können Computer sehr effizient arbeiten, also etwa die Werte darin sortieren, einzelne Werte aus der Liste löschen oder neue Werte hinzufügen. Je nach System und Programmiersprache heißen Listen mitunter auch Vektor, Reihe oder Tupel; der gängigste Name, auf den sich die Informatik einigen konnte, lautet aber Array.

▶   Ein Array (auch: Liste, Vektor, Reihe, Tupel) ist eine Datenstruktur, die aus meh-
    reren – auch einzeln adressierbaren – Elementen desselben Datentyps besteht.
    Arrays sind besonders effizient für die Verarbeitung vieler Daten.

Es ist durchaus möglich, die einzelnen Elemente in Arrays auch einzeln zu adressieren und zu verarbeiten. Arrays verfügen dafür über einen Index (meist i genannt), mit dem man das erste, zweite oder i-te Element anspricht. Bei solchen Indices handelt es sich häufig um ganze Zahlen, die in der Informatik gerne bei 0 beginnen, weshalb das erste Element eines Arrays in zahlreichen Programmiersprachen mit dem Index 0 adres-siert wird.

Übrigens ist auch ein tabellarischer Datensatz nichts anderes als ein Array. Dieses Array enthält allerdings nicht unmittelbar Zahlen oder Texte als Datentypen, sondern die-ses Array (die Tabelle) enthält Arrays (Spalten), die die eigentlichen Werte enthalten. Man spricht dann von mehrdimensionalen (bei einer Tabelle von zweidimensionalen) Daten-strukturen.

2.3.5   Objekte und binäre Daten

Doch nicht alle Daten sind Zahlen oder Texte. Man denke nur an die Fotos von David Hasselhoff vor dem Brandenburger Tor, an die Videos von Rezo oder an das Back-to-Black-Album von Amy Winehouse. Daten also, die nicht nur aus Zeichen für Druck und Steuerung bestehen, sondern beliebige andere Objekte enthalten. Sie werden etwas irre-führend als binäre Daten oder als Daten im Binärformat bezeichnet und wir kommen im Kap. 14 darauf zurück.

2.4   Statistische Perspektive

Nachdem wir den Datensatz nun aus empirischer, technischer und informatischer Perspek-tive grundlegend durchdrungen haben, können wir formal damit umgehen. Wir können die Daten einlesen und einsehen, denn wir wissen,

• welche Merkmalsträger und Merkmale wie operationalisiert sind, in welchen Skalenniveaus sie im Datensatz stecken und wie sie also von uns im Hinblick auf eine Fragestellung zu verstehen sind,

- in welchem Dateiformat der Datensatz vorliegt und wie wir ihn deshalb bearbeiten müssen, und
- welche Datentypen verwendet werden und wie diese mit den Merkmalsausprägungen und Skalenniveaus übereinstimmen.

Um unseren formalen Eindruck der Daten nun zu vervollständigen, schauen wir uns alle enthaltenen Werte und Wertebereiche an. Dafür nutzen wir einfache deskriptive Beschreibungen und Visualisierungen – bei tabellarischen Datensätzen für sämtliche Spalten, bei hierarchischen Datensätzen für alle relevanten Ebenen und Merkmale. Datensätze deskriptiv zu beschreiben und zu visualisieren, sollte dabei immer eine unserer ersten Tätigkeiten sein, wenn wir neue Daten sichten. Idealerweise wird dieser Schritt durch eine vorliegende Dokumentation des Datensatzes deutlich vereinfacht.

Es gibt eine Vielzahl möglicher Beschreibungen und Visualisierungen, die insbesondere durch die Skalenniveaus und die Datentypen determiniert sind. Hier schauen wir uns zunächst nur die gängigsten Möglichkeiten für bereits kennengelernte Datentypen an.

2.4.1   Häufigkeiten und Histogramme

Nahezu immer, aber insbesondere für einen Eindruck nominal skalierter Merkmale, eignen sich einfache Häufigkeitsauszählungen. Je im Datensatz vorhandener Merkmalsausprägung wird dabei für die absolute Häufigkeit ausgezählt, wie oft jede Ausprägung im Datensatz vorkommt. In unserem Beispiel sind von den 768 Befragten also insgesamt 315 weiblich und 307 männlich (Abb. 2.4, links). Dividiert durch die gesamte Anzahl an Merkmalsträgern ergeben sich daraus die relativen Häufigkeiten, die wir auch als Anteile oder (mit 100 multipliziert) als Prozentwerte kennen (Abb. 2.4, rechts): 315 Studienteilnehmerinnen entsprechen also einem Anteil von 0,41 oder eben 41 %. Darüber hinaus sehen wir auf Basis der Häufigkeitsauszählung, dass sich 35 Personen (5 %) als divers beschreiben und weitere 111 Befragte (14 %) keine Angabe über ihr Geschlecht gemacht haben.

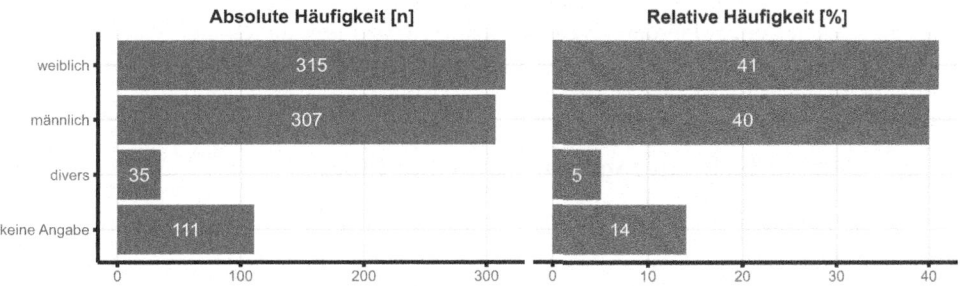

Abb. 2.4 Absolute und relative Häufigkeiten des Merkmals „Geschlecht" (eigene Darstellung)

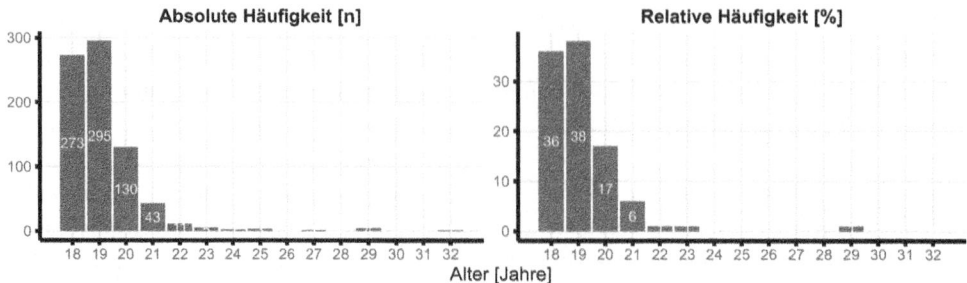

Abb. 2.5 Absolute und relative Häufigkeiten als Histogramme des Merkmals „Alter" (eigene Darstellung)

Die gleiche Beschreibung eignet sich im Grunde auch für ordinal und metrisch skalierte Merkmale. Allerdings wächst die Darstellung mit einer höheren Anzahl an Merkmalsausprägungen und büßt dadurch Lesbarkeit ein. Würden wir das Balkendiagramm der Häufigkeiten beispielsweise für das Merkmal „Alter" ausgeben, hätten wir je vertretener Jahreszahl einen Balken, also 30, 40 oder noch mehr Balken untereinander. Das mag genau erscheinen, es ist aber weder gut lesbar noch sonderlich einprägsam. Man behilft sich deshalb zunächst schlicht damit, das Diagramm zu drehen, aus den Balken also Säulen zu machen (Abb. 2.5). Diese Darstellung nennt sich Histogramm. Sie lässt eine Verteilung erahnen, die in diesem Fall stark zur linken Seite der Skala neigt – man spricht von einer linkssteilen oder rechtsschiefen Verteilung. Dieses Ergebnis ist übrigens wenig überraschend, denn immerhin haben wir es mit Erstwählenden zu tun.

Eine weitere Möglichkeit, ordinale und insbesondere metrische Skalenniveaus in ihren Häufigkeiten abzubilden, ist die Darstellung der kumulierten relativen Häufigkeit. Dabei machen wir uns das Wissen zu eigen, dass die relative Häufigkeit aufsummiert 100 % ergibt. Aufsteigend sortiert nach den Merkmalsausprägungen (hier also nach dem Alter), zählen wir dabei sämtliche darunter liegenden Werte und tragen sie auf einer Linie ab (Abb. 2.6; Punkte hier zur zusätzlichen Veranschaulichung). Es zeigt sich, dass 91 % unserer Befragten 20 Jahre alt oder jünger sind. Die Linie nähert sich mit zunehmendem Alter 100 % an und erreicht sie in diesem Beispiel gar zweimal – bei 29 und 32 Jahren. Grund dafür ist das Runden auf ganze Prozentzahlen. Denn streng genommen erreicht die kumulierte Häufigkeit bei 29 Jahren lediglich 99,9987 % und erst die einzige Person unserer Stichprobe im Alter von 32 Jahren komplettiert die Verteilung.

2.4.2   Lagemaße, Streuungsmaße und Box-Plots

Von metrischen Skalenniveaus können wir über die Häufigkeiten hinaus noch deutlich mehr Information ablesen. Sogenannte Lage- und Streuungsmaße geben an, wo „die Mitte" einer Datenmenge *liegt* (mithin also, wie ihre „Lage" ist) und wie die einzelnen

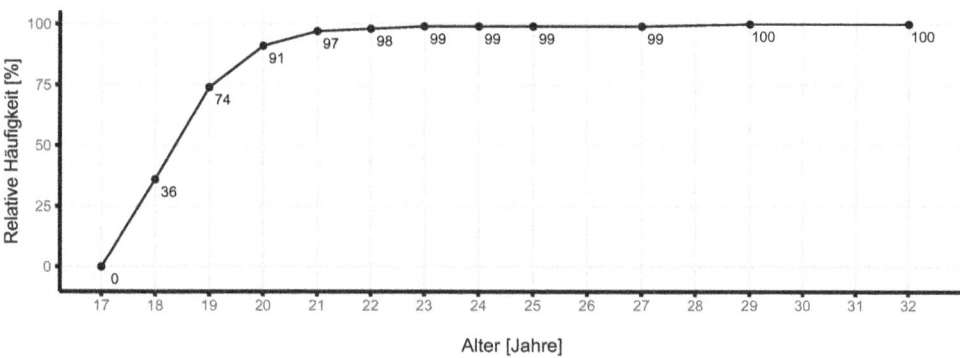

Abb. 2.6 Kumulierte Häufigkeit des Merkmals „Alter" (eigene Darstellung)

Daten darum *streuen*. Widmen wir uns zunächst der Lage – dafür kennt die Statistik mehrere Maße, wobei wir hier nur die drei für uns wichtigsten betrachten:

- Der Modus (auch: Modalwert) benennt den am häufigsten auftretenden Wert. Er entspricht dabei immer einer tatsächlichen Merkmalsausprägung. Wie wir auch im Histogramm sehen können, beträgt der Modus des Alters unserer Erstwählenden 19 Jahre.
- Der Median teilt die Daten in zwei identisch große Teile, identifiziert also jenen Wert, über und unter dem jeweils genau 50 % der Werte liegen. Bei einer geraden Anzahl an Werten wird der Median als Mittelwert (siehe nächstes Maß) zwischen den beiden mittleren Werten gebildet; der Median kann also auch einer nicht tatsächlich auftretenden Merkmalsausprägung entsprechen (z. B. 18,5 Jahre). Wir erkennen den Median grob an der kumulierten Häufigkeit – der Wert müsste demnach größer als 18, aber kleiner als 19 sein, damit genau 50 % der Merkmalsträger darunter liegen können. In unserem Beispiel ist das schwerlich machbar, da sehr viele Merkmalsträger identische Werte aufweisen. Der Median beträgt hier ebenfalls 19 Jahre.
- Der Mittelwert (auch: Mittel, arithmetisches[6] Mittel) ist schließlich der umgangssprachliche „Durchschnitt", für den die Summe aller Werte durch die Anzahl aller Werte dividiert wird. Er entspricht ebenfalls nicht unbedingt einer tatsächlichen Merkmalsausprägung – in unserem Beispiel beträgt er 19,1 Jahre.

---

[6] Es gibt nicht nur das arithmetische (lat. zählend, rechnend), sondern auch ein geometrisches und ein harmonisches Mittel. Dem harmonischen Mittel begegnen wir beim maschinellen Lernen erneut. Dabei werden keine einfachen Zahlen, sondern Verhältniszahlen (also Bruchzahlen) gemittelt, indem die Anzahl aller Werte durch die Summe aller mit Eins dividierten Werte geteilt wird. Ein Beispiel: Auf dem zwei Kilometer langen Weg zur anstehenden CCS-Klausur radeln wir den ersten Kilometer mit 20 km/h (Aha: Ein Bruch!), bevor wir merken, dass wir im Stress sind. Den zweiten Kilometer fahren wir deshalb mit 30 km/h. Wir haben für die Strecke also insgesamt fünf Minuten (drei für den ersten und zwei für den zweiten Kilometer) gebraucht. Das arithmetische Mittel sagt uns nun, dass wir im Schnitt (20 + 30)/2 = 25 km/h gefahren sind, was bei zwei Kilometern Wegstrecke 4,8 min bedeuten würde. Das harmonische Mittel hingegen besagt, dass wir im Schnitt 2/(1/20 + 1/30) = 24 km/h gefahren sind, was bei zwei Kilometern Wegstrecke genau unseren 5 min entspricht.

Die unterschiedlichen Lagemaße eignen sich unterschiedlich gut für unterschiedliche Daten. So ist der Mittelwert insbesondere dann aussagekräftig, wenn sich die Merkmalsträger gleichmäßig um einen zentralen Wert verteilen. Das Histogramm sieht dann sehr symmetrisch aus und man spricht von einer Normalverteilung. Was das genau bedeutet und welche Verteilungen es sonst noch gibt, dazu kommen wir im Kap. 5. Für den Moment ist wichtig, dass Lagemaße nicht immer und nicht allein aussagekräftig sind.

In Ergänzung verwenden wir daher Streuungsmaße. Die einfachsten – aber für das formale Verständnis neuer Daten gut geeigneten – Streuungsmaße sind das Minimum und das Maximum, also der niedrigste und der höchste Wert. In unserem Altersbeispiel der Erstwählenden, das sehen wir erneut im Histogramm, sind das die 18 und die 32. Den Bereich dazwischen, hier also 32 − 18 = 14 Jahre, bezeichnet man als Spannweite. Mit diesen drei Streuungsmaßen erhalten wir also einen ergänzenden ersten Eindruck davon, in welchem Bereich unsere Daten überhaupt liegen.

Einen noch detaillierteren Eindruck erhalten wir durch Quantile. Ähnlich wie der Median teilen Quantile die sortierte Liste der Werte in Portionen. So entspricht das 25-%-Quantil jenem Wert, unter dem genau 25 % aller Werte liegen, und das 95-%-Quantil meint demnach den Wert, der exakt 95 % aller Werte unter sich liegen hat. Man spricht von Quantilen auch als Perzentile[7], wenn die Portionen jeweils genau Ein-Prozent-Schritten entsprechen, oder als Quartile, wenn die Portionen jeweils genau einem Viertel aller Werte entsprechen. Das 50-%-Quantil ist also nichts anderes als das 50er-Perzentil, das 2. Quartil oder der bereits kennengelernte Median.

Nicht immer sind wir aber an den niedrigsten 25 % interessiert. Gerade in Ergänzung zu den Lagemaßen interessiert uns mitunter, wie jene Werte streuen, die sich nahe der „Mitte" befinden. Dafür hat sich der sogenannte Interquartilsabstand als Maß etabliert. Er funktioniert wie die Spannweite, nur statt von Minimum bis Maximum reicht er vom 25-%-Quantil (dem 1. Quartil) bis zum 75-%-Quantil (dem 3. Quartil). Er beschreibt also jenen Abstand, in dem die zentralen 50 % aller Werte liegen. In unserem Beispiel beträgt der IQR zwei Jahre und reicht von 18 bis 20.

Diese Informationen in Form von Lage- und Streuungsmaßen lassen sich auch geballt visualisieren: Box-Plots (Abb. 2.7) stellen den Interquartilsabstand als Rechteck und den Median als darin liegende dicke Linie dar. Damit sehen wir auf einen Blick, wo sich die Hälfte aller Merkmalsträger für dieses Merkmal befinden und wie sich diese Streuung zur Lage des Medians verhält: Liegt die dicke Linie zentral in der Box, liegt eine eher symmetrische Verteilung vor. Umgekehrt können wir also erahnen, dass die Verteilung der Männer weniger symmetrisch als die der Frauen ist – im konkreten Fall verteilen sich die Männer etwas rechtssteiler (und damit linksschiefer) als die Frauen. Box-Plots, die übrigens auch Whisker-Plots (Barthaar) genannt werden, enthalten zudem seitlich herausstehende Linien, die vage an die (unsymmetrischen) Barthaare einer Katze erinnern. Sie

---

[7] Das haben Sie vielleicht schonmal im Rahmen einer Schwangerschaft gehört. Dabei wird eine statistische Möglichkeit geschaffen, Gewicht und Wachstum eines Babys ins Verhältnis zum durchschnittlichen Gewicht und Wachstum vieler Babys zu setzen.

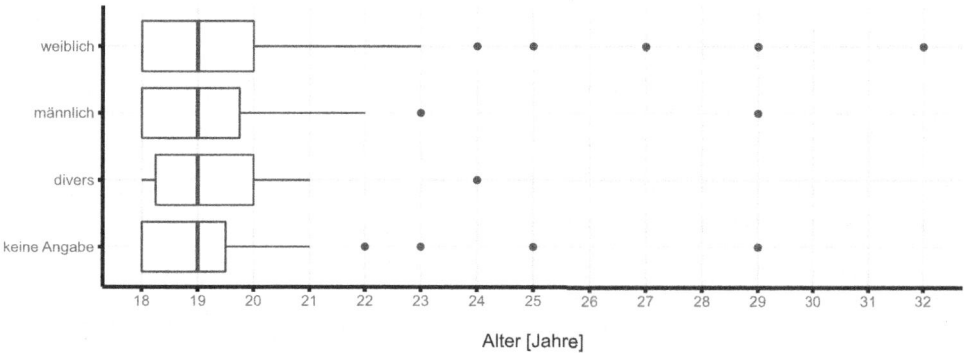

Abb. 2.7 Box-Plots des Merkmals „Alter", aufgeteilt nach „Geschlecht" (eigene Darstellung)

erweitern in der Regel das Rechteck bis zum kleinsten Wert, der maximal um das Anderthalbfache des Interquartilsabstands entfernt liegt. Zuletzt sind verbleibende Werte, die außerhalb des engeren (Box) und weiteren (Barthaare) Zentrums liegen, als sogenannte Ausreißer in Form von Punkten dargestellt. Sie sind in vielen Fällen wichtig zu kennen, fallen optisch allerdings mehr auf als man ihnen deskriptive Bedeutung zuschreiben sollte.

Die letzten beiden Streuungsmaße, die wir kennenlernen, sind die Standardabweichung und die Varianz, die wir beide in zahlreichen statistischen Verfahren brauchen. Die Standardabweichung beschreibt die durchschnittliche Abweichung aller Werte vom errechneten Mittelwert. Sie gehört also zum arithmetischen Mittel und gibt an, wie genau und eng sich die Werte um den Mittelwert herum verteilen. Die Varianz macht dasselbe, berücksichtigt dabei aber Ausreißer, indem sie (durch Quadrieren) größer wird, je weiter einzelne Werte vom Mittelwert abweichen.

2.4.3 Fehlende Werte

Haben wir alle verfügbaren Merkmale sorgfältig beschrieben, müssten im Grunde auch alle fehlenden Werte bereits aufgefallen sein. Dennoch legen wir an dieser Stelle nochmals den Fokus darauf und stellen uns insbesondere zwei Fragen: Wie kommt es zu fehlenden Werten? Welche Werte gelten als fehlend?

Zu fehlenden Werten kann es kommen, wenn eine Messung unmöglich ist. In unserem Beispiel der Mediennutzung von Erstwählenden etwa, weil die Forschungssoftware ausfällt oder weil eine befragte Person kein Smartphone besitzt. Werte können ferner fehlen, wenn eine Messung verweigert wird. Das kann einerseits an fehlendem Interesse, Wissen oder Misstrauen, andererseits an fehlenden oder falschen Merkmalsausprägungen liegen. Befragen wir die Erstwählenden beispielsweise nach ihrer Parteipräferenz, so kann es sein, dass einige Befragte diese Frage nicht beantworten wollen – diese Werte fehlen uns also für die Auswertung. Es kann aber auch sein, dass Befragte zwar zu antworten gewillt sind, ihre präferierte Partei aber nicht in unserem Fragebogen aufgeführt ist. Auch diese Werte fehlen uns.

Welche Werte in den Daten tatsächlich als fehlend gelten, ist außerdem von technischen Aspekten abhängig. Wollen Personen eine Frage nicht beantworten, lassen sie die Frage vielleicht schlichtweg offen. In den Daten stünde dann nichts oder – je nach genutzter Software – NULL. Je nachdem, wie Daten eingelesen werden, ist dabei darauf zu achten, dass solche Werte nicht ignoriert oder still und heimlich in eine 0 oder einen leeren String („") umformatiert werden. Vielleicht wählt eine Person stattdessen auch die von uns vorgesehene Ausweichoption („weiß nicht" oder „möchte ich nicht sagen") aus. In den Daten sind solche Optionen häufig mit sinnfreien Codes belegt, etwa -9 oder 999. Das hat den Vorteil, dass sie in Histogrammen schnell auffallen.

Zentral für die Beurteilung fehlender Werte ist für uns, ob das Fehlen einer Systematik folgt. Fehlen sämtliche Messungen der Mediennutzung in den frühen Morgenstunden, so fehlen uns systematisch Daten, die das Ergebnis zu verzerren imstande sind – denn immerhin pendeln Menschen morgens und konsumieren auf ihrem Weg auch Nachrichten. Fehlen hingegen Messungen der Mediennutzung so über den Untersuchungszeitraum verteilt, dass nicht von einer Systematik auszugehen ist, so gibt es für uns keinen Grund zur Annahme eines verzerrten Ergebnisses. Dasselbe gilt für die Parteipräferenz: Fehlen einige Werte oder fehlt eine komplette Partei? Insgesamt gilt: Je systematischer Werte fehlen, desto weniger brauchbar ist dieser Teil der Datenerhebung für uns. Und diese Systematik können wir mithilfe statistischer Methoden überprüfen.

Übrigens: Wie wir mit einmal identifizierten fehlenden Werten umgehen, hängt nicht nur von ihrer Systematik, sondern auch davon ab, wie es zu den fehlenden Werten kam und ob wir genügend verbleibende Fälle haben. Je nachdem bleiben uns dann drei Optionen:

- Wir verzichten für die Auswertung auf die fehlenden Werte. Dabei können wir entweder nur auf die Werte verzichten, wenn sie in einer Auswertung benötigt werden (paarweises Ausschlussverfahren), oder wir schließen die gesamten Merkmalsträger mit fehlenden Werten aus (fallweises Ausschlussverfahren).
- Wir verzichten mit Verweis auf fehlende Werte auf ganze Auswertungen.
- Wir ergänzen die fehlenden Werte. Diese Option nennt sich auch Imputation fehlender Daten und es gibt eine ganze Reihe möglicher Verfahren dafür, auf die wir in Kap. 7 eingehen.

2.5   Zwischenfazit und Literaturhinweise

Daten machen Erfahrungen und Sachverhalte mess- und nachvollziehbar. Gerade in der CCS haben wir es mit ganz unterschiedlichen Daten zu tun – sei es, weil wir sie von anderen beziehen oder weil wir sie selbst generieren. Ein detailliertes Verständnis von Daten ist deshalb unerlässlich, welches wir in diesem Lehrbuch in ein eher formales und ein eher inhaltliches Verständnis unterteilen. Die Rede ist hier von „eher", da diese Verständnisse manifester und latenter Charakteristika von Daten eng miteinander verzahnt sind.

Um sich der eher formalen und manifesten Charakteristika anzunehmen, haben wir in diesem Kapitel vier Perspektiven auf Daten unterschieden.

Erstens gilt es aus einer empirischen Perspektive, das Forschungsinteresse mit den Daten in Einklang zu bringen. Zentral dafür ist ein Verständnis über die in einem Datensatz verfügbaren Merkmale, Merkmalsträger und Merkmalsausprägungen sowie über ihre Operationalisierung. Auf welchen Skalenniveaus die Daten vorliegen, gibt dabei für den weiteren Forschungsprozess auch vor, welche Auswertungen möglich sind.

Zweitens ist ein Verständnis aus technischer Perspektive notwendig, um die gespeicherten Merkmalsträger und Merkmale nicht nur identifizieren, sondern auch korrekt einlesen zu können. Die gängigen Dateiformate lassen sich dabei grob in tabellarische und hierarchische Formate einteilen. Ihr Einsatz hängt dabei einerseits von empirischen Aspekten, andererseits vom Distributionskanal ab.

Drittens kommt man in der CCS nicht umhin, eine informatische Perspektive einzunehmen. Hierbei geht es sowohl darum, Datentypen korrekt bestimmen und verarbeiten, als auch darum, Daten möglichst effektiv und effizient handhaben zu können. Gerade bei größeren Datensätzen, denen wir uns in den nächsten Kapiteln noch widmen werden, machen angemessen verwendete Datentypen einen zentralen Unterschied. Denn verschiedene Zahlentypen, Texte, Arrays und selbst fehlende Werte bedeuten für Computer unterschiedlich großen Aufwand, der sich durch einheitliche Deklaration innerhalb einzelner Merkmale eingrenzen lässt.

Viertens bleibt eine erste statistische Perspektive, um Daten deskriptiv zu beschreiben. Die dabei genutzten Verfahren ergeben sich aus der empirischen Perspektive und sind wohl weitestgehend aus der Statistik und Datenanalyse bekannt. Ein besonderes Augenmerk in der CCS liegt dabei auf Häufigkeiten und Histogrammen, auf Lage- und Streuungsmaßen, auf Box-Plots und auf der Identifikation (systematisch) fehlender Werte.

Übungen

Ein Lehrbuch zu lesen ist gut – das Gelesene direkt aktiv nachzuvollziehen, ist noch besser. Deshalb schließen fortan alle Kapitel mit Übungshinweisen. Die Übungen finden Sie mitsamt einigen Lösungsansätzen allesamt online bei der Kollaborationsplattform GitHub: https://datenfruehstueck.github.io/ccs/

Für den Moment benötigen Sie für die Übungen nur einen Computer und funktionierendes Internet. Ein bisschen Ruhe und die Lust zu tüfteln kann außerdem nicht schaden. Setzen Sie sich mit Verbündeten zusammen, scheuen Sie nicht vor scheinbar Code-lastigen Aufgaben und arbeiten Sie sich Schritt für Schritt voran.

Literaturhinweise

- Brosius, H.-B., Haas, A., & Unkel, J. (2022). *Methoden der empirischen Kommunikationsforschung. Eine Einführung* (8. Aufl.). Springer VS.
- Field, A. (2016). *An adventure in statistics. The reality enigma.* Sage.

- Field, A., Miles, J., & Field, Z. (2012). *Discovering statistics using R*. Sage.
- Gehrau, V., Maubach, K., & Fujarski, S. (2022). *Einfache Datenauswertung mit R: Eine Einführung in uni- und bivariate Statistik sowie Datendarstellung mit RStudio und R Markdown*. Springer VS.
- Haffner, E. G. (2017). *Informatik für Dummies. Das Lehrbuch*. Wiley-VCH.
- Kuckartz, U., Rädiker, S., Ebert, T., & Schehl, J. (2013). *Statistik: Eine verständliche Einführung* (2. Aufl.). Springer VS.
- Rasch, B., Friese, M., Hofmann, W., & Naumann, E. (2014). *Quantitative Methoden 1. Einführung in die Statistik für Psychologen und Sozialwissenschaftler* (4. Aufl.). Springer VS.

Daten bewerten

3

Daten sind nicht objektiv. Für uns dienen sie einem wissenschaftlichen Erkenntnisinteresse, sollen also die Suche nach wahren und allgemein gültigen Aussagen unter-
stützen. Was dabei aber wahr und allgemein gültig ist, daran nähern sich die Sozialwissenschaften meist über den Umweg probabilistischer (auf Wahrscheinlichkeiten basierender)
Datenanalyse an. Statt vollständiger Objektivität gilt für (Sozial-)Wissenschaften deshalb
die intersubjektive Nachvollziehbarkeit: Das bedeutet, dass Daten und Methoden empirischer Untersuchungen so offengelegt werden müssen, dass jede Person die Forschung
nachvollziehen und grundsätzlich wiederholen (replizieren und reproduzieren) kann – die
Erkenntnisse und damit auch die Daten müssen also unabhängig von einzelnen Personen
und deren Einflüssen sein.

Gerade in der CCS haben wir es aber immer wieder mit Daten zu tun, für die zunächst
unklar ist, inwiefern sie wissenschaftlichem Anspruch genügen. Das kann einerseits daran
liegen, dass wir auf Daten anderer zurückgreifen müssen. Wir erhalten also einen Datensatz, bei dessen Erstellung wir kein Mitspracherecht hatten. Frei nach dem Motto „take it
or leave it" ist es dann an uns, diese Daten zu bewerten und zu entscheiden, ob wir mit
ihnen arbeiten oder nicht. Andererseits ist denkbar, dass wir im Rahmen eines eigenen
CCS-Projekts eine Datenerhebung planen. Doch obwohl wir über die Erstellung des
Datensatzes mitentscheiden, haben wir vielfach aufgrund ökonomischer oder technologischer Prämissen dennoch keine vollständige Bewegungsfreiheit. Wir müssen also
Forschungsinteresse und Machbarkeit abwägen und bewerten, welche Daten wir in welcher Detailtiefe tatsächlich benötigen.

Entsprechend wichtig ist es gerade in der CCS, Daten nicht nur formal (Kap. 2), sondern auch inhaltlich bewerten zu können. Manche beschreiben diese Kompetenz auch als

M. Haim, *Computational Communication Science*, Studienbücher zur
Kommunikations- und Medienwissenschaft, https://doi.org/10.1007/978-3-658-40171-9_3

Fähigkeit, die richtigen Fragen an Daten stellen zu können. Dem nehmen wir uns in diesem Kapitel ausführlich an. Unser Ziel ist es, Daten (1) nach ihrer Aussagekraft, (2) nach ihrer Darstellungsweise, (3) nach ihren rechtlichen Grundlagen, (4) nach ihren ethischen Prinzipien und zuletzt (5) nach ihrer Genese bewerten zu lernen.

3.1   Nach ihrer Aussagekraft

Wie aussagekräftig Daten sind, hängt zunächst vom Forschungsinteresse ab: Wollen wir Aussagen über die genutzten Medieninhalte von Erstwählenden machen, müssen wir auch Daten danach bewerten, was sie über Medieninhalte auszusagen imstande sind. Bei Erstwählenden bewerten wir Daten entsprechend ihrer Aussagekraft über Individuen. An erster Stelle stehen also zwangsläufig Forschungsfragen oder Hypothesen, die den Soll-Zustand spezifizieren, also was mithilfe der Daten möglich sein soll. Um bewerten zu können, ob der Ist-Zustand dem auch entspricht, also ob die geplanten oder vorliegenden Daten diese Aussagen auch tatsächlich zulassen, gilt es, Informationen über die Daten einzuholen. Im Kontext der CCS helfen insgesamt sieben Leitfragen, um den Soll- mit dem Ist-Zustand abzugleichen. Nur wenn alle Leitfragen vollumfänglich beantwortet werden, sind zuverlässige Bewertungen über die Aussagekraft von Daten möglich:

1. Wen oder was *sollen* die Daten abbilden?
2. Welche Erhebungsmethode liegt den Daten zugrunde?
3. Auf welcher Stichprobe und Grundgesamtheit bauen die Daten auf?
4. Wie wurden die einzelnen Daten erhoben?
5. Wann, wo und durch wen wurden die Daten erhoben?
6. Was ist über Probleme während der Datenerhebung bekannt?
7. Wen oder was bilden die Daten *tatsächlich* ab?

Schauen wir uns die Leitfragen einzeln an, bevor wir uns einer Gesamtbewertung widmen. Zunächst gilt es, den Soll-Zustand zu erörtern. Dafür benötigen wir Informationen zum Forschungsziel, idealerweise Forschungsfragen und/oder Hypothesen. Sie geben vor, über welche Merkmalsträger und über welche Merkmale Aussagen getroffen werden sollen. Diese Leitfrage zielt also noch nicht direkt auf den vorliegenden oder geplanten Datensatz, sondern setzt den Rahmen, innerhalb dessen die anderen Leitfragen eine Bewertung ermöglichen.

Mit der zweiten Leitfrage wenden wir uns den Daten direkt zu. Für die Bewertung essenziell ist hierbei, ob die Erhebungsmethode Daten generiert, mit denen das Forschungsziel konkret adressiert wird. In der Kommunikationswissenschaft typische Erhebungsmethoden sind die Befragung, die Beobachtung und die Inhaltsanalyse. Mit einer Befragung erfahren wir etwas über persönliche Merkmale, über grobe Einschätzungen der Mediennutzung, über Meinungen oder über Wahrnehmungen. Wir erfahren aber nichts über Inhalte – dazu bedienen wir uns in der Regel einer Inhaltsanalyse, die im Gegenzug aber nichts über Wahrnehmung oder Nutzung auszusagen imstande ist. Mithilfe von klassischen Beobachtungen sind wir in der Lage, Verhalten oder soziale Dynamiken zu beschreiben. Dabei entgehen uns aber mitunter Inhalte oder individuelle Denk- und Meinungsbildungsprozesse. Ebenso denkbar ist, dass die Daten aus einer Erhebung durch Tracking, einer Simulation oder von einer Social-Media-Plattform stammen. Während Tracking empirisch einer sehr detaillierten Beobachtung nahekommt, ähnelt der Informationsgehalt von Social-Media-Daten eher einer Inhaltsanalyse (mehr dazu in Abschn. 3.3). Anders geartet sind Simulationen, bei denen Forschungssoftware Zusammenhänge selbstständig simuliert (mehr dazu in Kap. 7). Bei Simulationsdaten herrscht deshalb recht viel Interpretationsspielraum um die probabilistisch modellierten Informationen, wenngleich klassische Simulationsmodelle in den Sozialwissenschaften auch soziale Prozesse modellieren.

Bei der dritten Leitfrage geht es darum, die Auswahl der Merkmalsträger genauer einzuschätzen. Über wen oder was sollen Aussagen getätigt werden (Grundgesamtheit) und wer oder was ist in den Daten abgebildet (Stichprobe)? Dabei ist es gerade in der CCS teilweise sehr schwierig, die Grundgesamtheit exakt zu bestimmen. Geht es bei einer Studie etwa um die Likes und Shares von Social-Media-Posts, so fällt es schwer, einzugrenzen, wem die Posts überhaupt angezeigt wurden, wen oder was also die Grundgesamtheit umfasst. Auch bei klassischen Befragungen, die online durchgeführt werden, ist ein besonderer Fokus auf Stichprobe und Grundgesamtheit wichtig. Denn online durchgeführte Befragungen leiden immer wieder unter einer geringen Rücklaufquote, also einem nur sehr geringen Anteil an kontaktierten Personen, die zwar zur Befragung eingeladen wurden, aber nicht daran teilgenommen haben. Das mag an der Vielzahl an online durchgeführten Befragungen, an der geringen Hürde, eine solche Einladung unbeantwortet zu löschen, oder an anderen Gründen liegen. Wichtiger als die Gründe ist aber die Gefahr, bei einer geringen Rücklaufquote von beispielsweise weniger als 15 bis 20 % nicht nur wenige, sondern nur ganz bestimmte Personen erreicht zu haben. Je nach Einladung können das beispielsweise besonders forschungsaffine Personen sein. Es können aber auch Personen mit weniger guten Absichten sein, die gezielt auf der Suche nach wissenschaftlichen Befragungen sind – nicht zuletzt, um diese zu manipulieren. Geringe Rücklaufquoten sollten also immer Anlass zur genaueren Inspektion der Stichprobe und idealerweise zu einem statistischen Abgleich mit der Grundgesamtheit sein.

Die vierte Leitfrage zielt inhaltlich auf die einzelnen Merkmale: Wie sind sie und ihre Merkmalsausprägungen definiert und für die einzelnen Merkmalsträger entstanden? Handelt es sich um Befragungsdaten, so gilt es hier zu klären, welche Fragen gestellt und welche Formulierungen und Antwortoptionen dafür genutzt wurden. Bei Simulationsdaten ist indes interessant, welche Agenten, Regeln, und Parameter bei der Generierung genutzt wurden (vgl. Kap. 7). Und bei maschinellen Verfahren der Inhaltsanalyse interessieren uns hier die Auswahl und Genese der einzelnen Features (vgl. Kap. 10).

Bei Leitfrage fünf handelt es sich um eine Frage nach strukturellen Informationen: Wann und wo die Daten erhoben wurden, ist vor allen Dingen mit Blick auf mögliche Besonderheiten relevant. Sind die Tweets von Bundestagsabgeordneten von Interesse, so macht es durchaus einen Unterschied für die Aussagekraft, ob sie unmittelbar vor einer Bundestagswahl oder während einer Sommerpause gesammelt wurden. Es ist außerdem von Relevanz, wer die Daten erhoben hat: Handelt es sich um eine wissenschaftliche Erhebung, die die Details ihres Vorgehens transparent macht, also etwa die Versionsnummern der genutzten Schnittstellen veröffentlicht (vgl. Kap. 5), oder wurden die Daten von Drittanbietern erworben, deren Erhebungsverfahren Geschäftsgeheimnis ist?

Auch in der CCS sind Probleme während der Datenerhebung keine Seltenheit. Mal ist ein Server für kurze Zeit nicht erreichbar, mal fällt ein Merkmalsträger für kurze Zeit auffällig aus dem Rahmen, mal entspricht die Erklärkraft eines Modells nicht den Optimalempfehlungen. All das gilt es für aussagekräftige Daten, die wissenschaftlichen Standards genügen sollen, zu protokollieren. Fehlen Informationen über etwaige Probleme während der Erhebung, so ist das noch kein Ausschlusskriterium, aber eine nennenswerte Einschränkung bei der Bewertung von Daten.

Zuletzt können die gesammelten Informationen der vorangegangenen Leitfragen in einer abschließenden Bewertung gebündelt werden, um so den Ist-Zustand mit dem Soll-Zustand abzugleichen. Was bilden die Daten also tatsächlich ab, wenn die Erhebungsmethode, die Stichprobe der Merkmalsträger und ihre Merkmale, Zeitpunkt, Ort und Probleme der Erhebung sowie der Urheber der Daten berücksichtigt werden? Welche Aussagen sind damit letztlich möglich und decken sich diese Möglichkeiten mit den im Forschungsziel angestrebten Aussagen?

Dieses vorgestellte „SESISPI"-Prinzip (Soll – Erhebungsmethode – Stichprobe – Inhalt – Struktur – Probleme – Ist) dient als Checkliste. Die sieben Leitfragen sollen dabei helfen, die Aussagekraft von Daten systematischer zu bewerten.

Ein Beispiel soll das verdeutlichen: Um der zunehmend individualisierten Online-Kommunikation Rechnung zu tragen, wollen wir herausfinden, ob sich Personenmerkmale in bestimmten Instagram-Abonnements niederschlagen. Wir fragen uns also, ob es möglich ist, nur auf Basis von öffentlich einsehbaren Abonnement-Informationen einzelner Personen deren Alter und Geschlecht abzuleiten. Für den Moment kennen wir auch das tatsächliche Alter und Geschlecht – wenn wir aber erfolgreich sind, soll unser Modell künftig auf unbekannte Nutzende angewandt werden, deren Alter und Geschlecht wir dann nicht mehr kennen, um so individueller politisch über Instagram-Abonnements kommunizieren zu können.

Mit der Idee für dieses Vorhaben ist ein externer Partner an uns herangetreten. Der Partner stellt auch direkt einen tabellarischen Datensatz zur Verfügung (Tab. 3.1). Darin sind in pseudonymisierten Nutzungsprofilen Abonnements gegenüber Instagram-Profilen vermerkt. So weist der Nutzer mit der Kennung „0430sh" Abonnements für die Profile des Fußballers Dayot Upamecano, des Autoherstellers BMW und der Leipziger Volkszeitung (LVZ) auf, während „0hvaa7" die Künstlerin Nenda, das öffentlich-rechtliche Format „deutschland3000" und ebenfalls BMW abonniert hat. Ein Abonnement ist also jeweils mit einer „1", kein Abonnement mit einer „0" gekennzeichnet – die Grünen-Politikerin

Tab. 3.1 Ausschnitt pseudonymisierter Instagram-Nutzender und ihrer Abonnements (eigene Darstellung)

user	upamecano	bmw	lvz	nenda	d3000	baerbock	…	alter	geschlecht
0430sh	1	1	1	0	0	0	…	25	m
0hvaa7	0	1	0	1	1	0	…	22	w
03kgps	0	0	0	0	1	1	…	30	w
05hko3	0	0	0	0	0	0	…	22	m
01ba8r	0	0	0	1	0	1	…	27	d

Annalena Baerbock abonnieren also beide nicht. Der Datensatz enthält außerdem Alter und Geschlecht dieser und 6395 weiterer Personen.

Die Daten sollen dabei helfen, Alter und Geschlecht aus Instagram-Abonnements abzuleiten (Soll). Dafür haben wir es mit einer Kombination aus Befragungsdaten und Social-Media-Daten, die gewissermaßen als Nebenprodukt der eigentlichen Nutzung angefallen und als solche inhaltsanalytisch erhoben worden sind, zu tun (Erhebungsmethode). Die Stichprobe besteht insgesamt aus 6397 Personen und wurde so gewählt, dass alle Instagram-Nutzenden, die in den letzten zwei Wochen den Hashtag *#wahl* benutzten, per Direktnachricht kontaktiert und mit Hinweis auf das Forschungsprojekt nach Angaben zu Alter und Geschlecht befragt wurden; als Grundgesamtheit stellt sich der externe Partner die wahlberechtigte Bevölkerung bei Instagram vor (Stichprobe). Die einzelnen Daten bilden die aktiven Abonnements vom gestrigen Tag ab (Inhalt) und wurden ebenfalls gestern direkt von Instagram durch den Partner bezogen (Struktur). Über besondere Herausforderungen ist nur bekannt, dass lediglich 17 % aller insgesamt 37.629 angeschriebenen Personen mit Angaben über Alter und Geschlecht geantwortet haben (Probleme).

Wir können also festhalten (Ist), dass die Daten durchaus imstande sind, etwas über Instagram-Abonnements und auch etwas über Alter und Geschlecht derjenigen, die diese Likes gegeben haben, auszusagen. Allerdings ist davon auszugehen, dass wir aufgrund des Aufgriffkriteriums, den Hashtag *#wahl* genutzt zu haben, eher politikinteressierte Personen im Datensatz haben – ein Übertragen etwaiger Befunde auf die Grundgesamtheit ist demnach nicht ohne Weiteres möglich. Diese Einschränkung verstärkt sich noch durch die eher geringe Rücklaufquote von 17 %: Wir haben es also wahrscheinlich nicht nur mit politikinteressierteren, sondern auch mit forschungsaffineren Personen zu tun. Außerdem bieten uns die Daten nur einen punktuellen Ausschnitt, also einen einmaligen zeitlichen Einblick in die Dynamik von Instagram-Abonnement. Auch das müssen wir als Einschränkung berücksichtigen.

3.2   Nach ihrer Darstellungsweise

Grundsätzlich lassen sich Daten in ihrer Darstellungsweise in zwei Gruppen unterscheiden: Querschnittsdaten zeigen einen punktuellen Ausschnitt, enthalten also keinerlei zeitliche Dimension. Dem gegenüber stehen Längsschnittdaten oder Zeitreihen, die min-

destens zwei Messzeitpunkte enthalten und so die Darstellung einer Entwicklung erlauben. Diese Unterscheidung ist keineswegs eine spezifische der CCS, sondern taucht in
der klassischen Kommunikationswissenschaft immer wieder auf.

Gerade in der CCS haben wir es aber regelmäßig mit verschachtelten Daten zu tun, bei
denen Querschnitts- und Längsschnittdaten in einer Beziehung zueinanderstehen. Denken
wir an Dominique und die Erstwählenden zurück, so finden wir in diesen Daten sowohl
die einmalige – also im Querschnitt angelegte – Befragung nach soziodemografischen und
anderen Merkmalen als auch die durch die Forschungssoftware fortlaufend sicher-
gestellte – und damit im Längsschnitt angelegte – Beobachtung der Aufrufe von Nachrichtenbeiträgen. Beide Daten lassen sich für sich betrachten, doch für die gemeinsame
Interpretation gelten besondere Spielregeln, denen wir uns im Folgenden widmen.

3.2.1 Querschnittsdaten

Daten, die genau einen Zeitpunkt darstellen, bezeichnet man als Querschnittsdaten. Bildlich gesprochen schneiden wir also „quer" in den Zeitstrahl, um eine Momentaufnahme zu
erhalten. Dabei entspricht ein Merkmalsträger einem einzeln zu betrachtenden Fall, also
beispielsweise einer Zeile in einem tabellarischen Datensatz. Die einzelnen Fälle sind
dabei voneinander weitestgehend unabhängig.

Die gerade kennengelernten Instagram-Abonnement-Daten sind so aufgebaut. Und
das, obschon es sich bei Instagram-Abonnements durchaus um Informationen im Zeitverlauf handeln kann: So gefällt „0430sh" zwar zum Zeitpunkt der Datenerhebung das
Instagram-Profil von Dayot Upamecano, doch möglicherweise hat sich die Meinung ge-
ändert und das Abonnement wurde mittlerweile beendet. Das aber geht aus Querschnittsdaten nicht hervor. Derartige Einschränkungen gilt es zu bedenken, in einem Forschungs-
bericht oder Fachbeitrag (im Rahmen der Limitationen) zu erwähnen und bei der
Diskussion von Befunden zu berücksichtigen.

Die Gesamtheit der einzelnen Fälle lässt sich bei Querschnittsdaten recht einfach beschreiben. Da sich die einzelnen Merkmalsträger unabhängig voneinander betrachten lassen,
können wir sie über die bereits bekannten Häufigkeiten, Lage- und Streuungsmaße beschreiben und mithilfe von Histogrammen und Box-Plots visualisieren. Auch Zusammenhänge zwischen metrischen Merkmalen lassen sich aus Querschnittsdaten ablesen und darstellen, zum Beispiel über Korrelationen und sogenannte Scatter-Plots. Dabei stellen wir
zwei unterschiedliche Merkmale in einem Koordinatensystem dar – eine Achse ist dabei
dem einen Merkmal, die andere Achse dem anderen Merkmal gewidmet. Jeder Merkmalsträger bekommt einen Punkt und alle diese Punkte „streuen" wir auf das Koordinatensystem.

Als Beispiel fassen wir den Instagram-Datensatz ein wenig zusammen und überführen
die gefolgten Accounts in Gruppen: Dayot Upamecano zählen wir als Abonnement gegenüber einem Sportler, BMW als Abonnement gegenüber einer Marke und Nenda als
Abonnement gegenüber einer Musikerin. Insgesamt überführen wir die 213 Accounts in
sieben Gruppen: Journalismus (15 Accounts), Marken (24), Musik (37), Politik (17), Sport

(28), Unterhaltung (75) und andere (17). Anschließend berechnen wir je Merkmalsträger den Anteil an gefolgten Accounts in jeder Gruppe – ein Wert bei Journalismus von 0,25 bedeutet also, dass eine Person 25 % aller im Datensatz befindlichen Journalismus-Accounts folgt.

Wozu der ganze Aufwand? Um lose Zusammenhänge zwischen den Account-Gruppen abzulesen. Dafür visualisieren wir die Gruppen mithilfe von Scatter-Plots: Je weiter rechts (Journalismus bzw. Musik) Punkte sind, desto eher sind sie auch weiter oben (Politik bzw. Unterhaltung). Oder anders formuliert: Personen, die Journalismus-Accounts folgen, folgen offenbar auch eher Politik-Accounts und Personen, die Musik-Accounts folgen, folgen offenbar auch eher Unterhaltungs-Accounts (Abb. 3.1). Die Zusammenhänge sind dabei wohl beide eher moderat, sonst würden die verteilten Punkte deutlicher einer geraden Linie ähneln. In beiden Fällen ist aber ein Zusammenhang erkennbar.

Was wir im Scatter-Plot sehen, lässt sich mithilfe eines Korrelationskoeffizienten auch in eine Zahl bringen. Eine Korrelation prüft statistisch, ob zwei metrisch skalierte Merkmale in ihrer Verteilung über die Merkmalsträger hinweg Ähnlichkeiten aufweisen. Man nennt das auch „kovariieren", also miteinander im Einklang (wie bei „Ko-" in „Ko-Autorin") vom jeweiligen Mittelwert abweichen (wie bei einer Variation). Korrelationskoeffizienten[1] liegen dabei immer zwischen −1 und +1, wobei das Vorzeichen angibt, ob

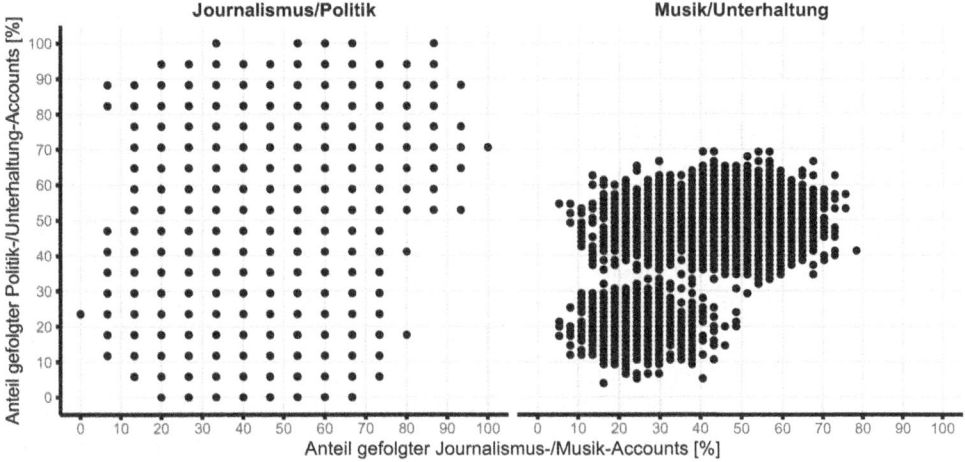

Abb. 3.1 Scatter-Plots zwischen den Anteilen gefolgter Journalismus- und Politik-Accounts (links) und den Anteilen gefolgter Musik- und Unterhaltungs-Accounts (rechts) (eigene Darstellung)

---

[1]Es gibt verschiedene Korrelationskoeffizienten, wobei der hier Beschriebene zugleich der in der Kommunikationswissenschaft wie auch der CCS gebräuchlichste ist. Er nennt sich Pearsons Korrelationskoeffizient (benannt nach dem britischen Mathematiker Karl Pearson) und berechnet sich auf Basis der Abweichungen der einzelnen Werte vom Mittelwert. Andere Korrelationskoeffizienten, etwa der Spearman'sche oder der Kendall'sche, basieren hingegen auf Rängen statt auf einzelnen Werten.

es sich um einen positiven (je mehr von x, desto mehr von y) oder negativen (je mehr von x, desto weniger von y) Zusammenhang handelt. Je weiter der Koeffizient von 0 entfernt liegt, desto stärker ist der Zusammenhang. Der Anteil gefolgter Politik-Accounts und der Anteil gefolgter Journalismus-Accounts korreliert moderat mit $r = 0,45$, die Anteile zwischen Musik- und Unterhaltungs-Accounts eher stark mit $r = 0,61$. Generell spricht man in den Sozialwissenschaften in aller Regel von einer schwachen Korrelation ab etwa ±0,2, von einer mittleren Korrelation ab rund ±0,4 und von einer starken Korrelation etwa ab ±0,6. Diese Werte sind allerdings als grobe Richtwerte zu verstehen, die sich immer auch an Erkenntnissen früherer Befunde und der genauen Fragestellung orientieren.

Übrigens können wir auch den eigentlichen Wortsinn des Kovariierens aus dem Korrelationskoeffizienten ableiten und quantifizieren: Denn mit sich selbst multipliziert erhalten wir den sogenannten R^2-Wert, dem wir noch häufiger begegnen werden. R^2 gibt an, welchen Anteil der gesamten Varianz wir zu erklären imstande sind. Varianz haben wir schon kennengelernt als die quadrierte durchschnittliche Abweichung aller Werte vom errechneten Mittelwert. Bei $R^2 = 0,45 \times 0,45 = 0,20$ beträgt die erklärte Varianz also 20 % – ein Fünftel der Varianz in den Verteilungen gefolgter Politik- und Journalismus-Accounts teilen sich die beiden Merkmale also.

Sie *teilen* sich die Varianz! Wir können weder mithilfe eines Korrelationskoeffizienten noch mithilfe von R^2 etwas über die Richtung eines möglichen Effekts in Querschnittsdaten aussagen. Korrelation impliziert keine Kausalität.

Um Daten bewerten zu können, liegt es nahe, neben der Beschreibung einzelner Merkmale auch die Zusammenhänge mehrerer Merkmale in den Blick zu nehmen. Korrelationsdiagramme ermöglichen dabei gleich drei Informationstypen auf einmal (Abb. 3.2): Erstens ist diagonal für jedes (metrische) Merkmal – hier also für jede Gruppe gefolgter Instagram-Accounts – die Verteilung als Liniendiagramm abgebildet. Sie ist etwa beim Merkmal Sport einigermaßen normalverteilt, es existieren in unserem Datensatz also etwa gleich viele Menschen, die einem geringen Anteil an Sport-Accounts folgen, wie Menschen existieren, die einem großen Anteil an Sport-Accounts folgen. Zweitens sind links der Verteilungsdiagonale Scatter-Plots der jeweils sich darin treffenden Merkmale abgebildet. Der bereits aus der vorherigen Abbildung bekannte Journalismus-Politik-Scatter-Plot (Abb. 3.1) taucht hier also in der ersten Spalte und vierten Zeile erneut auf. Drittens stehen rechts der Verteilungsdiagonale die Korrelationskoeffizienten der sich jeweils darin treffenden Merkmale – hier finden wir das angesprochene $r = 0,45$ zwischen Journalismus und Politik also in der ersten Zeile und vierten Spalte. Die jeweils darunter in Klammern geschriebenen Werte sind übrigens Konfidenzintervalle, auf die wir in Kap. 7 nochmals zu sprechen kommen werden.

Verteilungen, Scatter-Plots und Korrelationskoeffizienten erlauben uns, metrische Merkmale zu verstehen und für einen Datensatz bewerten zu können. Das ist grundsätzlich nicht nur bei Querschnittsdaten möglich, sondern bietet sich allgemein für einen ersten Dateneinblick an. Vorsicht ist bei der Interpretation geboten – denn Korrelationen in Querschnittsdaten implizieren in aller Regel keine Kausalität. Vorsicht ist ferner bei Dar-

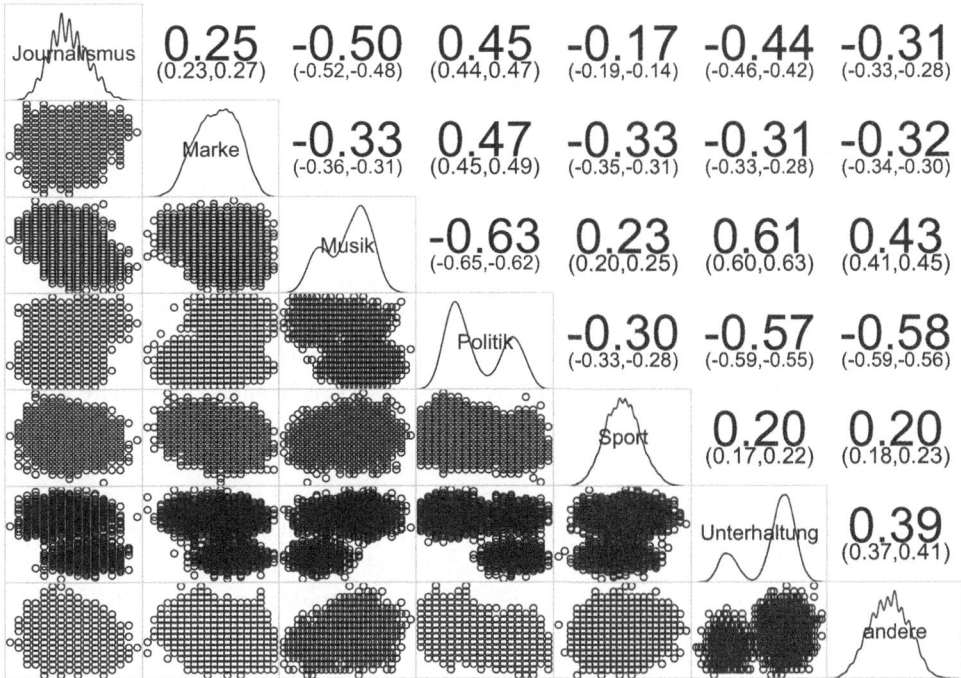

Abb. 3.2 Korrelationsdiagramm der unterschiedlichen Anteile gefolgter Accounts (eigene Darstellung)

stellungstypen geboten, die einen Zeitverlauf suggerieren. So verleiten Scatter-Plots gelegentlich dazu, Zusammenhänge als (gerade) Linie über die Punkte hinweg einzuzeichnen. Doch gerade Liniendiagramme legen eine zeitliche Entwicklung nahe, die so nicht in den dargestellten Daten angelegt ist. Von westlichen Einflüssen geprägt, sind wir es gewohnt, von links nach rechts (und von oben nach unten) Informationen aufzunehmen.[2] Eine eingezeichnete Linie verleitet unser Gehirn also dazu, etwas als zeitlichen Verlauf zu verstehen – eine Eigenschaft, die Querschnittsdaten aber eben gerade nicht aufweisen.

3.2.2 Längsschnittdaten und Zeitreihen

Daten, die mehr als einen Zeitpunkt abbilden, bezeichnet man als Längsschnittdaten. Um auch hier im sprachlichen Bild zu bleiben, begleiten wir den Zeitstrahl für einen gewissen

---

[2] Die Gründe dafür liegen in der Konvention, weil beispielsweise unser Schriftsystem so organisiert ist, in der Kognition, weil das Gehirn in zwei Hälften mit unterschiedlichen Schwerpunkten aufgeteilt ist und unsere Aufmerksamkeit in der Regel leicht nach links tendiert, und auch in der Sozialisation, weil etwa in der (westlichen) Kunst Bewegungen *schon immer* eher von links nach rechts dargestellt wurden.

Abschnitt, weshalb man auch von Verlaufs- oder Longitudinaldaten spricht. Folgen die Zeitpunkte in den Daten einheitlichen Abständen, handelt es sich also beispielsweise um Datenpunkte im Stundentakt oder im Monatsrhythmus, so spricht man auch von Zeitreihen.

In einem Datensatz können Längsschnittdaten und Zeitreihen ganz unterschiedlich ausgewiesen sein. Bei einer festen Anzahl an Zeitpunkten könnte ein tabellarischer Datensatz einfach je Zeitpunkt eine eigene Spalte enthalten. Wie bei Querschnittsdaten wären dann die einzelnen Zeilen jeweils einzelne Merkmalsträger, die voneinander weitestgehend unabhängig sind (Abb. 3.3 oben).

Häufiger allerdings stellen in tabellarischen Längsschnittdaten einzelne Zeilen jeweils einzelne Messungen dar (Abb. 3.3 unten). Um dabei nicht der Überblick zu verlieren, welche Messungen zu welcher Person und zu welchem Zeitpunkt gehören, finden sich zusätzliche Merkmale zur Kennzeichnung: Die Zugehörigkeit zu einer Person wird in der Regel über ein Identifikationsmerkmal gespeichert, das man auch als „ID" bezeichnet; Messungen einer Person verweisen dann auf ein und dieselbe Personen-ID.[3] Die Zugehörigkeit zu einem bestimmten Zeitpunkt stellt man in der Regel über einen sogenannten „Zeitstempel", also eine genaue Zeitangabe, dar; ist der Zeitpunkt selbst nicht ausschlaggebend, sondern nur die Reihenfolge der Messzeitpunkte relevant, sind die Messungen mitunter einfach durchnummeriert (wie in Abb. 3.3). Für derart dargestellte Längsschnittdaten müssen wir uns also gewahr werden, dass einzelne Zeilen nicht voneinander unabhängig sind. Vielmehr stellen sie jeweils nur einen Messzeitpunkt eines Merkmalträgers dar. Im Umkehrschluss bedeutet das, dass ein Fall aus beliebig vielen Messungen – in tabellarischen Daten also aus beliebig vielen Zeilen – bestehen kann.

Man nennt diese beiden Darstellungsweisen auch breite (Abb. 3.3, oben) und lange (Abb. 3.3, unten) Daten. Noch gängiger sind die englischen Bezeichnungen „wide format" und „long format". Meist wird bei einer überschaubar geringen und über alle Merkmalsträger hinweg einheitlichen Anzahl an Messzeitpunkten auf die breite Darstellungsweise zurückgegriffen. Das ist oftmals bei mehrwelligen Befragungen oder bei Experimentaldesigns mit Vorher-Nachher-Messung (engl. pretest-posttest design) der Fall. Weisen die einzelnen Merkmalsträger unterschiedlich viele Messzeitpunkte auf oder handelt es sich um so viele Zeitpunkte, dass eine breite Darstellungsweise sehr unübersichtlich würde, greift man auf das „long format" zurück.

Wenn wir uns nun die einzelnen Merkmale genauer anschauen wollen, so ist insbesondere beim für Längsschnittdaten und Zeitreihen gängigeren langen Datenformat Vorsicht geboten. Verfahren und Darstellungsweisen, die einzelne Zeilen als unzusammenhängende Fälle betrachten, ignorieren die den Daten spezifische Erhebung und Darstellungsweise, die nicht nur eine informative, sondern auch eine zeitliche Dimension enthält.

---

[3] Da eine ID in der Regel eine künstlich zugeschriebene Variable ist, also keine zusätzliche Information über die Zuordnung hinaus enthält, ist auch ihr Datentyp frei wählbar. Um dem Computer Speicherplatz zu sparen, eignet sich für eine ID deshalb in der Regel die größere ganze Zahl ohne Vorzeichen (z. B. unsigned integer mit 32 Bit, uint32).

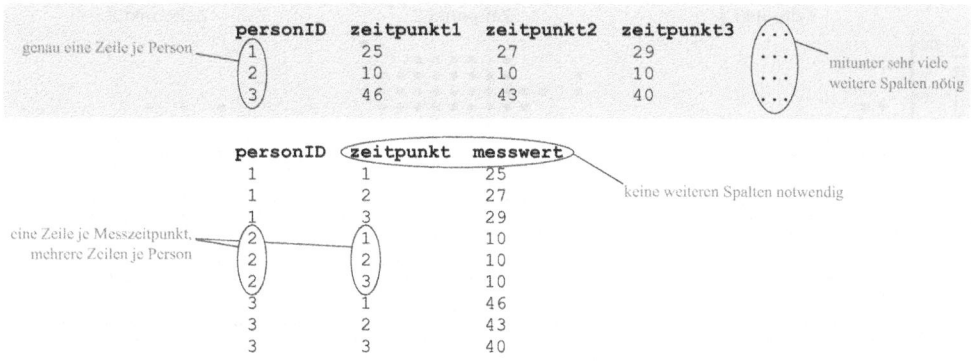

Abb. 3.3 Mögliche tabellarische Darstellungsweisen von Längsschnittdaten (eigene Darstellung)

Ein Beispiel: Wir wollen herausfinden, ob durch Wahlkampf eine längerfristige Politisierung erfolgt, was wir über den Anteil gefolgter politischer Instagram-Accounts messen. Dafür haben wir für einen Teil der im Instagram-Datensatz befindlichen Personen insgesamt dreimal ihre Abonnements als Datensatz vorliegen: für die drei Zeitpunkte (1) eine Woche vor der letzten Bundestagswahl, (2) am Wahltag selbst und (3) eine Woche nach der letzten Bundestagswahl. Entsprechend können wir den Anteil an gefolgten politischen Instagram-Accounts in den sieben Gruppen (Journalismus, Marke, Musik, Politik, Sport, Unterhaltung und andere) je Person an drei Zeitpunkten berechnen (wie in Abb. 3.3 dargestellt).

Da wir damit nun aber drei Werte (Messzeitpunkte) je Person und Gruppe haben, können wir die Gruppen nicht ohne Weiteres korrelieren. Wir würden dann Werte mehrfach einbeziehen (je Messzeitpunkt) und so das Ergebnis verfälschen. Stattdessen müssen wir für eine akkurate Bewertung der Daten die zusätzliche zeitliche Dimension berücksichtigen (siehe dazu auch Kap. 13). Für den Moment wollen wir uns drei Möglichkeiten anschauen, mit denen wir einen ersten Blick in derartige Daten werfen und sie angemessen bewerten können.

Erstens können wir Längsschnittdaten *in einzelne Messzeitpunkte aufteilen*. Unabhängig voneinander lassen sie sich dann jeweils wie Querschnittsdaten behandeln. Allerdings vervielfachen wir, indem wir je Messzeitpunkt die Daten beschreiben, die Anzahl der notwendigen Darstellungen. Bei drei Messzeitpunkten benötigen wir also drei Scatter-Plots zwischen den Anteilen gefolgter Journalismus- und Politik-Accounts – einen je Messzeitpunkt. Diese Datenbeschreibung erlaubt grobe visuelle Vergleiche und bietet sich nur an, solange wir es mit einer geringen Zahl an Zeitpunkten zu tun haben. Was also in unserem Beispiel mit drei Messzeitpunkten noch mehr oder weniger gut funktioniert, ist spätestens bei Zeitreihen mit fünfzig Messzeitpunkten unsinnig (Abb. 3.4). Dabei stellen wir fest, dass der Zusammenhang am Wahltag offenbar am stärksten ist. Darüber hinaus fällt auf, dass der Zusammenhang zwischen Politik und Journalismus zum dritten Zeitpunkt grob dem Niveau des ersten Zeitpunkts gleicht.

Abb. 3.4 Scatter-Plots der Anteile gefolgter Journalismus- und Politik-Accounts je Messzeitpunkt (eigene Darstellung)

Zweitens können wir Längsschnittdaten *auf ein aggregiertes Maß des Querschnitts bringen.* Je Person und Account-Gruppe aggregieren wir also die drei Messzeitpunkte in einen Wert, zum Beispiel das arithmetische Mittel oder die Spannweite. Dabei reduziert sich zwar der verfügbare Informationsgehalt, für eine erste Bewertung der Daten ist das Verfahren aber durchaus geeignet. Zumal es im Gegensatz zur ersten Option auch mit vielen Messzeitpunkten und dem direkten Vergleich der Merkmalsträger umzugehen vermag. Für die Aggregierung gibt es zahlreiche Möglichkeiten, deren Wahl sich nach den Längsschnittdaten richtet. Wir werfen hier beispielhaft einen Blick auf zwei mögliche Verfahren:

- Für unsere Instagram-Abonnements und generell für Daten, die (prozentuale) Anteile zu einzelnen Zeitpunkten abbilden, eignet sich die Aggregierung auf bekannte Lage- oder Streuungsmaße. Folgt eine Person beispielsweise elf Prozent der Politik-Accounts zu Zeitpunkt 1, achtzehn Prozent zu Zeitpunkt 2 und dreizehn Prozent zu Zeitpunkt 3, so beträgt der Mittelwert vierzehn Prozent. Die Spannweite dieser Person für Politik-Accounts beträgt sieben Prozentpunkte.[4] Diese aggregierten Maße lassen sich wie Querschnittdaten beschreiben und visualisieren, hier beispielhaft als Scatter-Plot zwischen den Spannweiten gefolgter Politik- und Journalismus-Accounts (Abb. 3.5 rechts). Sie bedürfen aber einer Interpretation als Längsschnittgrößen. So sehen wir, dass die Spannweiten deutlich geringer ausfallen als die grau dargestellten Anteile, die wir noch von vorhin kennen (Abb. 3.5 links). Und wir sehen, dass auch der Zusammenhang geringer ausfällt – konkret beträgt die Korrelation hier $r = 0{,}27$. Mit anderen Worten: Während in den Querschnittdaten aller Instagram-Nutzenden noch ein höherer Anteil gefolgter Journalismus-Accounts auch mit einem höheren Anteil gefolgter Politik-Accounts einherging, sind Spannweiten und Korrelation geringer – es ist in den Längs-

---

[4]Die Rede ist hier von Prozent*punkten*, denn wenn wir von Prozent sprechen würden, könnte man den Eindruck erhalten, es handle sich um eine relative Angabe bezogen auf einen der anderen Werte.

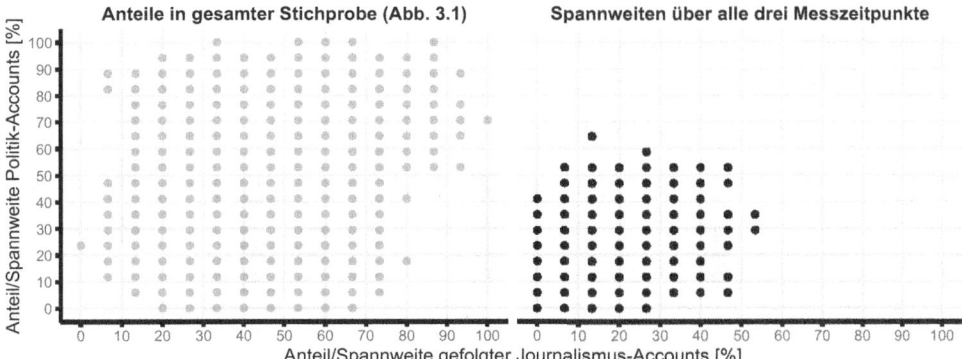

Abb. 3.5 Scatter-Plot zwischen den Spannweiten über die Zeit gefolgter Journalismus- und Politik-Accounts (rechts) neben dem schon bekannten Scatter-Plot von Abb. 3.1 (links) (eigene Darstellung)

schnittdaten also nicht notwendigerweise davon auszugehen, dass sich Journalismus- und Politik-Abonnements ähnlich verhalten.

- Für Wachstumskurven, etwa die Anzahl an Likes eines Beitrags im Zeitverlauf, bieten sich aggregierte Maße der Geschwindigkeit und des Wachstums an. Keyling (2017) schlägt beispielsweise den t_{50} als Kennwert in Form einer Zeitdauer vor, innerhalb derer 50 % eines Gesamtwerts erreicht wurden. Haben wir es mit regelmäßig erhobenen Like-Zahlen von Beiträgen zu tun, so sagt uns ein $t_{50} = 63$ min eines Beitrags, der insgesamt 314 Likes erhielt, dass dieser nach 63 min bereits 157 Likes (also 50 %) davon erreichte. Die Zeitreihe der Likes wurde so auf ein Querschnittsmaß der Wachstumsgeschwindigkeit reduziert. Ganz ähnlich funktioniert übrigens auch die Reproduktionszahl R, die durch die Corona-Pandemie bekannt wurde. Auch sie erlaubt es, Zeitreihen als einzelnen Wert darzustellen, Längsschnitt- also als Querschnittsdaten grob zu beschreiben. Während t_{50} aber die Zeit angibt, in der ein gewisses Wachstum erreicht wird, steht die Reproduktionszahl R für das Wachstum, das in einer bestimmten Zeit erfolgt. In der Kommunikationswissenschaft bislang kaum gebraucht, erlaubt die Reproduktionszahl R außerdem, dass die Zeitreihen nicht nur wachsen, sondern auch schrumpfen können – ganz im Gegensatz zum t_{50}, der von stetigem Wachstum ausgeht.

Für eine dritte Möglichkeit zur Bewertung von Längsschnittdaten bietet sich schließlich an, *den Merkmalsträger (temporär) zu verändern.* Ähnlich wie bei der Aufteilung der Längsschnittdaten in einzelne Messzeitpunkte (Abb. 3.4) nutzen wir auch hier die Möglichkeit, eine andere Dimension als den eigentlichen Merkmalsträger einzeln übersichtlicher darstellen zu können. Diese Möglichkeit kommt entsprechend immer dann infrage, wenn ein anderer Merkmalsträger eine sinnvoll interpretierbare Reduktion der Dimensionen erlaubt. Unser Instagram-Beispiel soll das erneut verdeutlichen: Merkmalsträger ist bislang die einzelne Person (erste Dimension), für die wir jeweils Messwerte von drei Zeitpunkten (zweite Dimension) und sieben Account-Gruppen (dritte Dimension) vorliegen haben. Bereits mit der ersten Möglichkeit haben wir einen Weg kennengelernt, die

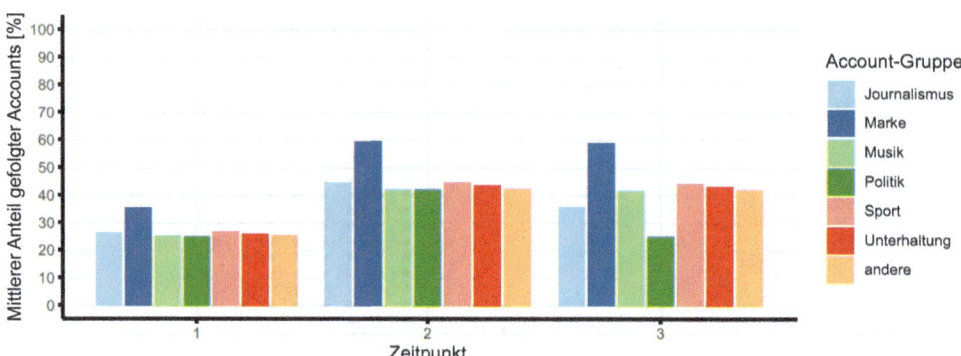

Abb. 3.6 Mittelwerte der Anteile gefolgter Accounts je Account-Gruppe und Messzeitpunkt (eigene Darstellung)

Daten entlang der zweiten Dimension – also je Messzeitpunkt – darzustellen. Hier nun aggregieren wir die Daten entlang der dritten Dimension, entlang der Account-Gruppen. Anstelle von Personen als Merkmalsträger beschreiben wir hier also Account-Gruppen als Merkmalsträger. Auch dafür kommen die bekannten Lage- und Streuungsmaße infrage. Für unser Beispiel berechnen wir je Account-Gruppe und je Messzeitpunkt über alle Personen hinweg den Mittelwert der Anteile gefolgter Instagram-Accounts (Abb. 3.6). Dabei sehen wir, dass zum zweiten Messzeitpunkt, also zur Wahl hin, der durchschnittliche Anteil gefolgter Accounts in allen Account-Gruppen steigt – anschließend aber für zwei Gruppen (Journalismus und Politik) im Mittel wieder sinkt. Wichtig ist dabei die Einschränkung *im Mittel*, denn der veränderte Merkmalsträger verschleiert hier möglicherweise individuelle Entwicklungen. So ist es durchaus möglich, dass sich diese Entwicklung bei einigen Personen in der Stichprobe ganz anders verhält.

3.2.3   Relationale Daten

Zuletzt können wir es mit Daten zu tun haben, die strukturell miteinander in Verbindung stehen. Es geht dabei nicht um Zusammenhänge in Korrelationen, sondern um in den Daten vermerkte Verbindungen untereinander. In sogenannten relationalen Daten weisen dafür Merkmalsträger Merkmale auf, die sich auf andere Merkmalsträger beziehen.

Insbesondere zwei Arten von relationalen Daten sind an dieser Stelle für uns relevant. *Vernetzte* Daten liegen vor, wenn neben Merkmalsträgern eine separate Beschreibung der Verbindungen zwischen den Merkmalsträgern vorliegt. *Verschachtelte* Daten benötigen demgegenüber keine separate Beschreibung der Verbindungen, sondern weisen in der Regel lediglich ein zusätzliches Merkmal auf, das die Beziehung zum hierarchisch übergeordneten Merkmalsträger, dem „Elternelement", beschreibt.

Schauen wir uns die beiden Arten relationaler (lat. relatio, relativ; in Beziehung stehend) Daten genauer an: Vernetzte Daten (Abb. 3.7) bestehen aus zwei Datensätzen,

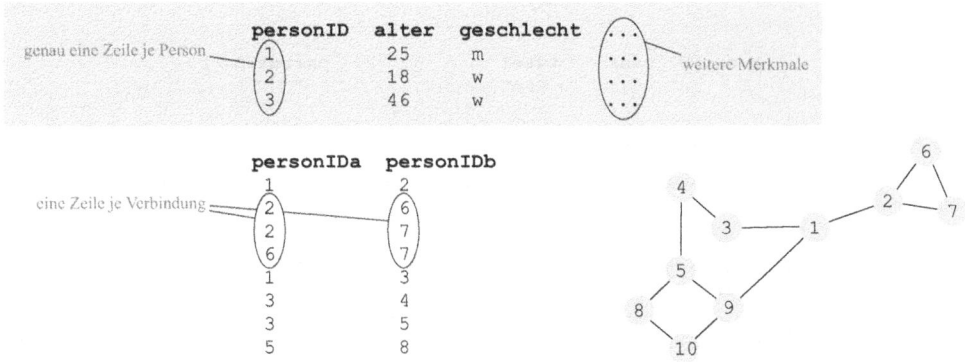

Abb. 3.7 Vernetzte Daten, die über zwei Tabellen spezifiziert sind (eigene Darstellung)

typischerweise in tabellarischer Form. Die erste Tabelle enthält den Merkmalsträger, der für uns von zentralem Interesse ist, Personen beispielsweise (Abb. 3.7 oben). Wenn wir vernetzte Daten visualisieren, so bilden diese Merkmalsträger die Knoten (engl. nodes). Sie verfügen über alle möglichen Merkmale, ihnen ist aber nicht anzumerken, dass sie untereinander vernetzt sind. Dafür bedarf es einer zweiten Tabelle, die ausschließlich Verbindungen zwischen den Merkmalsträgern enthält (Abb. 3.7 unten). Genau genommen ist also der Merkmalsträger in dieser zweiten Tabelle die Verbindung, die man auch als Kante (engl. edge) bezeichnet. Auch sie können über Merkmale verfügen, um beispielsweise die Richtung der Verbindung anzugeben oder das Verhältnis der beiden Merkmalsträger genauer zu beschreiben. Vor allem aber benötigen sie zwei Verweise auf die vernetzten Merkmalsträger der ersten Tabelle. Wie schon bei Längsschnittdaten wird dabei in der Regel auf ein eigenes Identifikationsmerkmal zurückgegriffen – eine in der Personen-Tabelle hinterlegte „personID". Die Verbindungs-Tabelle besteht also in ihrer kleinsten möglichen Form aus zwei „personID"-Merkmalen, die jeweils genau eine Kante zwischen zwei Knoten spezifizieren.

Etwas anders funktionieren verschachtelte Daten: Sofern tabellarisch dargestellt,[5] benötigen sie in der Regel nur eine Tabelle. Innerhalb dieser Tabelle bilden Zeilen den Merkmalsträger von Interesse. Die Verschachtelung entsteht schließlich auf einem von zwei möglichen Wegen.

Erstens kommt Verschachtelung dadurch zustande, dass Merkmalsträger andere Merkmalsträger als Elternelemente definieren, sich also hierarchisch unter einem anderen Merkmalsträger einordnen. Eine solche Verschachtelung sieht also im Gegensatz zur Vernetzung eine Richtung vor, insofern ein Elternelement immer das übergeordnete Element darstellt. Und während ein untergeordneter Merkmalsträger lediglich ein Elternelement definieren kann, ist es für übergeordnete Merkmalsträger umgekehrt durchaus möglich, Elternelement mehrerer „Kindelemente" zu sein. Damit wird gleichzeitig der zentrale Unterschied zu vernetzten Daten deutlich, denn dort kann jeder Merkmalsträger

---

[5] Verschachtelte Daten sind ein typischer Fall von hierarchischen Daten.

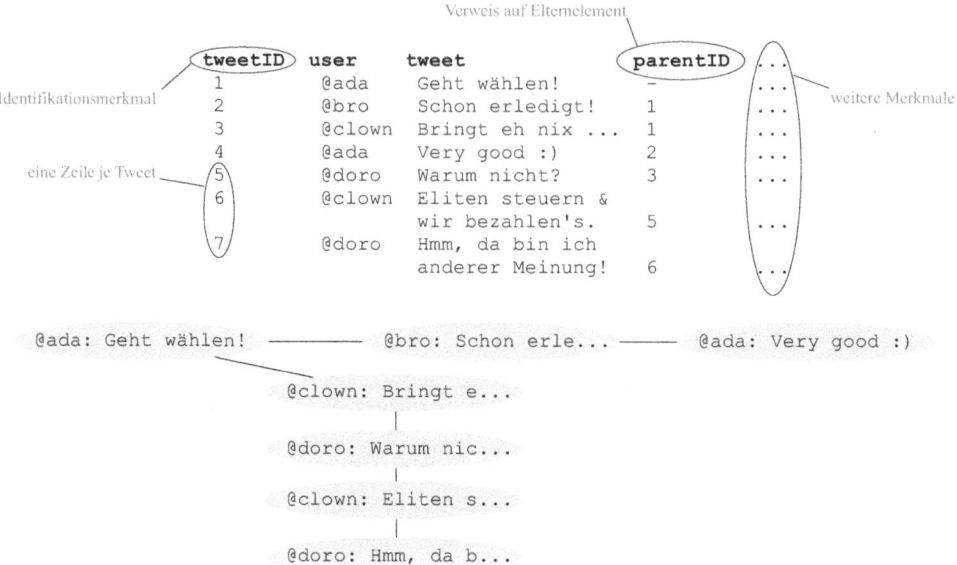

Abb. 3.8 Verschachtelte Daten mit Elternelement in einer Tabelle (eigene Darstellung)

mit beliebig vielen anderen Merkmalsträgern vernetzt sein. Ein Beispiel soll das verdeutlichen (Abb. 3.8): In einer Tabelle bilden einzelne Tweets den Merkmalsträger und
damit die Zeilen. Jeder Tweet ist durch eine eindeutige „tweetID" gekennzeichnet. In
den Daten steckt aber auch eine Thread-Struktur, insofern jeder Tweet über eine (oder
keine) „parentID" verfügt. Sie gibt an, ob ein Tweet eine Antwort auf einen anderen
Tweet darstellt – und wenn ja, dann auf welchen, denn die „parentID" referenziert nichts
anderes als eine „tweetID". Visualisieren wir die Tabelle, stellen wir also fest, dass die
sieben aufgelisteten Tweets im Grunde nur einen regulären Tweet enthalten (#1), auf
den zwei Tweets direkt antworten (#2 und #3), was wiederum weitere Antworten mit
sich bringt (#4 bis #7).

Zweitens kann Verschachtelung dadurch zustande kommen, dass Merkmalsträger zwar
keine anderen Merkmalsträger, aber eine andere Ebene als Elternelement definieren. Ein
Beispiel soll auch das verdeutlichen (Abb. 3.9): In einer Tabelle haben wir prominente
Überschriften journalistischer Artikel und ihre Klickzahlen gesammelt.[6] Jede Überschrift
stammt dabei von einer bestimmten Redaktion, die wiederum entweder in Deutschland
oder in Österreich sitzt. Unser Merkmalsträger ist also die Überschrift und mit ihr wollen
wir beispielsweise die Frage klären, welche Rolle Interpunktion für Klickzahlen spielt.
Wichtiger als die Forschungsfrage an dieser Stelle ist aber die Verschachtelung. Denn da
jede Überschrift in eine Redaktion und jede Redaktion wiederum in ein Land fällt, haben

---

[6] In diesem Beispiel sind zwar die Überschriften real, die Klickzahlen aber sind – wie so viele andere
exemplarische Daten in diesem Buch – frei erfunden.

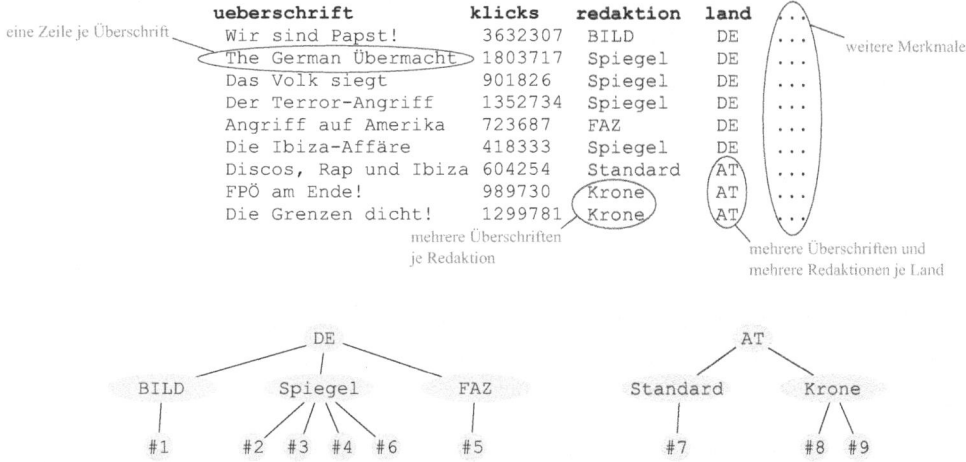

Abb. 3.9 Verschachtelte Daten mit mehreren Ebenen innerhalb einer Tabelle (eigene Darstellung)

wir es auch hier mit hierarchisch verschachtelten Daten zu tun, die sich aber nicht auf Merkmalsträger untereinander, sondern auf verschiedene Ebenen beziehen. Man spricht deshalb an dieser Stelle auch von Mehrebenendaten.

3.3   Nach ihrer rechtlichen Grundlage

Ein zentraler Aspekt der Bewertung von Daten ist ihre rechtliche Grundlage. Diese Bewertung spielt eine große Rolle bei der Datenerhebung und Datengenerierung, aber auch bei der Veröffentlichung von Forschungsergebnissen, bei der oftmals Daten mit veröffentlicht werden sollen. Denn Daten unterliegen diversen Eigentumsrechten. Je nach Inhalt greifen für die Daten außerdem Persönlichkeits- und Datenschutzrechte. Und obwohl dieses Lehrbuch weder Warnung noch Rechtsberatung darstellen soll, kann die Bedeutung einer rechtlichen Bewertung von Daten kaum überschätzt werden.

3.3.1   Eigentumsrechte

Die Diskussion um geistiges Eigentum bei digitalen Daten hat seit den späten 1990er-Jahren immer wieder Aufschwung erfahren. Manche mögen sich erinnern an die bisweilen prominent besetzten Prozesse um Napster (2000), The Pirate Bay (2009) oder das mit der Person Kim Dotcom verbundene Megaupload (2012). Politisch erlebte die ursprünglich aus Schweden bekannte und für eine Reform der Rechtslage eintretende Piratenpartei ihren Höhenflug in Deutschland von 2006 bis 2013. Zwar sind die durchweg verurteilen Praktiken mittlerweile vielfach in professionalisierten und legalen kommerziellen Angeboten aufgegangen (z. B. Dropbox, Netflix, Spotify), doch der Kern des Diskurses blieb bestehen: Wie lässt sich immaterielles Gut so schützen, dass ein angemessenes Verhältnis zwischen Urhebenden und Nutzenden entsteht?

Der Gesetzgeber unterscheidet dafür neben Eigentumsrechten eben zwischen Urheber- und Nutzungsrechten. Diese Rechte haben auch Auswirkungen auf die CCS und die darin verwendeten und generierten Daten.

Als Eigentumsrecht versteht man die gesetzliche Zusicherung, ein erworbenes oder generiertes Gut zu besitzen und darüber zu verfügen. Ein entsprechender Paragraf findet sich in der Charta der Grundrechte der Europäischen Union, die darin explizit das geistige Eigentum einschließt (Art. 17, § 2). Eine Nachrichtenredaktion hat demnach also das Recht, über eigene Beiträge selbst zu verfügen. Genauso haben Nutzende das Recht, über selbst geschossene Fotos selbst zu verfügen.

Eigentumsrechte lassen sich grundsätzlich auch übertragen, etwa durch einen Verkauf. Gerade bei digitalen Daten stellt sich dabei allerdings schnell die Frage, wer denn nun über das Original und damit die entsprechenden Eigentumsrechte verfügt. Ein von Person A geschossenes Foto, das A über einen Messenger-Dienst an Person B schickt und das B anschließend bei einer Social-Media-Plattform postet, existiert technologisch gesehen bereits mindestens dreimal (bei A, bei B und bei der Plattform). Die Krux des geistigen Eigentums besteht also darin, dass sich Kopien eines Guts anfertigen lassen, ohne Original oder Qualität in irgendeiner Form zu beeinträchtigen – vielfach sogar, ohne dass das Original überhaupt vom Kopiervorgang betroffen ist. Diesem Umstand begegnen Urheber- und Nutzungsrechte.

Das Urheberrecht schützt die schaffende Instanz eines immateriellen Guts. Verfasst eine Nachrichtenredaktion also einen Beitrag, ist sie automatisch Urheberin. Genauso ist Person A im genannten Beispiel automatisch urhebende Person des Fotos. Und sie bleiben das auch, denn Urheberrechte sind – außer im Todesfall – nicht übertragbar.

Beim Posten des Fotos bei einer Social-Media-Plattform gehen dennoch bestimmte Rechte an die Plattform über. Denn während das Urheberrecht unberührt bleibt, erhält die Plattform ein Nutzungsrecht, das sie zum Beispiel dazu berechtigt, das Foto anderen Nutzenden anzuzeigen, für Werbezwecke zu analysieren oder gar untergeordnete Nutzungsrechte an andere zu verkaufen. Welche Nutzungsrechte im Detail an die Plattform übertragen werden, regeln die Allgemeinen Geschäftsbedingungen (AGB; engl. „terms of service", ToS). Darin wird üblicherweise auch darauf hingewiesen, dass nur Inhalte gepostet werden dürfen, für die überhaupt entsprechende Urheber- oder Nutzungsrechte vorliegen, die also das Posten selbst erlauben. Wenn in unserem Beispiel Person B das von Person A geschossene Foto bei einer Social-Media-Plattform hochlädt, obwohl B selbst weder urhebende Person ist (das Foto hat ja A geschossen), noch explizit über entsprechende Nutzungsrechte verfügt (A hat B keine solchen Rechte eingeräumt), dann begeht B im strengeren Sinn eine Urheberrechtsverletzung. In der Praxis stellen sich dabei jedoch regelmäßig Fragen nach der Prüfbarkeit und der Umsetzbarkeit solcher Urheberrechtsverletzungen. Ferner gibt es Ausnahmen für den privaten Kontext, wobei Dissens darüber herrscht, ab wann Social-Media-Plattformen nicht mehr als privater, sondern als öffentlicher Kontext gelten. Nach aktueller Rechtsauslegung sind Plattformen in der Europäischen Union nur dann zur Löschung von Inhalten verpflichtet, wenn sie Kenntnis von einer Urheberrechtsverletzung erlangen, wenn also Person A die Social-Media-Plattform darauf hinweist, dass B nicht über die nötigen Rechte zum Teilen des Fotos verfügt.

Zurück zur CCS: Daten, die wir nicht selbst generieren, haben eine:n Urheber:in. Um sie zu speichern, zu verarbeiten, zu archivieren oder (im Rahmen einer Publikation) zu veröffentlichen, benötigen wir Nutzungsrechte.

Bei einigen professionellen Datenangeboten ist die Nutzung klar geregelt und diese Regelung auch klar kommuniziert. Den Daten haften dabei Lizenzen an, zum Beispiel in Form von Nutzungsbedingungen, die vorgeben, was damit passieren darf. Auf solche Lizenzen sollte auch zurückgreifen, wer eigene Daten generiert und als Urheber:in zur Verfügung stellt. Wir kommen darauf gleich noch einmal zurück.

Beziehen wir als Forschende für den Eigenbedarf und zweckgebunden an ein dezidiertes Forschungsprojekt indes Daten ohne entsprechendes Daten- und Lizenzangebot, indem wir etwa mithilfe von Web Scraping öffentlich zugängliche Daten sammeln (siehe dazu auch den Kap. 6), begeben wir uns in einen sich stark verändernden Rechtsbereich. Ein Rechtsbereich, der bis 2021 im deutschen Datenbankrecht und seit 2021 durch die europäische Urheberrechtsrichtlinie adressiert wird.

Das Datenbankrecht erlaubt die systematische Sammlung von Daten Dritter, sofern die Erstellung der Datenbank einen gewissen Aufwand mit sich bringt. Hier wird also auf eine Schöpfungshöhe verwiesen, bei der der Gesetzgeber vage blieb, welcher Aufwand wesentlich genug ist, um damit nicht das Urheberrecht zu verletzen. Besonders interessant am Datenbankrecht, das sich nicht zuletzt an Suchmaschinen und Aggregatoren richtet, ist die darin enthaltene Ausnahmeregelung für wissenschaftliche (und explizit nicht gewerbliche) Zwecke: Demnach dürfen Datenbanken mit Daten Dritter für die Wissenschaft angelegt und unter Angabe der Quellen auch im Rahmen von wissenschaftlichen Publikationen als Datenbank oder als Teil der Datenbank veröffentlicht werden.

Doch das Datenbankrecht schoss etwas über das Ziel hinaus. Gedacht für Suchmaschinen oder Aggregatoren, regelte es Anwendungsfälle so, als stünden sie mit den eigentlichen Medieninhalten im direkten Wettbewerb. Das aber war und ist in der Regel nicht der Fall, sodass der Gesetzgeber in einer nunmehr europaweit geltenden Überarbeitung von 2021 die Rechtssprechung mit der europäischen Urheberrechtsrichtlinie liberalisierte. Die Schöpfungshöhe spielt nun vor allem bei Angeboten, die in direkter Konkurrenz zu den Originalinhalten stehen, eine zentrale Rolle. Auch die Ausnahmen für wissenschaftliche (und explizit nicht gewerbliche) Zwecke wurden gelockert und erlauben nun explizit das „Text und Data Mining zum Zwecke der wissenschaftlichen Forschung", das auch die Aufbewahrung und Weitergabe der Daten „zum Zwecke der wissenschaftlichen Forschung, auch zur Überprüfung wissenschaftlicher Erkenntnisse" umfasst (Art. 3).

Im Übrigen ist diese sehr stark durchdeklinierte Form der Regulierung mit Blick auf die Eigentumsrechte und insbesondere auf das Urheberrecht eine primär europäisch gewachsene Form. In den USA oder in Japan gilt für die Sammlung und Speicherung fremder

Daten üblicherweise das „fair use"-Prinzip, wonach im Großen und Ganzen akzeptabel ist, was nicht mit dem Originalangebot in Konkurrenz steht.

3.3.2 Personenbezogene Rechte

Neben diesen rechtlichen Grundlagen zu den Daten und Werken selbst ist noch ein weiterer Rechtsrahmen für die CCS relevant: Persönlichkeitsrechte und dabei insbesondere die in der Datenschutzgrundverordnung (DSGVO) geregelten Rechte auf Privatsphäre und Datenschutz.

Danach bedürfen Daten mit Personenbezug immer einer expliziten und aktiven Einwilligung der Personen zum Sammeln der Daten. Personenbezogene Daten sind solche Daten, die einzelne Personen entweder direkt identifizieren oder sie durch Kombination einzelner Datenpunkte indirekt identifizierbar machen. Das trifft auf Befragungsdaten zu, aber auch auf Tracking-Daten, mitunter auf Social-Media-Daten und auf diverse Datenspenden (vgl. Kap. 3.5). Außerdem müssen personenbezogene Daten Grundsätze der Rechtmäßigkeit und der Richtigkeit erfüllen. Sie dürfen nur zweckgebunden erhoben werden und ihre Verarbeitung muss vertraulich erfolgen, also vor dem Zugriff Dritter angemessen geschützt sein. Damit einher geht auch der Zugriff Dritter über genutzte Infrastruktur, wenn wir Forschungsdaten beispielsweise bei Cloud-Diensten speichern. Insgesamt fordert die DSGVO, Daten soweit möglich zu minimieren und den Umfang ihrer Speicherung zu begrenzen.

Für unsere Forschung bedeutet das grundsätzlich eine notwendige und intensive Auseinandersetzung mit dem Umfang, den Zielen und der Handhabung von personenbezogenen Daten. Denn neben den Grundsätzen räumt der Gesetzgeber außerdem Personen breite Auskunftsrechte und Löschansprüche ein. So dürfen Personen auch nach ihrer Einwilligung um Auskunft über die Daten bitten, die über sie gespeichert sind. Dieser Bitte muss zeitnah nachgekommen werden. Es ist ferner möglich, um Löschung der eigenen Daten zu bitten – eine Rechtsprechung, die auch als „Recht auf Vergessen" im Rahmen von Suchergebnisseiten bekannt wurde.

Die DSGVO sieht, wie bereits bei den Datenbankrechten und der Urheberrechtsrichtlinie, Ausnahmeregelungen für wissenschaftliche Zwecke vor (§ 89). Darin ist festgehalten, dass eine angemessene Pseudonymisierung durchaus als Auflösung des Personenbezugs gelten kann. Pseudonymisierung meint das Verändern von personenbezogenen Daten, sodass keine Personen mehr identifizierbar, die Daten aber noch als zusammengehörig erkennbar sind. So könnte man Dominique und die Erstwählenden mit einer ID durchnummerieren und dafür sämtliche identifizierbaren Merkmale, etwa Namen oder E-Mail-Adressen, löschen. So ist aus den Daten nicht mehr erkennbar, welche Daten zu Dominique gehören – Dominiques Tracking- und Befragungs-Daten sind aber über die entsprechende ID miteinander verknüpft. In der Folge würden das Auskunftsrecht sowie das Recht auf Vergessen ihre Gültigkeit verlieren, insofern nach einer Pseudonymisierung ja nicht mehr erkennbar ist, wer sich hinter einem Datensatz verbirgt.

3.3.3 Lizenzen

Nun ist das Internet von heute deutlich professionalisierter also noch in den späten 1990er-Jahren. Gerade bei professionellen Datenangeboten sind deshalb oftmals Nutzungsrechte in Form von Lizenzen mit angegeben. Lizenzen können zum Beispiel dazu berechtigen, Daten zu nutzen und zu archivieren, zu verändern, selbst (z. B. im Rahmen von Publikationen) zu veröffentlichen oder sogar kommerziell zu nutzen. Lizenzen geben auch vor, wie wir uns bei der Weitergabe der Daten auch selbst lizenztechnisch zu verhalten haben – ob wir also etwa eine strengere, eine laxere oder ausschließlich dieselbe Lizenz vergeben dürfen. Sie unterscheiden sich außerdem darin, ob eine Quellenangabe verpflichtend ist – obschon diese Unterscheidung für die gewissenhaft zitierende wissenschaftliche Nutzung ohnehin nicht zur Diskussion stehen sollte. Sie spiegelt sich aber häufig in den Lizenzbezeichnungen wider: Ein „By" oder „Attribution" im Namen kennzeichnet in der Regel eine notwendige Quellenangabe, während ein „Zero" oder eine „0" keine Quellenangabe erfordert.

Für das Gros der professionalisierten Datenangebote, die für die CCS verfügbar sind, gehen die verfügbaren Lizenzen auf die „Open"-Bewegungen zurück. Die „Open"-Bewegungen (z. B. Open Source, Open Government, Open Data, Open Science) haben sich der transparenten und frei zugänglichen Nutzung geistigen oder gemeinschaftlichen Eigentums bei digitalen Daten und Software verschrieben. Aus ihnen haben sich im Laufe der Zeit De-facto-Standards herauskristallisiert, die allesamt die Nutzung, Analyse und Archivierung erlauben (Tab. 3.2). Nicht alle beziehen sich dabei explizit auf Daten. Stattdessen beziehen sich einige auf Software – ein Gegenstand, der uns insbesondere in Kap. 4 noch beschäftigen wird.

3.4 Nach ihren ethischen Prinzipien

Kommen wir noch einmal auf das Instagram-Beispiel zurück. Zwar sind die Daten für dieses Lehrbuch frei erfunden, doch der Psychologe Michal Kosinski veröffentlichte mit zwei Kollegen 2013 in der renommierten US-Fachzeitschrift PNAS einen Beitrag, für den sie auf Facebook-Likes von 58.466 US-amerikanischen Personen zurückgriffen (Kosinski et al. 2013). Genau wie in unserem Beispiel ging es ihnen dabei darum, herauszufinden, ob es möglich ist, nur auf Basis der Likes einzelner Personen deren Alter und Geschlecht abzuleiten. Kosinski und Kollegen gingen aber noch weiter und versuchten auch, aus den Likes eine Parteinähe zur demokratischen und republikanischen Partei abzuleiten. Mehr noch: Sie probierten, die Größe und Dichte des Facebook-Freundeskreises, ethnische und religiöse Zugehörigkeit, Beziehungsstatus, Sexualität, aktiven Drogenkonsum, Lebenszufriedenheit und sogar Intelligenz abzuleiten. Dafür nutzten sie bis zu 700 Likes der pseudonymisierten Studienteilnehmenden, die sich unter anderem an den Basketballspieler Shaquille O'Neal, die Fernsehsendung „The Colbert Report" oder die Motorradmarke Harley-Davidson richteten.

Tab. 3.2 Übersicht einiger gängiger offener Lizenzen (eigene Darstellung)

Lizenz	Zentraler Gegenstand	Änderungen	Veröffentlichung	Weitere Lizenzierung	Kommerzielle Nutzung
Apache 2.0	Software	Erlaubt mit Vermerk	Erlaubt	Unter Auflagen änderbar	Erlaubt
CC-0	Daten und Software	Erlaubt	Erlaubt	Änderbar	Erlaubt außer für Patente
CC-BY-4.0	Daten, Software, Medien, Publikationen	Erlaubt mit Vermerk	Erlaubt	Unter Auflagen änderbar	Erlaubt außer für Patente
DL-DE-BY-2.0 und DL-DE-ZERO-2.0	Daten	Erlaubt mit Vermerk	Erlaubt	Änderbar	Erlaubt
EUPL-1.1	Software	Erlaubt	Erlaubt	Unter Auflagen änderbar	Erlaubt
GNU GPLv2	Software	Erlaubt mit Vermerk	Erlaubt	Nur GPLv2	Erlaubt außer für Patente
GNU (L) GPLv3	Software	Erlaubt mit Vermerk	Erlaubt	Nur (L) GPLv3	Erlaubt
MIT	Software	Erlaubt	Erlaubt	Unter Auflagen änderbar	Erlaubt außer für Patente

An die Daten kamen die Forscher mithilfe einer eigens für Facebook entwickelten App („myPersonality"), die Teilnehmende in Form eines Persönlichkeitstests befragte und zudem Zugriff auf die Facebook-Likes erhielt. Die Teilnehmenden gaben ihre Daten also freiwillig ab, wenngleich ihnen die Tragweite ihrer Teilnahme kaum bewusst gewesen sein dürfte. Denn obschon es Kosinski und seinen Kollegen nicht für alle Merkmale gelang, zuverlässig richtige Ergebnisse zu erzielen, geht es hier noch um einen viel wichtigeren Aspekt: Ethik.

Ethik ist Teil der Moral und meint insbesondere die Anwendung moralischen Handelns. Es geht also um jene Normen und Werte, denen sich eine Gesellschaft verschrieben hat, und denen man mit seinem Handeln entspricht oder gegen sie verstößt. Wissenschaft mitsamt ihrer Forschung und Lehre nimmt dabei eine Vorbildrolle ein, zumal ihr im Grundgesetz eine besondere Stellung eingeräumt wird.[7]

Zum weiteren Verlauf von Kosinskis Fall gehört übrigens noch, dass es Apps dieser Art aufgrund einer Sicherheitslücke bei Facebook noch bis 2018 möglich war, auch an Like-Informationen des Facebook-Freundeskreises von Teilnehmenden zu gelangen. Eine App

---

[7] So heißt es im Grundgesetz (Art. 5, Abs. 3): „Kunst und Wissenschaft, Forschung und Lehre sind frei. Die Freiheit der Lehre entbindet nicht von der Treue zur Verfassung."

dieser Art konnte also Like-Informationen von Personen abgreifen, die selbst überhaupt nichts von der App wussten und keinerlei Einverständnis erteilt hatten. Einer breiten Öffentlichkeit bekannt wurde diese Sicherheitslücke 2018 durch den Whistleblower Christopher Wylie, der sie mitsamt dem Geschäftsgebaren von Cambridge Analytica veröffentlichte. Cambridge Analytica hatte ab 2014 den Ansatz von Kosinski und seinen Kollegen genutzt und sich auf individuelle politische Kommunikation – sogenanntes Microtargeting – spezialisiert. Der Dienstleister beeinflusste so wohl zahlreiche Wahlkämpfe, insbesondere jenen 2016 zur Wahl des US-Präsidenten.

Um ein solches Vorhaben und die zugehörigen Daten ethisch zu bewerten, bieten sich eine ganze Reihe von Leitlinien und Kriterienkatalogen an. Sie sind typischerweise von einer von zwei ethischen Denkrichtungen geprägt – einer konsequentialistischen oder einer deontologischen Denkrichtung (vgl. Salganik 2019). Der Konsequentialismus bewertet Handlungen anhand ihrer a-posteriori erwarteten Konsequenzen. Ethische Leitlinien richten sich entsprechend danach, negative Auswirkungen zu vermeiden. Im Gegensatz dazu bewertet die Deontologie nach einem a-priori definierten Schema aus nicht tolerierbaren Handlungen. Ethische Leitlinien richten sich entsprechend danach, negative Handlungen von vornherein zu unterbinden. Beide Denkrichtungen erlauben die Herleitung ähnlicher oder gar identischer Leitlinien – sie argumentieren bloß unterschiedlich.

Moderne ethische Leitlinien bauen auf beiden Denkrichtungen auf (vgl. Schlütz und Möhring 2018). Gut erkennbar ist das bei Kriterienkatalogen, die sich aus klassischer sozialwissenschaftlicher Tradition speisen. Sie fokussieren nicht nur auf die CCS, sondern orientieren sie sich an einem allgemeinen Verständnis eines Forschungsprozesses. Ein typisch konsequentialistisches Kriterium ist dabei jenes der Schadensvermeidung (engl. auch: beneficience), das Handlungen danach bewertet, ob ihr Mehrwert das damit verbundene Risiko rechtfertigt. Ein typisch deontologisches Kriterium ist jenes der Autonomie (engl. auch: respect for persons), das Handlungen immer erst danach abwägt, ob Menschen in ihrer Selbstbestimmung des freien Willens eingeschränkt sind.

Alternativ zu den Kriterienkatalogen sozialwissenschaftlicher Tradition haben sich – vor allem mit Blick auf modernere Methoden und damit auch auf die CCS – Kriterienkataloge großer Unternehmen oder Interessensverbände gebildet, die sich im Rahmen einer Selbstverpflichtung auf ethische Grundsätze für den Einsatz von Daten oder die Entwicklung algorithmischer Software-Lösungen geeinigt haben. Auch die Europäische Kommission (2018) veröffentlichte „Ethik-Leitlinien für eine vertrauenswürdige KI", in der sie sich in der Wortwahl primär an Wirtschaftsunternehmen richtet. Auch in diesen Leitlinien und Kriterienkatalogen stecken Ansätze sowohl konsequentialistischer als auch deontologischer Denkrichtung. Darüber hinaus wird aber deutlich, dass sich die Bewertung von Daten und Software nach ethischen Prinzipien kaum in ein Schema ihrer möglichen negativen Konsequenzen bringen lässt. Stattdessen bemisst sich im industriellen Umfeld Ethik verstärkt an kulturell und sozial geprägten deontologischen Normen, innerhalb derer sich Handlungsoptionen und -empfehlungen ergeben.

Für die CCS adaptiert, lassen sich aus diesem Potpourri an Leitlinien drei übergeordnete Grundsätze ableiten:

1. Menschen stehen im Mittelpunkt.
2. Daten und Software sind sicher, robust und nachvollziehbar.
3. Entscheidungen verlaufen fair und transparent.

Diese Grundsätze fassen im Kern zusammen, welche ethischen Ansprüche die Forschung
an Daten – und in weiterer Folge auch an Forschungssoftware (dazu mehr in Kap. 4) –
stellen muss, um (a) ihre Integrität, (b) das Vertrauen in sie und (c) ihren moralischen Vor-
bildcharakter zu wahren. Dabei handelt es sich also um intrinsische Motive, die auf das
Selbstverständnis der Wissenschaft setzen. Doch auch in einem von hohen Ansprüchen
gekennzeichneten System wie der Wissenschaft kann es zu Fehlern kommen. Die beiden
teilweise gegenläufig argumentierenden Denkrichtungen, die Vielzahl von neben- und
miteinander arbeitenden Individuen und die mitunter verzerrenden Anreizsysteme können
auch in der Wissenschaft dazu führen, dass den hier ausgerufenen Grundsätzen nur in
Teilen entsprochen wird. Nicht zuletzt deshalb bilden Transparenz und Kontrolle seit jeher
ein zentrales Merkmal der Wissenschaft, das auch für ethische Prinzipien gilt und entsprechende Kontrollmechanismen notwendig macht.

3.4.1 Menschen stehen im Mittelpunkt

Zentral für die ethische Betrachtung von Daten ist die Orientierung an den Menschen,
ihrer Autonomie und Bedürfnisse. Die Arbeit mit großen Datenmengen darf kein Selbst-
zweck sein. Vielmehr dient sie in der CCS dem sozialwissenschaftlichen Erkenntnisinteresse und in letzter Instanz dem gesellschaftlichen Wohlergehen.

Aus diesem deontologischen Grundsatz lassen sich mehrere Prämissen ableiten. Zunächst jene, dass Menschen zu jedem Zeitpunkt die Hoheit über ihre Daten haben. Sie
werden vor Beginn einer Datenerhebung über die Art und den Umfang der gesammelten
Daten wie auch über den Zweck der Datenerhebung informiert und müssen dem aktiv zustimmen (engl. consent). Außerdem haben Menschen auch im Verlauf einer Datenerhebung
die Möglichkeit, von dieser Zustimmung zurückzutreten. Bei experimentellen Untersuchungen ist darauf zu achten, dass eine gelegentlich notwendige Verschleierung des
Forschungsinteresses durch eine in Quantität und Qualität der gesammelten Daten
vergleichbare Information kompensiert wird und dass unmittelbar nach dem Ende der
Untersuchung ein Debriefing, also eine lückenlose Aufklärung des Untersuchungsdesigns,
erfolgt. Zuletzt sollen Menschen auch nach Abschluss einer Untersuchung die Möglichkeit haben, sich den wissenschaftlichen Ertrag zu erschließen, der sich aus ihren Daten
ergeben hat.

Neben diesen Prämissen menschlicher Autonomie verlangt der Grundsatz, Menschen
in den Mittelpunkt der Bewertung von Daten zu stellen, ein Abwägen potenzieller Folgen,
die sich aus den Erkenntnissen eines Datensatzes ergeben können. Damit sind wir noch
einmal bei Michal Kosinski und der „myPersonality"-Studie: Den Beteiligten war bei

ihrer Teilnahme nur zum Teil klar, wozu ihre Facebook-Likes und ihre in einem spielerischen Persönlichkeitstest erfragten Charakteristika dienen sollen. Doch selbst wenn dieser Zweck allen Teilnehmenden klar gewesen wäre, wäre wohl kaum jemand imstande gewesen, die Tragweite dieses Unterfangens einzuschätzen.

Das ist einerseits Aufgabe der Forschenden selbst, andererseits von Personen und Institutionen, die mit dieser Art von Bewertung weitaus mehr Erfahrung haben: Ethik-Kommissionen (auch als „Ethics Advisory Board", EAB, oder „Ethics Review Board", ERB, manchmal auch umfänglicher als „Institutional Review Board", IRB, bezeichnet). Die gab es zum Zeitpunkt von Kosinskis 2009 bis 2012 durchgeführter und 2013 publizierter Studie noch nicht flächendeckend, insbesondere nicht in den Sozialwissenschaften. Heute sind in den meisten Universitäten und Fachgesellschaften solche Kommissionen tätig. Mehr noch: Zahlreiche sozialwissenschaftliche Fachzeitschriften fordern heute Nachweise ein, dass mit Menschen durchgeführte Forschung von Ethik-Kommissionen im Vorfeld der Datenerhebung geprüft und als bedenkenlos eingestuft wurden. Zwar beziehen sich viele dieser fachzeitschriftlichen Forderungen derzeit auf klassische Forschungsmethoden, doch die Debatte darum, diesen Fokus auf die CCS auszuweiten, hat längst begonnen.

Darüber hinaus können Menschen auch indirekt von der Arbeit mit großen Datenmengen betroffen sein, zum Beispiel weil die Verarbeitung, Sammlung oder Generierung der Daten physikalische Auswirkungen auf sie hat. Darunter fällt der große Energiebedarf und entsprechend erhöhte CO_2-Fußabdruck, den einzelne Verfahren aufweisen. Auch die für bestimmte Verfahren nötigen großen Mengen an Prozessor- und Speicher-Hardware benötigen insbesondere in ihrer Herstellung viel Energie und Rohstoffe, deren Verbrauch und Förderung bisweilen eine lokale Bevölkerung akut betrifft. Auch diese Auswirkungen, die in Kap. 7 nochmals ausführlicher aufgegriffen werden, gilt es im Rahmen ethischer Überlegungen zu berücksichtigen.

3.4.2 Daten und Software sind sicher, robust und nachvollziehbar

Mindestens genauso problematisch an Kosinskis Studie ist die schon erwähnte Tatsache, dass neben einwilligenden Personen auch Menschen in die Studie einbezogen werden konnten, die vom Persönlichkeitstest überhaupt nichts wussten. Sie pflegten lediglich eine Facebook-Freundschaft mit Studienteilnehmenden. Zugriff auf ihre Like-Daten hatten die Forschenden aufgrund einer Sicherheitslücke bei Facebook. Michal Kosinski gab an, Facebook früh auf diesen Umstand hingewiesen zu haben. Sicher ist heute nur, dass die Sicherheitslücke bei Facebook erst 2017 geschlossen wurde.

Die Lehren, die aus diesem Fall für die Forschung gezogen wurden, sind allerdings überschaubar. Denn unabhängige Ethik-Kommissionen und Kontrollgremien sind derzeit kaum bis gar nicht in der Lage, die Qualität der Datensicherheit oder des Datenmanagements adäquat zu überprüfen.

Das liegt zum einen am fehlenden Einblick in die technologischen Abläufe. Plattformen wie Facebook sind derzeit nicht dazu verpflichtet, Forschenden ihre internen Datenstrukturen oder Qualitätsstandards offen zu legen. Zwar haben die Europäische Union (über die Datenschutzgrundverordnung, DSGVO) und die Bundesrepublik Deutschland (über das Netzwerkdurchsetzungsgesetz, NetzDG) den in der EU tätigen Plattformen Auflagen erteilt, wonach sie sich etwa an Mindeststandards der Datensicherheit halten und auf Individualanfrage Auskunft erteilen müssen; wirkliche Transparenz gegenüber dem Gesetzgeber oder gar gegenüber der Forschung stellen diese Gesetze aber nicht her. Eventuell kommt hier mit dem Digital Services Act auf europäischer Ebene Bewegung ins Spiel. Für den Moment aber können für Studien wie die von Kosinski nach wie vor nur Teile der Daten und Software aufseiten der Forschenden geprüft werden.

Doch spätestens hier kommt ein zweites Problem ins Spiel. Denn für eine adäquate Prüfung mangelt es Kontrollgremien häufig an Fachkenntnis und Erfahrung. Zentral für die ethische Bewertung von Daten und Forschungssoftware sind der Schutz vor unerlaubtem Zugriff (Sicherheit), einheitliche und intersubjektiv nachvollziehbare Daten- und Software-Entscheidungen (Robustheit) sowie die Möglichkeit der Rückverfolgung von Daten- und Software-Entscheidungen (Nachvollziehbarkeit). Doch um diese drei Aspekte zu prüfen, bedarf es Zugriff auf Daten und Quellcode, Ressourcen des systematischen Testens sowie Einigkeit darüber, wann Daten und Forschungssoftware von diesen Aspekten abweichen. Nichts davon ist derzeit in der CCS institutionalisiert.

Während wissenschaftliche Standards von Forschenden in langer Tradition gegenseitig in sogenannten Peer-Review-Verfahren überprüft werden, findet eine solche Qualitätskontrolle bei Forschungsdaten und Forschungssoftware in der CCS derzeit kaum statt. Erste Bemühungen in dieser Richtung finden sich in einigen methodischen Fachzeitschriften, doch die zentrale Schwierigkeit liegt weniger in den Formaten, die ein Daten- oder Forschungssoftware-Gutachten ermöglichen, sondern mehr in der Fachtradition: Die Kommunikationswissenschaft ist bislang, anders als etwa die Informatik, keine Disziplin, die viel Wert auf Software-Tests und Code-Reviews legt. Solche Prozesse müssen sich mit der Popularisierung der CCS erst noch etablieren.

Denn erst, wenn solche Prozesse etabliert sind und bei Daten- und Forschungssoftware-Veröffentlichungen entsprechende Nachweise erbracht werden müssen, ist auch eine belastbare ethische Bewertung von Daten und Software möglich. Um sicherzustellen, dass Daten und Software (1) sicher, (2) robust und (3) nachvollziehbar sind, muss zunächst zuverlässig prüfbar sein, (1a) welche Sicherheitsstandards zum Schutz vor Fremdzugriff eingehalten, (1b) inwieweit Daten anonymisiert oder pseudonymisiert, und (1c) welche Dienstleister – und damit: welche Rechtslagen – bei der Speicherung von Daten involviert waren. Ferner bedarf es adäquater Möglichkeiten, Rohdaten sowie den Quellcode von Forschungssoftware umfangreicher Tests zu unterziehen, um (2a) Daten entsprechend sichten und (2b) reproduzierbares Verhalten der Software und enthaltener Modelle sicherstellen zu können. Zuletzt muss eine ethische Überprüfung imstande sein, (3a) einzelne Datenpunkte auf ihre Entstehung rückverfolgen und (3b) Software-Entscheidungen anhand des Quellcodes nachvollziehen zu können.

3.4.3 Entscheidungen verlaufen fair und transparent

Der dritte Grundsatz ethischer Bewertung von Daten und Forschungssoftware ist die Offenheit algorithmischer Entscheidungen. Damit sind Entscheidungen gemeint, die Computer anhand von Daten, Software und/oder Modellen treffen.

Dieser Grundsatz ist derzeit wohl am stärksten diskutiert und birgt gleichzeitig die größten Schwierigkeiten für die praktische Umsetzung. Denn er geht davon aus, dass Daten und Forschungssoftware fair sein müssen – und fair sein können. Diskriminierung darf weder aus algorithmischen Entscheidungen heraus entstehen, noch sich durch sie verstärken. So ist es an einer ethischen Prüfung festzustellen, wenn beispielsweise Empfehlungssysteme für Online-Nachrichten ausschließlich Beiträge vorschlagen, in denen nur männliche Experten zu Wort kommen. Ein Missstand, der sich etwa aus Normen und Werten nach Vielfalt und Diskriminierungsfreiheit in westlichen Gesellschaften ergibt.

Doch so einleuchtend die Identifikation eines Missstands an dieser Stelle sein mag, so komplex ist es, den Missstand zu beheben. Denn was ist das erklärte Ziel? Frauen und Männer könnten zu gleichen Teilen, also 50:50, abgebildet werden. Doch das wird den aufgrund von Beschäftigungsquoten sowie Hausarbeits- und Kindererziehungsbeteiligung verzerrten Geschlechteranteilen in einzelnen Berufsgruppen nicht gerecht. Man könnte auch argumentieren, dass der derzeitigen Unterrepräsentierung weiblicher Expertinnen in den Medien[8] nur durch eine Überkompensation beigekommen werden kann, das Verhältnis also vielmehr zugunsten von Frauen umgekehrt werden müsste.

Die Frage der richtigen Bemessungsgrundlage ist ebenfalls eine moralische Frage. Welchen Maßstab man anlegt, um Verzerrungen aufzudecken oder vorzubeugen, hängt von den eigenen Normen und Werten ab. Für die ethische Bewertung von Daten und Software ist es besonders wichtig, offen mit diesen Normen und Werten umzugehen. Nur so kann sichergestellt werden, dass konstruktiv um das gewünschte Verhältnis, die richtige Bemessungsgrundlage, gerungen wird. Um Daten und Entscheidungen nach ihrer Fairness beurteilen zu können, bedarf es also in erster Linie einer Transparenz der Daten und Entscheidungen.

Diese Transparenz umfasst alle Phasen des Forschungsprozesses: Welche Daten wurden unter welchen Prämissen berücksichtigt und (wie) gesammelt? Welche Modellierungen

---

[8] Das zeigt etwa eine Studie von Elizabeth Prommer, in der die Autorinnen für die Corona-TV-Nachrichtenberichterstattung (untersucht wurde eine Stichprobe an Informationssendungen über vier Fernsehsender im April 2020) ein Verhältnis von vier Experten zu lediglich einer Expertin feststellten (Prommer und Stüwe 2020). Diese Verzerrung ist sogar noch etwas größer als die sonst im deutschen Fernsehen vorherrschende Verteilung von etwa zwei männlichen Protagonisten zu einer weiblichen Protagonistin (Prommer und Linke 2017). Jürgens und Kolleg:innen (2022) stellen mithilfe einer automatisierten Inhaltsanalyse von mehr als 20 Mio. TV-Standbildern zudem fest, dass derartige Missverhältnisse über diverse Fernsehsender (ARD, ZDF, RTL, Sat.1, PRO7, VOX), Genres (Nachrichten, Meinungen, fiktive Unterhaltung, nicht-fiktive Unterhaltung, Sport, Werbung) und Jahre (2012 bis 2017) weitestgehend konstant bleiben.

wurden (warum) vorgenommen? Welche Standards wurden (weshalb) angelegt und welche Implikationen haben diese Entscheidungen auf die Interpretation der Ergebnisse?

3.5 Nach ihrer Genese

Daten in der CCS sind in mehrerlei Hinsicht anders als Daten der klassischen Kommunikationswissenschaft. Doch das bedeutet nicht, dass alle Daten in der CCS allesamt grundverschieden sind – eher das Gegenteil ist der Fall: Häufig fallen Daten, mit denen wir es in der CCS zu tun haben, in eine von sechs Kategorien. Natürlich gibt es auch Daten, die sich nicht in diese sechs Kategorien einteilen lassen, doch für das Gros der CCS-Daten gelten die hier beschriebenen Gemeinsamkeiten und Prämissen. Zum Abschluss dieses Kapitels schauen wir uns daher diese sechs Kategorien der Genese von Daten und ihre Charakteristika genauer an.

3.5.1 Tracking-Daten

Für die CCS typische Daten sind Tracking-Daten (auch: trace data; Nachverfolgung, Spuren). Dabei handelt es sich um Beobachtungsdaten, die mehr oder weniger beiläufig bei der Online-Mediennutzung anfallen und deshalb auch als digitale Spuren bezeichnet werden. Typische Tracking-Daten sind Browser-Verläufe, also die URLs und Zeitpunkte besuchter Seiten. Auch Nachrichtenbeiträge, geöffnete Apps oder im Social-Media-Feed erhaltene Posts können als Tracking-Daten vorliegen.

Einige Forschende der Kommunikationswissenschaft bezeichnen Tracking-Daten gar als das Herzstück der CCS (z. B. van Atteveldt und Peng 2018). Denn Tracking-Daten erlauben erstmals umfänglich Einblick in tatsächliche Mediennutzung, ohne die sonst üblichen Verzerrungen, die zum Beispiel Befragungen anhaften. So zeigen methodische Untersuchungen (z. B. Araujo et al. 2017; Scharkow 2016), dass Menschen, die nach ihrer Mediennutzung befragt werden, sich einerseits nicht immer an alle Nutzungsepisoden erinnern können, was wohl auch daran liegt, dass Nutzungsepisoden mit dem Smartphone immer kürzer wurden. Andererseits ist durchaus denkbar, dass Befragte bei der Mediennutzung nicht immer die ganze Wahrheit sagen, weil sie vielleicht fürchten, mit häufiger Boulevardnutzung oder geringer Nachrichtennutzung in den Augen der Forschenden in einem schlechteren Licht zu erscheinen. All diese Einschränkungen gelten für Tracking-Daten nicht. Gleichzeitig zeigen Tracking-Daten, dass Nachrichten für die Mediennutzung der meisten Menschen eine eher untergeordnete Rolle spielen.[9]

Tracking-Daten sind also imstande, sehr detailliert Auskunft über die tatsächliche Mediennutzung zu geben – ihre Aussagekraft ist entsprechend groß. Dabei ist aber unbedingt die Stichprobe zu beachten, denn Tracking-Daten müssen üblicherweise aufwändig

---

[9]Tracking-Studien verweisen etwa auf 3–7 % der Webseitenaufrufe, die auf Nachrichtenseiten zeigen (z. B. Haim et al. 2021; Scharkow et al. 2020).

erhoben oder erworben werden. Zwar fallen sie in der Messung en passant an, man spricht auch von einer nicht-reaktiven Messung, doch sie fallen eben nicht bei Forschenden an; vielmehr haben Webseiten- oder Plattform-Betreiber Zugriff darauf, den sie aber nur selten mit der Wissenschaft teilen. Auch einige kommerzielle Panel-Anbieter verfügen über Tracking-Daten, die sie gegen Bezahlung anbieten. Welche Personen also schließlich in den Tracking-Daten abgebildet sind, entzieht sich typischerweise der Kontrolle der Forschenden und muss umso kritischer in den Blick genommen werden. Da gerade Panel-Anbieter darauf angewiesen sind, dass Teilnehmende Forschungssoftware installieren, kann zumindest davon ausgegangen werden, dass die Stichproben kaum repräsentativ, sondern zugunsten technisch versierter und online-affiner Nutzender verzerrt sind.

Darüber hinaus sind Tracking-Daten üblicherweise Längsschnittdaten, die nicht nur Seitenaufrufe, sondern häufig ein größeres Potpourri des täglichen Online-Medienkonsums abbilden. In den Daten stecken also auch Aufrufe, die wenig zu unseren üblichen Forschungsfragen beitragen können. Dazu zählt Werbung, die vielleicht gar nicht aktiv aufgerufen, sondern im Hintergrund nachgeladen wird. Man bezeichnet solche Daten, die einen gewissen Teil an unbrauchbaren Informationen enthalten, welche die Interpretation der Ergebnisse beeinflussen, aufgrund der Art der Messung aber unumgänglich sind, auch als „dreckig" (engl. dirty data), „verunreinigt" (engl. messy data) oder „verrauscht" (engl. noisy data).

Etwas Sensibilität erfordert die Bewertung der Rechtslage und der ethischen Prinzipien bei Tracking-Daten. Selbstverständlich sind für die Datensammlung alle Beteiligten (in der EU) an die Datenschutzgrundverordnung gebunden. Seriöse Panel-Anbieter orientieren sich üblicherweise außerdem am ICC/ESOMAR-Kodex, der weitere Sorgfaltspflichten, etwa zur Pseudonymisierung von Daten, zur Transparenz der Untersuchungsziele oder zum Jugendschutz vorsieht. Dennoch erlauben Tracking-Daten einen tiefen Einblick, etwa wenn zwischen den Aufrufen von Nachrichtenseiten auch Suchmaschinenaufrufe stecken, bei denen nach „symptome depression" oder „hämorrhoiden" gesucht wurde. Die Daten sind selbstverständlich pseudonymisiert, doch es bleibt ein ungutes Gefühl ob des sehr persönlichen Einblicks. Dem begegnen einige Datenanbieter damit, dass sie Tracking-Daten nur auf Second-Level-Domain-Ebene verfügbar machen; das heißt, dass nur „google.de" oder „orf.at" in den Daten steht – ohne genaue Suchanfrage und ohne Angabe des einzelnen journalistischen Artikels. Tracking-Daten werden so für mehr Privatsphäre bis zu einem gewissen Grad ihres großen Vorteils der detaillierten Mediennutzungsbeobachtung beraubt – eine in vielen Fällen aber verkraftbare Einschränkung.

Zu den etwas größeren Einschränkungen von Tracking-Daten bei Panel-Anbietern gehört stattdessen die Fokussierung auf spezifische Geräte. Denn da einige Anbieter auf installierte Forschungssoftware zur Erhebung der Daten setzen (müssen), aber nicht alle Teilnehmenden bereit oder imstande sind, diese Forschungssoftware auf ihrem Heimrechner, dem Arbeitscomputer und ihrem Smartphone zu installieren, bilden die erhobenen Daten nur einen Teil der (in vielen Fällen stark habitualisierten) Mediennutzung ab. Auch ist nicht jeder Anbieter von Tracking-Daten imstande, Browser und Smartphone-Apps gleichermaßen zu beobachten: Während also vielleicht die Nutzung von „tagesschau.de" erhoben wird, fehlt mitunter die Nutzung der Tagesschau-App.

3.5.2 Social-Media-Daten

Auch Social-Media-Daten sind in der CCS sehr üblich. Allerdings handelt es sich dabei um einen weitaus weniger klar definierbaren Begriff, der des Öfteren für alles verwendet wird, was Social-Media-Plattform-Betreiber anbieten. Dabei kann es sich durchaus auch um Tracking-Daten, Datenspenden oder sogar Medieninhalte handeln. Wir verstehen für dieses Lehrbuch Social-Media-Daten als Daten, die über entsprechende Plattformen vermittelte, soziale Verbindungen und Inhalte abbilden. Dazu zählen Follow-Netzwerke (z. B. A folgt B), bei anderen hinterlassene Kommentare (z. B. A kommentiert Post von B) oder Daten über Likes, Shares und andere Popularitätshinweise (z. B. A markiert einen Post von B mit einem Like).

Social-Media-Daten sind oftmals über die entsprechenden Plattformen direkt beziehbar, in der Regel als relationale sowie als Querschnittsdaten zum Zeitpunkt des Datenbezugs. Dabei ist zu beachten, dass Social-Media-Daten in ihrem Ursprung vielmehr Längsschnittdaten darstellen, zumal sich soziale Verbindungen ständig und schnell ändern können. Mehr noch: Die Daten enthalten aufgrund dieser Vermischung von Längsschnitt und Querschnitt mitunter systematische Verzerrungen. Solche Verzerrungen kommen beispielsweise zustande, wenn mehrere Nutzende einer anderen Person nicht mehr folgen, weil diese Person durch bestimmte Äußerungen aufgefallen ist; in später erhobenen Querschnittsdaten ist nicht mehr ersichtlich, dass die Nutzenden der Person jemals gefolgt sind. Verzerrungen können auch zustande kommen, wenn Posts, die bereits mit Kommentaren oder Popularitätshinweisen versehen sind, gelöscht werden; gelöschte Posts tauchen ebenso wenig in später erhobenen Querschnittsdaten auf wie die zugehörigen Kommentare, Likes und Shares.

Eine weitere Herausforderung bei Social-Media-Daten ist die Zusammensetzung der Stichprobe. Je nach Forschungsfrage lässt sie sich klar definieren und kontrollieren, zum Beispiel wenn die öffentlich zugänglichen Profile von Parteien oder Politiker:innen Untersuchungsgegenstand sind. Doch wie bereits bei Tracking-Daten haben in vielen anderen Fällen nur die Plattformen selbst Vollzugriff auf die entsprechenden Daten. Bilden beispielsweise Posts mit Impfinformationen den Rahmen der Stichprobe, so liefern einige Social-Media-Plattformen lediglich Posts von Profilen mit einer bestimmten Mindestreichweite aus.[10] Auch hier entzieht sich also die Zusammensetzung der Stichprobe der Kontrolle der Forschenden – ein Umstand, der mindestens kritisch reflektiert werden muss.

Vor diesem Hintergrund ist auch die Aussagekraft von Social-Media-Daten eingeschränkt. Die Daten sind zwar einfach verfügbar, doch wie valide sie sich zur Klärung einer Forschungsfrage einsetzen lassen, variiert deutlich von Forschungsfrage zu Forschungsfrage. Das liegt auch daran, dass nicht selten in den Daten eine algorithmische

---

[10] Ein prominentes Beispiel dafür ist CrowdTangle, ein Facebook-Tocherunternehmen, das nur Facebook- und Instagram-Daten von Profilen mit öffentlicher Relevanz anbietet. Was öffentlich relevant ist, definiert CrowdTangle. Aktuell sieht diese Definition Profile mit mindestens 50.000 Likes, Gruppen mit mindestens 95.000 Mitglieder:innen sowie alle verifizierten Profile vor.

Konfundierung angelegt ist. Als Konfundierung bezeichnet man den gemeinsamen Einfluss von zwei oder mehr möglichen Ursachen, die sich in den Daten nicht mehr trennen lassen: Nehmen wir an, dass wir die Anzahl an Likes von Posts politischer Parteien untersuchen. Wir finden heraus, dass es Posts mit Videos gibt, die wesentlich mehr Likes bekommen als Posts ohne Videos. Nun kann es natürlich sein, dass Videos zu mehr Likes führen. Vielleicht finden wir heraus, dass die Video-Posts im Mittel 42 Likes bekommen, während die Posts ohne Videos im Mittel nur 30 Likes bekommen. Wir würden konstatieren, dass Videos in Posts zu mehr Likes führen. Das Problem besteht nun darin, dass wir nicht ausschließen können, dass nicht die Videos, sondern die algorithmische Kuratierung durch die Plattformen ursächlich für die zusätzlichen Likes ist. Algorithmische Kuratierung konfundiert also hier mit Videos in Posts. Denn es ist durchaus denkbar, dass die Algorithmen der Plattform Videos bevorzugen und solche Posts deutlich mehr Menschen anzeigen. Nehmen wir an, dass die Posts ohne Videos im Mittel 60 Personen gezeigt wurden, so bedeutet das, dass jede zweite Person diese Posts ohne Video mit einem Like quittierte. Haben die Algorithmen die Video-Posts nun deutlich mehr Personen gezeigt, im Mittel beispielsweise 126 Personen, dann hat nur jede dritte Person die Posts mit Video mit einem Like quittiert. Unser Befund, Videos in Posts führen zu mehr Likes, wäre zwar richtig, die Ursache aber ist nicht direkt das Video, sondern der Umweg über Video und algorithmische Kuratierung.

Zu den Vorteilen von Social-Media-Daten gehört sicherlich ihre Verfügbarkeit sowie die weite Verbreitung von einfach zu bedienenden Werkzeugen für den Umgang mit ihnen. Die Datenerhebung erfolgt außerdem nicht-reaktiv, sie hat also keine Auswirkungen auf die untersuchte Plattform oder die Daten selbst. Und spätestens seit den Nachwehen des Cambridge-Analytica-Skandals sind auch die rechtlichen Grundlagen und die ethischen Prinzipien von Social-Media-Daten weitestgehend geklärt: Demnach stellen uns die Plattformen datenschutzkonforme und lizenzierte öffentliche Daten zu Verfügung, untersagen uns dabei aber gleichsam in ihren Allgemeinen Geschäftsbedingungen, in den Daten enthaltene Inhalte, etwa Texte, Bilder oder Videos in Posts, selbst zu veröffentlichen.

3.5.3 Input-Output-Daten

Um die Kontrolle über Erhebung und Stichprobe zu behalten, haben sich in der CCS Verfahren etabliert, die mit sogenannten Input-Output-Daten arbeiten. Typische Beispiele sind Daten systematischer Tests von Suchmaschinen: Nach Eingabe bestimmter Begriffe (Input, Eingabe) erfolgt die algorithmische Verarbeitung im Verborgenen (Throughput, Verarbeitung), bevor die Ausgabe gesammelt und mit den Ausgaben anderer Suchbegriffe verglichen wird (Output, Ausgabe).

Input-Output-Daten sind also an klassische Experimentaldesigns angelehnt, bei denen zunächst Forschende eine unabhängige Variable manipulieren, die Verarbeitung seitens der Proband:innen im Verborgenen erfolgt und die Reaktion schließlich gemessen wird. Es handelt sich dabei um eine Vorher-Nachher-Messung (engl. pretest-posttest design).

Die Aussagekraft solcher Daten ist gemeinhin hoch, sofern die Erhebung sorgfältig und nachvollziehbar erfolgt. Wie, beziehungsweise wann, wo und durch wen die Daten erhoben wurden, sind hierbei also ebenso zentrale Fragen wie jene nach den Problemen während der Datenerhebung (das „ISP" in SES-*ISP*-I in Abschn. 3.1).

Da die Daten darauf basieren, algorithmisch kuratierte Systeme mit Eingaben zu füttern, handelt es sich hierbei um reaktive Daten. Suchmaschinen gehen ja davon aus, dass es sich um eine normale Suchanfrage handelt, und beziehen sie so beispielsweise in ihre internen Zählungen beliebter Suchbegriffe mit ein. Das Verfahren zur Datenerhebung beeinflusst also den Untersuchungsgegenstand selbst. Wie Social-Media-Daten sind Input-Output-Daten dabei in aller Regel algorithmisch konfundiert. Doch im Gegensatz zu Social-Media-Daten erlauben Input-Output-Daten, den Einfluss algorithmischer Kuratierung ein wenig zu isolieren und im Detail zu analysieren. Wir kommen darauf in Kap. 6 zurück.

3.5.4 Datenspenden

Mit der Datenschutzgrundverordnung haben Menschen das Recht erworben, Auskunft über ihre eigenen Daten erhalten zu können. Unternehmen, die personenbezogen Daten verarbeiten, sind in der EU gesetzlich dazu verpflichtet, auf Anfrage in einem angemessenen Zeitraum Personen alle über sie gespeicherten Daten darzulegen. Diesen Umstand machen sich Forschungsprojekte mitunter zunutze und bitten Personen, auf diesem Weg erfragte Daten an ihr Forschungsprojekt zu „spenden". Sie gelangen so an sehr aussagekräftige Daten über angezeigte Posts, über angesehene Videos oder über eingegebene Suchbegriffe, die sich allesamt mit einer Befragung der spendenden Personen flankieren lassen.

Wie bereits bei den Tracking-Daten ist auch bei Datenspenden ein besonderes Augenmerk auf die Stichprobe zu legen. Denn die Beantragung der Daten und insbesondere die anschließende Spende ist gerade bei den großen Plattformen nicht ganz trivial: Nach der Anfrage landen die Daten meist erst einige Zeit später als geschützter Download-Link im Posteingang der spendenden Personen. Diese müssen also (1) die Daten beantragen, (2) sich in Geduld üben, (3) die Daten herunterladen und (4) die teilweise sehr großen Downloads den Forschenden wiederum zur Verfügung stellen. Es muss also auch hier davon ausgegangen werden, dass die Stichproben kaum repräsentativ, sondern zugunsten technisch versierter und online-affiner Nutzender verzerrt sind.

Dafür umfassen die Daten in der Regel alle genutzten Geräte (Heimrechner, Arbeitscomputer, Smartphone und so weiter) und wurden nicht-reaktiv erhoben. Üblicherweise liegen sie in einem relationalen Format vor. Auch Datenspenden sind häufig algorithmisch konfundiert, bilden aber letzten Endes lediglich valide ab, was die Spendenden gesehen, geklickt oder gesucht haben. Und zwar alles. Wie also bereits bei den Tracking-Daten handelt es sich hierbei häufig um „dreckige" Daten voller unbrauchbarer, aber aufgrund der Art der Messung unumgänglicher Inhalte.

Die größte Krux mit Datenspenden ist indes die Privatsphäre. Zwar spricht rechtlich nichts dagegen, dass Personen ihre eigenen Daten der Forschung aktiv zur Verfügung stellen, doch in vielen Datenspenden stecken auch Daten über andere, nicht aktiv zustimmende, Personen. Das ist beispielsweise der Fall, wenn Follower-Strukturen Teil der Daten sind. Zwar lassen sich solche Teile aus Datenspenden entfernen, doch das Problem möglicher Verletzungen ethischer Prinzipien bleibt bestehen. Denn in Datenspenden stecken nicht selten Muster, welche Profile mit einer bestimmten Regelmäßigkeit Likes erhalten oder Videos welchen Kanals mit einer gewissen Regelmäßigkeit geschaut werden. Solche Muster sind nicht immer auf den ersten Blick erkennbar und stehen so dem ethischen Prinzip, Menschen als zentrale Prämisse zu verstehen und in die Lage zu versetzen, die Entscheidung zur Datenspende in vollem Bewusstsein ob der Folgen treffen zu können, diametral entgegen. Noch mehr als andere Datenarten sind Datenspenden also unter ethischen Gesichtspunkten zu bewerten.

3.5.5 Medieninhalte

Zu den in der CCS üblichen Daten gehören auch Medieninhalte. Darunter fallen journalistische Beiträge ebenso wie Unterhaltungsbeiträge, Text- und Bildformate ebenso wie audiovisuelle oder rein auditive Medien. Sie bilden längst eines der Daten-Herzstücke für die gesamte Kommunikationswissenschaft, doch die CCS macht es möglich, hierbei mit deutlich größeren Datenmengen umzugehen.

Wenn wir Medieninhalte als Daten vorliegen haben, sollte unser Augenmerk zunächst auf der Datenerhebung liegen: Woher kommen die Inhalte und wie wurden sie ausgewählt und gesammelt? Gerade bei online gesammelten Medieninhalten spielen der Erhebungszeitpunkt und das Erhebungsinstrument zentrale Rollen. Denn obwohl Medieninhalte häufig als Querschnittsdaten vorliegen, sind sie gerade im Internet „flüchtig" (Haim 2019; Karlsson und Strömbäck 2010; Seibold 2002b). Das bedeutet, dass sie über die Zeit verändert oder gelöscht werden können (Schatto-Eckrodt 2022). Zu spät erhobene Online-Medieninhalte bilden dann mitunter nicht mehr jenen Zustand ab, den sie zum Zeitpunkt ihrer ursprünglichen Veröffentlichung aufwiesen.

Online-Medieninhalte können außerdem algorithmisch konfundiert sein, zum Beispiel wenn sie von Webseiten gesammelt wurden, die mit A/B-Tests arbeiten. A/B-Tests beschreiben einfache (einfaktorielle) Experimentaldesigns in der Online-Medienpraxis, bei denen beispielsweise zwei Überschriften für einen Beitrag hinterlegt werden. Das System zeigt Rezipierenden zunächst zufällig eine der beiden Überschriften (eben A oder B) an und misst etwa, welche Gruppe sich anschließend länger auf der Seite aufhält. Nach einer gewissen Zeit, dreißig Minuten zum Beispiel, entscheidet das System

über die „bessere" Überschrift und zeigt künftig nur noch diese Variante an. Für die erhobenen Daten bedeutet das, dass je nach Erhebungszeitpunkt die erhobene Überschrift
möglicherweise nicht jener Überschrift entspricht, die insgesamt mehr Rezipierende zu
Gesicht bekamen.

Gerade aufgrund solcher A/B-Test-Szenarien stellen einige Online-Medieninhalte auch
reaktive Daten dar. Je nach Erhebungsinstrument können Medieninhalte auch ungewollte,
aber unvermeidbare Anteile enthalten (Werbung, Verlagsangebote, Bildergalerien zwischen Textbeiträgen), stellen also ebenfalls „dreckige" Daten dar.

Aus ethischer Perspektive sind Medieninhalte oftmals weniger problematisch, zumal
die Inhalte meist bereits redaktionell geprüft und professionell veröffentlicht wurden.
Auch die Rechtslage ist verhältnismäßig klar: Für die (nicht-kommerzielle) Forschung ist
das Sammeln und Auswerten der Daten legitim, die weitere Veröffentlichung der vollständigen Inhalte ist aber nicht ohne Weiteres möglich.

3.5.6 Modellierte und simulierte Daten

Zuletzt sind modellierte und simulierte Daten immer häufiger Teil der CCS. Das sind
Daten, die aus probabilistischen Simulationen entstanden sind. Anstatt also Personen oder
Medieninhalte zu beobachten, sind solche Daten das Ergebnis beobachteter Computer-
modelle, in denen beispielsweise virtuelle Akteure mit virtuellen Medieninhalten über
einen längeren Zeitraum interagieren. Wir kommen auf die zugrunde liegenden Verfahren
in Kap. 7 ausführlich zurück.

Für die Bewertung von modellierten und simulierten Daten ist relevant, ihre große und
gleichsam beschränkte Aussagekraft in den Blick zu nehmen. Einerseits ermöglichen solche Daten die längerfristige Betrachtung von sozialen Systemen und erlauben so auch
kausale Aussagen über Abhängigkeiten gesellschaftlicher Prozesse. Inwiefern beispielsweise einseitige Medienberichterstattung zu gesellschaftlicher Meinungsbildung beitragen kann, ist eine Frage, die sich mithilfe von Simulationen in Ergänzung zu Inhaltsanalysen und Befragungen deutlich umfassender und nachhaltiger beantworten lässt
(Wettstein 2020). Andererseits haftet modellierten Daten immer eine gewisse Fehlerquote
an, die es in der Bewertung der Daten zu berücksichtigen gilt.

Für die Bewertung ist schließlich ein großer Fokus darauf zu legen, wie die einzelnen
Daten modelliert wurden (das „I" in SES-*I*-SPI in 3.1): Auf welchen Grundannahmen
fußen Akteure und Zusammenhänge, wie sehen mögliche Interaktionsmodi aus. Die Daten
selbst können sowohl im Längsschnitt wie auch im Querschnitt (als Abbild des finalen
Simulationszustands) vorliegen. Rechtlich sind modellierte Daten in der Regel eher un-
problematisch; es gilt jedoch zu beachten, ob und unter welchen Lizenzen die zugrunde
liegenden Modelle veröffentlicht wurden. Auch aus ethischer Perspektive spricht in der
Regel wenig gegen modellierte und simulierte Daten.

3.6   Zwischenfazit und Literaturhinweise

Nachdem wir uns den eher formalen und manifesten Charakteristika von Daten im letzten Kap. 2 angenommen haben, ging es in diesem Kapitel um eher inhaltliche und latente Charakteristika. Vor diesem Hintergrund birgt die Bewertung von Daten immer auch die Schwierigkeit, intersubjektiv nachvollziehbar zu bewerten. Für eine entsprechende Systematik unterscheiden wir in diesem Kapitel fünf Bewertungsdimensionen.

Erstens bewerten wir Daten nach ihrer Aussagekraft. Dafür haben wir das „SESI-SPI"-Prinzip kennengelernt (Soll – Erhebungsmethode – Stichprobe – Inhalt – Struktur – Probleme – Ist). Es dient als Checkliste, um die Aussagekraft von Daten zwischen einem Soll- und Ist-Zustand systematisch zu vergleichen.

Zweitens bewerten wir Daten nach ihrer Darstellungsweise. Dabei unterscheiden sich Querschnitts- von Längsschnittdaten darin, welche Aussagen möglich, welche Analyseverfahren anwendbar und welche Darstellungsformen zulässig sind. Daneben gibt es noch die gerade für größere und komplexere Datensätze häufige Darstellungsweise der relationalen Daten, für die es insbesondere darum geht, Vernetzungen und Verschachtelungen zwischen Merkmalsträgern herzustellen.

Drittens bewerten wir Daten nach ihrer rechtlichen Grundlage. Dabei unterscheidet man Eigentumsrechte von personenbezogenen Rechten, wenngleich beide nicht nur heute, sondern auch in der Vergangenheit eine zentrale Begleitrolle digitaler Daten spielen. Für Klarheit bei offenen Daten – und auch bei offener Forschungssoftware – sorgen zudem Lizenzen, die zunehmend Usus bei professionellen Angeboten sind und es auch bei unseren eigenen Veröffentlichungen sein sollten.

Viertens bewerten wir Daten nach ihren ethischen Prinzipien. Drei Grundsätze leiten dafür unser (westliches) Verständnis moralischen Handelns. Demnach sollen Menschen zu jeder Zeit im Mittelpunkt unserer Entscheidungen und Bewertungen bei Daten und Forschungssoftware stehen. Daten und Software selbst sollen Mindeststandards der Sicherheit, Robustheit und Nachvollziehbarkeit erfüllen – nicht zuletzt, um auch Entscheidungen transparent und umfänglich abbilden zu können und so Fairness im sozialwissenschaftlichen Erkenntnisinteresse herzustellen.

Fünftens bewerten wir Daten nach ihrer Genese. Typische CCS-Daten fallen dabei häufig in eine von sechs Kategorien (Tracking-Daten, Social-Media-Daten, Input-Output-Daten, Datenspenden, Medieninhalte, modellierte und simulierte Daten), für die wir immer wieder auf ähnliche Bewertungsdimensionen und -kriterien zurückgreifen können.

Übungen
Auch für dieses Kapitel finden Sie Übungen mitsamt Lösungsansätzen in den Online-Begleitmaterialien: https://datenfruehstueck.github.io/ccs/

Und auch für dieses Kapitel rate ich unbedingt, sich mit Verbündeten zusammenzusetzen und sich gemeinsam und Schritt für Schritt durch die Aufgaben zu arbeiten.

Literaturhinweise

- Crawford, K. (2021). *Atlas of AI*. Yale University Press.
- Greene, D., Hoffmann, A. L., & Stark, L. (2019). Better, nicer, clearer, fairer: A critical assessment of the movement for ethical artificial intelligence and machine learning. *Hawaii International Conference on System Sciences*. https://doi.org/10.24251/hicss.2019.258
- Salganik, M. (2019). *Bit by bit: Social research in the digital age*. Princeton University Press.
- Schlütz, D., & Möhring, W. (2018). Between the devil and the deep blue sea: Negotiating ethics and method in communication research practice. *Studies in Communication and Media, 7*(1), 31–58. https://doi.org/10.5771/2192-4007-2018-1-31
- Wolff, A., Gooch, D., Montaner, J. J. C., Rashid, U., & Kortuem, G. (2016). Creating an understanding of data literacy for a data-driven society. *The Journal of Community Informatics, 12*(3), 9–26. https://doi.org/10.15353/joci.v12i3.3275

Forschungssoftware entwickeln

4

Forschungssoftware meint innerhalb der CCS entwickelte Software für jegliche Schritte entlang des Forschungsprozesses. Das umfasst eigenständige Programme und Pakete für die Datenerhebung, Skripte für die Datenaufbereitung oder eigens implementierte Algorithmen für die Auswertung. Abstrakter formuliert beschreibt Forschungssoftware – und generell: Software – die Gesamtheit aller für einen bestimmten Anwendungsfall in einer Programmiersprache geschriebenen Anweisungen, die ein Computer benötigt, um für den Anwendungsfall nötige Aufgaben zu bewältigen. Dabei ist häufig auch von Algorithmen die Rede, womit die eindeutigen Anweisungen zur Lösung spezifischer Aufgaben gemeint sind.

Nun sind weder die Kommunikationswissenschaft als Ganzes noch die CCS im Speziellen informatikwissenschaftliche Fächer. Die Entwicklung von Forschungssoftware gehört deshalb längst nicht überall zum Curriculum. Doch gerade für die CCS haben sich mindestens grundlegende Programmierkenntnisse als unerlässlich herausgestellt. Das liegt erstens an ihrer Flexibilität: Programmierkenntnisse erlauben es, nahtloser zwischen den einzelnen Schritten des Forschungsprozesses hin und her zu wechseln und dabei verschiedenste Daten zu verarbeiten. Zweitens sind Programmierkenntnisse relevant, da Anwendungsprogramme für spezifische CCS-Forschungsfragen häufig noch gar nicht existieren. Und drittens erlauben Programmierkenntnisse, neue Techniken aus der Informatik, die selbst wiederum nur als Pseudo- oder Quellcode vorliegen, in die eigene Forschung einzubauen.

© Der/die Autor(en), exklusiv lizenziert an Springer Fachmedien Wiesbaden GmbH, ein Teil von Springer Nature 2023
M. Haim, *Computational Communication Science*, Studienbücher zur Kommunikations- und Medienwissenschaft, https://doi.org/10.1007/978-3-658-40171-9_4

▶ Programmieren bedeutet, in einer Programmiersprache Anweisungen für den
   Computer zu schreiben, die dieser für die Bewältigung bestimmter Aufgaben
   benötigt. Entwicklung von (Forschungs-)Software umfasst neben der Programmierung adäquate Tests, umfassende Dokumentation und eine passende
   Arbeitsorganisation (Deployment, Pipelines, Versionierung).

Dieses Lehrbuch ist weder ein Lehrbuch für Programmierung noch ein Kompendium
der Entwicklung von (Forschungs-)Software. Wir stellen hier deshalb Weichen und arbeiten uns nach einem Überblick der in der CCS gängigen Programmiersprachen kompakt
in zentrale Konzepte der Programmierung ein. Je größer die Forschungsvorhaben, desto
größer ist schließlich auch der Bedarf nach professionellerer Entwicklung – inklusive
Dokumentation (Abschn. 4.3), Software-Tests (Abschn. 4.4), Datenmanagement, Code-
und Prozessverwaltung (Abschn. 4.5). Diesen Aspekten nehmen wir uns zum Ende des
Kapitels an.

4.1   R und/oder Python

Für die CCS, aber auch für die Data Science und die moderne Statistik, sind heute die
Programmiersprachen *Python* und *R* die De-facto-Standards. Beide sind frei verfügbar,
sehr flexibel, auf schnelle Datenverarbeitung optimiert, laufen in allen gängigen Betriebssystemen und weisen jeweils eine sehr große Community auf. Der größte Unterschied
besteht darin, dass *R* insbesondere für die statistische Datenverarbeitung und -visualisie-
rung optimiert ist, während *Python* als typische Universalsprache gilt.
   Warum überhaupt zwei Sprachen? Zwischen Communities einzelner Programmiersprachen sind in der Vergangenheit nicht selten Grabenkämpfe entstanden. Diese wollen
wir an dieser Stelle nicht vertiefen. Stattdessen gilt: Für die CCS sind beide Sprachen voll
einsetzbar. Und: Ein Umstieg von *R* auf *Python* oder umgekehrt ist deutlich einfacher als
der (ebenfalls gut zu meisternde) Einstieg in die Programmierung.
   Wer neu einsteigt, orientiert sich für die Wahl der geeigneten Programmiersprache
bestenfalls anhand von drei Fragen: (1) Gibt es Begleitkurse an meiner Hochschule? Wenn
das der Fall ist, dann hat die dort gelehrte Sprache Vorrang – Programmierung lernt sich
am besten gemeinsam. (2) Was oder wofür will ich entwickeln? Auch wenn viele das nicht
vor Beginn der eigenen Programmierkarriere beantworten können, hilft es, sich Gedanken
zu machen. So verlangt zu entwickelnde Forschungssoftware mit grafischer Benutzungs-
oberfläche typischerweise nach *Python*, während vielseitige Datenvisualisierungen mit *R*
ein Kinderspiel sind. Die Zusammenarbeit mit der Informatik ist zumeist mit *Python* einfacher, während andere Sozialwissenschaften oftmals eher mit *R* arbeiten. Und während
beide Sprachen alle Schritte des Forschungsprozesses ermöglichen, spielt *Python* seine
Stärken vermehrt in der Datenerhebung und dem maschinellen Lernen aus, während *R*
Vorteile für das Datenmanagement, die Generierung eigener Daten, die Auswertung und

```
import pandas as pd                Python    library(tidyverse)                        R

fdp_befragte = \                             fdp_befragte <-
  befragte[befragte['wahl'] == 'FDP']          befragte %>%
                                               filter(wahl == 'FDP')
fdp_n = len(fdp_befragte.index)
                                             fdp_n <- nrow(fdp_befragte)
fdp_befragte\
  .groupby('geschlecht')\                    fdp_befragte %>%
  .count()\                                    group_by(geschlecht) %>%
  .assign(anteil = lambda x:\                  summarize(anzahl = n(),
                100*x['wahl']/fdp_n)                     anteil = 100*anzahl/fdp_n)
```

Abb. 4.1 Syntax-Vergleich eines einfachen Beispiels in Python und R (eigene Darstellung)

Visualisierung bietet. (3) Wo soll die Reise hingehen? Wer sich für die Data Science interessiert, stößt in der Praxis eher auf *Python*. Wer mit der (Kommunikations-)Wissenschaft liebäugelt, ist mit *R* besser aufgestellt. Angehende Datenjournalist:innen haben die freie Wahl – ein Umstieg auf die dort häufig notwendigere Sprache JavaScript ist von *Python* wie von *R* nötig.

Vorwissen macht den Einstieg einfacher. Doch es ist auch mit einer gewissen Vorsicht zu genießen – je nachdem, welches Vorwissen vorliegt. SPSS beispielsweise ist (wie *R*) auf statistische Datenverarbeitung ausgelegt, doch die Syntax, also die genaue sprachliche Ausgestaltung, hat wenig mit der Syntax anderer Programmiersprachen zu tun. Ähnliches gilt für Stata. Vorwissen hilft also ein wenig für das Verständnis der grundlegenden Programmierkonzepte, es erleichtert aber nicht die Wahl zwischen *Python* oder *R*. JASP oder jamovi bieten leichte Vorteile bei *R*. Java-Vorwissen hilft hingegen beim *Python*-Einstieg, während JavaScript kaum Startvorteile für eine der beiden Sprachen mit sich bringt. Und HTML, nun ja, das hatten wir bereits.[1]

Letzten Endes gleichen sich die meisten Funktionsweisen und Konzepte von Programmiersprachen. Und für unsere zentralen CCS-Bedürfnisse schenken sich *Python* und *R* wenig. Ob *Python* oder *R* die bessere Wahl ist, ist letzten Endes also auch eine Frage des Geschmacks. Deshalb sind hier zwei Code-Ausschnitte dargestellt (Abb. 4.1), die dasselbe tun (in einem tabellarischen Datensatz namens *befragte* die Anteile der Geschlechter unter den FDP-Wählenden auszählen) – entscheiden Sie selbst, was Ihnen mehr liegt.

4.2 Programmierung

Wenn von Programmiersprachen die Rede ist, sind meist höhere Programmiersprachen gemeint. Auch *Python* und *R* fallen in diese Kategorie. Höhere Programmiersprachen sind einfacher für Menschen verständlich als es die für den Computer notwendigen Schritt-für-Schritt-Anweisungen letzten Endes sein müssen. Denn, und das haben wir bereits in Kap. 2

---

[1] HTML ist eine Auszeichnungs- und keine Programmiersprache (vgl. Abschn. 2.2.2).

gesehen, Computer kennen bis heute als kleinste Instanz nur Strom und keinen Strom. Jede Anweisung für den Computer muss also irgendwann in eine Form gebracht werden, die nur mit „1" und „0" auskommt. Man nennt diese Form auch Maschinencode. Da Maschinencode jedoch alles andere als einfach verständlich ist, bieten sich zahlreiche Programmiersprachen als Abstraktionsebene darüber an (daher: *höhere* Programmiersprache).

Die Übersetzung einzelner höherer Programmiersprachen in Maschinencode übernehmen entweder Compiler oder Interpreter.

Compiler durchforsten unseren Quellcode und übersetzen ihn en bloc in eine Datei voller Maschinencode, die auf ein bestimmtes Betriebssystem zugeschnitten ist. Dass das nicht mit allen Programmiersprachen möglich ist, zeigt uns die Tatsache, dass es verschiedene Programme zwar für Mac OS, aber nicht für Windows gibt (und umgekehrt). Quellcode wird in der Regel nach der Entwicklung kompiliert und fertig ausführbar distribuiert.

Im Gegensatz dazu übersetzt ein Interpreter unseren Quellcode nicht als Ganzes, sondern Anweisung für Anweisung. Ein Interpreter generiert auch keine einzelne ausführbare Datei, sondern übergibt erzeugten Maschinencode unmittelbar zur Laufzeit an das Betriebssystem. Das dauert zwar etwas länger als die Ausführung bereits kompilierten Codes, erlaubt aber eine sehr genaue Fehlersuche. Häufig finden Interpreter deshalb Einsatz in der Entwicklungsphase; für die eigentliche Distribution kommen sie nur in sogenannten Interpreter- oder Skript-Sprachen zum Einsatz.

Um sinnvoll programmieren zu können, brauchen wir also einen zur Programmiersprache passenden Compiler, einen Interpreter oder beides. Während *Python* beides kennt, arbeitet *R* nur mit einem Interpreter. In beiden Fällen helfen uns Entwicklungsumgebungen dabei, unseren sorgfältig geschriebenen Quellcode an Compiler und Interpreter zu übergeben und den Überblick über geschriebenen Quellcode zu behalten. Häufig tun sie das recht unauffällig im Hintergrund, sodass wir uns voll und ganz auf die Programmierung konzentrieren können. Man kann sich solche Entwicklungsumgebungen als Anwendung auf dem Computer vorstellen, die nur dafür gemacht sind, uns bei der Entwicklung von Forschungssoftware zu helfen. Aufgrund der in die Code-Verwaltung integrierten Funktionen werden sie auch als integrierte Entwicklungsumgebungen (engl. integrated development environment, IDE) bezeichnet. Bekannte und (für akademische Zwecke) kostenfreie IDEs für die CCS sind insbesondere das *RStudio* (für *R*), *PyCharm*, *Spyder* und *Sublime* (für *Python*) sowie *Jupyter* und *VS Code* (für beides).

Übrigens: Während Sie sich jetzt für eine Programmiersprache und eine dazu passende IDE entscheiden und selbige auf Ihrem Rechner installieren können, schauen wir uns im weiteren Verlauf dieses Kapitels und dieses Lehrbuchs die Konzepte der Programmierung und Entwicklung unabhängig von der genauen Programmiersprache und unabhängig von einzelnen IDEs an. Denn für das Erlernen einer bestimmen Sprache sind andere didaktische Formate als dieses Lehrbuch geeigneter – nicht zuletzt die Online-Begleitmaterialien zu diesem Lehrbuch. Stattdessen illustrieren wir hier notwendigen Quellcode mithilfe von Pseudocode. Pseudocode ist keine funktionstüchtige Programmiersprache, sondern eine an höhere Programmiersprachen angelehnte Schreibweise zur Verdeutlichung von programmierbaren Anweisungen. Es handelt sich also um eine Möglichkeit, Quellcode so menschenlesbar wie möglich zu veranschaulichen, dabei aber dennoch die strenge Logik von Programmiersprachen abzubilden. Wie das aussieht, lässt sich am vorhin als *Python*- und *R*-Quellcode abgebildeten Beispiel (Abb. 4.1) veranschaulichen:

```
set fdp_befragte to befragte who voted "FDP"
set fdp_n to the number of fdp_befragte
for each gender in fdp_befragte
    set anzahl to fdp_befragte with current gender
    set anteil to anzahl × 100 ÷ fdp_n
end for
```

4.2.1 Hallo, Welt!

Das Standard-Einstiegsbeispiel in die Programmierung ist das „Hallo, Welt!"- oder „Hello, World!"-Beispiel. Es geht dabei darum, den Computer dazu zu bringen, die Welt zu begrüßen. Gelingt das, wissen wir, dass Compiler oder Interpreter sowie unsere Entwicklungsumgebung korrekt funktionieren.

Die einfachste Möglichkeit für dieses Einstiegsbeispiel ist die Kommandozeile. Sie erlaubt es, Eingaben über die Tastatur zu erhalten und Ausgaben auf dem Bildschirm zu erzeugen. Sie basiert rein auf Text und gibt jede Eingabe einzeln an den Interpreter weiter, um sie sofort zu verarbeiten und, sofern erforderlich, Text zurückzugeben. Wer dabei an Szenen aus dem Film Matrix oder andere Darstellungen mit über den Bildschirm fliegenden Zeichen denkt, liegt damit also schon ganz richtig.

Um nun unsere erste Forschungssoftware dazu zu bringen, die Welt zu begrüßen (und damit die korrekte Installation und die Funktionstüchtigkeit des Interpreters zu testen), weisen wir den Computer an, „Hallo, Welt!" zu schreiben. Der Befehl dafür lautet in *Python* und *R* jeweils „print" und sieht in unserem Pseudocode so aus:

```
print "Hallo, Welt!"
```

Ausnahmsweise schauen wir uns an dieser Stelle auch kurz an, was *Python* und *R* daraus machen (Abb. 4.2). Die Screenshots stammen aus *Jupyter* (*Python*) und *RStudio* (*R*). Es fällt auf, dass *Jupyter* in der Konsole die Eingabe färbt – man spricht auch von „Syntax-Highlighting" – und zeilenweise nummeriert; unsere Eingabe hat nur eine Zeile, sodass die Eingabe „In [1]:" vermerkt. Die Ausgabe erscheint direkt darunter. Im Gegensatz dazu kennt *RStudio* auf der Konsole kein Syntax-Highlighting, die Kommandoeingabezeile ist knapp gehalten („>") und statt der Eingabe ist die Ausgabe nummeriert („[1]"). Außerdem fällt auf, dass *RStudio* die Ausgabe in Anführungszeichen verpackt – ein Zeichen dafür, dass es sich um Text handelt. In beiden Fällen lautet die Ausgabe nach kurzer Verarbeitungszeit „Hallo, Welt!" – ein Zeichen dafür, dass im Hintergrund die Übersetzung unserer Anweisung in Maschinencode durch den jeweiligen Interpreter sowie die anschließende Ausführung der Anweisung geklappt haben.

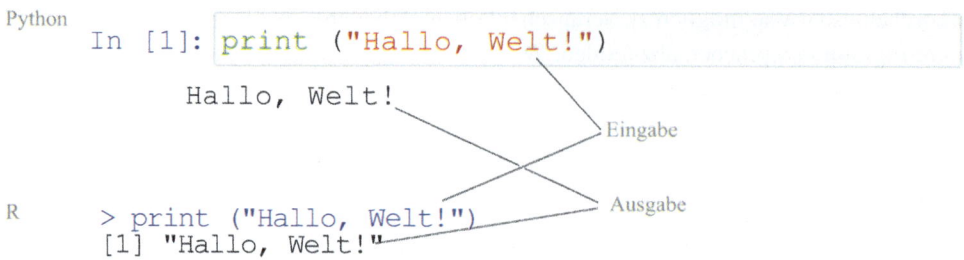

Abb. 4.2 Hallo-Welt-Beispiele in Python und R (eigene Darstellung)

Dass das nicht immer der Fall ist, sei hier vorweggenommen. Programmierung bedarf einer gewissen Frustrationstoleranz, insofern immer wieder und ganz unterschiedliche Dinge schiefgehen können. Glücklicherweise dienen sich hierbei die integrierten Entwicklungsumgebungen (IDEs) an, die Fehlersuche zu erleichtern. Dafür bieten sie in der Regel das bereits thematisierte „Syntax-Highlighting", welches etwa das Fehlen eines schließenden Anführungszeichens oder eine überschüssige Klammer deutlich hervorhebt. Doch während Fehler in der Syntax die Ausführung von Code verhindern, sind Fehler in der Funktionslogik deutlich schwieriger zu isolieren. Denn in solchen Fällen läuft die Forschungssoftware zwar, macht aber nicht genau das, was von ihr erwartet wird. Sie enthält „Bugs".[2] In sprachlicher Anlehnung nennt sich auch das Beheben solcher Fehler „Debugging". Dabei helfen IDEs, indem sie es ermöglichen, den Code Zeile für Zeile auszuführen und dazwischen jeweils zu pausieren. Dafür schicken sie nach und nach jede Zeile Code an den Interpreter und protokollieren parallel, was im Hintergrund passiert. Das ermöglicht uns, Zeile für Zeile nachzuvollziehen, wo sich Fehler in unsere Funktionslogik eingeschlichen haben.

In unserem „Hallo, Welt!"-Beispiel haben sich keine Fehler eingeschlichen, sodass wir – mit diesem Wissen ausgestattet – nun einen Schritt weitergehen können. Widmen wir uns also einem neuen Beispiel. Unser Ziel soll sein, eine Forschungssoftware zu entwickeln, mit der wir die Artikel-Links und ihre Volltexte von Online-Nachrichtenseiten wie dem Spiegel automatisiert sammeln und speichern können. Dafür soll zunächst die Hauptseite der Nachrichtenseite aufgerufen werden, um daraus die Links zu den einzelnen Artikeln zu extrahieren. Jeder Link soll anschließend separat aufgerufen und der dahinter verborgene Volltext gespeichert werden, sofern sich der Artikel nicht hinter einer Paywall befindet. Nachfolgend ist das geplante Vorgehen in Pseudocode ausformuliert. Entsprechend in *Python* und *R* programmierte Versionen finden sich in den Online-Begleitmaterialien zu diesem Lehrbuch. Der Pseudocode, auf den wir in den nächsten

---

[2] Der Begriff stammt noch aus einer Zeit, als Computer raumfüllende Geräte waren (der Film „The Imitation Game" mit Benedict Cumberbatch vermittelt davon ein Gefühl). Damals war Software, die durch große mechanische Schalter gesteuert wurde, anfällig für Fehler, wenn sich Tiere darin verfingen und so die Schaltung verhinderten. Besonders ärgerlich waren dabei kleine Käfer (engl. bugs), da sie aufgrund ihrer Größe so schwer zu finden waren.

Kapiteln immer wieder zurückkommen werden, unterteilt sich dabei in zwei Abschnitte. Die beiden Abschnitte beginnen jeweils mit einem erklärenden Kommentar, der am Zeilenbeginn mit einer Raute („#") gekennzeichnet ist.

```
program collect_spiegel_articles
   # Hauptseite laden und Links extrahieren
   load "https://spiegel.de" into der_spiegel
   set artikel_links to zero
   while there are links on der_spiegel
      add link to artikel_links
   end while

   # Jeden Link aufrufen und Volltexte laden
   set artikel_volltexte to zero
   for every link in artikel_links
      load link into einzelner_artikel
      if einzelner_artikel is not paywalled then
         add einzelner_artikel to artikel_volltexte
      end if
   end for
end program
```

4.2.2 Variablen

Zu den zentralen Konzepten von Programmiersprachen gehören Variablen. Variablen sind Platzhalter, um nicht mit statischen Werten zu hantieren. Während im Pseudocode unseres Beispiels also von „artikel_links", „link" oder „every link" die Rede ist, verbergen sich dahinter individuelle Links zu den Artikeln, sogenannte URLs.[3]

Jedoch wissen wir zum Zeitpunkt der Programmierung nicht, welche genauen URLs die später zu sammelnden Artikel haben werden – das soll unsere Forschungssoftware ja aus der Hauptseite des Spiegels extrahieren. Wir können also keine statischen URLs hinterlegen, sondern vertrauen darauf, dass die URLs zur Laufzeit der Forschungssoftware vorliegen. In der Programmierung bedient man sich deshalb eines Platzhalters. Diese Platzhalter (oder eben: Variablen) sind also nichts anderes als das, was bereits aus dem Mathematikunterricht bekannt ist: Wenn $x = 3 + 2$, was ist dann x? Fünf, klar. Aber eben auch: Ein Platzhalter. Eine Variable.

Neben ihrer Platzhalterfunktion haben Variablen in der Programmierung aber noch eine technologische Komponente. Denn aus Sicht des Computers zeigen Variablen auf einen

---

[3] Nochmals zur Erinnerung: Eine URL (engl. Uniform Resource Locator) ist eine eindeutige Adresse einer Ressource (im Internet), etwa https://www.youtube.com/watch?v=dQw4w9WgXcQ.

bestimmten Ort im Speicher.[4] Und wie wir bereits aus Kap. 2 wissen, richtet sich die Speicheraufteilung nach dem dort zu speichernden Datentyp. Zahlen brauchen weniger Speicherplatz als große Textmengen, positive Zahlen weniger als negative Zahlen, und so fort. Variablen in der Programmierung weisen deshalb ebenfalls einen Datentyp auf – identisch zu den bereits kennengelernten. Neben Boolean oder Integer also auch Float und Double, Char und String sowie NULL. Und wie bereits in Kap. 2 gilt auch für Variablen: Größere Datentypen benötigen mehr Speicherplatz und unterschiedliche Datentypen können unterschiedlich schnell verarbeitet werden.

4.2.3   Bedingte Verzweigungen

Ein zweites zentrales Konzept von Programmiersprachen sind bedingte Verzweigungen. Sie ermöglichen die Ausführung eines Code-Teils in Abhängigkeit eines anderen Code-Teils. Man kann sich das wie eine Teilung der Wegstrecke vorstellen, bei dem ein Schild aufklärt, wer nach Norden (Richtung Berlin) und wer nach Süden (Richtung München) abzweigen soll. Wenn ich nach München will, dann zweige ich also nach Süden ab. Oder in Pseudocode übertragen (der in Anlehnung an viele Elemente in der Programmierung und Entwicklung sehr von der englischen Sprache geprägt ist):

```
if me.target is "München" then
    print "gehe Richtung Süden"
else
    print "gehe Richtung Norden"
end if
```

Solche If-Then-Else-Verzweigungen finden sich in allen Programmiersprachen und sie sehen vor, dass jener Code, der im ersten Block (eingerückt nach „then", aber vor „else") nur ausgeführt wird, wenn die If-Bedingung zutrifft, wenn also mein Ziel München ist. In jeder anderen Konstellation wird hingegen der zweite Block (eingerückt nach „else", aber vor „end if") ausgeführt. Das trifft also nicht nur zu, wenn mein Ziel Berlin ist, sondern schlicht, wenn es nicht München ist – also, wenn es nach Hamburg, Rostock oder sogar nach Stuttgart gehen soll.

Übrigens muss bei bedingten Verzweigungen eine Wahl getroffen werden. Wenn die If-Bedingung nicht zutrifft, tritt immer der Else-Block in Erscheinung. Und umgekehrt: Wenn die If-Bedingung zutrifft, kann qua definitionem der Else-Block nicht in Erscheinung treten.

---

[4] Streng genommen unterscheidet man dabei noch zwischen Variablen, die auf einen Speicherbereich zeigen, in dem der eigentliche Wert der Variable abgelegt wird (sogenannte Wertevariablen), und Variablen, die auf einen Speicherbereich zeigen, in dem wiederum eine Adresse des eigentlichen Werts abgelegt wird (sogenannte Referenzvariablen oder „Pointer"). Für die erste Forschungssoftware im CCS-Rahmen spielt diese Unterscheidung aber keine Rolle.

Bedingte Verzweigungen lassen sich darüber hinaus verschachteln. Der Computer arbeitet sich dabei von oben nach unten vor. Ein typisches Beispiel dafür ist die Identifikation von Schaltjahren. Ein Schaltjahr findet bekanntlich alle vier Jahre statt, um die genaue Dauer der Sonnenumrundung durch die Erde (365 Tage, 5 h, 48 min und ein paar Sekunden) langfristig dem kalendarischen Jahreswechsel anzugleichen. Genau genommen finden Schaltjahre dafür aber gar nicht alle vier Jahre statt, sondern sie fallen in drei von hundert Fällen aus. Ein Jahr ist also immer dann ein Schaltjahr, wenn es durch Vier, dabei aber nicht durch Einhundert ganzzahlig teilbar ist – außer, es ist wiederum durch Vierhundert ganzzahlig teilbar. Oder als Pseudocode mit verschachtelter bedingter Verzweigung ausgedrückt:

```
set jahr to 2023
set ist_schaltjahr to false
if jahr / 4 yields no remainder then
    if jahr / 100 yields no remainder then
        if jahr / 400 yields no remainder then
            set ist_schaltjahr to true
        end if
    else
        set ist_schaltjahr to true
    end if
end if
print ist_schaltjahr
```

4.2.4 Schleifen

Das dritte zentrale Konzept von Programmiersprachen sind Schleifen. Schleifen dienen dazu, mehrfach auszuführende Anweisungen nicht mehrfach aufschreiben zu müssen. So soll redundanter Code vermieden werden, denn er macht Quellcode unübersichtlich und Forschungssoftware fehleranfällig. Insbesondere zwei Arten von Schleifen sind in nahezu allen Programmiersprachen gängig: For und While. Sie unterscheiden sich lediglich darin, wie die Anzahl an Wiederholungen festgelegt ist.

Bei For-Schleifen steht vor Eintritt in die Schleife bereits fest, wie oft ihr Inhalt wiederholt wird. So erklärt sich auch ihr Name: Für (engl. for) jedes Element einer Liste wird der entsprechende Code einmal ausgeführt. Das kann eine Liste aller Links sein, die von der Spiegel-Hauptseite extrahiert wurden; für jeden Link soll nun der Artikel einzeln aufgerufen werden (siehe vorheriges Beispiel). Oder es kann eine Liste aller Jahreszahlen von 1900 bis 2030 sein, um für jede darin enthaltene Jahreszahl zu berechnen, ob es sich dabei um ein Schaltjahr handelt:

```
set jahreszahlen to list(1900-2030)
for every jahr in jahreszahlen
   set ist_schaltjahr to false
   if jahr / 4 yields no remainder then
      if jahr / 100 yields no remainder then
         if jahr / 400 yields no remainder then
            set ist_schaltjahr to true
         end if
      else
         set ist_schaltjahr to true
      end if
   end if
   print jahr and ist_schaltjahr
end for
```

Im Gegensatz dazu steht bei While-Schleifen nicht vorab fest, wie oft ihr Inhalt wiederholt wird. Stattdessen wiederholen sie so lange (engl. while) den entsprechenden Code, bis eine bestimmte Bedingung eintritt. In unserem Beispiel so lange, wie sich weitere URLs auf der Spiegel-Hauptseite finden, oder im Folgenden solange, bis das nächste Schaltjahr identifiziert wird:

```
set jahr to 2023
set ist_schaltjahr to false
while ist_schaltjahr is false
   increase jahr by 1
   if jahr / 4 yields no remainder then
      if jahr / 100 yields no remainder then
         if jahr / 400 yields no remainder then
            set ist_schaltjahr to true
         end if
      else
         set ist_schaltjahr to true
      end if
   end if
end while
print "Das nächste Schaltjahr ist " and jahr
```

4.2.5   Funktionen und objektorientierte Programmierung

Nun haben wir bei den bedingten Verzweigungen, bei der For- und bei der While-Schleife jeweils denselben Code zur Prüfung, ob es sich bei einer bestimmten Jahreszahl um ein Schaltjahr handelt, programmiert. Für die Entwicklung von Software ist solche Redundanz nicht optimal, denn sie vergrößern den Wartungsaufwand, vermindern die Lesefreundlichkeit und erhöhen das Fehlerpotenzial. Denn je häufiger ein Code geschrieben wird, desto wahrscheinlicher wird es, dass sich dabei Fehler einschleichen.

Eine Möglichkeit, Redundanz zu reduzieren, sind die bereits kennengelernten Schleifen. Sie reduzieren immer dann unnötige Wiederholungen, wenn diese im Code unmittelbar nacheinander auftreten. Für Redundanz, die über ein Projekt verteilt auftritt, sind sie indes nicht geeignet. Hierfür bieten sich stattdessen Funktionen an. Funktionen sind einmal definierte Code-Blöcke mit dezidierter Aufgabe. Sie können Parameter empfangen und verarbeiten und am Ende Resultate zurückgeben. Die Prüfung, ob es sich bei einer Jahreszahl um ein Schaltjahr handelt, könnten wir also in eine Funktion namens „are_you_a_leap_year" auslagern. Einmal definiert lässt sie sich über einen Funktionsaufruf, der mit runden Klammern markiert wird, verwenden. Dem Funktionsaufruf können wir außerdem die zu überprüfende Jahreszahl als Parameter mitgeben. Unsere neue Funktion soll diese übergebene Jahreszahl dann verarbeiten und bei erfolgreicher Prüfung direkt mit einem Ja (true) antworten. Ist keine Prüfung erfolgreich, handelt es sich hingegen nicht um ein Schaltjahr und die Funktion soll Nein (false) retournieren.

```
function are_you_a_leap_year ( jahr )
  if jahr / 4 yields no remainder then
    if jahr / 100 yields no remainder then
      if jahr / 400 yields no remainder then
        return true
      end if
    else
      return true
    end if
  end if
  return false
end function

# Hier rufen wir die Funktion auf und
# schreiben das Ergebnis in die Konsole:
print are_you_a_leap_year ( 2024 )
```

Bis zu diesem Punkt laufen alle unsere Beispiele chronologisch, also von oben nach unten, ab. Man nennt diese Organisation von Code auch prozedurale Programmierung. Sie entspricht dem typischen Leseverhalten von Menschen und ist deshalb recht gut nachvollziehbar – zumindest so lange unsere Forschungssoftware keine allzu komplexen Funktionslogiken abbildet. Eine Steigerung der Komplexität wird im Ansatz aber bereits mit der Einführung von Funktionen deutlich. Denn plötzlich springen wir beim Programmieren und Lesen von Code hin und her: Im „are_you_a_leap_year"-Beispiel definieren wir zunächst ganz oben die Funktion, bevor wir sie ganz unten aufrufen. Der Computer muss bei der Ausführung dann beim Funktionsaufruf ebenfalls nach oben springen, die Funktion abarbeiten und schließlich das Ergebnis wiederum nach ganz unten schicken, um es auf der Konsole auszugeben.

Gerade für komplexere Funktionslogiken, etwa wenn Forschungssoftware vielschichtige Beziehungen zwischen Daten herstellen oder eine grafische Benutzeroberfläche anbieten soll, hat sich deshalb die objektorientierte Programmierung etabliert. Dabei werden Daten, Aufgaben und Anweisungen nicht chronologisch, sondern entlang der abzubildenden Realität strukturiert. Code zur Extraktion von Artikeln aus der Spiegel-Hauptseite findet sich dann also beispielsweise nicht mehr – wie bei der prozeduralen Programmierung – in den Code-Zeilen 213–287, sondern in einer eigenen Klasse namens „NewsOutlet" und darin in der Methode „extractURLs". Komplexer Code wird so wieder lesbarer und dadurch auch einfacher in der Wartung und Fehlersuche.

```
set der_spiegel as NewsOutlet
set artikel_links to der_spiegel.extractURLs()
```

Objektorientierte Programmierung spielt in *R* eine untergeordnete Rolle, der Großteil von uns entwickelter Forschungssoftware in *R* folgt einem prozeduralen Programmierparadigma. Doch *R* kann durchaus mit den Strukturen objektorientierter Programmierung – Klassen, Objekten und Methoden – umgehen. Bei *Python* hingegen ist das objektorientierte Programmierparadigma (kurz: OOP) vorherrschend. Zwar kann auch *Python* prozedural arbeiten, für die vollwertige Entwicklung von Forschungssoftware in *Python* kommt man aber nicht um ein Grundverständnis von OOP herum.

4.2.6 Modularisierung

Ein zentraler Vorteil der objektorientierten Programmierung ist ihre inhärente Organisation von Code. Doch auch in der prozeduralen Programmierung ist es wichtig, Code inhaltlich nach den zu bewältigenden Aufgaben zu organisieren. Man nennt das auch Modularisierung, insofern der Code in Module aufgeteilt wird.

Auch die Modularisierung beugt insbesondere Redundanz vor und erhöht die Nachvollziehbarkeit von Code. Für unser Spiegel-Artikel-Beispiel könnte sich also ein Modul mit der Hauptseite und der Extraktion darauf befindlicher Links beschäftigen, während ein anderes Modul die Erhebung einzelner Artikel und die Prüfung, ob die Artikel hinter einer Paywall liegen, übernimmt.

Da *Python* primär objektorientiert organisiert ist, fällt die Modularisierung hier etwas leichter. Der Code muss ohnehin in Klassen unterteilt werden. Außerdem ermöglicht *Python*, Code in einzelne Dateien aufzuteilen, der dann als eigenes „Module" aus anderen Dateien adressiert werden kann. So ließe sich beispielsweise eine „Outlet"- und eine „Article"-Klasse in einer Datei namens „news.py" sammeln, um fortan als „news.Outlet" und „news.Article" nicht nur inhaltlich, sondern auch optisch einen gemeinsamen Einsatzzweck zu verfolgen. *Python* gruppiert außerdem Dateien, die in einem gemeinsamen Verzeichnis liegen, automatisch in ein sogenanntes „Package" und ermöglicht so sogar noch eine weitere Abstraktionsebene der Modularisierung.

Im Gegensatz dazu erfordert *R* etwas mehr Handarbeit. Zwar lassen sich auch hier Code in Dateien und Dateien wiederum in Verzeichnissen organisieren, doch *R* weiß damit nicht automatisch etwas anzufangen. Stattdessen müssen wir die Modularisierung selbst sicherstellen, indem wir idealerweise durch einheitliche Konventionen in der Benennung von Dateien und Verzeichnissen eine gewisse Nachvollziehbarkeit gewährleisten. Wir könnten also ein Verzeichnis namens „news" anlegen und darin den Code in zwei Dateien aufteilen, eine „outlet.r" und eine „article.r". Eine Ausnahme von dieser manuellen Modularisierung bilden in *R* lediglich „Packages", die in sich abgeschlossene (Forschungs-)Software darstellen. Code, der als eigenes solches „Package" daherkommt, ist inhaltlich wie optisch klar identifizier- und nachvollziehbar. Im Gegensatz zu *Python* ist das Erstellen eines solchen Pakets aber mit deutlich mehr Aufwand verbunden und deshalb nicht ideal für unsere ersten Schritte der Entwicklung von CCS-Forschungssoftware geeignet.

4.2.7 Bibliotheken und Pakete

Doch nur, weil wir noch keine eigenen *R*-Pakete entwickeln, heißt das nicht, dass wir die Pakete anderer nicht verwenden können – wir sollten es sogar: Denn für zahlreiche Aufgaben, die in der Programmierung anfallen, haben andere Programmierende bereits Lösungen erarbeitet. So gibt es beispielsweise *R*-Pakete, die das Laden einer Webseite oder die Extraktion von Links aus HTML-Daten bereits bewerkstelligen können. Auch für *Python* existiert eine Vielzahl solcher von Dritten entwickelter Software, die hier Bibliotheken (engl. libraries) heißen.

Einige Bibliotheken und Pakete stellen Unternehmen zur Verfügung, andere werden von Forschenden oder von ehrenamtlich engagierten Privatpersonen veröffentlicht. Die Communities sind groß und heterogen, nicht nur bei *Python* und *R*, und sie eint eine Affinität zur Offenheit. Während also Bibliotheken und Pakete durchaus nur für den eigenen Gebrauch entwickelt werden können, stehen viele Bibliotheken und Pakete zur kostenfreien Nutzung in offiziellen Repositorien – bei *Python* in „PyPI", bei *R* in „CRAN" – zur Verfügung.

Man kann sich diese offiziellen Repositorien ein wenig wie App-Stores vorstellen, für die rudimentäre Qualitätsstandards gelten. Während also im Idealfall frei verfügbare *Python*-Bibliotheken und *R*-Pakete das Resultat eines professionellen Entwicklungsprozesses und als solche gut dokumentiert und getestet sind, muss das in der Realität nicht immer der Fall sein. Bevor wir uns also die öffentlich angebotenen Bibliotheken und Pakete zu eigen machen – und das sollte durchaus unser Ziel sein, denn es spart Arbeit, erleichtert die Wartung und Fehlersuche und trägt durch Vereinheitlichung zu einer besseren

Lesbarkeit unseres Codes bei – gilt es, sie zu testen und ihre Dokumentation zu lesen. Ein weiteres Zeichen von Zuverlässigkeit ist darüber hinaus die Aktivität der Communities um einzelne Bibliotheken und Pakete, was sich in Download-Zahlen oder der Aktivität in einschlägigen Online-Foren manifestiert.

4.3   Dokumentation

Wir treten nun einen Schritt zurück, weg von Programmierparadigma und dem eigentlichen Code. Denn zur Entwicklung von Forschungssoftware gehört noch mehr als das bloße Programmieren. Eines der zentralsten Elemente der Entwicklung von Forschungssoftware ist dabei die Dokumentation. Sie verfolgt zwei zentrale Ziele: Erstens soll die Dokumentation eine fehlerfreie Anwendung der Forschungssoftware ermöglichen. Dokumentiert werden muss dafür also die Anwendung selbst. Zweitens hilft die Dokumentation sowohl uns selbst als auch anderen, Code auch nach einiger Zeit noch verstehen, debuggen und warten zu können. Dafür muss weniger die Anwendung als vielmehr der Code direkt dokumentiert sein.

Für die Dokumentation der Anwendung sind zunächst eine Erklärung des verfolgten Ziels der Forschungssoftware sowie der notwendigen Laufzeitumgebung nötig. Die Laufzeitumgebung beschreibt die für die Anwendung (hier als „Laufzeit" bezeichnet) notwendigen Rahmenbedingungen, etwa das Betriebssystem, benötigte Compiler oder eine aktive Internetverbindung. Haben wir unsere Spiegel-Artikel-Software beispielsweise mit *Python* für die Anwendung auf der Konsole programmiert, so gehören eben diese Informationen in die Dokumentation der Anwendung. Daneben gehört außerdem mindestens ein funktionsfähiges Beispiel, um anderen die Anwendung zu veranschaulichen. Das erfordert mitunter Beispiel-Code, Screenshots, Tutorial-Videos oder beispielhafte Daten. Neben diesen Mindestanforderungen sind der Kreativität hier kaum Grenzen gesetzt – Lesende der Anwendungsdokumentation sollen schlicht in die Lage versetzt werden, die Forschungssoftware ohne weitere Informationen nutzen zu können.

Etwas anders sieht es bei der Dokumentation des Codes aus. Sie richtet sich an Personen, die den Code warten, erweitern oder für eigene Bedürfnisse anpassen wollen. Sie richtet sich zudem an uns und etwaige Teammitglieder, die den Code auch Wochen und Monate nach der Programmierung noch verstehen müssen. Dabei bieten sich zahlreiche Hilfestellungen bereits während der Programmierung an. Die einfachste ist die Verwendung von sprechenden Bezeichnungen für Variablen, Funktionen oder Module. Eine Variable namens „temp" oder „x" hilft in der Programmierung niemandem.[5] Deutlich besser sind hingegen Bezeichnungen wie „countOfArticleLinks" oder „url_news". Dabei hilft auch eine konstante Schreibweise (z. B. zusammenGroßGeschrieben oder mit_unter-

---

[5]Übrigens auch nicht dem Computer selbst. Denn wir haben ja bereits gelernt, dass höhere Programmiersprachen wie *Python* und *R* lediglich uns Menschen dienen und der Compiler unseren Code ohnehin noch in Maschinencode überführen muss.

strich_getrennt) sowie ein Hinweis in der Bezeichnung, welcher Datentyp sich dahinter verbirgt („countOfArticleLinks" suggeriert beispielsweise eine Zahl). Darüber hinaus gehören mindestens Funktionen und ihre Parameter sowie Klassen und Module dokumentiert. Diese Dokumentation beschreibt in englischer Sprache knapp, was der jeweilige Code macht, welche Eingabewerte in welchem Format dafür notwendig sind und wie etwaige Rückgabewerte aussehen. Entwicklungsumgebungen (IDEs) helfen zudem dabei, Code-Dokumentation nach üblichen Konventionen zu formatieren – mithilfe sogenannter „docstrings" in *Python* oder mithilfe von „roxygen2" in *R*.

4.4 Tests

Zur Entwicklung von Forschungssoftware gehören Tests. Damit ist aber nicht nur das manuelle Ausprobieren gemeint, sondern vielmehr ein systematisches Testen. Drei Varianten von systematischen Tests sind gängig: „unit tests", „integration tests" und „acceptance tests".

Bei den „unit tests" sollen einzelne Funktionen systematisch geprüft werden, ob sie isoliert betrachtet korrekt arbeiten. Ein „unit test" für unsere „are_you_a_leap_year"-Funktion könnte also so aussehen, dass die Funktion einmal mit 1999 und einmal mit 2000 aufgerufen wird, um zu prüfen, ob die Rückgabewerte korrekterweise einmal „false" und einmal „true" lauten. Solche „unit tests" laufen also softwaregesteuert ab, ihre Programmierung gehört zur Entwicklung von Forschungssoftware unbedingt dazu.

```
assert that are_you_a_leap_year ( 1999 ) is false
assert that are_you_a_leap_year ( 2000 ) is true
```

Etwas umfassender prüfen „integration tests", ob verschiedene Module der Forschungssoftware korrekt ineinandergreifen. In unserem Spiegel-Artikel-Beispiel könnte ein entsprechender Test also so aussehen, dass der erste Abschnitt der Forschungssoftware ausgeführt und anschließend geprüft wird, ob eine Mindestanzahl an Links aus der Spiegel-Hauptseite extrahiert wurde. Wie bereits „unit tests" laufen also auch „integration tests" softwaregesteuert ab. Für unterschiedliche Programmiersprachen haben sich dabei unterschiedliche Testumgebungen etabliert, die direkt in die IDEs integriert sind. So findet sich die Testumgebung „pytest" in PyCharm wieder, während „testthat" in RStudio integriert ist.

Zuletzt sollte Forschungssoftware, die für andere Nutzende gedacht ist, unbedingt auch „acceptance tests" unterzogen werden. Im Gegensatz zu den anderen Tests, handelt es sich hierbei um manuell gesteuerte Verfahren der Befragung oder Beobachtung, die ein wenig den von diesen Verfahren bekannten Pretests ähneln: Testende werden also systematisch aufgefordert, die Forschungssoftware zu verwenden und dabei ihr Handeln zu beschreiben oder die Anwendbarkeit der Software zu reflektieren. Die Erkenntnisse fließen dann in die Entwicklung zurück.

4.5   Deployment, Pipelines und Versionierung

Unsere Forschungssoftware ist mit der Programmierung, der Dokumentation und entsprechenden Tests fast fertig. Aber eben nur fast. Denn es wäre schade, wenn die ganze Arbeit nun lediglich in einem Verzeichnis auf unserer Festplatte und damit im Verborgenen bleibt. Gerade wenn sich unsere Forschungssoftware an Nutzende richtet, muss sie noch angemessen veröffentlicht werden. Dazu gehört, Installationsdateien und Anleitungen zur Verfügung zu stellen, eine Softwarelizenz (siehe auch Kap. 3 zu Recht und Lizenzen) zu hinterlegen und den Quellcode anderen verfügbar zu machen. Häufig werden diese Punkte unter dem Begriff „deployment" (Bereitstellung) zusammengefasst.

Doch auch nach der Bereitstellung fügen wir noch Funktionen hinzu oder finden und beheben einen „Bug", erweitern die Dokumentation noch für Mac-Nutzende oder entdecken einen Tippfehler in der Installationsanleitung. Das „deployment" ist deshalb kein einmaliger Schritt, sondern ein Prozess, der immer wieder wiederholt wird. Dieser Prozess der Bereitstellung wird noch komplexer, wenn mehrere Personen an der Forschungssoftware arbeiten. Die separaten Code-Teile müssen jedes Mal aufs Neue zusammengeführt und das Ergebnis erneut getestet werden.

Diese mühsame und äußerst fehleranfällige Arbeit wird deshalb üblicherweise automatisiert. Um den Überblick über die mit der Zeit wachsende Zahl an Versionen des Codes zu behalten, auch und insbesondere bei mehreren mitwirkenden Personen, bieten sich Versionsverwaltungssysteme (engl. version control system, VCS) wie „git" oder „subversion" an. Solche Systeme prüfen dabei nicht nur das Bearbeitungsdatum einer Datei (wie das Cloud-Speicherdienste tun), sondern sie prüfen Code-Zeile für Code-Zeile. Bei jeder Änderung im Code führt das Versionsverwaltungssystem also die gesamte Forschungssoftware in eine neue Gesamtversion zusammen. Daraus ergeben sich dann auch die bekannten und sehr kleinteiligen Versionsnummern (z. B. Version 2.1.3). Bekannte Anbieter dieser Systeme, wie „GitHub" oder „GitLab", stellen dabei nicht nur die Technologie, sondern außerdem Speicherplatz und Rechenkapazität zur Verfügung.

Gerade die zur Verfügung gestellte Rechenkapazität gewinnt dabei immer mehr an Bedeutung. Denn sie erlaubt, bestimmte Arbeitsschritte jedes Mal automatisch auszuführen, wenn eine neue Version erstellt werden soll. Man nennt diese Abarbeitung automatisierter Arbeitsschritte auch „Pipeline" (Leitung). Sie ermöglicht beispielsweise, von uns entwickelte Tests auszuführen, um nur dann eine neue Gesamtversion zu erstellen, wenn alle Tests erfolgreich sind. Bei *Python*-Projekten soll der neue Quellcode möglicherweise direkt kompiliert und die kompilierte Version auf unserer Projektwebseite zum Download angeboten werden. Vielleicht soll auch die im Quellcode verbaute Code-Dokumentation zusätzlich in eine HTML-Version überführt und auf unsere Projektwebseite hochgeladen werden. Eine typische Pipeline könnte also so aussehen:

1. Unit- und Integration-Tests ausführen (und im Fehlerfall abbrechen)
2. Quellcode kompilieren

3. Kompilierte Version auf Webserver hochladen
4. Code-Dokumentation in HTML-Version extrahieren
5. Extrahierte HTML-Dokumentation auf Webserver hochladen

4.6   Zwischenfazit und Literaturhinweise

Forschungssoftware meint alle für einen bestimmten Anwendungsfall in einer Programmiersprache geschriebenen Anweisungen, die ein Computer benötigt, um für den Anwendungsfall nötige Aufgaben selbstständig zu bewältigen. Zu den in der CCS gängigen Programmiersprachen gehören insbesondere *Python* und *R*, wobei sich die Kernkonzepte in der Programmierung über die meisten Sprachen hinweg gleichen (insbesondere Variablen, bedingte Verzweigungen, Schleifen und Funktionen). Doch Forschungssoftware zu entwickeln, bedeutet nicht nur, sie zu programmieren, sondern auch, sie nachvollziehbar zu strukturieren, adäquate Tests dafür zu schreiben, umfassend zu dokumentieren und für eine passende Arbeitsorganisation zu sorgen (etwa im Deployment, durch Pipelines, Lizenzen und Versionierung).

Forschungssoftware zu entwickeln, gehört sicherlich zu den größten Hürden beim Einstieg in die CCS. Gleichzeitig kommen viele Ansätze und Verfahren der CCS auch ohne Programmierung aus. Und es handelt sich bei diesen Fähigkeiten auch nicht um eine rein dichotome Kenntnis, sondern um ein Spektrum: Zwischen fehlendem Entwicklungsverständnis und professioneller (Forschungs-)Softwareentwicklung ist viel Platz. Platz, der motivieren kann und soll, sich zunächst mit einfachen Beispielen an die Programmierung, später an die vollwertige Entwicklung, heranzutasten, um auch die weiteren Kapitel in diesem Lehrbuch gut nachvollziehen und die CCS mittelfristig auch aktiv mitgestalten zu können.

Übungen
Während die Übungen der bisherigen Kapitel auf die Verinnerlichung des Gelernten ausgerichtet waren, handelt es sich bei den Übungen zu diesem Kapitel vielmehr um Lernanstöße. Programmieren und Entwickeln lernt sich nicht mal eben so und auch nicht allein mithilfe eines Buchs. Es gilt stattdessen: Üben Sie! Gerne auch mit gemeinsam mit Verbündeten.

Anleitungen und Hilfestellungen wie auch Links zu anderen Materialien finden Sie auch dafür in den Online-Begleitmaterialien zu diesem Lehrbuch bei GitHub: https://datenfruehstueck.github.io/ccs/

Literaturhinweise

- Haim, M. (2021). Gütekriterien und Handlungsempfehlungen für die Entwicklung von Forschungssoftware in der Kommunikations- und Medienwissenschaft. *Medien & Kommunikationswissenschaft, 69*(1), 65–79. https://doi.org/10.5771/1615-634X-2021-1-65
- Hepp, A., Hohmann, F., Belli, A., Boczek, K., Haim, M., Heft, A., Jünger, J., Jürgens, P., Koenen, E., Nordheim, G. v., Rinsdorf, L., Rothenberger, L., Schatto-Eckrodt, T., & Unkel, J. (2021). Forschungssoftware in der Kommunikations- und Medienwissenschaft: Stand, Herausforderungen und Perspektiven. *DGPuK-Positionspapiere.* https://www.dgpuk.de/sites/default/files/DGPuK%20Positionspapier%20-%20Forschungssoftware%20in%20der%20Kommunikations-%20und%20Medienwissenschaft_0.pdf.
- Hohmann, F. (2021). Co-Creation als Entwicklungsmethode. Zu Möglichkeiten und Grenzen partizipativer Forschungssoftwareentwicklung am Beispiel der Sortiersoftware MeSort und Tagebuchsoftware MeTag. *Medien & Kommunikationswissenschaft, 69*(1), 97–116. https://doi.org/10.5771/1615-634X-2021-1-97
- Martin, R. (2008). *Clean code: A handbook of agile software craftsmanship.* Prentice Hall.
- van Atteveldt, W., Trilling, D., & Calderón, C. A. (2022). *Computational analysis of communication: A practical introduction to the analysis of texts, networks, and images with code examples in Python and R.* Wiley Blackwell. https://cssbook.net/

Daten beziehen

5

Wir können nun einerseits Daten aus unterschiedlichen Perspektiven sichten und ihre Aussagekraft bewerten, und haben andererseits erste Schritte in der Entwicklung von Forschungssoftware gemacht. Diese Aspekte bringen wir jetzt zusammen und widmen uns der Datenerhebung und -generierung, die uns auch in den nächsten beiden Kapiteln noch beschäftigen wird. Denn Daten mithilfe von Forschungssoftware zu beziehen, sei es durch das *Generieren eigener Daten* oder durch das *Sammeln fremder Daten*, gehört zum essenziellsten Handwerk der CCS.

Doch Daten, für die sich die CCS interessiert, befinden sich nicht selten im Besitz anderer. Der Computational Social Scientist Matthew Salganik (2019) unterscheidet gar ganz grundsätzlich zwischen Daten, die „readymade" sind (übersetzbar etwa als Fertigteile), und solchen, die „custommade" sind (übersetzbar etwa als Maßanfertigungen). Er unterscheidet also jene Daten, die Forschende in der CCS selbst sammeln oder generieren müssen (engl. custommade), von Daten, die bereits bei anderen vorliegen (engl. readymade). Zu Letzteren zählen alle Social-Media-Daten, Medieninhalte sowie manche Tracking-Daten. Sie fallen bei Plattformbetreibern und Medienunternehmen an und werden direkt, gar nicht oder von kommerziellen Dritten angeboten. Zwingende Gründe für die Unternehmen, ihre Daten für die Forschung zur Verfügung zu stellen, gibt es derzeit nicht. Dennoch stellen viele bekannte Plattformbetreiber, ausgewählte Medienunternehmen wie die New York Times oder der Guardian, aber auch kommerzielle wie nicht-kommerzielle Datendienstleistende wie CrowdTangle oder MediaCloud, der Forschung Daten zur Verfügung.

Gerade Plattformbetreiber tun das aber nicht unbedingt und in erster Linie für die Forschung. Stattdessen spielen mindestens drei Aspekte eine zentrale Rolle für die Verfügbarkeit von Daten:

M. Haim, *Computational Communication Science*, Studienbücher zur Kommunikations- und Medienwissenschaft, https://doi.org/10.1007/978-3-658-40171-9_5

1. Verfügbare Daten ermöglichen Drittangebote auf den Plattformen. Dazu zählen Apps und Anwendungen, die mithilfe der verfügbaren Daten Werkzeuge für das Posten neuer Inhalte, Spiele für Nutzende oder einbettbare Steuerelemente für Webseiten entwickeln. Damit erhöht sich der Nutzen der Plattform, was zu mehr Nutzenden führen soll.
2. Verfügbare Daten ermöglichen Unternehmen und ihren PR-Abteilungen empirisch geleitete Planbarkeit. Marketing-Budgets lassen sich enger auf Zielgruppen zuschneiden und mit verfügbaren Daten auch besser in ihrer Wirksamkeit überprüfen. Dadurch erhöht sich die Attraktivität der Plattform für Werbetreibende, was wiederum die Werbeeinnahmen steigern soll.
3. Verfügbare Daten erlauben systematische Einblicke in Themendynamiken. Davon profitiert nicht nur die Forschung, sondern auch der Journalismus, der über Hashtags datengetrieben berichten kann. Für die Plattformen ergibt sich daraus eine größere Sichtbarkeit, was wiederum eine höhere Relevanz für Nutzende suggerieren kann.

Die Forschung ist in vielen dieser Fälle Nutznießerin, aber nicht primäre Zielgruppe. So sind viele dieser Daten in der akademischen Forschung weit verbreitet, unterliegen dabei aber nicht unbedingt akademischen Prämissen. Nicht immer ist beispielsweise klar, wie die Daten zustande kamen, wie vollständig sie sind oder welchen Verzerrungen sie unterliegen. Auch über die genauen Nutzungsrechte, über die die Forschung verfügt, herrscht immer wieder Unklarheit.

Mit dem Bezug von Daten gehen aber auch ganz praktische Probleme einher, denn viele der Datensätze sind deutlich größer als klassische Datensätze der Kommunikationswissenschaft. Damit verbunden sind einerseits informatische Herausforderungen, um die großen Datenmengen effizient verarbeiten zu können, andererseits organisatorische Herausforderungen, um auch bei großen Datenmengen noch den Überblick behalten zu können.

Ob frei zugänglich oder zugangsbeschränkt, groß oder sehr groß, verzerrt oder nicht – wenn Daten für die CCS zugänglich gemacht werden, dann ist damit in sehr vielen Fällen gemeint, dass wir die Daten über eine sogenannte „API" (engl. application programming interface) beziehen können. Eine API ist eine maschinelle Schnittstelle, die den Datenaustausch zwischen (Forschungs-)Software und API-Anbieter ermöglicht. Im dritten Teil dieses Abschn. (5.3) schauen wir uns APIs deshalb genauer an.

Bei APIs handelt es sich aber nicht nur um ein technologisches Konstrukt. Denn insbesondere im akademischen Sprachgebrauch sind APIs mehr als das. Unter dem Begriff wird häufig der Diskurs um den Zugang zu gesellschaftlich relevanten, aber kommerziell geschützten Daten subsummiert. Ein Diskurs, der recht hitzig zwischen der Wissenschaft auf der einen und riesigen kommerziellen Unternehmen auf der anderen Seite ausgetragen wird. Diesem Diskurs nehmen wir uns im letzten Teil dieses Abschn. (5.4) an.

5.1   Daten von anderen

Die CCS ist geprägt von Daten anderer. Damit sind Daten gemeint, die nicht direkt zwischen Forschenden und Untersuchungsobjekten erhoben werden, wie das beispielsweise bei einer Befragung von Erstwählenden oder einer Beobachtung in Online-Redaktionen der Fall ist. Stattdessen sind zusätzliche Akteure involviert, die über die Daten als Eigentümer oder Nutzungsberechtigte verfügen.

Dass insbesondere die CCS mit solchen Konstellationen zu tun hat, liegt vor allem an der veränderten Medienumgebung. Interessieren wir uns beispielsweise für Facebook-Likes, die unterschiedliche Politiker:innen auf ihre Posts erhalten, so ist neben uns als Forschenden und den Politiker:innen als Untersuchungsobjekten eben auch Facebook als dritter Akteur zu berücksichtigen. Und es erscheint naheliegend, dass Facebook diese Daten auch zur Verfügung stellt. Immerhin liegen sie ohnehin vollständig und in maschinenlesbarer Form vor.

Doch die Bereitschaft, der Wissenschaft Daten zur Verfügung zu stellen, variiert: Einerseits aufgrund rechtlicher Prämissen, andererseits aufgrund kommerzieller Interessen. Für unsere Forschung gilt es deshalb immer zu prüfen, wem Daten eigentlich gehören und mit welchen Nutzungsrechten sie für uns zur Verfügung stehen. Vier Konstellationen sind in der CCS besonders üblich:

1. Kommerzielle Akteure bieten Daten an, die ihnen selbst gehören. Beispielsweise agieren Medienunternehmen als Anbieter von Medieninhalten, Meta-Information oder Kommentaren von Nutzenden. Die Anbieter sind gleichzeitig Dateneigentümer (wobei bei Kommentaren von Nutzenden auch personenbezogene Rechte greifen) und bestimmen über Kosten, Lizenzen und Zugang.
2. Öffentliche Stellen, Hochschulen oder Städte bieten Daten an. Bei eigenen Daten sind diese in der Regel für nicht-kommerzielle Zwecke frei verwendbar. Bei Daten Dritter verfügen die öffentlichen Stellen entweder über Nutzungsrechte oder machen von rechtlichen Ausnahmen Gebrauch, nicht zuletzt für die nicht-kommerzielle Forschung. In beiden Fällen gilt es genau zu prüfen, ob die Regelungen auch für den eigenen Fall Anwendung finden.
3. Plattformen treten als Anbieter von Daten auf, die durch Nutzende bei den Plattformen entstehen. In der Regel handelt es sich um Social-Media-Daten, manchmal auch um Tracking-Daten. Es greifen Eigentums- und personenbezogene Rechte. Im Gegensatz zu kommerziellen Akteuren, stellen Plattformen in der Regel öffentlich zugängliche Daten zur Verfügung, für die sie über ihre Allgemeinen Geschäftsbedingungen Nutzungsrechte erhalten haben und selbige wiederum auf uns übertragen.
4. Drittanbieter archivieren Daten und stellen einen Archivzugang zur Verfügung. Bekannte Anbieter sind CrowdTangle und MediaCloud. CrowdTangle gehört zu Facebook und sammelt beispielsweise Like- und Share-Zahlen von sozialen Netzwerkseiten, archiviert sie und stellt sie aufbereitet zur Verfügung. MediaCloud ist ein

universitäres Projekt zur Archivierung von Online-Medieninhalten. In beiden Fällen
verfügen die Anbieter nicht über Eigentumsrechte. Stattdessen verweisen sie auf
Nutzungsrechte oder bieten lediglich aggregierte Daten an.

5.1.1 Nutzungsrechte

Allen diesen Konstellationen ist gemein, dass Forschende Nutzungsrechte erhalten. In einigen Fällen erfolgt das sehr explizit, wenn zum Beispiel für den Bezug von Daten ein
Nutzungskonto erstellt und dafür Nutzungsbedingungen akzeptiert werden müssen. In
anderen Fällen erfolgt die Übertragung von Nutzungsrechten impliziter, wenn zum Beispiel in Downloads Nutzungslizenzen enthalten sind. Dazu reicht es, wenn im Download
eine entsprechende Datei (z. B. „LICENSE") enthalten oder die entsprechende Lizenz
beim Download sichtbar dargestellt ist. Zuletzt gibt es Konstellationen, bei denen der
Gesetzgeber für die nicht-kommerzielle Forschung entsprechende Rechte vorgesehen hat,
die von einer zusätzlichen Nutzungslizenzierung entbinden. Das trifft insbesondere auf die
Erstellung von Datenbanken zu, die eine gewisse eigene Schöpfungshöhe mit sich bringt,
wie das bereits in Kap. 3 zur Sprache kam.

Die Übertragung von Nutzungsrechten kann ferner kostenfrei oder kostenpflichtig erfolgen. Kommerzielle Anbieter können zum Beispiel Geld für Medieninhalte verlangen,
wobei sich die Höhe der Kosten auch nach der beabsichtigten Nutzung richten kann: Eine
weitere Veröffentlichung der Inhalte ist mitunter teurer als eine reine Datenanalyse. Auch
nicht-finanzielle Gegenleistungen für die Übertragung von Nutzungsrechten sind denkbar,
etwa explizite Quellenverweise (die bei wissenschaftlichen Arbeiten aber ohnehin Standard sein sollten).

Welche Rechte und Pflichten mit der Übertragung von Nutzungsrechten genau ein-
hergehen, ist Gegenstand der jeweiligen Vereinbarung. Gerade die großen Plattformen
räumen hier wenig Spielraum ein. Gängige Lizenzen decken außerdem übliche
Nutzungsarten bereits ab und sind häufig das Mittel der Wahl (siehe dazu auch Kap. 3).
Für die CCS sollten Nutzungsrechte bei bezogenen Daten insbesondere die folgenden
Fragen klären:

- Wie lange dürfen bezogene Daten im Rahmen nicht-kommerzieller Forschung gespeichert werden? Nutzungsrechte können beispielsweise die Speicherung bis zur ab-
  geschlossenen Analyse erlauben, nicht aber darüber hinaus.
- Berücksichtigen diese Speicherrechte alle oder nur ausgewählte Merkmale? Twitter ist
  ein prominentes Beispiel dafür, dass zwar Tweet-IDs archiviert werden dürfen, nicht
  aber die Volltexte der eigentlichen Tweets.
- Dürfen bezogene Daten im Rahmen wissenschaftlicher Fachpublikationen aus Sicht
  der Nutzungsrechte veröffentlicht werden? Dabei gilt es außerdem, etwaige personenbezogene Rechte zu berücksichtigen.

- Welche Einschränkungen gelten bei einer Weiterveröffentlichung? Denkbar sind Quellenverweise, diverse Modi der Pseudonymisierung oder vorgegebene Lizenzierungsmodelle.

5.1.2 Zugang

Ist die Übertragung von Nutzungsrechten geklärt, gilt es, die Daten selbst zu beziehen. Dafür sehen unterschiedliche Anbieter unterschiedliche Wege vor. Während Twitter beispielsweise lange Zeit über einen eigenen API-Endpunkt für Forschende verfügte, der vermeintlich näher an deren empirischen Bedürfnissen lag, versucht Facebook, Forschende in externen Konsortien zu bündeln und so separat Einblick in ihre Datenlandschaft zu gewähren. Die New York Times unterscheidet hingegen nicht zwischen kommerziellen und nicht-kommerziellen Zugriffen.

Solche separaten Routen, sei es über eigene API-Endpunkte oder über ganze Konsortien, sind auch keineswegs notwendig. Sie ermöglichen den Anbietern aber, externen Forschungsinteressen Grenzen zu setzen. Denn die gewährten Zugänge regeln nicht nur, an welche Daten Forschende kommen. Sie sind auch mit eigenen Nutzungsrechten versehen und regeln, an wie viele Daten Forschende kommen, wie es um die Vollständigkeit aktueller und historischer Daten bestellt ist und wie schnell (oder langsam) Daten verfügbar sind.

Die genauen Details des Datenzugriffs sind letztlich Teil einer technischen Dokumentation. Eine solche Dokumentation spezifiziert in der Regel recht detailliert die einzelnen Optionen des Zugriffs, damit einhergehende Einschränkungen sowie die in den Daten enthaltenen Merkmale, ihre Merkmalsausprägungen und Skalenniveaus (siehe dazu auch Kap. 2).

5.1.3 Verzerrungen

Im Gegensatz zur technischen Dokumentation fallen Angaben über Verfahren und Eigenschaften der Datenerhebung und Repräsentativität häufig weniger umfassend aus. Zwar beschreiben viele Anbieter in ihren Dokumentationen grob, wie die Daten zustande kommen, doch es mangelt diesen Beschreibungen in der Regel an akademischer Akkuratesse. So ist bei einigen Plattformen beispielsweise unklar, was mit gesperrten oder von Nutzenden gelöschten Daten passiert, während bei anderen Plattformen offenbleibt, ob und inwiefern die den Forschenden zugänglich gemachten Stichproben einer Grundpopulation an Posts oder Nutzenden entspricht.

Daraus ergibt sich für Forschende ein Dilemma: Auf der einen Seite sind solche Angaben essenziell, um überhaupt wissenschaftlich fundiert mit ihnen arbeiten zu können. Auf der anderen Seite stellen die verfügbaren Daten vielleicht die einzige verfügbare

Quelle von Informationen dar. Entsprechend groß sollte deshalb der Fokus auf die Verifizierung der bereitgestellten Daten sein.

Denn gerade Tracking- und Social-Media-Daten weisen Verzerrungen (engl. biases) auf. Als verzerrt bezeichnet man Daten, die aufgrund ihrer Erhebung keine repräsentativen Schlüsse zulassen. Sind wir beispielsweise daran interessiert, welche Themen einen Wahlkampf bestimmen, greifen dafür aber ausschließlich auf Facebook-Daten zurück, so werden im Datensatz Facebook-affinere Parteien und ihre Themen überrepräsentiert sein. Der Datensatz ist verzerrt.

Wir können diese Verzerrung sehen, indem wir die Verteilung der Wahlabsichten in unserem Datensatz vergleichen mit der Verteilung von Wahlabsichten, wie wir sie aus repräsentativen Befragungen kennen. Dabei zeigt sich: Anstatt Aussagen über alle relevanten Themen des Wahlkampfs können wir mit unserem Datensatz wohl primär Aussagen über die Themen der Wählerschaften von AfD und Linke treffen.[1] Denn unser verzerrter Facebook-Datensatz lässt nur Schlüsse über die Themenrelevanz der bei Facebook vertretenen Wahlabsichten zu.

Die Gründe für solche Verzerrungen sind vielfältig. Für Tracking- und Social-Media-Daten lassen sie sich aber insbesondere auf vier Ursachen reduzieren:

1. Unterschiedliche Menschen nutzen unterschiedliche Plattformen – oder auch gar keine. Bei LinkedIn und Xing finden sich überwiegend Menschen mit höherem Bildungsgrad und höherem Einkommen, während Twitter in Deutschland vor allem unter Menschen aus Medien und Politik verbreitet ist. Die Soziologin und Kommunikationswissenschaftlerin Eszter Hargittai (2020) findet für die US-Bevölkerung zudem, dass bei allen Plattformen technikaffine Menschen – Personen, die mit Begriffen wie „PDF" oder „spyware" mehr als andere anfangen können – deutlich überrepräsentiert sind.
2. Das liegt auch daran, dass es sich um eine individuelle Entscheidung handelt, ob jemand bei einer Plattform vertreten ist. Während für manche Menschen soziale Medien zum Alltag gehören, nehmen andere bewusst Abstand davon. Es ist außerdem eine Entscheidung, die auch anonym oder unter Angabe falscher Daten erfolgen kann. Wenn Hargittai also von einer Verzerrung zugunsten technikaffinerer Menschen berichtet, dann musste sie dafür rund 1500 Menschen befragen. Selbst Facebook kann nicht mit Sicherheit sagen, wer beispielsweise in Deutschland bei der Plattform registriert ist. Es fehlen also Angaben zur Grundgesamtheit, weshalb keine Auswahl auf Repräsentativität hin geprüft werden kann.
3. Bei Facebook – wie im Übrigen auch bei anderen Plattformen – werden sehr viele Daten generiert. So viele Daten, dass kein Computer die Gesamtheit dieser Daten in adäquater Zeit verarbeiten könnte. Wenn uns Plattformen also Daten zur Verfügung stellen, dann kann das immer nur portionsweise passieren. Wir erhalten beispielsweise eintausend Posts und einen Link, um die zweiten eintausend Posts zu beziehen. Face-

---

[1] In einer Analyse der erreichten Wählerschaften im Rahmen der Bundestagswahl 2017 findet Haller (2019) die größten Reichweiten bei eben diesen beiden Parteien.

book muss dabei eine Auswahl treffen, welche Posts es uns zuerst zur Verfügung stellt, und welche erst später. Diese Auswahl kann chronologisch erfolgen – sie kann aber auch zufällig, nach einer bestimmten Relevanz oder alphabetisch nach Usernamen erfolgen. Wie auch immer sie erfolgt, eine Verzerrung ist dabei kaum auszuschließen.

4. Ein Wesensmerkmal aller Plattformen ist ihre algorithmische Kuratierung. Die Vielzahl an Inhalten, die zum Beispiel Facebook in Feeds anzeigen könnte, übersteigt die menschliche Wahrnehmungsfähigkeit bei weitem. Also filtert Facebook und misst bestimmten Inhalten eine höhere Relevanz als anderen Inhalten bei. Einige Kriterien algorithmischer Kuration kennen wir – etwa, dass emotionale Inhalte bevorzugt angezeigt werden. Interessieren wir uns also beispielsweise dafür, ob emotionale Inhalte bei Facebook zu einer erhöhten Bereitschaft führen, diese Inhalte mit anderen zu teilen, so können wir nicht einfach die absolute Anzahl an Shares emotionalerer Inhalte mit den Shares weniger emotionaler Inhalte vergleichen, denn die emotionaleren Inhalte wurden höchstwahrscheinlich mehr Menschen angezeigt und allein deshalb häufiger geteilt. Stattdessen müssten wir wissen, wie vielen Menschen die Inhalte angezeigt wurden, um die relative Bereitschaft für das Teilen emotionalerer Inhalte feststellen zu können. Doch Informationen darüber, wie vielen Menschen Inhalte angezeigt werden, erhalten wir von den Plattformen derzeit nicht.

Wie wir sehen, lässt sich die Verzerrung von Tracking- und Social-Media-Daten kaum vermeiden. Im Vergleich zu bevölkerungsrepräsentativen Stichproben haben wir es mit (1) technikaffineren Menschen und (2) plattformspezifischen Populationen zu tun, deren Daten (3) wir in mitunter verzerrten Ausschnitten erhalten und (4) die das Resultat algorithmischer Kuratierung sind. Eine gewisse Verzerrung ist diesen Daten inhärent. Mit dieser Einschränkung müssen wir nach derzeitigem Stand umgehen, zum Beispiel indem wir Stichproben immer umfangreich beschreiben, idealerweise verifizieren und, wenn möglich, Strukturdaten (z. B. Zensus) gegenüberstellen sowie entsprechende Limitationen einer jeden Studie einordnend diskutieren. Nur so erhalten wir eine Vorstellung davon, ob und wie verzerrt ein Datensatz tatsächlich ist.

Ein verzerrter Datensatz beschäftigt uns darüber hinaus in der Analyse unserer Daten. Denn viele der uns bekannten statistischen Auswertungsverfahren bauen auf Prämissen empirischer Sozialforschung auf, denen verzerrte Daten nicht entsprechen. Dazu zählt insbesondere der zentrale Grenzwertsatz, demzufolge die Wahrscheinlichkeit einer Normalverteilung mit wachsender Anzahl unabhängiger Zahlen steigt. Was das im Kern bedeutet, schauen wir uns in Kap. 7 genauer an. Für den Moment ist vor allem wichtig, dass viele unserer Auswertungsverfahren auf einer Normalverteilung der Daten basieren.

Bei einer Normalverteilung gruppieren sich die allermeisten Merkmalsträger um einen zentralen Mittelwert, während ungefähr gleich viele Merkmalsträger unter und über diesem Wert liegen. Genau genommen streuen 68 % aller Werte eine Standardabweichung um den Mittelwert und 95 % aller Werte liegen maximal zwei Standardabweichungen unter oder über dem Mittelwert. Histogramme von Normalverteilungen sehen ent-

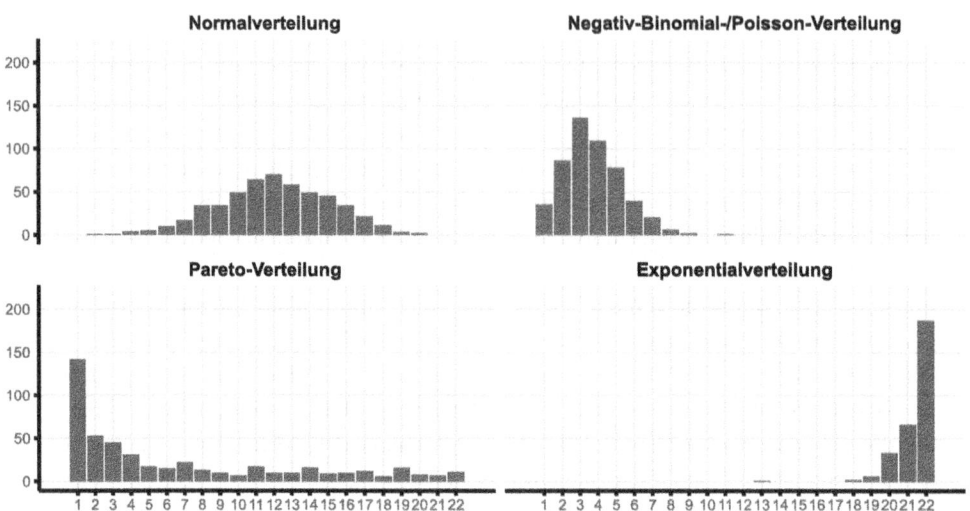

Abb. 5.1 Unterschiedliche Arten von Verteilungen (eigene Darstellung)

sprechend symmetrisch aus (Abb. 5.1 links oben). Wir finden sie typischerweise bei der Körpergröße von Menschen oder bei ihrer politischen Orientierung.

Tracking- und Social-Media-Daten sind selten normalverteilt. Häufiger folgen sie einer sogenannten negativen Binomialverteilung oder einer engen Verwandten davon, der Poisson-Verteilung (gesprochen: pwa.sɔ). Dabei kommen einige Ausprägungen häufiger vor als andere, diese Streuung findet aber nicht symmetrisch um den Mittelwert herum statt (Abb. 5.1 rechts oben). Die Häufigkeit der Mediennutzung ist ein bekanntes Beispiel dafür.

Eine besondere Form dieser Verteilung kennen wir auch als Pareto- oder Long-Tail-Verteilung (Abb. 5.1 links unten). Dabei streut der Großteil der Merkmalsträger um das linke Ende der Verteilung (gewissermaßen der Kopf), während sich die restlichen Merkmalsträger auf die restlichen Ausprägungen verteilen (der Schwanz, engl. tail). Das zugrunde liegende Prinzip einer solchen Ungleichverteilung ist auch als „rich-gets-richer"-Effekt- oder Matthäuseffekt (nach einem Zitat aus dem christlichen Matthäusevangelium: wer hat, dem wird gegeben) bekannt. Die Nutzung vieler algorithmisch kuratierter Angebote, die (zumindest teilweise) auf Nutzung optimiert sind, verteilt sich so. Dazu zählen beispielsweise Streaming-Angebote, Shopping-Plattformen oder die Popularität von Posts in sozialen Medien.

Auch die Exponentialverteilung bildet eine Ungleichverteilung ab, bei der aber der Unterschied zwischen Kopf und Schwanz noch markanter ist (Abb. 5.1 rechts unten). Mit exponentiellen Daten haben wir es in vernetzten Social-Media-Daten zu tun, etwa bei Follow-Netzwerken.

Um den Grad und vor allem die Art der Verzerrung festzustellen, ist also nicht nur eine Beschreibung der Daten mithilfe von Lage- und Streuungsmaßen, sondern insbesondere auch eine Visualisierung ihrer Verteilung notwendig.

5.2 Datenbanken

Mit dem Bezug von Daten in der CCS, sowohl eigener als auch von anderen, gehen regelmäßig Anforderungen einher, die bislang kennengelernte technologische Möglichkeiten
an ihre Grenzen bringen. So sind Datensätze ab einer bestimmten Größe kaum mehr als
reine CSV- oder JSON-Datensätze speicherbar oder die handelsüblichen Notebook-
Ressourcen sind mit den Datenmengen überfordert.

Aus diesen technologischen Prämissen ergeben sich mit wachsenden Datensätzen auch
organisatorische Herausforderungen, um Daten adäquat strukturieren und effizient verarbeiten zu können. So ist es beispielsweise äußerst ineffizient, für jeden Tweet auch sämtliche Informationen zur twitternden Person – also Handle, Personenbeschreibung oder
Profilbild – abzuspeichern. Ist von einer einzelnen Person mehr als ein Tweet in den Daten
enthalten, würden diese Informationen unnötig mehrfach gespeichert und so unnötig viel
Speicher- und Rechenkapazität belegen.

Stattdessen organisiert man große Datensätze in Datenbanken. Sie ermöglichen es,
durch Beziehungen zwischen Daten Redundanz zu vermeiden. Redundanz bezeichnet
überflüssige, etwa unnötig mehrfach gespeicherte, Information. Eine entsprechende
Twitter-Datenbank könnte also aus einer Tabelle aus Twitter-Nutzenden bestehen, in der
alle Personen als Merkmalsträger vertreten sind. Eine zweite Tabelle enthielte dann die
einzelnen Tweets, jeweils ohne Handle, Personenbeschreibung oder Profilbild. Neben dem
eigentlichen Tweet und dem Zeitpunkt der Veröffentlichung genügt eine identifizierende
Kennung als Verbindung der Tweet-Tabelle zur Tabelle der Nutzenden (Abb. 5.2).

Diese Form der Darstellung hilft, die Organisation von Datenbanken zu visualisieren.
Es gibt dabei verschiedene Notationen, durchgesetzt haben sich insbesondere sogenannte
Entity-Relationship-Diagramme (ERD oder ER-Diagramm) wie das hier kennengelernte
(Abb. 5.2). ER-Diagramme bilden Datenstrukturen in Datenbanken ab, indem sie
Merkmalsträger als Entitäten in Form von Kästchen, Merkmale in den einzelnen Kästchen
und Beziehungen als Pfeile zwischen den Merkmalen darstellen.

ER-Diagramme ermöglichen so, Beziehungen nicht nur zu visualisieren, sondern auch
zu qualifizieren. In unserem Twitter-Beispiel ist das an den unterschiedlichen Pfeilen er-

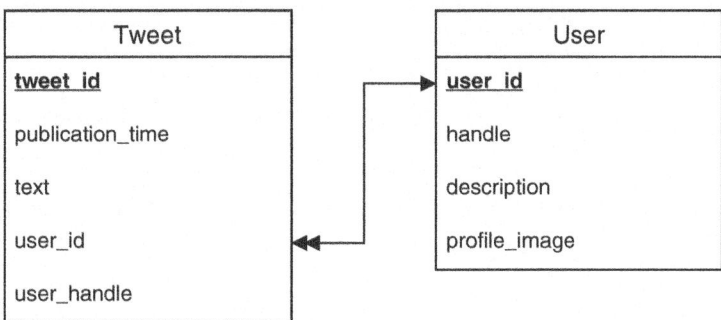

Abb. 5.2 Organisation zentraler Twitter-Daten in separaten Tabellen (eigene Darstellung)

kennbar: Jeder Merkmalsträger im linken Datensatz ist genau einem Merkmalsträger des rechten Datensatzes zugeordnet. Der linke Datensatz bildet eine Tabelle ab, in der jede Zeile einen Tweet darstellt und deren fünf Merkmale eine „tweet_id", den Zeitpunkt der Veröffentlichung, den eigentlichen Text, eine „user_id" und den zum Zeitpunkt des Tweets gültigen „user_handle" umfassen. Der rechte Datensatz bildet eine Tabelle ab, in der jede Zeile eine:n Nutzende:n darstellt und deren vier Merkmale eine „user_id", den Handle, die Selbstbeschreibung und das Profilbild umfassen. Die Zuordnung zwischen den beiden Datensätzen wird durch den einzelnen Pfeil, der vom linken zum rechten Datensatz zeigt, symbolisiert. Umgekehrt gelesen sind jedem Merkmalsträger im rechten Datensatz beliebig viele Tweets im linken Datensatz zugeordnet – symbolisiert durch die zwei Pfeile, die nach links zeigen.

Diese Aufteilung in zwei Tabellen verhindert Redundanz: Wenn sich 128 Tweets durch den Power-User *@elonmusk* in der Tweet-Tabelle befinden, speichert das dargestellte Datenbank-Design dank der zwei Tabellen und der bestehenden Beziehung dennoch nur einmal die Selbstbeschreibung und das Profilbild von *@elonmusk* ab. Man nennt das auch 1:n-Beziehung (sprich: Eins-zu-N-Beziehung): Für einen Eintrag in der rechten Tabelle sind *n* Einträge in der linken Tabelle möglich. Neben dieser Art der Beziehung sind auch 1:1-Beziehungen und n:m-Beziehungen denkbar. Bei 1:1-Beziehungen ist jedem Merkmalsträger eines Datensatzes genau ein Merkmalsträger eines anderen Datensatzes zugeordnet. Ein Beispiel dafür könnten verifizierte Accounts bei Twitter sein: Jeder Verifizierung ist genau ein:e User:in zugeordnet (Abb. 5.3). Bei n:m-Beziehungen sind hingegen mehreren Merkmalsträgern eines Datensatzes mehrere Merkmalsträger des anderen Datensatzes zugeordnet. Ein Beispiel hierfür sind Hashtags, die mehrere Tweets umfassen, während Tweets auch mehrere Hashtags erwähnen können (Abb. 5.3).

Selbstverständlich sind Daten nicht allein durch eine ansehnliche Visualisierung besser organisiert. Hinter ER-Diagrammen und dem Konzept von Datenbanken steht auch eine technologische Grundlage. Eine Grundlage, deren Prinzipien eine maximal zuverlässige und dabei möglichst effiziente Datenverwaltung ermöglichen sollen. Zu den Vorteilen von Datenbanken zählen deshalb neben der Vermeidung von Redundanz[2] auch eine konsistente

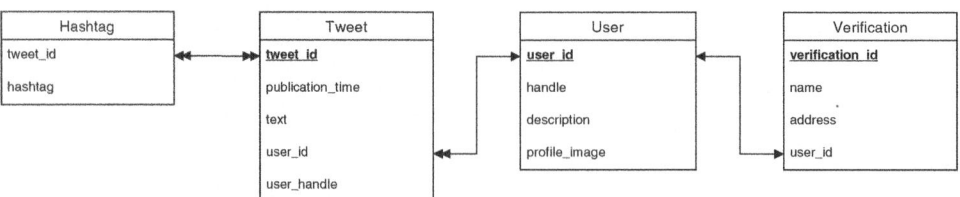

Abb. 5.3 Beispielshaft erweitertes Entity-Relationship-Diagramm zentraler Twitter-Daten (eigene Darstellung)

---

[2]Genau genommen ermöglichen nur relationale Datenbanken eine solche Art der Redundanz-reduktion. Solche relationalen Datenbanken bilden aber die für die CCS relevanteste Art von Daten-banken, sodass wir die Begriffe hier synonym verwenden.

Datenintegrität sowie ein möglichst effizienter Zugriff. Dafür folgen Datenbanken einer etwas eigenen Logik, die die Nutzung einer eigenen Zugriffssprache notwendig machen.

5.2.1 Integrität und Normalisierung

Widmen wir uns zunächst der Zuverlässigkeit von Datenbanken. Ein definiertes Merkmal weist in einer Datenbank einen Datentyp und einen Wertebereich auf – ganz so, wie wir das bereits in den informatischen und empirischen Perspektiven in Kap. 2 kennengelernt haben. Die „user_id" beispielsweise könnte eine ganze Zahl (ein „int", wie in Kap. 2 beschrieben) ohne Vorzeichen („u") mit Werten von 0 bis 4.294.967.295 ($2^{32} - 1$) sein („uint32"). Datenbanken sind darüber hinaus aber imstande, Merkmalsausprägungen gegen die Ausprägungen der anderen Merkmalsträger abzuwägen. So ist es in unserem Beispiel wichtig, dass das Merkmal „user_id" nicht mehrfach vergeben wird. Es muss einzigartig sein, um genau einen Eintrag in der User-Tabelle identifizieren zu können.

Datenbanken sind imstande, solche Prämissen sicherzustellen. Bei jedem neuen oder überarbeiteten Eintrag prüft das System, ob die zuvor spezifizierten Regeln erfüllt werden – und quittiert Regelverstöße mit Fehlermeldungen. Neben der Einzigartigkeit eines Merkmals wie „user_id" können solchen Regeln vorsehen, dass jede „user_id" in der Tweet-Tabelle ein Pendant in der User-Tabelle aufweist. Diese Zuverlässigkeit, also die Sicherheit, dass die Daten einer Datenbank zu jedem Zeitpunkt den festgelegten Regeln entsprechen, bezeichnet man als Datenintegrität.

Es gibt noch weitere Regeln, mit denen Datenbanken umgehen können. Eine der wichtigsten Regeln kennen wir bereits: Ein eindeutiges Merkmal einer Tabelle, auf das eine andere Tabelle zuverlässig verweisen kann. Im Datenbank-Jargon spricht man von Schlüssel-Merkmalen und unterscheidet Primär- („user_id" in der User-Tabelle) und Fremdschlüssel („user_id" in der Tweet-Tabelle). In ER-Diagrammen sind Primärschlüssel fett und unterstrichen markiert. Fremdschlüssel erkennt man an Pfeilen, die sie mit Primärschlüsseln in Beziehung setzen.

Um eine solche nicht-redundante Datenintegrität sicherstellen zu können, müssen die Daten in Datenbanken einigen Grundregeln folgen. Den Prozess, Daten so zu organisieren, dass sie diesen Grundregeln entsprechen, bezeichnet man als Normalisierung. Die Grundregeln selbst werden Normalformen genannt. Man unterscheidet für gewöhnlich drei[3] davon.

Erstens müssen Merkmale so kleinteilig wie möglich abgelegt werden, ihr Wertebereich sollte „atomar" sein. Ein Beispiel dafür finden wir in unserer erweiterten Twitter-Datenbank (Abb. 5.3): Einige User:innen sind verifiziert, wurden also von Twitter daraufhin geprüft, ob sich die richtige Person hinter einem Handle verbirgt. Für unser Bei-

---

[3] In der Informatik wird teilweise auch mit fünf Normalformen sowie mit der zusätzlichen Boyce-Codd-Normalform operiert. Dabei müssen insbesondere Schlüssel-Merkmale strengere Regeln befolgen.

spiel gehen wir davon aus, dass Twitter dafür die Adresse einer Person kontrolliert. Diese Prüfung speichern wir beispielhaft in einer separaten Verification-Tabelle, die wir mit einem spezifischen Eintrag der User-Tabelle verknüpfen. Ein typisches Beispiel der ersten Normalform bildet das Merkmal „name", das Vor- und Nachname in einem Feld enthalten soll. Ein anderes typisches Beispiel ist das Merkmal „address", in dem die Anschrift der verifizierten Person gespeichert werden soll – in der jetzigen Fassung ebenfalls ein klarer Verstoß gegen die erste Grundregel. Denn um Datentypen und Wertebereiche, Integrität und Effizienz, sicherzustellen, muss jede atomare Einzelinformation ein eigenes Feld erhalten (normalisiert in Abb. 5.4).

Zweitens müssen alle Merkmale inhaltlich vom Primärschlüssel einer Tabelle abhängig sein. Ist das nicht der Fall, gilt es, diese Merkmale in eine eigene Tabelle mit eigenem Primärschlüssel auszulagern. Nur so lässt sich sicherstellen, dass über den Primärschlüssel einer Tabelle nicht mehr und nicht weniger als exakt ein Merkmalsträger identifiziert wird. Wir sehen das im erweiterten Twitter-Beispiel in der Hashtag-Tabelle (Abb. 5.3). Merkmalsträger der Tabelle sind Hashtags, die jedoch über keinen eigenen Primärschlüssel verfügen. Stattdessen verweist jeder Merkmalsträger darin auf einen Tweet, in dem ein ebenfalls als Merkmal gespeicherter Hashtag Erwähnung findet. Die Tabelle speichert so redundant Hashtags ab, ohne dass diese inhaltlich von einem passenden Primärschlüssel abhängen. Für die zweite Normalform gilt es deshalb, Hashtags in eine separate Tabelle auszulagern. Um die korrekte Beziehung zur Tweet-Tabelle aufrecht zu erhalten, können wir die n:m-Beziehung anschließend mit einer Zwischentabelle auflösen, bei der ein Merkmalsträger genau ein Vorkommnis eines Hashtags in einem Tweet darstellt (Abb. 5.4).

Drittens darf sich kein Merkmal aus einem anderen Merkmal ableiten lassen, sofern es sich dabei nicht um den Primärschlüssel handelt. Denn ein Verstoß gegen diese Normalform deutet entweder auf redundante Daten oder auf eine notwendige Auslagerung in eine separate Tabelle hin. Das „user_handle"-Merkmal in der Tweet-Tabelle ist so ein Fall: Ein Tweet enthält einen eindeutigen Verweis auf einen Merkmalsträger aus der User-Tabelle – und spezifiziert so auch dessen „handle". Ein separater „user_handle" in der Tweet-Tabelle ist also redundant und damit unnötig (Abb. 5.4).

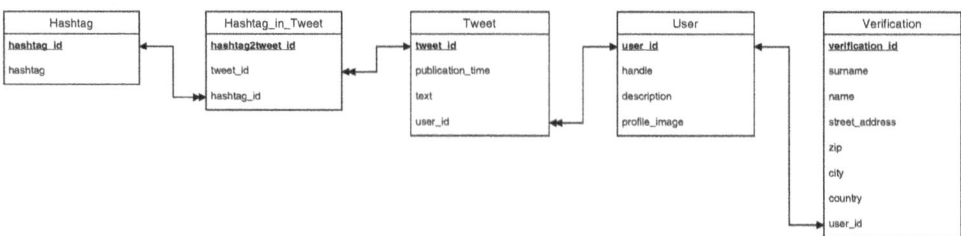

Abb. 5.4 Normalisiertes ER-Diagramm zentraler Twitter-Daten (eigene Darstellung)

5.2.2 Effizienz und Leistung

Die „normalisierte" Reduktion von Redundanz, also der Verzicht auf überflüssig mehrfach gespeicherte Information, erhöht gleichzeitig die Leistungsfähigkeit von Datenbanken. Und das mindestens in dreifacher Hinsicht. Erstens, indem keine überflüssig mehrfach gespeicherten Informationen Speicherplatz belegen. Zweitens dadurch, dass der Computer einfacher Daten komprimieren kann. Dabei verzichtet man beispielsweise in Texten darauf, sich wiederholende Zeichenkombinationen (z. B. „sch") mehrfach zu speichern. Stattdessen merkt sich der Computer, an welcher Stelle die Kombinationen wiederholt wird (aus „Schweineschmalz" würde beispielsweise „¹weine¹malz" und aus „Schischule" „¹i¹ule"). So reduziert sich der Speicherbedarf, wie man das vielleicht von ZIP-Dateien, XZ- oder bzip2-Formaten kennt. Gerade in Datenbanken, bei denen im Vorfeld bekannt ist, welche Datentypen einzelne Merkmale aufweisen, ist eine solche Komprimierung weit verbreitet.[4] Drittens führt Normalisierung auch zu einer Optimierung der Rechenleistung, insofern sich der Computer darauf verlassen kann, dass alle Daten eines Merkmals denselben Datentyp aufweisen – wir erinnern uns an Kap. 2 und daran, dass Computer dabei Datentypprüfungen einsparen und Befehlsanordnungen nur einmal pro Merkmal durchführen.

Doch Datenbanken sind noch aus einem vierten Grund sehr effizient. Im Bemühen, zeitraubende Operationen zu beschleunigen, lagern sie häufig verwendete Daten von der Festplatte auf den Arbeitsspeicher aus. Das wirkt sich im Umgang mit Daten sehr schnell und sehr spürbar aus. Denn immer, wenn Informationen auf der Festplatte gespeichert werden müssen, sind physische Vorgänge nötig. Wie sonst soll der Computer auch noch Jahre und mehrere Stromausfälle später gespeicherte Daten wieder einlesen können? Um also etwas auf der Festplatte „persistent" zu speichern, polt der Computer in der Regel winzig-kleine Magneten[5] um. Jeder Magnet könnte dabei für ein Bit stehen, also für ein Computer-Pendant, das „an" oder „aus" sein kann. Ein 3,4 Megabyte großes Foto zu speichern, bedarf also rein rechnerisch rund 3,6 Mio. Magnet-Pol-Vorgängen. Im Gegensatz zur Festplatte operiert der Arbeitsspeicher mit einer Kombination aus den schon beim Prozessor kennengelernten Transistoren und sogenannten Kondensatoren. Sie halten elektrische Kapazität unmittelbar fest, benötigen also keine physische Veränderung von Magneten. Das macht sie sehr schnell, aber auch „flüchtig" – Daten im Arbeitsspeicher gehen verloren, sobald der Computer nicht mehr mit Strom versorgt ist. Datenbanken sind nun sehr geschickt darauf optimiert, diese beiden Welten – langsame, aber persistente Festplatten mit pfeilschnellem, aber flüchtigem Arbeitsspeicher – zu kombinieren.

---

[4] Datenkomprimierung ist keine Eigenschaft, die nur Datenbanken aufweisen. Auch Textdateien oder CSV-Dokumente können komprimiert und so Speicherplatz eingespart werden.

[5] Hier beschrieben sind die gängigen magnetischen Speichermedien. Gerade in teuren Notebooks finden sich heute immer häufiger deutlich schnellere Halbleiterlaufwerke (engl. solid-state drive, SSD), die aber dennoch langsamer als Arbeitsspeicher sind.

Man bezeichnet ein solches Vorhalten von gesicherten Daten für den schnellen Zugriff auch als Puffer oder „Cache" (Kunstwort, das lose an das franz. Versteck angelehnt ist). Dabei verfolgen unterschiedliche Datenbanken unterschiedliche Cache-Strategien: Das seit vielen Jahren äußerst populäre MySQL beispielsweise ist imstande, durch ein zentrales Prozessmanagement große Teile der Daten im Arbeitsspeicher vorzuhalten; es ist also gerade für Anwendungen, die vor allem Daten lesen müssen, sehr schnell und effizient. Immer dann also, wenn mehrere Anwendungen gleichzeitig auf die Daten zugreifen, spielt MySQL seine Stärke aus. Im Gegensatz dazu ist das kaum weniger populäre PostgreSQL dezentral organisiert, verschiebt Daten also je verbundener Anwendung in den Cache; das macht Lesezugriffe langsamer, beschleunigt aber das Hinzufügen und Bearbeiten von Daten.

Die Unterscheidung in Lese- und Schreibzugriffe ist dabei von großer Relevanz. Gerade, wenn mehrere Zugriffe auf die Datenbank gleichzeitig erfolgen, stellt sich für die Datenbank schnell die Frage, ob die im Cache vorgehaltenen Daten aktuell sind, oder ob eine andere Anwendung seit dem Aufbau des Puffers die Daten auf der Festplatte überarbeitet hat. Im schlimmsten Fall bearbeiten zwei Anwendungen Daten in ihrem individuellen Cache gleichzeitig, ohne von den Änderungen des anderen zu erfahren. Um das zu verhindern, arbeiten viele Datenbanken mit Transaktionsprotokollen: Anstatt direkt Daten zu editieren, beantragen die Anwendungen ihre Änderungen. Das Transaktionsprotokoll wird zentral abgearbeitet. Die Datenbank prüft vor jeder Transaktion, ob sich seit dem Lesevorgang die Daten verändert haben und quittiert die Transaktion im Zweifel mit einer Fehlermeldung.

5.2.3   Structured Query Language (SQL)

Alle diese Eigenschaften machen Datenbanken für sehr große Datensätze zur optimalen Infrastruktur. Doch die etwas eigene Logik von Datenbanken macht auch eine eigene Zugriffssprache notwendig. Auf die weitaus gängigste Zugriffssprache sind wir bereits in den Namen populärer Datenbanken (MySQL, PostgreSQL) gestoßen: Die „structured query language" (strukturierte Abfragesprache) oder, kurz, SQL.

SQL dient grundsätzlich sowohl Lese- und Schreibzugriffen, als auch zur Definition von Datentypen und Wertebereichsregeln. Wir widmen uns in dieser Einführung aber nur knapp den Lese- und Schreibzugriffen. Die einzelnen Befehle unterscheiden sich dabei durch ein vorangestelltes Verb: „SELECT" für Lesezugriffe, „INSERT" für neu anzulegende Einträge, „UPDATE" für bearbeitende und „DELETE" für löschende Schreibzugriffe. Die weiteren zentralen Elemente der Sprache sind Tabellen- und Merkmalsnamen und lassen sich aus dem ER-Diagramm (Abb. 5.4) ablesen. Beispielhaft greifen wir auf die „user_id" samt zugehöriger Handles aller Twitter-User zu:

```
SELECT user_id, handle FROM User
```

Wir stellen dabei fest, dass der User mit dem Handle @*elonmusk* die „user_id" 42 auf-weist. Mit der können wir nun alle Tweets des Power-Users auslesen, die wir direkt chronologisch sortieren:

```
SELECT *
FROM Tweet
WHERE user_id = 42
ORDER BY publication_time
```

Seine Flexibilität stellt SQL aber insbesondere durch die Auflösung von Beziehungen innerhalb einzelner Abfragen zur Schau. Demonstrieren wollen wir das abschließend an einem Beispiel, das Tweets samt User in einer Abfrage ausliest und umgekehrt chrono-logisch sortiert, dabei allerdings nur Tweets berücksichtigt, die den Hashtag mit der ID 13 enthalten:

```
SELECT User.handle, Tweet.text
FROM Tweet, User
WHERE User.user_id = Tweet.user_id
  AND Tweet.tweet_id IN (SELECT tweet_id
                         FROM Hashtag_in_Tweet
                         WHERE hashtag_id = 13)
ORDER BY Tweet.publication_time DESC
```

Um schließlich Datenbanken via SQL in Forschungssoftware einzubauen, bieten sich verschiedene Bibliotheken und Pakete für die verschiedenen Programmiersprachen an. Für *Python* eignen sich zum Beispiel der „mysql-connector" oder „psychopg" (für Post-greSQL). In *R* bündelt das „DBI"-Paket Datenbank-Operationen für viele verschiedene Datenbanktypen; dabei muss nur ein Parameter an die entsprechende Datenbank angepasst werden, etwa mithilfe des „RMariaDB"- (für MySQL) oder „RPostGres"-Pakets.

5.3   Application Programming Interfaces (APIs)

Datenbanken liegen heute allen Online-Diensten zugrunde. In ihnen speichern die Be-treiber Medieninhalte oder Nutzungsdaten, Login- oder Zahlungsinformationen. Auf die Datenbanken selbst haben Außenstehende, und dazu zählt auch die akademische For-schung, keinen Zugriff. Wenn Anbieter dennoch online Daten feilbieten, dann arbeiten viele davon mit APIs.

▶   Eine API (engl. application programming interface) ist eine maschinelle Schnitt-
     stelle, die Kommunikation und Datenaustausch zwischen (Forschungs-)Soft-
     ware ermöglicht. Dafür stellt der API-Betreiber Dokumentation zur Verfügung,
     die adressierbare Endpunkte, ihre Zwecke, benötigte und optionale Parameter
     sowie etwaige Rückgabewerte beschreibt.

Forschungssoftware und Datenanbieter sind bei einer API nicht gleichberechtigt. Stattdessen gibt der Datenanbieter vor, wie die API aussieht und funktioniert und die (Forschungs-)Software muss sich daran orientieren. Man nennt dieses Prinzip auch Server-Client-Prinzip, wobei der Datenanbieter den Server darstellt und unsere Forschungssoftware als Client agiert.

Die eigentliche Kommunikation zwischen Server und Client kann entweder über einen konstanten Kanal oder über einzelne und für sich stehende Aufrufe erfolgen. Bei einem konstanten Kanal kommunizieren Server und Client fortlaufend und wissen entsprechend immer über den Informationsstand des Gegenübers Bescheid. Eine Form dieses konstanten Kanals ist das Streaming, das wir uns am Ende dieses Abschn. (5.3.4) anschauen. Im Gegensatz dazu vergisst der Server bei einzelnen und für sich stehenden Aufrufen ständig, dass es überhaupt ein Gegenüber gibt. Bei jedem Aufruf muss der Client sich also aufs Neue vorstellen und das eigene Anliegen vortragen – man nennt diese Aufrufe auch „zustandslos" (engl. stateless). Diesen Unterschied zwischen Streaming und zustandslosen Einzelaufrufen kann man sich auch wie den Unterschied zwischen einem Telefonat (konstanter Streaming-Kanal) und dem Austausch einzelner Nachrichten (jede Nachricht steht für sich) vorstellen. Zu den Vorteilen von Telefonat und Streaming gehören dabei die unmittelbare Kommunikation, die nur einmal eine gegenseitige Vorstellung, also wenig zusätzliche Information, benötigt. Allerdings belegt so ein Telefonat immer auch eine ganze Telefonleitung oder, beim Streaming, einen Kanal zwischen Server und Client. Diese Belegung fällt bei den zustandslosen Einzelaufrufen weg, sodass der Server freier und flexibler mit seinen Ressourcen agieren kann. Außerdem muss sich der Server bei den zustandslosen Einzelaufrufen nichts über die Clients merken und spart so weitere Ressourcen. Der größte Nachteil ist, dass sich Clients bei jedem Einzelaufruf neu vorstellen und entsprechend zusätzliche Informationen übermitteln müssen.

Die meisten APIs, mit denen wir in der CCS konfrontiert sind, folgen dem Prinzip zustandsloser Einzelaufrufe. Man nennt das auch das sogenannte REST-Prinzip (representational state transfer, Begriffsschöpfung, engl. etwa Zustandsübertragung). Server und Client kommunizieren bei Online-APIs über HTTP (hypertext transfer protocol, engl. Übertragungsprotokoll für Hypertext-Daten). HTTP lernen wir in Kap. 6 noch etwas genauer kennen, nämlich als das Protokoll, das für die Übertragung von Webseiten zuständig ist. Für APIs bedeutet das an dieser Stelle aber, dass es sich bei den zustandslosen Einzelaufrufen im Kern um nichts anderes als um etwas differenzierte Aufrufe von speziellen Webseiten handelt.

5.3.1   Schnittstellenprogrammierung

Es gibt eine Vielzahl an Akteuren, die APIs zur Verfügung stellen. Sie alle unterscheiden sich in ihrer genauen Ausprägung, gleichen sich aber in der Funktionsweise. Beispielhaft nutzen wir im Folgenden die API des Dokumentations- und Informationssystems für Parlamentsmaterialien des Deutschen Bundestags. Eine entsprechende Dokumentation findet sich online[6] und sollte bei der Arbeit mit APIs immer unsere erste Anlaufstelle sein. Darin stoßen wir auf vier zentrale Konstrukte von APIs – Endpunkte, Parameter, Rückgabeformate und Authentifizierung.

Als Endpunkte (engl. endpoint) oder manchmal auch Ressourcen bezeichnet man die unter einer bestimmten URL gesammelten Inhalte einer API. Der Bundestag stellt uns Aktivitäten, Drucksachen, Personen, Plenarprotokolle und sogenannte Vorgänge zur Verfügung. Das sind bereits fünf verschiedene Endpunkte. In der Dokumentation lernen wir außerdem, dass Drucksachen, Plenarprotokolle und Vorgänge jeweils in zwei unterschiedlich ausgeprägten Versionen verfügbar sind. Insgesamt stehen also acht Endpunkte zur Verfügung, die jeweils über eine URL adressierbar sind und hinter der sich jeweils andere Inhalte verbergen.

Jeder Endpunkt verfügt dabei über Parameter. Damit signalisieren Clients dem Server, wie genau die Inhalte eines Endpunkts spezifiziert sein sollen. Bei der API des Bundestags gibt es laut Dokumentation nicht viele Parameter. Einer davon ist die optionale „id", die entweder eine Entität spezifiziert oder weggelassen werden kann, um alle Entitäten eines Endpunkts, also zum Beispiel alle Personen, abzurufen. Ein zweiter Parameter („format") spezifiziert das Rückgabeformat.

Das Rückgabeformat bildet das dritte zentrale Konstrukt einer jeden API. Der Deutsche Bundestag liefert uns die Ergebnisse auf Wunsch (über den Parameter „format") als JSON- oder XML-Datensatz (siehe dazu auch die technische Perspektive in Kap. 2), wobei ersteres den Standard bildet. Die darin präsentierten Daten sind identisch und enthalten neben den beiden Standard-Variablen „numFound" (die Anzahl der gefundenen Entitäten) und „cursor" (ein Hinweis auf die nächsten 100 Einträge) mit „documents" eine Liste, in der die ersten 100 Entitäten aufgeführt sind – beim Personen-Endpunkt also 100 Personen aus dem Bundestag, jeweils mit Vor- und Nachname, Wahlperiode, Rolle und eben jener Personen-„id".

Die Bundestag-API enthält – wie der Großteil der von uns genutzten APIs – neben den bereits angesprochenen optionalen Parametern auch einen verpflichtenden Parameter, den die Dokumentation separat in den „Grundlagen" anführt. Dieser Parameter nennt sich bei der Bundestag-API „apikey" und stellt eine Form der Authentifizierung und damit das vierte zentrale Konstrukt von APIs dar. Denn obwohl aus zustandslosen Einzelaufrufen bestehende APIs dem Server Freiraum und Flexibilität ermöglichen, sind API-Betreiber darauf bedacht, die Belastung der API unter Kontrolle zu halten. Dafür ist in den allermeisten Fällen erforderlich, dass jeder API-Aufruf eine eindeutige Kennung, gegebenenfalls auch ein zugehöriges Passwort, enthält. In aller Regel erhält man eine solche Kennung nach einmaliger Registrierung. Bei der Bundestag-API genügt indes offenbar die Verwendung eines zentralen Schlüssels.

Damit sind wir nun imstande, die API anzusteuern. Die zentrale API-Adresse verknüpfen wir dazu mit dem gewünschten Endpunkt und setzen zudem den verpflichtenden „apikey"-Parameter auf den vom Bundestag verfügbaren Schlüssel. Für die eigentliche

---

[6] https://dip.bundestag.de/%C3%BCber-dip/hilfe/api.

Kommunikation mit der API erstellen wir uns aus diesen drei Komponenten schließlich eine HTTP-Anfrage (engl. request), schicken diese los und interpretieren die Rückgabe (engl. response) als JSON. Und während es sich hier um Pseudocode handelt, sind APIs sehr umgängliche Schnittstellen, mit denen alle gängigen Programmiersprachen klarkommen. Beispiele finden sich in den Online-Begleitmaterialien zu diesem Lehrbuch.

```
set api to "https://search.dip.bundestag.de/api/v1/"
set endpoint to "person"
set api_key to "N64Vh...Aw464"
set request as HttpRequest
    with api, endpoint and api_key
set response to request.get()
print response.asJSON()
```

In der Dokumentation der Bundestag-API findet sich noch ein weiteres Element typischer REST-APIs, also APIs, die aus zustandslosen Einzelaufrufen bestehen: Limitierungen. Denn die API gibt pro Anfrage maximal 100 Entitäten, also beispielsweise Personen, zurück. Damit will der Datenanbieter in erster Linie Last reduzieren, um mit seinen Ressourcen haushalten zu können. Denn gerade bei großen Datenmengen können einzelne API-Anfragen den Server mit vielen aufzubereitenden Daten beschäftigen und so andere Anfragen blockieren. Um solchen Problemen vorzubeugen, limitieren viele Datenanbieter ihre API-Antworten und erlauben stattdessen eine Paginierung.

Paginierung (engl. pagination) funktioniert im Grunde wie die Ergebnisseiten einer Suchmaschine: Der erste Aufruf enthält die erste Seite mit Ergebnissen, ein weiterer Aufruf enthält die zweite Seite mit Ergebnissen, und so weiter. Da bei REST-APIs der Server aber ständig vergisst, wer das Gegenüber eigentlich ist (es ist ja ein Austausch einzelner Nachrichten und kein Telefonat), muss jede API-Anfrage nach einer weiteren Seite mit Ergebnissen alle sonstigen Konfigurationen, etwa zu Endpunkt, Authentifizierung und Parametern, ebenfalls enthalten.

Die eigentliche Paginierung folgt einem von drei Mustern: (1) Der einfachste Fall arbeitet mit Seitenzahlen und sieht schlicht einen Parameter für die auszuliefernde Ergebnisseite vor. Neben den sonstigen Parametern erhält der API-Aufruf dabei entweder die gewünschte Seitenangabe oder eine Angabe darüber, bei welcher Entität die Ergebnisliste beginnen soll. Dieses Verfahren ermöglicht außerdem, direkt auf die Ergebnisse von Seite 42 zuzugreifen. (2) Im Gegensatz dazu stellen manche Datendienstleister in jeder API-Antwort einen Link zur nächsten Ergebnisseite zur Verfügung. Das macht zwar die Entwicklung einfacher, weil nicht jedes Mal ein neuer API-Link aus Konfiguration und Paginierung gebastelt werden muss, verhindert aber ein direktes Zugreifen auf Resultate von Seite 42. (3) Zuletzt setzen einige Anbieter auf Schlüssel als eine Abwandlung des Link-Modus, insofern sie in jeder API-Antwort einen kurzen Schlüssel-Code (engl. cursor oder token) hinterlegen, mit dem auf die nächste Ergebnisseite zugegriffen werden kann. Hierbei geht nicht nur die Flexibilität verloren, direkt auf Seite 42 zugreifen zu können, sondern es ist auch für jede Ergebnisseite ein erneutes Erstellen der API-Anfrage notwendig.

Die Bundestag-API arbeitet mit der Schlüssel-Variante. In jeder API-Antwort, für die es weitere Ergebnisse gibt, ist also eine Variable namens „cursor" enthalten. Wenn wir die nächsten 100 Ergebnisse wollen, müssen wir eine neuerliche, aber identische API-Anfrage stellen, in die wir einen zusätzlichen „cursor"-Parameter mit dem zuvor erhaltenen Schlüssel als Wert aufnehmen.

5.3.2 Anwendungssoftware

Eine Alternative zu selbst programmierter Forschungssoftware stellen Anwendungen dar, die den Umgang mit APIs in grafischen Benutzungsoberflächen ermöglichen. In der CCS verbreitete Beispiele sind Facepager und Postman. Während Postman sich an eine große Bandbreite an Nutzenden richtet, zielt Facepager, nicht zuletzt mit Blick auf den Hintergrund der Entwickler (Jünger und Keyling 2017), klar auf die empirische Sozialwissenschaft.

Um mit dem Facepager die Bundestag-API ganz ohne Programmierung anzusprechen, bedarf es entsprechend keines Quellcodes, aber dennoch aller einzelner Aspekte der Konfiguration (Abb. 5.5). Dazu zählen in erster Linie URL und Endpunkt (in Facepager als „base path" und „resource" hinterlegt) und die Authentifizierung („authorization" mit „name" und „access token").

Eine Stärke solcher API-Anwendungssoftware besteht darin, dass beispielsweise der Facepager imstande ist, mit der Paginierung von APIs selbstständig umzugehen. Dafür muss nur die Art der Paginierung richtig konfiguriert sein – im Fall der Bundestag-API handelt es sich um eine Schlüssel-Variante, bei der das „cursor"-Feld aus der API-Antwort

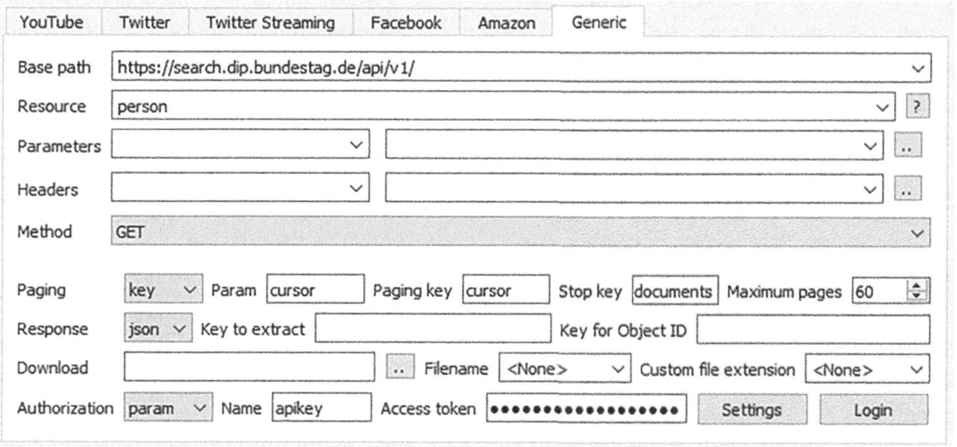

Abb. 5.5 Konfiguration der Bundestag-API mithilfe von Facepager. (Jünger und Keyling 2017)

(„paging key" in Facepager) als „cursor"-Parameter in die nächste API-Anfrage („param"
in Facepager) übernommen werden muss. Damit Forschungs- oder Anwendungssoftware
wie der Facepager weiß, wann das Ende der Ergebnisseiten erreicht ist, liefern einige
API-Datenanbieter Informationen darüber, ob noch weitere Ergebnisseiten existieren. Die
Bundestag-API tut das nicht, sondern enthält irgendwann schlicht keine Entitäten in der
„documents"-Variable mehr („stop key" in Facepager). Damit sich das System bei etwaiger Fehlkonfiguration nicht verschluckt, legen wir aber zusätzlich eine Obergrenze an
Ergebnisseiten fest, die der Facepager maximal aufrufen soll („maximum pages").

5.3.3   GET und POST

Die bislang diskutierten Konzepte und Beispiele von APIs zielten stets darauf ab, dass wir
Daten von einem Anbieter beziehen. Das passiert in der Regel über den Standard-
Zugriffsweg, den HTTP für uns vorsieht. Dieser Standard-Zugriffsweg nennt sich GET
und spezifiziert gegenüber dem Server, was der Client eigentlich will.

Doch tatsächlich sieht HTTP (das Protokoll, das für die Übertragung von Webseiten
zuständig ist) noch andere Modi vor. Der nach GET bekannteste Modus nennt sich POST
und wir haben ihn bereits unzählige Male verwendet. Jedes Mal nämlich, wenn wir irgend-
ein Formular über eine Webseite abgeschickt haben. Das kann ein Login-Formular mit
E-Mail-Adresse und Passwort, eine Suchmaske mit Suchbegriff oder ein Formular mit
Kreditkarteninformationen sein. Vielleicht ist uns auch schon einmal passiert, dass ein
Aktualisieren einer solchen Formularseite dazu geführt hat, dass der Browser darauf hinweist, Formulardaten erneut zu senden. Der Grund dafür ist eben jener POST-Modus.

Der POST-Modus erlaubt es, größere Datenmengen bei einer HTTP-Anfrage mitzuschicken. Das machen sich auch Dienstleistende als Anbieter von APIs gerne zu eigen und
ermöglichen so beispielsweise das Übermitteln von Texten, die dann automatisiert übersetzt werden. Google Translate oder das deutsche Unternehmen DeepL beispielsweise
bieten ebenfalls APIs, an die via POST Daten zur Verarbeitung übermittelt werden können. Von der Datenübermittlung abgesehen, funktioniert eine solche API aber technologisch genau wie das genannte Beispiel des Deutschen Bundestags.

5.3.4   Streaming

Bereits mehrfach kam mit dem „Streaming" (Strömung) eine Alternative zu den auf Einzelaufrufen basierenden APIs zur Sprache. Im Gegensatz zu den bisher kennengelernten zustandslosen (engl. stateless) REST-APIs, bei denen jeder Aufruf Informationen zum Client
enthalten muss, setzen Streaming-APIs auf einen konstanten Kanal zwischen Server und
Client. Bei Streaming-APIs kennen sich Server und Client also gewissermaßen und versorgen sich, sobald der Kanal einmal aufgebaut ist, fortlaufend mit Informationen. Wie bei
einem Telefonat bedarf es dafür einer dezidierten Verbindung, bei der Server und Client je-

weils über den Informationsstand des Gegenübers Bescheid wissen. Man bezeichnet diese Art der Kommunikation auch als „zustandsbehaftet" (engl. stateful).

Mit Streaming-APIs haben wir in der CCS derzeit eher selten zu tun. Sie kommen vor allem bei ereignisreichen Live-Daten zum Einsatz, zum Beispiel bei der fortlaufenden Erhebung aktuell veröffentlichter Tweets. Während bei einer REST-API unsere Forschungssoftware also in regelmäßigen Abständen bei Twitter nach Aktualisierungen fragen müsste, liefert eine Streaming-API die Tweets nach Etablierung eines Kommunikationskanals selbstständig und fortlaufend an unsere Forschungssoftware aus. Entsprechend muss auch unsere Forschungssoftware für den Einsatz mit Streaming-APIs konstant im Einsatz sein und auf eingehende Daten warten.

5.4 Die „APIcalypse" und das „post-API"-Zeitalter

Durch ihre Einfachheit und Flexibilität sind APIs zum Standard-Werkzeug des Datenaustauschs zwischen unterschiedlichen Systemen in der Informatik geworden. Doch gerade für die Forschung sind sie mehr als das. Denn sie versprechen auch ein Mindestmaß an rechtlicher Sicherheit, indem die Anbieter die Daten über eine API explizit zur Nutzung zur Verfügung stellen. So wurden APIs zunächst zum bevorzugten Datenzugangsweg entsprechender Forschung.

Daraus entwickelte sich über die Zeit jedoch ein verzerrtes Bild relevanter Plattformen. Denn beforscht wurden in den Jahren seit dem Aufkommen der großen Online-Plattformen insbesondere jene Akteure, die die vielversprechendsten Daten auf möglichst einfachem Weg zur Verfügung stellten. In der Kommunikationswissenschaft bedeutet das, dass sich eine Vielzahl an Studien auf Twitter-Daten stützen – und das, obschon Twitter nur von einem kleinen Teil der Bevölkerung genutzt wird.[7] Man bezeichnet diese Verzerrung auch als „streetlight effect" (Straßenlampeneffekt), der sich am besten mit einem Witz erklären lässt: Ein Mann sucht nachts unter einer Straßenlampe seine verlorenen Schlüssel. Eine vorbeikommende Polizistin fragt, ob sie helfen kann, und will wissen, wo der Schlüssel denn vermutlich verloren ging. Der suchende Mann zeigt auf eine dunkle Ecke und sagt: „Da hinten habe ich ihn verloren, aber weil ich dort nichts sehe, suche ich lieber hier."

Geforscht wird also insbesondere dort, wo es was zu sehen gibt. Das traf bis zur Übernahme durch Elon Musk insbesondere auf Twitter zu, zumal die Plattform überwiegend auf öffentliche Kommunikation setzt und deshalb einen großen Teil auflaufender Daten über die API zur Verfügung stellte. Etwas komplizierter verhält es sich dahingehend bei Instagram und Facebook, denn diese Plattformen setzen nicht zuletzt auf teil-öffentliche und private Kommunikation. Zum Schutz ihrer Nutzenden stehen deshalb nur ausgewählte Daten zur Verfügung.

---

[7] Für Deutschland sei dafür exemplarisch nochmals auf den Digital News Report 2022 des Reuters-Instituts verwiesen, demzufolge nur zehn Prozent deutscher Internetnutzender angeben, in der vergangenen Woche Twitter verwendet zu haben (Newman et al. 2022).

Eine Zäsur dieser Prämisse bildete schließlich das Bekanntwerden des Cambridge-Analytica-Falls (vgl. Kap. 3). Nachdem das Geschäftsgebaren des Unternehmens, das sich seit 2014 mithilfe von Facebook-Daten auf politisches Microtargeting spezialisierte und so mutmaßlich zahlreiche Wahlkämpfe beeinflusste, bekannt wurde, stellte Facebook große Teile seiner API und damit auch den Datenzugang für die akademische Forschung im April 2018 ein. Neben der damit weggebrochenen Möglichkeit des Datenzugriffs und dem darauffolgenden neuerlichen Aufschwung der Twitter-Forschung wurde aber noch etwas anderes mit der Zäsur im April 2018 deutlich: Die große Abhängigkeit nicht-kommerzieller Forschung von Plattformen und Datenanbietern.

Der Kommunikationswissenschaftler Deen Freelon beschrieb diesen Zustand als unhaltbar, insofern die akademische Forschung sich nur so lange mit Plattformen von höchster gesellschaftlicher Relevanz beschäftigen könne, solange die Plattformen das eben durch Datenzugänge und ihre APIs goutieren. Mit dem Abschalten großer Teile der Facebook-API wurde nicht nur die unabhängige Forschung, die sich mit Facebook als Untersuchungsgegenstand auseinandersetzt, maßgeblich erschwert, sondern das Unternehmen machte es dadurch auch unmöglich, bisherige Forschung zu replizieren. Freelon (2018) spricht deshalb von einem „post-API age" (Post-API-Zeitalter).

Der große Aufschrei über die zunächst alternativlos gekürzten Datenzugänge bei Facebook veranlasste das Unternehmen noch 2018 zur Gründung des akademischen Austauschprogramms „Social Science One". Social Science One stellt einen organisatorischen Rahmen dar, in den sich Forschende mit konkreten Anliegen bewerben können. Bei Bewilligung erhalten sie Zugriff auf ausgewählte Daten. Doch auch dieser Austausch verlief nicht problemlos. Kritik wurde nach der ersten Bewerbungsrunde an der elitären und einseitigen Auswahl bewilligter Anliegen laut. Und selbst jene, deren Anliegen bewilligt wurden, äußerten Kritik, etwa an der Qualität der zur Verfügung gestellten Daten selbst.[8]

Facebook bemühte sich in der Folge um Nachbesserung des bis heute aktiven Programms (Tromble 2021). Doch das Problem liegt laut dem Kommunikationswissenschaftler Axel Bruns (2019) tiefer: Er sieht in der Limitierung des Datenzugriffs auf bewilligungspflichtige Anträge Unternehmen wie Facebook in die wissenschaftliche Freiheit eingreifen. Mehr noch: Er fragt sich, ob Facebook mit ihren gezeigten Reaktionen nicht sogar bewusst die Frustration bei Forschenden zu provozieren sucht, um die Zahl unabhängiger Studien zur gesellschaftlichen Rolle Facebooks im öffentlichen Diskurs zu senken. Bruns bezeichnet einen solchen Zustand als „APIcalypse".

Eine optimistischere Sicht auf diese Entwicklung vertritt Cornelius Puschmann (2019), der in den Reaktionen und Bemühungen eine Phase der Professionalisierung ausmacht. Die Institutionalisierung über Einrichtungen wie Social Science One schaffe Räume des

---

[8] Eine Kritik, die sich 2021 als berechtigt herausstellte, als ein mehrfach in prominenten wissenschaftlichen Publikationen genutzter Datensatz als grob lückenhaft beschrieben wurde. Gary King, Direkter von Social Science One, bestätigte den „big error" (großer Fehler) in der Washington Post am 10. September (https://www.washingtonpost.com/technology/2021/09/10/facebook-error-data-social-scientists/).

Austauschs und die Möglichkeit, gemeinsam Spielregeln für die Erforschung relevanter Fragestellungen bei kommerziellen Plattformanbietern aufzustellen. Puschmann bezeichnet das als Chance, den bis dato ungeregelten „wild west of social media research" (der Wilde Westen der Social-Media-Forschung) zu beenden.

Allein, die Machtverhältnisse sind unausgewogen. Und so ist der Datenzugriff über die API von Facebook nach wie vor stark eingeschränkt. Stattdessen lagerte das Unternehmen öffentlich zugängliche Daten in das Datendienstleistungs- und Tochterunternehmen CrowdTangle aus, dessen Zukunft intern aber wohl ebenfalls ein Ablaufdatum hat.[9] Das Bewilligungsverfahren bei Social Science One ist aktuell zwar inklusiver als zu Beginn, doch die darin zur Verfügung gestellte Datenqualität ist bis heute unklar. Gegenüber alternativen Wegen des akademischen Datenzugriffs trat das Unternehmen in jüngerer Vergangenheit eher rigoros auf.[10] An einem konstruktiven Austausch jedenfalls schien wenig Interesse zu bestehen – ein Zustand, in den ein 2021 gegründetes „Academic Partnerships"-Team möglicherweise wieder Veränderung bringen könnte.

Nicht alle Plattformanbieter verhalten sich in der Frage des akademischen Datenaustauschs gleich. Twitter implementierte beispielsweise bei der Überarbeitung seiner API 2021 separate Endpunkte für die akademische Forschung, die zwar den Zugang zu öffentlichen Informationen erleichtern, gleichzeitig aber die langfristige Speicherung von Rohdaten untersagen. Ein Zustand, der viele Forschende im Unklaren darüber ließ, ob ihre Studien auch in absehbarer Zeit noch möglich und replizierbar waren. Die Akquise von Twitter durch Elon Musk 2022 schließlich stellte eine komplette Zäsur für den freien API-Zugang für Forschende bei Twitter dar. Google hält sich in vielen Fällen bedeckt – ebenso wie zahlreiche andere namhafte Anbieter algorithmisch kuratierter Plattformen.

Was bleibt, ist vor allem Ungewissheit darüber, (a) wie lange aktuelle Datenzugänge bestehen bleiben, (b) wie valide Daten sind, die von kommerziellen Anbietern zur Verfügung gestellt werden, und (c) welche Reaktionen alternative Wege des akademischen Datenzugriffs nach sich ziehen können. Rückenwind erhält die nicht-kommerzielle Forschung in Europa durch den Gesetzgeber. Neuere Gesetzgebungsverfahren, die sich an Plattformbetreiber richten, berücksichtigen immer häufiger akademische Bedürfnisse und sehen entsprechende Ausnahmeregeln vor. Jüngstes Beispiel dafür ist der Digital Services Act, der einen expliziten Paragraphen zum Datenzugang für Forschende gegenüber großen Plattformen enthält. Weitere prominente Beispiele sind die in Kap. 3 thematisierten

---

[9] Das zumindest legen Berichte über Personalentscheidungen nahe, etwa in der New York Times vom 14. Juli 2021 (https://www.nytimes.com/2021/07/14/technology/facebook-data.html).

[10] Das derzeit wohl prominenteste Beispiel dafür ist jenes von Laura Edelson, Informatikerin an der New York University. Für ein Forschungsprojekt entwickelte sie eine Browser-Erweiterung, die das Sammeln bezahlter Werbe-Posts bei Facebook ermöglichte. Rund ein Jahr nachdem das Projekt öffentlich startete, deaktivierte Facebook die Accounts von Edelson und ihren Mitarbeitenden und verhinderte so den Fortgang der Studie. Das Unternehmen beruft sich dabei – und auch in ähnlichen Fällen (bspw. um das gemeinnützige AlgorithmWatch) – auf ihre Allgemeinen Nutzungsbedingungen sowie die Privatsphäre ihrer Nutzenden (https://www.nytimes.com/2021/08/10/opinion/facebook-misinformation.html).

Datenbankrechte sowie die europäische Urheberrechtsrichtlinie, wonach Datenbanken mit Daten anderer, nicht zuletzt mithilfe von Data Mining, für die Wissenschaft zweckgebunden angelegt und unter Angabe der Quellen auch im Rahmen von wissenschaftlichen Publikationen zum Zwecke der Überprüfung wissenschaftlicher Erkenntnisse veröffentlicht werden dürfen.

5.5   Zwischenfazit und Literaturhinweise

Daten beziehen und handhaben zu können, gehört zum essenziellsten Handwerk der CCS. Und gleichzeitig geht es keinesfalls darum, alles gleichermaßen gut zu können – die CCS ist vielfältig und Spezialisierung auf einzelne Gebiete durchaus eine Tugend. Als Einstieg und Grundlage für die beiden folgenden Kap. 6 und 7, beschäftigte sich dieses Kapitel mit der Motivation und den Herausforderungen, die mit dem Verarbeiten und Teilen großer Datenmengen einhergehen.

Ein zentrales Augenmerk fiel dabei auf die Motivation und Daten von anderen. Denn obschon wir auch selbst Datenbanken und APIs entwickeln und zur Verfügung stellen können, ist gerade der Einstieg in die CCS häufiger geprägt vom Bezug von Daten, die Plattformen, Medienunternehmen oder Drittanbieter zur Verfügung stellen. Dabei spielen nicht nur Nutzungsrechte und Zugangsbeschränken, sondern gerade mit Blick auf algorithmisch kuratierte Medienumgebungen auch Verzerrungen in den Daten eine zentrale Rolle.

Zu den Herausforderungen großer Datenmengen gehört ihre technologische wie organisatorische Verwaltung. Ein in der Informatik lange erprobtes Konzept dafür sind Datenbanken, die nicht nur eine effiziente, sondern auch eine zuverlässige (integre) Handhabung vieler Daten ermöglichen. Dafür benötigen Datenbanken in aller Regel eine eigene Abfragesprache wie SQL, die über zusätzlich notwendige Pakete in Forschungssoftware eingesetzt wird.

An Daten selbst kommt die CCS schließlich häufig über sogenannte APIs – Schnittstellen zwischen Software-Anwendungen, über die Anbieter ihre Daten zugänglich machen. Neben Programmierung und Anwendung steht der Begriff „API" in der Kommunikationswissenschaft auch für einen akut geführten Diskurs um den akademischen Zugang zu Informationen großer Plattformen.

> **Übungen**
> Nach den ersten Programmier- und Entwicklungsschritten im letzten Kapitel gilt es jetzt, das Erlernte anzuwenden. Beziehen Sie Daten über APIs und legen Sie sie strukturiert und effizient in Datenbanken ab. Dafür passende Anleitungen und Hilfestellungen, wie auch jede Menge Übungsaufgaben und Links zu anderen Materialien, finden Sie in den Online-Begleitmaterialien zu diesem Lehrbuch bei GitHub: https://datenfruehstueck.github.io/ccs/

Literaturhinweise

- Bauer, P.C., & Landesvatter, C. (2021). *APIs for social scientists: A collaborative review.* https://bookdown.org/paul/apis_for_social_scientists/
- Hargittai, E. (2020). Potential biases in big data: Omitted voices on social media. *Social Science Computer Review, 38*(1), 10–24. https://doi.org/10.1177/0894439318788322
- Kümpel, A. S. (2020). The Matthew Effect in social media news use: Assessing inequalities in news exposure and news engagement on social network sites (SNS). *Journalism, 21*(8), 1083–1098. https://doi.org/10.1177/1464884920915374
- Schildgen, J., & Deßloch, S. (2013). „Gib mir so viel Gold, wie die Metzger im Nachbardorf zusammen besitzen und ich lasse den Piloten frei!" – Spielbasiertes Lernen von SQL-Grundlagen. *Datenbank-Spektrum, 13*(3), 243–249. https://doi.org/10.1007/s13222-013-0139-5 sowie direkt online spielbar unter https://sql-island.informatik.uni-kl.de/

Fremde Daten sammeln

Daten, so scheint es, gibt es für die CCS zuhauf: Medieninhalte und öffentlich einsehbare Kommentare von Nutzenden, hinterlassene Likes und Shares oder von unterschiedlichen Plattformen gespeicherte Nutzungsspuren liegen allesamt maschinenlesbar vor, sodass es ein Leichtes sein müsste, diese online verfügbaren Daten für die Forschung nutzbar zu machen.

Doch ganz so leicht ist es nicht: Daten haben Eigentümer und nicht alle sind davon begeistert, dass ihre Daten zum Gegenstand wissenschaftlicher Forschung werden. Für den Fall, dass sie es sind, haben wir mit APIs bereits den am häufigsten gewählten Weg kennengelernt, derartig zur Verfügung gestellte fremde Daten zu sammeln (siehe Kap. 5). Für den Fall, dass Eigentümer von Daten kein Interesse an wissenschaftlicher Zusammenarbeit haben, gibt es einige Möglichkeiten, an ausgewählte Daten zu kommen. Dabei stellen sich neben technologischen aber insbesondere rechtliche Fragen, denen wir uns in diesem Kapitel ausführlich widmen.

Zudem stecken in einigen der beschriebenen Daten personenbezogene und damit explizit schützenswerte Informationen von Nutzenden. Hinzu kommt, dass auch kommerzielle Eigentümer von Daten berücksichtigenswerte Bedürfnisse haben, die über rechtliche Grundlagen hinausgehen. Selbst wenn Daten also legal gesammelt werden könnten, gilt es, den erwarteten wissenschaftlichen Mehrwert im Einklang mit ethischen Prinzipien zu bewerten, bevor fremde Daten gesammelt werden.

Neben APIs bilden vier weitere Verfahren den derzeitigen Kanon der CCS, fremde Daten zu sammeln. Sie unterscheiden sich einerseits in ihrer Aussagekraft und Genese, andererseits in ihrer Zugänglichkeit: So eignet sich (1) Web Scraping primär für statisch einsehbare Webseiteninhalte, während (2) agentenbasierte Tests auch mit interaktiven Sei-

M. Haim, *Computational Communication Science*, Studienbücher zur Kommunikations- und Medienwissenschaft, https://doi.org/10.1007/978-3-658-40171-9_6

ten umzugehen vermögen – beide Verfahren erzeugen vor allem inhaltsanalytische und beobachtete Daten. (3) Web Tracking setzt bei Nutzenden an und generiert, ebenso wie (4) Datenspenden, insbesondere Beobachtungsdaten, die sich meist recht einfach mit Befragungen ergänzen lassen. Für alle vier Verfahren werden in diesem Kapitel deshalb separat die rechtlichen Grundlagen und ethischen Prinzipien sowie eine mögliche technische Umsetzung diskutiert.

6.1   Web Scraping

Beim „Web Scraping" (aus dem Web abkratzen) werden automatisiert Webseiten aufgerufen und daraus Informationen extrahiert. Dabei macht sich das Verfahren zwei Eigenschaften des Internets zu eigen: Erstens die intendierte Zugänglichkeit von öffentlichen Webseiten, die es nicht nur Menschen ermöglicht, Informationen über einen Browser einzusehen, sondern auch Forschungssoftware dazu ermächtigt. Und zweitens die Standards, denen Webseiten in ihrer Übertragung und Darstellung folgen. Technologisch betrachtet basiert Web Scraping dafür auf HTTP(S), jenem Protokoll, das die Übertragung von Webseiten regelt, und auf HTML, der Auszeichnungssprache, die die Darstellung von Webseiten vorgibt:

▶   HTTP (hypertext transfer protocol; Übertragungsprotokoll für Hypertext-Daten) ist ein Standard, der regelt, wie Computer sogenannte Hypertext-Dokumente untereinander austauschen. HTTPS (HTTP secure) macht genau dasselbe, sieht aber einen sichereren und verschlüsselten Übertragungskanal vor. Hypertext-Dokumente umfassen HTML-Dateien (hypertext markup language; Hypertext-Auszeichnungssprache) sowie zur Darstellung der HTML-Dateien notwendige Ressourcen (z. B. Bilder).

Die Übertragung von Webseiten, mithin der Austausch von Hypertext-Dokumenten, folgt (wie schon APIs) einem Server-Client-Prinzip. Der Server agiert dabei wie ein Gastgeber – er wird auch als „host" bezeichnet – der darauf wartet, dass Clients bei ihm vorstellig werden. Als Client fungieren in der Regel Browser, also etwa Googles Chrome, Microsofts Edge, Mozillas Firefox oder Apples Safari. Dabei spielt es keine große Rolle, ob ein Browser auf einem Notebook, einem Smartphone oder in einer Forschungssoftware läuft. Auch das Betriebssystem des Endgeräts und ob sich das Gerät mobil oder über ein (W-)LAN verbindet, ist nachrangig. Den Startschuss für den immer gleich ablaufenden Fünfschritt gibt die URL, egal ob in den Browser getippt oder in der Forschungssoftware hinterlegt:

1. Der Browser zerlegt die URL in ihre zentralen Bestandteile: das anzuwendende Protokoll („https"), einen ersten Trenner („://"), den Host („www.youtube.com") sowie, optional, weitere Trenner („/") und den Pfad („watch"). Das Protokoll definiert die Sicher-

heitsstufe der Übertragung, der Host spezifiziert den Adressaten etwas genauer. Der Pfad gibt in diesem Fall an, dass ein einzelnes Video geschaut werden soll – ein alternativer Pfad könnte beispielsweise die Suchergebnisse nach einer eingegebenen Suche anfordern. Die URL kann darüber hinaus abermals einen Trenner („?") und mögliche Parameter (engl. query; „v=dQw4w9WgXcQ") enthalten, die hier beispielsweise das zu schauende Video genau definieren. Die für den Browser wichtigsten Elemente sind an dieser Stelle der Host und das Protokoll (meist HTTPS).

2. Der Browser schlägt in einer Art Telefonbuch[1] nach, wie er den Host, also den Server, der die eigentliche Webseite beheimatet, erreichen kann. An den so ausfindig gemachten Server schickt er anschließend die gesamte URL sowie alle zum Host passenden Cookies. Cookies sind kleine Textdaten, die Hosts in Browsern hinterlegen, um Nutzende beim nächsten Aufruf wieder identifizieren zu können. Bei der Abfrage selbst handelt es sich meist um eine GET-Abfrage (siehe dazu Kap. 5).

3. Der Server empfängt und verarbeitet Anfrage und Cookies. Dazu zerlegt auch er die URL, wobei nun insbesondere der Pfad und die Parameter von Bedeutung sind. In die genaue Verarbeitung haben wir von außen keinen Einblick. Am Ende steht aber immer ein Hypertext-Dokument, meist in HTML-Form.

4. Der Server schickt das Hypertext-Dokument zurück an den Client. Ergänzend schickt der Server auch eine Statusmeldung, wie aus seiner Sicht die Anfrage verlaufen ist. Im besten Fall trägt diese Meldung die erfolgsversprechende Zahl 200; etwas bekannter ist indes die 404, die andeutet, dass der angefragte Pfad nicht gefunden werden konnte. Außerdem steht es dem Server frei, weitere Meta-Informationen mitzuschicken, zum Beispiel neu zu speichernde Cookies.

5. Der Browser empfängt und interpretiert die Daten. Cookies werden gespeichert, HTML-Dokumente mitunter visuell dargestellt. Dabei unterscheiden sich die Browser ein wenig, wenngleich diese Unterschiede heute marginal sind. Enthält das Hypertext-Dokument Verweise auf weitere Dokumente, etwa auf Bilder, so beginnt der Browser den Fünfschritt mit der Bilder-URL umgehend aufs Neue.

Das Web Scraping folgt diesem Fünfschritt, koordiniert ihn als Client aber aus einer Forschungssoftware heraus. Dadurch entfallen Teile des fünften Schrittes: Zwar empfängt und interpretiert auch die Forschungssoftware Daten – ob sie Cookies aber speichert, ob sie Verweisen auf weitere Dokumente folgt und insbesondere, ob sie die empfangenen Daten visualisiert, liegt im Ermessen der Forschenden. Gerade die letztgenannte Visualisierung, wie es aus Browsern bekannt ist, entfällt häufig.

Um letztlich aus empfangenen HTML-Dokumenten Informationen zu extrahieren, greift die Forschungssoftware stattdessen auf die textuelle Repräsentation der Hypertext-Daten zurück. Dafür ist ein grundlegendes Verständnis des hierarchischen Datenformats

---

[1] Dieses „Telefonbuch" nennt sich DNS-Server (engl. domain name system) und es übersetzt Hosts (www.youtube.com) in sogenannte IP-Adressen (z. B. 142.250.184.206 bzw. 2a00:1450:4001: 829::200e).

notwendig. Neben der verschachtelten Tag-Notation mit spitzen Klammern (siehe dazu Kap. 2) sind insbesondere die Namen zentraler Tags wie Überschriften („h1" bis „h6"), Links („a"), Textblöcke („p") und strukturierende aber nicht unbedingt sichtbare Container („div") wichtig.

Für das Web Scraping mithilfe von Forschungssoftware machen sich viele Bibliotheken und Pakete zudem das sogenannte „document object model" (DOM) zunutze. Das DOM stellt ein HTML-Dokument als Baum dar und ermöglicht so den einfachen Zugriff auf einzelne Tags über Wegbeschreibungen entlang des Baums. Alle gängigen Desktop-Browser visualisieren das DOM auch auf Wunsch in den sogenannten Entwicklertools, die sich im Menü der Browser aktivieren lassen. Für die Wegbeschreibungen innerhalb des DOM-Baums gibt es wiederum mehrere Möglichkeiten. Zu den gängigen Formaten gehören XPATH und CSS-Selektoren, die jeweils mit eigener Syntax spezifizieren, wo sich im DOM-Baum die gesuchten Informationen befinden.

6.1.1 Rechtliche Grundlagen

Rechtlich stellt das Web Scraping ein Dilemma dar, in dem kommerzielle gegen akademische Interessen abgewogen werden müssen. Auf der einen Seite gilt: Über öffentliche Webseiten zugänglich gemachte Informationen fallen unter die Eigentumsrechte und damit in den Hoheitsbereich der Anbietenden. Ein Medienunternehmen verliert also keine Eigentumsrechte an seinen Beiträgen, nur weil es die Beiträge auf einer Webseite veröffentlicht. Darüber hinaus kann das Medienunternehmen in seinen Allgemeinen Geschäftsbedingungen auch festlegen, dass das offensichtlich automatisierte Erfassen von Inhalten, wie das beim Web Scraping der Fall ist, untersagt ist.

Auf der anderen Seite stehen das deutsche Datenbankrecht sowie die europäische Urheberrechtsrichtlinie, die beide ein systematisches Erfassen, auch mit automatisierten Mitteln, unter Schutz stellen, sofern mit der Schaffung der Datenbank keine Konkurrenzsituation mit den Originalmaterialien entsteht. Vorgesehen sind zudem explizite Ausnahmen der Eigentumsrechte für die nicht-kommerzielle wissenschaftliche Forschung. Selbst wenn Webseitenbetreibende also das Web Scraping in ihren AGB untersagen, ist die akademische Forschung davon ausgenommen.

Doch diese Ausnahmen unterliegen Auflagen. Erstens dürfen gesammelte Daten nicht ohne Weiteres weiterverbreitet werden. Für die Offenlegung von Forschungsdaten, die immer wieder im Rahmen von Publikationen gefordert wird, bedeutet das, dass entweder Links zu den Originaldaten oder nur Ausschnitte der eigentlichen Daten geteilt werden dürfen. Das Datenbankrecht sieht dafür 15 % eines Werks vor, die im Rahmen der nicht-kommerziellen wissenschaftlichen Forschung öffentlich zugänglich gemacht werden dürfen. Zweitens gilt für diesen Rechtsrahmen der Standort des Computers der Forschenden, von dem das Web Scraping durchgeführt wird (Klawonn 2020). Drittens bleiben personenbezogene Rechte von diesen Ausnahmen unberührt, sodass etwa das Scraping von Nutzungskommentaren einer eigenen Betrachtung bedarf. Und viertens sind Forschende insbesondere angehalten, sich an den ethischen Prinzipien verantwortungsvollen Scrapings zu orientieren (Rat für Sozial- und Wirtschaftsdaten 2019).

6.1.2 Ethische Prinzipien

Die automatisierte Erfassung von Webseiten stellt kein „böses" Verhalten per se dar. Vielmehr bildet Web Scraping eine wesentliche und notwendige Funktion des Internets ab: Indexierung. Denn die meisten Webseiten, auch journalistische Angebote (Newman et al. 2021), profitieren in großem Maße von Suchmaschinen, die auf Inhalte aufmerksam machen. Dafür benötigen Suchmaschinen aber einen ständig aktuellen Index online auffindbarer Inhalte – einen Index, den sie mithilfe von Web Scraping laufend aktualisieren. Im Kontext von Suchmaschinen ist dabei auch von „Crawlern" die Rede. Betreibende von Webseiten sind es also gewohnt, dass ihre Seiten automatisiert durchsucht werden. Dabei haben sich bis heute drei Aspekte verantwortungsvollen Scrapings etabliert.

Erstens belastet jeder Webseitenaufruf, egal ob manuell oder automatisiert, die Infrastruktur der Webseitenbetreibenden. Jeder Aufruf belegt also Bandbreite, benötigt Rechenkapazität des Servers, verbraucht Energie und verursacht Kosten. Um diese Belastung kalkulierbarer zu machen, richten die meisten Webseitenbetreibenden explizite Bitten an Web-Scraping-Anfragen, ob und wie oft welche Seiten automatisiert angefragt werden können. Diese Bitten sind standardisiert als *robots.txt* abrufbar (z. B. bild.de/robots.txt oder spiegel.de/robots.txt) und entsprechend vor dem Scraping zu prüfen und zu berücksichtigen.

Zweitens handelt es sich beim Web Scraping idealerweise um einen transparenten Datenerhebungsprozess. Als solcher gilt es als gute Praxis, sich gegenüber dem Server vorzustellen. Das tun Browser, indem sie neben URL und Cookies auch Information über sich selbst übermitteln. Dieser als „user agent" bezeichnete kurze Text sollte beim Web Scraping entsprechend mit einem aussagekräftigen Hinweis auf das eigene Vorhaben versehen werden.

Drittens gilt es die Reaktivität des Verfahrens zu berücksichtigen. So zählt eine Redaktion möglicherweise die Aufrufe, die ein Artikel erhält, und leitet daraus eine Liste meistgeklickter Beiträge ab. Das Web Scraping wäre so theoretisch imstande, diese Liste zu manipulieren. Zwar sind Redaktionssysteme und auch andere Webseitenbetreibende bemüht, automatisierte Aufrufe hier nicht zu berücksichtigen, doch nicht alle sind möglicherweise zu einer solchen Isolation imstande.

6.1.3 Umsetzung

Für die Umsetzung der Client-Server-Kommunikation sowie den DOM-Zugriff mithilfe von XPATH oder CSS-Selektoren bieten sich diverse Bibliotheken und Pakete an, sowohl für *Python* (z. B. „BeautifulSoup" und „requests") als auch für *R* (z. B. „httr" und „rvest").

In allen Fällen gilt es zunächst, mit transparenter Identifizierung die *robots.txt* des Hosts zu analysieren, wofür spezialisierte Pakete zur Verfügung stehen (z. B. „urllib.robotparser" in *Python* und „polite" in *R*).

```
set user_agent to "Scrape-Übung, haim@ifkw.lmu.de"
set host to "https://de.wikipedia.org/"
set request as RobotRequest with host, user_agent
print request.allowed()
print request.crawl_delay()
```

Im Anschluss können die eigentliche Webseite geladen und die daraufhin empfangenen Daten auf ihren Statuscode geprüft werden, um schließlich die HTML-Daten als DOM-Baum zu interpretieren und mithilfe einer Wegbeschreibung – hier exemplarisch sowohl als XPATH als auch als CSS-Selektor – zu durchsuchen.

```
set url to "https://de.wikipedia.org/wiki/Wrens"
set request as HttpRequest with url, user_agent
set response to request.get()
if response.status is 200 then
    print response.find_by_xpath("//*/p[1]/i[1]")
    print response.find_by_css("p > b:first-of-type")
else
    print response.status
end if
```

6.2 Agentenbasierte Tests

Nicht alle Webseiten, die für die Forschung relevant sind, lassen sich ohne Weiteres automatisiert aufrufen. Das kann an einer geforderten Interaktion mit der Webseite oder an ihrer Darstellungsart liegen. So stößt das Web Scraping beispielsweise schnell an seine Grenzen, wenn Webseiten einen Anmeldeprozess vorsehen. Auch Visualisierungen oder dynamisch beim Scrollen nachgeladene Daten sind für das klassische Web Scraping nicht einfach abbildbar.

Hier kommt das agentenbasierte Testen ins Spiel. Dabei handelt es sich um ein Verfahren, bei dem Browser und menschliches Verhalten im Umgang mit dem Browser emuliert werden. Eine Emulation beschreibt die explizite Nachbildung eines Computersystems – im konkreten Fall mithilfe von programmierten Agenten, also bis zu einem vorab definierten Grad selbstständig reagierende Software. Zu diesen Aktionen und Reaktionen zählen zum Beispiel das Scrollen von Webseiten, langsames Tippen in Eingabefelder oder das Reagieren auf dynamisch nachgeladene Inhalte. Das Verfahren bedient sich dafür bei Technologien, die in der Informatik insbesondere beim automatisierten Testen von Software und Webseiten Anwendung finden.

Das agentenbasierte Testen (ABT) ermöglicht darüber hinaus, eine Vielzahl von Agenten in systematisch kontrollierte Experimentalgruppen zu unterteilen und parallel zu steuern. Im Gegensatz zum Web Scraping, bei dem sich das Verfahren explizit als solches ausgibt und dabei in Kauf nimmt, von Webseitenbetreibenden mit Inhalten abgespeist zu werden, die explizit für das Web Scraping gedacht sind, liegt der Fokus beim ABT auf dem Einfangen möglichst realitätsgetreuer Eindrücke interaktiver Webseiten. Typische Beispiele für Studien, die auf ABT aufbauen, sind Input-Output-Analysen zur Vielfalt von Suchmaschinenergebnissen. Dabei vergleichen Forschende die Suchergebnisse von Agenten in unterschiedlichen Experimentalgruppen, die sich etwa hinsichtlich ihres verwendeten Browsers,[2] der genutzten Suchmaschine[3] oder der Auswahl eingegebener Suchbegriffe[4] unterscheiden.

Für die eigentliche Emulation von Agenten und Browsern dienen sich mehrere Bibliotheken und Pakete an. Die größte Bekanntheit genießt dabei der „Selenium WebDriver", der für *Python* direkt und für *R* über das Paket „RSelenium" zur Verfügung steht. Der Selenium WebDriver ermöglicht die auch optisch dargestellte Steuerung eines installierten Browsers aus einer Forschungssoftware heraus. Er folgt dem beim Web Scraping vorgestellten Fünfschritt also detailliert und vollumfänglich. Interaktionen wie auch experimentelle Variation müssen dabei aber selbst entwickelt werden.

Der „ScrapeBot" setzt hier an und baut technologisch auf den Selenium WebDriver auf. Er ermöglicht die einfache und systematische Steuerung mehrerer Agenten. Dabei kann die Software auf verschiedenen Computern installiert und in einer zentralen Datenbank zusammengeführt werden, sodass sich Interaktionen wie auch experimentelle Variationen zentral steuern lassen. Einsatz kann das System beispielsweise beim Vergleich verschiedener Standorte finden, von denen die Agenten auf eine Suchmaschine zugreifen.[5] Der „ScrapeBot" ist über eine enthaltene Web-Oberfläche oder über ein *R*-Paket („ScrapeBotR") konfigurierbar.

6.2.1 Rechtliche Grundlagen

Aus rechtlicher Perspektive handelt es sich bei agentenbasierten Tests um Web Scraping. Entsprechend greifen auch hier Datenbankrechte, die Urheberrechtsrichtlinie und eventuell personenbezogene Rechte. Das umfasst die Erhebung wie auch die weitere Verbreitung von erhobenen Daten. Wie beim Web Scraping bestimmt auch für agentenbasierte Tests der

---

[2] Hupperich und Kollegen (2018) finden beispielsweise höhere Preise für iPad-Nutzende.

[3] Urman und Kollegen (2022) identifizieren etwa Unterschiede zwischen Google, Baidu, Bing, DuckDuckGo, Yahoo, and Yandex.

[4] Hannak und Kollegen (2013) beschreiben leichte Personalisierungseffekte für unterschiedliche Themenbereiche bei Google.

[5] Arendt und Kollegen (2020) finden Unterschiede dargestellter Informationen, je nachdem, ob Agenten aus Deutschland, Österreich oder der Schweiz auf Google zugreifen.

Standort der Computer, von denen die Agenten agieren, die Rechtslage. Gerade bei international vergleichenden Studien gilt es, diese Einschränkung zu berücksichtigen. In Ländern ohne solche Ausnahmen für die nicht-kommerzielle wissenschaftliche Forschung gelten mitunter die von den Webseitenbetreibenden auferlegten Allgemeinen Geschäftsbedingungen.

6.2.2   Ethische Prinzipien

Auch aus ethischer Perspektive greifen für agentenbasierte Tests die für das Web Scraping diskutierten Prinzipien. Doch agentenbasierte Tests entsprechen nicht allen ethischen Prinzipien verantwortungsvollen Scrapings (Rat für Sozial- und Wirtschaftsdaten 2019).

Das gilt insbesondere für den transparenten Datenerhebungsprozess. Denn gerade der „user agent", also die bei Anfragen übermittelte Selbstidentifikation, wirkt sich bisweilen stark auf die Darstellung der Inhalte aus. So leiten Webseitenbetreibende aus dem „user agent" (in Kombination mit der Bildschirmgröße) ab, ob sie Inhalte auf einem mobilen oder stationären Endgerät darstellen und ob sie es mit einem automatisierten oder einem echten Nutzenden zu tun haben (Haim 2020).

Es gilt also abzuwägen, ob eine solche Täuschung gegenüber Webseitenbetreibenden zu rechtfertigen ist. Der Rat für Sozial- und Wirtschaftsdaten (2019), immerhin das vom Bundesministerium für Bildung und Forschung eingerichtete Expert:innengremium zur Verbesserung des Datenzugangs für die empirische Forschung, empfiehlt für die nicht-kommerzielle wissenschaftliche Forschung und unter Berücksichtigung von *robots. txt* sowie etwaiger CAPTCHA-Schutzmaßnahmen[6] eine Erhebung, sofern durch die Zugriffe keine Schäden bei Webseitenbetreibenden eintreten können. Das Gremium schlägt außerdem vor, im Zweifelsfall im Vorfeld bei Webseitenbetreibenden anzufragen.

Agentenbasierte Tests unterscheiden sich in ethischer Hinsicht auch mit Blick auf die Reaktivität. Denn während beim Web Scraping durch die mitgelieferte Identifizierung über den „user agent" Webseitenbetreibende imstande sind, automatisierte Klicks nicht in entsprechende Zählungen einzubeziehen, entfällt diese Möglichkeit bei agentenbasierten Tests. Gerade Suchmaschinen sind dafür aber nach eigenen Angaben kaum mehr anfällig, denn zu häufig fand diese Methode außerhalb der akademischen Forschung in der Vergangenheit Anwendung, um Suchergebnisse zu manipulieren.

Je nach Szenario sind darüber hinaus nicht nur Klickzahlen, sondern auch andere Nutzende unmittelbar betroffen – etwa, wenn agentenbasierte Tests im Rahmen von sozialen Netzwerken Einsatz finden sollen. Dabei richtet sich die aktive Täuschung also nicht nur an ein anderes System, sondern an Menschen. In diesem Fall greifen ethische Überlegungen klassischer Experimentaldesigns, nach denen beispielsweise Teilnehmende einer Teilnahme aktiv zustimmen und am Ende über die Täuschung umfänglich aufgeklärt

---

[6]CAPTCHA-Schutzmaßnahmen sollen automatisierte von menschlichen Zugriffen unterscheiden. Dafür werden Nutzende beispielsweise aufgefordert, verzerrte Buchstaben oder Zahlen in ein Eingabefeld einzutragen oder bestimmte Gegenstände in Fotos zu identifizieren.

werden müssen. Auch ein ethisches Gutachten seitens einer Ethik-Kommissionen ist für
den Einsatz agentenbasierter Tests, die sich unmittelbar an menschliche Gegenüber richten, einzuholen.

6.2.3   Umsetzung

Für die technologische Umsetzung greifen agentenbasierte Tests auf emulierende Systeme, etwa den Selenium WebDriver, zurück. Nach Prüfung der *robots.txt* emuliert die
Forschungssoftware dafür eine neue Browser-Umgebung, innerhalb derer Agenten agieren können. Für eine Erhebung, die möglichst frei von Konfundierung sein sollte, gilt es,
neben Cookies, dem „user agent" und der emulierten Bildschirmgröße, auch die ein-
gestellte Systemsprache, die aktuelle Zeitzone, die verwendete IP-Adresse und mitunter
die aktuelle geografische GPS-Position zu kontrollieren.

Für einen reibungslosen Ablauf der Erhebung gilt es darüber hinaus, die Abstände zwischen einzelnen Aufrufen und agierenden Agenten groß genug zu halten. Denn das Ziel
agentenbasierter Tests ist immer der systematisch kontrollierte Zugriff auf interaktive
Online-Informationen unter möglichst realistischen Bedingungen – und nicht die unnötige
Belastung fremder Systeme.

Einzelne Agenten bauen dann auf Schritt-für-Schritt-Anleitungen auf, die sich auch als
Rezepte bezeichnen lassen. Solche Rezepte geben den Umgang mit einer Webseite vor
und gehören als Teil des Datenerhebungsinstrument mindestens in den Anhang einer
wissenschaftlichen Arbeit. Ein Beispiel für das Rezept zur Emulation von Suchanfragen
mithilfe des „ScrapeBot" bildet dieses Skript:

```
navigate to "https://www.google.de/"
find element "q" by element name
randomly select search term out of "minister",
                                   "ministerin",
                                   "ministerium"
write randomly selected term slowly
submit form
wait for 3 seconds
find elements " #rso .g a[ping]" by CSS
get "href" attributes of found elements
```

6.3   Web Tracking

Während Web Scraping und agentenbasierte Tests primär Inhaltsdaten generieren, zum
Beispiel für Input-Output-Analysen, eignet sich das Web Tracking vor allem zur Beobachtung von Nutzenden. „Web Tracking" (Online-Verfolgung) beschreibt ein Verfahren,

bei dem ausgewählte und online durchgeführte Tätigkeiten von Beobachteten automatisch protokolliert und für die Forschung, beispielsweise die Mediennutzungsforschung, aufbereitet werden.

Die Beobachtung über Web Tracking stellt dabei in der Regel eine Fremdbeobachtung im Feld dar – Forschende beobachten also andere und die Beobachtung findet in den meisten Fällen nicht unter Laborbedingungen statt. Sie erfolgt dabei automatisiert und im Hintergrund,[7] sodass die Beobachteten ohne Einschränkungen ihre Computer und Smartphones weiter nutzen können. Wie bei einer klassischen Beobachtung kann das Web Tracking dabei teilnehmend oder nicht-teilnehmend erfolgen.

Aus technologischer Sicht lässt sich Web Tracking an drei unterschiedlichen Positionen des Mediennutzungsprozesses umsetzen – auf Seiten der Webseitenbetreibenden, während der Nutzung und auf Seiten der Nutzenden. Während entsprechende Tracking-Daten bei Webseitenbetreibenden nahezu natürlich anfallen, da Server Zugriffe akribisch protokollieren, erfordert das Web Tracking während der Nutzung und bei Nutzenden entsprechende Forschungssoftware. Der zentrale Unterschied besteht in der Art beobachteter Daten: Während der Nutzung fallen Daten darüber an, welche Seiten wann von wem aufgerufen werden, wohingegen bei Nutzenden auch Daten über Medieninhalte und Kontexte, in die Medieninhalte eingebettet sind, anfallen können. Die Erfordernis entsprechender Forschungssoftware beim Web Tracking während der Nutzung und auf Seiten der Nutzenden bedeutet außerdem, dass Teilnehmende über diese Formen des Web Trackings aktiv informiert werden müssen („wissentliche Beobachtung"; Gehrau 2017, S. 34), während das Web Tracking bei Webseitenbetreibenden nur erahnbar ist („unwissentliche Beobachtung"; Gehrau 2017, S. 34).

Die beim Web Tracking anfallenden Beobachtungsdaten liegen meist als kleinteilige Tätigkeiten mit Zeitstempel vor. Ein Zeitstempel ist ein als Datenpunkt festgehaltener Zeitpunkt, häufig inklusive der Zeitzone, für die er festgehalten wurde. Web-Tracking-Daten sind also nicht selten als Zeitreihendaten zu interpretieren. Sie liegen beispielsweise als geteilte Posts (Merkmalsträger ist das Teilen eines bestimmten Posts, die Merkmale umfassen eine Post-ID und den Zeitpunkt des Teilens), aufgerufene Webseiten (Merkmalsträger ist der Aufruf einer einzelnen Seite, Merkmale sind die URL und der Zeitpunkt des Aufrufs) oder gesehene Online-Nachrichtenbeiträge (Merkmalsträger ist beispielsweise das Verweilen auf einem einzelnen Nachrichtenbeitrag für mindestens fünf Sekunden, Merkmale sind die URL und der Startzeitpunkt des Verweilens) vor.

6.3.1 Rechtliche Grundlagen

Beim Web Tracking beobachten Forschende Personen bei ihrer Mediennutzung. Entsprechend greifen hierbei insbesondere personenbezogene Rechte, wie die Datenschutz-

---

[7] Gehrau spricht auch von „apparativen Beobachtungsprotokollen" (Gehrau 2017, S. 43).

grundverordnung und die darin enthaltenen Rechte auf Privatsphäre, Vergessen und Datensicherheit.

Aus dem Recht auf Datenschutz und Privatsphäre ergeben sich zunächst die Prinzipien der Zweckbindung, der Transparenz und der Datensparsamkeit. Beobachtet und gespeichert werden soll also nur das, was dem Forschungsinteresse auch wirklich dient. Darüber, wie auch über die getroffenen Maßnahmen des Datenschutzes, muss zu jedem Zeitpunkt Transparenz gegenüber den Teilnehmenden herrschen. Ihnen obliegt ferner auch die Hoheit der Datenerhebung: Teilnehmende müssen also im Vorfeld der Erhebung zustimmen und können diese Zustimmung jederzeit widerrufen. Beide Entscheidungen gilt es zu jeder Zeit vollumfänglich zu respektieren.

Zahlreiche Meinungsforschungsinstitute und Betreibende von Mediennutzungspanels haben sich vor diesem Hintergrund auf gemeinsame Kodices verständigt. Ein solcher Kodex nennt sich „ICC/ESOMAR"[8] und verschriftlicht dabei einerseits in einfacher Sprache die Rechtslage der geltenden Datenschutzgrundverordnung. Andererseits greift der Kodex zusätzliche Aspekte der Veröffentlichung und des Selbstverständnisses der von Berufswegen mit Markt-, Meinungs- oder Sozialforschung Beschäftigten auf. Er stellt also eine Selbstverpflichtung kommerzieller Sozialforschung dar, die als eine Art Siegel für den angemessenen Umgang mit personenbezogenen Daten herhalten soll. Der Kodex soll so akademisch Forschenden eine gewisse Sicherheit gegenüber kommerziellen Anbietern sowie Teilnehmenden Transparenz gegenüber der Forschung sicherstellen.

Allerdings beschäftigt sich der Kodex nur am Rande mit Tracking-Daten. Für Tracking-Daten gilt aus rechtlicher Sicht und ergänzend zu den genannten Aspekten insbesondere die Datensicherheit. Dazu gehört eine sichere – also vor Fremdzugriff geschützte und idealerweise verschlüsselte – Übertragung und Speicherung von Daten. Die Daten sollen dabei idealerweise das Land der Erhebung nicht verlassen, um die nationalstaatliche Rechtssicherheit nicht zu gefährden. Außerdem umfasst die Datensicherheit die Pseudonymisierung, die möglichst noch während der Erhebung, also vor der eigentlichen Speicherung, erfolgen sollte. Im Idealfall lassen sich gespeicherte Tracking-Daten also zu keinem Zeitpunkt mehr einer dezidierten Person zuordnen. Dazu dürfen weder Namen noch E-Mail-Adressen, weder Telefonnummern noch Anschriften, weder Profilbilder noch Handles in Rohform gespeichert werden. Stattdessen müssen derartige Daten, sofern sie für das Forschungsinteresse überhaupt relevant sind, durch unbedeutende Platzhalter ersetzt werden, die zwar Rückschlüsse über Zusammenhänge in den Daten, nicht aber über die zugrunde liegende Person ermöglichen (Pseudonymisierung).

---

[8] Benannt ist der Kodex nach „ICC", der internationalen Handelskammer (engl. International Chamber of Commerce), und nach „ESOMAR", der europäischen Gemeinschaft für Meinungs- und Marktforschung (engl. European Society for Opinion and Market Research).

6.3.2   Ethische Prinzipien

Was das Web Tracking aus ethischer Perspektive von sonstigen Beobachtungsstudien unterscheidet, ist vor allem die mögliche Tragweite der so erhobenen Daten. Mit dem Zugriff auf die URLs besuchter Webseiten im Zeitverlauf beispielsweise, gewähren Teilnehmende nicht nur Einblick in ihre Mediennutzung, sondern sie gewähren auch einen tiefen Einblick in ihr Privatleben. Beispielhafte URLs wie „jobsuche.net/data-scientist" oder „online-arzt.de/suche?q=haemorrhoiden" gehen weder Forschende noch sonst irgendwen etwas an. Es empfiehlt sich deshalb, Tracking-Daten „nur" auf Second-Level-Domain-Ebene zu sammeln. Die Second-Level-Domain beschreibt den zweiten Teil eines von hinten gelesenen Hosts – bei jobsuche.net also „jobsuche" und bei online-arzt.de den „online-arzt". Die First- oder Top-Level-Domain („net", „de") entfällt ebenso wie der Pfad („data-scientist", „suche") und etwaige Parameter („q=haemorrhoiden"). Umgelegt auf die Online-Nachrichtennutzung gehen so allerdings Details zu den gelesenen Beiträgen verloren. Protokolliert wird also nur der Besuch von „taz.de", nicht aber von „taz.de/fachkraeftemangel-in-deutschland".

Solch grundsensible Daten und die Eindrücke, die einige der prominenteren Datenskandale der letzten Jahre hinterlassen haben (z. B. jener von Cambridge Analytica), trüben auch das Vertrauen in die Forschung rund um digitale Spurendaten (vgl. Makhortykh et al. 2022). Das entpuppt sich insbesondere bei der Rekrutierung von Teilnehmenden für Web-Tracking-Studien als großes Problem. Gerade für die akademische Forschung ist es deshalb von kaum zu unterschätzender Wichtigkeit, das Vertrauen in sie als sorgfältige, transparente und zuverlässige Akteurin zu stärken. Es soll oberste Priorität von Web-Tracking-Projekten sein, teilnehmende Menschen in wertschätzender Atmosphäre umfassend aufzuklären und ihre Daten zu jedem Zeitpunkt angemessen zu schützen.

Eine privatsphärenkonforme Ergänzung stellt deshalb das sogenannte Whitelisting dar. Dabei werden im Vorfeld der Erhebung Second-Level-Domains festgelegt, für die die gesamte URL gespeichert wird. Die Domains auf dieser Liste sind für eine detailliertere Erhebung „genehmigt". Für das Beispiel der Online-Nachrichtennutzung würden also taz.de und weitere namhafte Online-Redaktionen auf der Liste vermerkt, während andere Seiten keine solche Genehmigung erhalten und entsprechend nicht näher gespeichert werden.

Ein solches Verfahren benötigt indes Vertrauen seitens der Teilnehmenden in die Forschenden und ihre Forschungssoftware. Vertrauen kommt jedoch nicht von Ungefähr, sondern es muss aufgebaut und gepflegt werden. Dabei gilt es, die Teilnehmenden als Menschen in den Mittelpunkt der Forschung zu stellen, sie im Vorfeld über die Details der Erhebung aufzuklären und ihnen auch verständlich darzulegen, welche Domains genehmigt sind und wie die Forschungssoftware zwischen genehmigten und nicht genehmigten Domains unterscheidet. Auch während und nach der Erhebung sollen Teilnehmende die Hoheit über ihre eigenen Daten behalten, also die Daten einsehen und löschen können. Da beim Web Tracking sehr viele Daten anfallen können, beeinflusst wohl auch das Bereitstellen einer adäquat aggregierten und handhabbaren Darstellung für Teilnehmende deren Vertrauen in die Forschung.

Das gilt nicht nur für erhobene URLs in der Online-Nachrichtennutzung, sondern auch für andere Daten, die mithilfe von Web Tracking generiert werden. Unabhängig von der genauen Umsetzung des Web Trackings ist die zentrale Voraussetzung für ein solches Vertrauen, dass die Beobachtung mithilfe von Web Tracking wissentlich und offen erfolgt. Die Einwilligung in diese Art der Datenerhebung muss also unter Kenntnis aller damit verbundenen Aspekte im Vorfeld der Erhebung erfolgen. Für die Erhebung selbst muss transparent sein, wann und unter welchen Bedingungen sie konkret abläuft. Nur so ist diese – recht invasive – Form der Datenerhebung aus ethischer Perspektive vertretbar.

6.3.3   Umsetzung bei Webseitenbetreibenden

Server protokollieren jeden Aufruf. Im Rahmen von Web-Servern führt also jede HTTP(S)-Anfrage zu einer Zeile in der entsprechenden Log-Datei der Webseitenbetreibenden. Ein typischer Web-Server protokolliert jeden Aufruf, indem er mindestens die IP-Adresse des Clients, den genauen Zeitstempel des Erhalts der Anfrage, den Aufruf-Typ (z. B. GET oder POST) sowie das Protokoll, den genauen Pfad und etwaige Parameter aus der URL, die zurückgeschickte Statusmeldung und die Größe des zurückgeschickten Hypertext-Dokuments (in Byte) in eine Textdatei schreibt. In vielen Fällen wird außerdem der „user agent" gespeichert (Abb. 6.1).

Im Beispiel (Abb. 6.1) ruft ein Client mit der IP-Adresse 201.16.23.170 am 19. April 2022 zunächst die Index-Seite des „gallery"-Pfads auf, worauf der Server mit einem erfolgreichen (200) und rund 8,3 Kilobyte[9] großen Hypertext-Dokument antwortet. Unmittelbar danach ruft derselbe Client noch ein etwas größeres Bild (Zeile 2), die JavaScript-Datei „gallery.js" (Zeile 3) und das Stylesheet „style.css" (Zeile 5) ab. Das ist insofern nicht ungewöhnlich, als dass viele Webseiten nicht nur aus dem initialen Hypertext-Dokument (in der Regel HTML) bestehen, sondern auch aus Bildern, einem oder mehreren Stylesheets und eventuell auch JavaScript-Dateien, die für die Interaktion in Webseiten zuständig sind. Beim Stylesheet fällt ferner die etwas andere Statusmeldung auf (301), die signalisiert, dass der Server die Datei zwar noch korrekt ausliefert, sich aber ihr Pfad in letzter Zeit verändert hat. Zwischen die vier Zeilen hat sich außerdem eine Anfrage nach

```
201.16.23.170 [19/Apr/2022:02:56:47 +0200] "GET /gallery/index.php HTTP/1.1" 200 8449 "Mozilla/5.0 (Android 4.4; Mobile; rv:41.0) Gecko/41.0 Firefox/41.0"
201.16.23.170 [19/Apr/2022:02:56:56 +0200] "GET /images/3421.jpg HTTP/1.1" 200 13718 "Mozilla/5.0 (Android 4.4; Mobile; rv:41.0) Gecko/41.0 Firefox/41.0"
201.16.23.170 [19/Apr/2022:02:56:05 +0200] "GET /js/gallery.js HTTP/1.1" 200 364 "Mozilla/5.0 (Android 4.4; Mobile; rv:41.0) Gecko/41.0 Firefox/41.0"
65.54.188.63 [19/Apr/2022:02:56:05 +0200] "GET /robots.txt HTTP/1.0" 200 255 "msnbot/1.0 (+http://search.msn.com/manbot.htm)"
201.16.23.170 [19/Apr/2022:02:56:06 +0200] "GET /style.css HTTP/1.1" 301 3317 "Mozilla/5.0 (Android 4.4; Mobile; rv:41.0) Gecko/41.0 Firefox/41.0"
191.11.162.134 [19/Apr/2022:03:00:55 +0200] "POST /contact.php HTTP/1.1" 200 139 "Mozilla/5.0 (Windows NT 5.1; rv:10.0) Gecko/20100101 Firefox/10.0"
```

Abb. 6.1   Beispielhafte Log-Datei eines Web-Servers (eigene Darstellung)

---

[9] Ein Kilobyte besteht aufgrund der in der Informatik üblichen und bereits in Kap. 2 kennengelernten Zweier-Potenzen nicht aus 1000, sondern aus $2^{10} = 1024$ Byte. Die im Server-Log dargestellten 8449 Byte entsprechen deshalb 8,3 Kilobyte.

der bereits kennengelernten *robots.txt* geschoben; hier war offenbar ein Crawler[10] für Microsoft Bing auf der Suche nach Inhalten. Zuletzt hat der einzige Windows-Computer in der Log-Datei (die anderen manuellen Anfragen stammen von einem Android-Smartphone) ein Kontaktformular via POST übermittelt. Die übermittelten Daten speichert der Server dabei nicht in der Log-Datei – es ist aber aufgrund der Statusmeldung in dieser Zeile (200) davon auszugehen, dass der Server diese dennoch korrekt verarbeitet hat.

Dieser Einblick zeigt, dass Webseitenbetreibende für Tracking-Daten nichts weiter tun müssen, als Log-Dateien auszuwerten. Dabei müssen die zahlreichen einzelnen Aufrufe von HTML-Datei, Stylesheet und JavaScript zwar zu gemeinsamen Seitenaufrufen zusammengefasst werden, doch der Informationsgehalt ist dennoch sehr umfangreich und erlaubt neben der Auswertung einzelner Seiten beispielsweise auch die Analyse von Link-Pfaden, also welche Seiten nach welchen anderen Seiten aufgerufen wurden. Einem sehr ähnlichen Prinzip von Tracking-Daten folgen auch Analyseprogramme für Webseitenbesuche, wie Chartbeat, Google Analytics oder Matomo/Piwik. Personenbezogene Merkmale fehlen dabei, sodass diese Analyseprogramme soziodemografische Merkmale üblicherweise modellieren.

Außenstehende wie die akademische Forschung haben auf diese Log-Dateien und den daraus hervorgehenden Tracking-Daten in aller Regel aber keinen direkten Zugriff. Entsprechende Studien, die auf eine Zusammenarbeit mit Webseitenbetreibenden aufbauen, sind äußerst selten.[11] Aus heutiger ethischer Perspektive ist diese Umsetzung auf Seiten der Webseitenbetreibenden zudem mindestens als schwierig zu beurteilen: Denn obschon die protokollierten Zugriffe keine personenbezogenen Merkmale enthalten, erfolgen die Erfassung und eine eventuelle weitere Verarbeitung ohne das Wissen der beobachteten Nutzenden.

6.3.4 Umsetzung während der Nutzung

Im Gegensatz dazu willigen Nutzende bei der zweiten Form der Beobachtung aktiv in die Datenerhebung ein. Denn das Sammeln von Tracking-Daten während der Nutzung erfolgt in der Regel durch Panel-Anbieter. Solche Panel-Anbieter agieren als Meinungsforschungsinstitute und laden regelmäßig Menschen dazu ein, an Markt- und Meinungsforschung teilzunehmen (häufig gegen eine gewisse Aufwandsentschädigung). Diese Einladungen folgen bestimmten Quoten, sodass die Panel-Anbieter ständig imstande sind, auf eine lange Liste an grundsätzlich teilnahmebereiten Teilnehmenden zugreifen und daraus bevölkerungsrepräsentative Stichproben ziehen zu können.

Die Pflege eines solchen Panels ist dabei sehr aufwändig, zumal nicht immer alle Teilnehmenden Zeit oder Lust für die Teilnahme an einer Studie haben. Hinzu kommt, dass für die hier diskutierten Tracking-Daten Panel-Teilnehmende davon überzeugt werden müs-

---

[10] So werden Web Scraper von Suchmaschinen genannt, die sich durch das Internet wühlen.

[11] Eine Ausnahme in Kooperation mit der Süddeutschen Zeitung beschreibt Seibold (2002a).

sen, ihre Online-Mediennutzung über einen längeren Zeitraum offenzulegen. Das passiert in der Regel über speziell entwickelte Browser, Browser-Plugins oder über zwischengeschaltete Proxy-Server.[12] Panel-Teilnehmende installieren also entsprechende Software, idealerweise auf allen verfügbaren Endgeräten wie Privat- und Arbeitscomputer, Tablet und Smartphone.

Die so entstehenden Daten erlauben viele Einblicke in die Online-Mediennutzung, die etwa Seitenaufrufe, zugehörige Zeitstempel und eine Zuordnung zu spezifischen Endgeräten umfassen. Eine entsprechende Pseudonymisierung der Daten übernimmt meist bereits der Panel-Anbieter. Hinzu kommt, dass die so erhobenen Tracking-Daten um Befragungsdaten ergänzt werden können – die Meinungsforschungsinstitute sind ja mit ihren Teilnehmenden regelmäßig in Kontakt.

So viel Komfort aus Sicht von Forschenden hat ihren Preis: Anbieter verlangen in der Regel fünfstellige Beträge, wenn die geforderte Stichprobe bevölkerungsrepräsentativen Maßstäben genügen soll. Im Gegenzug erhalten Forschende auch ohne größere technologische Kenntnisse sehr aussagekräftige Tracking-Daten.

6.3.5   Umsetzung bei Nutzenden

Eine Alternative zu den kostspieligen Panel-Anbietern, die Web Tracking unmittelbar während der Nutzung erfassen, ist die eigene Umsetzung bei Nutzenden. Dafür setzten Forschende in der Vergangenheit immer wieder auf eigens entwickelte Browser-Plugins. Diese Plugins können direkt bei Nutzenden auf die Mediennutzung reagieren und beispielsweise nur jene Seiten erfassen, die auf einer zuvor definierten Whitelist stehen. So lässt sich die Sammlung von Daten bereits bei der Datenerhebung minimieren und muss nicht erst nachträglich reduziert werden. Ein weiterer Vorteil der entwickelten Plugins ist die Möglichkeit des genauen Zuschnitts auf die Anforderungen eines Forschungsprojekts. So ist ein Browser-Plugin imstande, auch die Visualisierung einer Webseite, das Scroll-Verhalten oder andere Interaktionen der Nutzenden mit zu erfassen.

Zu den großen Nachteilen von Browser-Plugins und der Umsetzung von Web Tracking bei Nutzenden gehört die Abhängigkeit vom Endgerät. Browser-Plugins sind nach heutigem Stand vor allem für Desktop-Computer und Notebooks einsetzbar, für Smartphones sind sie nicht geeignet. Und auch die Messung über mehrere Desktop-Computer und Notebooks hinweg, etwa für den Einbezug von Privat- und Arbeitsrechnern, ist mit großem Aufwand verbunden. Hinzu kommt, dass Browser-Plugins keine normierten Standard-Anwendungen darstellen, sondern den Angeboten und Anforderungen der jeweiligen

---

[12] Als Proxy-Server bezeichnet man einen Computer, über den Teile oder die gesamte Internetnutzung umgeleitet wird. Seitenaufrufe gehen also erst zum Proxy-Server, bevor sie an die eigentlich aufgerufene Seite weitergeleitet werden – und auch die aufgerufene Seite liefert ihre Daten erst an den Proxy-Server, der die Daten dann erst an den eigentlichen Client zurückschickt. Panel-Anbieter haben so großen Einblick in das Mediennutzungsverhalten.

Browser unterliegen. So haben sich zum Beispiel die Hersteller von Chrome (Google), Firefox (Mozilla) und Opera (Opera) auf De-facto-Standards für die Entwicklung von Browser-Plugins geeinigt. Doch um Nutzende von Edge (Microsoft) oder Safari (Apple) ebenfalls berücksichtigen zu können, ist die mehrfache Entwicklung des Browser-Plugins für die jeweiligen Browser notwendig.

6.4 Datenspenden

Ähnlich wie das Web Tracking bieten sich auch Datenspenden vor allem zur Beobachtung von Nutzenden an. Unter Datenspenden versteht man in aller Regel Tracking-Daten, die von Webseitenbetreibenden selbst gesammelt, von Nutzenden anschließend erfragt und schließlich der Forschung zur Verfügung gestellt („gespendet") werden. Inhaltlich liegen Datenspenden also Primärdaten zugrunde, die Webseitenbetreibende ihren Nutzenden zum Download anbieten.

Insofern stellen auch Datenspenden Fremdbeobachtungen im Feld dar, die automatisiert und im Hintergrund erfolgen. Dabei handelt es sich um nicht-teilnehmende Beobachtungen, denn Forschende kommen erst zu einem späteren Zeitpunkt ins Spiel – dann nämlich, wenn Nutzende diese Daten erhalten und an Forschende übergeben. Während die Beobachtung selbst also nur erahnbar ist, erfolgt die Datenspende selbst wissentlich.

Die anfallenden Beobachtungsdaten sind dabei sehr unterschiedlich und hängen vom jeweiligen Webseitenbetreibenden ab. In der Regel handelt es sich um Aktivitätsprotokolle, die mindestens mit Zeitstempel und Tätigkeit versehen sind. Stammen die Daten also von Instagram, so sind beispielsweise in den Post-Daten alle getätigten Posts, in den Story-Daten alle veröffentlichten Stories und in den Follow-Daten alle gefolgten Profil-Handles mitsamt dem Startzeitpunkt des Folgens vermerkt. Auch Datenspenden sind also nicht selten als Zeitreihendaten zu interpretieren.

6.4.1 Rechtliche Grundlagen

Datenspenden haben ihren Ursprung in der Datenschutzgrundverordnung und damit der Gesetzgebung der EU. Denn in der Datenschutzgrundverordnung ist ein Auskunftsrecht vorgesehen (DSGVO, Art. 15, § 1), das es betroffenen Personen ermöglicht, detaillierte Informationen über die über sie gespeicherten personenbezogenen Daten, ihre Herkunft und ihre Verarbeitungszwecke zu erhalten. Davon betroffen sind alle, über die personenbezogene Daten gespeichert sind.

Im Umkehrschluss sind entsprechende Daten-Verantwortliche – beispielsweise soziale Netzwerkseiten oder Anbieter von persönlichen Audio-Assistenzsystemen – dazu verpflichtet, eine Möglichkeit zur Verfügung zu stellen, um von diesem Auskunftsrecht Gebrauch zu machen. In vielen Fällen finden sich deshalb Funktionen auf den Webseiten, über die Personen Anfragen stellen können, die dann automatisiert abgearbeitet werden und wenige Minuten oder Stunden später als Daten-Download zur Verfügung stehen. Diese auch als „data download package" (kurz: DDP) bezeichneten Daten-Downloads sind es schließlich, die im Rahmen von Datenspenden an Forschende übergeben werden können.

Datenspenden stehen also auf rechtlich sehr stabilen Beinen, zumindest innerhalb der Europäischen Union. Da die eigentliche Datenerhebung bereits erfolgt ist und die rechtliche Grundlage klarstellt, dass es sich hierbei um personenbezogene Daten handelt, sind darüber hinaus die Eigentumsverhältnisse eindeutig.

Für Forschende bedeutet das, dass es bei Datenspenden um sehr sensible und durch den Gesetzgeber klar geschützte Daten geht. Teilnehmende sind also umfassend darüber zu informieren, um welche Daten es sich handelt und zu welchen Zwecken diese verarbeitet werden. Die DDPs sollen außerdem nicht in Gänze genutzt werden, sondern es sollen sorgfältig und sparsam nur jene Daten daraus extrahiert werden, die auch der Beantwortung der Forschungsfrage dienen. Es ist außerdem darauf zu achten, dass die Daten mindestens pseudonymisiert sowie technologisch angemessen geschützt sind und auf geschützter Infrastruktur verbleiben.

6.4.2 Ethische Prinzipien

Denn aus ethischer Perspektive handelt es sich bei Datenspenden um äußerst persönliche Daten. Datenspenden stellen dabei reine Primärdaten dar und sind umso sensibler, verglichen etwa mit Tracking-Daten, für die in der Regel bereits Schritte der Pseudonymisierung unternommen wurden. Von Primärdaten spricht man, wenn sich Daten im Originalzustand der Datenerhebung befinden; im Gegensatz dazu beschreiben Sekundärdaten Daten, die bereits verarbeitet, beispielsweise aggregiert, wurden. In Datenspenden enthalten sind also möglicherweise alle jemals eingeloggt getätigten Suchbegriffe, alle jemals gefolgten Social-Media-Profile oder alle jemals aufgezeichneten Anweisungen an Audio-Assistenzsysteme.

Die Tragweite solcher Daten ist dabei nicht zuletzt den Teilnehmenden klar zu vermitteln. Verstehen wir Menschen ethisch korrekt als im Mittelpunkt der akademischen Forschung stehend, so gehört in jede Datenspende-Studie eine umfangreiche und unaufgeforderte Erklärung darüber, was genau in den Daten steckt, wem sie zugänglich gemacht werden und welche Aspekte daraus für die Beantwortung welcher Forschungsfrage extrahiert werden. Ein deskriptiver statistischer Einblick in die gespendeten Daten kann dabei außerdem ein interessanter Mehrwert für die Teilnehmenden sein, an einer entsprechenden Studie teilzunehmen.

Zu den weiteren ethischen Prinzipien zählt die Berücksichtigung von Dritten, die unwissentlich in den Daten enthalten sind. Darunter fallen in Posts genannte Personen oder in Follower-/Follow-Listen enthaltene Handles. Sie gilt es bereits bei der Datenspende, also noch vor der eigentlichen Speicherung der Daten, herauszufiltern und/oder zu pseudonymisieren, denn von ihnen liegt uns kein informiertes Einverständnis zur Datenver-arbeitung vor.

Darüber hinaus weisen die in Datenspenden enthaltenen Daten üblicherweise eine sehr hohe Datenqualität auf. Das liegt nicht zuletzt an der gesetzlichen Verpflichtung der Web-seitenbetreiber, die Daten vollständig und sachrichtig zur Verfügung zu stellen. Sie um-fassen also alle entsprechenden Aktivitäten und alle genutzten Endgeräte, sind ordentlich aufbereitet und maschinenlesbar verarbeitbar.

6.4.3 Umsetzung

Die technische Umsetzung von Datenspenden muss zu großen Teilen bei Studientteil-nehmenden stattfinden. Sie (1) müssen von ihrem Auskunftsrecht gegenüber Webseiten-betreibenden Gebrauch machen, (2) erhalten anschließend in der Regel eine E-Mail, wenn die Daten verfügbar sind, (3) müssen die Daten-Pakete (DDPs) herunterladen und (4) schließlich die DDPs wiederum der Wissenschaft „spenden", also meist auf einer Web-seite der Forschenden wieder hochladen.

Das erfordert sehr genaue Instruktionen und eine zumindest grundlegende Versiertheit im Umgang mit dem Computer seitens der Teilnehmenden. Hinzu kommt, dass DDPs sehr groß sein können, etwa wenn Audio-Dateien darin enthalten sind, wie das bei Audio-Assistenzsystemen der Fall ist. Download (von Webseitenbetreibenden) und Upload (bei Forschenden) benötigen also zudem eine angemessene Internetgeschwindigkeit.

In der Vergangenheit wurden Teilnehmende dafür mithilfe von ausführlichen Text- und Video-Anleitungen aus der Ferne instruiert. Eine Sammlung dieser Anleitungen je Web-seitenbetreiber inklusive einer passenden Web-Oberfläche, über die Forschende die Datenspende-Uploads verwalten können, stellen zum Beispiel Forschende aus Amsterdam zur freien Verfügung (Araujo et al. 2022). Alternativ bietet sich eine direkte Unterstützung vor Ort an, etwa indem Teilenehmende ins Labor eingeladen werden oder indem For-schende die Teilnehmenden aufsuchen und beraten. In solchen Situationen können DDPs auch über andere Datenträger als über einen Upload übermittelt werden.

In beiden Fällen ist aber Vorsicht geboten. Denn die Teilnahme an Datenspende-Studien ist für Teilnehmende nicht nur mit Aufwand, sondern auch mit einer großen Menge nötiger Motivation verbunden. Das bedeutet einerseits, dass gute Anreize zur Teilnahme nötig sind (engl. incentives), die beispielsweise in Form von individuellen Datenauswertungen, persönlichen Anleitungen zur Absicherung eigener Daten oder verlosten Gutscheinen ge-schaffen werden können. Es bedeutet andererseits aber auch, dass selbst bei großer Moti-vation die Stichprobe erreichter Teilnehmender verzerrt sein kann – zugunsten jüngerer oder technologisch versierter Menschen.

Nach der eigentlichen Datenspende liegen DDPs in unterschiedlichen Formaten vor. Meist handelt es sich um ZIP-Dateien, in denen sich unterschiedliche Ordner und Dateien zu den unterschiedlichen Aktivitäten befinden, zum Beispiel zu getätigten Likes oder ver-öffentlichten Posts. Häufig folgen diese Dateien einem HTML-Format, um einerseits elektronisch verarbeitbar zu sein (das ist die gesetzliche Vorgabe) und andererseits auch Menschen ohne technologischen Hintergrund zu ermöglichen, die Aktivitätsprotokolle mit einem gängigen Browser zu inspizieren. Diese Daten lassen sich dann wie beim Web Scraping als DOM-Baum interpretieren und mithilfe von XPATH, CSS-Selektor oder anderen Wegbeschreibungen durchsuchen.

6.5   Zwischenfazit und Literaturhinweise

Fremde Daten zu sammeln ist im Rahmen der Datenerhebung der CCS Alltag. Die in diesem Kapitel vorgestellten vier Verfahren – Web Scraping, agentenbasierte Tests, Web Tracking und Datenspenden – bilden neben den bereits kennengelernten APIs den methodischen Kanon der Disziplin. Alle vier Verfahren ermöglichen die Erhebung von Daten für Inhaltsanalysen und Beobachtungen. Insbesondere Web Tracking und Datenspenden sind häufig auch dazu geeignet, an Befragungen anzukoppeln, um die Beobachtungsdaten beispielsweise um soziodemografische Angaben oder Meinungen zu erweitern.

Allen vier Datenerhebungsverfahren ist dabei gemein, dass es sich um Daten von anderen handelt. Entsprechend wichtig ist die rechtliche Betrachtung. Die ist häufig klarer geregelt, als gemeinhin vermutet – zumindest innerhalb der Europäischen Union. Die Rechtslage ist aber kein einmalig definierter Zustand, sondern wird ständig weiterentwickelt. Die hier diskutierten Grundlagen sind entsprechend immer unter Berücksichtigung aktueller(er) Vorgaben zu verstehen.

Neben den rechtlichen Grundlagen sind auch ethische Aspekte bei den vorgestellten Datenerhebungsverfahren von großer Wichtigkeit. Nicht zuletzt, wenn es um personenbezogene Daten geht, zeichnet sich das hier primär diskutierte europäische Verständnis von Forschungsethik dadurch aus, dass Menschen und ihre Daten im Mittelpunkt jeglicher Argumentation stehen sollen. An ihnen müssen sich Datenschutz- und Sicherheitsmaßnahmen sowie Datensparsamkeits- und Risikoabwägungen messen lassen.

Übungen
Gerade Web Scraping und agentenbasierte Tests können Sie von jedem Computer aus durchführen und probieren. Auch mit Datenspenden können Sie sich auseinandersetzen, indem Sie Ihre eigenen Daten von einem der vielen Datenverarbeiter beantragen. Dafür passende Anleitungen und Hilfestellungen wie auch jede Menge Übungsaufgaben und Links zu anderen Materialien finden Sie in den Online-Begleitmaterialien zu diesem Lehrbuch bei GitHub: https://datenfruehstueck.github.io/ccs/

Literaturhinweise

- Araujo, T., Ausloos, J., van Atteveldt, W., Loecherbach, F., Moeller, J., Ohme, J., Trilling, D., Velde, B. van de, de Vreese, C., & Welbers, K. (2022). OSD2F: An open-source data donation framework. *Computational Communication Research, 4*(2), 372–387. https://doi.org/10.5117/ccr2022.2.001.arau
- Christner, C., Urman, A., Adam, S., & Maier, M. (2021). Automated tracking approaches for studying online media use: A critical review and recommendations. *Communication Methods and Measures, 16*(2), 79–95. https://doi.org/10.1080/1931245 8.2021.1907841
- Gehrau, V. (2017). *Die Beobachtung als Methode in der Kommunikations- und Medienwissenschaft* (2. Auflage). UTB.
- Haim, M. (2020). Agent-based testing: An automated approach toward artificial reactions to human behavior. *Journalism Studies, 21*(7), 895–911. https://doi.org/10.108 0/1461670X.2019.1702892
- Possler, D., Bruns, S., & Niemann-Lenz, J. (2019). Data is the new oil – But how do we drill it? Pathways to access and acquire large data sets in communication science. *International Journal of Communication, 13*, 3894–3911. https://ijoc.org/index.php/ijoc/article/view/10737

Viele Forschungsvorhaben in der CCS leben davon, dass an zahlreichen Stellen neuartige Daten anfallen oder gesammelt werden. In solchen Fällen können wir auf entsprechende Daten von anderen zugreifen oder fremde Daten mit vertretbarem Aufwand sammeln. Doch auch, wenn wir über keine passenden Daten verfügen, haben dank der rasanten Entwicklung informatischer Ressourcen Verfahren in die CCS Einzug gehalten, die es erlauben, computergestützt eigene Daten zur Bearbeitung zahlreicher Forschungsfragen zu generieren.

Denn nicht immer liegen für unsere Forschungsfragen passende Daten vor. So können Erhebungsprobleme zu größeren Lücken in den Daten führen. In solchen Fällen lassen sich fehlende Werte eventuell aus bestehenden Daten imputieren, also durch statistische Verfahren ergänzen. Denkbar ist auch, dass wir partout keine Daten von anderen, die die passenden Daten eigentlich hätten, bekommen – vielleicht, weil wirtschaftliche oder politische Gründe dagegensprechen. Können wir dennoch bereits auf Grundwissen im Rahmen der untersuchten Forschungsfragen zurückgreifen, lassen sich solche Fragen eventuell mit systematisch generierten Zufallsdaten in großen Mengen simulieren.

Auch aus rechtlicher, ethischer oder statistischer Perspektive kann es sinnvoll sein, eigene Daten zu generieren. Aus rechtlicher Perspektive zum Beispiel dann, wenn die eigentlichen Daten zwar vorliegen, aber so sensibel und personenbezogen sind, dass wir einen baugleichen, aber fiktiven Datensatz zum Schutz der Privatsphäre bevorzugen, den wir später auch veröffentlichen können. Aus ethischer Perspektive ergibt es möglicherweise Sinn, eigene Daten zu generieren, um damit Zusammenhänge in einer geschützten Umgebung und ohne Einbezug von menschlichen Teilnehmenden zu untersuchen. Aus

M. Haim, *Computational Communication Science*, Studienbücher zur Kommunikations- und Medienwissenschaft, https://doi.org/10.1007/978-3-658-40171-9_7

statistischer Perspektive kommt es gerade in der CCS immer wieder vor, dass wir zu wenig über Grundgesamtheiten wissen, sodass das Generieren eigener Daten dem Schätzen von Fehlern, zum Beispiel bei der Stichprobenziehung, dienen kann.

Es gibt neben den genannten noch zahlreiche weitere Gründe und Anwendungsfälle, die für das Generieren eigener Daten sprechen. Mindestens ebenso vielfältig sind die Verfahren, die sich dafür anbieten. Sie lassen sich im Großen und Ganzen in zwei Gruppen einteilen: Modellierende und simulierende Verfahren.

Bei modellierenden Verfahren wird nach Gemeinsamkeiten in bestehenden Daten gesucht, um ein möglichst passendes (statistisches) Modell zu finden, das diese Gemeinsamkeiten abbildet. Regressionen sind ein typisches Beispiel dafür, bei denen zunächst die Parameter in einer Regressionsanalyse auf Basis bestehender Daten geschätzt werden, die dann auch auf neue Daten anwendbar sind. Am Ende von modellierenden Verfahren steht also ein Modell, das Daten unter Berücksichtigung anderer Daten prognostizieren kann. Modellierenden Verfahren der CCS widmen wir uns insbesondere in den Kapiteln zu maschinellem Lernen.

Bei simulierenden Verfahren steht hingegen die Suche nach ursächlichen Zusammenhängen im Vordergrund, um daraus Wissen zu generieren. Dafür werden nicht unbedingt bestehende Daten benötigt, sondern vor allem bestehendes Wissen: Dieses Wissen speist algorithmische Verfahren, die in zahlreichen Wiederholungen testen, wie sich kleinste Veränderungen in Daten auf die simulierten Zusammenhänge auswirken. Prominente Beispiele lassen sich vor allem zu Beginn der COVID-19-Pandemie ausmachen: Forschende, die auf einiges Wissen über Ansteckungsgefahren und Bewegungsradien von Menschen zurückgreifen konnten, simulierten dabei, wie sich das Virus einerseits unter den Bedingungen einer – zu diesem Zeitpunkt noch hypothetischen – vollständigen Maskenpflicht und andererseits unter den Bedingungen einer Maskenpflicht lediglich in Innenräumen ausbreiten könnte. Am Ende dieser simulierenden Verfahren steht also neues Wissen über den ursächlichen Einfluss unterschiedlicher Ausprägungen einer Maskenpflicht, worauf sich etwa die Politik in ihrer Gesetzgebung stützen kann. Simulierenden Verfahren widmen wir uns nun in diesem Kapitel.

Insbesondere fokussieren wir nach einer anfänglichen Betrachtung der rechtlichen Grundlagen und ethischen Prinzipien auf drei verschiedene Verfahren. Sie stehen exemplarisch für drei verschiedene Informationsarten, die sich simulieren lassen – Werte, Stichproben und Zusammenhänge: (1) Für die Simulation von Werten lernen wir die Monte-Carlo-Simulation kennen, bei der Wissen darüber generiert wird, wie sich unterschiedliche Wertebereiche auf statistische Ergebnisse auswirken. (2) Für die Simulation von Stichproben lernen wir Bootstrapping kennen, das für bestehende Datensätze Wissen über die Stabilität der Ergebnisse in Abhängigkeit der gezogenen Stichprobe generiert. (3) Für die Simulation von Zusammenhängen lernen wir schließlich die agentenbasierte Modellierung kennen, die Wissen über den Einfluss von Prädispositionen auf soziale Gefüge generiert.

7.1   Rechtliche Grundlagen

Die Rechtslage bei der Generierung eigener Daten ist verhältnismäßig einfach. Handelt es sich um gänzlich neu generierte Daten, verfügen die generierenden Forschenden selbst über die entsprechenden Urheberrechte. Kommen hingegen bestehende Daten zum Einsatz, zum Beispiel als Ausgangsdaten beim Bootstrapping, so greifen die bereits bekannten Nutzungsrechte. Das gilt insbesondere, wenn die generierten Daten und Simulationen veröffentlicht werden sollen. Dabei ist die Frage zu klären, ob aus den veröffentlichten Simulationsergebnissen noch auf die Ursprungsdaten geschlossen werden kann. Ist das nicht der Fall, steht aus rechtlicher Perspektive auch einer Veröffentlichung nichts im Weg.

Gerade der Aspekt der Veröffentlichung gewinnt bei der Generierung eigener Daten noch an Bedeutung. Denn bei simulierenden Verfahren sind in der Regel viele Entscheidungen im Entwicklungsprozess zu treffen, für die es nicht immer so klare Vorgaben und Richtlinien gibt, wie es bei anderen Methoden teilweise der Fall ist. Entsprechend wichtig ist die Transparenz über diese Entscheidungen. Eine Offenlegung der genau spezifizierten Modelle und Simulationen wie auch, wenn möglich, der genutzten und generierten Daten, sollte hier Standard sein. Mehr noch: Idealerweise erhalten veröffentlichte Modelle, Simulationen und Daten Lizenzen, die die weitere Verarbeitung, Beforschung und Offenlegung ermöglichen.

7.2   Ethische Prinzipien (und CCS-Ressourcenverbrauch)

Gerade bei modellierenden Verfahren gilt es, zahlreiche ethische Prinzipien näher zu betrachten – etwa bei Aspekten der Diskriminierungsfreiheit, der algorithmischen Verzerrung, der probabilistischen und damit fehlerbehafteten Zuschreibung sowie der mitunter fehlenden Transparenz. Diesen Aspekten widmen wir uns ausführlich in den Kapiteln zu maschinellem Lernen (Kap. 10 und 11).

Hier nun, bei den simulierenden Verfahren, handelt es sich in aller Regel um Verfahren, die vor allem künstliche neue Daten generieren. Sie fallen entsprechend weniger in die ethischen Kategorien um menschliche Teilnehmende oder die robuste Anwendung von deren Daten. Stattdessen nutzen wir diese Gelegenheit, um einen bislang in diesem Lehrbuch unterberücksichtigten, global aber immer wichtiger werdenden ethischen Aspekt näher zu beleuchten – den Ressourcenverbrauch der CCS.

Denn Simulationen – wie auch Verfahren des maschinellen Lernens – basieren zu großen Teilen darauf, in sehr vielen Durchläufen (sogenannten Iterationen) sehr viele Szenarien durchzurechnen und miteinander zu vergleichen. Nicht selten geht die Anzahl benötigter Durchläufe in die Zehntausende. Und jeder einzelne Durchlauf umfasst selbst Abertausende von kleinen Rechenschritten, aus informatischer Perspektive also Abertausende von elektrischen Schaltvorgängen.

So viel Rechenleistung benötigt entsprechend viel Energie in Form von Strom. Energie, die irgendwie gewonnen und transportiert werden muss. Einige Anbieter, die sich auf die Vermietung von Rechenleistung spezialisiert haben, werben in diesem Zusammenhang damit, ausschließlich Energie aus erneuerbaren Quellen für die Stromzufuhr ihrer Server zu nutzen. Doch selbst wenn die Rechner ausschließlich aus regenerativen Quellen gespeist werden, ist aus dieser ethischen Perspektive grundsätzlich zu prüfen, welche Simulationen in welchem Umfang notwendig sind. Denn bei aller Diskussion um Nachhaltigkeit und erneuerbare Energie ist eine Verkleinerung des CO_2-Fußabdrucks insbesondere durch eine Verringerung des generellen Energieverbrauchs erreichbar.

Das liegt auch daran, dass der Energiebedarf der CCS nicht nur den reinen Strombedarf der Rechner umfasst. So produzieren Rechner im laufenden Betrieb auch Wärme. Das fällt beispielsweise beim Smartphone auf, wenn viele Videos konsumiert oder Spiele gespielt werden. Bei großen Servern, die weit mehr Rechenleistung als ein Smartphone erbringen, ist diese Wärmeproduktion selbstverständlich noch gravierender – und sie löst einen Spiralprozess aus: Heiß gelaufene Rechner sind weniger effizient und müssen mehr als gekühlte Rechner arbeiten, um zum gleichen Ergebnis zu kommen. Die warme Abluft der Rechner sorgt dafür, dass die immer wärmere Raumluft immer weniger neue Wärme aufnehmen und abführen kann und entsprechend immer weniger warme Rechner abzukühlen imstande ist. Die Rechner werden also immer wärmer und dadurch immer noch weiter in ihrer Leistung eingeschränkt, was sie nur noch mehr Wärme produzieren lässt. So steigt außerdem die Wahrscheinlichkeit für Defekte und Ausfälle. Server müssen also aktiv und dauerhaft gekühlt werden. Die ideale Temperatur hängt dabei etwas von den Servern und auch der Luftfeuchtigkeit ab, angepeilt werden in der Regel aber Raumtemperaturen zwischen 18 und 25 Grad Celsius. Dafür braucht es Klimaanlagen, nicht selten kommen Wasserkühlungen zum Einsatz.

Gerade bei großen Anbietern, die Rechenleistung in globalem Maßstab vermieten, ist der Kühlungsbedarf deshalb immens. Bekannte Firmen wie Amazon, Apple, Google oder Microsoft, aber auch in Europa deutlich weniger bekannte Firmen wie China Mobile (ehemals China Telecom), Equinix oder Yotta betreiben Rechenzentren mit mehreren zehntausend Servern pro Standort. Bei so viel Rechenleistung orientiert sich die Wahl des Standorts deshalb nicht nur danach, wo die Internetanbindung möglichst schnell ist, sondern auch danach, wo die Kühlversorgung möglichst kostengünstig gewährleistet werden kann. International bieten sich dafür beispielsweise kühlere Länder, Inseln, Gegenden mit viel Grundwasser oder nicht selten auch ehemalige Bunker-Anlagen an. Es bedarf wenig kreativer Vorstellungskraft, um darin auch Konfliktpotenzial mit der lokalen Bevölkerung zu sehen.

Der große Wasserbedarf fällt darüber hinaus nicht nur bei der Kühlung im laufenden Betrieb, sondern auch bereits früher an. Denn die Unmengen an Transistoren und Prozessoren, aber auch an Kabeln, Netzteilen und Akkumulatoren, haben sowohl den globalen Bedarf nach Wasser als auch nach anderen Rohstoffen stark verändert: So spielen heute für die Herstellung der genannten Komponenten insbesondere Cobalt, Kupfer, Lithium und Silizium eine große Rolle. Diese Metalle müssen vermehrt unter hohem Energieeinsatz gewonnen werden. Cobalt und Kupfer, die für Kabel und Batterien benötigt werden, stammen zu großen Teilen aus dem Kongo, aus Chile, Sambia, Peru oder aus China, wo sie in Minen zunächst abgebaut und dann in großen Schmelztiegeln und nicht selten unter schlechten Arbeitsbedingungen bearbeitet werden. Das global deutlich weiter verbreitete Silizium hingegen, das vor allem bei Transistoren und damit bei Prozessoren und Speichereinheiten Einsatz findet, benötigt für die Herstellung sogenannte Reinräume. Darin wird das Metall möglichst ohne Kontakt mit anderen Partikeln mit großen und kontrollierten Temperaturschwankungen bearbeitet. Gerade der Betrieb solcher Reinräume benötigt entsprechend viele Ressourcen. Auf die Herstellung von hochreinem Silizium haben sich vor allem China und die USA (nicht zuletzt daher kommt der Begriff des „Silicon Valley") spezialisiert. Besonders im Fokus globaler Ressourcendebatten steht Lithium, ein eher seltenes Element, das insbesondere in Trinkwasser vorkommt. Zu den größten Produzenten von Lithium gehören die südamerikanischen Länder Chile, Bolivien und Argentinien. Die Gewinnung sieht in der Regel das Freilegen großer Grundwassersalzseen vor, die dann durch direkte Sonneneinstrahlung verdunsten. Zurück bleiben kleine Mengen Lithium, was vor allem für Akkumulatoren, also Batterien in Smartphones, Notebooks oder Elektro-Autos, benötigt wird. Auch hier liegt das Konfliktpotenzial, etwa mit der indigenen Bevölkerung, die auf das Trinkwasser angewiesen ist, nahe.

Vor diesem Hintergrund entzündet sich aus dem Ressourcenverbrauch der Digitalisierung immer mehr auch ein geopolitischer Konflikt. Welche Länder welchen Zugriff auf welche Rohstoffe haben, beeinflusst immer mehr auch deren Potenzial, die globale Digitalisierung maßgeblich zu gestalten. Für die Forschung und hier insbesondere für die CCS ergibt sich daraus zunächst der Anspruch, ein Bewusstsein dafür zu entwickeln. Darüber hinaus entsteht der Anspruch, rechenintensive Verfahren zu optimieren, Forschungssoftware effizient zu gestalten und den Einsatz von Modellierungen und Simulationen auf das Notwendigste zu beschränken. Ferner ist der Einsatz regenerativer Energien ebenso wünschenswert wie das politische wie wirtschaftliche Dringen auf faire Arbeits- und Produktionsbedingungen entlang des gesamten Wertschöpfungsprozesses, der die CCS erst ermöglicht.

7.3 Monte-Carlo-Simulation

Im Rahmen der simulierenden Verfahren für die CCS steht die Monte-Carlo-Simulation exemplarisch für die Generierung von Werten. Dabei sind wir stets auf der Suche nach Wissen darüber, wie sich unterschiedliche Wertebereiche auf statistische Ergebnisse auswirken. Mithilfe des Computers erzeugen wir für ein numerisches Problem also sehr viele zufällige Lösungen, um schließlich auf Basis der Wahrscheinlichkeitstheorie Schlüsse daraus ableiten zu können.

Das klingt komplizierter als es ist. Bedienen wir uns deshalb eines einfachen Beispiels: Wir betreiben seit kurzer Zeit ein Café, in dem wir uns neben Getränken auf Cannelés de Bordeaux spezialisiert haben – dieser außen karamellisierten und innen sehr fluffigen und mit Rum und Vanille ausgestatteten Pâtisserie. Das Geschäft brummt, doch die Cannelés sind sehr zeitraubend in der Herstellung, sodass wir einen zusätzlichen Ruhetag einführen wollen. Idealerweise einen, an dem der Umsatz niedriger als an anderen Tagen sein wird. Doch uns fehlen Erfahrungswerte und der Umsatz hängt von vielen Faktoren ab, nicht zuletzt vom Wetter.

Hier kommt nun die Monte-Carlo-Simulation (auch: MC-Simulation) ins Spiel: Wir simulieren mithilfe des Computers einhunderttausend Tage, für die wir mit einer gewissen Zufälligkeit den bisherigen durchschnittlichen Umsatz berücksichtigen und gleichzeitig mit einer gewissen Zufälligkeit das Wetter gemäß den Erfahrungswerten des Deutschen Wetterdiensts variieren. Der Computer erfindet also zunächst einen frühlingshaft sonnigen Montag. An Montagen haben wir in der Vergangenheit im Mittel $M = 1823$ € ($SD = 613$) umgesetzt, was der Computer in seinen erfundenen Frühlings-Montag einbezieht und deshalb davon ausgeht, dass wir an diesem Tag 1682 € an Umsatz erwirtschaften. Dieses Spiel wiederholen wir dann für einen Dienstag, an dem wir in der Vergangenheit etwas mehr als an Montagen verdient haben. Allerdings war über die vergangenen Jahre gesehen das Wetter an Dienstagen im Mittel etwas schlechter als an Montagen, sodass der Computer unseren ersten erfundenen Dienstag als regnerisch und mit einem Umsatz von 1730 € verbucht. Nachdem der Computer dieses Vorgehen fortgesetzt hat, bis wir einhunderttausend Tage, die der Realität nachempfunden sind, erfunden haben, können wir mit diesen Werten in die Datenauswertung einsteigen. Die Datenauswertung fußt dabei also auf simulierten Werten, die aber gewissen mathematischen Regeln folgen, auf die wir gleich nochmals zu sprechen kommen. Diese Regeln, auf die wir uns hier implizit stützen, sind es, die aus unserem vermeintlichen Zufallsspiel eine solide statistische Basis machen.[1] Für unser Cannelés-Café stellen wir in den simulierten Daten fest, dass das Wetter einen besseren Prädiktor für unseren Umsatz darstellt als der Wochentag. Wir beschließen deshalb, im Sommer und Herbst auf längere Öffnungszeiten zu setzen, die wir im Winter und Frühling durch mehr Ruhetage kompensieren.

Schauen wir uns noch ein Beispiel an, dieses Mal aus der Kommunikationswissenschaft: Wir haben die Vermutung, dass es Länder gibt, die mithilfe von Influencer:innen systematisch an ihrem positiven Ruf arbeiten. Konkret gehen wir davon aus, dass Dubai so an seinem Image arbeitet und mehr als andere Länder Gegenstand positiver Beiträge zahlreicher Influencer:innen ist. Um das zu untersuchen, streben wir eine Inhaltsanalyse von YouTube-Videos an, mit der wir feststellen wollen, wie häufig unkritisch-positiv über Dubai berichtet wird. Das ist allerdings sehr aufwändig, denn zum einen müssen sehr viele Videos codiert und zum anderen muss beurteilt werden, ob eine Berichterstattung noch neutral oder doch bereits unkritisch-positiv ist. Deshalb teilen wir die Arbeit auf drei Codierende auf. Um sicherzustellen, dass die drei Codierenden dasselbe

---

[1] Nicht zuletzt aufgrund dieser Kombination aus Zufall und solider statistischer Basis ist die MC-Simulation mit Monte Carlo nach jener Stadt benannt, die vor allem durch ihre hohe Dichte an Casinos bekannt ist.

Verständnis von unkritisch-positiver Berichterstattung haben, sollen sie zunächst unabhängig voneinander einige identische Videos codieren, damit wir ihre Intercoderreliabilität bestimmen können.

Hier kommt nun wieder die Monte-Carlo-Simulation ins Spiel. Denn wir verfügen über keinerlei Vorannahmen über das Ausmaß unkritisch-positiver Dubai-Berichterstattung und wissen überhaupt nicht, wie viele Videos uns zuverlässige Intercoderreliabilitäten der drei Codierenden liefern könnten. Einmal angenommen, das Phänomen unkritisch-positiver Dubai-Berichterstattung ist weit verbreitet, dann genügt bereits eine Stichprobe von 30 Videos. Darin stecken wahrscheinlich mehrere entsprechende Dubai-Videos und die errechnete Übereinstimmung der Codierenden sagt viel darüber aus, ob diese imstande sind, unkritisch-positive Berichterstattung zu identifizieren. Aber angenommen, das Phänomen unkritisch-positiver Dubai-Berichterstattung ist äußerst selten, dann findet sich in der Stichprobe von 30 Videos vielleicht nur ein entsprechend unkritisch-positives Video; die Intercoderreliabilität bei 29 Nicht-Dubai-Videos wäre aber dennoch sehr hoch, denn die Codierenden sind sich ja in 29 (nicht-relevanten) Fällen sehr einig. In diesem Fall sagt die Intercoderreliabilität nichts darüber aus, ob die Codierenden unkritisch-positive Dubai-Berichterstattung korrekt identifizieren.

Mithilfe der Monte-Carlo-Simulation können wir unseren Codierprozess im Vorfeld simulieren und Richtwerte für die Größe der benötigten Stichprobe der Berechnung der Intercoderreliabilität ableiten. Dafür soll der Computer ein Szenario erfinden, in dem das Phänomen unkritisch-positiver Dubai-Berichterstattung sehr gängig ist, und darin drei erfundene Codierende mit einer gewissen Fehlerquote fiktive Videos codieren lassen, bevor wir ihre Intercoderreliabilität berechnen. Das Ergebnis protokollieren wir und generieren ein neues Szenario, dieses Mal mit sehr seltener unkritisch-positiver Dubai-Berichterstattung. Abermals berechnen wir die Intercoderreliabilität und protokollieren das Ergebnis. Nach einigen weiteren Durchläufen zeichnen sich Muster in unseren Daten ab, die uns aufzeigen, worauf wir achten müssen, um mit einer passenden Stichprobengröße keine fehlgeleiteten Schlüsse zu ziehen. Welche Muster das sind, schauen wir uns gleich im Kapitel der Simulation (Abschn. 7.3.2) genauer an.

7.3.1 Zufallszahlen

Zuvor widmen wir uns aber den bereits angesprochenen mathematischen Regeln, auf denen die Monte-Carlo-Simulation fußt und die sie zu einem komplex anmutenden und mächtigen Werkzeug machen, das im Kern auf der umfassenden Generierung von Zufallszahlen basiert.

Als Zufallszahlen versteht man Zahlen, die sich durch nichts vorhersagen lassen, die in der Regel gleichverteilt auftreten und die unabhängig sind von zuvor oder im Anschluss generierten Zufallszahlen. Echte Zufallszahlen sind in der Regel das Ergebnis physikalischer Beobachtungen, etwa eines Münzwurfs, des Werfens eines Würfels oder von radioaktiven Zerfallsprozessen. Niemand kann bei korrekter Durchführung vorhersagen, auf welcher Seite eine Münze landen, welches Ergebnis der Würfelwurf produzieren oder wie ein radioaktives Element im Detail zerfallen wird. Das beobachtete Ergebnis ist reiner Zufall.

Doch es ist mit einigem Aufwand verbunden, echte Zufallszahlen zu generieren. Immerhin muss eine physikalische Apparatur zur Beobachtung betrieben werden. Deshalb behilft man sich in der Regel mit Zufallszahlen, die ein Computer generiert. Allerdings kann ein Computer keinen wirklichen Würfel werfen, sondern nur mithilfe von vorab festgelegten Rechenschritten elektrische Signale verarbeiten. Solche computer-generierten Zufallszahlen sind streng genommen also nicht das Produkt von reinem Zufall, sondern das Ergebnis eines systematisch funktionierenden Generators von Pseudozufallszahlen.[2]

Pseudozufallszahlen sind dabei wie echte Zufallszahlen voneinander im Grunde unabhängig und bei korrekter Implementierung gleichverteilt, weisen also weitestgehend dieselben Eigenschaften auf – sie sind aber nur scheinbar völlig unvorhersehbar. Denn ihre Rechenschritte sind bekannt und bei gleichen Parametern und gleicher Startgröße erzeugen sie auch immer die gleichen Werte. Man kann das mit Auszählreimen aus der Kindheit vergleichen: Wenn Elisa in ihrer Vierergruppe immer links von sich auszuzählen beginnt, wird sie sich mit „eh-ne-meh-ne-muh-und-raus-bist-du" niemals selbst disqualifizieren.

Doch für unsere Zwecke – und insgesamt: für die Stochastik – ist diese Reproduzierbarkeit von Pseudozufallszahlen kein Paradoxon, sondern vielmehr ein Qualitätsmerkmal. Denn nur so können auf Zufall basierende Simulationen überhaupt durchgeführt und gleichzeitig auch geprüft und bis zu einem gewissen Grad systematisch wiederholt werden. Ausschlaggebend dafür ist die Kenntnis der Parameter und der Startgröße. Die Parameter sind in der Regel innerhalb einer Implementierung (z. B. „random" in *Python* oder „runif" in *R*) konstant. Die Startgröße, die auch als „Seed" (Saatgut) bezeichnet wird, ist hingegen frei wählbar und gehört in jedes ordentlich dokumentierte Auswertungsskript, das mit Zufallszahlen arbeitet.

Für die Monte-Carlo-Simulation macht man sich nun noch zwei mathematische Gesetze zunutze – das Gesetz der großen Zahlen und den zentralen Grenzwertsatz.

Das Gesetz der großen Zahlen besagt, dass mit zunehmender Wiederholung von ein und demselben Zufallsexperiment jene Ergebnisse, die eine höhere reale Wahrscheinlichkeit aufweisen, auch häufiger auftreten. Ein Beispiel soll hier Klarheit schaffen: Wir erzeugen mit einem Pseudozufallszahlengenerator einen Wurf eines sechsseitigen Würfels und erhalten als Ergebnis eine „1". Erzeugen wir mit demselben Pseudozufallszahlengenerator neun weitere Würfe, so stehen am Ende vielleicht viermal die „1", dreimal die

---

[2] Ein Beispiel dafür sind lineare Kongruenzgeneratoren, die, von einer Startgröße ausgehend, mit der vorherigen Pseudozufallszahl multiplizieren und mit vorab festgelegten Parametern addieren und dividieren, um schließlich den Rest einer ganzzahligen Division als Zufallsergebnis auszugeben. Startet man also beispielsweise mit 4, addiert 97 und dividiert durch 7, so erhält man als erste Zufallszahl $1 \times 4 + 97\ mod\ 7 = 3$, als zweite Zufallszahl $2 \times 3 + 97\ mod\ 7 = 5$, als dritte Zufallszahl $3 \times 5 + 97\ mod\ 7 = 0$, als vierte Zufallszahl $4 \times 0 + 97\ mod\ 7 = 6$ und so fort.

„2", zweimal die „3", einmal die „4" und kein einziges Mal die „5" oder die „6". Diese relative Häufigkeit entspricht aber nicht dem, was wir als reale Wahrscheinlichkeit erwarten würden: Denn erwartbar ist, dass jede Seite mit derselben Wahrscheinlichkeit gleich oft, also in einem Sechstel der Fälle – mit einer Wahrscheinlichkeit von 16,7 % – auftritt. Erzeugen wir aber immer mehr Würfelwürfe mit unserem Pseudozufallszahlengenerator, so sehen wir, dass unsere Verteilung mehr und mehr der realen Wahrscheinlichkeit entspricht (Abb. 7.1).

Während sich das Gesetz der großen Zahlen auf die Verteilung einzelner Größen bezieht, formuliert der zentrale Grenzwertsatz eine kombinierte Anpassung mehrerer realer Größen. Denn wenn mehrere voneinander unabhängige und reale Größen miteinander kombiniert – also zum Beispiel addiert oder ihre Mittelwerte gebildet – werden, so besagt der zentrale Grenzwertsatz, dass das Ergebnis näherungsweise einer Normalverteilung entspricht. Denken wir zur Veranschaulichung nochmals an die Cannelés de Bordeaux und unser Café zurück: Egal, wie viel wir bereits über die Entwicklung der Umsätze je Wochentag wissen, so können wir dem zentralen Grenzwertsatz folgend doch immer davon ausgehen, dass sich der Mittelwert des Umsatzes bei Betrachtung mehrerer Fälle tendenziell normalverteilt, dass sich also die allermeisten Merkmalsträger um einen zentralen Mittelwert gruppieren, während etwa gleich viele Merkmalsträger unter und über diesem Wert liegen. Und das gilt auch für die durchschnittliche Menge verkaufter Cannelés pro Tag und im Übrigen, obwohl nicht mehr Teil des eigentlichen Beispiels, auch für das durchschnittliche Gewicht von in Deutschland lebenden und Cannelés-genießenden Personen.

Auf dem zentralen Grenzwertsatz fußt dabei nicht nur die Monte-Carlo-Simulation, sondern auch zahlreiche Auswertungsverfahren wie der *t*-Test, die Varianzanalyse

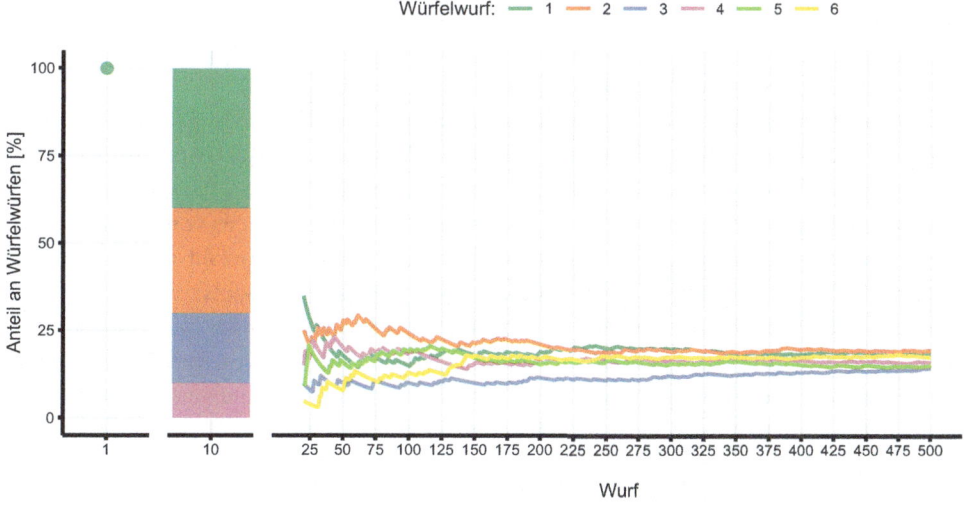

Abb. 7.1 Verteilung von pseudozufällig generierten Würfelwürfen (eigene Darstellung)

(AnOVa) oder die Regression. Dem Grenzwertsatz folgend gehen wir davon aus, dass sich eine annähernde Normalverteilung bereits bei weniger als 30 Fällen einstellt, sofern das Merkmal in der Grundgesamtheit selbst auch normalverteilt ist. Wissen wir nichts über die Grundgesamtheit oder ist das Merkmal dort nicht normalverteilt, sind im Rahmen des Grenzwertsatzes in der Regel mehr als 30 Fälle nötig.

7.3.2 Simulation

Bei der Monte-Carlo-Simulation generiert der Computer eine sehr große Anzahl an Zufallsexperimenten, um daraus die Wahrscheinlichkeit einzelner Endzustände zu ermitteln. Aufgrund des Gesetzes der großen Zahlen können wir davon ausgehen, durch die schiere Menge der durchgeführten Zufallsexperimente eine gewisse Nähe zur realen Eintrittswahrscheinlichkeit bestimmter Zustände zu erzielen. Und aufgrund des zentralen Grenzwertwertsatzes können wir davon ausgehen, dass die Kombination verschiedener Größen ab einer bestimmten Menge näherungsweise Prämissen der Normalverteilung folgt, die für unsere Ermittlung von Wahrscheinlichkeiten essenziell sind. Anders formuliert: Monte-Carlo-Simulationen konfrontieren altbekannte mathematische Gesetzmäßigkeiten mit sehr viel Rechenleistung, um daraus Wahrscheinlichkeiten und damit Wissen abzuleiten.

Das setzen wir nun in einer Simulation um und kehren dafür gedanklich zurück zum Beispiel der Dubai-Influencer:innen. Die Kernfrage lautete, wie die unbekannte Häufigkeit unkritisch-positiver Dubai-Berichterstattung die Ermittlung der Intercoderreliabilität beeinflusst. Wie zuverlässig müssen drei Codierende also wie viele Videos codieren, um eine belastbare Intercoderreliabilität zu erreichen? Diese Fragen mögen auf den ersten Blick sehr konstruiert klingen, sie beschäftigen aber durchaus die aktuelle Forschung: So entstammt die Grundidee dieser Simulation einem veröffentlichten Aufsatz, der sich mit dem Zusammenhang von Effektstärken, Stichprobengrößen und Codierqualität mithilfe von Monte-Carlo-Simulationen auseinandersetzte (Geiß 2021).

Für unser fiktives Beispiel definieren wir zunächst ein einzelnes Szenario mithilfe von drei Parametern. Erstens nehmen wir für das Phänomen unkritisch-positiver Dubai-Berichterstattung einen Prozentwert von 0 bis 100 als Realität an. Einen Wert von 3 würden wir also so interpretieren, dass drei Prozent der Dubai-Videos von Influencer:innen unkritisch-positiv berichten. Zweitens nehmen wir für die Anzahl gemeinsam codierter Videos einen Wert von 30 bis 300 an. Weniger als 30 gemeinsam codierte Fälle ist mit der Methodenliteratur zu Intercoderreliabilität kaum vereinbar, mehr als 300 gemeinsam codierte Fälle sind für uns forschungsökonomisch nicht tragbar. Drittens nehmen wir für die Zuverlässigkeit unserer Codierenden einen Prozentwert von 10 bis 90 an. Eine Qualität von 60 % würden wir so interpretieren, dass 60 % der Fälle korrekt codiert und die restlichen Fälle mit 60-prozentiger Wahrscheinlichkeit korrekt geraten werden.

```
set simulations to zero
for every i in list(1-1000)
   set actually_positive to random(0-100)
   for every n in list(30-300)
      for every z in list(10%-90%)
         set actual_results to list(n)
             with actually_positive
         set coders c1, c2, c3 to list(n)
             with actually_positive, z
         set alpha to krippendorff
             with c1, c2, c3
         add simulation to simulations
             with n, z, alpha
      end for
   end for
end for
```

Für die eigentliche Monte-Carlo-Simulation generieren wir nun eine große Anzahl dieser Szenarien und speichern für jedes Szenario die berechnete Intercoderreliabilität in Form von Krippendorffs Alpha. Im Pseudocode definieren wir dafür in 1000 Runden (*i*) zunächst je einen zufälligen Prozentwert, den wir als Realität annehmen (*actually_positive*). Anschließend durchlaufen wir alle Möglichkeiten gemeinsam codierter Videos von 30 bis 300 (*n*) und je Möglichkeit alle zu simulierenden Zuverlässigkeitswerte von 10 bis 90 (*z*). So landen wir bei insgesamt $1000i \times 270n \times 80z = 21{,}6$ Millionen simulierten Szenarien. In der Simulation selbst läuft dann jedes dieser Szenarien gleich ab: Wir generieren eine Liste aus *n* Videos, von denen *actually_positive* Prozent unkritisch-positiv über Dubai berichten. Anschließend generieren wir drei Codierbögen, die allesamt mit einer Zuverlässigkeit *z* die Videos codieren. Am Ende berechnen wir aus den drei Codierbögen Krippendorffs Alpha und speichern das Ergebnis ab.

Ein Ergebnis, das uns für alle drei definierten Parameter interessante Muster zeigt (Abb. 7.2). Erstens sehen wir den Einfluss der (hier simulierten) Realität, insofern eine eher geringe Verbreitung des Phänomens unkritisch-positiver Berichterstattung von bis zu 30 % nur in Ausnahmefällen annehmbare Alpha-Werte erlaubt. Zweitens wird sichtbar, dass die Stichprobengröße nicht allzu ausschlaggebend zu sein scheint; die Intercoderreliabilität wird eher von den anderen beiden Faktoren beeinflusst. Drittens zeigt sich, dass insbesondere die individuelle Zuverlässigkeit der Codierenden Einfluss auf unser Ergebnis hat, dass aber – je nach Verbreitung des Phänomens (erster Parameter) – eine Zuverlässigkeit von mindestens 80 % dafür nötig ist. Für unser Forschungsvorhaben bedeutet das einerseits, dass wir viele Ressourcen in die Schulung der Codierenden stecken sollten. Andererseits können wir die so aufgewendete Zeit durch eine kleinere Stichprobe für die Berechnung der Intercoderreliabilität etwas kompensieren.

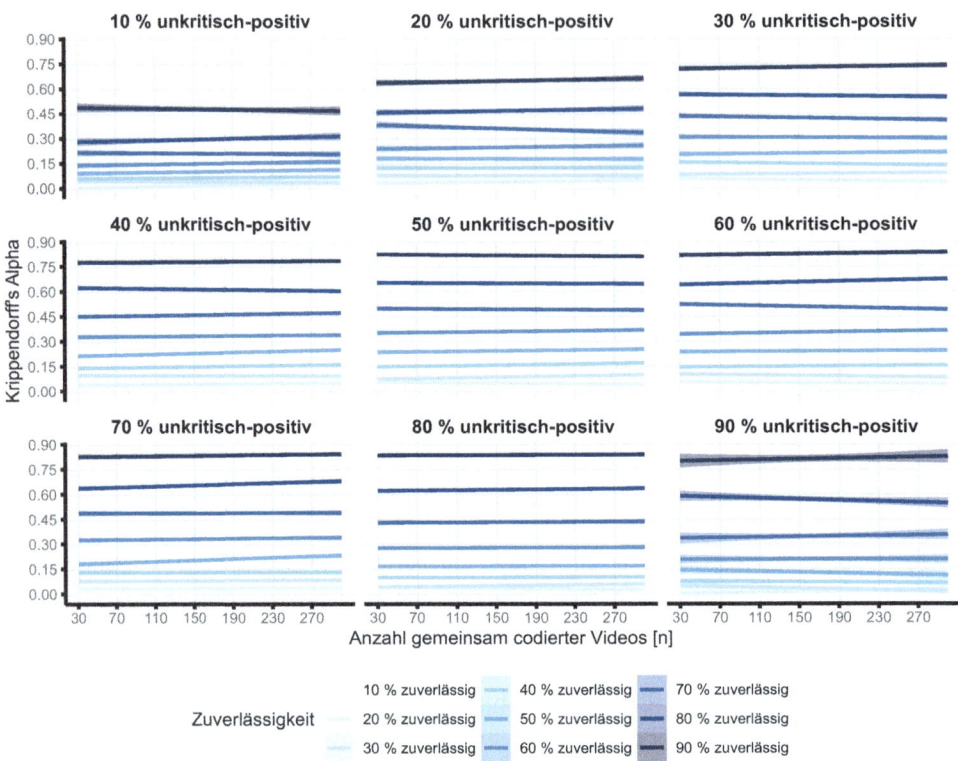

Abb. 7.2 MC-Simulation zum Einfluss von Realität, Stichprobe und Zuverlässigkeit auf Intercoderreliabilität (eigene Darstellung)

7.3.3   Mehrwert und Limitationen

Monte-Carlo-Simulationen setzen auf das Gesetz der großen Zahlen und den zentralen Grenzwertsatz, um mit einer Vielzahl simulierter Szenarien analytisch scheinbar unlösbare Probleme näherungsweise zu lösen. Das hilft etwa für die Ermittlung von möglichen Fehlerquellen im Forschungsprozess oder für das Simulieren sehr vieler Optionen, um die Folgen etwaiger Einflüsse quantifizieren zu können. Dabei stellt die im Grunde sehr einfache zugrunde liegende Logik einen weiteren zentralen Mehrwert dar: Denn MC-Simulationen sind für Menschen gut nachvollziehbar und, sofern die Startgröße (der „Seed") bekannt ist, auch für Maschinen exakt reproduzierbar.

Dem gegenüber steht die große Rechenleistung, die für MC-Simulationen benötigt wird. Das Dubai-Beispiel braucht auf ordentlich ausgestatteten Computern durchaus mehrere Stunden. Damit einher gehen die bereits angesprochenen ethischen Prinzipien mit Blick auf die benötigte Energie, die Auswirkungen auf die Umwelt und den Einfluss auf geopolitische Zusammenhänge (Abschn. 7.2). Außerdem finden MC-Simulationen ihre Limitationen in den Möglichkeiten valider Vorannahmen. So haben wir für unsere Zuverlässigkeit Prozentwerte der Wahrscheinlichkeit angenommen, wie viele Videos korrekt codiert werden. Es lässt sich darüber diskutieren, inwiefern diese Annahmen der Realität entsprechen und wie erreichbar Zuverlässigkeitswerte von beispielsweise 90 % für alle drei Codierenden überhaupt sind. Zuletzt fällt bei MC-Simulationen immer wieder auf, dass die Interpretation des Ergebnisses alles andere als trivial ist. Die Resultate sind in der Regel mehrdimensional und mit Einschränkungen versehen, sodass die so generierten probabilistischen Befunde bisweilen mehr Diskussionsbedarf liefern als manch andere deterministische Verfahren.

7.4   Bootstrapping

Im Rahmen der simulierenden Verfahren für die CCS steht das Bootstrapping exemplarisch für die Generierung von Stichproben. Das Verfahren setzt in der Regel auf bestehenden Datensätzen auf und generiert Wissen über die Stabilität der Ergebnisse in Abhängigkeit von der gezogenen Stichprobe.

In der klassischen Kommunikationswissenschaft verfügen wir in den meisten Fällen über solches Wissen. Befragen wir eine Stichprobe von Menschen beispielsweise danach, wie viele Stunden sie an einem durchschnittlichen Tag das Smartphone nutzen, so können wir aus den Antworten nicht nur einen Mittelwert und eine Standardabweichung ableiten, sondern wir können – erneut auf Basis des zentralen Grenzwertsatzes – auch ableiten, mit welcher Wahrscheinlichkeit wir in unserer Befragung einem Irrtum aufsitzen, etwa weil wir nur sieben Studierende und keine bevölkerungsrepräsentative Stichprobe befragt haben.

Bootstrapping kommt hingegen ins Spiel, wenn wir diese Irrtumswahrscheinlichkeit nicht ohne Weiteres berechnen können. Das kommt vor, wenn wir nichts über die Grundgesamtheit wissen oder wenn wir wissen, dass das untersuchte Merkmal in der Grundgesamtheit nicht normalverteilt ist. Solche eher unnatürlichen Grundgesamtheiten begegnen uns in der CCS immer wieder, beispielsweise wenn wir Aussagen über algorithmisch kuratierte Suchergebnisse oder die algorithmisch konfundierte Popularität von Social-Media-Posts treffen wollen.

In solchen Fällen hilft uns Bootstrapping dabei, die Reliabilität von Ergebnissen zu quantifizieren. Dafür generiert das Verfahren aus den bestehenden Daten eine Vielzahl zufälliger Unter-Stichproben, um für jede Stichprobe selbst die Ergebnisse zu prüfen. Da die Verteilung der Ergebnisse der Unter-Stichproben selbst wiederum normalverteilt ist, können wir über diesen Umweg schließlich doch die Irrtumswahrscheinlichkeit schätzen. Bildlich gesprochen stecken wir vor dem Bootstrapping also insofern in Schwierigkeiten, als wir nichts über unsere Irrtumswahrscheinlichkeiten wissen, und das Bootstrapping hilft uns dabei, uns selbst aus dieser misslichen Lage zu befreien. Namensgebend ziehen wir uns gewissermaßen selbst an den Stiefelriemen (engl. bootstraps) aus diesem Morast.

7.4.1 Zufallsstichproben

Um genauer zu verstehen, in welchen Situationen das relevant ist, müssen wir uns zunächst mit den Voraussetzungen und der Zufälligkeit von Stichproben näher auseinandersetzen. Stichproben sind immer dann relevant, wenn wir nicht die gesamte Population erfassen können. In der Kommunikationswissenschaft ist das in den allermeisten Fällen so: Wir können nicht die gesamte Bevölkerung in ihrer Mediennutzung untersuchen und auch nicht alle YouTube-Videos dieser Welt auf ihren Dubai-Inhalt hin prüfen. Uns fehlen die Arbeitskraft und die nötigen Ressourcen, aber auch die Teilnahmebereitschaft und der Zugriff auf alle Elemente der Grundgesamtheit. Wir behelfen uns deshalb dabei, nach bestimmten Prinzipien eine Zufallsauswahl zu treffen, die für uns bewältigbar ist. Zu diesen Prinzipien zählen Quotenziehungen, bewusste oder geklumpte Ziehungen oder Zufallsziehungen.

Für Zufallsziehungen gilt, dass alle Elemente der Grundgesamtheit dieselbe Wahrscheinlichkeit aufweisen, in der Stichprobe zu landen. Doch das klingt einfacher, als es ist. Angenommen, unsere Intercoderreliabilität zu den Influencer:innen und ihren Dubai-Videos ist zufriedenstellend und wir wollen mit der eigentlichen Codierung fortfahren. Unsere drei Codierenden können 900 Videos codieren. Wie können wir sicherstellen, dass alle verfügbaren Dubai-Videos dieselbe Wahrscheinlichkeit aufweisen, in unserer Stichprobe von 900 Videos zu landen? Wir könnten bei YouTube nach „dubai" suchen und die ersten 900 Ergebnisse nutzen, die von Influencer:innen hochgeladen wurden, die wir wiederum als Personen oder Personengruppen mit mindestens 1000 Abonnements definieren. Dabei unterliegen wir aber der bereits kennengelernten algorithmischen Konfundierung, sodass jene Videos bevorzugt in unserer Stichprobe landen, die YouTubes Algorithmen eher für passend erachten (z. B. weil sie in jüngerer Vergangenheit hochgeladen wurden). Alternativ könnten wir eine Liste an Influencer:innen erstellen und alle Videos dieser Accounts zunächst sammeln, die ein „dubai" im Namen enthalten, bevor wir daraus eine zufällige Stichprobe ziehen. Das würde das Problem der algorithmischen Konfundierung lösen, brächte aber neue Probleme mit sich: Zum einen muss unsere Liste an Influencer:innen umfassend sein und zum anderen übersehen wir dennoch Videos, die weniger explizite Titel nutzen (z. B. „EINE FAHRT IM GRÖßTEN RIESENRAD DER WELT 😵‍💫").

Die Diskussion um eine passende Stichprobenziehung allein würde den Rahmen dieses Buchs sprengen, sodass an dieser Stelle auf andere Werke verwiesen sei (z. B. Kauermann und Küchenhoff 2011). Und dennoch wird bereits beim Dubai-Beispiel deutlich, dass wir in zahlreichen Fällen als Forschende überhaupt keine Möglichkeit haben, eine repräsentative Zufallsstichprobe zu ziehen. Denn wir wissen schlicht zu wenig über ihre Grundgesamtheit.

Das ist beispielsweise bei klassischen Befragungen anders: Hier können wir auf Zensus-Daten zurückgreifen, um soziodemografische Rahmenparameter mit unserer Stichprobe abzugleichen. Noch wichtiger aber ist, dass wir es in Befragungen in der Regel mit natürlichen Merkmalen zu tun haben, von denen wir bereits wissen, dass sie in den allermeisten Fällen normalverteilt sind. Aufgrund dieser Annahme können wir dann auch

Standardfehler berechnen, indem wir die Lage- und Streumaße unserer Stichprobe einer Normalverteilung gegenüberstellen und die Wahrscheinlichkeit berechnen, mit der unsere empirisch ermittelten Werte so auch in der Grundgesamtheit auftreten.

Typisch für die Kommunikationswissenschaft und auch die CCS ist dabei das sogenannte 95-Prozent-Konfidenzintervall, das unser Lagemaß – beispielsweise den Mittelwert – um einen umschließenden Wertebereich ergänzt, innerhalb dessen mit 95-prozentiger Wahrscheinlichkeit der wahre Wert in der normalverteilten Grundgesamtheit liegt. Es handelt sich dabei also für die Interpretation der Ergebnisse um ein hoch relevantes Kriterium, das bei entsprechenden Analysen auch in den Ergebnisteil einer wissenschaftlichen Arbeit gehört.

Für die Berechnung des Konfidenzintervalls bedient man sich üblicherweise der z-Verteilung, also der Standardnormalverteilung. Wissen wir aber nichts über die Verteilung eines Merkmals oder müssen wir davon ausgehen, dass das Merkmal nicht normalverteilt ist, kommt nun Bootstrapping ins Spiel.

7.4.2 Simulation

Die eigentliche Bootstrapping-Simulation ist nicht sehr komplex. Aus einem vorhandenen Datensatz (*full_data*), der bereits auf einer Stichprobe beruht, zieht der Computer viele einzelne Unter-Stichproben. Wichtig dabei ist, dass die Unter-Stichproben mit Zurücklegen gezogen werden, einzelne Fälle also durchaus mehrfach in einer Unter-Stichprobe enthalten sein können. Sind wir am Mittelwert eines Merkmals interessiert, berechnet der Computer dann in jedem Simulationsszenario (*i*) den Mittelwert (*m*) in der Unter-Stichprobe (*sample_data*) und speichert den Wert (*simulations*). Wurden genügend Szenarien berechnet, liegt uns – denken wir an den zentralen Grenzwertsatz zurück – der Unter-Stichproben-Mittelwert annähernd normalverteilt vor, sodass wir wiederum daraus den Mittelwert und das bereits bekannte Konfidenzintervall berechnen können.

```
load full_data

set simulations to zero
for every i in list(1-1000)
    set sample_data to sample(full_data)
    set m to mean(sample_data)
    add simulation to simulations
        with m
end for

set m to mean(simulations)
set ci95u to ci95upper(simulations)
set ci95l to ci95lower(simulations)
```

Zwei Voraussetzungen sind für die Generierung von Stichproben mittels Bootstrapping allerdings notwendig. Erstens müssen wir theoretisch sicherstellen, dass unser eigentlicher Datensatz zumindest näherungsweise die Grundgesamtheit abbildet. Hier kommt wiederum das Gesetz der großen Zahlen zum Tragen. Wir stellen diese Näherung an die Grundgesamtheit dadurch sicher, dass wir in der Stichprobe möglichst frei von systematischen Verzerrungen und mit einer möglichst großen Stichprobe starten. Zweitens ist es unerlässlich, dass wir ausreichend viele Szenarien simulieren, die selbst jeweils ausreichend umfangreich sind, die Anzahl und die individuelle Größe der generierten Unter-Stichproben also groß genug sind. Was hier angemessene Größen sind, darüber scheiden sich wissenschaftliche Meinungen. Für die Größe der Unter-Stichproben hat sich etabliert, die Anzahl der Fälle der originalen Stichprobe zu ziehen. Da dieses Ziehen mit Zurücklegen erfolgt, sind bei einer Original-Stichprobengröße von 613 Fällen also in jeder Unter-Stichprobe ebenfalls 613 Fälle, jedoch einschließlich zufällig gezogener Duplikate, sodass die Unter-Stichprobe in aller Regel nicht der originalen Stichprobe entspricht. Für die Anzahl der generierten Unter-Stichproben gelten 1000 bis 10.000 Iterationen als Mittelweg aus empirischer Belastbarkeit und vertretbarem Ressourcenbedarf.

7.4.3 Mehrwert und Limitationen

Bootstrapping ermöglicht inferenzstatistische Schlüsse über Stichproben bei zwar benötigten, im konkreten Fall aber fehlenden Angaben zur Grundgesamtheit. Dafür bedient man sich, wie schon bei der Monte-Carlo-Simulation, einer sehr einfachen mathematischen Logik. Das macht auch Bootstrapping gut nachvollziehbar und – bei Kenntnis der entsprechenden „Seed"-Startgröße – reproduzierbar. Insgesamt erlaubt uns das Verfahren also, empirisch oftmals notwendige Fehlergrößen über den Umweg zahlreich generierter Stichproben statistisch zuverlässig zu berechnen.

Dem gegenüber stehen darüber hinaus kaum Limitationen. Zwar benötigt auch Bootstrapping entsprechend Rechenleistung, doch die Anzahl statistisch notwendiger Iterationen beläuft sich in aller Regel auf deutlich weniger als bei Monte-Carlo-Simulationen. Die genaue Anzahl an Iterationen liegt dabei in der Hand der Forschenden – und ist entsprechend auch etwas justierbar.

7.5 Agentenbasierte Modellierung

Im Rahmen der simulierenden Verfahren für die CCS steht schließlich – trotz des etwas irreführenden Verweises auf Modellierungen im Namen – die agentenbasierte Modellierung exemplarisch für die Generierung von Wissen über den Einfluss verschiedener Parameter auf soziale Gefüge.

Mit agentenbasierter Modellierung (kurz: ABM) kamen wir im Rahmen der COVID-19-Pandemie in Berührung, als es unzählige wissenschaftliche Simulationen dieser Art in die Medien schafften. Dabei wurde bestehendes Wissen über die Ausbreitung des Virus formalisiert und in die Simulationsumwelt, ihre Regeln und ihre Agenten implementiert. Aus gemessenen Übertragungswahrscheinlichkeiten und Kontakthäufigkeiten zwischen Menschen wurden also Simulationen konstruiert. Anschließend konnten Forschende die Auswirkungen im Zeitverlauf untersuchen, wenn einzelne Faktoren verändert in die Simulation eingeführt wurden – zum Beispiel eine vollständige Maskenpflicht oder eine Maskenpflicht in Innenräumen. So ließen sich Empfehlungen für die Politik ableiten, die in manchen Fällen für die eine und in anderen Fällen für die andere Art einer Maskenpflicht plädierten.

In einem kommunikationswissenschaftlicheren Beispiel untersucht Waldherr (2014) mithilfe von ABM maßgebliche Faktoren für das Zustandekommen von konsonanter journalistischer Berichterstattung, die sie als „news waves" bezeichnet. Dabei zeigt sich, dass insbesondere die Ko-Orientierung des Journalismus, also die gegenseitige Beobachtung und Bezugnahme zwischen Journalist:innen, verantwortlich für solche monothematisch intensiven Perioden der Berichterstattung sind. In einem anderen Beispiel untersuchten Geschke und Kollegen (2019) mithilfe von ABM, welche Rolle individuelle, soziale und technologische Parameter für eine mögliche gesellschaftliche Polarisierung spielen. Sie stellen dabei fest, dass soziale Parameter wie der regelmäßige Konsum von Informationen, die von befreundeten Personen geteilt wurden, den größten Beitrag zu gesellschaftlicher Polarisierung leisten können.

Unabhängig vom Anwendungsgebiet ermöglichen es ABM-Simulationen also, sehr komplexe soziale Phänomene, in der Realität kaum isoliert betrachtbare Szenarien oder kausale Zusammenhänge zwischen individueller Mikro- und sozialer Makro-Ebene zu untersuchen. Dafür ist Forschung, die auf ABM setzt, nicht selten an ihrem Ausgangspunkt deskriptiv, baut also auf beschreibenden Befunden auf, in ihrem Vorgehen dann explorativ, indem Zusammenhänge und Einflüsse untersucht werden, die unter realen Bedingungen kaum möglich wären, und in ihren Schlussfolgerungen schließlich sehr explanativ, insofern aufgrund der zeitlichen Komponente auch kausale Schlüsse möglich sind.

7.5.1   Agenten, Umwelt, Regeln und Ticks

Zentral für die ABM ist dabei zunächst die Formalisierung von bestehendem Wissen. Was also, um beim Beispiel der Polarisierung zu bleiben, bekannt ist über die moderne Mediennutzung und das Selektionsverhalten von Menschen, über die Verbreitung von Informationen über digitale Kanäle, über technologische Prämissen der Filter- und Empfehlungssysteme – all das muss auf einfache Muster heruntergebrochen werden. Die genaue Ausgestaltung dieser Formalisierung ist eine der zentralen Herausforderungen jeder

ABM. Sie ist auch Gegenstand eines wissenschaftlichen Diskurses über entsprechende Qualitätskriterien (z. B. Rand und Rust 2011). Denn sie speist sich insbesondere aus bestehender Forschung und dem Wissen, das über den zu simulierenden Sachverhalt vorliegt. Dabei ist zu unterscheiden, auf was oder wen sich dieses Wissen konkret bezieht. Im sprachlichen Duktus der ABM unterscheidet man dafür gemeinhin drei Komponenten – Agenten, Umwelt und Regeln des Zusammenwirkens – die sich im Zeitverlauf gegenseitig beeinflussen.

Agenten sind aktive Elemente innerhalb der Simulation. Sie weisen gewisse Charakteristika auf und sind imstande, Prozesse anzustoßen. In aller Regel repräsentieren sie echte Äquivalente, beispielsweise einzelne Menschen oder User, ganze Gruppen oder Organisationen, dezidierte Medien oder Ereignisse. Agenten stehen zu anderen Agenten in bestimmten Beziehungen, können Aspekte dieser Beziehungen, insbesondere der direkt verknüpften Nachbar-Agenten sowie Umweltreize verarbeiten. Stellt man sich ABM als Netzwerk vor, so bilden Agenten die Knoten.

Betrachtet man statt einzelner Agenten das große Ganze, so spricht man bei ABM von der Umwelt. In der Umwelt finden sich nicht nur alle Agenten, sondern sie bauen darin auch ihre Beziehungen auf, bewegen sich darin und lösen einzelne Prozesse darin aus. In der Umwelt ist geregelt, ob Agenten sich frei oder nur nach bestimmten Maßgaben bewegen können, ob es sich um einen zwei- oder drei-dimensionalen Raum handelt, welche Agenten Verbindungen eingehen können und welche nicht. Bleibt man bei der visuellen Vorstellung von ABM als Netzwerk, so gibt die Umwelt also vor, wo überall Knoten und Verbindungen sein und unter welchen Bedingungen sie entstehen und zerfallen können.

Schließlich geben die Regeln des Zusammenwirkens vor, was wann durch wen passiert. Solche Regeln können klare Grenzwerte enthalten, etwa wenn Agenten nur dann Informationen mit anderen teilen sollen, wenn die Information unmittelbar von benachbarten Agenten stammt – und nicht, wenn sie nur von benachbarten Agenten weitergeleitet wurde. Regeln lassen sich aber auch über Wahrscheinlichkeiten formalisieren, beispielsweise wenn Agenten in der Simulation neue Informationen generell mit anderen Agenten teilen sollen, aber nur in 30 % aller Fälle. Auch Verteilungen sind als Regeln denkbar – zum Beispiel in Form einer Pareto-/Long-Tail-Verteilung, indem ein Großteil der Agenten keine neuen Informationen mit anderen teilen soll, ein sehr kleiner Teil hingegen alle Informationen an das unmittelbare Umfeld weiterleitet. Regeln sind also genau festgelegte – man könnte auch sagen: quantifizierte – Gesetze, die bei jedem Simulationsschritt geprüft werden und gegebenenfalls Anwendung finden.

Zuletzt spielt für ABM der Zeitverlauf eine zentrale Rolle. Dabei geht es weniger um Sekunden und Minuten, sondern vielmehr um Wiederholungen (auch hier: Iterationen). Bei jeder Iteration reagieren die aktiven Agenten auf ihr unmittelbares Umfeld und treffen den Regeln entsprechend Entscheidungen. Sie bewegen sich beispielsweise, bauen Verbindungen auf oder leiten Informationen weiter. Auch die Umwelt kann bei jeder Iteration eingreifen und beispielsweise neue Agenten generieren oder bestehende nach bestimmten Kriterien aus der Simulation entfernen. In jeder Iteration findet also eine Simulation des gesamten Modells statt, bevor entschieden wird, ob eine weitere Iteration nötig ist oder die Simulation ihren Endpunkt erreicht hat. Man bezeichnet diese Iterationen auch als einzelne Schritte in der Zeit oder gelegentlich auch als „Tick" – ein Begriff, der aus der Informatik entlehnt einen einzelnen Berechnungsschritt bezeichnet.

7.5.2 Simulation

Im Vergleich mit Monte-Carlo- und Bootstrapping-Simulationen sind ABM-Simulationen deutlich komplexer. So gilt es zunächst, Agenten, Umwelt und Regeln zu definieren und algorithmisch abzubilden. Auch der Faktor Zeit muss definiert werden – es muss also festgelegt sein, was bei jedem Tick passieren soll, und es muss definiert sein, wann die Simulation endet. Für das Ende der Simulation bietet sich entweder ein zeitlicher oder ein inhaltlicher Horizont an. So kann eine ABM-Simulation nach 100 oder 1000 Ticks enden, um etwa Fragen nach dem Einfluss bestimmter Parameter im Laufe der Zeit zu untersuchen. Alternativ kann eine ABM-Simulation bei einer bestimmten Sättigung enden, also zum Beispiel dann, wenn alle Agenten eine bestimmte Information erhalten haben.

Letzteres soll auch der Endpunkt für unsere Beispiel-Simulation sein. Dafür drehen wir das Dubai-Beispiel um und nehmen an, dass wir es dieses Mal sind, die über Influencer:innen Werbung machen wollen. Konkret wollen wir mithilfe einer ABM-Simulation untersuchen, wie viele Influencer:innen wir für unsere Werbung bezahlen müssen, um möglichst schnell möglichst viele Personen zu erreichen. Dafür erstellen wir 100 Influencer-Agenten, die allesamt – der Funktionsweise einer Social-Media-Plattform nachempfunden – jeweils bis zu zehn anderen Agenten folgen. Wir gehen ferner davon aus, dass Agenten eine Information immer nur dann erreicht, wenn gefolgte Agenten die Information teilen. Und wir gehen davon aus, dass Agenten, die über eine Information verfügen, mit einer Wahrscheinlichkeit von 10 % diese Information mit anderen teilen.

Neben diesen Formalisierungen zu Agenten, Umwelt und Regeln variieren wir nun die Anzahl der Agenten, die wir initial mit Informationen, also unserer Werbung, versorgen. Im Pseudocode ist die Variante mit 7 % initial Informierten abgebildet – anders formuliert: 7 von 100 Agenten haben wir für unsere Werbung bezahlt. Der Pseudocode definiert also zunächst 100 Agenten (*agents*), die allesamt zunächst uninformiert sind (*.informed*) und leere Follow-Listen (*.follows*) aufweisen. Anschließend lassen wir alle Agenten bis zu zehn zufälligen anderen Agenten folgen und informieren hier sieben zufällige Agenten mit unserer Werbung.

Die eigentliche Simulation wiederholen wir hier in 100 Durchläufen (*run*). Jeder Durchlauf läuft wiederum so lange, bis alle 100 Agenten informiert sind und ermöglicht in jeder Iteration allen zu diesem Zeitpunkt informierten Agenten, die eigenen Follower zu informieren. Das aber passiert nur mit einer Wahrscheinlichkeit von 10 %. Zuletzt erhöht der Pseudocode in jeder Iteration einen Zähler zur Protokollierung der Zeit (*tick*) und speichert das Ergebnis (*simulations*). So erhalten wir nach Ende der Simulationen einen

Zeitverlauf, in dem wir für jeden Tick, also jeden Schritt in der Zeit, wissen, wie viele Agenten im Mittel über alle 100 Durchläufe gerade informiert sind.

```
set simulations to zero
set agents to list(1-100)
    with informed set to false,
        follows set to empty list
set agents[1-100].follows to agents[random(1-10)]


# Parameter: 7 von 100 initial Informierte
set agents[1-7].informed to true

for every run in list(1-100)
    set tick to 0
    while not every agent is informed
        for every agent in agents
            if agent is informed and
                random(1) is less than or equal to 10%

                for every follower in agents
                    if follower.follows contains agent
                        set follower.informed to true
                    end if
                end for
            end if
        end for
        add simulation to simulations
            with run, tick, agents
        increase tick by 1
    end while
end for
```

Wiederholen wir die gesamte Simulation nun mit unterschiedlichen Anzahlen an initial Informierten, so können wir vergleichen, wie lange es dauert, bis beispielsweise 90 % aller Agenten informiert sind. Diese abhängige Größe bezeichnen wir hier mit t_{90} und definieren sie als Anzahl an Ticks, innerhalb derer 90 % der Agenten im Mittel erreicht wurden. Wir simulieren hier also Diffusionsmuster und untersuchen die Geschwindigkeit, mit der sich eine Information ausbreitet.

Das Ergebnis (Abb. 7.3) zeigt zunächst, dass es in unserer simulierten Umwelt recht wenig initial Informierte braucht, um 90 % der Population zu erreichen. Bereits bei einem Prozent initial Informierter – also, wenn wir von den 100 Influencer-Agenten nur einen für unsere Werbung bezahlen – erreichen wir nach 47 Ticks 90 % aller Agenten. Schneller geht es, wenn wir mehr Influencer-Agenten bezahlen. Bei fünf Prozent initial Informierter erreichen wir im Mittel bereits nach 20 Ticks unser Ziel und bei zehn Prozent initial Infor-

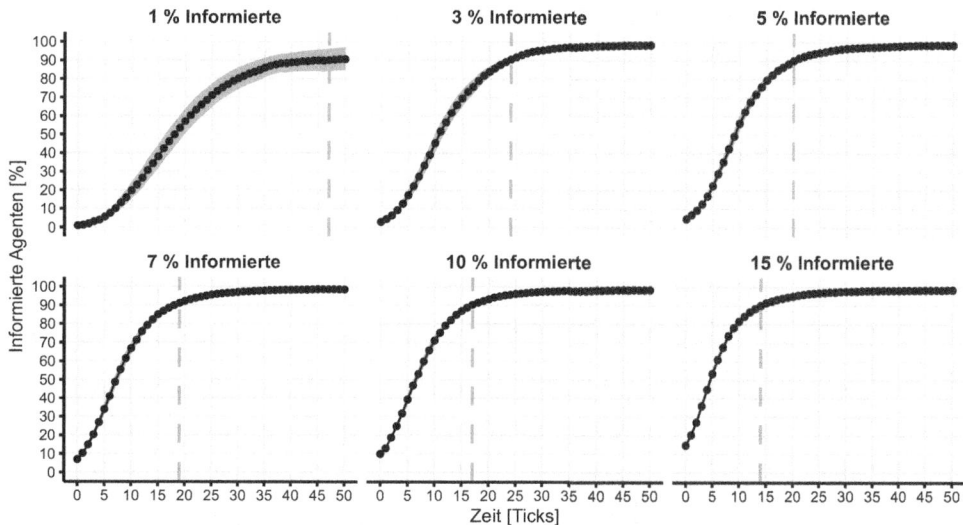

Abb. 7.3 ABM zur Diffusionsgeschwindigkeit bei variierender Anzahl initial Informierter (eigene Darstellung)

mierter schon nach 17 Ticks. Wir können also festhalten, dass sich die Anzahl initial Informierter in unserer definierten Simulation recht deutlich und stetig auf die Diffusionsgeschwindigkeit auswirkt.

7.5.3   Mehrwert und Limitationen

Gerade in den Sozialwissenschaften – und nicht zuletzt in der Kommunikationswissenschaft – sind wir bestrebt, Gesellschaften ebenso wie individuelles Verhalten einzuordnen und zu erklären. Doch genau das scheitert empirisch immer wieder an der Vielzahl an konfundierenden Einflüssen. Insbesondere hier setzen ABM-Simulationen an. Denn so komplex soziale Systeme auch sein mögen – mit ABM haben wir ein Werkzeug zur Hand, das es uns ermöglicht, auch in hochkomplexen Gefügen Zusammenhänge und Erklärungen zu suchen. Das Zusammenspiel aus sozialem Gefüge und einzelnen Agenten erlaubt uns dabei zusätzlich, Mikro-Einflüsse auf Makro-Ebene (kausal) zu testen und so insgesamt zur Theoriebildung im Fach aktiv beizutragen.

Dabei ist die Qualität von ABM-Simulationen immer nur so gut wie ihr zugrunde gelegtes Wissen. Dass Information wie in unserem Simulationsbeispiel mit einer Wahrscheinlichkeit von zehn Prozent weiter geteilt wird, muss sich für ABM-Simulationen in der Forschungspraxis aus bisherigen Befunden ergeben. Und dasselbe gilt für das Verhältnis aus 100 Agenten und bis zu zehn gefolgten Akteuren. Diese Formalisierung ist dabei ein schmaler Grat zwischen zu spezifischen Vorannahmen auf der einen Seite und zu starker Generalisierung, die wenig neue Erkenntnis zu liefern imstande ist, auf der anderen.

Zu den weiteren Limitationen von ABM-Simulationen gehören auch hier die benötigte Rechenleistung sowie, im Gegensatz zu Monte-Carlo- und Bootstrapping-Simulationen, die erhöhte Komplexität. Eigens entwickelter Code ist mitunter nicht sehr effizient und auch nicht ohne Weiteres für andere Forschende nachvollziehbar. Nicht zuletzt deshalb haben sich einige Anbieter spezieller ABM-Software auf dem Markt etabliert, die mit „NetLogo" oder „Repeat" Programme zur einigermaßen effizienten Simulation und zur anschaulichen Visualisierung simulierter Szenarien anbieten.

7.6   Zwischenfazit und Literaturhinweise

Neben den Möglichkeiten, verfügbare Daten schlicht zu beziehen sowie fremde Daten zu sammeln, haben wir in diesem Kapitel erste Möglichkeiten kennengelernt, eigene Daten zu generieren. Generell lassen sich dabei modellierende von simulierenden Verfahren unterscheiden, wobei wir erstere in den noch folgenden Kapiteln zu maschinellem Lernen (Kap. 10 und 11) kennenlernen werden und zweitere in diesem Kapitel kennengelernt haben. Daten zu simulieren, ermöglicht uns dabei, Fehler einer Stichprobe einzuschätzen, komplexe Systeme isoliert zu betrachten oder verschiedene hypothetische Szenarien zu vergleichen, um daraus Schlüsse für die eigentliche Bearbeitung einer Forschungsfrage zu ziehen. Simulierend generiert werden deshalb nicht nur Werte, sondern auch Stichproben oder Zusammenhänge.

Exemplarisch stehen dafür Monte-Carlo-Simulationen (Werte simulieren), Bootstrapping-Simulationen (Stichproben simulieren) und die agentenbasierte Modellierung (Zusammenhänge simulieren). Insbesondere die ersten beiden Verfahren bauen stark auf Pseudozufallszahlen und großen Mengen zufällig generierter Experimente auf. Dabei fußt die statistische Belastbarkeit stets auf dem mathematischen Gesetz der großen Zahlen und dem zentralen Grenzwertsatz. Die agentenbasierte Modellierung hingegen gestaltet sich komplexer, erlaubt gleichsam aber auch die Simulation deutlich komplexerer Zusammenhänge. Sie fußt deutlich stärker auf Befunden früherer Forschung und erfordert – neben dem allen drei Verfahren gemeinen Bedarf nach viel Rechenleistung – wesentlich mehr wissenschaftliche Herleitung.

Der große Bedarf nach Rechenleistung ist dabei gleichzeitig die große ethische Krux, die alle generierenden Verfahren zu tragen haben. Denn die sehr vielen benötigten Rechenschritte lassen sich auch aus der Perspektive des generell wachsenden Ressourcenverbrauchs der Kommunikationswissenschaft und insbesondere der CCS betrachten. Dabei spielt der Energiebedarf eine ebenso große Rolle wie die großen Wassermengen, die vor allem für die Kühlung von Rechenzentren benötigt werden, und der veränderte Rohstoffbedarf. Letzterer schlägt sich insbesondere in den globalen geopolitischen Diskussionen um Cobalt, Kupfer, Lithium und Silizium nieder.

Übungen

Auch dieses Kapitel lässt sich gut als Programmierübung verstehen, insofern das hier Erlernte nicht nur nachzuvollziehen, sondern auch mit Python oder R umzusetzen ist. Der benötigte Code ist dabei nicht sonderlich lang und eine hervorragende Übung für Schleifen und Kontrollstrukturen. Anleitungen und Links zu anderen Materialien finden Sie wie immer online: https://datenfruehstueck.github.io/ccs/

Literaturhinweise

- Gupta, U., Kim, Y. G., Lee, S., Tse, J., Lee, H.-H. S., Wei, G.-Y., Brooks, D., & Wu, C.-J. (2021). Chasing carbon: The elusive environmental footprint of computing. *2021 IEEE International Symposium on High-Performance Computer Architecture (HPCA)*, 854–867. https://doi.org/10.1109/HPCA51647.2021.00076
- Waldherr, A., Hilbert, M., & González-Bailón, S. (2021). Worlds of agents: Prospects of agent-based modeling for communication research. *Communication Methods and Measures, 15*(4), 243–254. https://doi.org/10.1080/19312458.2021.1986478
- Waldherr, A., & Wettstein, M. (2019). Bridging the gaps: Using agent-based modeling to reconcile data and theory in computational communication science. *International Journal of Communication, 13*, 3976–3999. https://ijoc.org/index.php/ijoc/article/view/10588

Texte als Daten I

Textuelle Daten sind schon immer essenzieller Teil der Kommunikationswissenschaft, die Inhaltsanalyse ist die methodische Paradedisziplin des Fachs. Dabei sollen strukturierte Informationen aus unstrukturierten Texten extrahiert werden. Aus Wörtern und Sätzen, aus Nachrichtenbeiträgen, Posts oder Redeprotokollen des Bundestags überführen üblicherweise menschliche Codierende gesuchte empirische Merkmale in numerische Relative. Am Ende eines solchen Codierprozesses sehen sich die Forschenden statt mit Texten, die in unterschiedlichen Sprachen vorliegen und von unterschiedlicher (grammatischer) Qualität sein können, mit strukturierten Informationen konfrontiert. Sie finden Informationen darüber, welches Thema in Nachrichtenbeiträgen behandelt wird, wie emotional ein Post ist oder welche Parteien in den Redeprotokollen der jeweiligen Politiker:innen thematisiert werden.

Doch Texte sind als Daten auch interessant für andere Fächer, nicht zuletzt für die Linguistik und insbesondere die Computerlinguistik. Gerade an dieser Schnittstelle zur Informatik hat sich in den letzten Jahren methodisch sehr viel weiterentwickelt. Unter dem Schlagwort „Natural Language Processing" (kurz: NLP) werden unterschiedlich stark automatisierte Verfahren subsummiert, die die strukturierte Beschreibung einzelner Texte, die Codierung (oder: Annotation) empirischer Merkmale, die Identifikation zentraler Texte und bis zu einem gewissen Grad auch die Erschließung von inhaltlicher Bedeutung und Sinnzusammenhängen ermöglichen.

Wir nähern uns diesem – für die Kommunikationswissenschaft und die CCS sehr zentralen, dabei aber methodisch sehr umfassenden – Thema in zwei Kapiteln. Dieses erste Kapitel widmet sich zahlreichen Grundlagen, die wir in drei technische Perspektiven unterteilen – (1) das einfache Auszählen von Wörtern und Phrasen, (2) das Einordnen von Wörtern und Phrasen in unterschiedliche Kontexte und (3) das Annähern an ein inhaltliches Verständnis von Texten. Das zweite Kapitel im Anschluss bedient sich dieser Grundlagen, orientiert sich aber

M. Haim, *Computational Communication Science*, Studienbücher zur Kommunikations- und Medienwissenschaft, https://doi.org/10.1007/978-3-658-40171-9_8

deutlich praxisnäher an den typischen Schritten eines konkreten Forschungsvorhabens und
geht dabei auch auf rechtliche Grundlagen und ethische Prinzipien ein.

Über beide Kapitel hinweg arbeiten wir mit einem neuen Beispiel-Datensatz. Der
Datensatz umfasst alle Artikel, die im Jahr 2021 in einer der gedruckten Ausgaben der
Wochenzeitschrift Der Spiegel erschienen und mindestens eine Seite lang sind. Jeder Artikel besteht dabei aus einer Überschrift und dem eigentlichen Text, in dem auch der erste,
meist prominenter formatierte Absatz (der sogenannte „Lead") enthalten ist. Auf Bilder
verzichtet die NLP typischerweise. Der Betrachtung von Bildern als Daten widmen wir
uns in Kap. 14 separat.

▶   Im sprachlichen Duktus des NLP bezeichnet man einzelne Artikel als Doku-
    mente. Dokumente bilden die Analyseeinheit und bestehen ausschließlich aus
    Text. Eine weitere Untergliederung, zum Beispiel in Lead und restlichen Beitrag,
    gibt es nicht. Soll nur der Lead die Analyseeinheit bilden, muss die gesamte
    Dokumentenstruktur umgebaut werden. Die Sammlung mehrerer Dokumente
    gleichen Typs, beispielsweise Spiegel-Artikel oder eben Leads aus Spiegel-Arti-
    keln, bezeichnet man als Korpus.

Außerdem wissen wir für jeden Artikel, in welchem Heft und auf welchen Seiten er
erschienen ist. Solches Wissen, das den „Dokumenten" anhaftet, bezeichnet man als Meta-
Daten oder Dokument-Informationen. Insgesamt besteht unser Korpus aus 1730 Dokumenten. Da der Spiegel wöchentlich erscheint, sind das je Heft 30 bis 40 Artikel. Etwas
weniger sind es in den Ausgaben vom September, was an der Ende September zur Bundestagswahl zusätzlich erschienenen Sonderausgabe liegt. Außerdem ist der Spiegel in der
letzten Ausgabe 2021 von seinem üblichen Erscheinungstag (Freitag) zugunsten von
Weihnachten abgewichen und stattdessen am Donnerstag (23.12.) erschienen (Abb. 8.1).

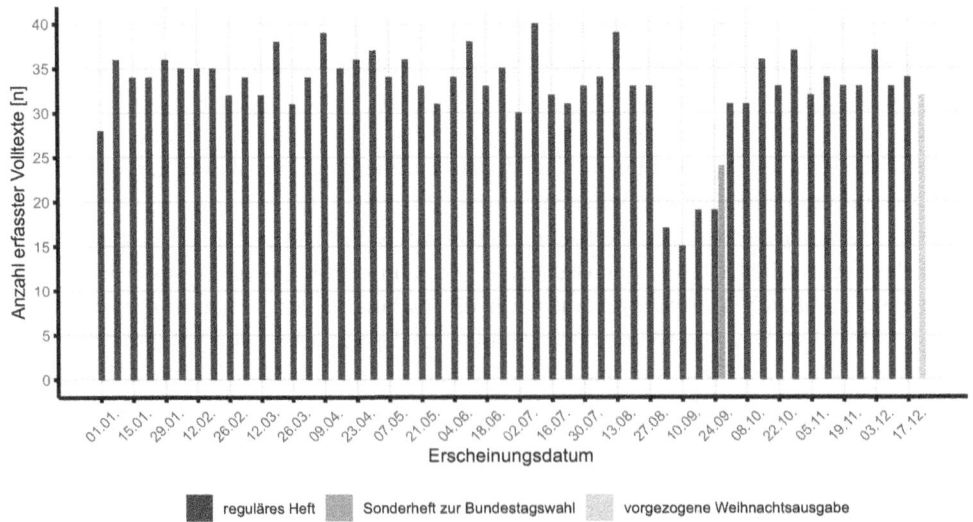

Abb. 8.1 Beschreibung des Spiegel-Korpus im Zeitverlauf (eigene Darstellung)

8.1   Zählen

Zu den grundlegenden Perspektiven auf Texte als Daten gehört das einfache Auszählen einzelner Wörter oder Phrasen. Einmal angenommen, wir wollen herausfinden, wie oft der Spiegel 2021 im Rahmen organisierter Kriminalität von sogenannter „Clan-Kriminalität" schreibt – immerhin wurde dessen Umgang mit organisierter Kriminalität als undifferenziert und stigmatisierend ausgelegt.[1] Dafür könnten wir unseren Korpus aus 1730 Dokumenten schlicht nach „organisierte Kriminalität" und nach „Clan" durchsuchen, um herauszufinden, was häufiger vorkommt. Diesem Ansatz folgend finden wir 28 Beiträge, in denen das Wort „Clan" vorkommt, davon aber keinen mit dem Suchbegriff „organisierte Kriminalität". Ist das Thema damit erledigt?

Mitnichten. Treten wir nochmals einen Schritt zurück und schauen uns an, was der Computer überhaupt macht, wenn wir unseren Korpus nach „Clan" durchsuchen. Dazu besinnen wir uns der in Kap. 2 vorgestellten informatischen Perspektive und der Art, wie Computer Texte speichern: Als sogenannte Strings, also als Listen einzelner Zeichen. Diese Listen durchläuft der Computer bei unserer Suche, Zeichen für Zeichen, und prüft, ob die Liste unserer gesuchten Zeichenfolge entspricht. Für ein einfaches Beispiel gehen wir davon aus, dass ein Text die Phrase „Chaos der Clans" enthält und wir nach „Clan" suchen. Der Computer prüft dafür zunächst das erste Zeichen des als Liste gespeicherten Texts, ein groß geschriebenes „C" (von „Chaos der Clans"), ob es dem gesuchten ersten Zeichen, ein ebenfalls groß geschriebenes „C" (von „Clan"), entspricht. Das tut es, sodass der Computer diese Spur weiterverfolgt – wenn auch nur kurz, denn das nächste Zeichen, ein klein geschriebenes „h" (von „Chaos"), entspricht nicht unserem gesuchten zweiten Zeichen, einem kleinen „l" (von „Clan"). Der Computer probiert deshalb erneut von vorne, dieses Mal aber beginnend mit dem zweiten Zeichen des als Liste gespeicherten Texts: Auch hier ist die Suche schnell vorbei, denn das klein geschriebene „h" (von „Chaos") entspricht nun einmal nicht unserem ersten „C" (von „Clan"). Auch der dritte Versuch, beginnend mit dem „a" (von „Chaos"), führt zu nichts. Diese Suche setzt sich fort, bis der Computer nach zehn erfolglosen Anläufen (von „C" in „Chaos" bis zum Leerzeichen nach „der"), endlich zur korrekten Stelle („Clans") vordringt.

Es braucht kaum Informatikkenntnis, um zu sehen, dass dieses Verfahren sehr ineffizient ist. Es funktioniert zwar, aber es verlangt dem Computer sehr viele, sehr kleinteilige Prüfschritte ab, die sich nur schwerlich optimieren lassen. Hinzu kommt, dass das Verfahren sehr anfällig gegenüber natürlichen sprachlichen Veränderungen ist. Einfache Deklinationen und Konjugationen, die beispielsweise aus „organisierter Kriminalität" (mit „r") die „organisierte Kriminalität" (ohne „r") machen, führen schnell dazu, dass unsere Suchen ins Leere laufen.

---

[1] Der Verein der „Neuen deutschen Medienmacher*innen" verlieh „Spiegel TV" 2020 einen Negativpreis für seine – wie der Verein in seiner Begründung es beschrieb – verzerrte, distanzlose und stigmatisierende Berichterstattung über „Clans" als undifferenzierte Verallgemeinerung organisierter Kriminalität in Deutschland (Neue deutsche Medienmacher e. V. 2020).

8.1.1 Sätze, Typen und Tokens

Üblicherweise wird diesen Problemen zunächst dadurch begegnet, die Texte in kleinere Einheiten zu zerlegen. Solche kleineren Einheiten sind Sätze, Phrasen oder Wörter. Sie erlauben, nicht mehr jedes Zeichen durchsuchen zu müssen, sondern nurmehr wortweise die Suche mit den durchsuchten Texten abzugleichen. Für unsere Beispielsuche nach „Clan" bedeutet das, dass wir zunächst das Wort „Chaos" betrachten und auch hier nach zwei geprüften Zeichen („C" und „h") wissen, dass das Wort nicht das gesuchte ist. Doch der große Unterschied folgt im Anschluss – wenn nämlich nicht die Suche beim dritten Zeichen („a"), sondern direkt beim nächsten Wort („der") und, nach erfolgloser Prüfung des ersten Zeichens („d"), direkt beim dritten und richtigen Wort („Clans") landet. Das Zerlegen in kleinere Einheiten, hier in Wörter, reduziert die Zeichenprüfungen also drastisch: Von zehn erfolglosen Versuchen im zeichenweisen Abgleich auf lediglich drei erfolglose Prüfschritte im wortweisen Abgleich.

Doch das klingt einfacher als es ist. Denn ein Computer kennt keine Sprache. Stattdessen braucht ein Computer, um Sätze und Wörter zu erkennen, klare Regeln. Solche Regeln legt nicht zuletzt das in Kap. 2 bereits kennengelernte gemeinnützige Unicode-Konsortium fest. Ihm zufolge beginnen Sätze beispielsweise mit einem Großbuchstaben und enden mit einem Punkt, einem Ausrufe- oder einem Fragezeichen. Ein Wort wiederum wird begrenzt durch ein Leer- oder ein Satzzeichen. Doch dabei handelt es sich nur um notwendige, nicht aber um hinreichende Bedingungen. So können im Deutschen auch Substantive, die nicht am Satzanfang stehen, großgeschrieben werden. Außerdem gibt es durchaus Satzzeichen, die nicht das Ende eines Wortes markieren, sondern es beispielsweise über zwei Zeilen mithilfe der Silbentrennung zusammenhalten. Das Unicode-Konsortium hat deshalb eine deutlich umfassendere Liste an Regeln erarbeitet, um allgemeingültig Sätze und Wörter identifizieren zu können.[2]

Auf einen Korpus angewandt, ermöglicht dieses Zerlegen das logische Herunterbrechen von Dokumenten in kleinere Einheiten. Man nennt diese kleineren Einheiten auch Tokens. Den gerade beschriebenen Prozess des Zerlegens bezeichnet man als „Tokenisierung" (engl. tokenization). Die Tokenisierung umfasst neben den vom Unicode-Konsortium vorgeschlagenen formalen Regeln häufig auch sprach- und dokumentabhängige zusätzliche Aspekte: So funktioniert beispielsweise die Groß- und Kleinschreibung im Deutschen und im Englischen unterschiedlich, sodass Regeln hier angepasst werden müssen. Hinzu kommt, dass sich journalistische Texte meist an grammatische Regeln halten, während Social-Media-Posts voll von Bequemlichkeitsabkürzungen, Flüchtigkeits- und Tippfehlern sind, die die Anwendung solcher Regeln ebenfalls erschweren.

Neben dem logischen Herunterbrechen in kleinere Einheiten, hat die Tokenisierung hat aber noch einen weiteren entscheidenden Vorteil: Sie erlaubt eine Verdichtung der bis dato

---

[2] Die Regellisten sind einsehbar unter https://www.unicode.org/reports/tr29/#Sentence_Boundaries und https://www.unicode.org/reports/tr29/#Word_Boundaries.

sehr komplexen textuellen Daten. Denn die Identifikation einzelner Sätze, Phrasen oder Wörter erlaubt uns, ihre Vorkommnisse über alle Texte hinweg zu zählen. Ist in einem Text vom „Chaos der Clans" und in einem anderen Text vom „Chaos im Kanzleramt" die Rede, so sind das entweder insgesamt sechs Wörter oder aber fünf unterschiedliche Begriffe, da das Wort „Chaos" zweimal vorkommt. Als Token bezeichnet man im NLP-Duktus jedes einzelne Vorkommnis – hier also separat betrachtet das „Chaos" bei den Clans und das „Chaos" im Kanzleramt. Es sind also sechs Tokens. Zählt man hingegen eindeutig unterschiedliche Begriffe, so taucht das „Chaos" nur einmal in der Liste auf und wird als „Typ" (engl. type) bezeichnet. Die zwei Beispielphrasen bestehen also zusammen aus fünf Typen, die üblicherweise um die Information ergänzt werden, auf wie viele Tokens sie verweisen (beim Typ „Chaos" sind es zwei).

Aus diesen beiden Zählweisen lässt sich auch bereits ableiten, wie hoch die Dichte des Vokabulars in Dokumenten ist. Wenige Typen bei vielen Tokens deuten auf ein wenig differenziertes Vokabular hin. Im Gegensatz dazu beschreibt ein im Verhältnis hoher Anteil an Typen, dass viel Variabilität im verwendeten Vokabular steckt. Man nennt dieses Maß auch Typ-Token-Relation (kurz: TTR) und berechnet es als prozentuellen Anteil der Typen an den Tokens. Entsprechend ist der TTR üblicherweise etwas höher, wenn wir Schriftformen mit Redemanuskripten vergleichen oder wenn wir Texte von Jürgen Habermas Kinderbüchern gegenüberstellen.

Mit Blick auf unseren Spiegel-Korpus (Abb. 8.2) kommen über alle Beiträge hinweg im Mittel 1786 Tokens (Wörter) auf 768 Typen (eindeutige Wörter). Umgekehrt formuliert: Ein Wort eines Beitrags kommt im Durchschnitt 2,3-mal im Beitrag vor. Die Typ-Token-Relation (TTR) je Spiegel-Ausgabe liegt zwischen vierzig und fünfzig Prozent. Das ist für deutschsprachige Texte an ein breites Publikum ein durchaus üblicher Wert. Zum Vergleich: Das Kinderbuch „Die kleine Raupe Nimmersatt" kommt insgesamt auf 279 Tokens bei 128 Typen, also ein Verhältnis von 2,2 – oder eben eine TTR von 46 %.

Die Homogenität der TTR über die Spiegel-Ausgaben hinweg ist wohl der eher homogenen Themenwahl in einer Politik-Zeitschrift, dem verhältnismäßig einheitlichen Ausbildungsweg von Journalist:innen sowie dem einheitlichen Spiegel-Lektorat geschuldet. Ausreißer von dieser Homogenität finden sich in einem Beitrag im November (TTR = 61 %) zur geplanten Impfpflicht in Österreich, in dem es auch um andere Länder und auch um die Corona-Lage Österreichs im Vergleich zu Deutschland geht, oder in einem Beitrag vom Februar (TTR = 22 %), in dem Angehörige der Opfer der rechtsextremistischen Morde von Hanau einzeln zu Wort kommen. Der Impfpflicht-Beitrag mit erhöhter TTR ist mit 489 Tokens recht kurz, sodass zahlreiche der 299 Typen nur einmal darin vorkommen, während der Hanau-Beitrag mit 10.760 Tokens sehr lang ist, dabei aber auf einem sehr fokussierten Vokabular von 2411 Typen basiert.

Doch zurück zu den Clans und der organisierten Kriminalität: Ein vorsichtiger Blick auf die mittlerweile in Typen und Tokens überführten Spiegel-Beiträge zeigt, dass allein der String „Clan" nicht nur in dieser Schreibweise, sondern auch als „Clans", in „Clanmit-

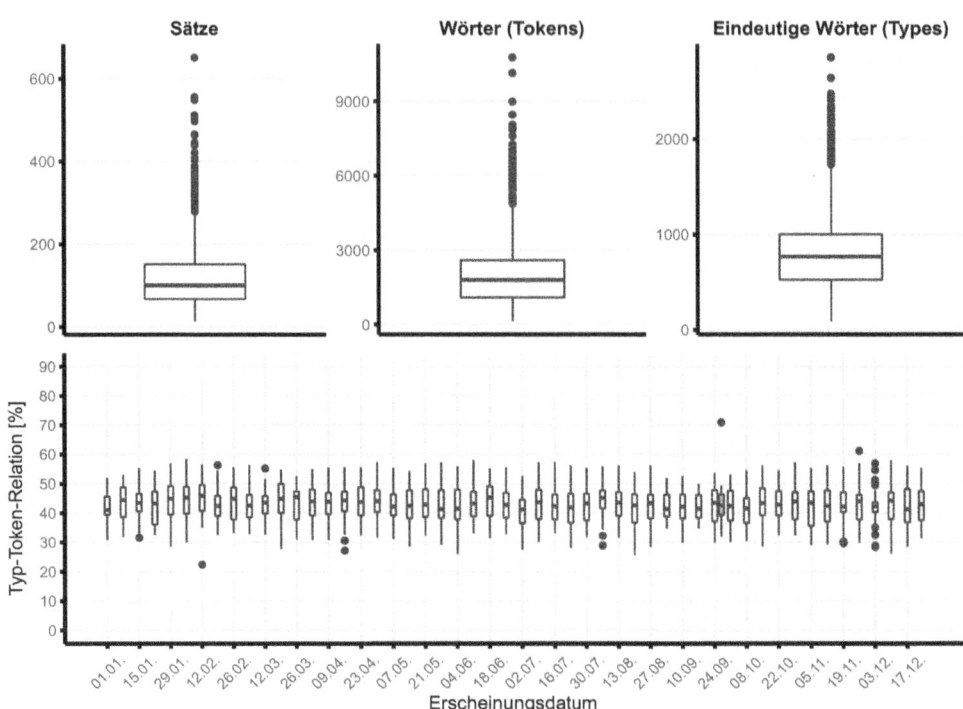

Abb. 8.2 Sätze, Typen, Tokens und Typ-Token-Relation im Spiegel-Korpus (eigene Darstellung)

gliedern", „Familienclans" oder dem „Clan-Milieu", aber auch in „Bataclan" oder „Clancy" auftaucht. Von „organisierter" ist ebenso die Rede, wie von „organisiert", „organisierten" oder „unorganisierte". Die Tokenisierung hat uns nun dabei geholfen, diese grammatische wie inhaltliche Vielfalt etwas besser beschreiben und einordnen zu können, sie hilft uns aber bislang nicht dabei, sie in den Griff zu bekommen.

8.1.2   Reguläre Ausdrücke

Hierfür dient sich zunächst das informatische Konzept der regulären Ausdrücke (engl. regular expressions, oder kurz: RegEx) an. Dabei handelt es sich um ein Format zum Durchsuchen von Strings, das es erlaubt, dem Computer Entscheidungsregeln je Zeichen mitzugeben (Tab. 8.1). Anstatt also einfach nach „Clan" zu suchen, weist beispielsweise der reguläre Ausdruck „[Cc]lan" den Computer an, nach einem groß oder klein geschriebenen „C" und der anschließenden Zeichenfolge „lan" zu suchen – kurzum also nach „Clan" oder „clan". Der reguläre Ausdruck „Clans?" hingegen weist den Computer an, das letzte „s" als optionales Zeichen zu verstehen – also nach „Clan" oder „Clans" zu suchen.

Tab. 8.1 Beispiele für reguläre Ausdrücke und gefundene bzw. nicht gefundene Strings (eigene Darstellung)

RegEx	Beschreibung	Fund	Kein Fund
Clan	Das Wort oder der Wortteil „Clan"	Clan	clan
[Cc]lan	Wort oder Wortteil „Clan" bzw. „clan"	clan	Clans
[Cc]lans?	Wie oben, mit optionalem „s" am Ende	Clans	Clanchef
[Cc]lan[a–z]+	„Clan"/„clan", gefolgt von alphabetischer Zeichenfolge	Clanchef	Clan
[Cc]lan[a–z]*	Wie oben, aber Zeichenfolge am Ende optional	Clan	Clan-Chef

Es gibt zahlreiche weitere Möglichkeiten, dem Computer mithilfe von regulären Ausdrücken unterschiedliche Schreibweisen eines Suchbegriffs zu vermitteln. Einen groben Eindruck davon vermitteln die Beispiele in Tab. 8.1. Es wird aber bereits an diesen einfachen Beispielen deutlich, dass reguläre Ausdrücke sich nur in manchen Fällen als Alternative zur bereits kennengelernten Volltextsuche eignen. Denn reguläre Ausdrücke sind kompliziert und entsprechend schwierig zu lesen. Außerdem werden sie sehr schnell unübersichtlich, gerade wenn zu viele Kombinationen damit erkannt werden sollen.

Auch aus informatischer Perspektive haben reguläre Ausdrücke einen entscheidenden Nachteil: Ihre Umsetzung ist aufwändig. Denn ähnlich wie bei der Volltextsuche muss sich der Computer in den Strings von Zeichen zu Zeichen vorarbeiten – und dabei auch noch auf Regeln aufbauen, die die Anzahl an Durchläufen noch erhöhen. Ein einfaches „[Cc]lan" lässt den Computer also sowohl nach „C" als auch nach „c" suchen und dabei jeweils alle nachfolgenden Zeichen mit einbeziehen. Der Computer braucht also bereits bei diesem einfachen Beispiel bis zu doppelt so viele Durchläufe, um gesuchte Begriffe zu identifizieren.

Dennoch gibt es Anwendungsfälle, für die reguläre Ausdrücke besser als viele Alternativen geeignet sind. Dazu zählen Neologismen, Abkürzungen und Kurzwörter, die nicht oder kaum dekliniert oder konjugiert werden. Wollen wir Texte identifizieren, die sich mit dem „Brexit" beschäftigen, so genügt es mit großer Wahrscheinlichkeit, lediglich die Groß- und Kleinschreibung der Wortschöpfung etwas zu variieren. Auch für die Identifikation von Texten, in denen der „ADAC" genannt wird, reichen eine Volltextsuche oder eine Suche mithilfe regulärer Ausdrücke wohl aus.

Ein weiteres Anwendungsfeld von regulären Ausdrücken ist die Identifikation von normierten Zeichenfolgen. Eine Internetadresse beispielsweise besteht immer mindestens aus dem Protokoll („https"), einem ersten Trenner („://") und einem Host („www.youtube. com"), wobei sich der Host nur aus alphanumerischen Zeichen sowie Punkten, Bindestrichen, Unterstrichen und Tilden zusammensetzen darf. Um also URLs in Dokumenten zu identifizieren, eignet sich ein entsprechender regulärer Ausdruck. Gleiches gilt für die Suche nach E-Mail-Adressen, Postleitzahlen, ISBNs, Hashtags oder Handles. Bei solchen Anforderungen leisten reguläre Ausdrücke zwar nicht sonderlich effiziente, aber sehr zuverlässige Ergebnisse. Außerdem müssen reguläre Ausdrücke zu normierten Zeichenfolgen nicht zwangsläufig selbst entwickelt werden, sondern finden sich zuhauf online.[3]

Für unsere Clan-Suche eignen sich reguläre Ausdrücke allerdings nicht wirklich: Zu umfassend ist die grammatische wie inhaltliche Vielfalt, zu variantenreich das Vokabular, das bei einer wörtlichen Suche nach „Clan" gefunden werden würde.

8.1.3   Stemming und Lemmatisierung

Eine Alternative und weitere Möglichkeit, die grammatische wie inhaltliche Vielfalt von Typen und Suchbegriffen zu vereinheitlichen, besteht in den linguistisch geprägten Verfahren des Stemmings und der Lemmatisierung. Sowohl das Stemming als auch die Lemmatisierung dienen dabei vor allem der einheitlichen Verarbeitung verschieden deklinierter und konjugierter Wörter.

▸   Beim Stemming werden unterschiedliche Formen eines Wortes, also zum Beispiel Deklinationen oder Konjugationen, auf ihren gemeinsamen Wortstamm reduziert.

Das Stemming folgt Regeln, die im Deutschen zum Beispiel das Entfernen der Buchstabenfolge „-en" am Ende eines Wortes umfassen können. Aus „austreten" würden dann „austret-". Jedes korrekt geschriebene deutsche Wort lässt sich dabei grundsätzlich auf seinen Wortstamm zurückführen. Doch zu den großen Herausforderungen des Stemmings gehören insbesondere Lehnwörter und Tippfehler. Einige Stemming-Systeme versuchen deshalb, Wörter im grammatischen Umfeld zu verorten, um den Wortstamm besser herleiten zu können.

Nicht zuletzt deshalb gibt es nicht den einen Satz an Regeln für das Stemming in der deutschen Sprache, sondern zahlreiche Ausprägungen davon. Ein bekanntes Stemming-System ist das frei verfügbare Snowball-Projekt, das neben Englisch und einigen romanischen Sprachen insbesondere auf Deutsch sowie die skandinavischen Sprachen spezialisiert ist. Das Wort „austreten" wandelt Snowball erwartungsgemäß in den Wortstamm „austret-" um. Ein anderes – ebenfalls frei verfügbares – Stemming-System ist Hunspell. Hunspell bildet die Grundlage für zahlreiche Wörterbuchfunktionen in den Textverarbeitungsprogrammen LibreOffice und OpenOffice und verweist auf ein deutlich umfangreicheres Sprachangebot. Darunter leidet aber etwas die Spezialisierung, sodass Hunspell beispielsweise aus „austreten" den Wortstamm „austreten-" ableitet.

Eine Alternative zum Stemming bildet die Lemmatisierung. Sie ist stärker inhaltsorientiert, insofern Begriffe auf die inhaltliche Ursprungsform zurückgeführt werden sollen. Das lässt sich insbesondere im Deutschen nicht mit Regeln zum Umgang mit Wort-

---

[3] Ein umfangreiches Nachschlagewerk findet sich beispielsweise unter https://regex101.com.

endungen oder Suffixen lösen, sondern muss auf einer inhaltlichen Modellierung der Sprache basieren. Auch dafür gibt es frei verfügbare Systeme.

▶   Die Lemmatisierung führt unterschiedliche (z. B. deklinierte oder konjugierte) Formen eines Wortes auf einen gemeinsamen Nenner zusammen. Das Ergebnis ist dabei aber nicht der Wortstamm, sondern die Nennform, das sogenannte Lemma.

Ein prominentes System ist „spaCy", ein Sprachmodell, auf das wir noch häufiger zu sprechen kommen werden. Das Sprachmodell von „spaCy" basiert auf einer sehr großen Menge geschriebener Texte, aus denen es selbstständig Muster und Zusammenhänge abgeleitet hat, die nun auf Wörter angewandt werden können, um das passende Lemma zu finden. Das Sprachmodell gibt es für eine Vielzahl von Sprachen, was teilweise zu Lasten der Detailtiefe einzelner Sprachen geht. Aus „austreten" wird dabei also wiederum „austreten", aus „Stämme" wird der „Stamm", aber „Katzenbäume" bleiben „Katzenbäume". Eine Alternative dazu stellen stärker manuell gewartete Modelle wie der „TreeTagger" dar. Dabei werden für deutlich weniger Sprachen Begriffe und Lemmata in einen hierarchischen Zusammenhang (einen „tree") gebracht und fortlaufend gewartet, was für gesuchte Wörter eine sehr zuverlässige inhaltliche Zuordnung erlaubt. Auch hier wird aus „austreten" „austreten", aus „Stämme" wird der „Stamm" und aus „Katzenbäume" wird der „Katzenbaum".

Stemming und Lemmatisierung sind in ihrer Anwendung unterschiedlich effizient. Beide Verfahren bauen auf Typen und Tokens auf, können also schneller größere Textmengen bewältigen, als es die auf einzelnen Zeichen basierende Volltextsuche oder die regulären Ausdrücke können. Darüber hinaus unterscheiden sich die beiden Verfahren indes drastisch: Während das Stemming aufgrund der zugrunde liegenden Regeln recht schnell Begriffe auf Stämme reduzieren kann, benötigen Lemmatisierer deutlich mehr Ressourcen, da sie jeden Begriff in einem Referenzmodell nachschlagen müssen.

Kommen wir zurück zu den Clans: Stemming und Lemmatisierung sind vielversprechende Verfahren, um verschiedene Schreibweisen zu vereinheitlichen. Dafür eignen sie sich auch in unserem Anwendungsfall. Und dennoch können wir nicht ganz zufrieden sein, denn gerade mit Eigennamen wie „Bataclan" oder „Clancy" haben auch diese Verfahren ihre Mühe.

8.1.4   Diktionäre

Als letzte hier betrachtete Alternative zur sprachlichen Verdichtung von Wörtern bieten sich schließlich Diktionäre (auch als Lexika bezeichnet) an. Ein häufiger Anwendungsfall von Diktionären ist die einfache Identifikation von emotionalem Sentiment, also dem Empfinden, das einem Text durch bestimmte Wörter innewohnt. Um herauszufinden, ob ein Dokument, beispielsweise ein Social-Media-Post, eher positiv oder eher negativ konnotiert ist, werden dafür zunächst zwei Listen erstellt. Die eine Liste erhält Begriffe, die mit positiven Emotionen behaftet sind, also beispielsweise „gut", „schön" oder „Frühlingsgefühle". Die andere Liste erhält negativ konnotierte Begriffe, also zum Beispiel „furchtbar", „verlieren" oder „Bombe". Durchsucht man nun alle Dokumente nach den Begriffen beider Listen, lassen sich den Social-Media-Posts Zahlenwerte zuweisen. Diese Werte geben an, wie viele positive und wie viele negative Begriffe – oder zusammengezählt: welches Sentiment – die Posts aufweisen.

▶   Diktionäre sind Listen manifester Tokens, deren gezählte Vorkommen in Dokumenten als Grundlage für in den Dokumenten vorhandene latente Konstrukte herangezogen werden.

Etwas allgemeiner formuliert sehen diktionärsbasierte (auch: lexikalische) Ansätze zwei Schritte vor – das Anlegen von Listen und das anschließende Auszählen der Dokumente (Abb. 8.3). Die Anwendungsgebiete sind vielfältig und für zahlreiche Konstrukte und Sprachen gibt es frei verfügbare und validierte Diktionäre. Neben den genannten Sentiment-Diktionären (z. B. Rauh 2018; Võ et al. 2009) zum Beispiel zur Identifikation politischer Standpunkte (Laver und Garry 2000), zur Einschätzung moralischer Argumentationslinien (Kraft 2018) oder zur Identifikation der geografischen Region, auf die sich ein Text bezieht (z. B. Watanabe 2018). Eine Liste verfügbarer Diktionäre pflegt etwa die frei verfügbare und kommunikationswissenschaftliche Meteor-Datenbank (Balluff et al. 2022).

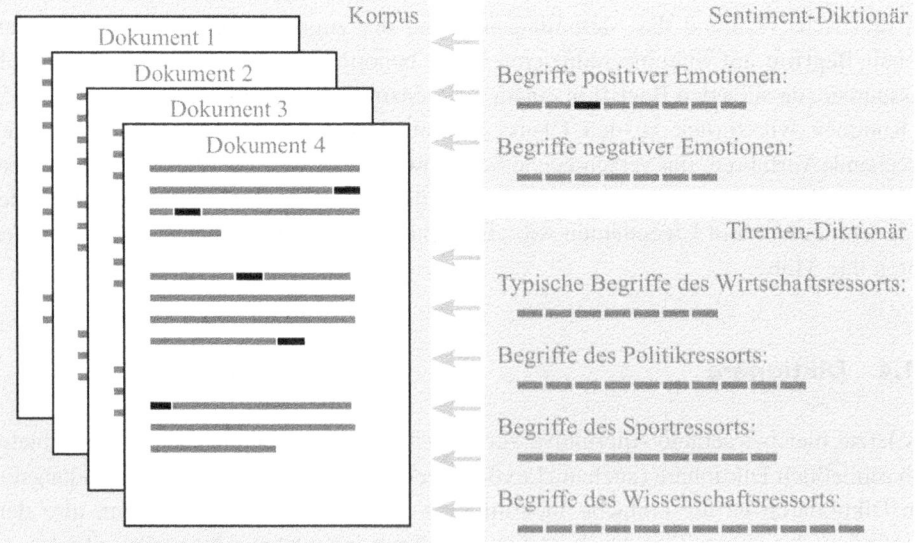

Abb. 8.3 Funktionsweise von Diktionären (eigene Darstellung)

Einige dieser Diktionäre umfassen dabei nicht nur Listen an Tokens, sondern sehen auch eine Gewichtung der Tokens vor. So lässt sich beispielsweise argumentieren, dass das Wort „furchtbar" deutlich negativer als das Wort „verlieren" konnotiert ist. Anstatt also ihre Vorkommen einfach zu zählen, sehen manche Diktionäre vor, die gewichteten Werte je Dokument aufzusummieren.

Besonders interessant ist diese Gewichtung, wenn wir uns anschauen, wie Diktionäre erstellt werden. Es gibt zahlreiche Möglichkeiten, um zu validen Listen manifester Begriffe für latente Konstrukte zu kommen. Zu den gängigsten, gerade für Sentiment-Diktionäre, zählen Befragungen, in denen Begriffe vorgelegt und emotionale Erregung abgefragt werden. Auch psychophysiologische Messungen wie der Hautwiderstand von Befragten bei der Betrachtung bestimmter Begriffe oder Bilder können als Grundlage für die Entwicklung von Diktionären dienen. Andere Diktionäre entstehen aus Inhaltsanalysen, um beispielsweise die häufigsten Begriffe in unterschiedlichen Nachrichtenressorts zu identifizieren. Einmal identifiziert, lassen sich solche Diktionäre dann auch auf bislang nicht inhaltsanalytisch analysierte Texte anwenden. Schließlich kann auch das Wissen von Expert:innen, das sich beispielsweise durch Interviews erheben lässt, für die Entwicklung von Diktionären herangezogen werden.

Unabhängig davon, ob frei verfügbare oder eigens erstellte Diktionäre zum Einsatz kommen sollen – Diktionäre gehören sowohl generell als auch speziell für den angewandten Korpus validiert. Die Validität gibt für Messinstrumente wie Diktionäre an, ob ein Diktionär „tatsächlich das misst, was es messen soll" (Brosius et al. 2022, S. 56). Dafür unterscheiden Brosius und Kollegen zwischen Inhalts-, Kriteriums- und Konstruktvalidität, die sich auch auf diktionärsbasierte Verfahren übertragen lassen:

- Wurden alle zentralen Aspekte des zu operationalisierenden latenten Konstrukts in manifeste Begriffe überführt? Um diese Inhaltsvalidität zu prüfen, lassen sich Diktionäre mit bereits veröffentlichten Inhaltsanalysen zur Prävalenz einzelner Begriffe, anderen Diktionären oder mit Informationen aus der Theorie, aus Gesprächen und Interviews mit Expert:innen abgleichen.
- Ähneln Ergebnisse eines Diktionärs Ergebnissen anderer Auswertungsverfahren? Liegen Anhaltspunkte anderer Methoden vor, kann die Kriteriumsvalidität eines Diktionärs damit verglichen werden. Auch eine manuelle Inhaltsanalyse einer Stichprobe des vorliegenden Korpus kann zur Bestimmung der Kriteriumsvalidität herangezogen werden.
- Sind die Ergebnisse eines Diktionärs mit den Ergebnissen anderer Diktionäre vergleichbar? Diese Konstruktvalidität beschreibt die gängigste Form, Diktionäre zu validieren. Dabei werden Diktionäre anderen Diktionären gegenübergestellt und jeweils auf verschiedene Korpora angewandt. Erst wenn sich hierbei eine vergleichbare Performanz zeigt, kann ein Diktionär als validiert betrachtet werden.

Für die Anwendung von Diktionären sind in den gängigen Software-Paketen entsprechend unterstützende Funktionen enthalten. Sie erlauben es, Diktionäre in einfach maschinenlesbaren Formaten (z. B. CSV) sowohl zu speichern als auch zu importieren. Sie erlauben es außerdem, im Rahmen der Anwendung von Diktionären nicht nur die Tokens innerhalb des Korpus, sondern auch die Tokens innerhalb der Diktionäre entsprechend vorzubereiten. So kann es je nach Diktionär durchaus notwendig sein, darin enthaltene Tokens zunächst selbst in Lemmata zu überführen.

Kommen wir noch ein letztes Mal auf das Clan-Beispiel zurück. Die medial präsente Clan-Landschaft in Deutschland darf wohl als überschaubar bezeichnet werden und bedient sich einiger spezifischer Clan-Namen. Insofern böte es sich an, mithilfe von Expert:innen eine Liste entsprechender Namen zu erarbeiten. Daraus lässt sich ein Clan-Diktionär ableiten, das mithilfe inhaltsanalytischer Betrachtungen, die es zu diesem Thema gibt, validiert werden kann. Nach der Validierung lassen sich die Begriffe des Diktionärs und des Spiegel-Korpus jeweils auf Lemmata reduzieren und jene Beiträge identifizieren, in denen mindestens ein Begriff des Diktionärs vorkommt. In dieser Clan-Stichprobe können wir mithilfe der Lemmata nach „organisierter Kriminalität" (bei „spaCy" also nach „organisieren" und „Kriminalität") suchen und damit unsere Forschungsfrage beantworten.

8.2   Kontextualisieren

Wenn von Texten als Daten die Rede ist, dann meint in der heutigen CCS kaum jemand nur das reine Zählen von Tokens. Vielmehr sind damit das Einordnen und Kontextualisieren von Begriffen und Konstrukten als Vorbereitung für die Annäherung an das Verstehen von Sinnzusammenhängen gemeint. Zentraler Grund dafür ist die eingeschränkte Aussagekraft von einfachen Zählungen einzelner Tokens. So werden im Deutschen beispielsweise Begriffe durch das Voranstellen eines „nicht" ganz einfach negiert. Aus einem „gut" wird schnell ein „nicht gut" – doch das erfassen einfach gestrickte Volltextsuchen, reguläre Ausdrücke oder Diktionäre selten.

Nun lässt sich durchaus argumentieren, dass sich Diktionäre dennoch gut für Anwendungsfälle eignen, die sich mit der Identifikation von Clans, Nachrichtenressorts oder moralischen Argumentationslinien beschäftigen, auch wenn sie teilweise eine eventuelle Negierung eines Begriffs nicht berücksichtigen. Etwas anders sieht es bei der Messung von emotionaler Erregung oder Sentiment aus. Zwar lässt sich auch hier für Diktionäre und mit der psychologisch verorteten Medienwirkungsforschung argumentieren, dass ein „nicht gut" aufgrund der Formulierung „gut" im Gehirn auch positive Schemata aktiviert[4], doch letzten Endes wird ein Sentiment-Diktionär, das ohne Negierungen auskommt, nur begrenzte Aussagekraft erzielen.

Um dem zu begegnen, bieten sich vor allem zwei Konzepte aus der Linguistik an, die eng miteinander zusammenhängen: Konkordanzen und Kollokationen. Erstere gehen

---

[4] Nicht zuletzt deshalb wird für eine einfache Sprache empfohlen, auf Negierung weitestmöglich zu verzichten. Anstatt „nicht gut" zu schreiben, sollte also vielmehr die adäquate Schreibweise „schlecht" verwendet werden.

dabei von einzelnen Tokens aus und beschreiben die Kontexte, in denen diese Tokens auftreten. Zweitere gehen von Korpora aus und beschreiben die Häufigkeiten ausgewählter Konkordanzen. Wir nähern uns dem Einordnen und Kontextualisieren von Begriffen also zunächst gewissermaßen auf der Mikro-Ebene einzelner Tokens, bevor wir anschließend aus der Makro-Ebene ganzer Korpora die zentralen Zusammenhänge verschiedener Token-Kombinationen genauer unter die Lupe nehmen.

8.2.1 Konkordanzen

Sprache erhält ihren Sinn nicht zuletzt aus der Kombination einzelner Wörter. Das liest sich wie eine Binsenweisheit, unterstreicht aber die Wichtigkeit benachbarter Begriffe für die Erschließung von Sinn eines einzelnen Worts. Es macht eben einen großen Unterschied, ob jemand „*eine* Krankheit" oder „*keine* Krankheit" hat, ob es sich um „Chili *con* Carne" oder um „Chili *sin* Carne" handelt oder ob von „*Jean* Simmons" oder von „*Gene* Simmons" die Rede ist. Konkordanzen tragen dieser Relevanz Rechnung und lassen sich mit Lemnitzer und Zinsmeister (2015, S. 91) auch als „Darstellungsform" der Korpusanalyse verstehen.

▶   Konkordanz beschreibt die Vielfalt an Kontexten eines Tokens. Dafür geht sie
       von einem Token aus und sammelt alle Vorkommnisse samt benachbarter Tokens eines Dokuments oder Korpus. Jedes einzelne Vorkommnis wird auch als
       „key word in context" (kurz: KWIC) bezeichnet.

Ausgangspunkt dieser Darstellungsform ist ein gesuchtes Token, etwa ein einzelnes Wort. Dieses Wort bezeichnet man auch als „key word", dessen Vorkommnisse der Computer im gesamten Korpus sammelt. Je Vorkommnis lässt sich dann das Umfeld betrachten, in dem das „key word in context" auftaucht. Das Ergebnis gibt uns also beispielsweise Aufschluss darüber, dass das mit gut 5000 Vorkommnissen sehr häufige Wort „gut" im Spiegel im Kontext der „guten Arbeit der Regierung", für „gute Trainingsleistungen" oder einem „guten Verhältnis" auftaucht, während das mit rund 1000 Vorkommnissen deutlich seltenere Wort „schlecht" vor allem im Kontext der COVID-19-Impfung auftaucht, wenn „Impfung schlecht vor Infektion" schütze, es Behandelten „ohne Impfung schlechter geht" oder „die chinesischen Impfstoffe schlechter wirken als die mRNA-Vakzine".

Konkordanzen erlauben so zunächst vor allem einen qualitativen Einblick in Dokumente und Korpora. Vorannahmen oder Fragestellungen über die Kontexte einzelner Konstrukte lassen sich mithilfe der KWIC-Darstellungsform zumindest anekdotisch bearbeiten, für eine weiterführende statistische Auswertung fehlt bei Konkordanzen indes der Blick auf das größere Ganze.

8.2.2 Kollokationen

Diesen Blick auf das größere Ganze erlauben Kollokationen. Bei Kollokationen handelt es sich nicht mehr nur um eine Darstellungsform, sondern um ein Instrument zur Analyse gemeinsamer Kontexte. Anstatt von einem Token auszugehen und dessen kontextuelle Vielfalt zu beschreiben, sucht der Computer bei Kollokationen direkt nach allen definierten Token-Kombinationen.

▶   Kollokationen beschreiben das gemeinsame Vorkommen von zwei (oder mehr
        als zwei) Tokens. Ein gemeinsames Vorkommen definiert sich dabei über einen
        vorgegebenen Abstand zwischen den Tokens, etwa als unmittelbar benachbart
        (z. B. „warmes Wasser") oder mit einer Distanz von zwei Tokens (z. B. „Wasser ist
        warm").

Der Begriff entlehnt sich im Übrigen dem Englischen, wo von „co-location", also dem gemeinsamen Ort, die Rede ist. In der Linguistik findet sich ferner das verwandte Konzept der Kookkurrenz (ebenfalls dem Englischen entlehnt, als „co-occurrence"). Kookkurrenz wird dabei in der Regel verstanden als das pure gemeinsame Vorkommen zweier Wörter, während Kollokationen die Auswahl der gemeinsamen Vorkommnisse auf linguistisch sinnvoll interpretierbare Kookkurrenzen beschränken (Kunze und Lemnitzer 2007). Über die genaue Abtrennung der Konzepte voneinander herrscht Dissens, sodass an dieser Stelle schlicht dem Begriff der Kollokationen weiter gefolgt wird.

Interpretierbare Kollokationen finden wir insbesondere bei Vor- und Zunamen („Jan Marsalek") sowie Artikel-Substantiv-Konstrukte („das Geld"). Zu den häufigsten Zwei-Token-Kollokationen im Spiegel-Korpus gehören stattdessen Präposition-Artikel-Kombinationen wie „in der" (10.161 Vorkommnisse), „in den" (6235 Vorkommnisse) und „für die" (4369 Vorkommnisse). Von derart grammatischen Konstrukten abgesehen findet sich „in Deutschland" (1739 Vorkommnisse) als erste inhaltlich sinnvoller interpretierbare Kollokation etwas abgeschlagen auf dem 25. Rang, deutlich vor „der Pandemie" (1016 Vorkommnisse).

Mithilfe von Kollokationen lassen sich also Konstrukte identifizieren, die häufiger als andere in einem Korpus auftauchen. Und wie wir bereits gesehen haben, ist es nicht einfach nur Zufall, welche Tokens mit welchen anderen Tokens gemeinsam auftauchen. Stattdessen folgt diese Verteilung grammatischen Regeln („der Spiegel" wird in den meisten Korpora häufiger auftauchen als „das Spiegel"), deutet für den Korpus zentrale Personen und Organisationen an („Günther Oettinger", „Europäische Union") oder bildet typische Phrasen des Spiegel-Lektorats ab („der Spiegel hat", „auf den ersten Blick").

Um das für die weitere Analyse von Texten zentrale Konzept der Kollokationen noch besser zu verstehen, kehren wir doch noch einmal zu den Clans zurück und schauen uns einen konkreten Satz an (Abb. 8.4). Wir zerlegen diesen Beispiel-Satz in einzelne Wörter und Satzzeichen und definieren dadurch insgesamt elf Tokens. Einmal zerlegt, schauen wir uns beispielhaft ausgehend vom Subjekt in der Satzmitte, „Clan", die Kollokationen

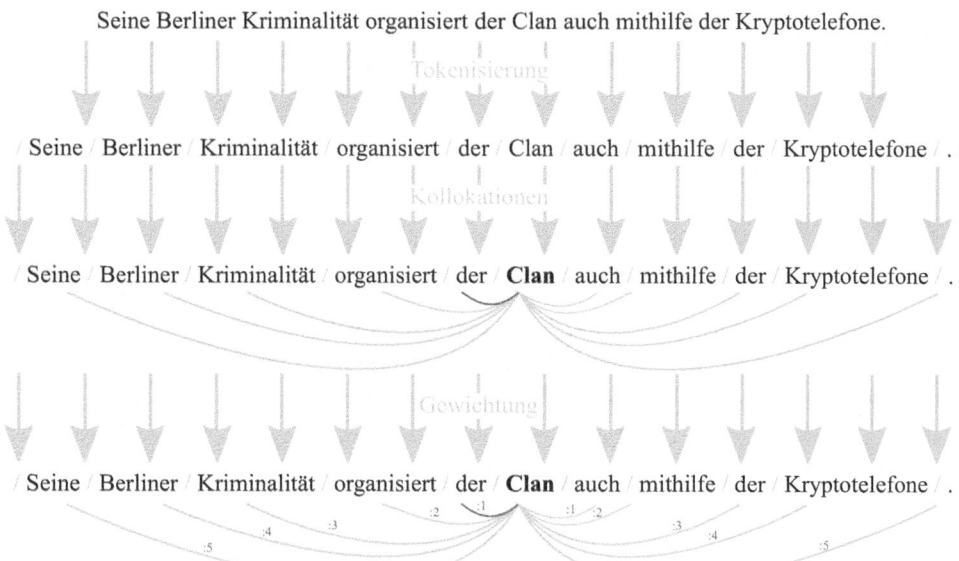

Abb. 8.4 Kollokationsbeispiel mit Gewichtung (eigene Darstellung)

an. Dabei fällt zunächst das Artikel-Substantiv-Konstrukt „der Clan" auf. Eine Beobachtung, die wir in größeren Korpora sehr regelmäßig machen. Im Beispielsatz findet
sich auch die Kombination „Berliner Kriminalität", die zwar grammatisch funktioniert,
aber in großen Korpora wohl weniger häufig ist. Noch seltener erscheint die vier Tokens
entfernte Kollokation aus „Berliner" und „Clan".

Doch auch in der vier Tokens entfernten Kollokation zwischen „Berliner" und „Clan"
steckt jede Menge Kontext. Um diesen Kontext nicht zu verlieren, ihm aber weniger Relevanz beizumessen als dem grammatisch einwandfreien Artikel-Substantiv-Konstrukt „der
Clan", lassen sich Kollokationen gewichten: Je weiter auseinander zwei Tokens stehen,
desto weniger soll ihre Kollokation wert sein. In unserem Beispiel, in dem wir von „Clan"
ausgehen, dividieren wir dafür die Kollokation schlicht mit ihrem Abstand – „der Clan"
erhält also einen Kollokationswert von 1:1 = 1, die Kollokation aus „Berliner" und „Clan"
hingegen einen Kollokationswert von 1:4 = 0,25.

Langsam, aber sicher bewegen wir uns damit auch wieder auf bekanntes Terrain zurück – nämlich, indem wir Texte in Zahlen überführen, mit denen wir später rechnen
können. Arbeiten wir uns durch den gesamten Bespielsatz, so stellen wir fest, dass das
Token „der" zweimal darin vorkommt. Das erlaubt es uns – immer noch von „Clan" ausgehend –, alle gewichteten Kollokationswerte des Satzes in eine Tabelle zu schreiben
(Tab. 8.2), eine Zeile je Abstand, und die Kollokationswerte am Ende aufzusummieren. Es
zeigt sich, dass „der" den höchsten aufsummierten Kollokationswert mit „Clan" aufweist.
Mit viel gutem Willen könnten wir unserem Beispiel also unterstellen, dass es das Genus
von „Clan" offengelegt hat. Und mit etwas Vertrauen in den Autor dieses Buchs lässt sich

Tab. 8.2. Gewichtete Kollokationswerte (eigene Darstellung)

	seine	berliner	kriminalität	organisiert	der	auch	mithilfe	kryptotelefone	.
Clan ± 1					1,00	1,00			
Clan ± 2				0,50			0,50		
Clan ± 3			0,33		0,33				
Clan ± 4		0,25						0,25	
Clan ± 5	0,20								0,20
∑ Clan	0,20	0,25	0,33	0,50	1,33	1,00	0,50	0,25	0,20

aus der Tabelle auch ablesen, dass „Berliner" und „Kryptotelefone" gleich weit von „Clan"
entfernt stehen – möglicherweise nicht nur in diesem einen Beispielsatz, sondern auch
inhaltlich, wenn wir versuchen, Texte als Daten insgesamt genauer zu verstehen.

8.3   Verstehen

Ein solches Verständnis von Text, das auch eine inhaltliche Verortung einzelner Tokens
erlaubt, speist sich nun natürlich nicht aus einem einzelnen Beispielsatz. So liegt zum Beispiel in der Wikipedia, der weltweit größten Enzyklopädie mit fast drei Millionen Artikeln
allein in deutscher Sprache, menschliches Wissen als Volltext frei verfügbar vor. Mehr
noch: Dieses Wissen liegt zu großen Teilen strukturiert, also Seite für Seite, übersetzt vor,
je nach Artikel in bis zu 300 Sprachen und Dialekte. Und Wikipedia selbst veröffentlicht
regelmäßig Datensätze, die alle Artikel einer oder mehrerer Sprachen umfassen.

Solche gigantisch großen Korpora bieten auch andere an. Das Linguistic Data Consortium der Universität Pennsylvania beispielsweise sammelt und archiviert Meldungen
von Nachrichtenagenturen, die es unter dem Namen „Gigaword" gegen Bezahlung zur
Verfügung stellt. Die New York Times ermöglicht den freien Download einiger Korpora
eigener Texte aus der Vergangenheit für die akademische Forschung. Schließlich nutzt die
amerikanische Non-Profit-Organisation „Common Crawl" Web Scraping, um regelmäßig
das Internet zu indexieren. Ganz ähnlich zu Suchmaschinen baut die Organisation also
eine Repräsentation des öffentlichen Internets als Datenbank auf, die jederzeit für die
Forschung heruntergeladen und verwendet werden kann. Aktuell sind rund drei Milliarden
Seiten Teil des „Common Crawl"-Downloads.

Apropos Suchmaschinen: Google kann selbstverständlich auf seinen eigenen Index
zurückgreifen, der im Übrigen nicht öffentlich verfügbar ist. Darüber hinaus hat Google
intern wohl aber auch Zugriff auf die Volltexte hinter Google Books, immerhin dem größten Volltextarchiv von Literatur aller Zeiten.

Bei so vielen Superlativen gehen die zahlreichen „kleineren" und frei verfügbaren Korpora, etwa speziell für die deutsche Sprache, beinahe unter. Es wird aber deutlich, dass
nicht nur einzelne Beispielsätze oder die Jahresausgabe des Spiegels Gegenstand der
CCS-Betrachtung von Texten als Daten sind, sondern dass eine Vielzahl bekannter und
frei verfügbarer Korpora sehr große Teile aller jemals veröffentlichten menschlichen Sprache in Textform abbildet.

8.3.1 Kollokationsmatrizen

Kehren wir zurück zu den gewichteten Kollokationswerten: Im Beispiel der Clans und ihrer Kryptotelefone haben wir uns dabei stets auf die Clans als Subjekt konzentriert. Um uns nun aber von der Kontextualisierung einzelner Tokens dem Verständnis menschlicher Sprache anzunähern, gilt es, die Tabelle gewichteter Kollokationswerte (Abb. 8.4) auch für alle anderen Tokens im Beispielsatz anzulegen. Neben der Tabelle für „Clan" erstellen wir also (gedanklich) neun weitere Tabellen – für „seine", für „berliner", für „kriminalität", für „organisiert", für „der", für „auch", für „mithilfe", für „kryptotelefone" und eine Tabelle für den abschließenden Punkt. Dabei interessieren uns weniger die einzelnen Kollokationswerte, sondern vielmehr die jeweilige Summe gewichteter Kollokationswerte am Ende einer jeden Tabelle.

Mit diesem (gedanklichen) Rucksack aus gewichteten Kollokationswerttabellen bauen wir uns schließlich eine sogenannte Kollokationsmatrix. In der Mathematik ist eine Matrix eine tabellarische Darstellung von Zahlen. Das ist in der Informatik nicht anders, aber eine informatische Matrix besteht typischerweise aus genau einem Datentyp. Eine informatische Matrix enthält also zum Beispiel nur Dezimalzahlen (Float-Werte) und kann so effizienter verarbeitet werden (weil Computer, wie bereits in früheren Kapiteln dieses Buchs erwähnt, Rechenleistung einsparen, indem sie Datentypprüfungen und Befehlsanordnungen nur einmal pro Matrix durchführen).

Für die Kollokationsmatrix sehen wir je Token genau eine Zeile und je Token genau eine Spalte vor. Die Matrix ist also quadratisch. Dann setzen wir die Summen gewichteter Kollokationswerte in die Tabelle ein, jeweils an der Stelle, an der die zwei betrachteten Tokens sich treffen. Wie bei einer Korrelationsmatrix auch, können wir uns dabei die doppelte Eintragung sparen und nur eine Hälfte der Matrix füllen – je nachdem, ob wir von den Zeilen oder den Spalten ausgehen (Tab. 8.3).

Was lässt sich aus dieser Matrix ablesen? Beispielsweise, dass ein „der" offenbar ungern allein in einem Satz auftaucht. Von dieser „der"-Häufung abgesehen, besteht im Bei-

Tab. 8.3 Gewichtete Kollokationsmatrix (eigene Darstellung)

	seine	berliner	krimi-nalität	organi-siert	der	Clan	auch	mithilfe	krypto-telefone	.
seine	0,00	1,00	0,50	0,33	0,25	0,20	0,00	0,00	0,00	0,00
berliner		0,00	1,00	0,50	0,33	0,25	0,20	0,00	0,00	0,00
kriminalität			0,00	1,00	0,50	0,33	0,25	0,20	0,00	0,00
organisiert				0,00	1,20	0,50	0,33	0,25	0,00	0,00
der					0,50	1,33	1,00	1,33	1,20	0,50
Clan						0,00	1,00	0,50	0,25	0,20
auch							0,00	1,00	0,33	0,25
mithilfe								0,00	0,50	0,33
kryptotelefone									0,00	1,00
.										0,00

spielsatz der höchste gewichtete Kollokationswert mit 1,33 zwischen „der Clan" und „der mithilfe". Das eine ist das schon kennengelernte Artikel-Substantiv-Konstrukt. Für das andere denken wir an einen typischen Satzbau, *der mithilfe* von Kommata und ebendieser Konstruktion Nebensätze einleitet. Eine solche Häufung ist also durchaus auch inhaltlich nachvollziehbar.

Das alles wirkt auf Basis unseres Beispielsatzes noch etwas hanebüchen, doch wir nähern uns dem Ziel, Texte als Daten besser zu verstehen, mit großen Schritten. Der nächste Schritt ist dabei, dass wir nicht mehr einen Beispielsatz, sondern die eben angesprochenen gigantisch großen Korpora in eine sehr große Kollokationsmatrix überführen. Vereinfacht gesprochen laden wir also die aktuelle Wikipedia und den „Common Crawl" auf unseren Computer, überführen diese gigantischen Textmengen in Tokens und berechnen für jeden Typ (zur Erinnerung: das sind die eindeutigen Tokens, in unserem bisherigen Beispiel also die einzelnen Begriffe), mit welchen anderen Typen sie gemeinsam auftreten.

Man bezeichnet solche Kollokationsmatrizen, die alle Typen eines Korpus umfassen, gelegentlich auch als „feature co-occurrence matrix" (kurz: FCM), wobei der Begriff des „feature" (Eigenschaft) die sehr linguistisch behafteten Begriffe Typ und Token verallgemeinert. Wir kommen darauf in Kap. 10 zurück.

Für den Moment gilt es aber noch festzuhalten, dass wir nicht ohne Weiteres eine solche Kollokationsmatrix aus den kombinierten Korpora von Wikipedia und „Common Crawl" auf unserem Computer erstellen können. Grund dafür ist die schiere Größe. Allein die deutschsprachige Wikipedia enthält mehr als drei Millionen Typen. Eine Matrix solchen Ausmaßes passt schlichtweg nicht in jeden Arbeitsspeicher. Denn neben dem eigentlichen Auszählen aller Kollokationen gewichten wir die Kollokationswerte auch noch anhand ihrer Abstände, rechnen also mit unserer Matrix. Hinzu kommt noch, dass wir bislang lediglich Abstände von bis zu fünf Tokens berücksichtigen – eine artifizielle Zahl, die in der Praxis durchaus höher sein kann. Kollokationsmatrizen dieses Ausmaßes sind also Nutzenden sehr großer Ressourcen vorbehalten – ein Thema, dem wir uns in Kap. 11 noch widmen werden.

8.3.2   Typen und Tokens als Vektoren

Doch kommen wir zu unserem Ziel zurück, Texte als Daten besser verstehen zu wollen. Denn selbst mit gigantisch großen Kollokationsmatrizen sind wir oder ein Computer noch nicht ohne Weiteres imstande, Sinn zu erschließen. Dafür fehlt noch ein letzter Schritt, den wir in Grundzügen Tomáš Mikolov zu verdanken haben.

Tomáš Mikolov ist ein tschechischer Informatiker, der 2012 seine Dissertation zu statistischen Sprachmodellen auf Basis neuronaler Netze abschloss (Mikolov 2012). Anschließend begann er, bei Google mit einem Team eben diese – seine – Idee weiterzuentwickeln: Mithilfe von Konkordanzen und gigantisch großen Korpora eine Repräsentation menschlicher Sprache in Form von Vektoren eines Vektorraums abzuleiten (Mikolov et al. 2013). Wörter sollten also jeweils als Liste aus Zahlen dargestellt werden. Diese Idee, die

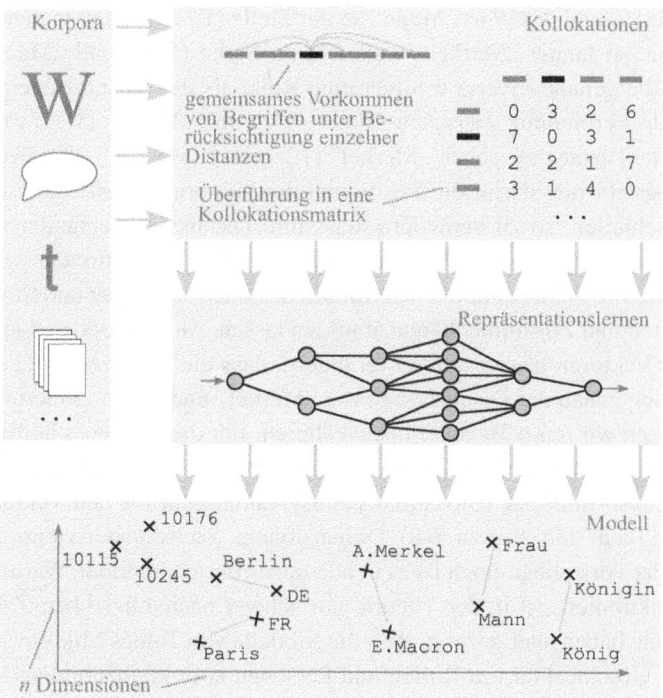

Abb. 8.5 Schematische Erstellung von vektorbasierten Sprachmodellen (eigene Darstellung)

auch als „word2vec" bekannt wurde, ist nicht nur für den Bereich der Computerlinguistik, sondern auch für die allgemeine Entwicklung sogenannter künstlicher Intelligenz revolutionär.

Schauen wir uns diese Idee deshalb genauer an (Abb. 8.5) und beginnen beim Ergebnis: Ein Vektorraum, in dem Wörter (eigentlich: Typen) verortet sind. Vektorräume sind mathematische Strukturen, die wir meist in zweidimensionaler Form kennen: als Koordinatensystem mit Abszisse („X-Achse") und Ordinate („Y-Achse"). Darin lassen sich Punkte verorten und mithilfe je eines Werts je Dimension – bei zwei Dimensionen also mithilfe eines X- und eines Y-Werts – genau beschreiben. Diese Punkte stellen mathematisch gesprochen eigentlich Pfeile dar, die ihren Ursprung in der Regel im Nullpunkt haben und genau beim angegebenen X- und Y-Wert enden. Diese Pfeile – oder allgemeiner: die Elemente eines Vektorraums – nennt man Vektoren. Zu den zentralen Vorteilen von Vektoren und Vektorräumen gehört, dass mit ihnen gerechnet werden kann. Vektoren lassen sich addieren und subtrahieren, wir können sie mit Faktoren multiplizieren und neue Vektoren berechnen, die beispielsweise genau von einem Vektor zu einem anderen zeigen, also die Distanz zwischen zwei Punkten erfassen.

Die Idee von Tomáš Mikolov umfasste ein sogenanntes neuronales Netz, das aus einem sehr großen Korpus Wörter entnimmt und sie zunächst zufällig in einem Vektorraum positioniert. So landet das Wort „Frau" beispielsweise an der Stelle (3|2), also beim X-Wert 3 und beim Y-Wert 2, und das Wort „Mann" an der Stelle (1|7). Stecken in den Korpora auch Personennamen, so landet „Merkel" vielleicht an Stelle (12|9) und „Macron" an (8|2). Dabei spielen die genauen Werte weniger eine Rolle als ihre Distanz zueinander: Legen wir eine direkte Verbindung zwischen „Frau" (3|2) und „Mann" (1|7), so beträgt diese Distanz 5,39, die Distanz zwischen „Merkel" (12|9) und „Macron" (8|2) beträgt 8,06.

Die Krux besteht nun darin, die Positionen der Vektoren iterativ, also in zahlreichen Optimierungsschleifen, so zu verändern, dass ihre Distanzen zueinander möglichst den Konkordanzen entsprechen, also die Häufigkeit benachbarten Auftretens von Wörtern repräsentieren. Mikolov hatte nämlich festgestellt, dass sich so Muster und Strukturen sozialer Eigenschaften und Zusammenhänge abbilden lassen. Auf das Beispiel angewandt: Die Positionen der Vektoren lassen sich so verändern, dass die Distanz zwischen „Frau" und „Mann" ziemlich genau der Distanz von Frau „Merkel" und Herrn „Macron" entspricht.

Erneut müssen wir unser Beispiel hochskalieren. Für die Textbasis bedienten sich Mikolov und seine Kollegen bei Google mehrerer Korpora des bereits kennengelernten Linguistic Data Consortium der Universität Pennsylvania. Und für den Vektorraum experimentierte das Team mit bis zu 640 Dimensionen. Sechshundertvierzig! Das ist für Menschen weder vorstellbar, noch ist es in adäquater Form abbildbar. Warum „word2vec" also so gut funktioniert, ist in der Theorie nur schwer nachvollziehbar. Zahlreiche Tests und Experimente haben aber gezeigt, dass die Modelle von Tomáš Mikolov imstande sind, beispielsweise Geschlechter mit Rollen und Personen korrekt abzubilden: Merkel ist von Macron in Mikolovs Vektorraum also circa so weit entfernt, wie Frau von Mann oder wie Königin von König. Hinzu kommt, dass mit Vektoren auch gerechnet werden kann. So landet man, subtrahiert man vom König-Vektor den Mann-Vektor und addiert stattdessen den Frau-Vektor, ziemlich genau beim Vektor der Königin. Das Ganze funktioniert auch für Städte und Länder, insofern „Berlin" von „Deutschland" etwa so weit entfernt ist wie „Ulaanbaatar" von der „Mongolei", oder indem sich die Postleitzahlen Münchens gegenseitig näher sind als den Postleitzahlen Leipzigs, die sich untereinander aber wiederum näher sind.

Nach diesen – durchaus bahnbrechenden – Erkenntnissen haben andere Mikolovs Idee übernommen und verschiedene Aspekte optimiert. Denn von seiner theoretisch nur schwer begründbaren Grundidee abgesehen, war „word2vec" nur auf englische Texte optimiert und auch nur mit großem Aufwand reproduzierbar. Theoretisch nachvollziehbarer sowie anwendbar für andere, die nicht unbedingt Zugriff auf große Ressourcen haben, wurden solche vektorbasierten Sprachmodelle insbesondere dank eines Teams der Universität Stanford in Kalifornien, keine acht Kilometer Luftlinie von Mikolovs Team bei Google in Mountain View entfernt.

Dort arbeitete zu der Zeit im Team von Christopher Manning, von dem wir noch häufiger lesen werden, auch der deutsche Informatiker Richard Socher an seiner Dissertation (Socher 2014) und der Idee, die iterativen Positionsoptimierungen der Vektoren nicht nur auf Konkordanzen, sondern auf Basis der Informationen in Kollokationsmatrizen durchzuführen. Der Computer sollte also die Vektoren danach verschieben und ihre Distanzen optimieren, wie häufig Wörter (Typen) gemeinsam in sehr großen Korpora auftauchen. Als

Grundlage dafür dienten die bereits kennengelernten Korpora von Wikipedia, „Gigaword" und „Common Crawl" sowie die gewichteten Abstände von bis zu zehn Tokens. Das Team aus Stanford, dem Socher angehörte, nannte diese Idee „GloVe" (Pennington et al. 2014) und veröffentlichte nicht nur ein Papier, sondern vor allem auch das Sprachmodell selbst. Damit wurde der aufwändige Rechenprozess des Erstellens solcher Sprachmodelle bereits vorweggenommen und die Idee – auch für die CCS – salonfähig. Das bis heute für englische Texte hoch angesehene „GloVe"-Modell ist kostenfrei verfügbar, je nach Ausführung ein bis zwei Gigabyte groß und erlaubt es, nahezu alle gängigen englischen Wörter in Vektoren mit – erneut: je nach Ausführung – 25 bis 300 Dimensionen zu überführen, die in einem semantisch sinnhaften Vektorraum verortet sind.

Mittlerweile finden sich auch zahlreiche alternative Sprachmodelle auf dem freien Markt. Zu den prominentesten Vertretern gehört „spaCy", ein Open-Source-Projekt der Firma „Explosion", die 2014 in Berlin vom Computerlinguisten Matthew Honnibal und der Medienwissenschaftlerin Ines Montani gegründet wurde. Die „spaCy"-Sprachmodelle dienen weniger der Forschung, sondern vielmehr dem aktiven Einsatz in der Praxis. Sie sind deshalb sehr auf Effizienz optimiert, sind in ihrer Anwendung also sehr schnell. Sie sind außerdem in mehreren Sprachen verfügbar, frei lizenziert, passen auf jedes Notebook und jeden Heimcomputer und kommen mit 300 Dimensionen dennoch in ausreichender Granularität daher.

Doch kommen wir zurück zur Forschung: Mit „GloVe" und der Fokussierung auf Kollokationsmatrizen war zu großen Teilen auch das Rätsel um die theoretische Begründbarkeit von Mikolovs „word2vec"-Idee geklärt: Denn Konkordanzen sind letztlich nichts anderes als die explorative Form von Kollokationen und Mikolovs Versuche mit neuronalen Netzen basierten im Kern – ebenso wie die Versuche Sochers in Stanford – auf der Nähe von Wörtern in großen Korpora.

So lassen sich mit beiden Modellen Dokumente in ihre Tokens zerlegen, die Tokens in Vektoren überführen und mithilfe des Mittelwerts der Vektoren beispielsweise nach ähnlichen Inhalten vollautomatisiert gruppieren. Oder es lassen sich wenige Dokumente manuell dahingehend codieren, ob sie Gewalt verherrlichen und anschließend alle verbleibenden Dokumente als möglicherweise gewaltverherrlichend einstufen, die laut den Sprachmodellen in der Vektorraum-Nähe der manuell codierten Dokumente liegen. Die Anwendungsmöglichkeiten sind vielfältig und wir lernen einige davon auch im nächsten Kap. 9 genauer kennen.

Eine zentrale Herausforderung beider Ansätze aber ist die Notwendigkeit, dass Tokens in der Anwendung nur dann in Vektoren überführt werden können, wenn sie bereits in den ursprünglichen Korpora, also zum Beispiel in der Wikipedia oder „Common Crawl", vorkamen. Das trifft zwar auf viele Tokens zu, aber gerade bei Texten, die Slang oder Dialekt enthalten oder die nicht unbedingt grammatischen Regeln folgen, wie es in sozialen Netzwerken der Fall ist, fallen immer wieder Tokens durch dieses Raster.

Eben diese Erkenntnis führte weitere zwei Jahre später und weitere sieben Kilometer Luftlinie weiter bei Facebook, wohin Tomáš Mikolov zwischenzeitlich gewechselt war, zu Experimenten, die aus heutiger Sicht der Sprachmodellfamilie von „char2vec" zugeordnet

werden und die schließlich als „fastText"-Sprachmodelle veröffentlicht wurden (Bojanowski et al. 2017). Die Kernidee besteht dieses Mal darin, Teile von Wörtern, also beispielsweise Silben, Wortstämme, Lemmata oder eben einzelne Buchstaben, ebenfalls in
einem Vektorraum zu verorten. Die optimierte Position eines solchen Vektors soll sich
dabei nur zum Teil aus Kollokationsmatrizen ergeben. Der weitaus wichtigere Teil sind
Muster bei der Verwendung von Wortteilen selbst. Sprachmodelle wie „fastText" sind deshalb nicht ganz so akkurat mit Blick auf sinnhafte Distanzen zwischen Wörtern, dafür aber
imstande, auch bislang nicht in Korpora auftauchende Wörter mithilfe der Informationen,
die sich aus den einzelnen Wortteilen ergeben, im Vektorraum zu verorten. Diese Verortung lässt sich dann wiederum mit Distanzen zu bekannten anderen Vektoren einordnen
und so der grobe Sinn von Text erschließen. Auch bei „fastText" setzt sich der Vektorraum
aus 300 Dimensionen zusammen. Hinzu kommt eine deutlich höhere Informationsdichte,
die „char2vec"-Sprachmodelle aus Texten ziehen (z. B. Silben, Wortstämme, Lemmata,
Buchstaben). Für akzeptable Ergebnisse reichen entsprechend bereits kleinere Korpora
aus, sodass die „fastText"-Modelle von Facebook mittlerweile für mehr als 150 Sprachen
vorliegen.

8.3.3   Transformer-Modelle

Bevor wir uns – im nächsten Kap. 9 – mit der praktischen Anwendung solcher Sprachmodelle beschäftigen, wagen wir zum Abschluss dieses ersten Teils von Texten als Daten
noch einen Blick in die Gegenwart. Denn obschon „word2vec", „GloVe", „spaCy" und
„fastText" allesamt zwischen 2013 und 2018 entstanden sind, stellen sie heute bereits
nicht mehr den Status Quo der forschenden Computerlinguistik dar. Zwar erzielen die
Modelle nach wie vor gute Ergebnisse und insbesondere „spaCy" wird für die praktische
Anwendung regelmäßig aktualisiert, doch die Forschung hat sich weiterentwickelt.

Nach wie vor lautet das Ziel, Texte zu verstehen, ihnen also Sinn zuzuschreiben. Ein
Ziel, dem zuletzt mit sogenannten Transformer-Sprachmodellen begegnet wurde.
Transformer-Sprachmodelle basieren im Kern ebenfalls auf der Idee vektorbasierter
Sprachmodelle. Der große Unterschied besteht in den betrachteten Token-Abständen.
Nochmals zur Erinnerung: In unserem Beispielsatz der Kontextualisierung („Seine Berli-
ner Kriminalität organisiert der Clan auch mithilfe der Kryptotelefone.") haben wir uns
auf jeweils fünf Tokens vor und hinter jedem fokussierten Token konzentriert. Dieser artifizielle Fünf-Token-Abstand lässt sich in der Praxis zwar etwas ausweiten, doch auch die
eindrucksvollen und mächtigen Sprachmodelle von Google, Facebook oder der Universität
Stanford sind beschränkt auf das nahe Umfeld einzelner Tokens.

Transformer-Sprachmodelle gehen anders mit diesen artifiziellen Abstandsgrenzen um.
Vereinfacht gesprochen, folgen die Modelle vier Arbeitsschritten. Erstens positionieren
auch sie zunächst zufällig Wörter (Typen) in einem Vektorraum.

Zweitens erhalten alle Typen dynamische Funktionen zugeteilt, die dimensionale Abstände zu anderen Typen berücksichtigen. Das sind zwei wichtige Änderungen: Einerseits

beschreiben dimensionale Abstände statt des Vektor-Abstands von 5,39 zwischen „Frau"
(3|2) und „Mann" (1|7), den X-Abstand $3 - 1 = 2$ und den Y-Abstand $2 - 7 = -5$ separat.
Andererseits erhalten die einzelnen Typ-Vektoren eben genau keine statischen Abstände
zugeschrieben, wie das bei den Kollokationswerten im „GloVe"-Modell der Fall war, sondern sie erhalten dynamische Funktionen. Immer dann, wenn Transformer-Modelle also
mit Abständen arbeiten, werden für beteiligte Typen die dimensionalen Abstände
situationsabhängig berechnet. Damit entfallen die artifiziellen Token-Abstände und die
Modelle werden effizienter, denn sie berechnen nur jene Distanzen, die wirklich notwendig sind.

Mit dieser Ausgangslage starten Transformer-Modelle in den iterativen Optimierungs-
prozess. Darin, drittens, werden die Vektoren in ihren Positionen verändert, sodass ihre
Distanzen wiederum dem eigentlichen Ziel Genüge tun. Doch was ist das eigentliche Ziel,
wenn die Kollokationsmatrizen fehlen? Die heute gängige Methode, die iterative Optimierung von Sprachmodellen zu bewerten, besteht in prominenten Aufgaben (engl. tasks), die
zum Beispiel bei akademischen Konferenzen kollaborativ deklariert werden. Eine solche
Aufgabe, auf die sich auch Transformer-Modelle stützen, ist die korrekte Übersetzung von
Texten. Dafür kommen beispielsweise die in alle 21 Sprachen der Mitgliedsländer über-
setzten Protokolle und Sitzungsvorlagen des Europäischen Parlaments zum Einsatz. In
diesem dritten Schritt der iterativen Optimierung ändern Transformer-Modelle also die
Positionen der Vektoren, um sich der korrekten Übersetzung eines (beispielsweise) englischen in einen (beispielsweise) lettischen Korpus anzunähern. Im Rahmen dieser Optimierung verändern Transformer-Modelle immer wieder den situativen Kontext der Typen – je
nachdem, welchen Teil eines Textes sie gerade berücksichtigen. Damit beeinflussen sie
auch die dynamische Berechnung der dimensionalen Abstände aus dem zweiten Schritt.
Letztlich entsteht eine vektorbasierte Repräsentation der Typen, in denen nicht nur die
Distanz zu anderen Typen, sondern aufgrund der dynamischen Abstandsbetrachtung auch
die Relevanz für andere Typen abgebildet ist.

Der vierte Schritt ist nicht mehr Teil des Trainings, sondern kommt erst bei der Anwendung der Transformer-Modelle zum Zug. Auch hier unterscheiden sich diese Modelle
von den bisher kennengelernten Sprachmodellen. Denn während bei „GloVe" ein Token
an das Modell übergeben und ein 300-dimensionaler Vektor, der das Token repräsentiert,
retourniert wird, gehen Transformer-Modelle auch bei der Anwendung den Weg der dynamischen Abstandsbetrachtung. Übergeben wird also in der Regel nicht nur ein Token,
sondern ein ganzes Dokument. Für jedes darin enthaltene Token suchen Transformer-Modelle dann nach Vektoren, die die Relevanz und die Distanz der anderen im
Dokument enthaltenen Tokens ebenfalls berücksichtigen. Mit anderen Worten: Während
„GloVe" für das Wort „Clan" immer denselben Vektor liefert und damit in der Anwendung
ziemlich schnell ist, ändert sich dieser Vektor bei Tranformer-Modellen in Abhängigkeit
von Tokens, die das Wort „Clan" umgeben, was Transformer-Modelle in der Anwendung
allerdings etwas behäbiger werden lässt.

Damit sind Transformer-Modelle nicht nur in der Lage, insbesondere bei längeren Texten sehr beeindruckende Ergebnisse zu erzielen, sondern sie sind außerdem in der Lage,

erstaunlich hochwertige Texte selbst zu produzieren. Das verdeutlichen frei verfügbare Anwendungen der 2017 erstmals und abermals von Google vorgestellten Transformer-Technologie (Vaswani et al. 2017).

Zu den bekanntesten Anwendungen gehören „BERT" und die „GPT"-Sprachmodelle. „BERT" (Devlin et al. 2019) benennt sowohl die vorgestellte Technologie als auch die erste anwendbare Implementierung von Google selbst und hat sich binnen kürzester Zeit zum De-facto-Standard für viele Anwendungen, die mit dem Verständnis von menschlicher Sprache operieren, entwickelt. Dazu zählt im Übrigen auch die Google-Suchmaschine selbst (Nayak 2019). Die „BERT"-Implementierung unterstützt im Original nur englische Texte, während die „BERT"-Technologie eine verhältnismäßig einfache Adaption auf andere Sprachen erlaubt, sodass mittlerweile zahlreiche Versionen existieren, auch deutsche („GBERT"; Chan et al. 2020).

Das 2020 veröffentlichte „GPT-3" stellt die dritte Version des Open-Source-Transformer-Modells des kalifornischen Unternehmens „OpenAI" dar. Das Modell kann mit zahlreichen Sprachen umgehen und bildet auch die Grundlage für die 2022 prominent gewordene „ChatGPT"-Anwendung sowie Versuche des Guardians von 2020, automatisiert journalistische Meinungsbeiträge zu generieren. Die Firma „OpenAI" erhält ihre finanzielle Unterstützung in Teilen von Microsoft sowie von bekannten Tech-Investoren, nicht zuletzt von Elon Musk und Peter Thiel. Und nur, um die Geschichte zu einem runden Ende zu bringen, sei an dieser Stelle erwähnt, dass „OpenAI" unter anderem vom kanadischen Informatiker Ilya Sutskever gegründet wurde, der zuvor schon Teil des „word2vec"-Teams von Tomáš Mikolov bei Google war.

8.4   Zwischenfazit und Literaturhinweise

Texte stellen sowohl eine zentrale Datengattung für die Kommunikationswissenschaft als auch eine zentrale Herausforderung für die Informatik dar. Und während die Kommunikationswissenschaft Texten lange Zeit in Handarbeit mit ihrer methodischen Paradedisziplin, der Inhaltsanalyse, begegnete, setzte die Informatik große Bemühungen in verschiedene Formen der automatisierten Betrachtung von Texten. In beiden Fällen aber lautet das Ziel, Sinn aus Texten zu ziehen.

In diesem ersten von zwei Kapiteln zu diesem Themenkomplex widmeten wir uns den technischen Grundlagen. Neben zentralen Begrifflichkeiten wie Dokumenten, Korpora, Typen, Tokens und der Tokenisierung unterteilen wir diese Grundlagen in drei Perspektiven:

1. Beim einfachen Auszählen einzelner Wörter oder Phrasen steht die Nachvollziehbarkeit im Fokus. Die Prinzipien hinter Volltextsuchen, regulären Ausdrücken, Stemming, Lemmatisierung und Diktionären sind leicht verständlich, die Herangehensweise aber sehr anfällig für fehlende Kontexte. Das kann je nach Forschungsfrage in Ordnung sein

(z. B. wenn davon auszugehen ist, dass die schlichte Nennung einzelner Begriffe bereits kognitive Schemata während der Rezeption aktivieren) oder zum Problem werden.

2. Die Einordnung von Wörtern und Phrasen in unterschiedliche Kontexte hilft dabei, diese Probleme insoweit in den Griff zu bekommen, als Konkordanzen als Darstellungsform und Kollokationen als Instrument zur Analyse gemeinsamer Kontexte zumindest Indizien über das Umfeld verwendeter Begriffe geben.

3. Schließlich erlauben moderne Sprachmodelle eine Annäherung an ein inhaltliches Verständnis von Texten. Sie sind aber nur schwer nachvollziehbar und aufgrund ihrer vieldimensionalen Komplexität nicht visuell darstellbar. Zudem benötigen sie viele Ressourcen während des aufwändigen Trainingsprozesses. Diese Arbeit nehmen uns die bekannten Tech-Großkonzerne aber ab, sodass für die CCS fertige Sprachmodelle zur weitaus weniger ressourcenhungrigen Anwendung bereitstehen.

Übungen

Einige der hier kennengelernten Methoden lassen sich mit einfachen Befehlen in Python und R ausprobieren. Sprachmodelle benötigen hingegen etwas mehr Vorbereitung, da die Modelle heruntergeladen und die IT-Umgebung eventuell etwas angepasst werden müssen. Folgen sie den Anleitungen und Hilfestellungen wie auch den Übungsaufgaben der Online-Begleitmaterialien zu diesem Lehrbuch für das aktuelle Kapitel also bestenfalls an einem Rechner, mit dessen Betriebssystem Sie einigermaßen vertraut sind: https://datenfruehstueck.github.io/ccs/

Literaturhinweise

- Boumans, J. W., & Trilling, D. (2016). Taking stock of the toolkit. An overview of relevant automated content analysis approaches and techniques for digital journalism scholars. *Digital Journalism, 4*(1), 8–23. https://doi.org/10.1080/21670811.2015.1096598
- Lind, F., Eberl, J.-M., Heidenreich, T., & Boomgaarden, H. G. (2019). When the journey is as important as the goal: A roadmap to multilingual dictionary construction. *International Journal of Communication, 19*, 4000–4020.
- Manning, C. D., Raghavan, P., & Schütze, H. (2008). *Introduction to information retrieval*. University Press.
- Rauh, C. (2018). Validating a sentiment dictionary for German political language – A workbench note. *Journal of Information Technology & Politics, 15*(4), 319–343. https://doi.org/10.1080/19331681.2018.1485608
- Wankmüller, S. (2022). Introduction to neural transfer learning with Transformers for social science text analysis. *Sociological Methods & Research*, Advance Online Publication. https://doi.org/10.1177/00491241221134527

Nach den Grundlagen zu Texten als Daten widmet sich dieses zweite Kapitel zum Thema nun den typischen Schritten eines konkreten Forschungsvorhabens. Dabei stehen zunächst die rechtlichen Grundlagen und ethischen Prinzipien bei der Arbeit mit Texten im Fokus. Daran anschließend wird der angewandte Forschungsprozess in vier Schritten näher betrachtet: (1) Dem zwingend notwendigen Schritt der Datenaufbereitung, (2) möglicher Annotationen, die auch auf die gerade kennengelernten Sprachmodelle aufbauen, (3) die Überführung in eine für die weitere Analyse meist zentrale Document-Feature-Matrix und schließlich (4) die deskriptive Beschreibung und Visualisierung von Texten als Daten.

9.1 Rechtliche Grundlagen

Bei der Arbeit mit Texten als Daten greifen zunächst in aller Regel die bereits bekannten Eigentumsrechte: Texte gehören jemandem und das ändert sich nicht automatisch, nur weil Texte frei zugänglich sind.

Dem gegenüber stehen abermals das deutsche Datenbankrecht sowie die europäische Urheberrechtsrichtlinie, die es der nicht-kommerziellen wissenschaftlichen Forschung erlauben, zweckgebundene Korpora für Forschung und Lehre anzulegen. Zu den zentralen Auflagen zählen dabei die Zweckgebundenheit sowie die Einschränkungen für die Weitergabe der Daten: Das Datenbankrecht sieht dabei vor, dass lediglich bis zu 15 % eines Werks zur Veranschaulichung dargestellt werden dürfen, während die Urheberrechtsrichtlinie die vollständige Weitergabe erlaubt, sofern sie der Überprüfung wissenschaftlicher Erkenntnisse dient.

M. Haim, *Computational Communication Science*, Studienbücher zur Kommunikations- und Medienwissenschaft, https://doi.org/10.1007/978-3-658-40171-9_9

Gleichzeitig öffnet genau diese Fokussierung auf Volltexte eine rechtliche Tür: Denn Eigentumsrechte beziehen sich nicht auf die numerischen Relative von Texten. Genau das aber ist das Ziel bei allen Bestrebungen der CCS. So überführt der Prozess der Tokenisierung Volltexte in voneinander losgelöste Typen und numerische Angaben darüber, wie häufig jeder Typ je Dokument vorkommt. Es fehlen ab diesem Schritt Angaben zur Reihenfolge der Typen. Das macht eine Rückführung auf die ursprünglichen Volltexte nahezu unmöglich. Mit anderen Worten: Wir wissen vielleicht, dass die Typen „Clan" und „Kriminalität" in einem Dokument vorkommen, und auch, dass die Typen „Berliner" und „Kryptotelefone" darin vorliegen, über die genaue Anordnung wissen wir aber nichts mehr. Bildlich gesprochen wurden alle Typen aus einem Korpus herausgelöst und in einen großen Sack geworfen. Man bezeichnet solche Darstellungsformen, die nicht auf einzeln positionierte Tokens in Dokumenten angewiesen sind, deshalb auch als „bags of words" (Säcke voller Wörter). Und eben diese „bag of words"-Darstellungsformen, und dazu gehören auch Kollokations- und Document-Feature-Matrizen, fallen aus den genannten Gründen für den forschenden Eigenbedarf nicht in die Eigentumsrechte.

Bereits im vorhergehenden Kap. 8 wurde aber deutlich, dass nicht alle Verfahren im Umgang mit Texten mit „bag of words"-Darstellungsformen funktionieren: Die Darstellung von Konkordanzen, die Berechnung von Kollokationen oder die initiale Erstellung von Kollokationsmatrizen benötigen Informationen über genaue Positionen von Tokens in Dokumenten. Und auch in diesem Kapitel werden sowohl Verfahren, die auf Positionsinformationen verzichten können, als auch Verfahren, die auf Positionsinformationen angewiesen sind, vorgestellt. Ein Umweg besteht deshalb darin, aus den Volltexten zunächst positionsabhängige Indikatoren abzuleiten und diese als numerische Informationen in positionsunabhängige Darstellungsformen, wie etwa Document-Feature-Matrizen, zu überführen, die aus rechtlicher Perspektive offengelegt und geteilt werden können. Wir kommen darauf im Laufe dieses Abschn. (9.5) nochmals zurück.

Wie aber lösen die im vorhergehenden Kapitel vorgestellten großen Korpora diese rechtlichen Herausforderungen? Sie stellen ja nicht nur numerische Relative, sondern Volltexte zur Verfügung. Die Antwort darauf kann nur differenziert je Korpus erfolgen. So veröffentlichte Wikipedia ihre Artikel früher unter der GNU-FDL-Lizenz, eine Schwesterlizenz für Texte zur schon kennengelernten GNU-GPL für Software, und seit einiger Zeit unter einer CC-BY-Lizenz. Damit dürfen die Texte verwendet, veröffentlicht und sogar verändert werden, solange die Wikipedia genannt und die geltenden Lizenzbedingungen beibehalten werden. Menschen, die Inhalte bei Wikipedia einstellen, stimmen dieser Lizenzbestimmung bereits bei der Erstellung zu. „Common Crawl" verzichtet gänzlich auf eine Lizenz und beruft sich schlicht darauf, selbst nur Inhalte zu indexieren, für die eine Indexierung nicht mithilfe der *robots.txt* explizit untersagt wurde. Das wäre aus europäischer Sicht mindestens ein rechtlicher Graubereich. Auch „Gigaword" nutzt seine eigene Lizenz, ein kurzes Dokument, das die Weitergabe untersagt, eine Kennzeichnung fordert und die urhebenden Nachrichtenagenturen nennt.

Zu all diesen Überlegungen der Eigentumsrechte gesellen sich schließlich noch personenbezogene Rechte (vgl. Kap. 3). Wann immer Texte mögliche Hinweise auf Individuen enthalten, sind diese entsprechend zu berücksichtigen. Das kann der Fall sein, wenn Korpora aus Social-Media-Kommentaren oder Messenger-Protokollen stammen.

9.2 Ethische Prinzipien

Das ist auch in ethischer Hinsicht schwierig. Denn gerade in großen Korpora ist die Überprüfung, ob und inwiefern personenbezogene Daten enthalten sind, schwierig bis nahezu unmöglich. Das liegt nicht zuletzt daran, dass Volltexte zunächst unstrukturierte Daten darstellen. Ob in Hunderten, Tausenden oder gar Millionen von Posts individuelle Personen genannt, eventuell ihre Adressen veröffentlicht oder Matrikelnummern enthalten sind, ist kaum auszuschließen.

Umso sensibler muss der Umgang mit großen Textdaten erfolgen. Je nach Ursprung ermöglichen beispielsweise standardisierte Handle-Schreibweisen eine explizite Suche nach Personenbezeichnungen: So beginnen alle Twitter-Handles mit einem „@" und lassen sich so mithilfe regulärer Ausdrücke leicht in großen Datensätzen identifizieren und durch ein genuines „@user" ersetzen. Denn Anonymisierung und Pseudonymisierung sind – je nach Textgattung – ebenso Pflicht wie die Validierung jedweder angewandten Verfahren, etwa Diktionäre oder Annotationen. Zentraler Grund dafür ist, dass diese Analysen Texte als manifest ansehen – also als dezidiert in diesem Rahmen getätigte Aussagen. Der Computer ist schlicht nicht imstande, die Intention hinter Texten einzuschätzen und damit zu unterscheiden, ob ein Post in der Situation komisch, ironisch, teilweise seriös oder bierernst gemeint war. Es bleibt dem Computer nichts anderes übrig, als all die Typen und Tokens wörtlich zu nehmen und beispielsweise Parteiprogramme anhand eines Diktionärs als populistisch einzustufen, wenn darin von „Eliten" und einem „Establishment" die Rede ist – ganz egal, ob das Parteiprogramm die Begriffe in Anführungszeichen setzt und sich damit vielleicht explizit von populistischen Parteien abheben will. Genauso kann ein Computer nicht anders, als Beiträge anhand eines Ressort-Diktionärs eher dem Sportressort zuzuordnen, wenn darin vor allem Sportjargon vorherrscht – ganz egal, ob der Beitrag möglicherweise mit dem „engen Rennen", dem „Schlussspurt" und dem „Foto-Finish" auf die Beschreibung eines Wahlkampfs abzielte und eher ins Politikressort gehörte.

Dass damit auch Fehleinschätzungen einhergehen, lässt sich nicht vermeiden. Und doch sind sie schwieriger zu identifizieren als das bei gängigen statistischen Verfahren, bei denen sich Fehlergrößen berechnen lassen, der Fall ist. Die ethische Herausforderung besteht nun darin, die Unsicherheit, die solchen Fehleinschätzungen zugrunde liegt und die sich aus der fehlenden Struktur oder der Uneinheitlichkeit geschriebener menschlicher Sprache ergibt, zu thematisieren, zu reduzieren und zu quantifizieren.

9.3   Datenaufbereitung („Pre-Processing")

Ein Teil der Fehlerquellen lässt sich mit einer sorgfältigen Datenaufbereitung in den Griff bekommen. Die Datenaufbereitung bei der Arbeit mit Texten ist dabei je nach Ausgangs-korpus (z. B. einsprachig oder mehrsprachig, Bücher, Artikel oder Posts, journalistisch strukturiert oder von Slang und Dialekt geprägt) unterschiedlich aufwändig. Er sollte dabei immer damit beginnen, den originalen Datensatz einmal zu kopieren und fortan nur-mehr mit dieser Kopie weiterzuarbeiten. So lässt es sich bei Fehlern an den Anfangspunkt zurückkehren. Die zentralen Aspekte der Datenaufbereitung selbst lassen sich dann in Anlehnung an Manning und Kollegen (2008) in fünf Schritte zusammenfassen: (1) die Definition eines Dokuments, (2) die Tokenisierung, (3) das Entfernen von Stoppwörtern, (4) die Vereinheitlichung und (5) das Stemming beziehungsweise die Lemmatisierung.

Um diese zentralen Aspekte leichter zu verinnerlichen, führen wir an dieser Stelle eine Eselsbrücke in Form eines musikalischen Merksatzes ein, der die fünf Schritte in den An-fangsbuchstaben der einzelnen Wörter repräsentiert: *D*ream *T*heater *s*ounds *v*iciously *s*ymphonic-*l*ike. Zugegeben: Die New Yorker Progressive-Metal-Band, die seit den 1980er-Jahren aktiv und seit den 1990er-Jahren einigermaßen berühmt ist, gehört nicht unbedingt zur Lebenswelt aller Lesenden dieses Lehrbuchs, doch ihr Sound ist einzigartig und so dem eigentlichen Sinn einer Eselsbrücke sicherlich zuträglich.

Auch in diesem Kapitel arbeiten wir mit dem Beispiel-Datensatz des Spiegels und allen im Jahr 2021 in einer der gedruckten Ausgaben erschienenen und mindestens eine Seite langen Artikel.

9.3.1   Definition eines Dokuments

Dream Theater beginnt mit einem „D" (wie in Dokument) und weist damit auf die bereits zu Beginn der Datenaufbereitung nötige Planung des Endprodukts und der Beantwortung folgender Fragen hin: Was ist die angestrebte Analyseeinheit und wofür wird sie benötigt? Im Duktus von Texten als Daten gilt es gleich zu Beginn zu definieren, was ein einzelnes Dokument ausmacht. Sollen Aussagen über journalistische Artikel getroffen werden, bil-det der Artikel auch die geeignete Analyseeinheit und damit das Dokument. Geht es aber beispielsweise um die Häufigkeit bestimmter Metaphern, also sprachlicher Bilder, so eig-nen sich vielleicht Phrasen oder einzelne Sätze besser als Analyseeineit und damit als Dokument.

Denn bei Texten als Daten kann ein Dokument, mithin also die Analyseeinheit, ein ganzer Artikel sein. Ein Dokument kann aber auch der einzelne Satz sein, oder ein Absatz, eine Phrase, eine Überschrift oder gar ein ganzes Buch. Sollen also Aussagen über journa-listische Artikel getroffen werden, bilden wir bestenfalls ganze Beiträge als Dokumente ab. Suchen wir aber nach stereotypen Darstellungen weiblicher Führungskräfte, so eignen sich dafür wohl eher Absätze oder einzelne Sätze als Dokumente.

Die Wichtigkeit dieser Definition ist kaum zu unterschätzen. Denn sie stellt ein Abwägen zwischen Effektivität und Effizienz dar. Einerseits muss die Definition eines Dokuments die Beantwortung der gestellten Forschungsfragen ermöglichen, sie muss also einen effektiven Umgang mit den Texten als Daten ermöglichen. Andererseits geht eine zu feingliedrige Unterteilung von Texten in, beispielsweise, Sätze als Dokumente möglicherweise zu Lasten der Ressourcen des Computers. Die Definition eines Dokuments muss also gleichsam einen effizienten Umgang mit Texten als Daten erlauben.

Dieser erste Schritt der Datenaufbereitung ist also vor allen Dingen ein theoretischer: Forschende müssen sich an dieser Stelle klar darüber werden, was das Ziel ihrer Arbeit mit Texten als Daten ist. Nur, wenn diese Klarheit gegeben ist, kann sinnvoll mit den nächsten Schritten fortgefahren werden.

9.3.2 Tokenisierung

Auf das „T" von Dream Theater in Form der Tokenisierung (engl. tokenization) sind wir bereits im Rahmen des Zählens von Typen und Tokens im letzten Kap. 8 gestoßen. Es bildet den zentralen Schritt der Überführung ganzer Texte in handhabbare, zählbare und letztlich auch berechenbare Einheiten.

▶ Als Tokenisierung bezeichnet man die Aufteilung eines Dokuments in kleinere
   Einheiten. Die Teilung findet üblicherweise entlang von Leerräumen statt (Leerzeichen, Tabulatoren, Zeilenumbrüche). Je nach Anwendungsfall werden Zahlen und Interpunktion vorher entfernt. Eine Angleichung von Klein- und Großschreibung ist möglich.

Entscheiden Forschende bei der Definition eines Dokuments („Dream") also darüber, was Merkmalsträger ausmacht, steht bei der Tokenisierung („Theater") die Wahl der Merkmale im Fokus. Welche Größe die Merkmale, mithin die Typen und Tokens, haben sollen, ist wie schon bei der Definition eines Dokuments eine Frage des Forschungsziels. Naheliegend erscheinen zunächst einzelne Wörter. Der Satz „Und Artikel 5 GG sieht Meinungsfreiheit und keine Zensur vor." würde so in elf Tokens aufgeteilt, nämlich in alle einzelnen Wörter, die Zahl 5 sowie den abschließenden Punkt. Da es sich um Fragmente mit einer Länge von jeweils einem Wort oder Zeichen handelt, spricht man bei solchen Ein-Wort-Tokens auch von Unigrammen.

Doch wir haben bereits bei den Diktionären im letzten Abschn. (8.1.4) gesehen, dass bei der Betrachtung von Unigrammen mitunter der Sinn von Negierungen verlorengeht, wir also nicht mehr imstande sind, Aussagen darüber zu treffen, ob „Zensur" (ein Token) oder „keine Zensur" (zwei Tokens) vorgesehen ist. Ein Problem, das wir auch bei Namen („Kim Dotcom"), Ländern („Burkina Faso") oder Firmen („Deutsche Telekom") haben. Um dem zu begegnen, lassen sich Texte im Rahmen der Tokenisierung auch in Zwei-Wort-Gruppen unterteilen. Diese Zwei-Wort-Tokens werden Bigramme genannt. Der

Beispielsatz zerteilt sich dabei in ein erstes „Und_Artikel"-Token, das aus „Und" und „Artikel" besteht. Das zweite Token extrahiert die zweite Möglichkeit der Kombination von zwei Wörtern, nämlich „Artikel" und „5", und macht daraus ein „Artikel_5". Dieses Muster setzt sich fort, mit „5_GG" und „GG_sieht" und so weiter, bis schließlich zehn Bigramme extrahiert sind.

In manchen Fällen sind auch Drei-Wort-Tokens sinnvoll („Vereinigte Arabische Emirate"), sogenannte Trigramme. Noch längere Konstrukte („Vereinigte Staaten von Amerika") werden üblicherweise als N-Gramme bezeichnet und mit einer Angabe der Anzahl umspannter Wörter versehen. In seltenen Fällen ist auch das Auslassen von Wörtern bei der Tokenisierung denkbar, zum Beispiel, wenn in unserem Beispiel nur der Verweis auf das Grundgesetz ohne den genauen Artikel („Artikel_GG") extrahiert werden soll. Dafür identifizieren wir Bigramme, die sich aus dem übernächsten Wort speisen („Artikel" und „GG", die „5" dazwischen bleibt außen vor) – ein Konstrukt, das man auch als Skip-Gramm bezeichnet.

Ob nun Unigramme, Bigramme oder andere Formen im Rahmen der Tokenisierung sinnvoller sind, hängt neben dem eigentlichen Forschungsinteresse auch von der Genese der vorliegenden Texte ab. Deutschsprachige Texte beispielsweise benötigen häufig zwei Wörter für Negierungen („keine Zensur", „nicht gut"). Aber auch scheinbar banale Formalia spielen eine Rolle: Enthalten die vorliegenden Texte markierte Silbentrennungen („kei-ne Zen-sur"), so gilt es sicherzustellen, dass die Tokenisierung korrekt mit solchen Bindestrichen zwischen Wortteilen umgeht. Zwei Möglichkeiten bieten sich an: Entweder werden Bindestriche als Trennzeichen zwischen Wörtern betrachtet und dafür Bigramme extrahiert oder Bindestriche werden im Vorfeld entfernt und Wörter wiederum als Unigramme extrahiert.

Auch eine Kombination aus Uni- und Bigrammen ist denkbar: Im Rahmen der Tokenisierung werden die Texte dabei zweimal aufgeteilt – einmal in Unigramme und einmal in Bigramme. Für die weitere Verarbeitung finden dann beide extrahierten Konstrukte Verwendung. Der Beispielsatz würde also einmal in elf Unigramme und einmal in zehn Bigramme tokenisiert, sodass letzten Endes einundzwanzig Tokens vorliegen.

Der eben thematisierte Umgang mit Bindestrichen macht aber noch auf einen weiteren Aspekt der Tokenisierung aufmerksam – den Umgang mit Interpunktion. Denn neben der Silbentrennung stellt sich die Frage, ob Punkte, Kommata, Ausrufe- und Fragezeichen, Semikolons, Doppelpunkte oder Klammern eigentlich Teil der Tokenisierung sein oder doch vorher entfernt werden sollten. Auch das hängt vom Forschungsinteresse ab: Entfernt werden sollte, was erwartungsgemäß nicht zum Erkenntnisinteresse beiträgt. Ist aber beispielsweise die Verwendung von Ausrufezeichen als Aufforderung an Lesende Gegenstand einer Forschungsfrage, dürfen Ausrufezeichen selbstverständlich nicht entfernt werden.

Ähnlich verhält es sich mit Zahlen: Es ist durchaus üblich, Zahlen im Prozess der Tokenisierung zu entfernen. In unserem Beispiel würde so die „5" entfernt, was sich etwa auf die Extraktion der Bigramme auswirkt. Es gibt aber durchaus Forschungsfragen, für die

Zahlen unbedingt Teil des Korpus bleiben müssen und entsprechend nicht in der Tokenisierung entfernt werden dürfen.

Zuletzt gehört zur Tokenisierung die Entscheidung, ob Wörter in ihrer Groß- und Kleinschreibung angeglichen werden sollen. Das ist vor allem im Hinblick auf die weitere Verarbeitung und Transformierung in Typen relevant. Denn mit einer Angleichung würde
beispielsweise aus „floh" und „Floh" ein und derselbe Typ. Ist das erwartungsgemäß nicht
in vielen Fällen der Fall, ist in der Regel eine Angleichung ratsam. So auch in unserem
„GG"-Beispiel, bei dem bei der Unigramm-Extraktion elf Tokens entstehen würden, die
auch zu elf eindeutigen Typen würden. Bei der Angleichung würden zunächst alle Wörter
in Kleinschreibung überführt, sodass aus elf Tokens schließlich zehn eindeutige Typen
würden, deren reduzierter Sinngehalt aber durchaus gewollt ist („Und" und „und" werden
als ein und derselbe Typ behandelt).

9.3.3 Stoppwörter

Einmal tokenisiert, weist uns der dritte Schritt („Dream Theater *sounds*") auf einen Umstand hin, der auch als Zipf'sches Gesetz bekannt ist: Denn Sprache folgt keiner Normalverteilung. Es gibt Wörter, die deutlich häufiger in unserem Sprachgebrauch auftreten als
andere. Bestimmte und unbestimmte Artikel beispielsweise, Konjunktionen („und",
„oder") oder auch Präpositionen („vor", „auf"). Diese Wörter tauchen in jedem Dokument
auf und tragen so nicht sonderlich zur Differenzierung bei. Stattdessen haben sie struktu-
rierenden Wert für die Sprache. Sie helfen Menschen, Informationen zu sortieren und
Texte in einen Fluss zu bringen. Doch für die allermeisten Forschungsfragen, die wir mit
Texten als Daten zu beantworten suchen, haben sie keinen wirklichen Mehrwert.

Das wird deutlich, wenn wir uns des Spiegel-Beispiels bedienen und uns die Häufig-
keitsverteilung der einzelnen Typen anschauen, die im gesamten Korpus enthalten sind
(Abb. 9.1): Wie der Pareto- oder Long-Tail-Verteilung zu entnehmen ist, streut ein großer
Teil der Wörter um das linke Ende der Verteilung, verteilt sich also auf sehr wenige Typen,

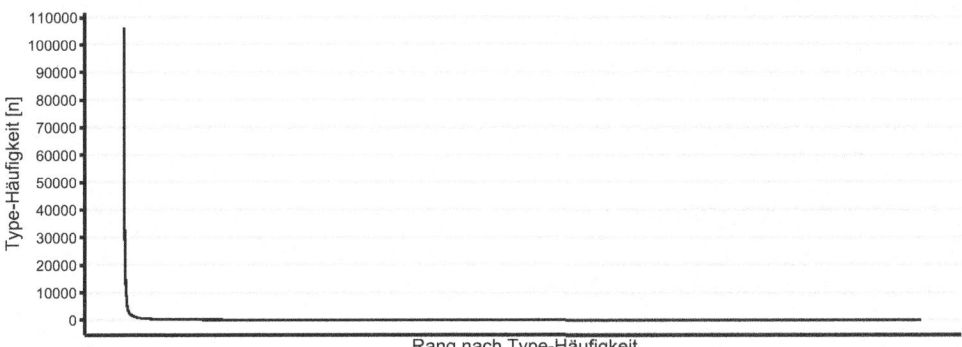

Abb. 9.1 Verteilung der Unigramm-Typen im Spiegel-Korpus (eigene Darstellung)

während sich die restlichen Wörter auf sehr viele restliche Typen verteilen. Laut George Zipf (US-amerikanischer Linguist) verhält sich die Wahrscheinlichkeit, dass ein Wort im Korpus vorkommt, grob umgekehrt proportional zu seinem Rang in der Häufigkeitsverteilung.

Bei der Arbeit mit Texten als Daten bezeichnet man solche Wörter am linken Ende dieser Verteilung auch als Stoppwörter. Sie haben kaum Mehrwert, sorgen aber dafür, dass der Computer mehr zu verarbeiten hat – weshalb man diese Wörter üblicherweise davor „stoppt", diesen Mehraufwand zu verursachen.

Eine Strategie im Umgang mit Stoppwörtern ist, eben diese Häufigkeitsverteilung als Grundlage anzunehmen und alle Wörter, die links von einer bestimmten Auftretenshäufigkeit landen, aus dem Korpus zu entfernen. Im Spiegel-Korpus ist der häufigste Typ das Wort „die", es kommt insgesamt mehr als einhunderttausend Mal und damit ganze fünfundzwanzig Prozent häufiger vor als der zweithäufigste Typ „der". Dass mit dieser Strategie auch Wörter entfernt werden, die aufgrund der Beschaffenheit des Korpus häufig auftauchen, selbst aber keine Artikel, Konjunktionen oder Präpositionen sind, wird dabei in Kauf genommen. Im Spiegel-Korpus taucht beispielsweise das Wort „spiegel" häufiger auf als die Präposition „bis", sodass es einem solchen Entfernen von Stoppwörtern ebenfalls zum Opfer fallen könnte.

Dem begegnet man gelegentlich mit einer generischen Liste an Stoppwörtern. Anstatt also schlicht die häufigsten Typen zu entfernen, bedient man sich einer Liste an typischen Stoppwörtern für die deutsche Sprache, die besagte Artikel, Konjunktionen und Präpositionen enthält. Solche Listen veröffentlichen etwa linguistische Institute, engagierte Privatpersonen oder auch das bereits im Kontext des Stemming kennengelernte Snowball-Projekt.

Jüngere Verständnisse von Stoppwörtern (wie auch Historiker:innen und Fußballfans) wenden an dieser Stelle allerdings ein, dass es durchaus einen Unterschied macht, ob man „*von* Ost-Berlin *nach* West-Berlin" oder „*von* West-Berlin *nach* Ost-Berlin" fährt. Entfernt man die Präpositionen „von" und „nach", so ist die Richtung der Reise für die weitere Analyse unklar. Auch hier hängt es also vom Forschungsinteresse ab, ob Stoppwörter entfernt werden oder nicht: Sind Analysen geplant, die Richtungen und grammatische Bezüge innerhalb von Sätzen berücksichtigen, gilt es, Stoppwörter beizubehalten. Andernfalls können sie entfernt werden.

9.3.4 Vereinheitlichung

Der vierte Schritt der Datenaufbereitung soll die Merkmale vereinheitlichen („viciously"). Diese Vereinheitlichung dient im Kern der Vermeidung von Redundanz, dem „equivalence classing of terms" (Manning et al. 2008, S. 26). Ziel ist es, unterschiedliche Schreibweisen derselben Sache zu vereinheitlichen.

Noch mehr als die vorherigen beiden Schritte ist dieser Schritt dabei abhängig vom konkreten Forschungsinteresse und der weiteren Analyseabsicht. Denn die Liste denkbarer Vereinheitlichungsschritte ist lang, der Aufwand groß. Vereinheitlichung sollte sich also auf relevante Aspekte für das jeweilige Vorhaben beschränken. Infrage kommen dabei (1) die Verwendung von Abkürzungen, (2) die Berücksichtigung alternativer Schreibweisen, (3) der uneinheitliche Umgang mit Bindestrichen sowie (4) der Einsatz von Emojis.

Erstens sollen bei Bedarf ausgeschriebene („Europäische Union") und abgekürzte („EU") Tokens zusammengeführt werden. Dafür bietet es sich häufig an, aus dem ursprünglichen Korpus zunächst Akronyme als ausschließlich aus Großbuchstaben („NATO") oder Großbuchstaben und Punkten („U.S.A.") bestehenden Tokens mithilfe regulärer Ausdrücke zu extrahieren. Anschließend können ihre ausgeschriebenen Pendants identifiziert und die beiden zusammengeführt werden.

Zweitens sollen bei Bedarf alternative Schreibweisen mit gleicher Bedeutung zusammengeführt werden. Dieses Phänomen ist oft bei Eigennamen in unterschiedlichen Sprachen beobachtbar: Beijing oder Peking, Selenskyj oder Selenski, der sogenannte Islamische Staat oder „Daesh". Nicht nur beim letzten Beispiel ist jedoch zu beachten, dass mit einer unterschiedlichen Schreibweise manchmal auch eine unterschiedliche Wertung einhergeht, die bei einer Vereinheitlichung verloren geht.

Drittens soll bei Bedarf der uneinheitliche Umgang mit Bindestrichen Berücksichtigung finden. Das betrifft gerade im Deutschen eine Vielzahl von zusammengesetzten sprachlichen Konstrukten wie den Antifaschismus (und eben den „Anti-Faschismus"), falsch-positiv („falschpositiv") oder sozioökonomisch („sozio-ökonomisch"). Auch das Englische (und zahlreiche andere Sprachen) kennt solche Unregelmäßigkeiten: „social media" oder doch „social-media", „makeup" oder „make-up", „bring your own beer" oder „bring-your-own-beer" oder gar „bring-your-own beer"? Alle diese Variationen sind in diversen Korpora vertreten und es gilt, sie je nach Forschungsinteresse zu vereinheitlichen.

Viertens muss bei Bedarf der Einsatz von Emojis vorbereitet werden. Denn Emojis stehen in aller Regel für Wörter oder Phrasen, die aber vom Computer – man denke zurück an die UTF-8-Kodierung in Kap. 2 – nicht als Wörter oder Phrasen, sondern als eigenständige Symbole gespeichert werden. Ein Daumen-hoch-Emoji wird also gänzlich anders verstanden als die Worte „Daumen hoch". Hinzu kommt, dass Emojis mit unterschiedlicher Färbung, also ein gelbes Emoji, eines mit hellerer oder eines mit dunklerer Hautfarbe, ebenfalls unterschiedlich gespeichert und deshalb nicht einheitlich verarbeitet werden. Sofern Emojis also nicht selbst Gegenstand des Forschungsinteresses sind, lassen sie sich mithilfe von Übersetzungstabellen des Unicode-Konsortiums[1] in einheitlichen Text überführen, der dann wiederum die übliche textuelle Datenaufbereitung durchlaufen kann.

---

[1] Siehe dazu die immer wieder aktualisierte Liste unter https://unicode.org/emoji/charts/full-emoji-list.html.

9.3.5   Stemming und Lemmatisierung

Der fünfte und letzte Schritt der Datenaufbereitung besteht der „Dream Theater sounds viciously symphonic-like"-Eselsbrücke folgend aus Stemming und Lemmatisierung. Zwei Techniken, die wir bereits im letzten Kap. 8 ausführlich kennengelernt haben, und die vor allem der Zusammenführung verschieden deklinierter und konjugierter Begriffe dienen.

Zur Erinnerung sei noch einmal darauf verwiesen, dass das Stemming zwar schnell, aber nur sehr rudimentär Wörter auf Wortstämme zurückführen kann. Lemmatisierung arbeitet deutlich intelligenter, braucht dafür aber länger.

Für die Forschungspraxis eignet sich eine pragmatische Mischform. So sollten zunächst für das Forschungsinteresse zentrale Konstrukte angemessen extrahiert und vereinheitlicht werden. Verbleiben anschließend Unigramme im Korpus, gehören diese mit Stemming *oder* Lemmatisierung vereinfacht.

9.4   Annotation

Sind Texte als Daten aufbereitet, können sie bereits für einfache Anwendungsfälle eingesetzt werden. Die im letzten Kap. 8 kennengelernten Möglichkeiten des Zählens fallen hierunter. Auch die Betrachtung von Kontexten, Grundlage für viele Sprachmodelle, sind ohne weitere Schritte möglich.

Doch das Spektrum an Möglichkeiten, mit Texten als Daten umzugehen, ist damit nicht ausgeschöpft. Stattdessen gibt es mit der Annotation eine weitere Familie an Verfahren, um Texte als Daten in numerische Relative zu überführen. Diese Verfahren helfen uns auch dabei, von (rechtlich nicht mit anderen teilbaren) Rohtexten zu (rechtlich unproblematischeren) „bag-of-words"-Repräsentationen zu kommen. Es bieten sich insbesondere drei Verfahren an, Dokumente, Typen und Tokens mit zusätzlichen Informationen zu annotieren: (1) die grammatischen Verfahren Tagging und Parsing, (2) die systematische Entitätserkennung und (3) frei kontextualisierte Worteinbettungen. Diese Verfahren stellen gleichsam den in den rechtlichen Grundlagen thematisierten Umweg dar, positionsabhängige Indikatoren aus Volltexten abzuleiten und als positionsunabhängige Annotationen den Korpora wieder zuzuführen.

9.4.1   Tagging und Parsing

Zu den grammatischen Annotationsverfahren zählen das „Tagging" (markieren) und das „Parsing" (zerlegen, analysieren). Beide Verfahren sind ursprünglich der klassischen Linguistik entlehnt und stellen als solche traditionell manuelle Verfahren dar. Beide wurden aber im Laufe der Zeit von der Computerlinguistik in automatisierte(re) Versionen überführt.

▶   Das Tagging (manchmal auch engl. part-of-speech tagging, kurz: POS/PoS-
      Tagging) beschreibt eine Sammlung an Verfahren zur Bestimmung von Wort-
      klassen. Dazu zählen Wortart (Artikel, Adjektiv, Substantiv, Pronomen), Genus
      (feminin, maskulin, neutral), Kasus (Nominativ, Genitiv, Dativ, Akkusativ) und
      Numerus (Singular, Plural).

Auf Basis von Wörterbüchern können jedem korrekt identifizierbaren Unigramm-Token
mithilfe des Taggings grammatische Eigenschaften zugeschrieben werden. Das Tagging
ist dabei abhängig von der Stellung eines Worts im Satz und auch von der richtigen Klein-
und Großschreibung, kann also korrekt nur auf Volltexte angewandt werden. Die extrahierten Informationen lassen sich dann aber in positionsunabhängige Parameter überführen, beispielsweise in das Verhältnis von Verben zu Substantiven je Dokument oder in
die Vielfalt genutzter Kasus.

▶   Beim Parsing werden Zusammenhänge zwischen Wörtern identifiziert. Auf
      Basis dieser Relationen lassen sich Phrasen und Satzglieder extrahieren.

In der Forschungspraxis findet insbesondere die Extraktion von Nominalphrasen mithilfe des Parsing immer wieder Anwendung. Dabei werden verwendete Adjektivattribute
(z. B. „schöner René"), Substantivgruppen („Autofan Lindner") oder Präpositionalphrasen
(„im Kanzleramt") aus einem Korpus extrahiert. Damit lassen sich typische Zu-
schreibungen eines Texts untersuchen oder die Grundlage für weitere Verfahren, unter
anderem die Named Entity Recognition, schaffen. Auch das Parsing ist auf Volltexte angewiesen, die anschließende Verwendung der Parsing-Informationen kann aber positionsunabhängig erfolgen.

9.4.2   Named Entity Recognition

Insbesondere auf das Parsing aufbauend hat sich die systematische Entitätserkennung als
De-facto-Standard zur automatisierten Erkennung von Entitäten in Texten durchgesetzt.
Neben der Identifikation entsprechender Phrasen steht dabei die Zuordnung in passende
Klassen im Fokus.

▶   Die Named Entity Recognition (kurz: NER) beschreibt eine Kombination aus der
      Erkennung von Nominalphrasen (Parsing) und der anschließenden Zuordnung
      in passende Klassen. Entsprechende Modelle identifizieren Phrasen dabei in
      der Regel als Person, Organisation oder Ort, manchmal auch als Ereignis oder
      Zeitangabe.

Im Beispielsatz „Danielle und Alana treten nächste Woche allein in Zürich auf" erkennt
zum Beispiel das frei verfügbare „TüBa-D/Z"-Sprachmodell der Universität Tübingen

zwei Personen („Danielle" und „Alana") sowie einen Ort („Zürich"). Bekannte alternative Modelle sind etwa das NER-Modell der Universität Stanford (Finkel et al. 2005) oder das bereits bekannte „spaCy"-Sprachmodell. Mithilfe dieser Information lassen sich also zentrale Entitäten in Korpora identifizieren, die wiederum für die Vereinheitlichung oder für die weitere Analyse Verwendung finden können.

NER-Modelle werden üblicherweise an Korpora trainiert, in denen von Menschen manuell im Vorfeld Entitäten markiert wurden. Für die CCS können wir auf bereits trainierte Modelle zurückgreifen. Dabei sind NER für die Anwendung entweder auf Volltexte oder auf Nominalphrasen angewiesen. Einmal identifizierten Entitäten können dann positionsunabhängig weiterverwendet werden.

9.4.3   Word Embeddings

Einen deutlichen Entwicklungsschritt weiter finden sich schließlich frei kontextualisierte Worteinbettungen. Sie stellen die annotierende Anwendung der im letzten Kap. 8 kennengelernten Sprachmodelle dar. Und während sowohl generelle Sprach- als auch Transformer-Modelle für die Erstellung auf Reihenfolgen und Positionen von Wörtern in Texten angewiesen sind, sind zumindest generelle Sprachmodelle in der Anwendung nicht mehr positionsabhängig, sondern können ebenfalls ein eine „bag-of-words"-Repräsentation übernommen werden. Im Gegensatz dazu sind Transformer-Modelle in ihrer Anwendung flexibler, benötigen für eine optimale Funktionalität aber auch in der Anwendung Reihenfolgen und Positionen in Texten.

▶   Worteinbettungen (engl. word embeddings) beschreiben die Verortung eines Worts in einem semantisch aufgeladenen Vektorraum. Sie ermöglichen die mathematische Darstellung von Bedeutung mit einer definierten Anzahl an Dimensionen.

Sprachmodelle, deren Vektorräume sich auf 300 oder mehr Dimensionen aufspannen, sind als solche weder in absoluten Zahlen noch je Dimension interpretierbar. Ihre Relevanz ziehen die Modelle vielmehr aus der relativen Verortung von Wörtern und Dokumenten. So lässt sich ein Dokument als Mittelpunkt einer gedachten Wolke einzelner Wörter verstehen. Dieser Mittelpunkt, gewissermaßen der Dokument-Vektor, lässt sich aus den Vektoren seiner einzelnen Tokens berechnen. Ein solcher Dokument-Vektor ermöglicht dann, Dokumente anhand ihrer inhaltlichen Ähnlichkeit zu gruppieren. Oder er ermöglicht, die Distanz zu Dokument-Vektoren, die als Vergleichsgröße herhalten, zu berechnen – etwa zu unterschiedlichen Parteiprogrammen, zu Hasskommentaren oder zu journalistischen Ressorts.

Die Möglichkeiten, die sich mit Word Embeddings ergeben, sind so vielfältig wie unübersichtlich. Die verschiedenen Anwendungsfälle lassen sich dabei nahezu beliebig spezifizieren. Einerseits räumt das der Kreativität in der Forschung größeren Platz ein, andererseits steigt so die Notwendigkeit der Validierung. Besonders deutlich wird dieser Zwiespalt bei „Hugging Face" (benannt nach dem 🤗-Emoji). Die Plattform ermöglicht den einfachen Austausch von Daten und Modellen für das maschinelle Lernen, dem wir uns in den nächsten beiden Kapiteln ausführlicher annehmen. Texte als Daten spielen dabei eine große Rolle, sodass sich allein für die gerade angerissenen Anwendungsfälle der Textklassifizierung mehr als zehntausend Modelle auf der Plattform finden. Mithilfe verfügbarer Bibliotheken und Pakete lassen sich diese Modelle mit wenigen Zeilen *Python*- oder *R*-Code importieren und mitsamt den mitgelieferten Funktionen zur Tokenisierung auf eigene Daten anwenden. Im besten Fall spart diese Standardisierung Arbeit und reduziert Fehler. Doch nur eine Handvoll der bei „Hugging Face" veröffentlichten Modelle wird von einer wissenschaftlichen Publikation flankiert und durchlief eine entsprechende Begutachtung. Über die Qualität der restlichen Datensätze und Modelle ist wenig bekannt, eine systematische Validierung ist vor einem eventuellen wissenschaftlichen Einsatz unbedingt Pflicht.

Eine Alternative stellen selbst erweiterte Modelle dar. Gerade die bekannten und wissenschaftlich validierten Transformer-Modelle wie „BERT" und „GPT-3" ermöglichen eine – im Verhältnis zur gänzlich neuen Erstellung eines Sprachmodells – relativ einfache und relativ ressourcenschonende Erweiterbarkeit (engl. fine-tuning). Dabei werden die Vektorräume der Ausgangsmodelle genutzt und um eine Abstraktionsschicht erweitert, die die Sinnzusammenhänge bestimmter Tokens für den jeweiligen Kontext etwas korrigiert. Liegen im Vektorraum des Ausgangsmodells also beispielsweise die Begriffe „Ibiza" und „Umfrage" eher weit auseinander, so könnte ein auf politische Berichterstattung in Österreich erweitertes Modell für diese Distanz etwas korrigieren und die Begriffe als enger verwandt begreifen. Auch das ist mithilfe verfügbarer Bibliotheken und Pakete mit wenigen Zeilen *Python*- oder *R*-Code, dem Ausgangsmodell und einigen Ressourcen machbar. Solche domänenspezifischen Erweiterungen stellen in vielen Bereichen der Computerlinguistik heute den Status Quo dar, für die CCS gewinnen sie langsam an Bedeutung.

9.5 Document-Feature-Matrizen (oder: Wie passt das alles zusammen?)

Nach so vielen Perspektiven und Verfahren – vom einfachen Zählen oder komplexeren Kontextualisieren zum einordnenden Verstehen oder zum Einbetten von Bedeutung, von der grammatischen oder semantischen Analyse zu Ethik, Recht, Annotation und zur „Dream Theater"-Datenaufbereitung – treten wir nun einen Schritt zurück. Denn mit etwas Abstand lässt sich die kennengelernte Vielfalt an Möglichkeiten zum Umgang mit Texten als Daten deutlich leichter einordnen und zueinander ins Verhältnis setzen, bevor wir in die auswertende Beschreibung und Visualisierung von Texten einsteigen. Das zentrale und letzte Werkzeug, das wir für den Umgang mit Texten kennenlernen, sind Document-Feature-Matrizen:

▶ Eine Document-Feature-Matrix (kurz: DFM; manchmal auch Document-Term-
   Matrix, kurz: DTM) ist eine tabellarische und dabei ausschließlich numerische
   Darstellungsform (eine Matrix) eines Korpus. Jede Zeile enthält ein Dokument
   (engl. document), jede Spalte eine Eigenschaft (engl. feature) und jede Zelle
   eine numerische Angabe darüber, wie häufig die jeweilige Eigenschaft im jeweiligen Dokument vertreten ist. Der Datentyp aller Zellen ist dabei einheitlich
   (üblicherweise Integer oder Float), sodass auch sehr große DFMs sehr effizient
   verarbeitet werden können.

DFMs bilden die Ausgangslage vieler weiterer Verfahren zur Beschreibung und Visualisierung von Text-Korpora, aber auch zum maschinellen Lernen. Es handelt sich um eine
sehr zentrale Form der Informationsdarstellung für die CCS (Abb. 9.2). Hinzu kommt,
dass DFMs zwar Informationen darüber enthalten, welche Eigenschaften welchen Dokumenten anhaften, es fehlen aber Angaben über die genauen Positionen der Eigenschaften.
Auch bei DFMs liegen alle Eigenschaften von Dokumenten in einem gedachten Sack, es
handelt sich ebenfalls um einen sogenannten „bag of words"-Ansatz. Einmal in DFMs
überführt, lassen sich daraus also keine Volltexte mehr rekonstruieren, was DFMs auch für
die Weitergabe an andere, mithin für die wissenschaftliche Transparenz, qualifiziert.
   Um nun die vielen kennengelernten Perspektiven und Verfahren mithilfe von DFMs
unter einen Hut zu bringen, gilt es, das Forschungsinteresse genau zu kennen und daraus
passende Eigenschaften abzuleiten. Dabei gibt es keine genaue Rezeptur für die optimale

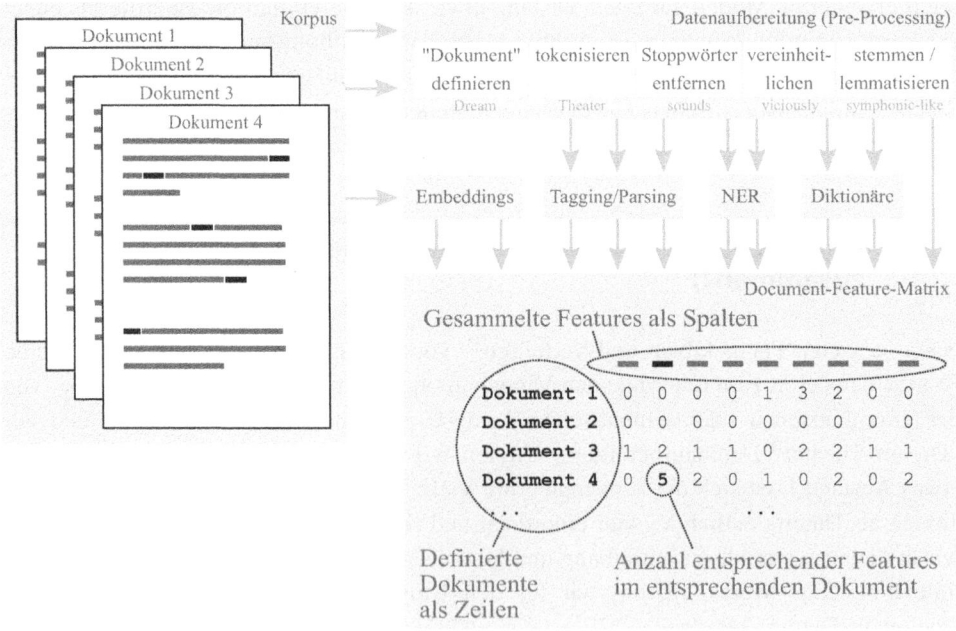

Abb. 9.2   Bildung einer Document-Feature-Matrix (DFM) (eigene Darstellung)

DFM. Vielmehr liegt es im Ermessen der Forschenden und in der Überzeugungskraft ihrer Argumente, nach der Datenaufbereitung („Dream Theater") bestimmte Eigenschaften für das jeweilige Forschungsinteresse auszuwählen. Typische Eigenschaften sind dabei alle kennengelernten Perspektiven und Verfahren:

- Unigramme (im Original, als Wortstämme oder Lemmata)
- Bigramme, Trigramme, N-Gramme oder Skip-Gramme
- Mithilfe regulärer Ausdrücke identifizierte Tokens (z. B. Hashtags, Handles)
- Nominalphrasen (z. B. „Autofan Lindner")
- Named-Entity-Klassen (z. B. die Anzahl an Personen oder Organisationen)
- Diktionärsergebnisse (z. B. im Abgleich mit Listen von Begriffen aus dem Wirtschafts-, dem Politik- und dem Sportressort)
- Tagging-Resultate (z. B. das Verhältnis von Verben zu Substantiven)
- Embeddings (als rohe Vektoren oder als Distanzen zu anderen Dokumenten)

Wir lernen noch weitere typische Eigenschaften – und Besonderheiten im Umgang mit ihnen – kennen, im Rahmen des sogenannten Feature Engineerings in den nächsten Kapiteln zu maschinellem Lernen. Generell gilt aber: Die Zusammensetzung einer DFM gehört unbedingt in den Methodenteil einer Arbeit. Es muss nachvollziehbar sein, welche Eigenschaften zum Einsatz kommen, wie sie aufbereitet wurden und welche Analyseeinheit die Dokumente darstellen. Auch die zentralen Dimensionen der Matrix, also wie lang (wie viele „documents") und wie breit (wie viele „features") die DFM ist, sind ein wesentlicher Bestandteil der intersubjektiven Nachvollziehbarkeit.

Unser Spiegel-Korpus besteht aus 1730 Artikel-Dokumenten. Wir tokenisieren ihn in Unigramme, wobei Interpunktion, Zahlen und Stoppwörter anhand der „spaCy"-Liste entfernt werden. Die Unigramme überführen wir in Lemmata. So erhalten wir 100.485 Features. Das sind also 100.485 lemmatisierte Ein-Wort-Tokens. Für unser hier nun erklärtes Forschungsziel, den Nachrichtenverlauf des Jahres auf Kerninhalte zu reduzieren, ergänzen wir die DFM aber noch um jene 47.379 Nominalphrasen, die als Entitäten des Typs Person, Organisation oder Ort klassifiziert wurden. Da es dabei zu einigen Überlappungen kommt, umfasst unsere DFM nun 146.775 Features.

Ob das angemessen oder schon zu viel ist, hängt vom Forschungsinteresse und von der genaueren Beschaffenheit der DFM ab. Einerseits stecken in vielen Daten viele Informationen, der Computer hat also viele Möglichkeiten, Kerninhalte darin zu erkennen. Andererseits stecken in vielen Daten viele irrelevante Datenpunkte. Irrelevant können für den Computer vor allem Features sein, die entweder nur in ganz wenigen oder in wirklich vielen Dokumenten vorkommen. Letztere haben wir bereits als Stoppwörter kennengelernt. Sie lassen sich recht einfach identifizieren und reduzieren. Herausfordernder sind äußerst seltene Features, denn diese führen zu schwach besetzten Matrizen. Als schwach besetzt (engl. sparse) gilt eine Matrix, wenn viele Zellen mit „0" gefüllt sind. Eine solche Matrix ist nichts Schlechtes. Mehr noch: Das Phänomen schwach besetzter Matrizen ist bei der Arbeit mit Texten als Daten sehr gängig, gerade beim Einsatz von Unigrammen.

▶ Die „Sparsity" (Sparsamkeit; manchmal auch „sparseness") gibt den Anteil
der mit „0" gefüllten Zellen einer Matrix an allen Zellen der Matrix in Prozent
an. Sie dient als Maß dafür, wie dicht (näher an 0) oder schwach (näher an 100)
besetzt eine Matrix ist.

Auch die Sparsity gehört in den Methodenteil: Unsere Spiegel-DFM aus 1730
Dokumenten und 146.775 Features weist eine Sparsity von 99,7 % auf. Von den
$1730 \times 146.775 = 253.920.750$ Zellen (Ja: Das sind fast 254 Mio.!) enthalten also 99,7 %
oder gut 253 Mio. Zellen eine „0". Das liegt unter anderem an der Tabakindustrie: Im
Spiegel-Korpus taucht in einem einzigen Dokument – einem Artikel vom Januar zu E-
Zigaretten – der Begriff „Heizspiralen" auf. Als eigenes Feature in der DFM belegen die
„Heizspiralen" eine Spalte, die in genau einer Zeile eine „1" und in allen anderen 1729
Zeilen eine „0" enthält. Bestünde die DFM also nur aus „Heizspiralen", hätten wir es hier
mit einer Sparsity von 99,9 % zu tun. Genauso verhält es sich mit „Bonifatius" (in einem
Artikel vom Mai zu den mächtigen Männern der katholischen Kirche), „Mehlwurm-
botschafter" (aus einem Artikel vom Juli über Trends der Feinkost), „Söder-Bewegung"
(in einem Interview ebenfalls vom Mai) und 90.476 anderen Features. Neunzigtausend!
Sie alle kommen jeweils höchstens ein einziges Mal im gesamten Korpus vor.

Das kann gewollt oder problematisch sein. Gewollt ist es insofern, als dass viele Nullen
bedeuten, dass bereits eine einzige „1", also das einzelne Auftreten eines Wortes in nur
einem Dokument, auffällt. Wollen wir ein eigenes großes Sprachmodell trainieren, brauchen wir auch solche seltenen Zusammenhänge. Bei geringerer Sparsity fällt eine einzelne
„1" hingegen weniger auf, Features werden hier statistisch erst mit häufigerem Auftreten
interessant. Zum Problem wird Sparsity dann, wenn sie konträr zum Forschungsinteresse
liegt: Wollen wir ein großes Sprachmodell trainieren, arbeiten aber mit einer dicht besetzten DFM, die kaum Nullen enthält, also eine niedrige Sparsity aufweist, so fällt es dem
Computer schwerer, feine Unterschiede, beispielsweise zwischen dem „Flügel" als Instrument und dem „Flügel" als animalischem Körperteil, zu identifizieren. Man nennt das
auch Unterspezifizierung (engl. underfitting) statistischer Modelle – ein Problem, auf das
wir beim maschinellen Lernen noch einmal zurückkommen. Ist unser Ziel also die etwas
oberflächlichere Identifikation von Mustern, so führt eine hohe Sparsity mitunter dazu,
dass der Computer bei einer Fokussierung auf „Heizspiralen" und „Mehlwurmbotschafter"
auf eine falsche Fährte gelockt wird. Die vielen Nullen mit wenigen Einsen sorgen für ein
statistisches Rauschen, die Folge ist eine mögliche Überspezifizierung (engl. overfitting).

In der Regel haben wir es bei Texten als Daten mit einer großen Sparsity zu tun. Wenn
das nicht zum Forschungsinteresse passt, gibt es im Wesentlichen drei Möglichkeiten,
dem zu begegnen (Abb. 9.3): Erstens können leere Features entfernt werden. Als leer können dabei Features, die überhaupt nicht vorkommen, inhaltsleere Features, aber auch Features, die nicht in mindestens einigen wenigen unterschiedlichen Dokumenten vorkommen, verstanden werden. Mitunter bezeichnet man diese Form der Feature-Reduktion
auch als Beschneidung (engl. pruning). Zweitens eignet sich die schon im Kontext der
Datenaufbereitung kennengelernte Vereinheitlichung dafür, inhaltskompatible Features

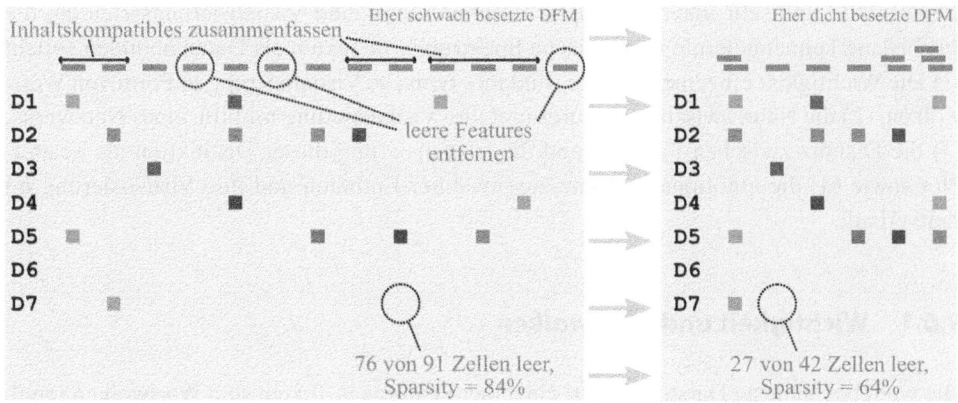

Abb. 9.3 Strategien zur Reduktion der Sparsity von DFMs (eigene Darstellung)

zusammenzufassen. In der Spiegel-DFM beispielsweise tauchen neben der „Söder-Bewegung" auch „Söder-Fans" und das „Söder-Lager" auf. Überführen wir diese drei Features in eines, indem wir die Vorkommnisse je Dokument summieren, so reduzieren wir bei derart seltenen Features unmittelbar den Anteil an Nullen. Drittens lässt sich eine hohe Sparsity auch mit statistischen Verfahren der Regularisierung einschränken. Eine einfache Variante der Regularisierung ist die Glättung (engl. smoothing). Dabei addieren wir allen Werten gleichermaßen eine „1", sodass keine Zelle mehr eine „0" aufweist. Das klingt banal, sorgt aber bei einigen verarbeitenden Verfahren für etwas mehr Robustheit. Die Sparsity fällt dabei entsprechend auf 0 % ab.

Unser Spiegel-Beispiel soll Kerninhalte erkennen lassen, sodass es in unserem Fall sinnvoll ist, die große und sehr schwach besetzte DFM in ihrer Größe zu reduzieren. Dafür entfernen wir einige inhaltsleere Features sowie alle Features, die nicht in mindestens 35 unterschiedlichen Dokumenten vorkommen. Die Grenze entspricht dem um Eins erhöhten Median von 34 Artikeln je Ausgabe, sodass keine Features berücksichtigt werden, die rein statistisch lediglich in einer Ausgabe auftauchen könnten. Außerdem vereinheitlichen wir Partei- und Personennennungen. Durch diese Schritte reduzieren wir, bei selbstverständlich gleichbleibender Dokumentenzahl, die Anzahl der Features auf 3016 und die Sparsity auf 92,6 %.

9.6 Beschreibung und Visualisierung

Mit dieser reduzierten DFM und dem Wissen dieses und des vorhergehenden Kapitels sind wir nun startklar für die deskriptive Beschreibung und Visualisierung von Texten als Daten, für die Inspektion des Korpus nach Kerninhalten und für künftige Schritte, etwa des maschinellen Lernens. Es gibt eine kaum überschaubare Vielfalt an Möglichkeiten, Texte als Daten zu beschreiben, zu veranschaulichen und zu analysieren. Wir schauen uns vier zentrale und sehr unterschiedliche Beschreibungs- und Visualisierungsarten an, die das bislang kennengelernte methodische Spektrum von Texten als Daten abbilden sollen: (1) Die Wichtigkeit einzelner Features und ihre typische Visualisierung in Form von Wortwolken, (2) die Nähe zwischen Features und ihre Visualisierung mithilfe eines Netzwerks, (3) die Distanz zwischen Features und die Visualisierung dieser Distinktion als Scatter-Plot sowie (4) die emotionale Valenz ausgewählter Entitäten und ihre Visualisierung im Zeitverlauf.

9.6.1 Wichtigkeit und Wortwolken

Die wohl bekannteste Darstellungsart einzelner Features in Texten sind Wortwolken (engl. word clouds). Sie stellen durch die Auswahl und die Größe der dargestellten Features ihre Wichtigkeit dar: Je größer ein Unigramm oder eine Nominalphrase dargestellt sind, desto zentraler ist es für den visualisierten Korpus. Als zentral gilt im einfachsten Fall die Häufigkeit – je häufiger also ein Feature vorkommt, desto wichtiger ist es und desto größer wird es abgebildet. Unsere reduzierte DFM können wir beispielsweise in die zwölf Erscheinungsmonate einteilen und je Monat die wichtigsten Features nach ihrer Häufigkeit abbilden (Abb. 9.4).

Dabei fällt auf, dass trotz sorgfältiger Entfernung von Stoppwörtern einzelne Features dennoch jeden Monat relevant zu sein scheinen, ohne dass wir bei diesen Begriffen – zum Beispiel dem „spiegel", „mehr" oder „sagen" – von großer inhaltlicher Relevanz ausgehen können. Das liegt daran, dass diese Begriffe eben in absoluten Zahlen häufiger als andere – inhaltlich möglicherweise relevantere – Begriffe vorkommen. Mindestens in dieser Form sind Wortwolken also nur von begrenztem Nutzen.

Abb. 9.4 Wortwolken der häufigsten Features je Monat im Spiegel-Korpus (eigene Darstellung)

Anstatt schlicht zu zählen, lässt sich die Wichtigkeit auch mit anderen Verfahren bestimmen. Die Verfahren, die auch unter dem Sammelbegriff der „keyness" (Wichtigkeit) zusammengefasst werden, bedienen sich statistischer Verfahren, um die absolut gezählte Häufigkeit in Wahrscheinlichkeiten zu überführen. Aus den Häufigkeiten sollen so jene hervorgehoben werden, die statistisch gesehen mehr zur Unterscheidbarkeit der Dokumente – im Beispiel also in die zwölf Monate – beitragen. Gängig sind dafür der von Kreuztabellen bekannte Chi^2-Test, der exakte Chi^2-Test nach Fisher oder der von Regressionen bekannte Likelihood-ratio-Test.

Eine Alternative zu dieser analytischen Herangehensweise ist die Gewichtung von DFMs. Dabei werden Häufigkeiten mithilfe von Faktoren umgerechnet in Indikatoren der Wichtigkeit. Die DFM enthält im Anschluss also andere Zahlenwerte, die nicht mehr als Worthäufigkeiten interpretiert werden können, gleichsam aber mehr über die Qualität eines Vorkommnisses für die Wichtigkeit eines Features aussagen. Eine der bekanntesten Gewichtungen für DFMs ist die sogenannte TF-IDF-Gewichtung. Dabei werden Features einerseits stärker danach gewichtet, wie häufig sie in den gesuchten Dokumenten (zum Beispiel im Januar) vorkommen, und andererseits schwächer danach gewichtet, wie häufig sie im Rest aller Dokumente (also von Februar bis Dezember) auftauchen. Der „term frequency" (kurz: TF; Häufigkeit eines Begriffs in den gesuchten Dokumenten) wird also die „inverse document frequency" (kurz: IDF; invertierte Häufigkeit des Begriffs in allen anderen Dokumenten) gegenübergestellt. So erhalten in unserem überarbeiteten Beispiel (Abb. 9.5) insbesondere jene Features höhere Werte, die nicht nur wichtig für einen Monat, sondern gleichzeitig möglichst unwichtig für andere Monate sind. Und während der „spiegel" auch so in vielen Monaten präsent bleibt, scheinen die restlichen TF-IDF-gewichteten Begriffe das Jahr 2021 deutlich besser abzubilden – vom Sturm auf das US-Kapitol im

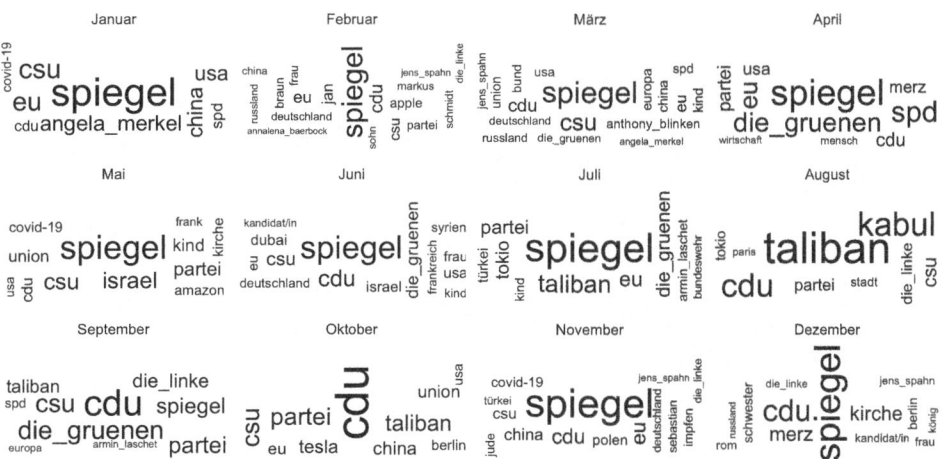

Abb. 9.5 Wortwolken der laut TF-IDF wichtigsten Features je Monat im Spiegel-Korpus (eigene Darstellung)

Januar über die Impfkampagne und den Wahlkampf in den Folgemonaten sowie den Vor-
marsch der Taliban in Afghanistan ab August bis zur Bundestagswahl und den anschließenden Koalitionsverhandlungen in Deutschland im letzten Jahresdrittel.

9.6.2 Nähe und Netzwerke

Neben dieser isolierten Perspektive auf einzelne Features erlauben DFMs auch die Analyse der Gemeinsamkeiten einzelner Features. Das ist insbesondere dann interessant,
wenn die Nähe zwischen Begriffen, Konzepten oder Akteuren im Fokus des Forschungsinteresses steht. Als Grundlage dafür dienen die im letzten Kap. 8 kennengelernten
Kollokationsmatrizen (engl. „feature co-occurrence matrix"; kurz: FCM), die das gemeinsame Vorkommen von Features in Dokumenten in Form von Häufigkeiten zählen.
    Als Darstellung eignen sich Visualisierungen, die bei Rezipierenden kognitive Sche-
mata der Nähe aktivieren. Das sind typischerweise Netzwerke, bei denen Punkte die zentralen Begriffe darstellen, und bei denen Verbindungen zwischen den Punkten Aussagen
über die Quantität des gemeinsamen Vorkommens erlauben: Dickere Verbindungen deuten
also an, dass diese Begriffe häufiger gemeinsam – also in einem Dokument – vorkommen.
Die Entfernung einzelner Punkte voneinander ist meist nicht interpretierbar, sondern dem
Platz der Visualisierung geschuldet.
    Für unser Beispiel bauen wir auch hier auf die reduzierte DFM auf und reduzieren sie
sogar noch weiter auf darin vorkommende Personen und Parteien. Sie überführen wir in
eine Kollokationsmatrix, die das gemeinsame Vorkommen in einem Dokument – also in
einem Spiegel-Artikel – zählt. Das Ergebnis (Abb. 9.6) zeigt insbesondere den Wahlkampf („die_gruenen", „spd", „csu"/„cdu") im Zentrum, immer wieder flankiert von den
zentralen politischen Akteur:innen der Pandemie („angela_merkel", „jens_spahn",
„ursula_von_der_leyen").
    Auch bei dieser Art der Betrachtung von Nähe lässt sich aber die berechtigte Kritik an-
bringen, dass hier lediglich gemeinsame Vorkommen gezählt werden und – wie schon bei
der Wichtigkeit und den Wortwolken – so der Quantität gegenüber der Qualität einer Beziehung zweier Features der Vorzug gegeben wird. Mit ordentlich reduzierten DFMs, insbesondere auf Stoppwörter gefiltert und angemessen vereinheitlicht sind solche Nähe-
Netzwerke allerdings nicht ganz so anfällig für inhaltsschwache Darstellungen wie auf
Häufigkeiten aufgebaute Wortwolken.

9.6.3 Distanz und Distinktion

Dennoch bieten sich eine Reihe von alternativen Perspektiven auf das gemeinsame Vorkommen von Features an, die nicht nur auf die gemeinsame Häufigkeit aufbauen. Aus
Gründen des mathematischen Sprachgebrauchs firmieren diese Alternativen allerdings
seltener unter dem Begriff der Nähe, sondern häufiger unter dem Begriff der Distanz.
Diese kann dennoch klein oder groß – also nah oder fern – sein. Für ihre Visualisierung

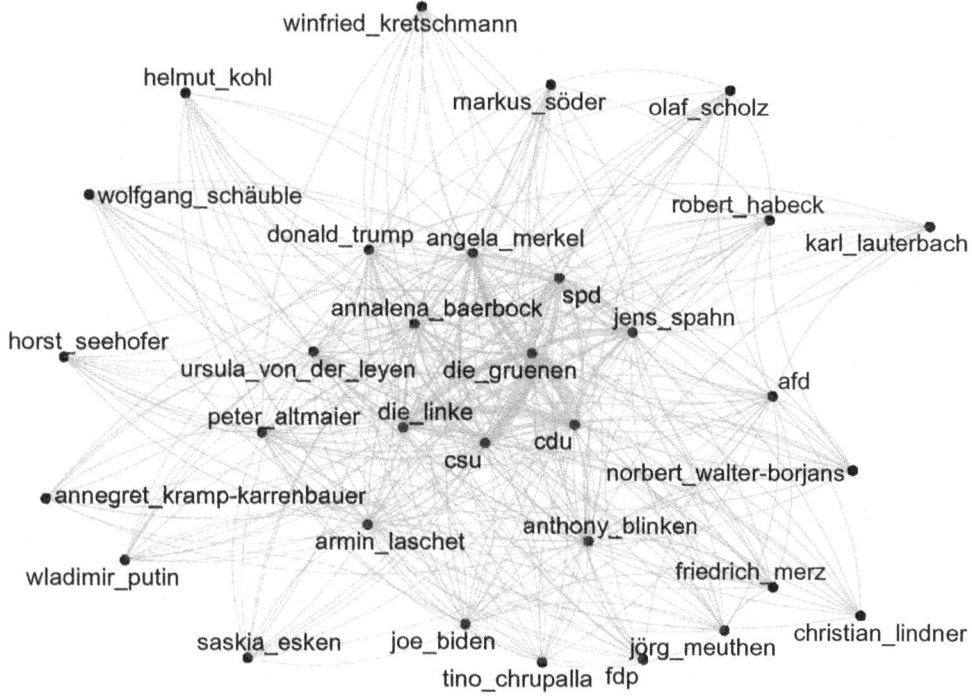

Abb. 9.6   FCM-Netzwerk aus Personen und Parteien (eigene Darstellung)

bieten sich entsprechend ebenfalls Verfahren an, die optisch entweder kognitive Schemata der Gemeinsamkeit oder der Distinktion aktivieren.

Im Unterschied zu Kollokationsmatrizen, die Häufigkeiten zählen, berechnen Distanz-Verfahren Abstände. Gängig ist das Verfahren der euklidischen Distanz, die die Vorkommnisse eines Features über alle fraglichen Dokumente hinweg den Vorkommnissen eines anderen Features über alle fraglichen Dokumente hinweg gegenüberstellt und dabei die aufsummierte absolute Differenz berechnet. Ein weiteres gängiges Verfahren ist die Cosinus-Distanz. Dabei werden Features als mathematische Vektoren verstanden, die nicht mit den semantisch aufgeladenen Vektoren von Sprachmodellen zu verwechseln sind. Ein Feature versteht sich demnach als Pfeil in einem n-dimensionalen Raum, dessen erste Koordinate die Anzahl der Vorkommnisse im ersten Dokument ist, dessen zweite Koordinate die Anzahl der Vorkommnisse im zweiten Dokument ist, und so fort. Den Abstand zwischen zwei Features berechnet die Cosinus-Distanz nun als Winkel-Funktion, wie man sie eventuell vom geometrischen Rechnen mit Dreiecken kennt: Cosinus stellt als Winkel das Verhältnis der beiden Pfeillängen (Ankathete und Hypotenuse) dar. Anders ausgedrückt: Je ähnlicher sich zwei Features in ihrem (Nicht-)Auftreten über die verschiedenen Dokumente hinweg sind, desto ähnlicher sind sich auch die Pfeile in ihrer Länge, dem sie trennenden Winkel und damit ihrer gezeigten Richtung. Oder eben umgekehrt: Je unähnlicher sich zwei Features sind, desto größer sind der Winkel und damit die Cosinus-Distanz zwischen ihnen als Vektoren.

Als Beispiel interessieren wir uns für die Zuschreibung bestimmter Begrifflichkeiten für weibliche und männliche Spitzenkandidat:innen im Bundestagswahlkampf. Dafür bilden wir zwei baugleiche neue DFMs, deren Dokumente nicht mehr die ganzen Artikel, sondern die einzelnen Sätze sind. So wollen wir sicherstellen, dass sich die Begriffe auch tatsächlich auf die Kandidierenden beziehen. Die DFMs erhalten alle Adjektive, Adverbien, Substantive, Pronomen und Verben, die in Sätzen stehen, in denen entweder Robert Habeck, der Spitzenkandidat und spätere Vizekanzler der Grünen, oder Annalena Baerbock, ebenfalls Spitzenkandidatin sowie Kanzlerkandidatin und spätere Außenministerin der Grünen, vorkommen. Uns interessieren Unigramme, die mindestens je einmal in Kombination mit den Kandidierenden vorkommen, sodass diese neuen DFMs letztlich aus 874 Features sowie aus 621 Sätzen mit Baerbock (Sparsity: 99,1 %) und 378 Sätzen mit Habeck (Sparsity: 99,0 %) bestehen. Mit beiden Spitzenkandidat:innen berechnen wir nun die Cosinus-Distanz aller Features und visualisieren selektiv einige daraus, um die Darstellung als Scatter-Plot nicht zu überfrachten (Abb. 9.7). Je höher dabei die Cosinus-Distanz, desto näher sind sich die Konzepte.

Das wird am Beispiel der Vornamen deutlich: „Annalena" weist eine (hier für eine deutlichere Visualisierung z-standardisierte und eingefärbte) Cosinus-Distanz von 0,995 zum Baerbock-Feature auf, die Begriffe sind sich also sehr nah und deutlich näher als

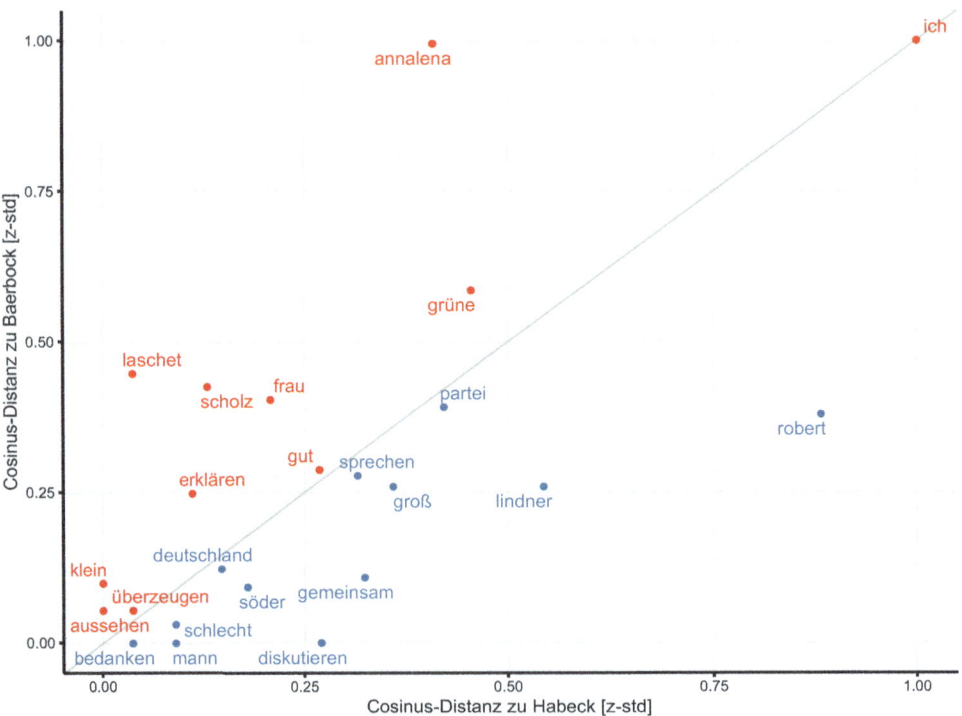

Abb. 9.7 Cosinus-Distanz ausgewählter Unigramm-Tokens zu Baerbock und Habeck (eigene Darstellung)

„Annalena" dem Habeck-Feature (0,408). In ähnlicher Manier ist „Robert" dem Habeck-Feature sehr nah (0,882), während die Distanz zum Baerbock-Feature größer ist (0,380). Etwas weniger auffallend ist die bevorzugte Zuschreibung von „Frau" für Baerbock gegenüber einer selteneren Zuschreibung als „Mann" für Habeck, die größere Nähe von Baerbock zu den Kanzlerkandidaten der anderen Parteien (Laschet, Scholz) und die sehr prominente Stellung des Pronomens „ich", das wohl den im Spiegel gedruckten Interviews geschuldet ist.

Es gibt noch andere bekannte Verfahren zur Berechnung der Distanz, die im Kern allesamt versuchen, das mathematische Konstrukt eines Features (also einer Spalte in der DFM) einem anderen Feature gegenüberzustellen, um daraus das gemeinsame Auftreten als standardisierten Indikator – zum Beispiel von „0" bis „1" – abzuleiten. Außerdem lassen sich die Verfahren, statt auf Begriffe, auch auf Dokumente anwenden: Denn mathematisch ist das Gegenüberstellen zweier Dokumente (also von Zeilen in der DFM), um daraus Gemeinsamkeiten der vorkommenden Features als standardisierten Indikator abzuleiten, dasselbe wie die Gegenüberstellung zweier Features. Die Beschreibungs- und Visualisierungsarten von Distanzen (oder Nähen) sind also ohne Weiteres auch auf ganze Spiegel-Artikel anwendbar.

9.6.4 Valenz und Verlauf

Zuletzt nehmen wir eine Perspektive des Zeitverlaufs ein, um auch die Möglichkeiten, die in Meta-Informationen (hier also das Veröffentlichungsdatum) stecken, einzubeziehen. Uns interessiert hierbei die emotionale Valenz, die Sätzen mit Bezug zu den unterschiedlichen Parteien mit Anspruch auf das Kanzleramt im Jahresverlauf anhaftet.

Dafür greifen wir auf das Sentiment-Diktionär von Rauh (2018) zurück, das Unigrammen eine negative, positive oder keine Valenz zuschreibt. Wir haben bereits diskutiert, dass sich Diktionäre nur begrenzt für die Identifikation von emotionaler Valenz in ganzen Dokumenten eignen – zu groß ist das erzeugte Rauschen, zu diffizil die Identifikation konjugierter und deklinierter Wörter. Deshalb arbeiten wir an dieser Stelle mit Sätzen als Dokumenten und interpretieren unsere Befunde mit gebotener Zurückhaltung. Die Befunde dienen so als explorativer Indikator für Vergleiche zwischen den drei Parteien, nicht aber mit anderen Studien.

Erneut bilden wir also eine DFM, deren Dokumente einzelne Sätze sind, in denen dieses Mal aber mindestens eine der drei Parteien oder ihrer Spitzenkandidat:innen vorkommen. Für alle diese Sätze berechnen wir den Anteil positiver und negativer Unigramme nach Rauh und schreiben sie wiederum den entsprechenden Parteien je Satz zu. Ist also von einem „Eklat" die Rede, nachdem „mehrere Regierungschefs, darunter Manuela Schwesig (SPD) und Daniel Günther (CDU)" etwas „kritisieren", so wird die überwiegend negative Valenz („Eklat", „kritisieren") des Satzes zur Hälfte der SPD und zur Hälfte der Union zugeschrieben. Insgesamt besteht unsere neue DFM aus 8577 Dokumenten (Sätzen) mit letztlich nur fünf Features, nämlich die drei Parteien und die zwei Valenzen, aus denen wir schließlich einen Wert, der von −1 bis +1 reicht, berechnen (Sparsity: 41,6 %).

Da nun einzelne Sätze nur bedingt visuell anschaulich sind, aggregieren wir diese Valenzen auf ganze Spiegel-Ausgaben, um sie anschließend als Zeitstrahl darstellen zu können. Bei solchen aggregierenden Verfahren ist es eminent wichtig, die darin enthaltene Schwankungsbreite abzubilden. Bei der Aggregation auf ganze Spiegel-Ausgaben berücksichtigen wir also nicht nur das arithmetische Mittel, sondern auch die Konfidenzintervalle, die sich in Kombination mit der Standardabweichung ergeben.

Die Ergebnisse (Abb. 9.8) deuten darauf hin, dass der Spiegel im Großen und Ganzen einheitlich kritisch über die drei Parteien berichtet. Sie zeigen aber auch, dass es Höhen und Tiefen in der jeweiligen Berichterstattung gibt, zum Beispiel Anfang Mai, als der damalige CSU-Landesgruppenvorsitzende in einem Interview die Grünen stark kritisiert und so deren Valenz-Wert sinken lässt. Der Valenz-Wert der Union wiederum stabilisiert sich etwa ab Juni nach dem Machtkampf um die Spitzenkandidatur sowie der Diskussion um sehr konservative Kandidaten wie den Ex-Verfassungsschutzpräsidenten. Insgesamt die am wenigsten negative Berichterstattung erfährt indes die SPD, die als einzige der drei Parteien sowohl vor als auch nach der Wahl Regierungsmitglied war. Die Berichterstattung über die SPD rangiert insbesondere ab April recht stabil knapp unter der neutralen Nullmarke, nachdem der spätere Kanzler porträtiert wurde und die Spiegel-Berichterstattung schwerpunktmäßig andere Parteien in den Blick nahm.

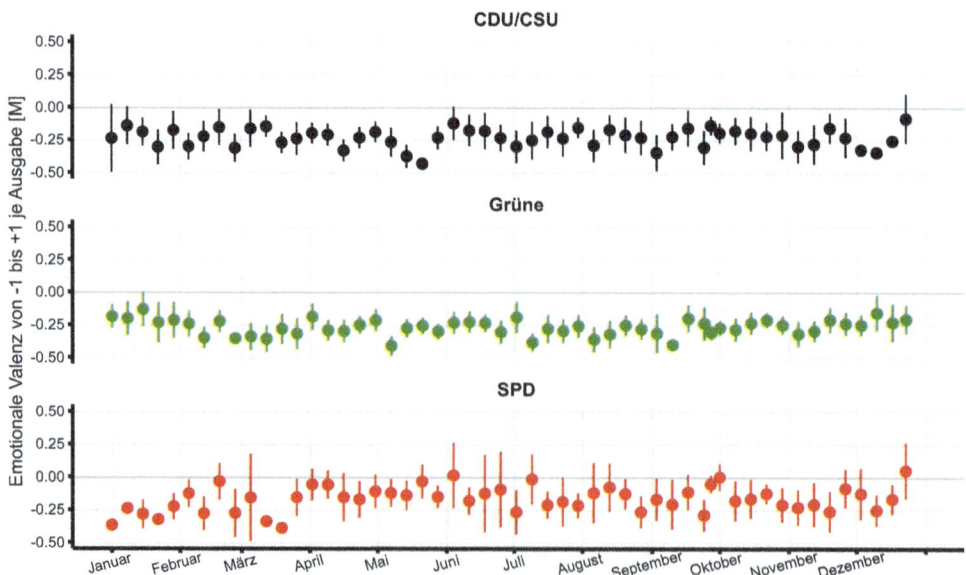

Abb. 9.8 Valenz-Verlauf in Artikeln zu den jeweiligen Parteien (eigene Darstellung)

9.7 Zwischenfazit und Literaturhinweise

Der Umgang mit Texten als Daten mithilfe informatischer Methoden beschäftigt, neben der CCS die Informatik wie auch die Computerlinguistik. Es gibt eigene Fachkonferenzen und wissenschaftliche Zeitschriften, die sich ausschließlich dem Thema widmen. Zwei Kapitel eines einführenden Lehrbuchs können diesem Konvolut an ständig wachsendem Wissen also kaum gerecht werden. Entsprechend sollten hier Grundlagen vermittelt und einige Anwendungsfälle diskutiert werden.

Zu den in diesem zweiten Kapitel zentralen Grundlagen zählen neben den rechtlichen und ethischen Aspekten insbesondere die Datenaufbereitung. Texte sind unstrukturiert und benötigen als solche immer ein umfangreiches „Pre-Processing", um schließlich in weitere Verfahren überführt werden zu können. Dazu gehören in diesem Kapitel insbesondere Tagging, Parsing, Named Entity Recognition und die auf die Sprach- und Transformer-Modelle aufbauenden Word Embeddings. Die Bemühungen, Texte in Daten zu überführen, münden schließlich in den allermeisten Fällen in eine sogenannte Document-Feature-Matrix, die mitsamt ihren Eigenheiten wie der beim Aufbau benötigten Kreativität und der Sparsity eines der zentralsten Konstrukte bei der Arbeit mit Texten als Daten darstellt.

Die abschließend vorgestellten Anwendungsfälle hingegen sind mehr als Inspiration zu verstehen. Sie sollen verdeutlichen, wie sich Wichtigkeit, Nähe und Distanz oder aggregierende Meta-Informationen dafür eignen, Texte als Daten zu betrachten und zu analysieren. In den nächsten beiden Kapiteln zu maschinellem Lernen werden wir darüber hinaus noch einige weitere Verfahren, insbesondere für die Analyse von Texten, kennenlernen.

Übungen
Nun also wird die Arbeit mit Texten als Daten systematisiert. Auch in den Übungsaufgaben in den Online-Begleitmaterialien zu diesem Lehrbuch arbeiten wir uns Schritt für Schritt durch die Datenaufbereitung, die Annotation und schließlich die Überführung in Document-Feature-Matrizen: https://datenfruehstueck.github.io/ccs/

Literaturhinweise
- Manning, C. D., Raghavan, P., & Schütze, H. (2008). *Introduction to information retrieval*. University Press.
- Pipal, C., Song, H., & Boomgaarden, H. G. (2022). If you have choices, why not choose (and share) all of them? A multiverse approach to understanding news engagement on social media. *Digital Journalism, 11*(2), 255–275. https://doi.org/10.1080/2167081 1.2022.2036623

- van Atteveldt, W., Althaus, S., & Wessler, H. (2021). The trouble with sharing your privates: Pursuing ethical open science and collaborative research across national jurisdictions using sensitive data. *Political Communication*, *38*(1–2), 192–198. https://doi.org/10.1080/10584609.2020.1744780
- Zamith, R., & Lewis, S. C. (2015). Content analysis and the algorithmic coder: What computational social science means for traditional modes of media analysis. *The ANNALS of the American Academy of Political and Social Science*, *659*(1), 307–318. https://doi.org/10.1177/0002716215570576

Maschinelles Lernen mit Goldstandard („überwachtes Lernen") 10

Immer wieder war in diesem Buch bereits von maschinellem Lernen (engl. machine learning), von erlernten Modellen oder von sogenannter künstlicher Intelligenz (kurz: KI; engl. artificial intelligence, kurz: AI) die Rede. Diesen Begriffen, mithin den zugrunde liegenden Konstrukten und Algorithmen, ihren Facetten, Streitpunkten und Anwendungen, widmen wir uns in diesem und dem nächsten Kapitel.

▶   Maschinelles Lernen beschreibt das Ableiten von Regeln aus bestehenden Daten durch Computer. Dabei werden bestehende Daten manchmal als „Erfahrungen" und abgeleitete Regeln als „Modell" zur Lösung einer bestimmten Problemstellung bezeichnet. Computer (oder eben: Maschinen) lernen also aus Erfahrungen, gegebene Probleme zu lösen – eine Eigenschaft, die bei Menschen als „Intelligenz" bezeichnet wird, sodass beim Computer auch von „künstlicher Intelligenz" die Rede ist.

KI ist also ein beliebtes, aber umstrittenes Synonym des maschinellen Lernens. Umstritten ist es vor allem aus zwei Gründen: Erstens fehlt es an einer breit anerkannten Definition von „Intelligenz", sodass unklar bleibt, was eine künstliche Intelligenz überhaupt sein kann. Zweitens lernt der Computer nicht das intelligente Lösen von Problemen, sondern er simuliert nur, indem er mit informatischen Mitteln versucht, den bestehenden Daten als Erfahrungen nahe zu kommen. Man bezeichnet eine solche KI, die sich nur für die Lösung konkreter Problemstellungen eignet, deshalb manchmal auch als schwache KI. Das dem Begriff der KI zugrunde liegende Ziel, Computern menschliches Denken in Gänze beizubringen, wird in Abgrenzung dazu als starke KI bezeichnet. Eine starke KI soll selbstständig und auf Augenhöhe mit Menschen intelligent agieren und reagieren können. Dieses Verständnis aber ist (derzeit) Fiktion.

M. Haim, *Computational Communication Science*, Studienbücher zur Kommunikations- und Medienwissenschaft, https://doi.org/10.1007/978-3-658-40171-9_10

Wir bewegen uns in der CCS im Bereich der schwachen KI oder, fachlich akkurater mit dem informatischen Konzept bezeichnet, im Bereich des maschinellen Lernens. Das maschinelle Lernen stellt ein eigenes und stark wachsendes Teilgebiet der Informatik dar. Das liegt daran, dass es sich grundlegend von den anderen Teilgebieten der Informatik unterscheidet. Denn Informatik ist durch seine Fokussierung im Kern auf Elektrizität und Schalter (Strom fließt oder fließt nicht) eigentlich auf einen gewissen mechanischen Determinismus ausgelegt. Beim maschinellen Lernen hingegen werden kaum Vorgaben gemacht, sondern der Computer soll aus Daten selbstständig Regeln ableiten. Schauen wir uns zur Veranschaulichung folgenden Pseudocode an:

```
set jahre to list(0-2000)
load schaltjahre_bis_2000
set schaltjahr_modell to train(…)
    with jahre, schaltjahre_bis_2000
set ist_schaltjahr to schaltjahr_modell()
    with 2014
```

Darin legen wir die Jahreszahlen bis 2000 an und laden einen bestehenden Datensatz, in dem die Schaltjahre bis 2000 hinterlegt sind. Anschließend trainieren wir mit diesen Daten ein Modell, für das der Computer selbstständig Regeln lernen soll, welche Jahreszahlen für Schaltjahre stehen und welche nicht. Man könnte meinen, das Beispiel wäre damit erledigt: Das erlernte Modell wenden wir auf ein für den Computer bislang unbekanntes Jahr an (hier: 2014) und erhalten eine hoffentlich korrekte Antwort. Doch welche Regeln der Computer genau gelernt hat, wissen wir hier nicht. Außerdem hängt das Vorhaben daran, dass die geladenen Schaltjahre bis 2000 korrekt sind. Es besteht darüber hinaus durchaus die Möglichkeit, dass sich der Computer irrt – der Antwort haftet eine gewisse Unsicherheit an. Maschinelles Lernen unterscheidet sich damit eklatant von jener regelbasierten Programmierung, die wir bereits kennengelernt haben. Da bestand das Beispiel nämlich aus a-priori festgelegten Regeln:

```
set jahr to 2014
set ist_schaltjahr to false
if jahr / 4 yields no remainder then
    if jahr / 100 yields no remainder then
        if jahr / 400 yields no remainder then
            set ist_schaltjahr to true
        end if
    else
        set ist_schaltjahr to true
    end if
end if
```

Generell unterscheidet man zwei[1] Arten maschinellen Lernens: Beim unüberwachten Lernen soll der Computer Regeln aus Daten erlernen, ohne dass die Forschenden selbst wissen, was gute Regeln für die zu lösende Problemstellung sind. Soll der Computer beispielsweise aus einem Korpus einen semantisch aufgeladenen Vektorraum ableiten, wie das bei großen Sprachmodellen der Fall ist, so wissen selbst die Forschenden nicht, wie eine korrekte Lösung aussehen könnte. Entsprechend schwer fällt es, dem Computer hier genauere Anweisungen zu geben – er arbeitet unüberwacht (engl. unsupervised). Wir widmen uns dem unüberwachten Lernen im nächsten Kapitel. Dem gegenüber steht das überwachte Lernen. Dabei kennen Forschende eine Teillösung für das vorgegebene Problem. Soll der Computer beispielsweise erkennen, ob es sich bei einem Tier auf einem Foto um eine Katze oder um einen Hund handelt, so können die Forschenden durchaus feststellen, ob sich der Computer irrt. Der Computer arbeitet überwacht (engl. supervised). Auch der Schaltjahr-Pseudocode ist ein Beispiel dafür. Dem überwachten Lernen widmen wir uns in diesem Kapitel.

Mit Blick auf die derzeit häufigsten Anwendungen von maschinellem Lernen in der CCS bauen wir in diesem und dem nächsten Kap. 11 immer wieder auf Texte als Daten auf. Nichtsdestotrotz ist das maschinelle Lernen nicht auf Texte als Daten beschränkt, sondern könnte flexibler kaum sein: Es findet beispielsweise Anwendung für autonom fahrende Autos, die Erkennung von Tumoren oder für Spam-Filter in E-Mail-Postfächern. Im Grunde eignet es sich für alle Daten, die sich numerisch darstellen lassen. Dazu zählen für die CCS auch Netzwerke als Daten, Gruppen und Sequenzen oder multimodale Daten (siehe dazu die nachfolgenden Kapitel).

Um den Prozess des überwachten Lernens zu verstehen, stellen wir uns vor, im Spiegel-Korpus jene Beiträge identifizieren zu wollen, die Meinungsstücke darstellen. Theoretisch könnten wir dazu alle 1730 Artikel manuell durchlesen und die entsprechenden Beiträge – Kommentare, Leitartikel oder Interviews beispielsweise – als „Meinung" kennzeichnen. Doch in der Praxis fehlt uns dafür die Zeit. Stattdessen ist unser Plan, nur einige Artikel manuell zu lesen und anschließend den Computer mithilfe des überwachten maschinellen Lernens dazu zu bringen, die restlichen Artikel automatisch zu klassifizieren. Im Kern folgt das überwachte maschinelle Lernen dabei, egal ob es für Texte oder für andere Daten Anwendung findet, sechs Schritten (Abb. 10.1):

1. Für einen Teil der vorliegenden Daten braucht der Computer die korrekte Antwort, um sich im späteren Lernvorgang daran orientieren zu können. Man nennt diese Daten auch „Goldstandard". Woher der Goldstandard kommt, ist unterschiedlich – in unserem

---

[1] Es gibt auch Systematisierungen, die das maschinelle Lernen dreiteilen: Neben dem überwachten und dem unüberwachten unterscheiden sie das bestärkende (engl. reinforcement; z. B. Raschka und Mirjalili 2019) Lernen. Dabei erhält der Computer fortlaufend Einschätzungen über die Güte seines Modells, die Forschende einzustufen imstande sind, während die genauen Regeln nicht bekannt sind. Das Verfahren vereint also Elemente des überwachten und des unüberwachten Lernens. Für die CCS spielen solche Verfahren noch eine sehr untergeordnete Rolle, sodass wir auf das bestärkende Lernen an dieser Stelle nicht näher eingehen.

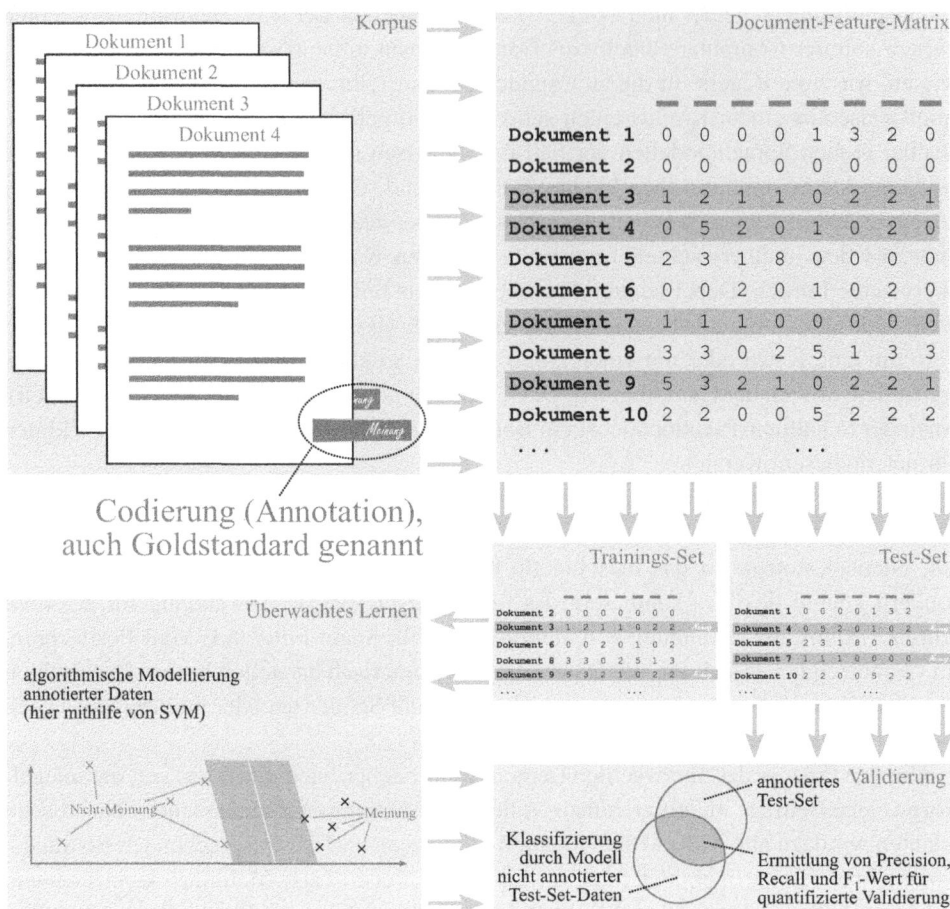

Abb. 10.1 Schematische Darstellung des überwachten Lernens am Beispiel von Texten (eigene Darstellung)

Beispiel könnten wir eine Inhaltsanalyse durchführen und so einige Beiträge als „Meinung" kennzeichnen.

2. Alle vorliegenden Daten müssen aufbereitet und in ein passendes Format überführt werden. Die entsprechenden Konzepte des Pre-Processings („Dream Theater") und des Feature Engineerings, bei Texten als Daten in Form einer Document-Feature-Matrix, haben wir zum Teil bereits in Kap. 9 kennengelernt.

3. Aus jenem Teil der aufbereiteten Daten, für den im ersten Schritt ein Goldstandard erstellt wurde, müssen für das überwachte Lernen Pakete geschnürt werden: Ein Paket aus Trainingsdaten erhält der Computer für den eigentlichen Lernprozess, das zweite Paket aus Testdaten halten wir zurück, um später die Güte des erlernten Modells evaluieren zu können.

4. Im eigentlichen Lernprozess nutzen wir einen von zahlreichen Algorithmen für das Erkennen von Regeln im Paket der Trainingsdaten. Die Auswahl an Algorithmen ist groß und es gibt viele Argumente für das eine oder gegen das andere Verfahren. Letzten Endes soll der Computer mithilfe dieser Algorithmen ein Modell anhand der Trainingsdaten entwickeln, welches unsere Kennzeichnung bestmöglich durch eine automatisierte Klassifizierung ersetzt.

5. In der Validierung wenden wir das erlernte Modell nun auf das Paket der Testdaten an und vergleichen die Klassifizierungsergebnisse des Computers mit unserem Goldstandard. Typische Kenngrößen zur Einschätzung der Qualität sind Accuracy, Precision, Recall, F_1-Wert und die ROC-Kurve.

6. Sind wir mit der Qualität des Modells zufrieden, kann es auf die bislang nicht gekennzeichneten Daten angewandt werden. Für diese Klassifizierung ist die Qualität nicht ohne weiteren Aufwand feststellbar, wir können uns also nurmehr auf die bisherigen fünf Schritte verlassen. Das fertige Modell, seine Validierung und die Kenngrößen seiner Güte können an dieser Stelle auch anderen Forschenden zur Verfügung gestellt sowie für eine Praxisanwendung implementiert werden (engl. deployment).

10.1 Daten

Am Beginn des überwachten maschinellen Lernens stehen also zweierlei Daten. Erstens jene Daten, über die Aussagen getroffen werden sollen. In unseren Beispielen etwa die Jahreszahlen bis 2000 oder die Spiegel-Beiträge. Im Duktus des maschinellen Lernens bezeichnen wir das schlicht als Daten. Und zweitens arbeiten wir mit jenen Informationen, die für einige Fälle die korrekte Antwort bereithalten. In der Datenanalyse wäre damit die abhängige Variable gemeint, die später durch unabhängige Variablen erklärt werden soll. Beim Jahreszahlen-Beispiel ist das die Angabe, welche der Jahreszahlen bis 2000 Schaltjahre repräsentieren, beim Spiegel-Korpus die manuelle Inhaltsanalyse einiger Beiträge als Meinungsstücke. Im maschinellen Lernen bezeichnet man diese zweite Art von Daten, die auch das überwachte vom unüberwachten Lernen abgrenzt, als Goldstandard.

▶ Der Goldstandard bezeichnet jene als korrekt angenommenen Informationen, an denen sich überwachte maschinelle Lernverfahren orientieren. Der Name verweist auf eine unumstößliche Realität und leitet sich davon ab, dass es für den Computer alternativlos ist, diese Informationen als richtig anzunehmen. Da das aus empirischer Sicht aber nicht immer sichergestellt ist, ein „Goldstandard" aber eine objektive Richtigkeit suggeriert, hält der synonyme Begriff „ground truth" (übersetzbar etwa als fundamentale Wirklichkeit) immer häufiger auch in die deutschsprachige Literatur Einzug.

In der CCS und gerade bei der Arbeit mit Texten als Daten entsteht der Goldstandard nicht selten aus Inhaltsanalysen. In der Literatur findet man deshalb für den Goldstandard auch regelmäßig den Begriff der Codierung. Die Informatik bezeichnet das manuelle Kennzeichnen einzelner Daten für den Goldstandard hingegen als Annotieren.

Doch auch Menschen irren sich. Die Methode der Inhaltsanalyse sieht dafür aus gutem Grund Kennzahlen zur Güte der Codierung vor (z. B. Krippendorffs Alpha). Für das überwachte Lernen bedeutet das einerseits, dass bereits im Goldstandard – trotz des Namens – Fehler enthalten sein können. Die Güte der Codierung ist entsprechend zu prüfen und zu berichten, denn sie beeinflusst maßgeblich die Qualität der späteren Modelle (Song et al. 2020). Andererseits sind wir auch in der Inhaltsanalyse mit Werten der Güte zufrieden, die eine gewisse Irrtumswahrscheinlichkeit enthalten. Dasselbe gilt für das überwachte maschinelle Lernen: Auch hier ist eine gewisse Fehlertoleranz angemessen.

Der Goldstandard kann aber auch anderen Ursprungs sein. Nehmen wir beispielsweise an, dass der Computer lernen soll, ob ein YouTube-Kommentar beleidigend ist. Dafür gibt es – dem Netzwerkdurchsetzungsgesetz sei Dank – eine Meldefunktion, sodass Nutzende einen Kommentar an YouTube als beleidigend melden können, was wiederum von YouTube anschließend geprüft wird. YouTube liegt also, gewissermaßen als Nebenprodukt, ein Datensatz mit gemeldeten und geprüften Beleidigungen vor. Dieser Datensatz bildet einen hervorragenden Goldstandard, um mithilfe des Computers künftig Kommentare noch vor der Meldung durch Nutzende als beleidigend einschätzen zu können.

Ein anderes Beispiel sind sogenannte CAPTCHA-Schutzmaßnahmen: Bei ausgewählten Login-Versuchen oder Formulareingaben werden Nutzende darum gebeten, in Fotos jene Ausschnitte zu markieren, die beispielsweise Autos, Hydranten oder Verkehrsschilder enthalten. Damit soll sichergestellt werden, dass sich nur Menschen und keine Computer einloggen oder Formulare ausfüllen. Gleichzeitig ergibt sich so aber für den Betreiber der CAPTCHA-Schutzmaßnahmen – in den meisten Fällen ist das übrigens Google – ein lukratives Nebenprodukt: Ein Goldstandard aus Bildausschnitten, in denen eben Autos, Hydranten oder Verkehrsschilder abgebildet sind.

Beides, also die Beleidigungen in YouTube-Kommentaren und die CAPTCHA-Bildausschnitte, haben sich aus beobachteten Daten ergeben, die eigentlich für einen anderen Zweck gesammelt wurden. Sie eignen sich aber trotzdem als Goldstandard für das überwachte maschinelle Lernen. Wichtig für die Beurteilung der Qualität eines Goldstandards sind die üblichen wissenschaftlichen Qualitätskriterien nach Validität, Reliabilität und nach Transparenz.

Hinzu kommt ein weiteres Kriterium, das sowohl für die Beurteilung der Qualität eines Goldstandards als auch für die Einschätzung der Daten von eklatanter Wichtigkeit ist: Verzerrung (engl. bias). Um dieses Kriterium angemessen einordnen zu können, müssen wir kurz vorgreifen und uns vor Augen führen, welche Rolle Algorithmen im maschinellen Lernen spielen: Sie suchen in den Daten nach Regeln, die eine Einteilung der Daten erlauben, die in möglichst vielen Fällen mit dem Goldstandard übereinstimmen.

Angenommen, in unserem fiktiven Beispiel nutzt YouTube 100 Kommentare als Datengrundlage für das überwachte Lernen, von denen 18 als beleidigend gekennzeichnet sind.[2] Für den Computer ergeben sich im Lernprozess nun mehrere Möglichkeiten, die je nach eingesetztem Algorithmus unterschiedlich virulent sind. Eine Möglichkeit besteht darin, dass der Computer lernt, schlicht keinen der Kommentare als beleidigend zu klassifizieren – er läge damit immerhin in 82 von 100 Fällen richtig. Man nennt dieses Problem auch Unterspezifizierung (engl. underfitting). Eine andere Möglichkeit besteht darin, dass der Computer die beleidigenden Kommentare detailliert untersucht und aus ihnen versucht, Regeln abzuleiten, um die immerhin 18 % beleidigenden Kommentare möglichst zuverlässig zu identifizieren. Allerdings steckt in gerade einmal 18 Kommentaren nur bedingt viel Information, sodass der Computer vielleicht lernt, dass das für die Fragestellung im Grunde unwichtige Wort „Folklore" ausschlaggebend sei – immerhin kommt es (zufälligerweise) in keinem der 82 nicht beleidigenden Kommentare, aber in drei der beleidigenden Kommentare vor. Dieses Problem nennt man auch Überspezifizierung (engl. overfitting).

Beiden Problemen begegnet man mit adäquaten Features (dazu kommen wir gleich noch), mit passenderen Gütekriterien (auch dazu kommen wir gleich noch) und mit einer Erhöhung der Anzahl relevanter Fälle – in diesem Fall also der beleidigenden Kommentare – für den Lernprozess. Dabei ist es sehr schwierig, eine genaue Zahl an benötigten relevanten Fällen für das überwachte Lernen zu benennen, denn der Lernerfolg hängt zu sehr auch von anderen Aspekten ab. Als ganz grobe Faustregel können für dichotome Klassifizierungen mindestens 50 relevante Fälle für einen adäquaten Lernprozess angenommen werden (vgl. Manning et al. 2008, S. 140), bei polytomen Entscheidungen je zusätzlicher Ausprägung entsprechend mehr. In unserem Beispiel könnten wir für den Lernprozess also 50 beleidigende und 50 nicht beleidigende Kommentare in die Daten aufnehmen. Allerdings legen wir dem Computer damit auch ein Verhältnis zwischen den beiden Klassen nahe, welches nicht der Realität entspricht: Der Computer lernt eine 50-zu-50-Chance, dass es sich bei einem Kommentar um einen beleidigenden Kommentar handelt. Wenn es die Datenlage erlaubt, wir also auf genügend relevante (hier: beleidigende) und nicht relevante (nicht beleidigende) Fälle zurückgreifen können, sollten wir beidem Genüge tun: Sowohl im Verhältnis die Realität abbilden als auch ausreichend relevante Fälle inkludieren. Im YouTube-Beispiel wären das also 50 beleidigende (relevante) und 230 nicht beleidigende (nicht relevante) Kommentare.

Doch auch das kann zu Problemen führen – nämlich dann, wenn 50 relevanten Fällen so viele nicht relevante Fälle gegenübergestellt werden, dass der Computer abermals

---

[2] Dieses Verhältnis dürfte in etwa der Realität entsprechen: YouTube meldete in seinen vom Netzwerkdurchsetzungsgesetz vorgeschriebenen Berichten für das Jahr 2021 in Deutschland insgesamt 128.491 Meldungen von Nutzenden über Persönlichkeitsrechtsverletzungen oder Beleidigungen, von denen 22.933 auch nach der Überprüfung noch als solche gewertet und entsprechend entfernt wurden. Diesen 22.933 relevanten Fällen (18 %) stehen also 105.558 nicht relevante Fälle (82 %) gegenüber.

durch die Klassifizierung aller Fälle als nicht relevant in einem Großteil der Fälle richtig läge. Hier hilft es, die relevanten Fälle überproptional und die nicht relevanten Fälle unterproportional zu berücksichtigen. Man nennt das auch „oversampling" (Überrepräsentation) und „undersampling" (Unterrepräsentation). Im Unterschied zu einer 50-zu-50-Lösung ist das Verhältnis dabei also etwas angeglichener (z. B. 15-zu-85), der Computer fährt aber nicht besser damit, einfach alle Fälle der nicht relevanten Klasse zuzuordnen. Auch hier ist es sehr schwierig, genaue Zahlen benötigter Verhältnisse zu benennen. Generell gilt aber, dass (a) ein Minimum an relevanten Fällen im Goldstandard notwendig ist, (b) die Verzerrung zwischen relevanten und nicht relevanten Fällen die Gütekriterien nicht überlagern darf und (c) eine Entsprechung der realweltlichen Verteilung angestrebt werden soll.

Dieser Umgang mit Verzerrungen ist nicht nur für den Goldstandard, sondern auch für das Schnüren der Datenpakete wichtig. Denn die Größe und Verzerrung des Goldstandards ist nicht gleichbedeutend mit der Größe und Verzerrung jener Daten, auf die der Computer seinen eigentlichen Lernprozess aufbaut. Stattdessen teilen wir die Daten und den Goldstandard auf, in ein Paket aus Trainingsdaten für den eigentlichen Lernprozess und ein Paket aus Testdaten zur späteren Evaluierung der Güte erlernter Modelle. Üblich sind sogenannte 80-20- oder 70-30-Splits, bei denen 80 (bzw. 70) Prozent der Daten samt Goldstandard im Trainingspaket und 20 (bzw. 30) Prozent der Daten samt Goldstandard im Testpaket landen. Auch ein 50-50-Split, ein 75-25-Split oder ein 90-10-Split ist denkbar. Bei ausreichend großem Trainingspaket gilt: Je größer das Testpaket, desto besser. Außerdem soll das Verhältnis aus relevanten und nicht relevanten Fällen in beiden Paketen möglichst identisch sein. Landen im YouTube-Beispiel die 50 beleidigenden (relevanten) und 230 nicht beleidigenden (nicht relevanten) Kommentare also im Trainingspaket, benötigen wir für das Testpaket zusätzliche Kommentare im gleichen Verhältnis. Für einen 70-30-Split brauchen wir also 21 beleidigende (relevante) und 99 nicht beleidigende (nicht relevante) Kommentare für das Testpaket.

Was hier nach einer Zahlenspielerei aussieht, könnte relevanter kaum sein: Die Überführung der Daten und des Goldstandards in ein Trainings- und ein Testpaket beeinflusst ganz maßgeblich den Lernprozess sowie die spätere Evaluierung der Güte erlernter Modelle und damit die Qualität des überwachten maschinellen Lernens. Die Ermittlung der jeweiligen Größen hängt, wie wir schon gesehen haben, von mehreren Parametern ab: von der Anzahl verfügbarer Daten und damit bei Inhaltsanalysen von den Ressourcen zur manuellen Codierung, vom Verhältnis relevanter zu nicht relevanten Daten in der Grundgesamtheit und vom geplanten Split der Datenpakete. Als gegeben können wir in der Regel zunächst das Minimum von 50 relevanten Fällen im Trainingspaket (bei dichotomen Entscheidungen) sowie die möglichst identische Verteilung in der Grundgesamtheit, dem Trainings- und dem Testpaket annehmen. Stellen wir nach Berechnung der einzelnen Größen fest, dass Daten oder Ressourcen zur Codierung übrig sind, sollten die Zahlen entsprechend nach oben korrigiert werden.

Zur Veranschaulichung hilft eine Formelsammlung (Tab. 10.1): Als Rechenbeispiele dienen die schon besprochenen Beleidigungen in YouTube-Kommentaren und die

Tab. 10.1 Aufteilung von Daten und Goldstandard in Trainings- und Testpakete (eigene Darstellung)

Beschreibung	Grundgesamtheit		Split	Trainingspaket		Testpaket	
	Rel.	*Nicht rel.*		*Rel.*	*Nicht rel.*	*Rel.*	*Nicht rel.*
YouTube	22.933	105.558	70:30	50	230	21	99
				55	253	24	108
			75:25	50	230	117	77
				100	460	33	153
Schaltjahre	485	1515	80:20	50	156	13	39
				150	469	38	117
			90:10	50	156	6	17
				300	937	33	104
Spiegel-Artikel	36	137	70:30	50	190	21	80
Formeln	G_r	G_{nr}	$X{:}Y$	$Train_r$	$Train_r \times G_{nr}/G_r$	$Train_r \times Y/X$	$Test_r \times G_{nr}/G_r$

Schaltjahre bis 2000. Beide Beispiele berechnen wir zur besseren Nachvollziehbarkeit mit je zwei unterschiedlichen Splits und je zwei unterschiedlichen Vorgaben relevanter Fälle im Trainingspaket. Anschließend berechnen wir die Anzahl nicht relevanter Fälle im Trainingspaket als Schlussrechnung über das Verhältnis der Grundgesamtheit und die Anzahl relevanter Fälle im Testpaket als Schlussrechnung über das Verhältnis des Splits. Zuletzt ergibt sich aus der Anzahl relevanter Fälle im Testpaket und dem Verhältnis der Grundgesamtheit die verbleibende Anzahl nicht relevanter Fälle im Testpaket.

Der Goldstandard setzt sich aus den vier Spalten von Trainings- und Testpaket zusammen. Bei den YouTube-Kommentaren und einem 70-30-Split mit 50 relevanten Fällen im Trainingspaket müssen wir also für 50 + 230 + 21 + 99 = 400 Fälle wissen, ob sie beleidigend sind oder nicht. Vierhundert Fälle nur dafür, dass der Computer aus fünfzig relevanten Beleidigungen lernen und wir die Güte seines Lernfortschritts angemessen evaluieren können.

Ein letzter Aspekt soll hier noch Erwähnung finden: Es kann vorkommen, dass die Verteilung in der Grundgesamtheit unbekannt ist. Unser Spiegel-Korpus und die zu klassifizierenden Meinungsbeiträge darin sind ein Beispiel dafür: Wir wissen nichts darüber, ob Meinungsbeiträge ein Sechstel, ein Drittel oder gar mehr als die Hälfte aller Beiträge ausmachen. Hier empfiehlt sich ein zweistufiges Verfahren. Zunächst nutzen wir eine randomisierte Stichprobe, um die Verteilung einschätzen zu können. Wir starten dafür beispielsweise mit zehn Prozent des gesamten Korpus – codieren bei 1730 vorhandenen Artikeln also 173 randomisiert daraus gezogene. Wir finden 36 (relevante) Meinungsbeiträge und 137 (nicht relevante) Nicht-Meinungsbeiträge. Das sind weniger als 50 relevante Fälle, also zu wenig, um mit dem maschinellen Lernen fortzufahren. Aber wir haben eine Verteilungsgrundlage geschaffen, auf der wir mithilfe der eben kennengelernten Formeln berechnen können, dass wir bei diesem Verhältnis und einem 70-30-Split insgesamt min-destens 341 codierte Fälle brauchen (siehe erneut Tab. 10.1). Diese noch fehlenden Fälle codieren wir nun einfach zusätzlich.

10.2 Features

Der Computer lernt nicht auf Basis ganzer Kommentare oder Artikel, sondern er lernt auf Basis numerischer Daten. Im Rahmen der Datenanalyse wäre dabei von unabhängigen Variablen die Rede, mit denen die abhängige Variable erklärt werden soll. Die abhängige Variable wird im maschinellen Lernen als Goldstandard bezeichnet, die unabhängigen Variablen als Features. Wir haben mit Document-Feature-Matrizen auch bereits ein zen-trales Instrument kennengelernt, wie Texte als numerische Daten aufbereitet und die in ihnen enthaltenen Informationen in passende Features überführt werden können.

> ▶   Den Prozess des Überführens von Rohdaten in passende Eigenschaften be-
>   zeichnet man als „feature engineering" (Entwicklung von Eigenschaften).
>   Gelegentlich wird innerhalb dieses Prozesses zwischen „feature extraction"
>   (Gewinnung von Eigenschaften) und „feature selection" (Auswahl von
>   Eigenschaften) unterschieden: Bei der Gewinnung werden zahlreiche Fea-
>   tures entwickelt, von denen anschließend in einem iterativen Prozess je
>   eine Auswahl für unterschiedliche Lernvorgänge zum Einsatz kommen.

Die Entwicklung brauchbarer Eigenschaften (engl. features; auch: unabhängige Va-riablen) ist für das maschinelle Lernen ein zentraler, kreativer und iterativer Prozess. Er ist zentral, insofern nur gut trennende Features zu entsprechend hochwertigen Model-len führen können. Das Feature Engineering ist dabei mindestens so wichtig wie die Wahl eines passenden Lernalgorithmus (siehe Abschn. 10.3). Der Prozess ist kreativ, insofern es keine singuläre Anleitung dafür gibt, wie ideale Features gebildet werden sollen. Stattdessen ist es die Aufgabe der Forschenden, ihr Fachwissen anzubringen und gute Argumente für (oder gegen) bestimmte Features vorzubringen. Das Fach-wissen wird flankiert durch Techniken des Feature Engineerings, wozu dieses Kapitel einen Beitrag leistet. Zuletzt ist der Prozess iterativ, insofern es üblich ist, sich Features zu überlegen, sie zu erstellen und zu testen – dann aber auch wieder zu verwerfen oder zu überarbeiten. Dieses Ausprobieren ist explorativ, dabei aber keineswegs un-systematisch: Eine Auswahl getesteter Features gehört validiert und im Ergebnis mit der nächsten Auswahl an Features verglichen (für Metriken der Validierung siehe Abschn. 10.4). Essenziell ist dabei, diesen Prozess zu dokumentieren und insbesondere die finalen Features im Methodenteil einer wissenschaftlichen Arbeit zu beschreiben. Nur so sind auch die Übernahme, Zitation und Weiterentwicklung bereits publizierter Modelle und ihrer Features möglich.

Ziel des Feature Engineerings ist eine Auswahl an Eigenschaften (oder eben: Features), die einerseits zu möglichst akkuraten und robusten Modellen führen und andererseits möglichst gut für Forschende interpretierbar sind. Ob und inwiefern Modelle akkurat – also angemessen gute Prädiktoren für den Goldstandard – und robust – also weder unter- noch überspezifiziert – sind, darüber geben verschiedene Metriken der Validierung Auskunft (siehe Abschn. 10.4). Wie gut interpretierbar sie sind, ist hingegen Auslegungssache. Einfache Zähl-Features wie die Worthäufigkeiten in DFMs sind gut nachvollziehbar. Auch gewichtete Häufigkeiten (z. B. mittels TF-IDF) lassen sich angemessen beschreiben und nachvollziehen. Etwas komplexer sind Features, die Verhältnisse (z. B. zwischen Verben und Substantiven), Word Embeddings oder Distanzen abbilden. Hierbei gilt, dass etablierte Verfahren, die also auch von anderen Forschenden schon verwendet und beschrieben wurden, gegenüber Neuschöpfungen zu bevorzugen sind.

Zur Erreichung dieses Ziels gibt es drei grundlegende Strategien für den iterativen Prozess des Feature Engineerings: (1) Beim manuellen Einschlussverfahren beginnt man mit sehr wenigen zentralen Features und ergänzt nach und nach, also für jedes neue und leicht angepasste Modell, hilfreiche Eigenschaften. Das Einschlussverfahren ist sehr gut nachvollziehbar, benötigt aber Fachwissen, um passende Features nach und nach begründet auswählen zu können. (2) Beim manuellen Ausschlussverfahren beginnt man hingegen mit möglichst vielen und möglichst breit gefächerten Features und schließt nach und nach nicht-hilfreiche Eigenschaften aus. Dabei werden Features auf Basis empirischer Evidenz eliminiert, es ist also weniger Fachwissen nötig. Die breite Feature-Auswahl zu Beginn bedeutet aber mehr Aufwand. (3) Algorithmische Verfahren bieten sich schließlich an, iterativ Features (randomisiert) aus einer Sammlung vieler und möglichst breit gefächerter Features auszuwählen und von Runde zu Runde die vielversprechendsten Features zu identifizieren. Das klingt komfortabel, kommt aber einem Kontrollverlust der Forschenden gleich. Wenn von solchen Verfahren Gebrauch gemacht wird, ist deshalb als zusätzliche Kontrollinstanz eine Bootstrapping-Validierung notwendig, die im Duktus des Feature Engineerings auch als „cross-fold validation" (Kreuzvalidierung) bezeichnet wird (Kuhn und Johnson 2020, S. 236).

Features sind dann „passend", „hilfreich" oder „vielversprechend", wenn sie dem Modell Unterschiede zwischen relevanten (z. B. Meinungsbeiträge) und nicht relevanten (z. B. Nicht-Meinungsbeiträge) Dokumenten signalisieren können. Das tun sie, wenn sie (a) primär in den relevanten oder den nicht relevanten Dokumenten, nicht aber zu gleichen Teilen in beiden Gruppen vorkommen, (b) einen Mehrwert gegenüber anderen Features bieten und (c) im Verhältnis zu anderen Features idealerweise Einfluss auf die Entscheidung des Modells nehmen.

Um (a) Vorkommnisse einschätzen zu können, bedarf es einer guten Kenntnis der Verteilungen einzelner Features über die beiden Gruppen. Hier kommen also die gesammelten Fähigkeiten aus den Kap. 2 und 3 zum Einsatz, um je nach Skalenniveau mithilfe von Häufigkeiten, Histogrammen, Lage- und Streuungsmaßen oder Scatter-Plots entsprechende Features zu identifizieren. Je nach Verteilungsschiefe bietet es sich außerdem an, einzelne Features zu transformieren, also beispielsweise aus einem metrischen

(„kommt dreimal vor") ein nominales („kommt vor") Feature zu machen. Je nach Art der Daten eignen sich zur Verstärkung der trennenden Signalkraft einzelner Features auch Gewichtungen wie eine z-Standardisierung (Überführung der Werte in Messgrößen von -1 bis $+1$), TF-IDF (relative Gewichtung zwischen Auftreten und genereller Häufigkeit über alle Dokumente hinweg) oder das „smoothing" (addieren einer „1", um keine „0" mehr in Zellen zu haben).

Um (b) Mehrwert einschätzen zu können, helfen Korrelationsdiagramme dabei, allzu ähnliche Features zu identifizieren. Korrelieren mehrere Features sehr hoch miteinander ($r \geq 0{,}9$), so lassen sie sich auch auf ein Feature reduziert. Das kann durch die Vereinheitlichung in der Datenaufbereitung („Dream Theater"), durch Clusterverfahren wie Faktorenanalysen oder in neuronalen Netzen durch zusätzliche Zwischenschichten (siehe Abschn. 10.3.4) erfolgen. Doch nicht immer korrelieren jene Features miteinander, deren Reduktion auf ein einzelnes Feature ihren Mehrwert erhöhen würde. Typische Beispiele sind Features eines gemeinsamen Typs, wie Links, Postleitzahlen, ISBN oder Politiker:innen einer bestimmten Partei. Solche Features haben aber als Gruppe durchaus Mehrwert. Wenn solche Features also singulär nicht imstande sind, ausreichend Mehrwert zu generieren, so reduzieren wir auch sie auf ein Feature. Anders formuliert: Nicht selten ist die (dichotome) Tatsache, dass eine ISBN (oder ein Link, eine Postleitzahl oder eine Person einer bestimmten Personengruppe) in einem Dokument vorkommt, ein besseres Feature, als jede einzelne ISBN es für sich je sein könnte (Manning et al. 2008, S. 310).

Ob ein Feature (c) Einfluss auf das Modell nimmt, lässt sich erst nach dem Trainieren eines Modells angemessen einschätzen. Je nach Algorithmus kann dann die Relevanz eines jeden Features für die Klassifizierung berechnet werden. Anschließend lassen sich irrelevante Features entfernen. Eine leicht abgespeckte Version davon stellen sogenannte Vulkan-Plots (engl. volcano plots) dar: Dabei berechnen wir zunächst für jedes Feature seine beiden „Odds-Ratios" (Chancenverhältnisse, kurz: OR) – die Wahrscheinlichkeiten, mit der ein Feature einerseits in den relevanten und andererseits in den nicht relevanten Dokumenten vorkommt – und überführen die beiden in ein Verhältnis. Werte über 1,0 deuten dabei an, dass das Feature in den relevanten Dokumenten überrepräsentiert, Werte unter 1,0, dass das Feature in den relevanten Dokumenten unterrepräsentiert ist. Diesem Odds-Ratio-Verhältnis stellen wir seine Irrtumswahrscheinlichkeit gegenüber: Dafür berechnen wir je Feature einen t-Test zwischen der Odds-Ratio in den relevanten und in den nicht relevanten Dokumenten, von dem wir aber nur die Irrtumswahrscheinlichkeit p nutzen. Um die Visualisierung zu verdeutlichen (und einen ausbrechenden Vulkan zu imitieren), werden die Irrtumswahrscheinlichkeiten schließlich noch invers logarithmiert. Im visuellen Ergebnis (Abb. 10.2) sind Features deutlich weiter oben verortet, wenn sie signifikant zwischen den beiden Dokumentgruppen trennen (die invers logarithmierte Irrtumswahrscheinlichkeit von 0,05 beträgt beispielsweise 1,3, jene von 0,01 beträgt 2,0), und deutlich links oder rechts von 1,0 verortet, wenn sie in den relevanten Dokumenten unter- (links) oder überrepräsentiert (rechts) sind. Diese – weiter oben und nicht direkt bei einer OR von 1,0 liegenden – Features sind es in der Regel, die wir suchen.

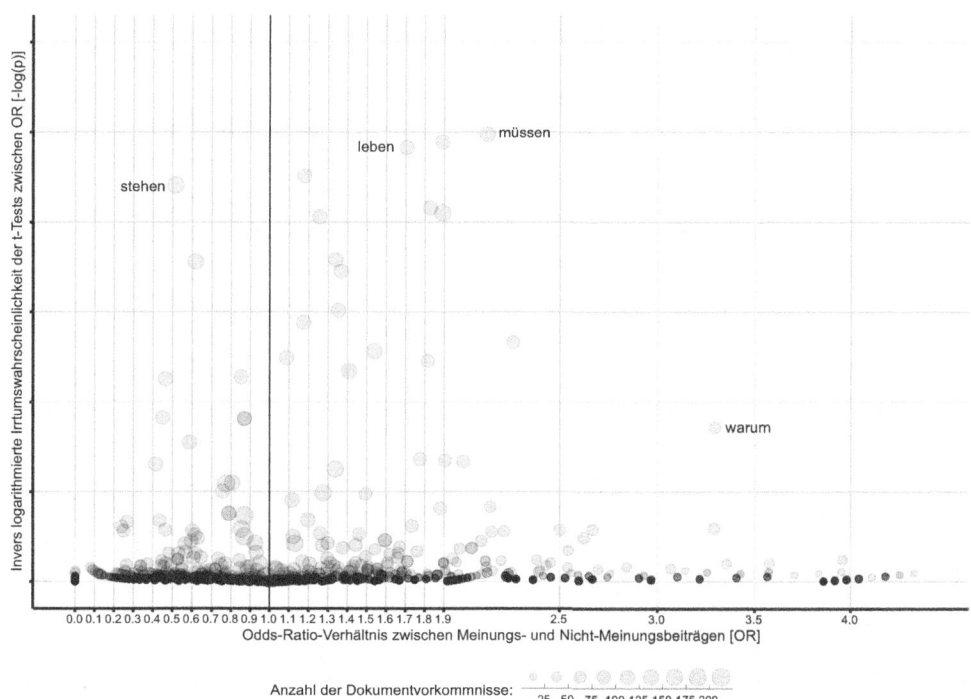

Abb. 10.2 Vulkan-Plot aller 3016 Features im Trainings-Paket des Spiegel-Korpus (eigene Darstellung)

Im Fall der als Meinungsbeiträge zu klassifizierenden Spiegel-Beiträge wissen wir wenig über passende Features und folgen deshalb dem Ausschlussverfahren. Dafür starten wir mit unserer schon bekannten DFM und ihren 1730 Dokumenten sowie 3016 Features, mit der wir ein Modell trainieren und validieren (siehe dazu die nächsten Abschn. 10.3 und 10.4), um erste Richtwerte der Modellgüte zu erhalten. Mit dem Ergebnis[3] sind wir nur bedingt zufrieden – ein Befund, der durchaus typisch für das erste Modell ist. Innerhalb der gewählten Strategie des Ausschlussverfahrens suchen wir nun also nach verzichtbaren Features. Da wir es mit einer dichotomen Klassifizierung und wenig Fachwissen über den Einfluss der einzelnen Features auf Meinungsbeiträge zu tun haben, nutzen wir zunächst einen Vulkan-Plot (Abb. 10.2). Darin werden zahlreiche Features als nicht signifikante Trenner zwischen den relevanten und den nicht relevanten Dokumenten sichtbar. Wir entscheiden uns im Umkehrschluss deshalb dafür, jene Features für das zweite Modell

---

[3] Auf die Details von Algorithmus und Validierung gehen wir hier nicht näher ein, weil sie erst Gegenstand des nächsten Kapitels sind. Der Vollständigkeit halber sei aber angemerkt, dass wir mit einem Naïve-Bayes-Algorithmus in der ersten Runde schlechte ($P = 0{,}54$; $R = 0{,}62$; $AUC = 0{,}74$) und in der zweiten Runde mäßige bis ordentliche ($P = 0{,}71$; $R = 0{,}57$; $AUC = 0{,}75$) und in der dritten Runde ebenfalls ordentliche ($P = 0{,}79$; $R = 0{,}52$; $AUC = 0{,}74$) Gütekriterien erhalten.

beizubehalten, die in der Grafik leicht erhöht und leicht links oder rechts dargestellt sind.[4] Dazu zählen beispielsweise die Lemmata „stehen", „leben" oder „müssen", die offenbar besser als andere Features als Signale herhalten können, um Meinungsbeiträge von Nicht-Meinungsbeiträgen zu unterscheiden. Wir führen außerdem hoch korrelierte ($r \geq 0{,}9$) Features zusammen, was aber nur auf vier Wörter zutrifft. Damit bleibt uns eine DFM mit nurmehr 1122 Features und einer Sparsity von 88 %. Wir trainieren ein weiteres Modell und sind mit den Werten zufriedener. Wie zufrieden genau – das klären wir im Kapitel der Validierung (Abschn. 10.4). Doch es herrscht noch Luft nach oben, sodass wir in einem weiteren Schritt die DFM „smoothen", indem wir allen Zellen eine „1" hinzu- fügen. Dadurch bleibt die Zahl der Features konstant und die Sparsity fällt auf 0 % ab. Das Ergebnis ist etwa vergleichbar, sodass wir es bis auf Weiteres bei dieser Feature-Auswahl belassen.

Eine zentrale Technik des Feature Engineerings fehlt uns noch: Denn Features können nicht nur singulär Einfluss auf Modelle nehmen, sondern auch in Kombination mit ande- ren Features. Im Duktus der Datenanalyse wäre von Interaktionseffekten die Rede. Um Interaktionseffekte zu verstehen, stellen wir uns kurz ein Modell vor, das auf Basis des aktuellen Wetters vorhersagen soll, ob man sein Fahrradschloss heute wohl geöffnet be- kommt: Bei Regen (Feature #1) wie auch bei Kälte (Feature #2) geht das; kommen die beiden aber zusammen (Interaktionseffekt), so friert das Schloss ein und man muss wohl oder übel mit dem Bus fahren. Übertragen auf unser Spiegel-Beispiel bedeutet das, dass die Wörter „ich" und „denken" möglicherweise keine Signalwirkung für oder gegen Meinungsbeiträge haben, bei gemeinsamem Auftreten aber durchaus für eine Klassi- fizierung als Meinungsbeitrag sprechen. Solche Interaktionseffekte sind einige Algorith- men selbstständig abzubilden imstande. Von den im nächsten Abschn. (10.3) vorgestellten Verfahren können beispielsweise Entscheidungsbäume und neuronale Netze explizit damit umgehen, während probabilistische Verfahren und die sogenannten SVMs nur implizit Features zusammengefasst betrachten. Empfehlenswert ist deshalb insbesondere bei probabilistischen Verfahren und SVMs, Features, bei denen eindeutig von einem Inter- aktionseffekt auszugehen ist, manuell durch Multiplikation in ein neues Feature zu überführen.

10.3   Algorithmen

Algorithmen werden nicht selten als Kern des maschinellen Lernens bezeichnet. Sie be- schreiben den eigentlichen Trainingsvorgang, also das Erlernen von Regeln aus den vor- liegenden Daten. Zweifellos sind sie also relevant und nicht ohne Grund konzentriert sich ein Großteil der (informatischen) Forschung um maschinelles Lernen auf sie. Auch wir

---

[4]Konkret belassen wir an dieser Stelle alle Features in unserer Auswahl, deren invers logarithmierte Irrtumswahrscheinlichkeit größer als 0,1 und deren Odds-Ratio-Verhältnis kleiner-gleich 0,9 oder größer-gleich 1,1 ist. Alle anderen Features werden entfernt.

widmen uns den Algorithmen hier entsprechend ausführlich. Es sei aber erneut darauf hingewiesen, dass die Datenaufbereitung, die Erstellung der Trainings- und Testpakete sowie das Feature Engineering mindestens ebenso großen Einfluss auf das resultierende Modell nehmen.

Es existiert eine Vielzahl an Möglichkeit, wie Computer aus Daten und auf Basis eines Goldstandards lernen können. Dieser Forschungsstrang ist außerdem sehr lebhaft, sodass immer wieder neue Algorithmen präsentiert werden. Und nicht nur das: Die unterschiedlichen Algorithmen lassen sich auch auf unterschiedliche Arten justieren – man spricht von sogenannter Parameter-Optimierung (engl. parameter tuning) –, was die Entscheidung für den einen oder gegen den anderen Algorithmus noch komplizierter macht.

Diese Komplexität wollen wir hier aufbrechen. Im Folgenden schauen wir uns vier für die CCS zentrale Algorithmen genauer an. Als erschöpfend kann diese Liste zwar nicht angesehen werden, doch sie repräsentiert gleichzeitig vier grundverschiedene Typen von Lernalgorithmen, sodass wir so auch die Bandbreite der algorithmischen Möglichkeiten für das überwachte Lernen kennenlernen. Für diese vier Gruppen und Algorithmen diskutieren wir Grundfunktionalität, Stärken und Schwächen, einige Parameter und bevorzugte CCS-Einsatzgebiete. Zuletzt lernen wir mit dem Ensemble-Ansatz noch ein Meta-Verfahren kennen, das sich der Stärken anderer bedient und damit versucht, individuelle Schwächen für bestimmte Anwendungsfälle auszugleichen.

10.3.1 Naïve Bayes

Eine Möglichkeit des maschinellen Lernens stellen probabilistische Verfahren dar. Diese Verfahren übersetzen die vorhandenen Daten zunächst in Verteilungen der einzelnen Features, ganz ähnlich zu den schon kennengelernten Odds-Ratios. Die Feature-Verteilungen werden dann miteinander in Beziehung gebracht, um daraus kombinierte Wahrscheinlichkeiten abzuleiten – Wahrscheinlichkeiten über das Zutreffen des Goldstandards auf Basis dessen, ob in einem Dokument ein bestimmtes Feature vorkommt oder ein bestimmtes anderes Feature eben nicht vorkommt.

Unter den probabilistischen Verfahren ist der Naïve-Bayes-Algorithmus eines der populärsten Verfahren, insbesondere, wenn es um die Klassifizierung von Texten als Daten geht. Das liegt zum einen daran, dass der Naïve-Bayes-Algorithmus einigermaßen nachvollziehbar für Menschen ist. Zum anderen erzielt der Algorithmus in der Regel recht hohe Accuracy-Werte bei gleichzeitig geringem Ressourcenaufwand. Voraussetzung dafür ist eine saubere Datenaufbereitung, die Stoppwörter und andere sehr häufige Features, die erwartungsgemäß wenig zur Klassifizierung des Goldstandards beitragen, entfernt. Außerdem sollten die Features identisch skaliert sein, also allesamt Worthäufigkeiten darstellen oder allesamt z-standardisiert sein.

Als mathematische Grundlage dient das Bayes-Theorem (gesprochen: bɛɪz; benannt nach dem britischen Mathematiker Thomas Bayes). Im Gegensatz zu den Odds-Ratios wird darin die Wahrscheinlichkeit des Auftretens eines Features nicht isoliert, sondern in

Abhängigkeit von der Wahrscheinlichkeit des Auftretens eines anderen Features betrachtet. Ein Beispiel: Tritt das Wort „verpeilt" in 17 von 100 Dokumenten auf und sind insgesamt 22 von 100 Dokumenten Meinungsstücke, so beträgt die isolierte Wahrscheinlichkeit p (engl. probability) für „verpeilt" 17 und für Meinungsstücke 22 %. Ohne weiteres Vorwissen und ohne Bayes würde unser Modell für ein neu zu klassifizierendes Dokument, dass das Wort „verpeilt" enthält, also wahrscheinlich schätzen, dass es sich dabei um ein Nicht-Meinungsstück handelt, denn immerhin ist nur jedes fünfte Dokument (22 %) ein Meinungsstück und das Wort „verpeilt" kommt auch nur in jedem sechsten Dokument (17 %) vor. Es ist also schlicht wahrscheinlicher, dass es sich bei dem Dokument nicht um ein Meinungsstück handelt. Bayes vereint nun die beiden Werte und erlaubt über die zusätzliche Beobachtung, dass „verpeilt" in 16 aller 22 Meinungsstücke – also in 73 % davon – vorkommt, die Berechnung einer bedingten Wahrscheinlichkeit für das Auftreten von „verpeilt" in einem Meinungsstück. Mathematisch ausgedrückt beträgt die bedingte Wahrscheinlichkeit also

$$p\left(A|B\right) = p\left(B|A\right) \times \frac{p(A)}{p(B)}$$

$$p\left(verpeilt|Meinung\right) = p\left(Meinung|verpeilt\right) \times \frac{p\left(verpeilt\right)}{p\left(Meinung\right)}$$

$$p\left(verpeilt|Meinung\right) = 0,73 \times \frac{0,17}{0,22} = 0,564$$

oder 56,4 %. Mit demselben Grundwissen können wir außerdem das Gegenstück berechnen. Die bedingte Wahrscheinlichkeit, dass das Wort „verpeilt" in einem Nicht-Meinungsstück vorkommt, beträgt also

$$p\left(v.|NichtMeinung\right) = p\left(NichtMeinung|v.\right) \times \frac{p(v.)}{p\left(NichtMeinung\right)}$$

$$p\left(v.|NichtMeinung\right) = 0,27 \times \frac{0,17}{0,78} = 0,059$$

oder nicht ganz 6 %. Es ist also deutlich wahrscheinlicher, dass „verpeilt" in einem Meinungsstück vorkommt, als dass es in einem Nicht-Meinungsstück auftaucht. Ein deutliches Ergebnis, das unser Modell das neu zu klassifizierende Dokument wohl doch (korrekterweise) als Meinungsstück einschätzen lassen würde. Die bedingte Wahrscheinlichkeit, so einfach sie im Kern klingen mag, ist als mathematische Grundannahme überaus mächtig, denn sie erlaubt die gemeinsame Betrachtung von Verteilungen und damit Rückschlüsse zwischen Wahrscheinlichkeiten. Im Bayes-Duktus ist von (isolierten) A-priori- und (bedingten) A-posteriori-Wahrscheinlichkeiten die Rede.

Für den Naïve-Bayes-Algorithmus im überwachten maschinellen Lernen dient Bayes indes nur als Grundlage (Abb. 10.3). In seiner häufigsten Anwendung als „multinomial"-Variante werden je Ausprägung des Goldstandards über alle Dokumente hinweg die

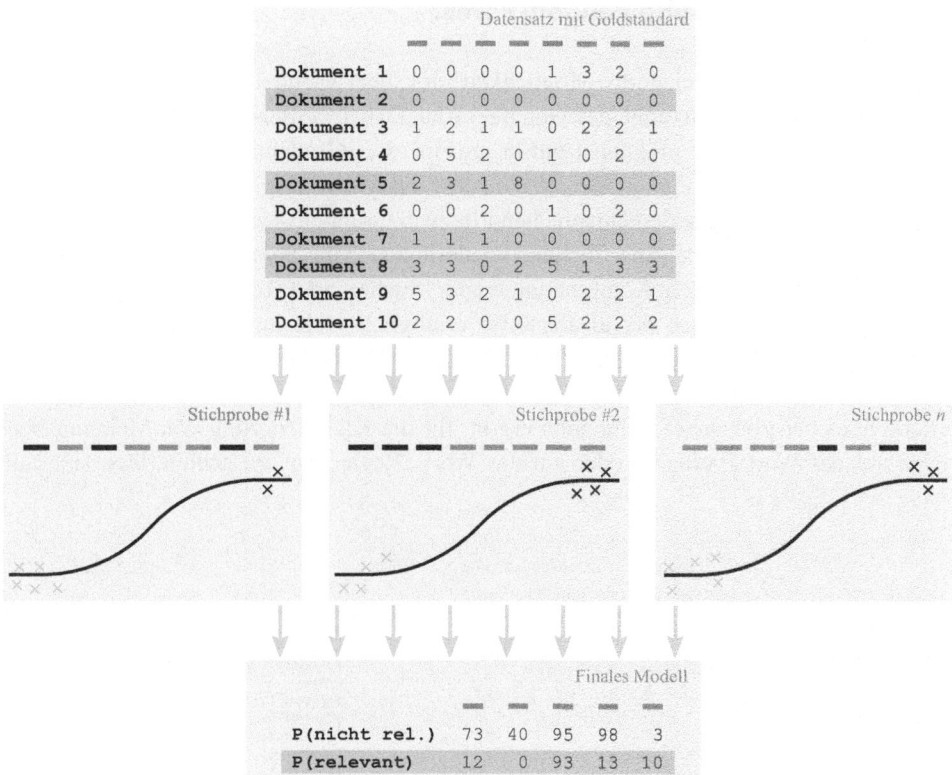

							Datensatz mit Goldstandard	
Dokument 1	0	0	0	0	1	3	2	0
Dokument 2	0	0	0	0	0	0	0	0
Dokument 3	1	2	1	1	0	2	2	1
Dokument 4	0	5	2	0	1	0	2	0
Dokument 5	2	3	1	8	0	0	0	0
Dokument 6	0	0	2	0	1	0	2	0
Dokument 7	1	1	1	0	0	0	0	0
Dokument 8	3	3	0	2	5	1	3	3
Dokument 9	5	3	2	1	0	2	2	1
Dokument 10	2	2	0	0	5	2	2	2

Stichprobe #1   Stichprobe #2   Stichprobe n

Finales Modell

P(nicht rel.)	73	40	95	98	3
P(relevant)	12	0	93	13	10

Abb. 10.3 Schematische Darstellung eines Naïve-Bayes-Lernvorgangs (eigene Darstellung)

isolierten (A-priori-) Verteilungen extrahiert und die bedingten (A-posteriori-) Wahr-scheinlichkeiten berechnet. Anschließend werden die Wahrscheinlichkeiten zu einem fina-len Modell zusammengefasst, das je Feature je eine Wahrscheinlichkeit für die Zugehörig-keit zur relevanten (hier: Meinungsstücke) und für die Zugehörigkeit zur nicht relevanten (hier: Nicht-Meinungsstücke) Gruppe enthält. Dabei geht der Algorithmus – gewisser-maßen „naiv" – davon aus, dass alle Features voneinander unabhängig und gleich wichtig sind. Für neu zu klassifizierende Dokumente werden die Feature-Wahrscheinlichkeiten aggregiert und so eine Dokument-Wahrscheinlichkeit der Zugehörigkeit zur relevanten und zur nicht-relevanten Gruppe berechnet.

Der Naïve-Bayes-Algorithmus rechnet je Ausprägung des Goldstandards und je Fea-ture – die benötigten Ressourcen erhöhen sich linear mit größeren Datensätzen (Manning et al. 2008, S. 242). Damit ist das Verfahren sehr effizient. Es erlaubt außerdem so gut wie keine Parameter-Optimierung und ist entsprechend einfach nachzuvollziehen. Einzig eine Verstärkung seltener Features ist möglich: Diese Regularisierung kennen wir bereits als „smoothing".

10.3.2 Decision Tree und Random Forest

Eine gänzlich anders gelagerte Möglichkeit des überwachten Lernens stellen Entscheidungsbaumverfahren (engl. decision trees) dar. Dabei werden iterativ Features identifiziert, die den Datensatz möglichst gut in jeweils zwei Gruppen unterteilen. So identifiziert der Algorithmus möglicherweise zunächst das Wort „Regierung" als guten Teiler und trennt die Dokumente dementsprechend in zwei Gruppen – jene mit Nennungen von „Regierung" und jene ohne. Anschließend wiederholt sich die Suche nach guten Teilern in beiden Teilgruppen. Durch Kombination vieler Suchen und Teilungen wird ein Entscheidungsbaum abgeleitet, der idealerweise ermöglicht, relevante von nicht relevanten Dokumenten anhand binärer Feature-Entscheidungen zu klassifizieren.

Zentral für den Lernvorgang des Verfahrens (Abb. 10.4) ist die Identifizierung guter Teiler. Ob es beispielsweise mehr Sinn ergibt, für die Klassifizierung von Meinungsbeiträgen auf das Wort „verpeilt" oder auf das Wort „Regierung" zu achten, lässt sich auf

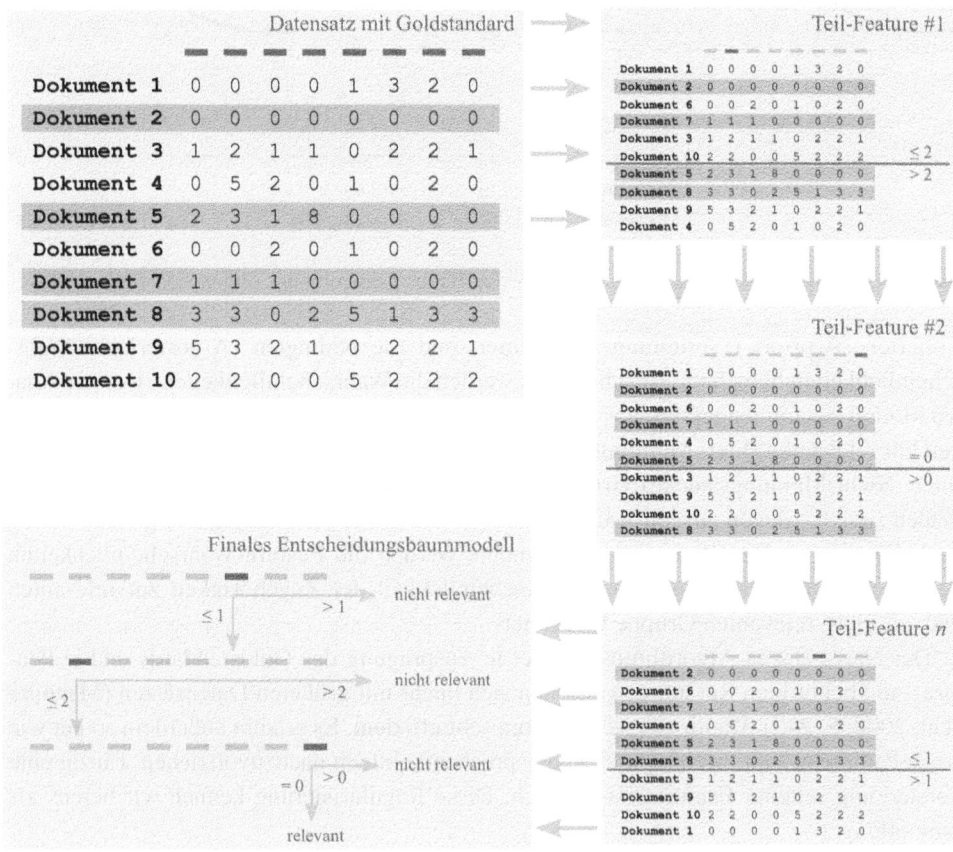

Abb. 10.4 Schematische Darstellung eines Decision-Tree-Lernvorgangs (eigene Darstellung)

unterschiedliche Arten messen. Dabei geht es immer darum, herauszufinden, ob durch die Teilung in der einen Gruppe idealerweise nur relevante und in der anderen Gruppe idealerweise nur nicht relevante Fälle landen. Eine Art dieser Messung stellen *t*-Tests dar, wie wir das schon beim Vulkan-Plot gesehen haben. Eine andere Art dieser Messung stellt der „Gini impurity index" (Gini-Verunreinigungsindex; benannt nach dem italienischen Mathematiker Corrado Gini), dar. Der Gini-Verunreinigungsindex gibt als Prozentzahl an, wie häufig eine Einschätzung eines Falls als „relevant" falsch wäre, würde man strikt nach der isolierten Verteilungswahrscheinlichkeit entscheiden. Erstrebenswert sind Teiler, die beim Vulkan-Plot weiter oben und nicht direkt bei einer OR von 1,0 liegen, oder die zu möglichst geringen Gini-Verunreinigungsindices in den Teilgruppen führen.

Der restliche Lernvorgang besteht darin, mehrere Teilungsschritte in einen finalen Entscheidungsbaum zu überführen. Wie viele Teilungsschritte dafür nötig sind, kann deduktiv (inspizierend) festgelegt oder induktiv (datengeleitet) ermittelt werden, indem am Ende alle relevanten von allen nicht relevanten Fällen getrennt sein müssen. Das Verfahren ähnelt damit in Grundzügen ein wenig dem Umgang mit Gruppen als abhängige Größe (vgl. Abschn. 13.1). Je Teilungsschritt wird für eine Vielzahl möglicher Teiler deren Güte, beispielsweise die Gini-Verunreinigungsindices, berechnet, um daraus den besten Teiler zu identifizieren. Im gründlichsten Fall würde also je Teilungsschritt für jedes Feature und jede mögliche Teilung seiner Werte die Güte berechnet. Das aber würde zu lange dauern, weshalb meist eine zufällige Stichprobe möglicher Teil-Features gezogen wird.

Wie schon der Naïve-Bayes-Algorithmus sind auch Entscheidungsbaumverfahren in ihrem Resultat gut für Menschen nachvollziehbar. Da sie Features nur isoliert betrachten, sind sie außerdem nicht auf die identische Skalierung von Features angewiesen (Raschka und Mirjalili 2019, S. 124). Entscheidungsbaumverfahren sind sehr flexibel, insofern *t*-Tests oder der Gini-Verunreinigungsindex als Gütekriterien einfach durch andere Verfahren ersetzt werden können, etwa durch Varianzreduktion oder die sogenannte Informationsentropie.[5] Sie sind außerdem nicht auf dichotome Entscheidungen begrenzt, sondern lassen sich mithilfe von Regressionen auch auf polytome Klassifizierungsaufgaben erweitern. Nachteilig ist ihre starke Abhängigkeit von einzelnen und isolierten Features, sodass Entscheidungsbaumverfahren als nicht sonderlich robust gelten. Im Ergebnis neigen die Verfahren etwas zur Überspezifizierung.

Um dem zu begegnen, hat sich mit „random forest" (zufälliger Wald) ein Meta-Verfahren zu Entscheidungsbäumen etabliert (Breiman 2001). Wie beim Bootstrapping (vgl. Kap. 7) werden dabei in zahlreichen Durchläufen Stichproben aus den Daten gezogen, um daraus zahlreiche Entscheidungsbäume zu bilden. Dokumente werden dann als relevant klassifiziert, wenn sie in der Mehrzahl der Entscheidungsbäume als relevant eingeschätzt werden.

Random-Forest-Verfahren sind deutlich aufwändiger im Lernprozess als die an und für sich schon recht aufwändigen Entscheidungsbäume. Die nötigen Ressourcen sind dabei stark vom jeweiligen Datensatz und der Parameter-Optimierung abhängig. Zu den zentra-

---

[5] Die Informationsentropie ist ein statistisches Maß für die Überzufälligkeit eines Features.

len Parametern von Entscheidungsbäumen gehört das Verfahren zur Identifikation der Teiler, die Anzahl der Teilungsschritte sowie die Größe der Stichprobe möglicher Teil-Features je Teilungsschritt. Bei Random-Forest-Verfahren erweitern die Anzahl der gebildeten Entscheidungsbäume und die Zusammensetzung der Bootstrapping-Stichproben die möglichen und zentralen Parameter.

10.3.3 Support-Vector Machine (SVM)

Eine dritte und erneut komplett anders gelagerte Möglichkeit des überwachten Lernens ist die sogenannte „support-vector machine" (kurz: SVM; Stütz-Vektor-Maschine). Dabei werden die Dokumente so in einem Vektorraum verortet, dass der Abstand zwischen den relevanten und den nicht relevanten Dokumenten möglichst groß ist (Abb. 10.5). Die Dimensionen des Vektorraums und die für die Positionierung genutzten Features werden also danach selektiert, dass beispielsweise Meinungsstücke möglichst geballt in einem Bereich des Koordinatensystems verortet sind, während Nicht-Meinungsstücke möglichst weit davon entfernt positioniert werden. Mittig innerhalb des maximierten Abstands wird schließlich eine Trennlinie gezogen, sodass neu zu klassifizierende Dokumente als relevant eingestuft werden, wenn sie ebenfalls auf jener Seite der Trennlinie verortet werden, auf der auch die relevanten Dokumente im Trainingsprozess gelandet sind.

Der SVM-Algorithmus ist aufgrund seiner sehr hohen Leistungsfähigkeit insbesondere bei wenigen Trainingsdaten bei gleichzeitig akzeptabler Effizienz sehr beliebt. Entsprechend viel methodische Forschung liegt dazu vor (Manning et al. 2008, S. 293), sodass moderne SVM-Verfahren für dichotome Klassifizierungen von Texten als Daten als sehr robust gelten können. Das liegt vor allem am maximierten Abstand der relevanten von den nicht relevanten Fällen im Vektorraum. Denn die Maximierung der Abstände reduziert die Anzahl knapp falscher Entscheidungen, da auf beiden Seiten der Trennlinie noch ein gewisser Puffer bis zu den im Trainingsprozess verorteten Fällen besteht. Aus diesem Um-

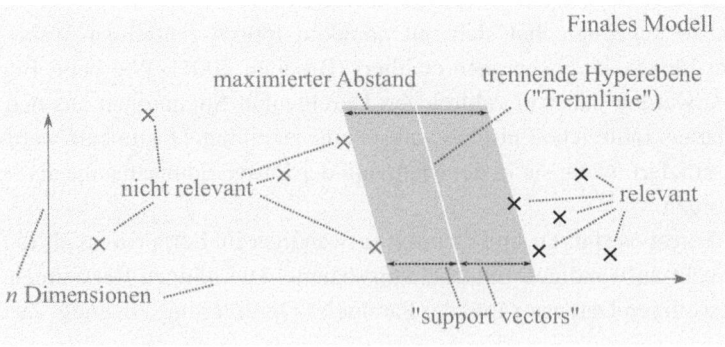

Abb. 10.5 Schematische Darstellung eines SVM-Modells (eigene Darstellung)

stand erhielt das Verfahren auch seinen Namen: Als „support vectors" werden jene Abstände zwischen Trennlinie und (nicht) relevanten Fällen bezeichnet.

SVM-Verfahren sind zudem in dreierlei Hinsicht über diverse Parameter erweiterbar: Erstens kann im Lernprozess eine gewisse Fehlertoleranz vorgesehen werden. Ein hervorragend maximierter Vektorraum kann demnach als finales Modell Verwendung finden, obwohl damit möglicherweise einzelne Fälle fälschlich als (nicht) relevant eingeschätzt werden. Solche bewusst in Kauf genommenen falschen Entscheidungen sind in neueren Implementierungen des Algorithmus vorgesehen und werden direkt negativ auf die Güte angerechnet, sodass sie unmittelbar in die Optimierung des finalen Modells einbezogen werden. Zweitens lassen sich Trennlinien durch eine Umrechnung der Vektoren auch „biegen", sodass nicht nur gerade, sondern auch runde Trennlinien möglich sind. Das verbessert für manche Datensätze die Entscheidungsgrundlage deutlich. Da diese Umrechnung im Innersten des Algorithmus stattfindet, wird diese Erweiterung auch als „Kernel-Trick" bezeichnet, obwohl es sich weniger um einen „Trick" als vielmehr um blanke Mathematik handelt. Drittens können SVMs trotz ihrer Fokussierung auf dichotome Klassifizierungen, auch für polytome Entscheidungen eingesetzt werden. Dafür werden in der Regel mehrere SVMs trainiert – eine je Ausprägung, jeweils dichotom zwischen eben jener Ausprägung (relevant) und irgendeiner anderen Ausprägung (nicht relevant). Das finale Modell entscheidet sich schließlich für jene Ausprägung, dessen SVM den deutlichsten Abstand für das zu klassifizierende Dokument von der Trennlinie aufweist. Man bezeichnet diesen Umweg polytomer Klassifizierung über mehrere dichotome Klassifizierungen auch als „one-versus-all"-Verfahren (kurz: OVA; eines gegen alle). Alternativ versuchen sogenannte „structural SVMs", alle Ausprägungen des Goldstandards als zusätzliche Dimensionen des Vektorraums abzubilden, um so in einem Modell mehrere Trennlinien unterbringen und damit polytome Klassifizierungen abbilden zu können.

Es sei an dieser Stelle angemerkt, dass Trennlinien in SVMs eigentlich keine „Linien" im zweidimensionalen Raum darstellen. Stattdessen bewegen sich SVMs in höheren Dimensionen, sodass die Trennlinien eher sowas wie „im hochdimensionalen Raum liegende Trennkonstrukte" darstellen. Mathematisch handelt es sich um sogenannte Hyperebenen. Dadurch sind sie nicht so einfach für Forschende nachvollziehbar wie die vorherigen Verfahren. Ferner geht damit ein erhöhter Ressourcenbedarf einher, denn die Abstände zwischen Vektoren und Hyperebenen berechnen sich bei SVMs als die schon in Kap. 9 kennengelernte euklidische Distanz. Der Ressourcenbedarf erhöht sich dabei in Abhängigkeit von zwei Aspekten: Liegen mehr Fälle vor, steigt der Ressourcenbedarf linear mit, was als effizient zu bewerten ist – mehr Dokumente sind für SVMs also kein Problem. Steigt allerdings die Anzahl an Features, verschlechtert sich die Effizienz durch die Berechnung der euklidischen Distanzen – der Ressourcenbedarf beim SVM-Algorithmus steigt mit zunehmender Feature-Anzahl zunehmend stärker an. Für effiziente SVM-Lernprozesse sollten Features deshalb gleich skaliert und in ihrer Zahl begrenzt sein. Modernere Ansätze sind auch darum bemüht, besonders viele Features zunächst teilweise zusammenzufassen.

10.3.4 Neuronale Netze

Die vierte hier betrachtete Möglichkeit des überwachten Lernens stellt zugleich die umfassendste und am stärksten beforschte Methode dar: Neuronale Netze (manchmal auch als künstliche neuronale Netze bezeichnet, kurz: kNN) bilden seit einigen Jahren den Kern der informatischen Forschung um maschinelles Lernen und sind von den hier vorgestellten die einzige Methode, die auch für das unüberwachte Lernen zum Einsatz kommt. Sie orientieren sich in ihrer Funktionsweise am biologischen Vorbild vernetzter Neuronen in Nervensystemen wie dem Gehirn. Dafür bestehen sie aus einzelnen Knoten (Neuronen), die jeweils Eingangssignale erhalten, intern verarbeiten und einen neuen Wert ausgeben (Abb. 10.6). Die Knoten werden miteinander vernetzt, wobei die Verbindungen nicht nur den Datenfluss, sondern auch eine Gewichtung vorgeben. Bilden unsere numerisch repräsentierten Dokumente also beispielsweise die Knoten/Neuronen der Eingabeschicht (engl. input layer), so könnten nach dem Training davon einige Features als Signale in Neuron A, einige andere Features in Neuron B und wieder andere Features in Neuron C einer Zwischenschicht (engl. hidden layer) geleitet werden. Innerhalb der Neuronen werden die Feature-Vorkommnisse verarbeitet und als neue Signale im Netz weiterverbreitet. So kommen möglicherweise die Neuronen D und E auf einer weiteren Zwischenschicht zum Einsatz, deren Ergebnisse wiederum das Resultat auf der Ausgabeschicht (engl. output layer) bestimmen – also ob das Dokument relevant (Meinungsbeitrag) ist oder eben nicht (kein Meinungsbeitrag). Die Anzahl der Neuronen und der Zwischenschichten geben Forschende vor, der eigentliche Lernvorgang besteht in der Gewichtung der einzelnen Verbindungen.

Diese nur scheinbar einfache Funktionsweise macht neuronale Netze sehr flexibel, nicht nur in ihrer Anwendung, sondern auch in ihrer Weiterentwicklung. Entsprechend viele Unterformen neuronaler Netze (und entsprechend viel eigenständige Literatur) gibt es. Die Unterformen unterscheiden sich etwa darin, ob Verbindungen nur von links nach rechts („feedforward neural networks") oder auch in die Gegenrichtung („recurrent neural networks") verlaufen können, ob den Neuronen zusätzlich zu den Eingabesignalen eine Art persistenter Speicher zur Verfügung steht („memory neural networks") und wie lange die Lebensdauer dieses Speichers angelegt ist (z. B. „long short-term memory neural networks") oder ob einzelne Neuronen zu mindestens zwei Gruppen, eben jenen Zwischenschichten, zusammengefasst werden („deep learning"), die wiederum bestimmten Vorgaben unterliegen können (z. B. „convolutional neural network"). Zudem sind unterschiedliche Kombinationen dieser und weiterer Unterformen möglich.

Der eigentliche Lernprozess neuronaler Netze im Rahmen des überwachten maschinellen Lernens (Abb. 10.6) ist oft nach dem sogenannten „backpropagation"-Prinzip (mitunter als Fehlerrückführung übersetzt) angelegt. Dabei wird das Netz zunächst mit initialen Gewichten für jede Verbindung erstellt und von einer Stichprobe der Trainingsdaten durchlaufen. Die so erhaltenen Klassifizierungen lassen sich mit dem Goldstandard vergleichen und in eine Fehlergröße überführen. Eine solche Fehlergröße könnte beispielsweise der Anteil falscher Klassifizierungen sein. Anschließend wird

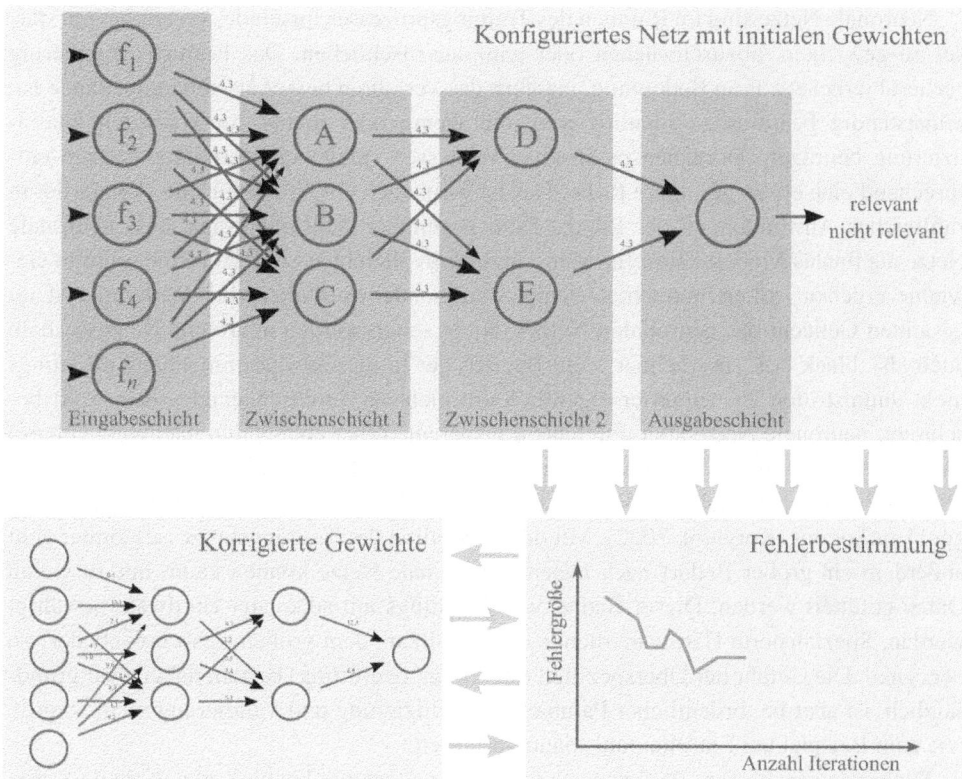

Abb. 10.6 Schematische Darstellung eines Lernvorgangs eines neuronalen Netzes (eigene Darstellung)

jedes Gewicht mithilfe der Fehlergröße korrigiert. Da sich aus der Summe aller Gewichte im Netz der Anteil jedes einzelnen Gewichts an der Fehlergröße bestimmen lässt, kann jedes Gewicht individuell angepasst werden. Im übertragenen Sinn wird die berechnete Fehlergröße also ins Netz zurückgeführt (engl. to propagate back). Damit endet eine Iteration und eine neue Stichprobe der Trainingsdaten durchläuft das nun leicht korrigierte Netz. Abermals ergibt sich eine Fehlergröße und der Fehler wird zur Korrektur der einzelnen Gewichte genutzt: Wurde der Fehler kleiner, wird wie in der vorhergehenden Iteration weiterkorrigiert; wurde der Fehler hingegen größer, wird in der neuerlichen Korrektur etwas gegengesteuert. Diese Korrekturschleifen wiederholen sich fortan. Wie oft sie sich wiederholen, bestimmt eine separate Funktion (die auch als „loss function", also Verlust- oder Kostenfunktion, manchmal auch Kosten-Nutzen-Funktion, bezeichnet wird), die üblicherweise den Verlauf der Fehlergröße analysiert und das Training an geeigneter Stelle für beendet („konvergiert") erklärt. Diese Suche ist meist als Gradientenverfahren (engl. gradient descent) angelegt, worauf wir im nächsten Kap. 11 nochmals ausführlich zurückkommen.

Neuronale Netze sind im Rahmen des Trainingsprozesses imstande, Verbindungen stärker zu gewichten, abzuschwächen oder ganz auszuschließen. Das Feature Engineering verliert hierbei etwas an Bedeutung, insofern das Verfahren besser als andere imstande ist, selbstständig Features zu identifizieren, die wenig oder nichts zur korrekten Klassifizierung beitragen. Domänenspezifisches Vorwissen spielt bei neuronalen Netzen entsprechend eine etwas geringere Rolle. Das ist wohl auch ein Grund für ihre Popularität in zahlreichen Anwendungen der Praxis. Dem gegenüber steht allerdings, dass neuronale Netze als finales Modell kaum für Menschen nachvollziehbar sind: Einzelne erlernte Gewichte ergeben isoliert betrachtet wenig Sinn, sondern entfalten ihre Wirkung erst im gesamten Geflecht des neuronalen Netzes. Nicht selten werden neuronale Netze deshalb auch als „black box" bezeichnet – ein Begriff, der in diesem Zusammenhang allerdings nicht unumstritten ist, zumal er eigentlich ein nicht zu durchschauendes Konstrukt beschreibt, neuronale Netze aber durchaus transparente (aber eben kaum nachvollziehbare) Systeme sind. Es mangelt vielmehr an ihrer Erklärbarkeit, weshalb in jüngerer informatischer Forschung verstärkt der Ruf nach „explainable AI" (erklärbare künstliche Intelligenz) aufkommt (Kutyniok 2022). Mit der Flexibilität des Trainingsprozesses einher geht außerdem ein großer Bedarf nach Daten – neuronale Netze können kaum mit zu vielen Daten gefüttert werden. Dieser Bedarf will allerdings mit adäquater Hardware bewältigt werden. Spezialisierte Hardware dient sich deshalb an, dem großen Ressourcenbedarf zu begegnen. Die Gefahr der Überspezifizierung (engl. overfitting) besteht dabei zwar grundsätzlich, ist aber bei ordentlicher Parameter-Spezifizierung und Validierung nicht so groß wie zum Beispiel bei Entscheidungsbaumverfahren.

Für eine etwas bessere Performance sollten die genutzten Features gleich skaliert sein. Außerdem lohnt sich die Investition in spezialisierte Hardware oder entsprechende Dienstleistungsangebote. Auch darauf kommen wir im nächsten Kap. 11 noch einmal zurück. Neuronale Netze sind zudem imstande, sowohl mit dichotomen als auch mit polytomen Klassifizierungen umzugehen. Während bei dichotomen Klassifizierungen ein einzelnes Neuron die Ausgabeschicht bildet, kommt bei polytomen Klassifizierungen wieder das „one-versus-all"-Verfahren (OVA) zum Einsatz, indem die Ausgabeschicht zweigeteilt wird: Im ersten Teil kommen für jede Ausprägung je ein OVA-Neuron zum Einsatz, deren Ausgangssignale im zweiten Teil wiederum in ein gegenseitig gewichtendes und damit final entscheidendes Neuron fließen.

Zu den zentralen Parametern von neuronalen Netzen gehören die Anzahl an Neuronen und ihre Organisation in Schichten. Auch die Art der Verarbeitung innerhalb von (Gruppen von) Neuronen ist bei fortgeschrittener Kenntnis möglich. Darüber hinaus lässt sich die initiale Gewichtung (z. B. randomisiert oder gleich gewichtet), die Stichprobengröße der Trainingsdaten je Iteration sowie die Lernrate konfigurieren. Die Lernrate gibt an, wie groß die Korrektur der Gewichte je Iteration grundsätzlich sein soll. Um dem großen Ressourcenbedarf ein Limit zu setzen, kann außerdem eine maximale Anzahl an Iterationen festgelegt werden.

10.3.5 Ensemble

Ensemble-Ansätze stellen Meta-Verfahren dar. Dabei werden Klassifizierungsentscheidungen mehrerer Einzel-Verfahren kombiniert. So sollen individuelle Schwächen ausgeglichen und die Klassifizierung verbessert werden (Fernández-Delgado et al. 2014). Das Prinzip der Kombination unterschiedlicher Methoden ist insbesondere in der Prognoseforschung, zum Beispiel zur Vorhersage von Wahlergebnissen, verbreitet (Bates und Granger 1969; Clemen 1989; Graefe et al. 2014). Diese Forschung zeigt, dass die verwendeten Einzel-Verfahren möglichst unabhängig voneinander sein sollten, idealerweise also grundverschiedenen Methoden folgen und verschiedene Daten nutzen. Es hat sich außerdem gezeigt, dass jene Verfahren die besten Prognosen generieren, die verwendete Einzel-Verfahren gleichmäßig kombinieren: Eine schlichte Mehrheitsentscheidung (bei nominalen oder ordinalen Größen) oder ein gebildeter Mittelwert (bei metrischen Größen) erzielen in der Regel also akkuratere Ergebnisse als individuell gewichtete Kombinationen, bei der beispielsweise die Entscheidung eines neuronalen Netzes als relevanter betrachtet würde als die Entscheidung eines Naïve-Bayes-Modells. Dafür sollte keines der Verfahren als bestes Verfahren identifizierbar sein (sonst könnte man einfach dieses Verfahren nutzen), um strukturell möglichst unabhängige Informationen in die Ensemble-Entscheidung einfließen zu lassen und so gleichermaßen zu einem besseren Resultat im Aggregat beizutragen.

Einen bekannten Ensemble-Ansatz haben wir bereits kennengelernt: Random Forest verbindet zahlreiche Entscheidungsbäume, um die Schwäche einzelner Bäume (insbes. Überspezifizierung) auszugleichen. Entgegen den Erkenntnissen der kombinierten Prognoseforschung setzt Random Forest dabei aber nicht auf verschiedene Methoden, sondern lediglich auf verschiedene Daten, die als unabhängige Stichproben aus dem vorhandenen Datensatz gezogen werden. Dieses Verfahren orientiert sich am bereits kennengelernten Bootstrapping. Ganz ähnlich wie bei Entscheidungsbäumen lassen sich auch andere Einzel-Verfahren über zahlreiche gezogene Stichproben in robustere Meta-Verfahren überführen. In der Literatur des maschinellen Lernens ist aber nicht von Bootstrapping, sondern von „Bagging" die Rede, einem Kunstwort, das sich aus „bootstrap" und „aggregating" zusammensetzt.

Eine weiterer Ensemble-Ansatz ist das „Boosting" (Verstärken). Dabei werden in der Regel verschiedene Methoden aber dieselben Daten verwendet. Der Boosting-Algorithmus versucht, die einzelnen Features auf Basis ihrer erlernten Relevanz für die Einzel-Verfahren zu gewichten. Ein Feature könnte so – aufgrund seiner Relevanz, die sich sowohl in einem Entscheidungsbaumverfahren als auch einer SVM herauskristallisiert – stärker berücksichtigt werden. Moderne Boosting-Verfahren sind zudem adaptiv, koordinieren und durchlaufen also das Training der Einzel-Verfahren mehrfach mit jeweils justierten Daten.

Am ehesten entspricht den Erkenntnissen der kombinierten Prognoseforschung hingegen der Ensemble-Ansatz des „Stackings" (Stapeln). Dabei werden zunächst verschiedene Einzel-Verfahren unabhängig voneinander trainiert, die je nach Anwendungsfall auch auf verschiedene Teil-Stichproben aufbauen. Das eigentliche Stacking-Verfahren ist dann wiederum einer der schon kennengelernten Algorithmen, beispielsweise ein pro-babilistischer Naïve-Bayes-Algorithmus, der neben den Ursprungsdaten zusätzliche Fea-tures mit den Klassifizierungen der Einzel-Verfahren für sein Training erhält. Auch hierbei wird der Prognoseforschung also nicht zur Gänze gefolgt, denn die verwendeten Einzel-Verfahren werden nicht gleichmäßig kombiniert, sondern ihr optimaler Einbezug wird neben den restlichen Daten erlernt.

10.4   Validierung

Ganz egal, welcher algorithmische Ansatz, welche Features und welche Daten in welchem Split-Verhältnis beim überwachten Lernen zum Einsatz kommen: Keine Herangehens-weise entbindet von der sorgfältigen Validierung. Diesem Schritt kann gar nicht genug Beachtung geschenkt werden. Stellen wir uns überwachtes Lernen als Schule vor, bei dem Forschende als Lehrende dem Computer als Schüler eine bestimmte Fähigkeit beibringen, so handelt es sich bei der Validierung um die finale Evaluation, die Abschlussprüfung. Nur wenn diese bestanden ist, entlassen wir den Computer-Schüler in die weite Welt. Und nur, wenn die Abschlussprüfung auch mit Bravour bestanden ist, empfehlen wir den Computer-Schüler für künftige große Aufgaben, also etwa die Codierung von Meinungsbeiträgen, auf die wir später eine empirische Analyse und vielleicht eine wissenschaftliche Publika-tion aufbauen wollen. Die Abschlussprüfung ist die letzte Möglichkeit, um festzustellen, ob der Computer-Schüler den kommenden Herausforderungen gewachsen ist. Ent-sprechend gut sollten wir die Messinstrumente der Abschlussprüfung kennen und anzu-wenden wissen. Denn nach der Abschlussprüfung, mithin nach der Validierung erlernter Modelle, haben wir keinen Einfluss mehr auf unseren Computer-Schüler.

Die Validierung beim überwachten Lernen beginnt bereits vor dem eigentlichen Lern-prozess. Denn die Überführung der Daten und des Goldstandards in ein Trainings- und ein Testpaket nimmt beträchtlichen Einfluss auf die Evaluierung der Güte erlernter Modelle. Zentral dabei ist, dass das Verhältnis aus relevanten und nicht relevanten Fällen in beiden Paketen möglichst gleich ist. Dabei handelt es sich um zwei bewusste Entscheidungen der Forschenden: Welche Fälle überhaupt als „relevant" angesehen werden und wie viele rele-vante Fälle im Trainings- oder Testpaket landen.

In vielen Anwendungen ist eine Gruppe von Fällen deutlich häufiger als die andere Gruppe von Fällen – es gibt deutlich weniger Schaltjahre als Nicht-Schaltjahre, bei You-Tube sind Beleidigungen nur in einem kleinen Teil der Kommentare enthalten und auch die Meinungsbeiträge im Spiegel sind wenige im Vergleich zu den Nicht-Meinungsbei-trägen. Für die Güte erlernter Modelle macht es demnach einen Unterschied, ob wir sie ausgehend von den Meinungsbeiträgen oder ausgehend von den Nicht-Meinungsbei-trägen beurteilen. Dieser Unterschied findet seine allgemeine Entsprechung in den Be-griffen „relevant" und „nicht relevant", wobei die Güte erlernter Modelle zumindest von den relevanten Fällen ausgehend beurteilt wird. Als relevant sollte dabei jene Gruppe von Fällen bezeichnet werden, die im Zentrum des Interesses steht: In den Beispielen also die

Schaltjahre, die beleidigenden Kommentare und die Meinungsbeiträge. Damit gilt in den Beispielen die quantitativ kleinere Gruppe als „relevant". Das erhöht gleichsam die Strenge der Validierung, da die Betrachtung der kleineren als „relevante" Gruppe als konservativere Betrachtung gilt. Ist die „relevante" Gruppe die größere Gruppe, sollte die Güte zusätzlich für die „nicht relevante" Gruppe evaluiert werden.

Zur eigentlichen Validierung bieten sich mehrere Gütekriterien an. Neben der bis heute verbreiteten Accuracy sind das vor allem die beiden unverzichtbaren Kriterien Precision und Recall sowie das zugehörige F-Kombinationsmaß. Um nicht nur einen Punktwert, sondern eine Einschätzung im Verlauf der Klassifizierungen beurteilen zu können, bietet sich außerdem die ROC-Kurve an. Sie alle bauen darauf auf, dass das erlernte Modell nach Abschluss des Trainings auf die Daten im Testpaket angewandt wird. Diese Daten hat das Modell (im Lernprozess) noch nie gesehen, sodass es nicht nur Gelerntes wiedergeben, sondern idealerweise Wissen auf neue Daten transferieren muss. Die so erhaltenen Klassifizierungen des Modells im Testpaket werden dann dem Goldstandard des Testpakets gegenübergestellt.

10.4.1 Accuracy

Das einfachste Gütekriterium ist die Accuracy (Richtigkeit). Sie gibt den Anteil korrekter Klassifizierungen im Testpaket an. Da sie nicht zwischen relevanten und nicht relevanten Fällen unterscheidet, ist sie aber sehr anfällig für verzerrte Datensätze.

Ein Beispiel soll das verdeutlichen: Unser Testpaket aus Meinungs- und Nicht-Meinungsbeiträgen besteht aus insgesamt 101 Fällen. Das sind 101 Fälle, die das erlernte Modell noch nie gesehen hat. Laut Goldstandard sind 21 Fälle davon Meinungsbeiträge, die restlichen 80 sind Nicht-Meinungsbeiträge. Angenommen, das Modell klassifiziert 86 Fälle korrekt – entweder als Meinungs- oder als Nicht-Meinungsbeiträge, so beträgt die Accuracy $86/101 = 0{,}851$ oder eben 85,1 %. Ein zufriedenstellender Wert – oder?

Nun ja. Vielleicht hat das Modell 85,1 % aller Meinungsbeiträge (also 18 von 21) und 85,1 % aller Nicht-Meinungsbeiträge (also 68 von 80) richtig klassifiziert. Dann wäre der Wert in der Tat zufriedenstellend. Die sprachlichen Einschränkungen („vielleicht", „wäre") verraten aber, dass wir das nicht wissen. Denn ein Accuracy-Wert von 0,851 käme auch zustande, wenn das Modell 80 von 80 Nicht-Meinungsbeiträge (also 100 %), aber nur 6 von 21 (also 29 %) Meinungsbeiträge richtig klassifiziert hätte. Da wir im Kern an Meinungsbeiträgen interessiert sind, wären diese 29 % alles andere als zufriedenstellend. Das Gegenteil ist vielmehr der Fall: Bei 29 % richtig klassifizierten Meinungsbeiträgen hätten wir uns das ganze maschinelle Lernen sparen können, denn wir wären mit einem 50:50-Münzwurf genauer gewesen.

Accuracy ist ein einfach zu verstehendes Maß: Wie viel Prozent der klassifizierten Fälle sind richtig? Nicht zuletzt deshalb ist es in der Literatur bis heute immer wieder anzutreffen. Doch es ist kaum geeignet, die Güte eines Modells umfänglich abzubilden, wenn

Tab. 10.2 Vier-Felder-Schema der Klassifizierungsergebnisse (eigene Darstellung)

	Relevant	Nicht relevant
Als relevant klassifiziert (engl. retrieved)	korrekt relevant klassifiziert (engl. true positive, kurz: TP, auch: Sensitivität)	falsch relevant klassifiziert (engl. false positive, FP)
Nicht als relevant klassifiziert (engl. not retrieved)	falsch nicht-relevant klassifiziert (engl. false negative, FN)	korrekt nicht-relevant klassifiziert (engl. true negative, TN, auch: Spezifizität)

relevante und nicht relevante Fälle ungleich verteilt sind. Um das angemessen beurteilen zu können, müssen wir die Klassifizierungen der relevanten von den nicht relevanten Fällen unterscheiden. Wollen wir für beide Fallzahlen vermerken, wie viele ein Modell davon korrekt klassifiziert hat, ergibt sich aus Sicht der Klassifizierung ein Vier-Felder-Schema (Tab. 10.2), das an das aus der Statistik bekannte Schema für Fehler erster (Alpha-Fehler, hier „falsch relevant klassifiziert" oder FP) und zweiter (Beta-Fehler, hier „falsch nicht-relevant klassifiziert" oder FN) Art erinnert.

Neben den Fehlern erster und zweiter Art erlaubt uns diese Vierteilung aber auch einen genaueren Blick auf die Accuracy. Dieser Blick ergibt sich sowohl als Anteil korrekter relevanter Klassifizierungen (true positives, auch als Sensitivität bezeichnet) als auch als Anteil korrekter nicht-relevanter Klassifizierungen (true negatives, auch als Spezifizität bezeichnet) im Testpaket. Während Sensitivität also die 6 von 21 Meinungsbeiträge beschreibt, ist für die 80 von 80 Nicht-Meinungsbeiträge von Spezifizität die Rede.

10.4.2 Precision, Recall und F_1

Für die feinere Beurteilung des maschinellen Lernens wird diese Abstufung von Accuracy etwas auf den Kopf gestellt. Das Ziel, nicht die Fehler, sondern die Güte der erlernten Modelle zu beschreiben, wird als Precision und Recall bezeichnet.

▶ Die Precision (Genauigkeit) P ist der Anteil korrekter an allen relevanten Klassifizierungen. Sie berechnet sich als $P = {TP}/{TP + FP}$ und bezieht sich lediglich auf die erste Zeile des Vier-Felder-Schemas. Der Nenner berücksichtigt also alle vom Modell als relevant klassifizierten Fälle, sodass die Precision angibt, wie viele der vom Modell für richtig gehaltenen Fälle wirklich richtig sind.

Die Precision reicht von 0 bis 1, wobei ein Wert von 1 angibt, dass alle als relevant klassifizierten Fälle auch relevant sind. Das bedeutet aber nicht, dass auch alle relevanten Fälle vom Modell erkannt wurden.

▶ Der Recall (Trefferquote) *R* ist der Anteil korrekt klassifizierter an allen relevanten Fällen. Er berechnet sich als $R = \frac{TP}{TP + FN}$ und bezieht sich lediglich auf die erste Spalte des Vier-Felder-Schemas. Der Nenner berücksichtigt also alle relevanten Fälle, sodass der Recall angibt, wie viele der richtigen Fälle vom Modell erkannt wurden.

Somit beschreiben Precision und Recall die Güte eines Modells jewels über die Sensitivität (die korrekt relevant klassifizierten Fälle oder „true positives") als Anteil unterschiedlicher Grundmengen. Im Gegensatz zur Accuracy ist damit also berücksichtigt, ob und inwiefern relevante und nicht relevante Fälle ungleich verteilt sind. Gleichsam gehen die beiden Gütekriterien häufig auf Kosten des jewels anderen – eine hohe Precision geht also nicht selten mit einem geringeren Recall einher, während ein höherer Recall oftmals zulasten der Precision geht. Das liegt bis zu einem gewissen Grad an den Algorithmen: Während manche Algorithmen dazu neigen, sich bei den Klassifizierungen möglichst sicher sein zu wollen – so sicher, dass manche Grenzfälle durch das Raster fallen (ausgedrückt über eine hohe Precision und einen geringen Recall) –, neigen andere eher dazu, möglichst viele – und im Zweifel zu viele (ausgedrückt über einen hohen Recall und eine geringe Precision) – relevante Fälle zu erkennen.

Diese Informationsdichte, die in der gemeinsamen Betrachtung von Precision und Recall im Testpaket liegt, gilt es, sich zunutze zu machen. Denn für viele Anwendungen ist das eine (hohe Genauigkeit) oder das andere (hohe Trefferquote) wichtiger. So mag für YouTube vielleicht Recall wichtiger als Precision sein, wenn es darum geht, möglichst viele relevante Fälle zu erkennen, auch wenn damit ein gewisser Beifang einhergeht. Vielleicht soll sichergestellt werden, dass zumindest keine Beleidigungen übersehen werden. Umgekehrt ist für die Erkennung der Meinungsstücke im Spiegel-Korpus möglicherweise Precision wichtiger als Recall, um sicherzustellen, dass es sich bei der klassifizierten Meinung auch wirklich um Meinung handelt, auch wenn damit nicht alle Meinungsbeiträge identifiziert werden. So soll vielleicht sichergestellt werden, dass spätere Analysen auf jeden Fall Meinungsstücke widerspiegeln, auch wenn die Befunde so eventuell die tatsächlichen Effekte unterschätzen, weil nicht alle Meinungsbeiträge erkannt wurden.

Um beides in einem Maß berücksichtigen und vergleichen zu können, hat sich in der Informatik zudem das F_1-Gütekriterium etabliert. Dabei wird aus Precision und Recall ein harmonisches Mittel, also ein Mittelwert aus Bruchzahlen, gebildet. Das F_1-Maß hat nichts mit dem *F*-Maß zu tun, das vielleicht von Regressionen bekannt ist. Vielmehr handelt es sich um einen Durchschnitt, der die beiden gemittelten Werte jewels gleichermaßen berücksichtigt. Immer häufiger begegnet man auch anderen Formen davon, etwa dem F_2-Gütekriterium oder dem $F_{0,5}$-Gütekriterium. Der tiefergestellte Wert wird hier auch als β (Beta) bezeichnet und ermöglicht eine Gewichtung von Precision oder Recall. Beta-Werte unter 1 legen mehr Wert auf Precision, während Beta-Werte über 1 mehr Wert auf Recall legen. Allgemein formuliert:

$$F_\beta = \left(1 + \beta^2\right) \times \frac{P \times R}{\left(\beta^2 \times P\right) + R}$$

Die drei Gütekriterien P, R und F_β (meist F_1) sind für das überwachte Lernen zentral. Denn typischerweise versuchen Forschende sich an verschiedenen Modellen und verschiedenen Parametern. Die Gütekriterien ermöglichen einen tieferen Einblick in die Klassifizierungen sowie einen direkten Vergleich der Modelle, um später für die eigentliche Klassifizierung die beste Kombination aus Modellwahl und Parametern zu nutzen.

Generell wird beim direkten Vergleich jenes Modell für die weitere Klassifizierung gewählt, bei dem sowohl Precision als auch Recall mindestens akzeptabel sind und bei dem das für die eigene Forschungsfrage präferierte Gütekriterium gut bis sehr gut ist. Was dabei gute Werte sind, hängt vom Anwendungsfall ab. In der Informatik stößt man immer wieder auf Studien, die daran interessiert sind, die Gütekriterien auch auf der dritten oder vierten Stelle hinter dem Komma zu optimieren. Das ist in der CCS meist nicht von zentraler Bedeutung. Stattdessen genügt es, die Maße auf zwei oder drei Stellen hinter dem Komma zu berichten und entsprechend einzuschätzen. Generell gelten bei dichotomen Modellen Werte nahe 0,8 oder höher als brauchbar. Für polytome Modelle sollten die Gütekriterien für jede Ausprägung berechnet werden und jeweils ebenfalls in diesem Bereich liegen, wobei mit manchen Forschungsinteressen deutlich höhere Qualitätsmaßstäbe einhergehen. Es kann aber nicht oft genug betont werden, dass auch bei solchen Werten Falschklassifizierungen dabei sind: Bei einer Precision von 0,8 klassifiziert ein Modell immer noch 20 % der Fälle als relevant, obwohl sie eigentlich nicht relevant wären. Und auch ein Recall von 0,9 deutet an, dass immerhin noch 10 % der relevanten Fälle vom Modell schlicht übersehen werden.

Sind die Werte nicht ausreichend gut, bieten sich mitunter Ensemble-Verfahren an. Gerade wenn manche Modelle starken Recall einer schwachen Precision (oder umgekehrt) unterordnen, kann die Kombination komplementär schwacher/starker Modelle helfen, die Qualität der Klassifizierung zu erhöhen. Doch nicht immer sind Ensemble-Verfahren das Mittel der Wahl. Für einen umfänglicheren Einblick in die Klassifizierung sollten die Gütekriterien nicht nur im Testpaket, sondern auch im Trainingspaket betrachtet werden. In der Regel ähneln sich die Werte über beide Pakete. Sind Precision und/oder Recall im Trainingspaket jedoch deutlich besser als im Testpaket, so deutet das auf eine Überspezifizierung (engl. overfitting) eines Modells hin. Eventuell helfen andere Algorithmen oder Parameter, vor allem aber hilft Vereinheitlichung (Abschn. 9.3.4), das Problem in den Griff zu bekommen. Hoher Recall bei geringer Precision deutet hingegen auf eine Unterspezifizierung (engl. underfitting) hin. Hier helfen häufig mehr Daten (im adäquaten Verhältnis) und ein neuerlicher Lernvorgang.

Alle diese Optimierungsstrategien sollen allerdings nicht darüber hinwegtäuschen, dass maschinelles Lernen sich zwar für viele, bei weitem aber nicht für alle Probleme eignet. Forschungsinteressen, die nicht klar spezifiziert sind oder die auch von Menschen nicht sinnvoll codiert werden können, sind kaum ordentlich klassifizierbar. Ist also bereits die Intercoderreliabilität (z. B. Krippendorffs Alpha) im Rahmen der als Goldstandard herhaltenden Inhaltsanalyse schlecht, kann auch das maschinelle Lernen diese schwache Grundlage nicht ausgleichen. Eine flapsige Beschreibung in der Informatik, die das Problem beschreibt, bei schlechter Bedienung des maschinellen Lernens nur schlechte Modelle trainieren zu können, lautet deshalb „garbage in, garbage out" (frei übersetzt: schlechte Eingabe, schlechte Ausgabe).

Für unser Spiegel-Beispiel haben wir uns im Rahmen des Feature Engineerings zunächst für einen Naïve-Bayes-Algorithmus entschieden. Mit ihm haben wir unsere 1122 Features zunächst in drei Durchläufen optimiert. Das daraus entstandene Modell ist aber nicht vollends zufriedenstellend, sodass wir noch in zwei andere Richtungen probieren: Einerseits bemühen wir Embeddings, beziehen also 300 zusätzliche Features ein, die die „spaCy"-Koordinaten der Dokumente in einem Vektorraum darstellen. Andererseits versuchen wir neben dem bis dato verwendeten Naïve-Bayes-Algorithmus eine SVM. Doch selbst die beste Kombination daraus bringt kein qualitativ ausgewogenes Modell mit sich – eine um Embeddings angereicherte DFM mit einer SVM trainiert priorisiert Precision ($P = 0{,}86$) klar über Recall ($R = 0{,}29$), sodass wir uns letztlich mit dem bereits zuvor trainierten dritten Modell zufriedengeben und zu unserem finalen Modell erklären ($P = 0{,}79$; $R = 0{,}52$; $F_1 = 0{,}63$; $F_2 = 0{,}56$; $F_{0{,}5} = 0{,}71$; $AUC = 0{,}74$).

10.4.3 ROC-Kurve

Zusätzlich zur Accuracy, zu Precision und Recall sowie zum F_β-Kombinationsmaß gibt es Gütekriterien, die die Qualität einzelner Modelle als Verlauf abbilden. Ein solches, mithin das prominenteste, sind ROC-Kurven. ROC-Kurven setzen die sogenannte Richtig-Positiv-Rate ins Verhältnis zur sogenannten Falsch-Positiv-Rate. Die Richtig-Positiv-Rate ist lediglich ein anderer Begriff für den Recall, also dafür, wie viele der relevanten Fälle vom Modell erkannt wurden. Die Falsch-Positiv-Rate kennen wir hingegen noch nicht: Sie gibt an, wie viele der nicht relevanten Fälle falsch klassifiziert wurden, bildet im Vier-Felder-Schema also die rechte Spalte ab. Mit diesen beiden Raten visualisiert die ROC-Kurve das Verhältnis richtiger zu falschen maschinellen Entscheidungen. Der Kurvenverlauf zeigt das Verhältnis für unterschiedlich viele Klassifizierungen an, beginnend bei ganz wenigen und endend bei ganz vielen Klassifizierungen.

Ursprünglich sollte die Kurve bei der Suche nach einem Kompromiss zwischen Trefferquote und Fehleranfälligkeit helfen. Das ist zum Beispiel für die Kalibrierung teurer Laborgeräte wichtig. Daraus entwickelte sich der sperrige Name, als „receiver operating characteristics" (Operationscharakteristika für Beobachtende).

Die Kurve reicht immer von wenigen zu vielen Klassifizierungen, von links unten nach rechts oben (Abb. 10.7). So lässt sich ablesen, wie sich das Verhältnis richtiger zu falschen maschinellen Entscheidungen mit fortschreitenden Klassifizierungen verändert. Um das abbilden zu können, muss die ROC-Kurve für unterschiedliche viele Klassifizierungen berechnet werden, was bei sehr vielen Daten entsprechend auf-

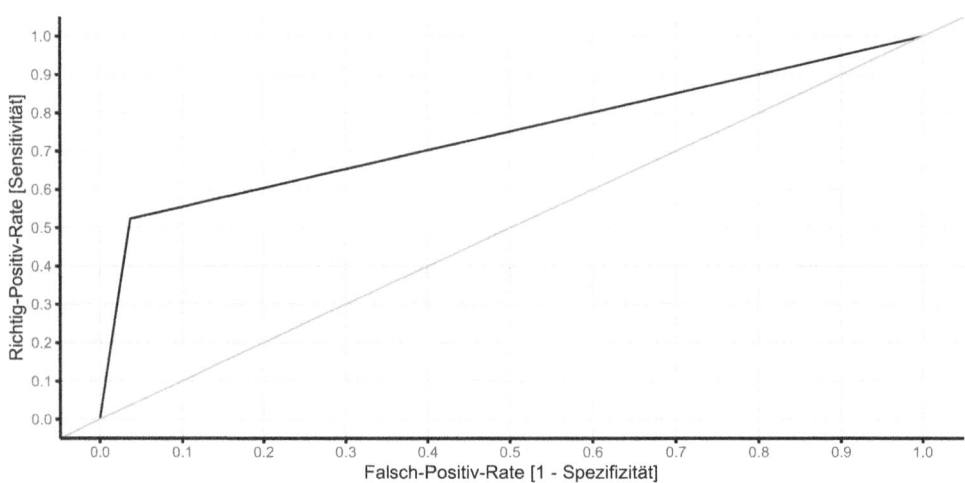

Abb. 10.7 ROC-Kurve des Spiegel-Meinungs-Klassifikators (eigene Darstellung)

wändiger ist als die einfache Berechnung von Precision oder Recall. Nicht selten nutzen ROC-Implementierungen deshalb nur eine Stichprobe der Fälle für die Berechnung der ROC-Kurve, weshalb man gelegentlich auch auf Konfidenzintervalle zu den einzelnen Werten einer ROC-Kurve stößt.

Bei einem guten Modell springt die Kurve weit auf der linken Seite weit nach oben, die Trefferquote ist zu Beginn also sehr hoch, die Fehleranfälligkeit ist gering. Mit zunehmendem Verlauf häufen sich dann die Fehler, doch die Kurve eines guten Modells fällt dennoch nie in die rechte untere Hälfte der Darstellung ab. Mitunter wird für eine einfachere Interpretation auch eine diagonale Hilfslinie als Gerade vom Nullpunkt nach rechts oben eingezeichnet. Diese Diagonale beschreibt den Verlauf eines reinen Zufallsprozesses, etwa eines Münzwurfs. Der Kurvenverlauf bei guten Modellen, zu denen auch unser Meinungsstück-Modell (Abb. 10.7) gehört, deutet also an, dass sich das Modell schon früh in den Klassifizierungen häufiger richtig als falsch und mit zunehmenden Klassifizierungen dennoch stets besser als der Zufall entscheidet.

Der Informationsgehalt, den eine ROC-Kurve abbildet, lässt sich durchaus als so reichhaltig wie komplex bezeichnen. Wohl auch deshalb hat sich mit dem AUC-Maß eine einfacher zu interpretierende Metrik in Ergänzung zur ROC-Kurve gebildet. AUC steht für „area under curve" (Fläche unter der Kurve) und gemeint ist damit der Flächeninhalt, der zwischen der ROC-Kurve und der Abszisse („X-Achse") liegt. Der wird mithilfe des Integrals berechnet und ergibt einen Anteilswert zwischen 0 und 1. Die Hälfte der gesamten Fläche, die der diagonalen Hilfslinie des Münzwurfs entspricht, ergibt also einen AUC-Wert von 0,5. Alles darüber ist entsprechend besser als der Zufall, alles darunter ist schlechter. Unser finales Spiegel-Modell erreicht einen mäßig-bis-akzeptablen AUC-Wert von 0,74.

10.5 Klassifizierung

Der letzte Schritt des überwachten Lernens ist die Anwendung. Wir haben Daten aufbereitet und Features extrahiert, Lern-Algorithmen und Parameter-Optimierungen ausprobiert und die Ergebnisse validiert, um letzten Endes eine Entscheidung zugunsten einer bestimmten Auswahl an Features, eines bestimmten Algorithmus und bestimmter Parameter zu treffen. Der Weg zu dieser Entscheidung und insbesondere die Entscheidung selbst gehört mit all ihren Validierungswerten in den Methodenteil einer wissenschaftlichen Arbeit, die ROC-Kurve, die eigentlichen Daten und Modelle in ihren Anhang (Wagenmakers et al. 2021).

Im Rahmen der Validierung haben wir das finale Modell bereits auf die Fälle im Testpaket angewandt, die darin enthaltenen Dokumente also klassifiziert. Diesen Schritt wiederholen wir nun und wenden das Modell auf alle verbleibenden Fälle an. Im Spiegel-Korpus lassen wir also das finale Modell für alle verbleibenden Beiträge einschätzen, ob es sich dabei um Meinungs- oder um Nicht-Meinungsbeiträge handelt (Abb. 10.8). Das Ergebnis zeigt ein einigermaßen homogenes Bild über den Jahresverlauf, demzufolge rund ein Sechstel der Beiträge je Ausgabe als Meinungsbeiträge klassifiziert wurden. Auffallend ist, dass der Anteil an Meinungsbeiträgen in den Ausgaben kurz vor der Bundestagswahl abfällt, in der Sonderausgabe unmittelbar nach der Wahl aber umso deutlicher ansteigt. Es sei an dieser Stelle aber erneut auf die eher schwache Güte des Modells hingewiesen.

Im Rahmen ihrer Forschung klassifiziert die CCS häufig retrospektiv. Sie wendet finale Modelle also auf bestehende Datensätze an. Damit auch andere Forschende diese Modelle auf Datensätze anwenden können und damit auch andere Forschende die berichteten Ergebnisse kontrollieren und nachbauen können, sollten finale Modelle veröffentlicht und mit an-

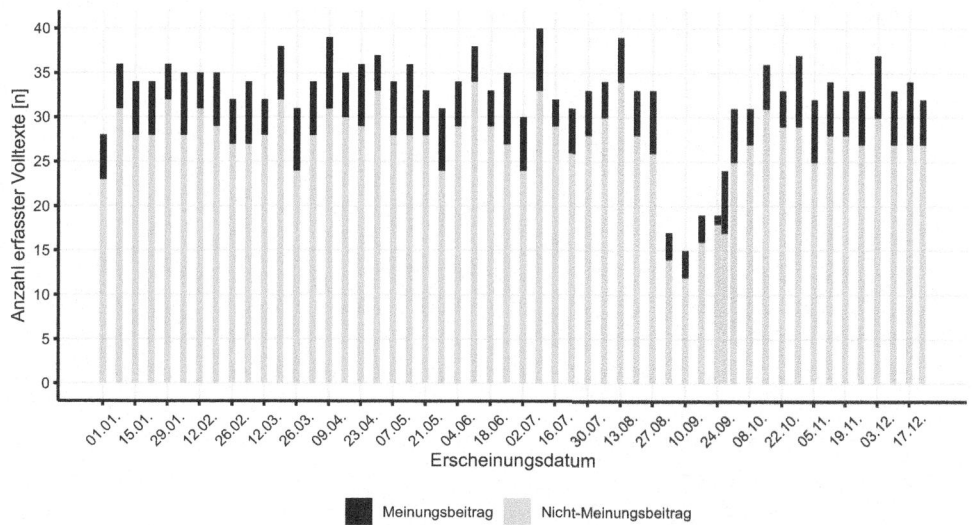

Abb. 10.8 Klassifizierte Verteilung der Meinungsbeiträge im Spiegel-Korpus (eigene Darstellung)

deren geteilt werden. Diesen Schritt nennt man auch „deployment", wenngleich die Informatik streng genommen noch mehr unter diesem Begriff subsummiert. Denn wenn in der Informatik oder auch in der Praxis Modelle trainiert werden, dann häufig mit dem Ziel, sie nicht nur retrospektiv auf bestehende Datensätze, sondern auch prospektiv auf noch zu entstehende Daten anzuwenden. Ein Modell, das für autonom fahrende Autos auf die Erkennung von Verkehrsschildern trainiert wird, soll letzten Endes ja im laufenden Betrieb Verkehrsschilder erkennen. Das „deployment" bezeichnet dabei nicht nur die Veröffentlichung der finalen Modelle, sondern insbesondere ihre Implementierung in den laufenden Betrieb.

10.6   Zwischenfazit und Literaturhinweise

Maschinelles Lernen ist ein sehr großes und rasant wachsendes Forschungsfeld der Informatik. Selbst mit zwei Kapiteln zu diesem Thema, kann dieses Lehrbuch der Komplexität dessen kaum gerecht werden. Unser Ziel kann es also auch für das maschinelle Lernen nur sein, Grundkenntnisse und ein Gefühl für Abläufe, Zusammenhänge, Chancen und Herausforderungen zu vermitteln.

Dazu zählt im überwachten Lernen (1) die Erstellung eines verlässlichen Goldstandards, (2) eine entsprechende Aufbereitung und Kontrolle der Daten und Features, (3) eine möglichst verzerrungsfreie Aufteilung in Trainings- und Testpaket, (4) die richtige Auswahl und Konfiguration eines passenden Algorithmus, (5) eine strenge wie gemeinhin anerkannte Validierung sowie (6) die finale Anwendung in Form der Klassifizierung der verbleibenden Fälle.

Maschinelles Lernen – und gerade das überwachte Lernen als verlängerter Arm der kommunikationswissenschaftlichen Inhaltsanalyse – verspricht sehr viel Potenzial bei einfacher Anwendung. Im Kern aber handelt es sich um mathematisch, statistisch und algorithmisch komplexe Verfahren, die in Abertausenden von Iterationen ideal ineinandergreifen müssen. Das hier vermittelte Grundverständnis soll auch Lust darauf machen, in diese komplexeren Verfahren tiefer einzutauchen und sie angemessen für zahlreiche neue CCS-Anwendungsfälle nutzbar zu machen.

Übungen
Für das maschinelle Lernen eignet sich traditionellerweise Python eher als R. So gibt es haufenweise mehr oder weniger fundierte Anleitungen online, um Modelle mit Python zu trainieren. Doch R hat aufgeholt und in jüngerer Vergangenheit sind zahlreiche Pakete erschienen, die nicht nur das überwachte Lernen mit R ermöglichen, sondern es auch erleichtern, maschinelles Lernen mit Goldstandard nach professionellen Maßstäben in den Forschungsalltag zu integrieren. Dafür passende Anleitungen und Hilfestellungen wie auch jede Menge Übungsaufgaben und Links zu anderen Materialien finden Sie wie gehabt in den Online-Begleitmaterialien zu diesem Lehrbuch bei GitHub: https://datenfruehstueck.github.io/ccs/

Literaturhinweise

- Manning, C. D., Raghavan, P., & Schütze, H. (2008). *Introduction to information retrieval*. University Press.
- Raschka, S., & Mirjalili, V. (2019). Python machine learning: Machine learning and deep learning with Python, scikit-learn, and TensorFlow 2 (3. Aufl.). Packt.
- Song, H., Tolochko, P., Eberl, J.-M., Eisele, O., Greussing, E., Heidenreich, T., Lind, F., Galyga, S., & Boomgaarden, H. G. (2020). In validations we trust? The impact of imperfect human annotations as a gold standard on the quality of validation of automated content analysis. *Political Communication, 37*(4), 550–572. https://doi.org/10.1080/10584609.2020.1723752
- Wagenmakers, E.-J., Sarafoglou, A., Aarts, S., Albers, C., Algermissen, J., Bahník, Š., van Dongen, N., Hoekstra, R., Moreau, D., van Ravenzwaaij, D., Sluga, A., Stanke, F., Tendeiro, J., & Aczel, B. (2021). Seven steps toward more transparency in statistical practice. *Nature Human Behaviour, 5*(11), 1473–1480. https://doi.org/10.1038/s41562-021-01211-8

Auch beim unüberwachten (engl. unsupervised) Lernen soll der Computer aus Daten Wissen ableiten. Doch anstatt Regeln zu lernen, die Forschende selbst in ihrer Komplexität kaum prüfen können, geht es hierbei um die Erkennung von Mustern und das Nachbilden von Zusammenhängen. Der Computer soll dafür so lange ausprobieren und nach möglichen Lösungen suchen, bis er „selbst das Gefühl hat", eine akzeptable Lösung gefunden zu haben. Das klingt kompliziert, ist aber äußerst vielversprechend – und auch ein bisschen beängstigend.

Zunächst das Komplizierte: Beim unüberwachten Lernen muss der Computer Muster und Zusammenhänge identifizieren, wo für Menschen keine erkennbar sind. Der Computer sucht also nach bislang unbekannten Lösungen. Dafür kommen wiederum spezifische Algorithmen zum Einsatz, denen wir uns im Laufe dieses Kapitels annehmen. Darüber hinaus braucht der Computer Möglichkeiten, bessere von schlechteren Lösungen zu unterscheiden. Da ihm ein Goldstandard fehlt, baut sich der Computer ein eigenes Bewertungssystem, mit dem er parallel seine gefundenen Lösungen evaluiert. Denn letzten Endes muss der Computer beim unüberwachten Lernen selbst entscheiden, wann genug ist. Um das alles angemessen bewerkstelligen zu können, benötigen unüberwachte Verfahren häufig sehr viel mehr Ressourcen als überwachte Verfahren, sodass wir uns auch dem Thema Ressourcen hier annehmen.

Trotz dieser Komplexität gelten unüberwachte Verfahren als äußerst vielversprechend. Die in Kap. 8 bereits kennengelernten Sprachmodelle etwa sind ebenso das Resultat unüberwachter Lernverfahren, wie die immer wieder in den Medien diskutierten Modelle, die selbstständig visuelle und audiovisuelle Medieninhalte (sogenannte „deep fakes") generieren. In der CCS gehören unüberwachte Verfahren insbesondere im Rahmen von Themenmodellen (engl. topic models) zum methodischen Kanon: Dabei soll der Computer aus einer Vielzahl an Dokumenten übergreifende Themen extrahieren.

Damit kommen wir aber auch zum eher beängstigenden Teil: Denn unüberwachtes maschinelles Lernen ist kaum zu durchschauen. Der Computer tut dabei, was er am besten kann: Mit aberwitziger Geschwindigkeit Abermillionen möglicher Zusammenhänge berechnen und zueinander ins Verhältnis setzen. Ob dabei entsteht, was Forschende intendiert haben, gilt es ex-post zu prüfen, denn ein A-priori-Goldstandard fehlt. Am Ende steht also ein Modell, das Forschende selbst dechiffrieren und in das ursprüngliche Forschungsinteresse einpassen müssen. Das ist mitunter sehr komplex und birgt Risiken, zum Beispiel wenn Forschende zwar das Gefühl haben, die Resultate eines trainierten Modells stimmen augenscheinlich, das Modell aber verzerrte Ergebnisse produziert, die womöglich bereits in den Trainingsdaten steckten. Das ruft einerseits erneut nach mehr „explainable AI" (Kutyniok 2022), andererseits nach einer umfangreicheren Betrachtung des maschinellen Lernens aus rechtlicher und aus ethischer Perspektive.

11.1   Rechtliche Grundlagen

Bei den rechtlichen Grundlagen greifen die bereits kennengelernten Urheber- und Nutzungsrechte, insbesondere wenn es um die Verwendung fremder Daten geht. Woher die Daten für das maschinelle Lernen, sei es überwacht oder unüberwacht, kommen, ist nicht egal. Insbesondere ist dabei zu beachten, dass manche Lizenzen oder Nutzungsbedingungen explizit auf die maschinelle Weiterverarbeitung von Daten verweisen, also beispielsweise das maschinelle Lernen explizit erlauben oder eben untersagen.

Auch personenbezogene Rechte spielen eine zentrale Rolle für das maschinelle Lernen. Dabei geht es um personenbezogene Daten als Grundlage für die Lernprozesse. Ist eine angemessene Ano- oder Pseudonymisierung sichergestellt? Und wenn das aus guten Gründen nicht der Fall ist, kann dennoch sichergestellt werden, dass Daten ohne Weiteres auf Ansuchen komplett gelöscht werden? Bleiben in allen Schritten des Trainingsprozesses die Daten in der Europäischen Union sowie in angemessen gesicherten Umgebungen? All das sind Anforderungen, die wir ebenfalls bereits aus der Datenschutzgrundverordnung kennen.

Die Europäische Union ist in jüngerer Vergangenheit außerdem bemüht, die Deutungshoheit über – wie es die EU-Kommission nennt – künstliche Intelligenz (engl. artificial intelligence, kurz: AI) zu gewinnen. Dazu bekannte sich insbesondere die Kommission unter Ursula von der Leyen mit ihrem „europäische[n] Ansatz für KI" (Europäische Kommission 2020, S. 30). Erklärtes Ziel dieser Gesetzesinitiative ist es, Daten und maschinellem Lernen einen gesetzlichen Rahmen zu geben, der einen verantwortungsvollen und die Rechte von Menschen wahrenden Einsatz ermöglicht. Dabei soll aber explizit keine Technologie beschnitten, sondern Entwickelnden und Unternehmen Rechtssicherheit gegeben werden, um so die EU als innovativen und international wettbewerbsfähigen Standort für Technologie in Forschung und Wirtschaft zu etablieren.

Ein Produkt der Initiative ist der „Digital Services Act", der unter anderem das bislang nur in manchen Mitgliedstaaten national geregelte Netzwerkdurchsetzungsgesetz verfeinern und auf europäische Ebene heben soll. Ein weiteres Ergebnis der Initiative ist der „European AI Act". Darin wird künftig geregelt, wer Daten und maschinelles Lernen unter welchen Bedingungen einsetzen darf. Anwendungen des maschinellen Lernens erhalten demnach eine Risikoeinstufung, wobei als „Hochrisiko-KI-System" eingestufte Anwendungen deutlich stärker kontrolliert, gewartet und regelmäßig getestet werden müssen. Nach derzeitigem Rechtsverständnis sind davon insbesondere Systeme betroffen, die deutliche Auswirkungen auf das soziale Zusammenleben haben könnten, indem bei Entscheidungen bestimmte Gruppen von Menschen systematisch benachteiligt werden können – kommunikationswissenschaftliche Forschung zählt dazu wohl eher nicht, Einflüsse des maschinellen Lernens auf den öffentlichen Diskurs aber mitunter durchaus (Helberger und Diakopoulos 2022).

Unmittelbare Auswirkungen auf die CCS haben der Digital Services Act sowie der European AI Act also trotzdem. Und die europäische Gesetzesinitiative setzt aller Voraussicht nach Standards, was die Transparenz maschinell trainierter Modelle und den Einfluss von Betroffenen auf die Anwendung der Modelle betrifft. Sie betont außerdem die Notwendigkeit für verantwortungsvolle künstliche Intelligenz (engl. responsible AI), benennt Urhebende eines Modells als verantwortlich für maschinelle Entscheidungen und schlägt diverse Maßnahmen zur Sicherstellung vor, etwa die Benennung von Ombudspersonen, an die sich Betroffene wenden könnten.

Die genannten EU-Initiativen befinden sich zum Zeitpunkt des Schreibens und Erscheinens dieses Buchs in der Entstehung. Die Häufigkeit, mit der das Thema aber auf europäischer Ebene diskutiert wird, und die Aufmerksamkeit, die die Debatten dabei erfahren, lassen vermuten, dass die Europäische Union hier einen Weg zu beschreiten sucht, der sich – wie schon bei der Datenschutzgrundverordnung – deutlich von anderen Regionen der Welt unterscheidet. Das wird in erster Linie wirtschaftlich tätige Organisationen betreffen, in zweiter Linie aber auch Auswirkungen auf die Forschung und damit die CCS haben.

11.2 Ethische Prinzipien

Ein Teil dieser Auswirkungen ist bereits spürbar. Denn in einem ersten Schritt ihrer Initiative veröffentlichte die Europäische Kommission die bereits in Kap. 3 kennengelernten „Ethik-Leitlinien für eine vertrauenswürdige KI" (engl. ethics guidelines for trustworthy AI) als Ergebnis eines speziell dafür einberufenen Gremiums aus 51 europäischen Expert:innen aus Wirtschaft und Wissenschaft (Europäische Kommission 2018). Sie stellen Menschen in den Mittelpunkt der Risikobewertung maschinell trainierter Modelle und verorten Menschen dabei in kulturell und sozial geprägten Umgebungen, aus denen sich wiederum Normen, Handlungsoptionen und -empfehlungen ergeben. Als Bewertungsgrundsätze zählen sie insbesondere Nachvollziehbarkeit, Fairness sowie die aktive Vermeidung von möglichen Schäden auf.

Unter Nachvollziehbarkeit wird im weiteren Sinn eine gewisse Transparenz darüber verstanden, dass Entscheidungen das Ergebnis eines maschinellen Lernprozesses sind.

Solche Prozesse enthalten Fehler, die es zu quantifizieren gilt. Daraus lassen sich für die CCS Forderungen nach angemessener Validierung ableiten. Zur transparenten Nachvollziehbarkeit gehört zudem ein Einblick in die Features und Parameter, die das Training maßgeblich beeinflussen. Ferner meint Nachvollziehbarkeit im strengeren Sinn auch eine Form der Erklärbarkeit (engl. explainable AI), also einen elaborierten Einblick in jene Features, die bei einem Entscheidungsbaumverfahren als zentrale Teiler identifiziert wurden oder in einer SVM den größten Beitrag zur trennenden Verortung leisten.

Von Fairness ist im Rahmen ethischer Prinzipien des maschinellen Lernens insbesondere mit Blick auf die Daten die Rede. Die große Herausforderung besteht darin, Verzerrung in den Daten zu identifizieren und im eigentlichen Lernprozess angemessen damit umzugehen. Das klingt trivialer als es ist: Stellen wir uns zur Verdeutlichung ein Modell vor, das Sexismus in diversen Social-Media-Posts erkennen soll. Als Datengrundlage dient eine große Sammlung von Posts, in der manuell annotiert wurde, ob darin Sexismus zum Ausdruck kommt. In unserem Gedankenexperiment funktioniert die menschliche Codierung hervorragend und Sexismus kommt in acht Prozent der Posts vor. Ein anschließend darauf trainiertes Modell ist ebenfalls hervorragend imstande, solche Posts zu identifizieren. Das Problem: Unser Modell klassifiziert ausschließlich Sexismus, wenn es sich um Sexismus gegenüber Frauen handelt. Das ist zwar ein wichtiges Anliegen unseres Projekts, aber wir würden gerne auch Sexismus gegenüber transsexuellen und intersexuellen Personen identifizieren. Dass das mit unserem Modell nicht funktioniert, ist den Daten geschuldet: Denn auch in den manuell codierten Posts richtet sich der Großteil des Sexismus gegen Frauen. Man könnte also argumentieren, dass das Modell „fair" funktioniert, denn es reproduziert gewissermaßen nur unsere (hier beispielhaft erdachte) Realität. Doch damit macht man es sich wohl zu leicht – insbesondere, wenn das Modell nicht nur retrospektiv, sondern auch prospektiv zum Einsatz kommen soll.

Nehmen wir weiter an, dass unser Sexismus-Modell künftig zur Moderation von Kommentaren von Nutzenden bei einer großen Nachrichtenseite eingesetzt werden soll. Das Modell leistet gute Arbeit, der sichtbare Sexismus gegenüber Frauen in den Posts nimmt ab. Allerdings beobachten wir in unserem Gedankenexperiment, dass der sichtbare Sexismus gegenüber transsexuellen und intersexuellen Personen anteilig zunimmt. Man könnte also auch argumentieren, dass das Modell alles andere als „fair" arbeitet, wenn es dazu beiträgt, dass bislang weniger prominente Formen von Sexismus plötzlich mehr Sichtbarkeit erfahren. Fairness geht hierbei unmittelbar über in die aktive Vermeidung möglicher Schäden: Was potenziell gut gemeint war, sorgt hier in Wahrheit also nur für eine Verschiebung der Betroffenen.

Ein ähnliches Beispiel, dieses Mal aus der Realität, ist jenes des österreichischen Arbeitsmarktservice (kurz: AMS). Das AMS ist eine Behörde vergleichbar mit der deutschen Bundesagentur für Arbeit, die insbesondere arbeitsuchende Menschen in offene Stellen vermitteln soll. Dafür sind finanzielle Mittel vorgesehen, die in die Aus- und Weiterbildung der Arbeitsuchenden oder die zielgruppengerechte Kommunikation fließen. Als Behörde ist das AMS angehalten, sparsam zu wirtschaften. Aus diesem Anspruch heraus formierte sich die Idee, mithilfe der vorhandenen Daten ein Modell zu trainieren, das Arbeitssuchende in eine von drei Kategorien einteilt, je nachdem, wie hoch die Chancen stehen, in absehbarer Zeit wieder einen Arbeitsplatz zu finden. Wer ohnehin hohe Chancen hat, so die etwas flapsige Begründung, brauche wenig zielgruppengerechte Kommunikation, und wer niedrige Chancen auf einen Arbeitsplatz hat, für den sehe der Staat andere Formen der Aus- und Weiterbildung vor. Das Budget solle fortan also insbesondere auf Menschen der mittleren Kategorie fokussiert werden (Spielkamp 2019; Wimmer 2018). Das klingt „fair", immerhin geht es um Steuergelder. Doch es ist eben nicht „fair", denn das Modell wurde auf Daten trainiert, die bereits in sich verzerrt sind, etwa weil ältere Menschen, Menschen mit Behinderung oder Frauen mit Familienverantwortung in der Vergangenheit seltener als andere in eine Arbeitsstelle vermittelt werden konnten. Das Modell schlug für solche Menschen nun also generell vor, weniger Aufwand in ihre Vermittlung zu investieren, was die in den Daten steckende soziale Ungerechtigkeit nur weiter verstärkte. Der Einsatz des Modells wurde mittlerweile gerichtlich untersagt (Szigetvari 2020).

Die aktive Vermeidung möglicher Schäden ist ein dementsprechend sensibles und schwieriges Thema. Im Fall des österreichischen AMS wurde vor allem die Auswahl der Trainingsdaten kritisiert. Neben der veränderten rechtlichen Grundlagen sollen künftig vor allem eine klare Benennung des Ziels, mehr Transparenz sowie insbesondere der frühe Einbezug externer Expert:innen dabei helfen, solche Modellversuche bereits in der Planungsphase an Prinzipien der Fairness auszurichten. Für die CCS lässt sich daraus insbesondere der Anspruch des Mehr-Augen-Prinzips ableiten. Institutionalisiert hat sich dieses Prinzip in Ethik-Kommissionen, mit denen empirische Forschungsvorhaben vor Durchführung abzuklären sind.

Ein weiterer Aspekt der Vermeidung von Schäden ist die Auswirkung großer Rechenleistung auf die Umwelt. Diesem Umstand haben wir uns bereits in Kap. 7 gewidmet, wollen ihn an dieser Stelle aber noch einmal aufgreifen und einordnen: Gerade das maschinelle Lernen und dabei insbesondere unüberwachte Verfahren, neuronale Netze und das sogenannte „deep learning" stellen große Anforderungen an Computer, die nicht nur entsprechend viel Energie, sondern auch Kühlung und geopolitisch relevante Rohstoffe (Cobalt, Kupfer, Lithium und Silizium) benötigen. Ein Papier von Emma Strubell und Kolleg:innen (2019), das in diesem Zusammenhang recht viel Aufsehen erregt hat, kommt beispielsweise zum Schluss, dass das unüberwachte Trainieren eines frühen Transformer-Sprachmodells wie „BERT" auf angemessener Hardware gute drei bis vier Tage dauert und allein durch seinen Energiebedarf rund 1,4 Tonnen CO_2 emittiert. Das entspricht dem direkten Hin- und Rückflug einer Einzelperson zwischen Frankfurt am Main und Taipeh. BERT ist zudem kein Einzelfall: Für „GPT-3" gehen Schätzungen von etwas mehr als einem Monat Trainingsdauer auf angemessener Hardware aus und das 2022 als bislang größtes offenes Sprachmodell vorgestellte „BLOOM" trainierte ganze 117 Tage lang. Entsprechend größer ist auch der Ressourcenbedarf. Grund genug, den Bedarf nach ständig neuen Modellen dieser Größenordnung zu hinterfragen und in der CCS primär die verfügbaren Modelle zu verwenden: Denn der gigantische Ressourcenbedarf im eigentlichen Lernprozess ist nicht zu vergleichen mit dem um ein Vielfaches geringeren Ressourcenbedarf in der Anwendung. Und auch das Anpassen eines vorhandenen Modells an das eigene Forschungsvorhaben ist in der Regel deutlich weniger aufwändig als das ursprüngliche Trainieren.

11.3   Daten, Features und Validierung

Was diese Verfahren so rechenaufwändig macht, ist insbesondere die Notwendigkeit, Lösungen nicht nur einmal zu berechnen, sondern viele Lösungsvorschläge zu generieren und parallel zu evaluieren. Denn das unüberwachte maschinelle Lernen unterscheidet sich vom überwachten Lernen insbesondere dadurch, keinen Goldstandard aufzuweisen. Der Computer kann also nicht einfach von relevanten und nicht relevanten Fällen ausgehen, sondern er muss andere Kriterien heranziehen, an die er sich annähern kann.

Diese Kriterien unterscheiden sich etwas von Algorithmus zu Algorithmus und von Anwendungsfall zu Anwendungsfall, generell kommen aber vorab durch Forschende deklarierte Aufgaben zum Einsatz. Eine solche Aufgabe haben wir mit der korrekten Übersetzung von Texten zwischen zwei Sprachen bereits bei den Transformer-Modellen (vgl. Kap. 8) kennengelernt. Eine andere typische Aufgabe großer Sprachmodelle basiert auf Lückentexten: Um eine mögliche Lösung zu evaluieren, wird ein Teil der Wörter in den Trainingsdaten temporär durch Lücken ersetzt. Mithilfe einer trainierten Lösung versucht das Modell dann, diese Lücken bestmöglich zu füllen, indem es auf Basis der umliegenden Begriffe das Füllwort mit der höchsten Wahrscheinlichkeit wählt. Die Füllwörter können dann mit der korrekten Lösung abgeglichen und eine Fehlerrate berechnet werden. Ist die Fehlerrate besser als bei der vorherigen Lösung, so nimmt das Modell an, dass die aktuell trainierte Lösung auch besser als die vorherige ist – und beginnt anschließend aufs Neue, eine weitere Lösung zu trainieren, damit Lücken zu füllen und die neuen Füllwörter zu evaluieren.

Es existieren noch zahlreiche weitere Aufgaben für das unüberwachte Lernen. Im Kern aber können die Modelle gar nicht anders, als viele Lösungen auszuprobieren und mithilfe einer Art künstlich geschaffenem Goldstandard – etwa der Übersetzungsqualität oder der Fehlerrate bei Lückentexten – untereinander zu vergleichen. Das ist aufwändig. So aufwändig, dass die Aufbereitung der Daten und das Feature Engineerings beim unüberwachten Lernen mindestens so wichtig sind wie beim überwachten Lernen. Denn große Daten- und Feature-Mengen erhöhen den Rechenaufwand beim unüberwachten maschinellen Lernen nicht linear, sondern – je nach Algorithmus – deutlich stärker mit steigender Anzahl. Gleichzeitig sind mehr Daten und mehr Features für den Computer an dieser Stelle umso mehr wert, denn nur so kann auch eine Vielzahl möglicher Lösungen generiert und verglichen werden. Es lässt sich deshalb vage festhalten: Für das unüberwachte Lernen sollen so viele Daten wie möglich zum Einsatz kommen, die sich aber allesamt mit dem Forschungsinteresse begründen und mit den vorhandenen Ressourcen bewältigen lassen.

Am Ende steht die aus Sicht des Algorithmus „beste" Lösung als finales Modell. Forschende haben dann allerdings kaum Möglichkeit, die Qualität in einzelnen Gütekriterien zu quantifizieren – das Verfahren lief „unüberwacht". Um die Qualität dennoch zu prüfen, muss je nach Anwendungsfall eine angemessene Evaluierung gefunden werden. Auch hier behilft sich die Informatik mit Aufgaben, die als De-facto-Standards für bestimmte Anwendungsfälle herangezogen werden. Für die CCS wird meist auf Plausibilität und Robustheit als Qualitätskriterien gesetzt: Es gilt für die Plausibilität, die finalen Modelle deskriptiv zu beschreiben und ihre inhaltliche Passung auf das ursprüngliche Forschungsinteresse zu diskutieren. Für die Robustheit werden mehrere Verfahren oder mehrere Stichproben verglichen.

11.4 Algorithmen

Die zwei zentralen Aufgaben des unüberwachten Lernens sind die Erkennung von Mustern und das Nachbilden von Zusammenhängen. Doch so unterschiedlich diese Aufgaben sind und so sehr sich die entsprechenden Algorithmen voneinander unterscheiden, alle Algorithmen des unüberwachten Lernens bauen dafür im Kern auf lediglich zwei Grundprinzipien auf: Die Iteration über viele mögliche Lösungen und die parallele Evaluierung der Konvergenz. Den Begriff der Iteration kennen wir schon von der Generierung eigener Daten – er beschreibt das wiederholte Erzeugen möglicher Lösungen. Der Begriff der Konvergenz ist hingegen neu:

▶ Konvergenz (lat.: annähern) beschreibt das Konzept der Suche nach einer möglichst optimalen Lösung in einer theoretisch unendlich langen und sich unter Umständen auch ständig erweiternden Liste möglicher Lösungen.

Immer, nachdem eine im Lernprozess generierte mögliche Lösung mit den vorherigen Lösungen verglichen wurde, stellt sich für den Computer die Frage, ob es sich lohnt, noch eine weitere mögliche Lösung zu generieren. Auf diese Frage gibt es keine richtige oder falsche Antwort – es könnte sein, dass die nächste generierte Lösung die Daten viel besser zu repräsentieren weiß als die bisherigen Lösungen. Genauso könnte es aber sein, dass die nächsten 386 Lösungen kaum Verbesserung bringen. Um hier eine angemessene Entscheidungsgrundlage zu haben, wird diese Entscheidung, ob es sich lohnt, noch eine weitere mögliche Lösung zu generieren, für den Computer als Abwägen zwischen Kosten und Nutzen abgebildet: Wie viel Aufwand (Kosten) fließt in die Generierung einer weiteren möglichen Lösung und wie viel Verbesserung (Nutzen) ist von dieser nächsten Lösung erwartbar?

Um das Kosten-Nutzen-Verhältnis systematisch erfassen zu können, hängen neue mögliche Lösungen in der Regel mit den bisherigen möglichen Lösungen lose zusammen (Abb. 11.1). Einmal angenommen, ein unüberwachtes Verfahren soll Dokumente in „Cluster" gruppieren. Stellen wir uns dazu die Position von Dokumenten anhand ihrer Features

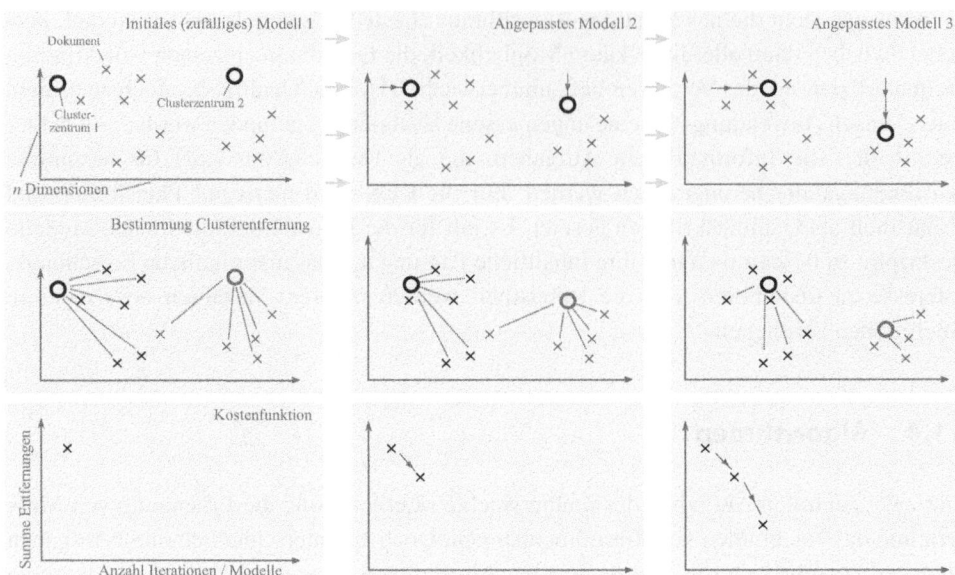

Abb. 11.1   Bestimmung der Konvergenz an beispielhaften Kostenfunktionen (eigene Darstellung)

in einem Vektorensystem vor, so könnte eine erste mögliche Clusterlösung seine Clusterzentren schlicht zufällig setzen (Abb. 11.1, linke Spalte). Das Ergebnis ist wahrscheinlich
nur mäßig zufriedenstellend, da die Clusterzentren die Dokumente nicht sauber trennen
und die Dokumente außerdem recht weit von den jeweiligen Clusterzentren entfernt liegen. Die Clusterzentren werden für die nächste mögliche Lösung also verschoben
(Abb. 11.1, mittlere Spalte). Allerdings werden sie nicht zufällig neu positioniert, sondern
sie werden beispielsweise leicht nach rechts oder unten verschoben. So lässt sich feststellen, ob sie ein besseres oder ein schlechteres Ergebnis produzierte, um in der übernächsten Lösung die Clusterzentren weiter oder gegebenenfalls in die Gegenrichtung zu
verschieben.

Diese kleinteilige Anpassung erlaubt die systematische Analyse von Kosten und Nutzen mithilfe einer entsprechenden Kostenfunktion (engl. loss function). Für jede Iteration
trägt der Computer darin ein, wie hoch er die Güte des Modells aktuell einschätzt. Verbessert sich das Ergebnis beispielsweise dreimal hintereinander, nachdem die Clusterzentren jeweils leicht nach rechts verschoben wurden, so ergibt es für den Computer vielleicht Sinn, bei der nächsten Verschiebung einen etwas größeren Schritt zu wagen.
Verbessert sich das Ergebnis weiter, so spart sich der Computer einige kleinteilige
Zwischenschritte. Verschlechtert es sich, kann der Computer zurückrudern.

Es herrscht viel Diskussion darum, wie ein effizienter Umgang mit Kostenfunktionen
aussieht. Stellt man sich die Kostenfunktion als Kurve vor, lassen sich aufeinander folgende Veränderungen als Trend analysieren, also etwa mit Blick auf die Steigung in den
letzten paar Iterationen (Abb. 11.1, letzte Zeile). Typischerweise folgt die Optimierung
dabei dem absteigenden Verlauf der Kurve; ein Verfahren, das auch als Gradientenver-

fahren (engl. gradient descent) bezeichnet wird. Flacht die Steigung ab, erreicht die Kurve der Kostenfunktion also eine Art „Tal" oder Minimum, so ist möglicherweise ein guter Punkt erreicht, um den Lernvorgang zu beenden, denn es ist wenig Nutzen von weiteren möglichen Lösungen zu erwarten. Das Modell könnte an dieser Stelle also als „konvergiert" bezeichnet werden.

Es gibt allerdings eine Schwachstelle dieser rein iterativen Lern- und Evaluierungsstrategie: Die Optimierung erfolgt Schritt für Schritt und je nachdem, wie die Clusterzentren in der ersten Iteration zufällig gesetzt wurden, kann es passieren, dass die Kostenfunktion in ein Tal gerät, also ein Minimum des erwarteten weiteren Nutzens identifziert, obwohl die Clusterzentren an einer ganz anderen Stelle in den Daten deutlich besser aufgehoben wären. Dorthin schafft es das Modell aber nicht, weil die Kostenfunktion bereits vorher das Gefühl hat, weiteres Trainieren lohne sich nicht mehr. Im Duktus des maschinellen Lernens ist an dieser Stelle von einem lokalen Minimum die Rede; gesucht ist aber das globale Minimum. Um dem zu begegnen, werden üblicherweise mehrere zufällige Startszenarien generiert, von denen ausgehend jeweils bis zu lokalen Minima optimiert wird, um am Ende anzunehmen, dass das kleinste lokale Minimum dem globalen Minimum entspricht. Das ist zwar nicht garantiert, steigert aber die Chancen.

Mit den Details der Implementierung einzelner Kostenfunktionen sieht sich die CCS in ihrer Rolle als Anwenderin nur selten konfrontiert. Gerade in der Informatik aber spielen sie eine zentrale Rolle für das maschinelle Lernen. Von großem Interesse ist dabei nicht nur die Evaluierung der Konvergenz, mithin also der Einfluss der Kostenfunktion auf den eigentlichen Lernprozess, sondern auch die inhaltliche Ausgestaltung. Denn wie so oft in der CCS gilt auch für das Gradientenverfahren: Die hier dargestellte Perspektive ist zweidimensional, die Realität aber in der Regel mehrdimensional. Anstatt also lokale und globale Minima in einer Kurve zu finden, besteht die Herausforderung in der Realität darin, lokale und globale Minima im hochdimensionalen Raum zu identifizieren.

Um der Vielfalt an möglichen Verfahren des maschinellen Lernens und auch den damit einhergehenden Kostenfunktionen zu begegnen, schauen wir uns im Folgenden vier für die CCS relevante Lernalgorithmen genauer an. Wie schon beim überwachten Lernen kann auch diese Liste nicht als erschöpfend verstanden werden, doch auch sie repräsentiert bis zu einem gewissen Grad die Bandbreite algorithmischer Möglichkeiten des unüberwachten Lernens.

11.4.1 k-means

Die erste diskutierte Möglichkeit des maschinellen Lernens ohne Goldstandard, der k-means-Algorithmus, stellt ein grundlegendes Verfahren zur Erkennung von Mustern, insbesondere zur Clusterung von Dokumenten, dar. Wie im eben besprochenen Beispiel (Abb. 11.1) sind die Dokumente in einem Vektorraum repräsentiert. Ziel ist es, eine bestimmte Anzahl k an Cluster-Zentren zu finden, die die Dokumente möglichst gut in Gruppen aufteilen, wobei jedes Dokument genau einem Cluster zugeordnet wird. Allerdings spricht man bei diesem und ähnlichen Verfahren nicht davon, Fälle „aufzuteilen" oder „zuzuordnen", sondern davon, Fälle zu „diskriminieren" (als wertfreiem Fachbegriff für „unterscheiden").

Der k-means-Ansatz ist recht beliebt, da er verglichen mit anderen Verfahren des unüberwachten Lernens einfach zu verstehen ist: Zunächst werden k Clusterzentren (engl. centroids) zufällig positioniert. Im Beispiel von eben suchen wir nach $k = 2$ Cluster-Zentren. Anschließend berechnet das Verfahren für alle Dokumente die jeweilige euklidische Distanz zu den k Clusterzentren. Jedes Dokument wird dann dem Cluster mit der geringsten Distanz zugewiesen (Abb. 11.1, mittlere Zeile). Schließlich, und das ist ein Unterschied zur Abbildung von eben, bildet der Mittelpunkt aller einem Cluster zugeordneten Dokumente das neue Clusterzentrum für die nächste Iteration. Die Kostenfunktion betrachtet dabei lediglich die Zuordnungen der einzelnen Dokumente zu den einzelnen Clustern. Ändern sich die Zuordnungen der Dokumente zu den Clustern von einer zur nächsten möglichen Lösung, wird weiter optimiert. Ändern sich die Zuordnungen nicht mehr, gilt das Modell als konvergiert. Der folgende Pseudocode verdeutlicht diese im Kern recht einfache Idee:

```
load training_data
set centroid_ks to list(1-k) with random positions
set converged to false
while converged is false
   set single_solution to list()
   set converged to true
   for every point in training_data
      set distances to list()
      for every centroid_k in centroid_ks
         set distance to Euclidean()
            with point,
                 centroid_k
         add distance to distances
      end for
      add point,
         centroid_k with min(distance)
         to single_solution
      if previous centroid_k is not centroid_k
         set converged to false
      end if
   end for
   for every centroid_k in centroid_ks
      adjust position to center()
            with single_solution,
             centroid_k
   end for
end while
```

Für die CCS spielt k-means als Grundlage für andere „diskriminierende" (auch hier: wertfrei) Verfahren eine zentrale Rolle. Der Algorithmus hilft dabei, große Mengen an Informationen in einigermaßen homogene Gruppen zu überführen. So lassen sich ähnliche Dokumente, aber auch ähnliche Features identifzieren, weshalb k-means nicht nur für die Clusterung ganzer Dokumente, sondern auch für das Feature Engineering eingesetzt werden kann.

Der k-means-Algorithmus ist verhältnismäßig alt und entsprechend sparsam im Umgang mit Ressourcen. Er ist allerdings auch anfällig für lokale Minima, weshalb häufig mehrere Durchläufe angestoßen und die Ergebnisse verglichen werden. An möglichen Parametern erlaubt k-means lediglich die Optimierung von k selbst: Forschende müssen festlegen, wie viele Clusterzentren gebildet werden. Diese Entscheidung soll immer in Grundzügen theoretisch begründet sein. Darüber hinaus ist es gängige Praxis, mehrere Modelle mit unterschiedlichem k zu berechnen und die Resultate zu vergleichen.

11.4.2 Generative Modelle

Die zweite hier diskutierte Möglichkeit des maschinellen Lernens ohne Goldstandard erscheint dagegen wie von einem anderen Stern. Sie stellt eine Familie grundlegender Verfahren zur Nachbildung von Zusammenhängen dar, die generative Modelle (engl. generative models) genannt werden. Sie versuchen, zu generieren, was einer gegebenen Vorlage möglichst nahekommt. Wie bei der schon kennengelernten Lückentextvalidierung, versucht ein generatives Sprachmodell, seinen Vektorraum so zu optimieren, dass möglichst häufig die korrekten Füllwörter in Vektornähe zu jenen Wörtern liegen, die auch die umliegenden Wörter im Lückentext bilden. Alternativ zeigen wir einem generativen Modell sehr viele Bilder menschlicher Gesichter, sodass das Modell nach und nach lernt, selbst Bilder zu erzeugen, die den Gesichtern möglichst gut entsprechen.[1]

Was hier wie ein sehr großer Sprung von Clusterverfahren und k-means wirkt, bildet den zweiten großen Anwendungsfall unüberwachter Lernverfahren. Versuchen „diskriminierende" (noch einmal: wertfrei) Clusterverfahren wie k-means also so lange Ordnung in bestehende Daten zu bringen, bis sie mithilfe ihrer Kostenfunktion das Gefühl haben, mehr Ordnung ginge nicht, gehen generative Modelle anders an die Sache heran und versuchen, selbst so lange neue Daten zu erzeugen, bis sie mithilfe ihrer Kostenfunktion das Gefühl haben, die generierten Daten entsprächen quasi den originären Daten.

Algorithmisch sind generative Modelle heute meist (aber nicht zwangsläufig) neuronale Netze, die für diese beschriebene Erzeugung neuer Dokumente sehr viele Trainingsdaten benötigen. Für die Generierung von Texten beispielsweise werden die schon bekannten gigantisch großen Textkorpora verwendet, für die Generierung von Bildern

---

[1] Das klingt möglicherweise absurd aber beispielsweise unter https://thisPersonDoesNotExist.com erzeugt ein solches generatives Modell (Karras et al. 2020) ständig neue, komplett künstlich geschaffene Bilder von Gesichtern und unter https://thisCatDoesNotExist.com passiert dasselbe mit Katzen.

Bildsammlungen wie „MNIST" mit 70.000 oder „ImageNet" mit rund 1,2 Mio. Bildern. Die Konfiguration der neuronalen Netze richtet sich ebenfalls nach den jeweiligen Anforderungen. So werden generative Modelle für die Erzeugung von Bildern meist als „convolutional neural network" umgesetzt, bei denen Zwischenschichten eingerichtet werden, um zum Beispiel zunächst von einzelnen Bildpunkten auf ganze abgebildete Objekte und schließlich auf die Zusammensetzung bestimmter Objekte schließen zu können. Bei den Sprachmodellen zählt etwa „GPT-3" zu den generativen Modellen, insofern es darauf trainiert wurde, jeweils das nächste Wort in den Trainingstexten (als Lücke) vorherzusagen. „GPT-3" ist dabei zudem als Transformer-Modell konzipiert, vereint also die Stärken der Transformer-Modelle mit jenen von „convolutional neural networks". Entsprechend kompliziert und vielfältig können die konfigurierbaren Parameter werden: Kommen manche generativen Modelle mit einer Zwischenschicht aus, baut „GPT-3" als neuronales Netz auf 94 Zwischenschichten und kann auf etwa 175 Milliarden optimierte Gewichte zurückgreifen.

Damit verbunden ist ein sehr großer Lernaufwand. Generative Modelle benötigen viele Daten, viel Zeit und viele Ressourcen. Die Optimierungsschritte sind sehr klein und die Anzahl der zu trainierenden Gewichte ist sehr groß. Im eigentlichen Lernprozess wird zunächst nach Zusammenhängen in den Trainingsdaten gesucht und anschließend versucht, ein neuronales Netz so zu trainieren, dass zufällige Daten als Features dieselben Zusammenhänge erzeugen. Eine Kostenfunktion berechnet sich dann beispielsweise als Unterschied der in den Trainingsdaten gefundenen und der im trainierten Netz erzeugten Zusammenhänge.

Eine alternative Kostenfunktion und gleichzeitig eigene Unterform generativer Modelle sind „generative adversarial networks" (kurz: GAN; übersetzbar etwa als gegnerischgenerative Netze). Bei GAN wird dem generativen Modell ein zweites Modell, ebenfalls in Form eines neuronalen Netzes, gegenübergestellt, das darauf trainiert wird, künstlich erzeugte von originären Dokumenten zu unterscheiden. Das Gegenüber ist also ein diskriminierendes Modell, das darauf trainiert wird, das generative Modell zu entlarven. Da der Computer beide Modelle parallel trainiert, kann er beurteilen, ob gerade das generative oder das diskriminierende Netz die Oberhand über dieses Spiel hat. So sollen sich die Netze gegenseitig verbessern, um am Ende ein möglichst robustes generatives Modell zu erhalten. Die Kostenfunktion betrachtet dabei die Balance zwischen generativem und diskriminierendem Netz und erklärt das finale Modell für konvergiert, sobald sich ein Gewinner mit gewisser Deutlichkeit abzeichnet.

Dabei wird mit der Erkennung der Konvergenz auch das zentrale Problem generativer Modelle und insbesondere von GAN deutlich: Denn das Abwägen, wann generierte Daten den Trainingsdaten entsprechen, ist je nach Datenart komplex und erfordert entsprechend versierte Kostenfunktionen. So kommt es trotz vieler Trainingsdaten und großem Ressourceneinsatz immer wieder zu Pattsituationen zwischen dem generativen Modell und der Kostenfunktion, was diese Art des unüberwachten Lernens sensibel gegenüber der Parameter-Spezifizierung erscheinen lässt.

Die Anwendungsfälle generativer Modelle gehören in jüngerer Vergangenheit wohl zu den eindrücklichsten Demonstrationen des maschinellen Lernens: Künstliche, aber fotorealistische Bilder, artifizielle aber täuschend echte Videos („deep fakes"), algorithmisch generierte Texte, Gedichte und andere Kunstwerke oder automatisiert retuschierte Fotoaufnahmen, Filme und Computerspiele gehören dazu. Für die CCS bilden generative Modelle damit sowohl durch ihre Erzeugnisse als auch durch ihre Funktionsweise, die etwa in Themenmodellen (engl. topic models) Anwendung findet, ein spannendes Forschungsfeld.

11.4.3 Latent Dirichlet Allocation (LDA)

Bei ebenjenen Themenmodellen (engl. topic models) gehört die „LDA" bereits seit Jahren zum methodischen Kanon der Kommunikationswissenschaft. Das Ziel ist dabei die Bildung von Clustern zur Erkennung sogenannter „Themen" in einem textuellen Korpus. Als Grundlage kommen die in Kap. 9 kennengelernten DFMs (Document-Feature-Matrizen) zum Einsatz, die mit Wörtern (Typen) als „bag of words" gefüllt sind. Im algorithmischen Sinn ist LDA allerdings kein Clusterverfahren wie k-means, sondern es arbeitet als generatives Modell – wenngleich nicht in Form eines neuronalen Netzes. LDA baut also auf beiden bislang kennengelernten unüberwachten Ansätzen auf, um „Themen" zu generieren, die einen Korpus möglichst gut in Cluster einteilen.

Als generatives Modell strebt das Verfahren dafür zwei Matrizen an (Abb. 11.2) – eine, die aus allen Dokumenten (als Zeilen) und den generierten „Themen" (als Spalten) besteht, und eine, die aus allen Wörtern (Typen, als Zeilen) und den generierten „Themen" (wieder als Spalten) besteht. Im eigentlichen Lernprozess versucht das Modell dann, probabilistisch und mithilfe der Worthäufigkeiten die beiden Matrizen so zu optimieren, dass die „Themen" sich angemessen über Dokumente und Wörter erstrecken. Aus den beiden optimierten Matrizen generiert das Modell schließlich künstliche neue Dokumente, die den originären Dokumenten in ihrer Wortzusammensetzung möglichst gut entsprechen

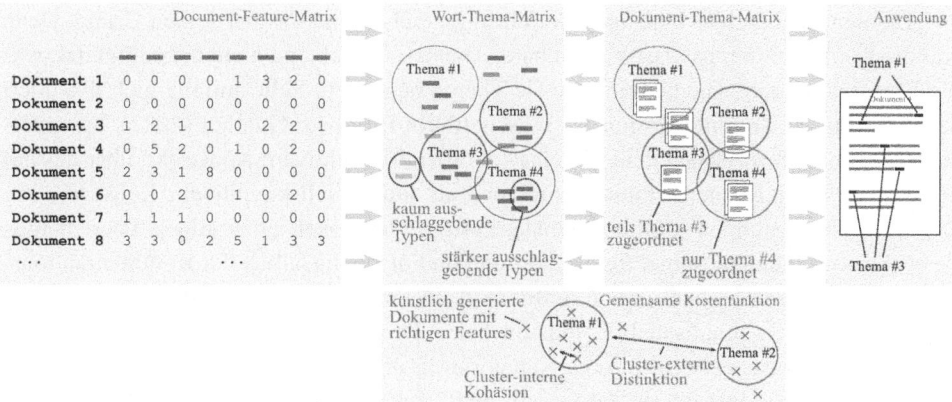

Abb. 11.2 Schematischer Ablauf eines Themenmodells (eigene Darstellung)

sollen, und verfeinert dafür iterativ ständig die beiden angesprochenen Matrizen, die die „Themen" den Dokumenten und den Wörtern (Typen) zuordnen. Entsprechen die künstlichen neuen Dokumente möglichst genau den originären Dokumenten, konvergiert das Modell idealerweise.

Gesucht ist also ein Modell, das aus vielen metrischen Variablen bedingte Wahrscheinlichkeiten abzuleiten imstande ist – ein Unterfangen, für das die sogenannte Dirichlet-Verteilung (benannt nach dem deutschen Mathematiker Peter Dirichlet) genutzt wird, die auch namensgebend ist. Die Dirichlet-Verteilung baut im Übrigen wiederum auf dem Bayes-Theorem auf (siehe Kap. 10), sodass aus vielen bedingten Wahrscheinlichkeiten latente Themenkonstrukte für Dokumente und Wörter abgeleitet und zur Gruppierung bereitgestellt (engl. allocated) werden (Blei et al. 2003).

Dabei bezieht LDA für die Optimierung der beiden Matrizen immer nur die Verteilung einzelner „Themen" ein, eine gemeinsame Betrachtung mehrere „Themen" findet nicht statt. Ebenso singulär betrachtet werden die zugehörigen Wörter, sodass ein „Thema" über alle Dokumente hinweg aus den Häufigkeitsverteilungen derselben Wörter gebildet wird – ein „Thema" wird also nicht für einige Dokumente aus einigen Wörtern und für andere Dokumente aus anderen Wörtern konstruiert. Dafür würde auch die Grundlage fehlen, denn abseits von Wörtern und ihren Häufigkeiten berücksichtigt die LDA keine weiteren Eigenschaften der Dokumente.

Die Kostenfunktion schaut einerseits, ob die künstlichen neuen Dokumente als „bag of words" den originären Dokumenten entsprechen. Andererseits evaluiert sie die beiden Matrizen für Dokumente und Wörter je Iteration und sucht dabei nach Lösungen mit größtmöglicher Cluster-interner Kohäsion bei gleichzeitig größtmöglicher Cluster-externer Distinktion. Bei guten Lösungen sind also sowohl einzelne Dokumente als auch einzelne Typen deutlich einem oder mehreren, nicht aber allen, „Themen"-Clustern zuordenbar, während die „Themen"-Cluster als Gruppen jeweils deutlich voneinander unterscheidbar sind. Am Ende stehen so zwei optimierte Matrizen, die nicht nur die Verortung eines „Themas" je Dokument erlauben, sondern auch die dafür zentral ausschlaggebenden Wörter deutlich machen können.

„Themen" stehen hier bislang in Anführungszeichen und das hat seinen Grund. Denn was die Kommunikationswissenschaft unter Themen versteht, ist nicht unbedingt das, was die LDA und andere Themenmodelle als Thema begreifen. Sehr umfangreich diskutiert das die deutsche Kommunikationswissenschaftlerin Elisabeth Günther (2022). Sie unterscheidet zunächst zwischen dem „Thema" als sozial-kollektivem Konstrukt, über das auf gesellschaftlicher Ebene diskutiert wird, und als individuell-kognitivem Konstrukt, um Umweltwahrnehmungen strukturiert in das bestehende Wissen einzuordnen. Diese beiden Perspektiven sind nicht immer trennscharf und im Forschungsalltag der Kommunikationswissenschaft wäre das auch nicht zielführend. Denn im Rahmen der kommunikationswissenschaftlichen Inhaltsanalyse müssen beide Perspektiven gemeinsam operationalisiert werden, typischerweise in eine Kategorie, in der Themen codiert werden, die ihre „Bedeutung für die Integration der Gesellschaft" aus den „Mechanismen der […] mikroperspektivisch aufgearbeiteten Theorie zum Textverstehen" (S. 246) ziehen. Während die

CCS als Teil der Sozialwissenschaften also eine sozial-kollektive Perspektive einnimmt und in der Operationalisierung von Themen integrativ arbeitet, funktionieren die LDA und andere Themenmodelle auf individueller Ebene des Textverstehens und können dabei nur in den Blick nehmen, was an Wörtern eben da steht. Ist bei der LDA also von einem „Thema" die Rede, so ist das nicht gleichbedeutend mit dem „Thema", wie es möglicherweise aus der Agenda-Setting-Forschung bekannt ist. Vielmehr ist eine reflektierte und sozialwissenschaftlich-kritische Übersetzung und Einordnung nötig.

Die eigentliche Berechnung einer LDA ist aufwändig, denn es gibt sehr viele Unbekannte und sehr viele Möglichkeiten, tausende Wörter auf tausende Dokumente so gewichtet zu verteilen, dass daraus latente Themenkonstrukte entstehen. So kann eine Themenmodellierung unseres Spiegel-Korpus je nach verfügbaren Ressourcen durchaus mehrere Minuten in Anspruch nehmen, ein größerer Korpus gut und gerne auch mehrere Stunden. Um hierbei zumindest eine Unbekannte zu eliminieren, verlangt LDA die Vorgabe einer Anzahl gesuchter Themen. Wie bei k-means muss also a-priori spezifiziert werden, wie viele Cluster gebildet werden sollen. Und wie bei k-means heißt dieser Parameter auch bei der LDA k. Was eine sinnvolle Größe für k ist, sollte ebenfalls iterativ bestimmt werden, in einem Zusammenspiel aus theoretischer Herleitung, algorithmischer Machbarkeit und empirischer Validierung (Maier et al. 2018). Es ist üblich, mehrere Modelle mit unterschiedlich vielen Clustern (z. B. 10, 20, 30 und 40) zu berechnen, zu vergleichen und schrittweise zu verfeinern (z. B. zunächst auf 22, 24 und 26 und schließlich auf 23 Themen). Um diesen Schritt systematischer zu evaluieren, bieten sich zudem Metriken und Visualisierungen an, die (a) die Konzentration der Themen berechnen (z. B. über den Hirschman-Herfindahl-Index), (b) die Ordnung der Feature-Verteilungen quantifizieren (z. B. über Entropie-Maße), (c) die Distinktionsfähigkeit zentraler Themen-Features analysieren (z. B. über Chi^2), (d) die Themenzugehörigkeit in Konkordanzen vergleichen (z. B. über den UCI- oder den NPMI-Coherence-Score), (e) zentrale Themen-Features um ein falsches Wort ergänzt auf Homogenität prüfen (z. B. über Verfahren der „word intrusion" oder der „topic intrusion"), (f) die Zuschreibung von Themen-Namen über mehrere menschliche Codierende vergleichen oder (g) die Cluster-interne Kohäsion mit der Cluster-externen Distinktion ins Verhältnis setzen (z. B. Silhouetten; vgl. auch Kap. 13). Zu den weiteren Parametern der LDA gehören die Art der initialen Verteilung der Themen-Cluster sowie die genauere Spezifizierung des Algorithmus zur Optimierung der beiden Matrizen.

11.4.4 Structural Topic Modeling (STM)

LDA wirkt sehr abstrakt. Dieses Abstraktionslevel wird mit dem zweiten hier vorgestellten Verfahren der Themenmodellierung (engl. topic modeling), dem STM, zwar nur bedingt besser, doch zumindest etwas besser nachvollziehbar. Denn STM passt sich stärker an unsere Bedürfnisse der CCS an. Man könnte STM auch als sozialwissenschaftliche Adaption der Themenmodelle bezeichnen, die vor allem drei Anpassungen gegenüber LDA mit sich bringt: (1) Themen werden nicht nur singulär, sondern auch gemeinsam betrachtet, um sie mit Dokumenten und Wörtern in Verbindung zu bringen; (2) neben Wörtern und Worthäufigkeiten kann STM auch zusätzliche Meta-Informationen der Dokumente (z. B. Erscheinungsdatum, Ressort) berücksichtigen; (3) diese Meta-Informationen kommen zum Einsatz, um die Relevanz einzelner Wörter für bestimmte Themen nicht nur global, sondern auch lokal, also für Subgruppen von Dokumenten, zu bestimmen. Anstatt also, wie bei der LDA, mit der metaphorischen Brechstange in allen Wörtern und Dokumenten k Themen zu platzieren, die voneinander unabhängig und kaum auf die Dynamik zwischen den Dokumenten abgestimmt sind, ist die STM um ein harmonischeres Modell bemüht, in dem die k Themen aufeinander Rücksicht nehmen, die Dokumente situativ betrachten und die Wörter nicht nur statisch, sondern auch in Abhängigkeit der situativen Dokumentbetrachtung den Themen zugeordnet werden.

Auch eine STM arbeitet als generatives Modell, das einerseits eine Matrix aus Dokumenten (Zeilen) und Themen (Spalten), und andererseits eine Matrix aus Wörtern (Zeilen) und Themen (Spalten) zu optimieren sucht. Hinzu kommen noch Gewichte, die sich aus der Kovarianz der abgeleiteten Themen (also welche Themen wie oft gemeinsam auftreten) und den Meta-Informationen (darüber, welche Dokumente beispielsweise das Erscheinungsdatum oder das Ressort gemein haben) speisen. Auch daraus ergeben sich letzten Endes bedingte Wahrscheinlichkeiten nach Bayes, die Bedingungen sind nur etwas verschachtelter als bei der LDA, was den final abgeleiteten Themen mehr Struktur (engl. structural topic modeling) geben soll (Roberts et al. 2019).

Auch die Kostenfunktion und die weiteren Parameter der STM ähneln der LDA: Die Anzahl k der angepeilten Themen muss a-priori spezifiziert werden, die Art der initialen Verteilung der Themen-Cluster sowie die genauere Spezifizierung des Algorithmus zur Optimierung der beiden Matrizen sind optional. Im Gegensatz zur vorgegebenen Dirichlet-Verteilung bei der LDA sind bei STM zudem die A-priori-Wahrscheinlichkeiten Gamma (für die Dokument-Thema-Zugehörigkeit), Sigma (für die Kovarianz der Themen) und Kappa (für die Wort-Thema-Zugehörigkeit) optional spezifizierbar. Und wie bei der LDA ist es auch bei der STM gängige Praxis, zunächst mehrere Modelle mit unterschiedlich großen k zu berechnen, zu vergleichen und schrittweise zu verfeinern. Auch bei der STM gehört die Validierung essenziell zum Forschungsprozess, wenngleich auch hier nur auf die diversen Metriken und Visualisierungen, nicht aber auf ein standardisiertes Methodenrepertoire verwiesen werden kann.

Wir kommen noch einmal auf unseren Spiegel-Korpus zurück und schätzen mithilfe der aufbereiteten DFM (1730 Dokumente, 3016 Features) sowie zusätzlichen Informationen zur Ausgabe und zum Monat, in dem ein Beitrag erschien, ein STM (Abb. 11.3). Ein Vergleich verschiedener k zeigt, dass sowohl sechs als auch acht Themen eine optimale Aufteilung des Korpus erlauben. Nach der Inspektion entscheiden wir uns aus inhaltlichen Gründen für sechs Themen, die neben dem Verhältnis zu den USA während der Inauguration (Thema #1) wohl den Wahlkampf (#2), die Pandemiebewältigung in Deutschland (#4) und Außenpolitik (#5) abbilden. Ein Thema (#3) deckt sich dabei recht gut mit den zuvor klassifizierten Meinungsbeiträgen und ein letzter Block (#6) grenzt sich wohl als jene Beiträge ab, die Politik, Meinung und Pandemie vermissen lassen (Abb. 11.3).

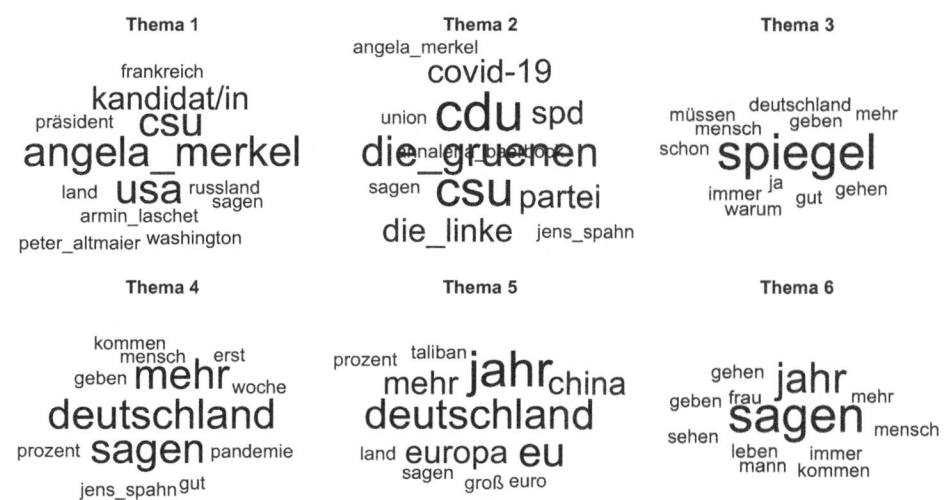

Abb. 11.3 Themenmodell des Spiegel-Korpus (eigene Darstellung)

11.5 Anwendung und Ressourcen

Bei Clusterverfahren wie *k*-means oder Themenmodellen findet die Klassifizierung direkt in der Trainingsphase statt, in der ja bereits alle Dokumente gruppiert werden. Eine eigene Anwendung, wie bei den überwachten Modellen, gibt es bei Clusterverfahren in der Regel nicht. Anders sieht es bei den generierenden unüberwachten Modellen abseits der Themenmodelle aus: Sind ihre Ergebnisse zufriedenstellend, lassen sich damit auch neue Dokumente generieren – seien es Vektoren, die Dokumente in einem Vektorraum verorten, einzelne Wörter, die angefangene Sätze automatisiert vervollständigen, oder visuelle Objekte in Bildern, um Aufnahmen automatisiert zu retuschieren. Für diese Modelle gibt es also neben der Trainings- auch eine Anwendungsphase.

Diese Anwendungsphase unüberwachter Modelle unterscheidet sich allerdings deutlich von der angewandten Klassifizierung beim überwachten Lernen. Vor diesem Hintergrund kann man sich Modelle des maschinellen Lernens auch als Software vorstellen: Software, die Eingaben annimmt, verarbeitet und eine Ausgabe generiert. Das trifft zwar auch auf überwachte Modelle zu – Entscheidungsbäume beispielsweise analysieren die Features eines eingehenden Dokuments nach dem erlernten Schema und nehmen anschließend eine Klassifizierung vor. Bei unüberwachten Modellen, insbesondere bei generativen Verfahren, sind aber deutlich mehr Schritte der Verarbeitung nötig, die auch deutlich stärker ineinandergreifen. So verortet das unüberwacht trainierte Sprachmodell „GPT-3" einen eingegebenen Satzanfang zunächst in seinem trainierten Vektorraum und sucht in dieser hochdimensionalen Struktur nach benachbarten Wörtern. Dabei kommen mehrere Wörter „in der Nähe" infrage, sodass das Modell mehrere Pfade zur Vervollständigung des Satzes ausprobiert. Für jeden Pfad fügt „GPT-3" ein Wort „aus der Nähe" dem Satzanfang hinzu und prüft, ob die Zusammenstellung bislang kombinierter Wörter auch in Gänze Sinn ergeben. Das Spiel setzt sich fort, bis „GPT-3" das Gefühl hat, besser könnte der Satzanfang nicht vervollständigt werden. So vervollständigt „GPT-3" beispielsweise „München isst" mit „Weißwurst mit Brezel", wobei das erste vervollständigte Wort „Weißwurst" laut dem „GPT-3"-Vektorraum zu 80 % auf den Satzanfang passt, während ein alternativer „Leberkäse" nur auf 17 % Passung kommt. Man sieht also, dass die zugrunde liegenden Trainingsdaten eine ordentliche Portion regionale Prägung aufweisen. Noch ein Beispiel: Den Satzanfang „Wien isst" vervollständigt „GPT-3" mit „Schnitzel mit Erdäpfelsalat", wobei das Sprachmodell statt „Schnitzel" (42 %) auch „Kaiserschmarrn" (15 %) in Betracht zieht.

Dieser Prozess des Vervollständigens zweier kurzer Sätze dauert nur einige Sekunden. Anders betont: Er dauert *einige* Sekunden. Das Anwenden von unüberwachten Modellen und insbesondere von neuronalen Netzen ist gleichbedeutend mit dem Ausführen von einigermaßen komplexer Software zur Datenanalyse. Sollen also beispielsweise alle Wörter (Typen) in nur einem unserer Spiegel-Artikel durch Word Embeddings ersetzt werden, so benötigt dieser Prozess auf einem nicht besonders leistungsfähigen[2] Computer mit dem „BERT"-Sprachmodell gut und gerne eineinhalb Minuten. 90 Sekunden, um für 1500 Wörter jeweils 768-dimensionale Vektoren zu extrahieren. Bei 1730 Artikeln, die mal länger und mal kürzer sind, müssten wir dafür also gut eineinhalb Tage kalkulieren. Eineinhalb Tage – und ähnliche Werte gelten für andere Modelle – nur für die Anwendung von „BERT" wohlgemerkt, nicht für das Trainieren. Für das Trainieren selbst, darauf kamen wir bereits zu sprechen, benötigen moderne Modelle, die als neuronale Netze umgesetzt sind, durchaus Tage, Wochen oder sogar Monate.

Glücklicherweise haben wir hier Gestaltungsspielraum. Denn anstatt des nicht besonders leistungsfähigen Computers, den wir vielleicht gerade zur Hand haben, ist es verhältnismäßig einfach, wertvolle Zeit mit mehr Ressourcen zu kompensieren. Drei bis vier Stellschrauben sind dabei insbesondere von Bedeutung:

1. Der Prozessor (engl. central processing unit, kurz: CPU) führt Berechnungen durch. Ein schnellerer Prozessor rechnet entsprechend schneller und kann zudem über mehrere Prozessorkerne verfügen. Nutzen wir gängige Bibliotheken und Pakete, die darauf optimiert sind, Rechenschritte auf die Prozessorkerne parallel aufzuteilen, so verringern gute Prozessoren die benötigte Zeit zwar spürbar, aber nicht um Welten – dafür sind sie auch auf ausreichend Arbeitsspeicher angewiesen. Preislich liegen gute Prozessoren mit wenigen hundert Euro im Mittelfeld dieser Liste.

2. Der Arbeitsspeicher (engl. random access memory, kurz: RAM, auch: Hauptspeicher) ermöglicht dem Prozessor das schnelle Zwischenspeichern von Rechenergebnissen, ohne dabei physisch aktiv werden zu müssen. Mehr Arbeitsspeicher verringert die

---

[2] Die Beispielrechnung basiert auf zwei Prozessoren und zwei GByte Arbeitsspeicher, dem „bertbase-uncased"-Modell und einem englischsprachigen Beispieltext mit 1500 Wörtern Länge.

benötigte Zeit meist deutlicher als High-End-Prozessoren und ist zudem nicht besonders teuer. Ressourcenoptimierung durch mehr Arbeitsspeicher findet seine Grenzen lediglich im Zusammenspiel mit dem Prozessor – viel Arbeitsspeicher benötigt zur vollen Entfaltung auch einigermaßen leistungsfähige Prozessoren und/oder Grafikkarten (siehe 3.).

3. Grafikkarten, insbesondere moderne Grafikkarten aus dem Gaming-Bereich, sind üblicherweise mit sehr hohen Anforderungen konfrontiert, um Licht-, Schatten- und Reflexionseffekte in Echtzeit berechnen zu können. Für diese Berechnungen verfügen Grafikkarten über einen eigenen Prozessor (engl. graphics processing unit, kurz: GPU). Diese GPU ist auf das Rechnen mit Matrizen spezialisiert, denn Grafikkarten sollen letzten Endes immer zweidimensionale Bilder für Bildschirme erzeugen, die nunmal in Zeilen und Spalten als Bildpunkte unterteilt sind. Das macht sich die Forschung um maschinelles Lernen zu eigen, sodass Grafikkartenhersteller eigene Karten für das maschinelle Lernen anbieten. Solche Karten kosten zwar mehrere tausend Euro, verbessern die Laufzeit aber deutlich.

4. Die vierte Stellschraube greift nur für neuronale Netze, die mithilfe der populären TensorFlow-Technologie trainiert werden. TensorFlow ist eine Skript-Bibliothek, die die Entwicklung neuronaler Netze standardisieren und verbessern soll. Die Technologie wurde 2015 durch Google entwickelt und später unter die freie Apache-Lizenz gestellt. Um TensorFlow-Rechenzeiten zu optimieren, entwickelt Google seit 2016 eigens darauf spezialisierte Prozessoren (engl. Tensor processing unit, kurz: TPU). TPUs ähneln in Grundzügen den Grafikkartenprozessoren (GPU), sind aber noch spezifischer auf Rechenoperationen des maschinellen Lernens (mit TensorFlow) zugeschnitten. Sie verkürzen die Laufzeit entsprechender Aufgaben gegenüber GPUs noch einmal deutlich, sind aber in der Regel noch teurer.

Für unser „BERT"-Beispiel bedeutet das, dass ein etwas besserer Prozessor, ein wenig mehr Arbeitsspeicher und vielleicht eine entsprechende Grafikkarte die Word Embeddings auch locker in einem Bruchteil der zuvor berechneten eineinhalb Tage zu extrahieren imstande sind. Bis zu einem gewissen Grad sind solche Stellschrauben im Forschungsalltag über die Rechenzentren der Universitäten erhältlich. Vielerorts werden beispielsweise ressourcenstärkere Server (mit oder ohne Grafikkarten) angeboten, auf denen *Python*- oder *R*-Skripte ausgeführt werden können. Damit sich bei mehreren Forschenden diese Skripte nicht gegenseitig beeinträchtigen, werden solche Ressourcen oft in virtuelle Umgebungen aufgeteilt. Eine virtuelle Umgebung (auch: gekapselte oder Container-Umgebung) ist ein System, das sich wie ein eigener Computer verhält, eigentlich aber nur einen Teil eines deutlich leistungsstärkeren Servers darstellt. Rechenzentren bieten bisweilen direkt Zugang zu einer solchen Umgebung oder sie bitten um eine Container-Version des Skripts, beispielsweise als „Docker".

Mitunter deutlich leistungsstärker und in einigen Fällen auch einsteigerfreundlicher in der Bedienung als universitäre Rechenzentren sind entsprechende Dienstleistende. Dabei handelt es sich um kommerzielle Angebote, die online das Zusammenstellen benötigter

Ressourcen ermöglichen und binnen weniger Minuten eine entsprechende virtuelle Umgebung anbieten. Die Umgebungen sind in unterschiedlichen Regionen verfügbar, sodass Ressourcen auch explizit innerhalb der EU gemietet werden können. Die Kosten berechnen sich je nach Ressourcenbedarf und benötigter Zeit, häufig in Minuten, und sind so a-priori kalkulierbar. Werden die Ressourcen nicht mehr benötigt, lässt sich die virtuelle Umgebung genauso einfach wieder löschen. Zu den bekanntesten Angeboten gehören AWS (das zu Amazon gehört), Azure (das zu Microsoft gehört), Colab und die Cloud Platform (die beide zu Google gehören).

11.6   Zwischenfazit und Literaturhinweise

Unüberwachtes maschinelles Lernen wirkt mitunter mystisch und meistens sehr komplex. Zweiteres ist sicher richtig, soll aber nicht davon abschrecken, das Mystische für die Forschung zunehmend aufzubrechen. Denn letzten Endes sind auch technologisch eindrucksvolle Themenmodelle oder gar „deep fakes" nichts anderes als eine fortschrittliche Kombination aus Mathematik, Statistik und Informatik. Zugegebenermaßen alles Bereiche mit einer gewissen Einstiegshürde, gleichzeitig aber alles in sich logische und erlernbare Bereiche. Und im Übrigen geht es in der CCS weniger darum, neue Algorithmen zu erschaffen oder Kostenfunktionen zu optimieren, sondern in vielen Fällen eher um die Anwendung vorhandener Modelle.

Zu dieser Anwendung gehört aber ein grundlegendes Verständnis und die Möglichkeit, die Methoden angemessen zu reflektieren. Dafür gilt es, auch und gerade unüberwachte Modelle zu validieren, indem sie auf mehrere Verfahren oder mehrere Stichproben angewandt und theoretisch fundiert in das eigene Forschungsinteresse einbezogen werden. Ferner umfasst die Anwendung vorhandener Modelle auch das Wissen um rechtliche Grundlagen, zumal in der EU, und ethische Prinzipien, die gerade für das maschinelle Lernen essenziell sind. Die Sozialwissenschaften stehen hier definitiv mit im Rampenlicht, da gerade die sozialen Einflüsse des maschinellen Lernens – oder, um den Begriff noch einmal zu bemühen: der künstlichen Intelligenz – kaum unterschätzt werden können.

Übungen

Die in diesem Kapitel diskutierten Verfahren benötigen unterschiedlich viel Expertise: Während k-means ohne Weiteres in Python wie in R selbst programmiert werden kann, stellen generative Modelle auch ausgewiesene Expert:innen vor große Herausforderungen, zumal sie kaum mit den üblicherweise verfügbaren Ressourcen handhabbar sind. Themenmodelle wiederum sind in der Forschung fest verankert und als entsprechende Bibliotheken und Pakete frei verfügbar. Aber auch hier geht es um ein effizientes Ressourcenmanagement, mit dem sich auch die Übungsaufgaben und Links zu anderen Materialien in den Online-Begleitmaterialien zu diesem Lehrbuch befassen: https://datenfruehstueck.github.io/ccs/

Literaturhinweise

- Raschka, S., & Mirjalili, V. (2019). *Python machine learning: Machine learning and deep learning with Python, scikit-learn, and TensorFlow 2* (3. Aufl.). Packt.
- Greene, D., Hoffmann, A. L., & Stark, L. (2019). Better, nicer, clearer, fairer: A critical assessment of the movement for ethical artificial intelligence and machine learning. *Hawaii International Conference on System Sciences.* https://doi.org/10.24251/HICSS.2019.258
- Günther, E. (2022). *Topic Modeling: Algorithmische Themenkonzepte in Gegenstand und Methodik der Kommunikationswissenschaft.* Halem.
- Lo Piano, S. (2020). Ethical principles in machine learning and artificial intelligence: Cases from the field and possible ways forward. *Humanities and Social Sciences Communications, 7*(9), 1–7. https://doi.org/10.1057/s41599-020-0501-9
- Maier, D., Niekler, A., Wiedemann, G., & Stoltenberg, D. (2020). How document sampling and vocabulary pruning affect the results of topic models. *Computational Communication Research, 2*(2), 139–152. https://doi.org/10.5117/ccr2020.2.001.maie
- Maier, D., Waldherr, A., Miltner, P., Wiedemann, G., Niekler, A., Keinert, A., Pfetsch, B., Heyer, G., Reber, U., Häussler, T., Schmid-Petri, H., & Adam, S. (2018). Applying LDA topic modeling in communication research: Toward a valid and reliable methodology. *Communication Methods and Measures, 12*(2–3), 93–118. https://doi.org/10.1080/19312458.2018.1430754

Netzwerke als Daten

Nach so viel Mystik und Komplexität widmen wir uns nun einem auf den ersten Blick deutlich einfacheren Thema der CCS – Netzwerkdaten. Für Netzwerke als Daten hat sich die soziale Netzwerkanalyse (kurz: SNA) etabliert. Ihr haftet schon allein aufgrund ihres Alters der Ruf an, zu den grundlegenderen und dabei im Kern – verglichen mit modernen Verfahren des maschinellen Lernens – einfacheren Verfahren der CCS zu gehören. Das liegt auch daran, dass Netzwerke als Daten nichts sind, was zwangsläufig mit großen Ressourcen einhergehen muss. Stattdessen lassen sich in kleinen Netzwerken Relationen auch manuell zwischen den Entitäten abbilden und analysieren, wie es etwa die strategische Kommunikationsforschung schon lange praktiziert.

Erste populäre Anwendungen der SNA lassen sich bereits in den 1970er-Jahren verorten (Granovetter 1973), frühere Erwähnungen reichen bis in die 1950er zurück (vgl. Wasserman und Faust 1994). An Relevanz gewonnen hat das Verfahren aber insbesondere mit dem Aufkommen des Internets. Denn ein wesentliches Charakteristikum, das das Internet mit sich brachte, war die Möglichkeit des unbeschränkten Verlinkens. Das mag aus heutiger Sicht veraltet klingen, doch den als Hyperlinks bezeichneten Verweisen innerhalb und zwischen ganz unterschiedlichen Webseiten wurde gerade in den euphorischen Anfängen des Internets großes (egalisierendes) Demokratisierungspotenzial zugeschrieben, zumal weder eine kontrollierende Instanz Links freigeben noch das verlinkte Gegenüber einer Verlinkung zustimmen mussten (Thelwall 2006).

Doch die SNA ist nicht nur ein Instrument der frühen Internetforschung. Denn mehr als nur mit verlinkenden Webseiten beschäftigt sie sich mit Verbindungen zwischen sozialen Entitäten. Das können Webseiten (oder: Betreibende von Webseiten) sein; es kann sich

M. Haim, *Computational Communication Science*, Studienbücher zur Kommunikations- und Medienwissenschaft, https://doi.org/10.1007/978-3-658-40171-9_12

dabei aber auch um Einzelpersonen, Politiker:innen, Unternehmen oder Bots handeln. Für die SNA geht es bei solchen Geflechten darum, Strukturen auszumachen. Strukturen, die sich zum Beispiel in gehäuften Links zu einzelnen Entitäten ausdrücken (das wären dann sehr zentrale Entitäten) oder in voneinander losgelösten Teilen des Netzwerks manifestieren (was beispielsweise für eine Form der Polarisierung sprechen könnte). Eine Grundannahme dabei lautet, dass diese sicht- und prüfbaren Strukturen in Netzwerken soziale Konstrukte abbilden, die die Kommunikationswissenschaft mit ihren Theorien zu erklären sucht. Und damit einher geht auch die zweite Grundannahme, wonach soziale Konstrukte im Rahmen der SNA nicht über isolierte Entitäten, sondern immer in Relation zu anderen betrachtet werden.

▶   Die soziale Netzwerkanalyse (kurz: SNA) ist ein relationales Auswertungsverfahren, das seine Wurzeln insbesondere in der Mathematik und den Sozialwissenschaften hat. Es baut auf der Prämisse auf, dass soziale Konstrukte nicht unabhängig voneinander sind. Entsprechend stehen die Verbindungen zwischen Entitäten – und damit soziale Geflechte – im Fokus der Analyse. Individualdaten und Daten zu einzelnen Relationen können ergänzend in Betracht gezogen werden.

Wir haben Netzwerke als Daten bereits an mehreren Stellen dieses Buchs kennengelernt. Von relationalen Daten, die häufig in Social-Media-Daten manifestiert sind, war beispielsweise in Kap. 3 die Rede. Mit Relationen zwischen Entitäten hatten wir bereits bei der agentenbasierten Modellierung in Kap. 7 zu tun. Und mit Visualisierungen von Netzwerken haben wir uns in Kap. 9 kurz auseinandergesetzt. Diese Verweise zeigen, dass die SNA nicht nur für verlinkte Webseiten ein geeignetes Auswertungsverfahren darstellt, sondern dass sie sich auch für Social-Media-Daten (die z. B. Follow-Netzwerke abbilden), für Simulationen im Rahmen der agentenbasierten Modellierung (bei der in jeder Iteration Konstellationen aus Agenten neu justiert und berechnet werden) oder auch für Texte als Daten (in denen Entitäten seltener oder häufiger miteinander gemeinsam in Dokumenten auftauchen) eignet. Und diese Eignung erklärt auch, weshalb die SNA ein zentrales Instrument der CCS wurde: Denn im Gegensatz zu den verlinkten Webseiten von früher sind die hier beschriebenen jüngeren Daten, für die sich die SNA heute andient, längst nicht mehr manuell handhabbar, sondern benötigen (teils sehr) große Rechenkapazitäten und Ressourcen.

Im Kern ist das auch der Grund, warum wir uns diesem Thema erst jetzt, also erst im zwölften Kapitel, ausführlicher widmen: Als Auswertungsverfahren dient sich die SNA flexibel an, mit Netzwerkdaten als Resultat verschiedener Erhebungs- und Verarbeitungsverfahren umzugehen. Da wir mittlerweile zahlreiche Erhebungs- und Verarbeitungsverfahren kennengelernt haben, fällt es (hoffentlich) leichter, die SNA in bestehendes Wissen einzuordnen und zu verstehen.

12.1   Knoten und Kanten

Die SNA besteht immer lediglich aus zwei Arten von Komponenten – aus Knoten und aus
Kanten. Sie bilden die Entitäten (Knoten) und ihre Verbindungen (Kanten) ab. Visuell betrachtet handelt es sich also um Punkte oder Kreise (Knoten) und Linien (Kanten), die die
Punkte/Kreise untereinander verbinden. Betrachtet man ein Netzwerk (auch: Graph) nicht
visuell, sondern als Datensatz, so besteht es in aller Regel aus zwei Tabellen – einer Tabelle voller Knoten und einer Tabelle voller Kanten (Abb. 12.1 unten).

▶   Knoten (engl. nodes; auch: Vertex/Vertices) repräsentieren einzelne Entitäten in
       einem Netzwerk. Sie können mithilfe von Kanten verbunden sowie um Meta-
       Informationen angereichert werden.

Knoten sind demnach die zentralen Akteure in einem Graphen, die Punkte oder Kreise
in einer entsprechenden visuellen Darstellung. Im Graph-Datensatz erhält jeder Knoten
eine Zeile in der Knoten-Tabelle, weitere Merkmale sind nicht zwangsläufig nötig. In anderen Auswertungsverfahren würden Knoten nicht selten die Analyseeinheit bilden, also
den Kern des Forschungsinteresses darstellen; doch die SNA legt die Perspektive auf das
soziale Geflecht, sodass die als Knoten dargestellten Entitäten (z. B. Parteien, Twitter-
Handles, Unternehmen) nur ein Bestandteil der Analyseeinheit sind.

In der Forschungspraxis werden Knoten mit Meta-Informationen angereichert, die als
Merkmale in die Knoten-Tabelle integriert sind. Solche Meta-Informationen können beispielsweise etwas darüber aussagen, ob Knoten einer bestimmten Gruppe angehören

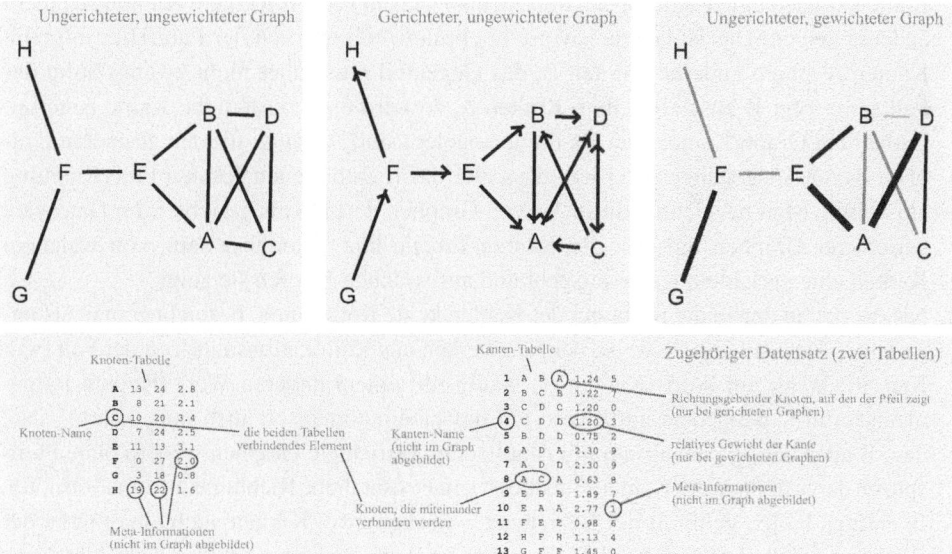

Abb. 12.1 Drei unterschiedliche Netzwerkarten (Graphen) samt Datensatzstruktur (eigene Darstellung)

(z. B. Politiker:innen als Knoten und zugehörige Parteien als Meta-Information) oder wie relevant einzelne Knoten im Vergleich zu anderen Knoten sind (z. B. Zeitungen als Knoten und ihre verkaufte Auflage als Meta-Information). Diese Meta-Informationen kommen dann primär in der Auswertung selbst zur Anwendung. Visuell lassen sich solche Meta-Informationen nur begrenzt darstellen. Zwar können Knoten eingefärbt (z. B. als Indikator der Partei) oder in unterschiedlichen Größen (z. B. als Indikator für die verkaufte Auflage) abgebildet werden, doch bei allzu vielen Farben, unterschiedlichen Größen oder zu vielen Knoten wird eine solche Abbildung schnell unübersichtlich.

▶   Eine Kante (engl. edge; auch: link, tie) verbindet immer genau zwei Knoten mit-
    einander. Auch Kanten können um Meta-Informationen angereichert werden.
    Außerdem können Kanten gerichtet oder ungerichtet sowie gewichtet oder
    ungewichtet sein.

Kanten sind abgebildete Verbindungslinien. In der Kanten-Tabelle des Graph-Datensatzes bildet jede Kante eine Zeile, wobei die beiden zu verbindenden Knoten je ein Merkmal darstellen. Auch Kanten werden in der Forschungspraxis mit Meta-Informationen angereichert. Doch während bei Knoten Meta-Informationen primär ergänzend-informativen Charakter haben, zumal sie sich nur begrenzt darstellen lassen, sind Kanten in der Darstellung einiger Meta-Informationen flexibler. Sie lassen sich zum Beispiel als Pfeile oder in unterschiedlicher Dicke abbilden. Mehr noch: Diese visuellen Aspekte werden auch für die weitere Analyse direkt in die SNA integriert, sodass sich daraus für Kanten, neben der Möglichkeit ergänzend-informativer Meta-Informationen, vier zentrale Eigenschaften ergeben:

1. Kanten können eine Richtung aufweisen, also wie ein Pfeil von einem Knoten zu einem anderen zeigen. Das ist beispielsweise bei Follow-Netzwerken der Fall: Hier folgt ein Knoten A einem anderen Knoten B, das Gegenteil muss aber nicht zwangsläufig der Fall sein; folgt B zusätzlich dem Knoten A, so wird eine zusätzliche Kante benötigt. Enthält ein Graph Kanten, die als Pfeile angelegt sind, so muss für den gesamten Graphen davon ausgegangen werden, dass alle darin enthaltenen Kanten eine Richtung aufweisen. Man bezeichnet diese Art von Graphen deshalb als gerichtet. Im Datensatz gerichteter Graphen muss in der Kanten-Tabelle klar erkennbar sein, von welchem Knoten eine gerichtete Kante ausgeht und auf welchen Knoten sie zeigt.
2. Netzwerke, in denen die Richtung der Kanten keine Rolle spielt, bezeichnet man als un-gerichtet. Das ist beispielsweise bei Netzwerken aus Kollokationsmatrizen der Fall (vgl. Kap. 9): Wenn ein Wort (Knoten A) häufig mit einem anderen Wort (Knoten B) ge-meinsam in Dokumenten auftritt, so gilt dasselbe automatisch auch umgekehrt – also, dass B auch häufig gemeinsam mit A auftaucht. Gerichtete Graphen werden ohne Pfeil-spitzen dargestellt, in der Kanten-Tabelle ist keine zusätzliche Richtungsinformation nötig.
3. In einigen Fällen geht mit der Beziehung zwischen zwei Knoten auch eine Stärke der Beziehung einher, die sich relativ von den anderen Beziehungen in einem Netzwerk unterscheiden kann. Tauchen die zwei Wörter/Knoten A und B deutlich häufiger ge-meinsam in Dokumenten auf als C und D, so kann die Kante zwischen A und B visuell dicker oder dunkler ausfallen als die Kante zwischen C und D. In der Kanten-Tabelle

ist dann ein entsprechendes Merkmal nötig, sodass immer alle (oder gar keine) Kanten eines Graphs gewichtet sind.

4. Sind gar keine Kanten in einem Netzwerk gewichtet, spricht man von ungewichteten Graphen. In solchen Fällen ist weder ein zusätzliches Merkmal in der Kanten-Tabelle noch eine entsprechende visuelle Unterscheidung notwendig.

In diesem Kapitel arbeiten wir mit einem neuen Beispiel-Datensatz. Dabei handelt es sich um eine Kombination aus einem veröffentlichten Datensatz von Forschenden bei GESIS (Sältzer et al. 2021) und einer ergänzenden eigenen Erhebung. Der veröffentlichte GESIS-Datensatz listet alle 2.558 offiziellen Kandidierenden der sieben großen Parteien (AfD, CDU, CSU, FDP, Grüne, Linke und SPD) für die Wahl zum Deutschen Bundestag 2021 mitsamt ihrer individuellen Twitter-Accounts sowie einiger manuell codierter Meta-Informationen der Kandidierenden, etwa zu ihrer Partei, ihrem Bundesland, ob es sich um eine Erstkandidatur oder eine mögliche Wiederwahl sowie um eine Direktkandidatur oder einen Listenplatz handelt. Ergänzend dazu wurden für dieses Lehrbuch Ende Oktober 2022 für alle im GESIS-Datensatz einzigartig enthaltenen 1528 Twitter-Accounts die Listen der von den Kandidierenden gefolgten Accounts über die Research-API (Version 2) von Twitter gesammelt und auf die im GESIS-Datensatz enthaltenen Handles reduziert. So ergibt sich ein Kandidierenden-bei-Twitter-Datensatz. Darin stehen einige der als Knoten dargestellten (und in Parteifarben gehaltenen) Kandidierenden am Rand (Abb. 12.2 oben), da sie keinen

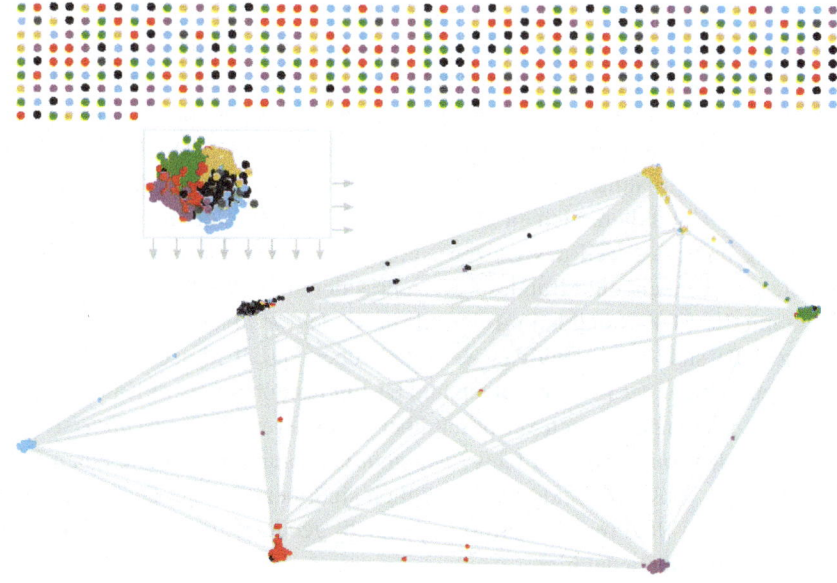

Abb. 12.2 Grober Überblick des gesamten Kandidierenden-bei-Twitter-Netzwerks (eigene Darstellung)

anderen Kandidierenden im Datensatz folgen und auch selbst von keinen anderen Kandidierenden gefolgt werden. Der Rest ist in insgesamt 30.118 Twitter-Follow-Beziehungen der Kandidierenden untereinander eingebunden, was in der kleinen Darstellung nur schwer erkennbar ist, sodass der vernetzte Teil im Kästchen noch einmal vergrößert dargestellt wird (Abb. 12.2).

12.2   Dichte und Distanz

Selbstverständlich ziehen SNA ihren Mehrwert nicht allein aus Knoten und Kanten. Stattdessen baut die SNA auf zahlreiche Messgrößen auf, die sie aus den Knoten und Kanten berechnet. Diese Messgrößen sind nur selten aus anderen Verfahren bekannt, was die SNA an dieser Stelle etwas abstrakt werden lässt. Um dem zu begegnen, nähern wir uns den zentralen Messgrößen in kleinen Schritten.

Zu den zentralen Messgrößen in der SNA gehören Maße der Distanz und Maße der Dichte. Maße der Distanz beziehen sich auf die Abstände zwischen zwei Knoten. Auf den Beispiel-Datensatz übertragen, lässt sich die Distanz zwischen zwei spezifischen Politiker:innen berechnen. Maße der Dichte hingegen aggregieren Distanzmaße auf den gesamten Graphen, machen also aus zahlreichen Distanzmaßen übergeordnete Messgrößen. Anstatt also einzelne Handles in den Blick zu nehmen, gelten Maße der Dichte für unser gesamtes Kandidierenden-bei-Twitter-Netzwerk.

Die einfachste Form der Distanzmaße heißt auch genau so: Distanz (engl. distance). Dabei werden schlicht jene Kanten gezählt, die nötig sind, um von einem ausgewählten Knoten zu einem anderen ausgewählten Knoten zu gelangen. Sind die untersuchten Knoten direkt miteinander verbunden, beträgt die Distanz also „1". Sind sie es nicht, muss ein anderer Pfad – vermittelt über Verbindungsknoten – gefunden werden. Um für einen Moment den Knoten auch Namen geben zu können, reduzieren wir den Ausschnitt unseres Beispiels auf die Kandidierenden in Berlin (Abb. 12.3). Wir betrachten also zur Veranschaulichung nur einen Teil des ganzen Netzwerks und sehen darin, dass die spätere Abgeordnete der Linken und Bundestagsvizepräsidentin Petra Pau (@*petrapaumahe*) nicht direkt mit der FDP-Kandidatin Ann Cathrin Riedel (@*anncathrin87*) verbunden ist. Die Distanz ließe sich nun stattdessen vermittelt über Pascal Meiser (@*pascalmeiser*), ebenfalls Abgeordneter der Linken, zählen und bestünde dann aus zwei Kanten. Alternativ könnte man die Distanz aber auch vermittelt über Pascal Meiser (@*pascalmeiser*), Hakan Demir (@*hakandemirnk*) und Lisa Paus (@*lisapaus*) zählen und erhielte einen Pfad von vier Kanten Länge. Obschon beide Pfade möglich sind, beziffert die Distanz in der SNA immer den kürzesten Pfad (engl. shortest path, auch: geodesic distance), sodass die Distanz zwischen Pau und Riedel hier $d_{(@petrapaumahe, @anncathrin87)} = 2$ beträgt.

Sind die Kanten gewichtet, berechnet sich die Distanz nicht aus der Anzahl an Kanten des kürzesten Pfads, sondern aus der Summe ihrer Gewichte. Daneben existiert noch eine Reihe weiterer Adaptionen zur Berechnung von Distanzen, etwa dass in gerichteten Gra

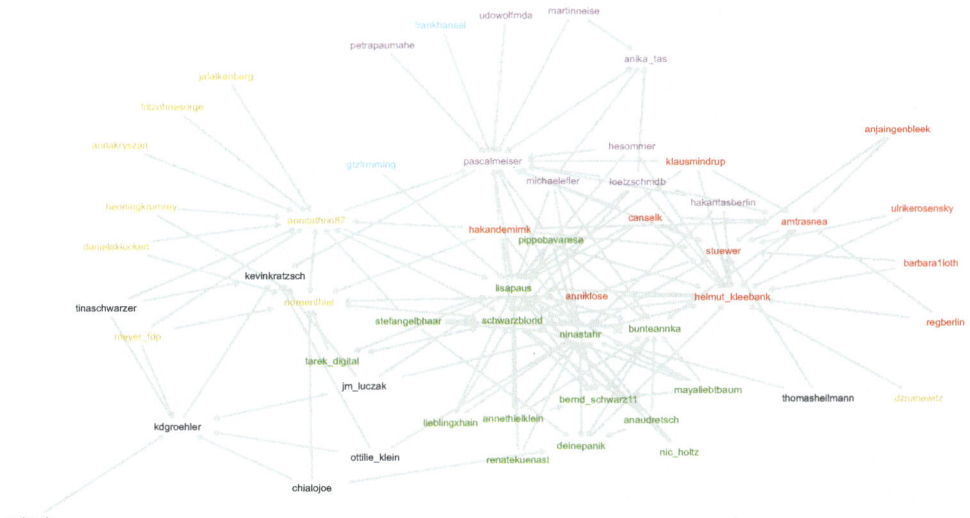

Abb. 12.3 Berliner Ausschnitt des Kandidierenden-bei-Twitter-Netzwerks (eigene Darstellung)

phen nur Kanten „in Fahrtrichtung" berücksichtigt werden oder dass für sogenannte „einfache Pfade" keine Pfadsegmente doppelt verwendet werden dürfen. Existiert überhaupt kein Pfad zwischen zwei Knoten, so wird ihre Distanz üblicherweise als unendlich bezeichnet.

Bereits bei der Distanz als erster Messgröße wird deutlich, was die SNA so abstrakt werden lässt: die Diskrepanz zwischen scheinbar einfacher Mathematik und tatsächlich sehr komplexer Berechnungen. Denn um die Distanz, ein im Grunde sehr einfaches mathematisches Konstrukt, zu berechnen, müssen zunächst alle möglichen Pfade gefunden und berechnet werden, um daraus schließlich den kürzesten Pfad als Distanz identifizieren zu können. Doch wie findet und berechnet „man" (oder in der CCS: der Computer) diese Pfade? Im Grunde durch systematisches Ausprobieren aller möglichen Verbindungen – ein Vorgehen, das im Englischen mit Verweis auf die „kräftigen" Ressourcen des Computers auch als „brute-force approach" (Ansatz brachialer Kraft) bezeichnet wird. Um alle möglichen Verbindungen auszuprobieren, geht der Computer also im Berliner Ausschnitt (Abb. 12.3) vom Knoten *@anncathrin87* aus und schaut sich nach den unmittelbar verbundenen Nachbarknoten um. Für jeden Nachbarknoten startet der Computer dann eine individuelle Suche nach einem möglichen Pfad, bei *@anncahtrin87* und ihren 13 Nachbarknoten sind das also zunächst 13 gestartete Suchen (z. B. ausgehend von *@pascalmeiser* oder von *@noreenthiel*). Um nun wirklich alle möglichen Verbindungen auszuprobieren, muss der Computer aber auch je Nachbarknotensuche wieder für jeden weiteren Nachbarknoten die Suchen vervielfältigen, also zum Beispiel ausgehend von *@noreenthiel* für alle ihre 9 Nachbarknoten 9 weitere Suchen starten. Dieses Vorgehen wiederholt sich, bis die einzelnen Suchen entweder zum Zielknoten *@petrapaumahe* vordringen und so einen möglichen Pfad darstellen, um am Ende aus der Menge der möglichen Pfade den kürzesten als Distanz zu identifizieren, oder bis einzelne Suchen zum Erliegen kommen, weil sie keine Nachbarknoten mehr haben und sich in Sackgassen maneuvrieren.

Allein die Berechnung der Distanz hat also eine – exponenziell wachsende – Vielzahl von Teilberechnungen zur Folge. In der Informatik ist dabei von einem rekursiven Problem die Rede, bei dem sich die Lösung des Ursprungsproblems (hier: das Finden des kürzesten Pfads) nur aus der Lösung einer Vielzahl von kleineren Problemen (das Finden aller Pfade) ergeben kann, die sich wiederum in eine Vielzahl kleinerer Probleme und immer weiter so fort (das Finden eines Pfads, das Finden eines Pfadsegments, et cetera) unterteilen lässt. Zentral für solche rekursiven Probleme ist, dass der Lösungsweg der kleineren Probleme dem Lösungsweg der größeren Probleme im Kern gleicht (es geht hier ja immer um das Identifizieren und Zählen von Kanten). Der Computer kann also wenig[1] optimieren, sondern er muss – mit brachialer Kraft – alle Varianten durchprobieren.

Dafür sind insbesondere direkt benachbarte Knoten (engl. adjacent nodes) für den Computer relevant. Als direkt benachbart werden zwei Knoten bezeichnet, die mit genau einer Kante verbunden sind, deren Distanz also „1" beträgt. Aus diesen Nachbarschaftsverhältnissen zieht die SNA vor allem[2] drei – in gerichteten Graphen: fünf – weitere Distanzmaße, die etwas über die sogenannte Zentralität (engl. centrality) einzelner Knoten aussagen:

1. Die Zwischenzentralität (engl. betweenness) eines gefragten Knotens betrachtet zunächst die Distanzen zwischen allen anderen Knoten (ja, alle – zwischen allen Knoten!). Anschließend zählt sie jene Distanzen, die durch den gefragten Knoten führen. Aus sozialwissenschaftlicher Perspektive agieren Knoten mit hoher Zwischenzentralität für viele andere Knoten als Vermittler.
2. Die Nähenzentralität (engl. closeness) eines gefragten Knotens berechnet zunächst die Distanzen des fraglichen Knotens zu allen anderen Knoten im Netzwerk, um anschließend die Summe und dann den Kehrwert daraus zu bilden. Die Nähenzentralität ist also hoch, wenn ein Knoten in möglichst naher Distanz mit möglichst vielen Knoten im Netzwerk verbunden ist, und sie ist entsprechend niedriger, je weniger das der Fall ist. Sozialwissenschaftlich betrachtet sind Knoten mit hoher Nähenzentralität also besonders gute Punkte, um andere Knoten möglichst direkt zu erreichen.

---

[1] Der Vollständigkeit halber sei an dieser Stelle erwähnt, dass es durchaus einige Optimierungsstrategien gibt, etwa um berechnete Teilpfade für weitere Berechnungen zu berücksichtigen. Aber auch dabei muss der Computer alle möglichen Pfade berücksichtigen.

[2] Auch hier sei der Vollständigkeit halber erwähnt, dass es im Umgang mit Netzwerken als Daten eine Fülle an Messgrößen gibt, die bei weitem nicht alle in diesem Lehrbuch betrachtet werden (können). Ein gutes Verständnis der hier vorgestellten Messgrößen bildet aber eine geeignete Grundlage, auch andere Messgrößen verstehen und einordnen zu können.

3. Das „Degree" (übersetzbar etwa als Rang, Grad; manchmal auch: Degree-Zentralität) eines Knotens zählt alle mit dem Knoten verbundenen Kanten. Ein hohes Degree deutet dabei auf eine starke Vernetzung des Knotens innerhalb des Graphen hin und lässt sich sozialwissenschaftlich als große unmittelbare Reichweite im Netzwerk interpretieren.

4. In gerichteten Graphen wird das Degree noch um zwei Maße ergänzt: um die Anzahl eingehender Kanten (In-Degree) und die Anzahl ausgehender Kanten (Out-Degree). Je nach Anwendungsfall handelt es sich hierbei ebenfalls um die unmittelbare Reichweite oder um die unmittelbare Erreichbarkeit eines Knotens im Netzwerk. Das Degree als Ganzes repräsentiert dann die Summe aus In- und Out-Degree.

Übertragen wir die Distanzmaße auf unser gesamtes Kandidierenden-bei-Twitter-Netzwerk (Abb. 12.2) und schauen uns beispielhaft die beiden späteren Fraktionsvorsitzenden der unter Erstwählenden populärsten Parteien, Christian Dürr (FDP) und Katharina Dröge (Grüne), an. Ihre Twitter-Handles trennt in unserem Graphen eine direkte Distanz von $d_{(@christianduerr, @katdro)} = 1$. Das liegt daran, dass die Fraktionsvorsitzende der Grünen Dröge dem FDP-Fraktionsvorsitzenden Dürr bei Twitter direkt folgt. Berechnen wir für beide ihre Zwischenzentralität (ihre „betweenness"), so sehen wir, dass Dürr mit $C_B = 3355$ deutlich relevanter für das Netzwerk als Vermittlungsknoten ist als Dröge mit $C_B = 2384$. Unter allen Distanzen, also allen kürzesten Pfaden zwischen irgendwelchen zwei Punkten, laufen also 3355 über Dröge und 2384 über Dürr. Dabei gibt es sicherlich Überschneidungen, doch der direkte Vergleich offenbart die größere Zwischenzentralität von Dürr. Die Nähenzentralität C_C (das große „C" von „centrality" und das tiefgestellte „C" von „closeness") ist mit $C_C = 657$ (Dröge) und $C_C = 650$ (Dürr) nahezu identisch. Das Degree, das als Degree-Zentralität mit C_D abgekürzt wird, beträgt für Dürr $C_D = 261$, für Dröge $C_D = 282$, zwei im Großen und Ganzen vergleichbare Anzahlen an Kanten. Da es sich bei unserem Netzwerk um einen gerichteten Graphen handelt, können wir die Degree-Zentralität noch weiter unterscheiden und dabei feststellen, dass Dröge sowohl beim In-Degree $C_{ID} = 217$ als auch beim Out-Degree $C_{OD} = 65$ höhere Werte aufweist als Dürr ($C_{ID} = 202$; $C_{OD} = 59$), also sowohl mehr Leuten folgt als auch von mehr Leuten gefolgt wird.

Dieser direkte Vergleich der Distanzmaße von Dürr und Dröge lässt sich auf alle Knoten in unserem Netzwerk ausweiten. Berechnen wir für jeden Knoten seine unterschiedlichen Zentralitäten, so erhalten wir eine Tabelle, aus der sich der Knoten mit der höchsten Zwischenzentralität (@c_lindner; $C_B = 25.582$), der zweithöchsten Nähenzentralität (@peteraltmaier; $C_C = 796$) oder dem größten Out-Degree (@w_sk; $C_{OD} = 162$) ablesen lässt. Eine Tabelle, die auch als Grundlage für bekannte statistische Verfahren des Gruppenvergleichs oder der Korrelation herhalten kann. Die bislang als Maße individueller Knoten betrachteten Messgrößen erfahren so zusätzliche Relevanz zur Beschreibung des gesamten Netzwerks. Noch mehr Relevanz für die Beschreibung des gesamten Netzwerks weisen allerdings Maße der Dichte auf. Dabei handelt es sich explizit um Messgrößen des gesamten

Graphen. Zentral sind hier vor allem drei – in gerichteten Graphen: vier – Messgrößen, wobei erneut die einfachste Form den gleichen Namen wie die zugehörige Kategorie trägt:

1. Die Dichte (engl. density) eines Netzwerks ist ein Anteilswert, also eine als Prozentwert interpretierbare Zahl zwischen 0 und 1. Sie berechnet sich als Anteil der tatsächlich vorhandenen Kanten an allen sogenannten Dyaden. Von Dyaden ist in der SNA die Rede, wenn alle möglichen Kanten, also alle möglichen Paare aus zwei beliebigen Knoten, gemeinsam betrachtet werden. Besteht ein ungerichtetes Netzwerk beispielsweise aus den acht Knoten A bis H (wie in Abb. 12.1 links), so bestehen rein rechnerisch 28 Dyaden, also 28 mögliche Kombinationen von je zwei Knoten. Rein rechnerisch sind also 28 Kanten möglich,[3] wenn alle Knoten untereinander direkt verbunden wären. Das ist aber äußerst selten der Fall. So selten, dass es gar einen eigenen Namen in der SNA dafür gibt: Cliquen. In einer Clique ist also jeder Knoten mit jedem anderen Knoten direkt verbunden. Tatsächlich besteht aber unser Einstiegsbeispiel-Netzwerk (Abb. 12.1 links) nur aus elf Kanten, sodass die Dichte $den = \frac{11}{28} = 0,39$ beträgt. Es sind also 39 % aller rechnerisch möglichen Kanten zwischen den Knoten A bis H auch wirklich im Netzwerk vorhanden. Ob das viel oder wenig – dicht oder weniger dicht – ist, beurteilen wir später. Für den Moment halten wir fest, dass die Dichte wesentliche Informationen über die Struktur des Netzwerks beisteuert.

2. In gerichteten Graphen geht mit einer hohen Dichte (bzw. einer Clique) eine doppelte Kantenbelegung einher. Für alle Dyaden gibt es in besonders dichten Graphen also eine Kante in die eine (von A nach B) und eine zweite Kante in die andere (von B nach A) Richtung. Um in gerichteten Graphen ein Gefühl dafür zu bekommen, wie stark ausgeprägt die doppelte Kantenbelegung eigentlich ist, dient sich die Reziprozität an. Wie schon die Dichte ist auch die Reziprozität ein Anteilswert, also eine als Prozentwert interpretierbare Zahl zwischen 0 und 1. Sie berechnet sich als Anteil jener tatsächlich vorhandenen Kanten, zu denen auch eine gespiegelte Kante vorhanden ist. In unserem gerichteten Einstiegsbeispiel (Abb. 12.1 mittig) sind elf Kanten vorhanden und für zwei davon existiert auch eine gespiegelte Kante, die Reziprozität beträgt also $r = \frac{2}{11} = 0,18$ oder eben 18 %.

3. Eine weitere zentrale Messgröße der Dichte in der SNA ist die Transitivität (engl. transitivity). Dabei werden statt Dyaden, also allen möglichen Kombinationen aus zwei Knoten, Triaden in den Blick genommen. Triaden beschreiben alle möglichen Kombinationen aus drei Knoten in einem Netzwerk. Dem zugrunde liegt die Annahme, dass Knoten, die sich in Dreierkonstellationen nahestehen, auch eine höhere Wahrschein-

---

[3] Die Anzahl möglicher Kanten eines ungerichteten Netzwerks berechnet sich dabei entsprechend der mathematischen Kombinatorik bei n Knoten als $n \times (n-1) \big/ 2$. Bei gerichteten Netzwerken entfällt der Nenner.

lichkeit aufweisen, sich in sozialer Hinsicht ähnlicher zu sein als andere Knoten. Die Transitivität gibt nun an, wie viele aller möglichen Triaden in sich geschlossen sind, also in wie vielen aller möglichen Triaden alle drei zugehörigen Knoten untereinander vernetzt sind. Dazu werden die geschlossenen Triaden und alle Verbindungen in Triaden, also alle Pfade zwischen drei Knoten, gezählt. Wichtig bei der Betrachtung von Triaden ist dabei, dass die Knotenfolge A/B/C etwas anderes darstellt als die Knotenfolge A/C/B. Auf unser ungerichtetes Einstiegsbeispiel (Abb. 12.1 links) übertragen, stehen also fünfzehn geschlossene Triaden (A/B/E, A/B/C, A/B/D, A/C/D und B/C/D, jeweils aus der Sicht und Richtung aller einzelnen Knoten) insgesamt 24 Pfaden zwischen drei Knoten (z. B. H/F/E oder A/D/C) gegenüber. Die Transitivität beträgt hier also $t = \frac{15}{24} = 0,625$. Anders ausgedrückt sind 62,5 % aller möglichen Dreierkonstellationen in unserem Netzwerk in sich geschlossen und damit wahrscheinlich auch sozial entsprechend enger verknüpft.

4. Eine letzte zentrale Messgröße für die Beschreibung eines gesamten Netzwerks ist der Durchmesser (engl. diameter). Für den Durchmesser eines Netzwerks werden zunächst alle Distanzen zwischen allen Knoten berechnet. Das kennen wir schon von der Zwischenzentralität, was es in der Berechnung nicht weniger aufwändig, aber zumindest wiederverwendbar macht. Der Durchmesser entspricht dann der größten dieser Distanzen. Er beschreibt also die maximale Ausdehnung des Graphen und trägt so ebenfalls wesentlich zum Verständnis über die Struktur des gesamten Netzwerks bei.

Übertragen wir nun auch diese Messgrößen der Dichte auf unser Kandidierenden-bei-Twitter-Netzwerk (Abb. 12.2), so stellen wir fest, dass im gesamten Netzwerk eine Dichte von *den* = 0,01 vorherrscht. Es ist also lediglich ein Prozent aller möglichen Kanten auch tatsächlich vorhanden. Und das – zur Erinnerung – trotz 30.118 Kanten im gesamten Graph. Um den Wert noch etwas mehr ins Verhältnis zu setzen, können wir die Dichte auch für einzelne Ausschnitte des Netzwerks berechnen und Vergleiche ziehen. So ist beispielsweise die Dichte im Berlin-Ausschnitt (*den* = 0,06) etwas höher als im gesamten Netzwerk. Und wenn wir jeweils nur die Kandidierenden der einzelnen Parteien betrachten, so stellen wir auch hier fest, dass alle in sich dichter vernetzt sind als es das gesamte Netzwerk ist. Und wir stellen fest, dass die engste Verflechtung innerhalb der FDP und der Grünen (jeweils *den* = 0,07) und die loseste Verflechtung innerhalb der AfD (*den* = 0,02) vorliegt.

Die Reziprozität, also der Anteil vorhandener gespiegelter Kanten, beträgt im gesamten Netzwerk *r* = 0,20, also 20 %. Jede fünfte Kante weist also auch ein entsprechendes Pendant in Gegenrichtung auf. Auch hier zeigen sich Unterschiede zwischen den Parteien, insofern die Reziprozität beispielsweise bei CDU und CSU (beide *r* = 0,15) etwas unter dem Wert des gesamten Netzwerks liegt. Auffällig abweichend ist abermals die AfD (*r* = 0,05), deren Kandidierenden sich deutlich weniger häufig bidirektional-gegenseitig folgen als es das Netzwerk ansonsten nahelegt. Ein Befund, der bei der Transitivität noch deutlicher wird: Im gesamten Netzwerk sind mit *t* = 0,28 rund 28 % der vorhandenen

Triaden (zur Erinnerung: das sind die Dreierkonstellationen) in sich geschlossen. Bei der SPD ($t = 0{,}41$) sind es ein bisschen mehr, bei der AfD ($t = 0{,}25$) ein bisschen weniger.

Etwas anders verhält sich der Durchmesser, also die maximale Ausdehnung des Netzwerks. Der Durchmesser gibt die größte aller vorhandenen Distanzen wider, in unserem Fall also $max\ d_{(i,\,j)} = d_{(@dr\_neuhoff,\ @michael\_braedt)} = 7$ Kanten. Die größtmögliche Distanz, also die Verbindung zweier Knoten vermittelt über andere, liegt in unserem Kandidierenden-bei-Twitter-Netzwerk also mit sieben Kanten zwischen den beiden Kandidaten Neuhoff (AfD, Nordrhein-Westfalen) und Braedt (Linke, Niedersachsen). Sie sind nur verbunden, wenn der Pfad von Neuhoff über Andreas Bleck und Robert Farle (beide AfD), Christian Lindner (FDP), Ekin Deligöz (Grüne), Victor Perli und Lennart Dahms (Linke) bis zu Braedt führt. Auch hier wird also wieder die zentrale Stellung Christian Lindners in diesem Netzwerk deutlich.

Im Übrigen ist ein Durchmesser von sieben Kanten ein durchaus gängiger Wert. So hat der US-Sozialpsychologe Stanley Milgram in den 1960er-Jahren das Konzept des Kleine-Welt-Experiments (engl. small-world experiment) geprägt. Darin geht er davon aus, dass die soziale Vernetzung unter Menschen überraschend stark ist, dass also trotz einer sehr geringen Dichte der Durchmesser eines Netzwerks, das zum Beispiel die gesamte USA und alle Menschen darin umspannt, äußerst gering ist. Seine Experimente mithilfe von Kettenbriefen wurden in zahlreichen Populationen repliziert, nicht zuletzt in sozialen Netzwerken oder für Koautorschaften in wissenschaftlichen Publikationen. In vielen Fällen liegt der Durchmesser, also die maximale Distanz, im höheren einstelligen oder niedrigen zweistelligen Bereich. Vielfach wird dabei auf ein fiktives Konzept des ungarischen Autors Frigyes Karinthy verwiesen, der in einer Kurzgeschichte 1929 vermutete, dass alle Menschen mit maximal sechs sozialen Verbindungen untereinander vernetzt seien. Dieses Konzept der „six degrees of separation" erlangte zusätzliche popkulturelle Prominenz durch die sogenannte Kevin-Bacon-Zahl, die Schauspieler:innen zugeschrieben wird und die Distanz in gemeinsamen Filmauftritten zum US-Schauspieler Kevin Bacon bemisst.

Doch zurück zu den Kandidierenden der Bundestagswahl 2021 bei Twitter. Aus sozialwissenschaftlicher Perspektive können wir auf Basis der berichteten Werte konstatieren, dass die Follow-Strukturen durchaus den Parteilinien zu folgen scheinen und dass insbesondere die bei Erstwählenden populären Parteien von FDP und Grünen eng untereinander vernetzt sind. Auch die (durchweg männlichen) zentralen Akteure des Netzwerks können wir in den Personen von Christian Lindner und Peter Altmaier, darüber hinaus aber etwa auch in Cem Özdemir oder Lars Klingbeil (beide $C_C = 784$), Hubertus Heil ($C_B = 14.220$), Sven Lehmann ($C_B = 14.462$) oder Jens Spahn ausmachen: Dem ehemaligen Gesundheitsminister folgen von allen anderen im Netzwerk vertretenen 1527 Personen mit $C_{ID} = 392$ rund jede:r Vierte.

12.3 Homophilie und Heterophilie

Nun, da wir die Vielfalt an Messgrößen der SNA kennengelernt haben, wollen wir auch die Vorzüge dieses Verfahrens kennenlernen. Denn selbstverständlich besteht die SNA nicht nur aus ihrem eigenen Vokabular, sondern sie basiert – zumal für die Sozialwissenschaften – auf einer gesellschaftlichen Grundannahme, die redensartlich auch als „gleich und gleich gesellt sich gern" bekannt ist. Die Grundannahme besteht darin, dass sich ähnliche soziale Akteure in ihren Beziehungen näher stehen und sich in der Auswahl der sie umgebenden Akteure eher gleichen, als das mit unähnlichen sozialen Akteuren der Fall ist (Granovetter 1973; McNulty 2022; Wasserman und Faust 1994). Das gilt für nahezu alle Lebensbereiche und Teilsysteme unserer Gesellschaft: Volleyball-Interessierte umgeben sich gerne mit anderen Volleyball-Interessierten, Anhänger:innen von Luhmanns Systemtheorie diskutieren mit Freude mit anderen Systemtheoretiker:innen, junge Eltern in Städten wohnen bevorzugt in Stadtvierteln mit anderen jungen Eltern, Linke trinken ihr Bier lieber mit Linken und Rechte eben mit Rechten. Man nennt dieses Phänomen auch (soziale) Homophilie, wonach Menschen zu Menschen neigen,[4] die ihnen auf irgendeiner Ebene ähnlich sind.

Die SNA baut auf diese Grundannahme auf: Handelt es sich bei den Knoten also um soziale Entitäten (z. B. Menschen, Parteien, Organisationen), so ist davon auszugehen, dass so ein soziales Netzwerk mehr abbildet als bloße Verbindungen. Vielmehr stecken in den Verbindungen Strukturen, die eben jene Homophilie mal mehr oder mal weniger zum Ausdruck bringen und die aus sozialwissenschaftlicher Sicht den für dieses relationale Auswertungsverfahren zentralen Grundstein legen.

Um Homophilie in Graphen messbar zu machen – und das wollen wir, denn es ist der analytische Kern der SNA –, müssen wir unsere bisherige Betrachtung von Dyaden und Triaden auf größere Gruppen von Knoten ausweiten. Unser Kandidierenden-bei-Twitter-Netzwerk (Abb. 12.2) macht das bereits gut deutlich: Wir sehen im Großen und Ganzen recht klar, dass die Mitglieder:innen einzelner Parteien jeweils untereinander enger vernetzt sind als zwischen den Parteien. Doch was wir mit bloßem Auge gut sehen, muss der Computer erst erkennen, um später statistisch valide Aussagen über Unterschiede machen zu können. Dafür benötigen wir die Konzepte der Komponenten und Gruppen.

▶   Komponenten (engl. component) sind Sub-Graphen, also von allen anderen Knoten des gesamten Netzwerks losgelöste, aber in sich miteinander verbundene Einheiten aus mindestens zwei Knoten.

Dieser klaren Definition von Komponenten stehen die deutlich unklareren Gruppen gegenüber: Denn eine Gruppe (engl. community) ist im Grunde eine Komponente, die

---

[4] Das muss nicht immer so sein und Menschen hier verallgemeinernd eine Verhaltensweise zu unterstellen, ist selbstverständlich gemein. Nichtsdestotrotz zeigt die Sozialforschung seit Jahrzehnten im Mittel für das Gros der Menschen regelmäßig die hier beschriebene Tendenz.

aber eine (schwache) Verbindung zum Rest des Netzwerks aufweist. In unserem Kandidierenden-bei-Twitter-Netzwerk (Abb. 12.2) ist beispielsweise recht klar erkennbar, dass es keine wirklichen Komponenten, also vom Rest losgelöste und eigenständige Netzwerke, gibt. Stattdessen sind einige Kandidierenden komplett außen vor und alle anderen irgndwie miteinander verbunden. Darüber hinaus erkennen wir aber einige Gruppen, die mehr oder weniger gut in das restliche Netzwerk eingebaut sind und die im Wesentlichen die einzelnen Parteizugehörigkeiten abzubilden scheinen.

Um diese Gruppen zu erkennen, um also Knoten klar einem (oder keinem) der bis zu einem gewissen Grad vom Rest des Netzwerks losgelösten, in sich aber stark vernetzten Sub-Graphen zuzuordnen (engl. community detection), muss der Computer rechnen, probieren und schließlich klassifizieren. Wir sind also erneut bei Algorithmen des maschinellen Lernens. Zur Erkennung von Gruppen dient sich beispielsweise der Louvain-Algorithmus (benannt nach der belgischen Universität Louvain, wo der Algorithmus entwickelt wurde) an. Dabei fasst der Computer in einem unüberwachten Lernverfahren zunächst einzelne Knoten zu zufälligen Gruppen zusammen und berechnet dabei für diese Gruppen die jeweilige Dichte. Optimiert wird dann anhand der Dichte, die in den einzelnen Gruppen möglichst hoch sein sollte. Der Computer probiert das in vielen Kombinationen aus und iteriert dafür über alle Knoten. Weil es in Graphen sehr (sehr!) viele Kombinationsmöglichkeiten gibt, generiert dieses zunächst zufallsbasierte Verfahren typischerweise sehr viele Gruppen, sodass in einem zweiten Schritt die Gruppen anhand ihrer Dyaden und Triaden gewichtet und zusammengefasst werden.

Wie schon bei der Themenmodellierung oder dem k-means-Ansatz bleibt auch bei der Gruppenidentifikation offen, wie passend die vom Computer gefundene Lösung für unser Forschungsinteresse ist. Im Fall unseres gesamten Kandidierenden-bei-Twitter-Netzwerks (Abb. 12.2) ist das Ergebnis scheinbar sehr passend: Der Computer identifiziert unter allen mit dem Netzwerk verbundenen Knoten mithilfe des Louvain-Algorithmus sechs Gruppen, die sehr genau den Parteien entsprechen (CDU und CSU fasst der Computer dabei zusammen).

Doch das ist nicht immer der Fall. Betrachtet man beispielsweise nur die weiblichen Kandidatinnen im Twitter-Netzwerk (Abb. 12.4), so scheint es bei visueller Inspektion eine gewisse Nähe zwischen Grünen und Linken sowie zwischen FDP und den Unionsparteien zu geben. Mithilfe des Louvain-Algorithmus kommt der Computer indes zu einem Ergebnis, das aus fünf Gruppen besteht – einer Gruppe aller AfD-Kandidatinnen, einer SPD-Gruppe, einer Gruppe aus FDP und Union sowie je einer Gruppe aus Grünen und Linken. Entsprechend existiert neben Louvain noch eine Vielzahl weiterer Algorithmen, mit denen in der SNA versucht wird, Gruppen zu identifizieren – jeweils mit dem Ziel, unterschiedlichen Netzwerkarten möglichst gut zu entsprechen. Welcher Algorithmus also für das eigene Forschungsvorhaben passender oder weniger passend ist, liegt auch daran, wie das Netzwerk eigentlich aussieht und welches Forschungsinteresse damit verbunden ist. Man könnte diese algorithmisch forcierte Form der Gruppenerkennung also auch als induktive (datengeleitete) Herangehensweise beschreiben. Nicht zuletzt deshalb

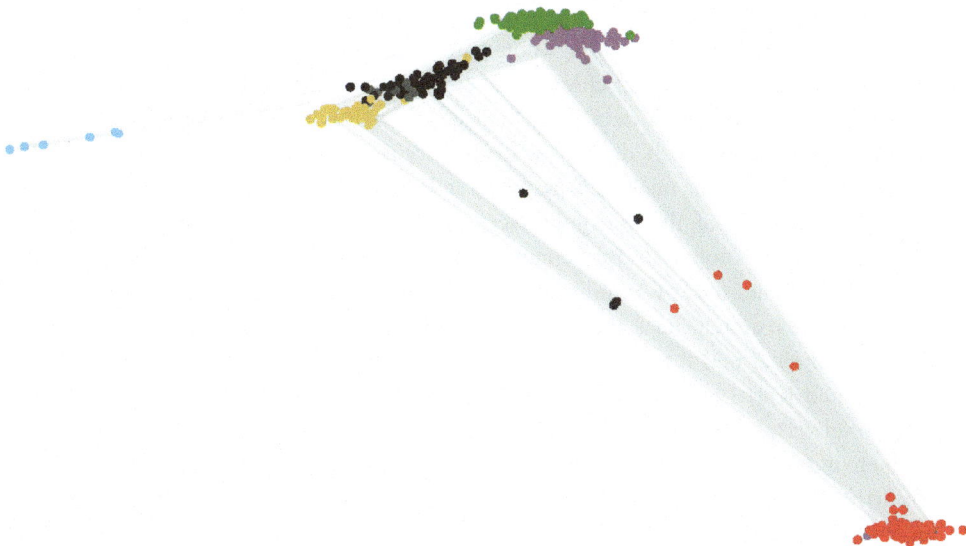

Abb. 12.4 Netzwerk der weiblichen Kandidatinnen für die Bundestagswahl 2021 bei Twitter (eigene Darstellung)

ist durchaus umstritten, ob und inwiefern Forschende sich auf die algorithmische Gruppenerkennung in der SNA stützen oder gar verlassen sollten.

Stattdessen haben sich auch deduktive Messgrößen etabliert, die als Maße der Homophilie – oder ihrem Gegenteil: der Heterophilie – herhalten können. Sie gehen von einem typischerweise theoretisch geleiteten Interesse aus und ermöglichen eine quantitative Überprüfung homo- oder heterophiler Grundannahmen. Eine solche Grundannahme könnte lauten, dass sich die sozialen Strukturen an den Parteien orientieren. Wir betrachten hier drei solcher und durchaus gängiger Messgrößen:

1. Die Sortierbarkeit (engl. assortativity) bezieht sich auf das gesamte Netzwerk und ist als Korrelationskoeffizient interpretierbar, nimmt also Werte zwischen −1 und +1 an. Ein höherer Koeffizient gibt an, dass Knoten eher direkt mit Knoten der gleichen Gruppe verbunden sind als mit Knoten anderer Gruppen. So beträgt die Sortierbarkeit in unserem gesamten Kandidierenden-bei-Twitter-Netzwerk $r_a = 0{,}59$, wenn wir als Gruppen die sieben Parteien definieren. Es ist für Knoten also deutlich wahrscheinlicher, dass sie mit Knoten derselben Partei verbunden sind, als dass sie Kanten mit anderen Parteien aufweisen. Dieselbe Sortierbarkeit für das Netzwerk weiblicher Kandidatinnen bei Twitter beträgt übrigens $r_a = 0{,}61$, ist also – entgegen unserer bisherigen Darstellung und den Erkenntnissen des Louvain-Algorithmus – noch stärker ausgeprägt als im gesamten Netzwerk.

2. Messgrößen der Ähnlichkeit ermöglichen es, genau zwei Knoten miteinander zu vergleichen. Sie sammeln jeweils die unmittelbar benachbarten Knoten – in gerichteten

Graphen auch unterschieden in In- und Out-Degree – und berechnen, wie viele der Nachbarn die beiden betrachteten Knoten gemein haben. Dafür bieten sich mehrere Maße an, die auch für andere Felder und Methoden Anwendung finden, etwa der Dice-Koeffizient (benannt nach dem US-Ökologen Lee Raymond Dice), der Sørensen-Koeffizient (benannt nach dem dänischen Biologen Thorvald Sørensen) oder der Jaccard-Index (benannt nach dem Schweizer Botaniker Paul Jaccard). Die Maße erzielen allesamt sehr ähnliche Ergebnisse und unterscheiden sich primär darin, ob sie auf Kanten oder Knoten als Berechnungsgrundlage setzen. Wenden wir Messgrößen der Ähnlichkeit auf unser Kandidierenden-bei-Twitter-Netzwerk an, so können wir beispielsweise feststellen, dass die per Jaccard-Index berechnete Ähnlichkeit zwischen Christian Lindner und Jens Spahn ($J = 0{,}47$) deutlich größer ist als zwischen Christian Lindner und Karl Lauterbach ($J = 0{,}02$). Übertragen auf Parteienebene könnten wir also Mittelwerte aller Jaccard-Indices zwischen Politiker:innen von FDP und CDU berechnen und dem mittleren Jaccard-Index zwischen SPD und Grünen gegenüberstellen.

3. Als dritte Messgröße liegt die sogenannte „inverse log-weight"-Ähnlichkeit schließlich an der Schnittstelle zwischen der auf das gesamte Netzwerk bezogenen Sortierbarkeit und den zwischen zwei Knoten verorteten Messgrößen der Ähnlichkeit. Ganz ähnlich zur TF-IDF-Gewichtung bei Texten als Daten (Kap. 9) geht es dabei darum, die Ähnlichkeit zwischen zwei Knoten ergänzend durch das Gesamtaufkommen von Kanten und Knoten zu gewichten. Die Messgröße korrigiert also dafür, wenn die gemeinsamen Nachbarn nur besonders populäre Knoten wie @c_lindner sind; wichtiger für die Ähnlichkeit sind hier Knoten, die ansonsten weniger populär sind. Darin kommt also wieder die sozialwissenschaftliche Perspektive zum Ausdruck, die auch davon ausgeht, dass die Ähnlichkeit zwischen zwei Knoten größer ist, wenn ihre Verbindung sich von den Verbindungen der Allgemeinheit unterscheidet. Anders ausgedrückt: Wenn alle mit Christian Lindner verbandelt sind, dann ist die Gemeinsamkeit zweier Knoten, dass beide mit @c_lindner in Verbindung stehen, kein optimaler Ausdruck ihrer Gemeinsamkeit – denn das machen alle; wichtiger wäre eine Gemeinsamkeit, die nicht von so vielen anderen Knoten im Netzwerk geteilt wird.

Neben den hier beschriebenen induktiven und deduktiven Verfahren zur Quantifizierung von Homo- und Heterophilie betrachten wir zum Abschluss noch eine probabilistische Möglichkeit. Sie vereint, was wir schon aus Kap. 7 kennen, mit den zuvor kennengelernten Strukturgrößen der SNA: Dabei wird auf Basis der Dichte ein komplett zufälliges neues Netzwerk generiert – mit derselben Anzahl an Knoten, derselben Anzahl an Kanten und mit denselben Grundannahmen, also in unserem Fall als gerichteter, aber ungewichteter Graph. Der Computer verteilt in unserem Fall also zufällig rund 30.000 gerichtete Kanten auf etwa 1500 Knoten. Für die genaue Ausgestaltung der Zufälligkeit gibt es wiederum unterschiedliche algorithmische Vorgehensweisen. Eine im Kern sehr einfache Vorgehensweise bildet der Erdős-Rényi-Algorithmus (benannt nach den ungarischen Mathematikern Paul Erdős und Alfréd Rényi). Dabei wird für jede der zu platzierenden Kanten singulär zufällig entschieden, welche beiden Knoten die Kante verbinden soll.

Anschließend können wir dieses Zufallsnetzwerk in den anderen kennengelernten Parametern unserem Kandidierenden-bei-Twitter-Netzwerk gegenüberstellen und so die Reziprozität, die Transitivität oder den Durchmesser ins Verhältnis setzen. Und um hier nicht nur Zufallstreffer zu vergleichen, sondern statistisch argumentieren zu können, generiert man üblicherweise nicht nur ein, sondern viele zufällige Netzwerke als Vergleichsgrundlage.

Bei 1000 mithilfe des Erdős-Rényi-Algorithmus generierten Netzwerken auf Basis derselben Anzahl an Knoten und Kanten erhalten wir eine simulierte Reziprozität von $r = 0{,}01$, eine simulierte Transitivität von $t = 0{,}03$ sowie einen Durchmesser von $max\ d_{(i, j)} = 4$. Verglichen mit unserem Kandidierenden-bei-Twitter-Netzwerk ($r = 0{,}20$; $t = 0{,}28$; $max\ d_{(i, j)} = 7$) sind die simulierten Graphen also deutlich weniger reziprok, deutlich weniger transitiv und dabei insgesamt engmaschiger miteinander vernetzt. Man könnte auch bestätigend sagen, dass die Parteien in der Tat soziale Struktur im Netzwerk sichtbar gemacht haben.

12.4 Beschreibung und Visualisierung

Nun ließe sich einwenden, dass dafür im Grunde kein CCS nötig war. Schließlich konnte man bereits zu Beginn dieses Kapitels visuell feststellen, dass die Parteien das Netzwerk strukturieren (Abb. 12.2). Doch was im Ergebnis recht deutlich aussieht – nämlich die für die SNA typischen Netzwerkdiagramme – ist für den Computer selbst bereits das Ergebnis größtmöglicher Anstrengung. Denn Netzwerke als Daten zu visualisieren, ist alles andere als banal. Der Computer muss für so eine Abbildung ein Konzept entwickeln, wo er idealerweise welche Gruppen abbildet, damit bei der Betrachtung auch wirklich der Eindruck entsteht, dass beispielsweise SPD-Politiker:innen eher mit SPD-Politiker:innen vernetzt sind. Schon allein dafür benötigt der Computer also die hier kennengelernten Messgrößen der Dichte und Distanz, der Homo- und der Heterophilie.

Es gibt zahlreiche Möglichkeiten, wie diese Messgrößen in konkrete Visualisierungen übertragen werden. Die bekannten Algorithmen sind dabei bemüht, (a) möglichst wenige Knoten überlappend, (b) möglichst wenige Kanten überkreuzt, (c) Knoten mit kurzer Distanz möglichst nah beieinander und/oder (d) zentrale Knoten möglichst mittig darzustellen. Das kommt bereits bei unserem im Grunde überschaubar großen Netzwerk aus rund 1500 Knoten und rund 30.000 Kanten einer Mammutaufgabe gleich: Der Computer muss für jeden Knoten und jede Kante Entscheidungen darüber treffen, wo und wie groß er sie einzeichnen soll. Um hierbei die Anzahl der Möglichkeiten überschaubar zu halten, reduzieren die unterschiedlichen Algorithmen a-priori die Anzahl an Entscheidungen auf Grundlage einer von drei bekannten und unterschiedlichen Prämissen.

Erstens startet der Algorithmus nach Tomihisa Kamada und Satoru Kawai (zwei japanische Informatiker) mit Knotenlängen, die den Gewichten der Knoten entsprechen und optimiert insbesondere auf die gerade kennengelernte Bedingung (c), also darauf, Knoten mit kurzer Distanz möglichst nah beieinander zu belassen und nicht allzu weit von den initialen Knotenlängen abzuweichen. Der Algorithmus ist also bemüht, den Graphen in seinem Geflecht möglichst originalgetreu darzustellen. Dabei nimmt der Algorithmus aber in Kauf, dass sich Kanten überschneiden oder Knoten überlappen. Man bezeichnet diese Art der Visualisierung entsprechend den Kräfteverhältnissen in einem Netzwerkgeflecht auch als „force-based". Unser Kandidierenden-bei-Twitter-Netzwerk haben wir bislang gemäß ihres Geflechts und mithilfe des Algorithmus von Kamada und Kawai dargestellt – sowohl in seiner Gesamtschau (Abb. 12.2), als auch im Berliner Ausschnitt (Abb. 12.3) sowie mit Reduktion auf weibliche Kandidatinnen (Abb. 12.4).

Zweitens verfolgen zirkuläre Visualisierungen einen alternativen Ansatz, in dem alle Knoten entlang eines gedachten Rings abgebildet werden, die Position die Knoten also a-priori bereits grob festgelegt sind. Optional nutzen diese Verfahren außerdem Messgrößen der Ähnlichkeit (z. B. Dice, Jaccard), um die Reihenfolge der dargestellten Knoten entlang der gemeinsamen Kanten zu optimieren. Diese Art der Visualisierung wirkt meist recht aufgeräumt, ist in der Anzahl abzubildender Knoten aber aufgrund der Anordnung als Ring begrenzt. Wollen wir unser Kandidierenden-bei-Twitter-Netzwerk also zirkulär darstellen, so müssen wir die Knoten reduzieren. Beispielhaft visualisieren wir hier deshalb das Berliner Netzwerk als Ring, in dem wir zudem die Knoten nach Parteien sortieren (Abb. 12.5).

Drittens bauen Algorithmen für Baumstrukturvisualisierungen auf Messgrößen identifizierter Gruppen und auf Abhängigkeiten zwischen den Knoten. So lassen sich gerichtete Graphen in Form eines Baums abbilden, an dem Knoten, die sich aufgrund ihrer Nähe gemeinsam abbilden lassen, an einem gemeinsamen Ast hängen. Diese Darstellungsart ergibt nur Sinn, wenn den Knoten tatsächlich eine Art Hierarchie zugrunde gelegt werden kann, denn sie suggeriert optisch eine starke Struktur der Daten. Die Kantenlängen dienen hier rein der Optik, Längen stellen also explizit keine Geflechtstrukturen dar. Und an einen Baum im vegetativen Sinn erinnert die Darstellung oftmals nur bedingt; stattdessen wird die Baumstruktur aus Platzgründen als Ring dargestellt. Für unser Kandidierenden-bei-Twitter-Netzwerk eignet sich diese Visualisierungsart nicht ideal, denn eine wirkliche Hierarchie steckt nicht in diesen Daten. Dennoch visualisieren wir das Berliner Netzwerk hier zur Veranschaulichung und sehen beim Out-Degree eine etwas stärkere Parteistruktur als beim In-Degree (Abb. 12.6).

Generell gilt: Je größer ein Netzwerk, desto ungeeigneter ist es für eine Visualisierung. Der Mehrwert, der sich aus der Abbildung großer Netzwerke ergibt, beschränkt sich meist auf sehr wenige basale Strukturmerkmale, die sich mit wenigen Sätzen mindestens genauso gut hätten erklären lassen. Auch unser Kandidierenden-bei-Twitter-Netzwerk in der Gesamtschau ist im Grunde so ein Fall: Kandidierenden folgen sich bei Twitter im Großen und Ganzen vor allem entlang ihrer Parteigrenzen. Ein Satz, der aus vierzehn Worten besteht und der im Kern denselben Informationsgehalt wie die entsprechende Abbildung (Abb. 12.2) aufweist – die aber mehr Platz, Farbe im Druck und jede Menge Rechenkapazität benötigt.

Das sind Ressourcen, die besser verwendet werden können, indem nicht das Netzwerk selbst, sondern ausgewählte Messgrößen visualisiert werden. Dafür bieten sich ins-

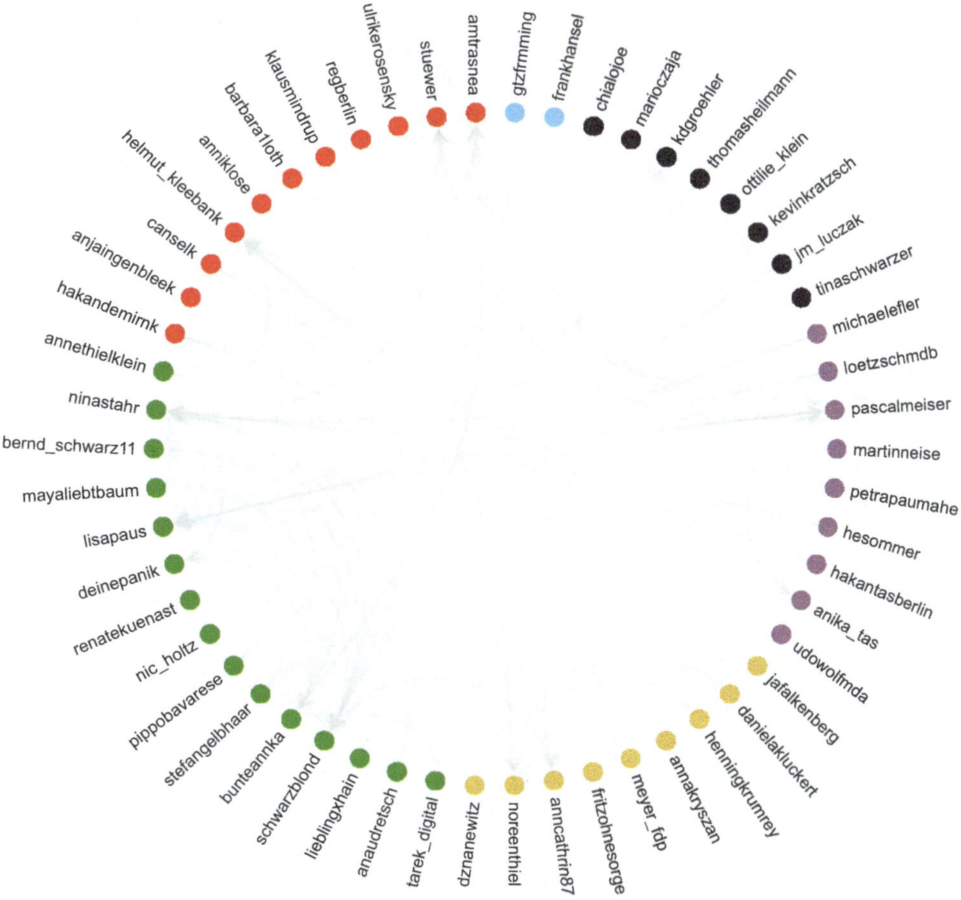

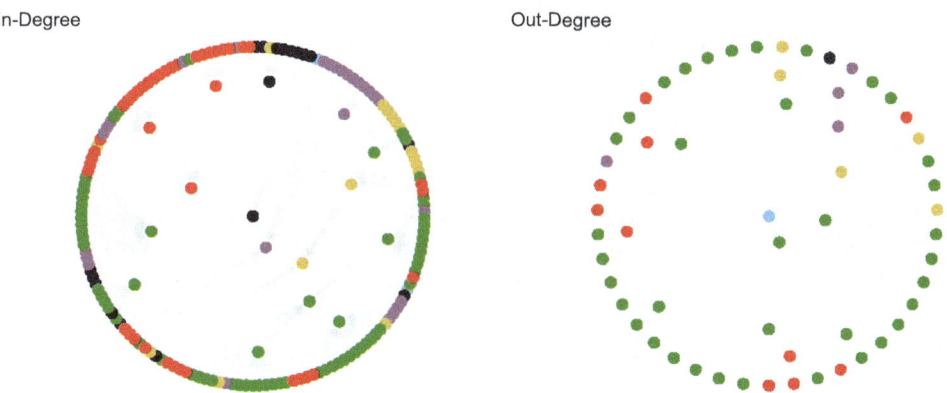

Abb. 12.5 Zirkulär dargestellter Berliner Ausschnitt des Kandidierenden-bei-Twitter-Netzwerks (eigene Darstellung)

In-Degree

Out-Degree

Abb. 12.6 Als Baum zwischen In-Degree (links) und Out-Degree (rechts) dargestellter Berliner Ausschnitt des Kandidierenden-bei-Twitter-Netzwerks (eigene Darstellung)

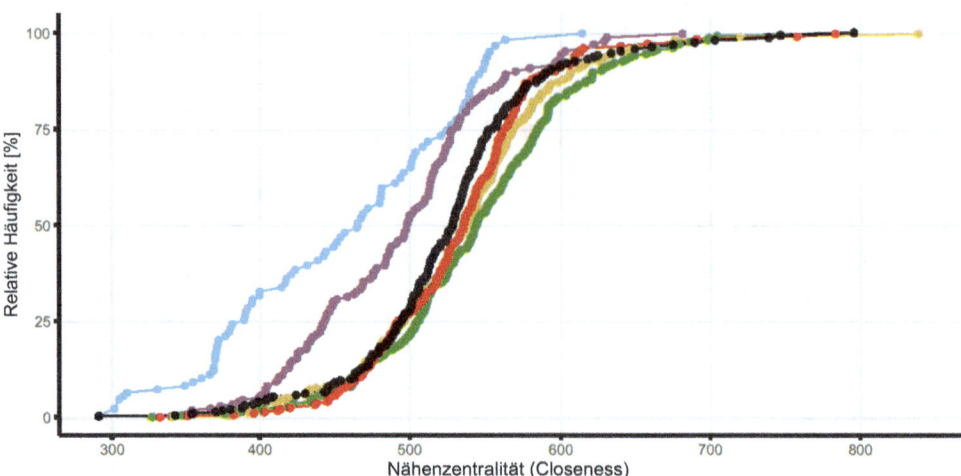

Abb. 12.7 Kumulierte relative Häufigkeiten der Nähenzentralitäten je Partei (eigene Darstellung)

besondere kumulierte relative Häufigkeiten für einzelne Messgrößen und Scatter-Plots für die Relation von zwei Messgrößen an. Welche Messgrößen sich zur Visualisierung eignen, hängt vom entsprechenden Forschungsinteresse ab. Beim Kandidierenden-bei-Twitter-Netzwerk sind wir möglicherweise daran interessiert, wie zentral die Parteien organisiert sind. Dafür könnten wir die Nähenzentralität in den Blick nehmen und als kumulierte relative Häufigkeiten je Partei betrachten (Abb. 12.7). Aus dieser Abbildung lesen wir beispielsweise heraus, dass die Hälfte aller Kandidierenden der Linken eine Nähenzentralität von 500 oder weniger aufweisen. Und wir lesen heraus, dass das nicht besonders viel ist: Lediglich bei der AfD weisen noch mehr Kandidierende eine geringere Nähenzentralität auf. Deutlich zentraler sind hingegen die Kandidierenden der späteren Regierungsparteien, also der SPD, der FDP und der Grünen.

12.5   Rechtliche Grundlagen

Aus rechtlicher Perspektive ist die SNA schnell abgehandelt, da es sich um ein Auswertungsverfahren handelt. Die wesentlichen rechtlichen Aspekte beziehen sich hierbei vielmehr auf die Datenerhebung, die Speicherung und die Weitergabe der Daten.

So stehen bei der Datenerhebung, im betrachteten Beispiel also von Social-Media-Daten über die Twitter-API, erneut Eigentumsrechte und personenbezogene Rechte im Fokus. Gerade bei der Speicherung von Twitter-Handles, durch die sich auch ein Anspruch der dahinterstehenden Personen auf Löschen der Daten ergeben kann, ist im Rahmen des Forschungsinteresses zu klären, ob wirklich die Handles selbst gespeichert werden müssen. Möglicherweise genügen auch hier Pseudonyme, die mit Meta-Informationen angereichert sind. Damit würde auch die Nutzungsbedingung Twitters umgangen, wonach über die API bezogene Daten nicht in dieser Rohform mit anderen geteilt werden dürfen.

12.6   Ethische Prinzipien

Etwas schwieriger als die rechtlichen Grundlagen gestalten sich die ethischen Prinzipien bei der SNA. Hier spielen einerseits Fragen nach den Auswirkungen großer Rechenleistung auf die Umwelt eine Rolle, die wir bereits in Kap. 7 und ergänzend auch in Kap. 11 ausführlicher beleuchten.

Andererseits stehen auch bei der SNA Menschen im Mittelpunkt und es stellen sich insbesondere Fragen nach der Absehbarkeit von Implikationen. Denn wie wir gesehen haben, ergeben sich in der SNA Zusammenhänge aus der Gesamtschau, also mit Blick auf das soziale Gefüge. Daraus leiten wir Annahmen ab oder prüfen Hypothesen. Einzelnen Personen ist es bei einer solchen relationalen Auswertung, die auf der Prämisse aufbaut, dass soziale Konstrukte nicht unabhängig voneinander sind, schlicht unmöglich, einzuschätzen, was mit ihren Daten passiert. Von einer „informierten Einwilligung" kann also im Grunde nicht die Rede sein.

Denn es ist einerseits ein Leichtes, die Daten zu pseudonymisieren und damit von dieser Einwilligung zu lösen. Andererseits ist es durchaus unterschiedlich zu bewerten, ob die Daten retrospektiv für wissenschaftliche Auswertungen verwendet werden, wie das die CCS in aller Regel der Fall ist, oder ob die Daten prospektiv, also beispielsweise als Grundlage für die Klassifizierung von Nutzenden im Rahmen des Microtargeting, Anwendung finden.

12.7   Zwischenfazit und Literaturhinweise

Netzwerke als Daten gehen mit einer Vielzahl an anderswo kaum verwendeten, für die soziale Netzwerkanalyse aber zentralen Begriffen einher: Neben Knoten und Kanten gehören dazu insbesondere die *Zwischenzentralität* (Relevanz von Knoten als Vermittler) und die *Nähenzentralität* (Relevanz von Knoten für direkte Reichweite), das *Degree* (Anzahl Kanten zu einem Knoten), die *Dichte* (Anteil tatsächlicher an möglichen Kanten in einem Netzwerk), die *Reziprozität* (Anteil gespiegelter Kanten in einem gerichteten Netzwerk), die *Transitivität* (Anteil geschlossener an möglichen Dreierkonstellationen), der *Durchmesser* (maximale Ausdehnung eines Netzwerks), *Komponenten* (losgelöste Sub-Graphen) und *Gruppen* (gerade noch so verbundene Sub-Graphen), die *Sortierbarkeit* (Korrelationskoeffizient der Nachbarschaft innerhalb einer Gruppe) und die soziale *Ähnlichkeit* (Menge gemeinsamer Nachbarn zweier Knoten). Um mindestens diese elf

Begriffe ist es schwierig, in der SNA herumzukommen. Sie sind nicht nur für sich, sondern auch für das Verständnis der Analysen sowie weiterführender Konzepte der SNA notwendig.

Für die Analyse selbst bieten sich dann statistische Verfahren der Gruppenvergleiche oder Vergleiche mit simulierten Netzwerken an. Ähnliches gilt für die Visualisierung: Zwar ist die SNA visuell vor allen Dingen für die charakteristischen Netzwerkdarstellungen bekannt, doch diese Art der Visualisierung eignet sich meist nur für kleine Graphen oder Ausschnitte größerer Netzwerke – zumal die Visualisierung selbst sehr ressourcenhungrig bei gleichzeitig oftmals nur geringem informativem Mehrwert daherkommt.

Übungen
Viele der hier kennengelernten Begriffe sind in der Praxis recht einfach nachvollziehbar. Es lohnt sich deshalb umso mehr, hierzu Übungen selbst durchzuführen. Anleitungen und Hilfestellungen finden sich dafür, wie auch Links und Materialien, in den Online-Begleitmaterialien: https://datenfruehstueck.github.io/ccs/

Literaturhinweise
- Adam, S., Häußler, T., Schmid-Petri, H., & Reber, U. (2015). Identifying and analyzing hyperlink issue networks. In G. Vowe & P. Henn (Hrsg.), *Political Communication in the Online World* (S. 233–247). Routledge.
- Borgatti, S. P., Everett, M. G., & Johnson, J. C. (2018). *Analyzing social networks*. Sage.
- McNulty, K. (2022). *Handbook of graphs and networks in people analytics. With examples in R and Python*. Routledge. https://ona-book.org/
- Wasserman, S., & Faust, K. (1994). *Social network analysis: Methods and applications*. University Press. https://doi.org/10.1017/CBO9780511815478

Gruppen und Sequenzen als Daten 13

Nicht alle Daten, die in der CCS auftauchen, lassen sich mit den bekannten analytischen Verfahren der Kommunikationswissenschaft oder den in diesem Lehrbuch bislang vorgestellten Herangehensweisen untersuchen. Insbesondere tauchen immer wieder Daten in Form von Gruppen und Sequenzen auf, mit denen wir bislang nicht umzugehen vermögen. Dem Umgang mit diesen Daten widmet sich dieses Kapitel in vier Teilen. Alle vier Teile bieten jeweils eine Einführung in die zentrale Problemstellung, stellen wesentliche Verfahren kurz vor und diskutieren Mehrwert und Limitationen.

Bei Gruppen als Daten geht es einerseits darum, sehr viele Daten, denen bestimmte Muster innewohnen, in ihrer Komplexität auf wenige Gruppen zu reduzieren. Das kann bei Tracking- oder Social-Media-Daten hilfreich sein. Auch bei Datenspenden kann eine Gruppierung nötig sein. Zu den zentralen Verfahren für diesen Umgang mit Gruppen als abhängige Größe gehört dabei die Clusteranalyse, die wir bereits kurz in Kap. 11 kennengelernt haben. Andererseits geht es bei Gruppen als Daten darum, analytisch mit Gruppen umzugehen, die den Daten innewohnen und die Ergebnisse zu beeinflussen imstande sind. Das ist insbesondere bei relationalen Daten der Fall, also zum Beispiel bei Medieninhalten, die in Redaktionen gruppiert sind, bei Redaktionen, die in Mediensystemen gruppiert sind, oder bei Tracking-Daten, die einzelnen Personen mit individuellen Prädispositionen anhaften. Für diesen Umgang mit Gruppen als unabhängiger Größe bieten sich Verfahren der Mehrebenenmodellierung an.

Bei Sequenzen als Daten geht es zum einen um Längsschnittdaten und Zeitreihen, also um Daten, die mehr als einen Zeitpunkt abbilden. Das kann beispielsweise bei Tracking-Daten oder Datenspenden, bei Input-Output-Daten oder bei simulierten Daten nötig sein. Eine dafür wesentliche Familie analytischer Verfahren ist die Zeitreihenmodellierung. Zum anderen geht es bei Sequenzen als Daten um bedingte Verkettungen, also aufeinander aufbauende Ereignisse. Typisch dafür ist das Surfverhalten, das sich in Tracking-Daten

M. Haim, *Computational Communication Science*, Studienbücher zur Kommunikations- und Medienwissenschaft, https://doi.org/10.1007/978-3-658-40171-9_13

abbilden lässt. Dabei folgt auf den Aufruf einer Suchmaschine mit einer bestimmten Wahrscheinlichkeit der Aufruf einer suchmaschinenoptimierten Nachrichtenseite – eine Sequenz aus verketteten Ereignissen, die einer gewissen Logik folgt. Um diese Logik zu analysieren, dient sich nicht zuletzt das Verfahren sogenannter Markow-Ketten an.

13.1   Gruppen als abhängige Größe

Über den Begriff „big data" haben wir bereits ausführlich in Kap. 1 gesprochen und ihn als Umschreibung für das gesellschaftliche Phänomen verstanden, zunächst möglichst viele Daten anzuhäufen, um erst später Erkenntnisinteresse mit den Daten zu verknüpfen. Ihm wohnt dabei eine gängige Eigenschaft von Daten in der CCS inne – nämlich, dass es sehr viele von ihnen gibt: Tracking-Daten, Social-Media-Daten oder Datenspenden beispielsweise treten oft in Datensätzen mit mehreren Tausend oder gar Millionen von Merkmalsträgern auf. Um in solchen Datenmengen inhaltlich aussagekräftige Strukturen ausmachen zu können, kann es sinnvoll sein, allzu große Datensätze in ihrer Komplexität zu reduzieren.

Eine typische Form der Komplexitätreduktion stellt dabei die Zuordnung von Merkmalsträgern zu Gruppen dar. Aus Millionen von Fällen werden also einige Gruppen, in die sich die einzelnen Fälle zusammenfassen lassen. Die einzige – etwas schwammige – Voraussetzung für die Bildung von Gruppen ist, dass den Daten auch tatsächlich eine bestimmte Gruppenstruktur zugrunde liegt. Denn der Computer wird eine funktionale Lösung finden – ob sie aber sinnvoll ist, das obliegt der Beurteilung durch Forschende. Denn das Ziel der Bildung von Gruppen in großen Datenmengen ist in erster Linie nicht die Inferenz auf eine gewisse Grundgesamtheit, die sich an bekannten statistischen Regeln orientiert, sondern die inhaltlich sinnvolle Beschreibung der vorliegenden Daten.

13.1.1 Grundprinzip Clusteranalyse

Für die Komplexitätsreduktion und die Überführung von Merkmalsträgern in Gruppen bieten sich zahlreiche Verfahren an. In der Informatik und der CCS ist dabei insbesondere die Clusteranalyse von großer Bedeutung. Sie zeichnet sich durch eine Mischung aus induktiver (also datengeleiteter oder von der Empirie ausgehender) und explorativer (also inspizierender oder untersuchender) Herangehensweise aus, die das Ziel hat, Merkmalsträger in Gruppen zu überführen, die in sich möglichst homogen, dabei aber möglichst unterschiedlich gegenüber anderen Gruppen sind.

Eine eindeutige Definition eines Clusters existiert nicht. Entsprechend haben sich im Laufe der Zeit zahlreiche Algorithmen für die Clusteranalyse herausgebildet. Sie bauen auf unterschiedliche statistische Annahmen auf und ermöglichen unterschiedliche Justierungen der einzelnen Cluster.

Dabei können Algorithmen der Clusteranalyse hierarchisch oder nicht-hierarchisch aufgebaut sein. Nicht-hierarchische Algorithmen benötigen als Ausgangsgröße die Anzahl angestrebter Cluster. Anschließend suchen sie iterativ nach einer möglichst optimalen Lösung, bei der die Merkmalsträger je Cluster so homogen wie möglich, die Cluster untereinander aber so unterschiedlich wie möglich sind. Einer der bekanntesten nicht-hierarchischen Clusteralgorithmen ist der k-means-Algorithmus, den wir bereits in Kap. 11 kennengelernt haben. Hierarchische Algorithmen hingegen kommen ohne a-priori spezifizierte Clusterzahl aus, sondern arbeiten sich von Merkmalsträger zu Merkmalsträger, um dabei verschiedene aufeinander aufbauende – hierarchisch angeordnete – Clusterlösungen zu generieren. Die Wahl der optimalen Lösung erfolgt dann a-posteriori durch Forschende.

Algorithmen der hierarchischen Clusteranalyse lassen sich weiter unterteilen in divisive und agglomerative Verfahren. Divisive Verfahren starten mit einer Clusterlösung aus einem sehr großen Cluster, der alle Merkmalsträger umfasst. Darin wird jener Merkmalsträger gesucht, der die größte Distanz zu den anderen Merkmalsträgern aufweist. Dieser Merkmalsträger bildet in der nächsten Iteration seinen eigenen Cluster, sodass anschließend unter den verbleibenden Merkmalsträgern der nächste mit der größten Distanz zu anderen Merkmalsträgern desselben Clusters identifiziert und aus dem Cluster herausgelöst werden kann. So arbeiten sich divisive hierarchische Verfahren nach und nach zu einer Clusterlösung vor, bei der jeder Merkmalsträger einen eigenen Cluster bildet. Man könnte divisive Verfahren also auch als Top-Down-Verfahren bezeichnen.

Agglomerative Verfahren gehen den umgekehrten Weg, beginnen also mit einer Clusterlösung, in der die Anzahl der Cluster der Anzahl aller Merkmalsträger entspricht. Anschließend suchen sie beispielsweise nach der ähnlichsten Kombination von zwei Merkmalsträgern, um sie in einem gemeinsamen Cluster zu vereinen. Diese Iteration wiederholt sich, bis agglomerative Verfahren eine Clusterlösung erreichen, die aus genau einem großen Cluster besteht. Agglomerative Verfahren werden entsprechend auch als Bottom-Up-Verfahren der Clusteranalyse bezeichnet.

Sowohl divisive als auch agglomerative Verfahren sind entsprechend darauf angewiesen, Ähnlichkeiten und Distanzen zu berechnen. Diese Berechnungen sind nötig für Vergleiche zwischen einzelnen Merkmalsträgern, zwischen aggregierten Clusternzentren sowie zwischen einzelnen Merkmalsträgern und aggregierten Clusterzentren. Passende Ähnlichkeits- und Distanzmaße haben wir bereits an unterschiedlichen Stellen kennengelernt, etwa in Kap. 9 oder in Kap. 12. Entsprechend bekannt sind der Dice-Koeffizient, der Jaccard-Index oder die euklidische Distanz.

Zu den hierarchischen und den nicht-hierarchischen Verfahren gesellen sich immer wieder auch andere Verfahren, die Merkmalsträger als Vektoren in einem Vektorraum verorten oder die manifeste Merkmale zunächst in einer Zwischenschicht zusammenfassen, bevor sie mit der Komplexitätsreduktion durch Gruppierung beginnen. Gerade letztgenannte Verfahren, die also manifeste Merkmale vor der Clusterung über Zwischenschichten in latente Konstrukte zusammenfassen, erfahren in der CCS seit einigen Jahren unter dem Dach der latenten Clusteranalyse großen Zulauf. Ein zentraler Grund dafür ist die hohe Zuverlässigkeit und Genauigkeit dieser Verfahren, was aber zulasten der Nach-vollziehbarkeit und der benötigten Ressourcen gehen kann.

Doch egal, welches Verfahren im Detail zum Einsatz kommt: Am Ende ihrer Optimie-rung stehen bei allen genannten Algorithmen mehrere unterschiedliche Clusterlösungen, die Forschende bewerten und vergleichen müssen. Dafür dienen sich insbesondere drei Werkzeuge der Bewertung an: Dendrogramme, das Ellbogen-Kriterium und die Dar-stellung sogenannter Silhouetten (Abb. 13.1).

Dendrogramme bilden den Iterationsprozess hierarchischer Clusterverfahren ab. Aus ihnen ist ablesbar, welche Merkmalsträger zunächst zu Clustern zusammengeschlossen wurden, bevor diese Cluster wiederum in größere Cluster überführt wurden. Dendro-gramme bieten so einen grafischen Anhaltspunkt darüber, aus wie vielen Clustern eine optimale Clusterlösung bestehen kann.

Das Ellbogen-Kriterium baut zunächst auf einem Liniendiagramm auf, das als Ko-ordinatensystem die unterschiedlichen Clusterlösungen auf der Abszisse („X-Achse") und die jeweils dadurch erklärte Varianz auf der Ordinate („Y-Achse") abbildet. Eine Ent-scheidungshilfe für das Finden der optimalen Clusterlösung kann nun sein, jene Cluster-lösung zu finden, nach der der Zuwachs erklärter Varianz nicht mehr im Verhältnis zur thereotischen Begründbarkeit zusätzlicher Cluster steht. Mit viel Fantasie sucht man also optisch nach jenem Ellbogen, der einen steil ansteigenden Unterarm von einem flachen Oberarm trennt – oder so ähnlich.

Schließlich versuchen Silhouetten, die Cluster-interne Kohäsion und die Cluster-externe Distinktion unter einen Hut zu bringen. Das kann entweder in grafischer Form erfolgen, wobei die dargestellten Merkmalsträger innerhalb eines Clusters möglichst ähn-lich und die unterschiedlichen Cluster möglichst unähnlich ausgeprägt sein sollten. Es kann aber auch als Maß erfolgen, insofern der Silhouette-Koeffizient die Distanz zwischen Mermkalsträgern desselben Clusters der Distanz zwischen Merkmalsträgern unterschied-licher Cluster gegenüberstellt. Der Koeffizient nimmt dann Werte zwischen 0 und 1 an, wobei höhere Werte für stärkere Strukturierung der Daten durch die vorliegende Cluster-lösung stehen. Für die Suche nach der optimalen Clusterlösung können also Silhouetten unterschiedlicher Lösungen miteinander verglichen werden.

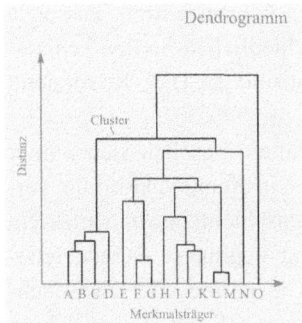 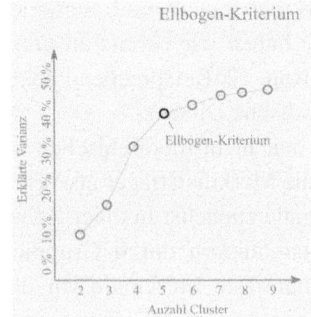 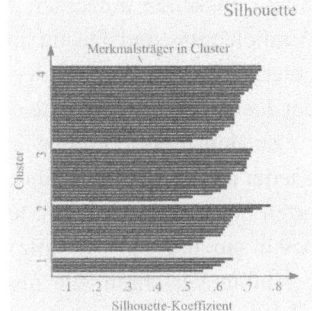

Abb. 13.1 Exemplarische Werkzeuge der Clustervalidierung (eigene Darstellung)

13.1.2 Beispiel Inhaltliche Muster

Um das Prinzip der Clusteranalyse zu veranschaulichen, betrachten wir eine Studie von Lena Frischlich (2021). Sie geht darin der Frage nach, inwiefern extremistische Influencer:innen in ihren Social-Media-Posts auf (im eudaimonischen Sinn) sinnvolle und bewegende, gehaltvolle und den sozialen Zusammenhalt stärkende Erfahrungen ihrer Rezipierenden abheben. Dafür unterzog sie zunächst Instagram-Posts islamistischer Influencer:innen einer manuellen Inhaltsanalyse und codierte dabei etwa, welche textuellen und visuellen Merkmale ein Post aufwies, ob Bezüge zur Religion, zu Gewalt oder Propaganda sowie zum sinnvollen und bewegenden Unterhaltungserleben hergestellt wurden. Das Ergebnis ihrer manuellen Inhaltsanalyse diente dann als Ausgangspunkt für eine hierarchische Clusteranalyse.

Aufgrund der unterschiedlich häufig auftretenden Merkmale und um letztlich eine Clusterlösung zu erhalten, bei der die Cluster jeweils ähnlich viele Merkmalsträger auf sich vereinen, nutzt Frischlich als Distanzmaß den Gower-Koeffizienten (benannt nach dem englischen Mathematiker John Gower). Ferner vergleicht sie die beiden vorgestellten Verfahrensansätze, führt also sowohl eine divisive als auch eine agglomerative Clusteranalyse durch.

Die Betrachtung des Ellbogen-Kriteriums sowie der Silhouetten beider Verfahren deuten für das divisive Verfahren übereinstimmend eine Clusterlösung mit insgesamt fünf Clustern als Repräsentation der Daten an. Die agglomerative Clusteranalyse kommt auf Basis der vorliegenden Daten zu einer optimalen Lösung mit vier Clustern. Da die vier Cluster des agglomerativen Verfahrens jeweils eine ähnliche Anzahl an Merkmalsträger auf sich vereinen und auch die explorativ-qualitative Inspektion der jeweiligen Merkmalsträger inhaltlich sinnvoll erscheint, entscheidet sich Frischlich schließlich für die hierarchisch-agglomerative Vier-Cluster-Lösung.

Im weiteren Verlauf der Studie werden die vier Cluster genauer vorgestellt und die darin jeweils vereinten Merkmalsträger deskriptiv beschrieben. Sie umfassen (1) Posts mit stark konservativen Inhalten, die außerdem von Propaganda und Religion geprägt sind, (2) romantisierende Darstellungsweisen, (3) radikale Anweisungen sowie (4) Aufrufe zu Gewalt. Letztlich dienen die vier Cluster als Grundlage für den zweiten Teil der Analyse, einer Beschreibung der Reaktionen auf die Posts der jeweiligen Cluster anhand von ergänzenden Social-Media-Daten.

13.1.3 Mehrwert und Limitationen

Clusteranalysen – oder größer gefasst: die Aggregierung von Merkmalsträgern in Gruppen – erlauben eine gröbere Betrachtung des Untersuchungsgegenstands. Sie ermöglichen es, viele Daten anhand ausgewählter Merkmale zusammenzufassen und fortan im Kollektiv zu beschreiben. Kurzum: Sie reduzieren Komplexität. So ermöglichen sie – oder verführen sogar dazu –, griffigere Beschreibungen zu verwenden. Das ist sicherlich dem Leseverständnis zuträglich, zumal Menschen gerne in Kategorien und Schemata denken.

Gleichzeitig werden Clusteranalysen dadurch niemals mehr dem einzelnen Merkmalsträger gerecht. Alle Merkmale, die in die Clusteranalyse fließen, gehen fortan in gröberen Betrachtungen auf. Je nach Forschungsinteresse und Anwendungsfall kann das gewünscht sein – oder eben nicht. Und je nach Forschungsinteresse und Anwendungsfall trägt auch die genaue Wahl des Verfahrens und des Clusteralgorithmus dazu bei, wie stark die Komplexitätsreduktion ausfällt.

Die Verfahrensvielfalt von Clusteranalysen ist dabei zunächst überwältigend. Doch diese Vielfalt erlaubt eben auch (wie bei Frischlich), bereits mit vergleichsweise wenig Daten Cluster zu bilden. Gerade die hierarchischen und nicht-hierarchischen Verfahren kommen zudem mit wenig informatischen Ressourcen aus. Dafür ist für viele Clusterverfahren ein einheitliches Skalenniveau der eingesetzten Merkmale Voraussetzung.

Wichtig für die belastbare Extraktion von Gruppen aus Daten ist außerdem ein sorgfältiger Umgang mit fehlenden Werten. Denn allzu viele oder gar systematisch fehlende Werte führen in der Regel zu Clustern, die vor allem Merkmalsträger mit fehlenden Werten auf sich vereinen. Das aber ist selten im Interesse der Forschenden. Um dem zu begegnen, bietet es sich deshalb an, (1) Fälle mit fehlenden Werten auszuschließen, (2) fehlende Werte zu imputieren, also beispielsweise durch den Mittelwert des Merkmals aller anderen Merkmalsträger zu ersetzen, oder (3) Clusterverfahren zu nutzen, die mit fehlenden Werten dem jeweiligen Forschungsinteresse angemessen umzugehen wissen.

13.2 Gruppen als unabhängige Größe

Gruppen können dabei nicht nur als abhängige Größe, also als komplexitätsreduziertes Ziel eines Forschungsvorhabens, sondern auch als unabhängige Größe, also als Ausgangspunkt in den Daten, vorliegen. Das ist vor allem in relationalen Daten der Fall, wie sie nicht selten bei Medieninhalten oder Tracking-Daten auftauchen. Nehmen wir als Beispiel an, die Tendenziösität der medialen Berichterstattung um den Pianisten Igor Levit untersuchen zu wollen, der sich im Laufe der Corona-Pandemie auch als politischer Aktivist hervorgetan hat. Man könnte daraus die Vermutung ableiten, dass je nach Medium das Wohlwollen gegenüber seiner Musik aufgrund seines politischen Engagements mit der Zeit etwas zugenommen hat oder etwas abgeklungen ist. Wir untersuchen also mediale Berichterstattung über Igor Levit in verschiedenen Medien im Laufe der Zeit. Allerdings, und hier kommt nun die Relationalität der Daten ins Spiel, müssen wir dabei davon ausgehen, dass eine eventuelle Verschiebung der Tendenziösität in den Beiträgen von „crescendo" (eine Zeitschrift für klassische Musik) einem anderen Muster folgt als eine eventuelle Verschiebung der Tendenziösität in den Beiträgen in „Rondo" (auch eine solche Zeitschrift). Während wir also als Analyseeinheit einzelne Beiträge untersuchen, besteht der gesuchte Unterschied eigentlich in der zugehörigen Redaktion. Die Daten sind also verschachtelt – im konkreten Fall sind journalistische Beiträge in Redaktionen verschachtelt.

Dabei handelt es sich um eine Verschachtelung, die es analytisch zu beachten gilt. Denn bei der Suche nach Einflüssen von unabhängigen Variablen auf eine abhängige Variable ist eine der Grundvoraussetzungen die Unabhängigkeit der Residuen, also der Abweichungen der tatsächlichen Merkmalsträger von den modellierten Werten. Gehören nun aber einige Artikel zu einer und die restlichen Artikel zu einer anderen Redaktion, so müssen wir bei der Betrachtung redaktionellen Einflusses davon ausgehen, dass die Residuen nicht unabhängig voneinander sind. Vielmehr werden sich die Residuen der einen Redaktion systematisch ähneln und die Residuen der anderen Redaktion werden sich ebenfalls systematisch ähneln.

Eine einfache Form dieser analytischen Beachtung wäre es nun, die Auswertung zweimal durchzuführen: einmal für „crescendo" und einmal für „Rondo". Wir würden dann vielleicht herausfinden, dass das Lob auf Levits Musik in „crescendo" im Laufe der Zeit und parallel zu seinem politischen Engagement abgenommen hat, während es in „Rondo" im Großen und Ganzen gleichblieb. Aber wir würden nicht herausfinden, welche der beiden Redaktionen stärkeren Einfluss auf die tendenziöse Berichterstattung genommen hat – denn wir wenden kein analytisches Verfahren für den direkten Vergleich an. Und wenn wir neben „crescendo" und „Rondo" auch noch „audiophil", „concerti" und „PianoNEWS" in die Analyse aufnehmen wollen, dann wird unsere separate Betrachtung zunehmend unübersichtlich. Es zeigt sich, dass die Betrachtung von Gruppen als unabhängige Größe kein Nebenprodukt oder eine optionale Ergänzung darstellt; vielmehr ist die Betrachtung von Gruppen als unabhängige Größe üblicherweise bereits im Forschungsinteresse angelegt.

13.2.1 Grundprinzip Mehrebenenmodellierung

Spätestens hier bieten sich Verfahren der Mehrebenenmodellierung an. Dabei geht es im Kern darum, die eigentliche Analyse, in unserem Beispiel also den Einfluss der Zeit auf die Tendenziösität in der Berichterstattung, um einen analytischen Rahmen zu erweitern. Diesen Rahmen bildet die den Daten innewohnende Gruppierung, wobei jede Gruppe jeweils mehrere Analyseeinheiten umfasst. In unserem Fall umfassen also einige wenige Redaktionen jeweils mehrere journalistische Beiträge und der Einfluss der Redaktionen ist es, den wir als analytischen Rahmen berücksichtigen wollen.

Statistisch gesprochen kann man sich die Mehrebenenmodellierung zunächst wie eine einfache lineare Regression vorstellen. Dabei suchen wir nach einem linearen Modell, das eine bestimmte Steigung aufweist und das am Nullpunkt der Abszisse („X-Achse") an einer bestimmten Stelle die Ordinate („Y-Achse") kreuzt. Diesen Kreuzungspunkt mit der Ordinate nennt man auch Achsenabschnitt. Bei der einfachen linearen Regression suchen wir iterativ nach einem Achsenabschnitt und einer Steigung, die ein optimales Modell, also eine optimale Regressionsgerade, beschreiben, wobei „optimal" hier bedeutet, dass die Summe der Abstände der einzelnen Merkmalsträger vom linearen Modell möglichst gering sein soll (Abb. 13.2 mittig).

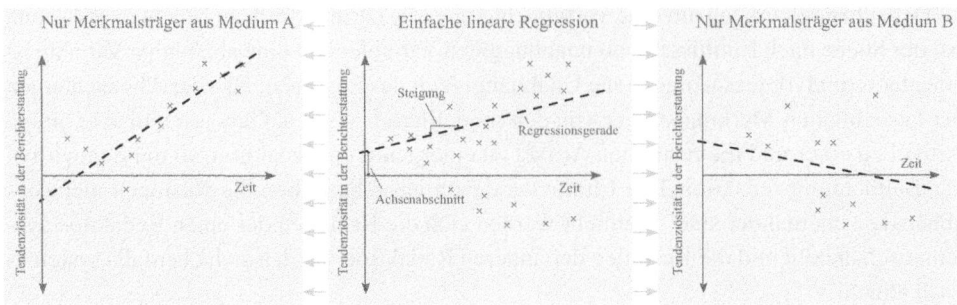

Abb. 13.2 Exemplarische Darstellung linearer Regression unterschiedlicher Gruppen (eigene Darstellung)

Betrachten wir in unserem Gedankenexperiment nur ausgewählte Merkmalsträger, also beispielsweise nur jene journalistischen Beiträge, die entweder in „crescendo" oder in „Rondo" erschienen sind, so stellt sich die Entwicklung der Tendenziösität in der Berichterstattung über die Zeit möglicherweise ganz anders dar. Möglicherweise nimmt die positive Berichterstattung aufgrund der künstlerischen Entwicklung von Igor Levit sogar deutlich Fahrt auf (Abb. 13.2 links). Oder die Berichterstattung im Zeitverlauf lässt sich als Trend zu einer negativen Tendenziösität beschreiben (Abb. 13.2 rechts).

Diese systematischen Trends stecken nicht in der grundlegend analysierten Ebene der Merkmalsträger, also nicht in den journalistischen Artikeln, sondern sie stecken in der darüber liegenden Ebene der Redaktionen. In der Mehrebenenmodellierung spricht man auch von der grundlegenden Ebene 1 und der darüber gruppierenden Ebene 2. Prinzipiell sind auch weitere Ebenen möglich, zum Beispiel wenn wir die Berichterstattung in unterschiedlichen Ländern analysieren und davon ausgehen (müssen), dass auch das Land als gruppierende Größe der Redaktionen einen Einfluss auf unsere Auswertung nimmt.

Um nun die Mehrebenenabhängigkeit der Daten statistisch zu modellieren, betrachten wir zunächst die zentrale Formel der einfachen linearen Regression. Sie setzt sich aus dem Achsenabschnitt a und der Steigung b sowie der entsprechenden abhängigen Variable (y; hier: Tendenziösität in der Berichterstattung) und unabhängigen Variable (x; hier: Zeit) zusammen. Außerdem wird ein Fehlerterm e (engl. error) ergänzt, der die Abweichung eines Merkmalsträgers von der Regressionsgerade erfasst. Das kleine i bei einigen Variablen zeigt an, dass diese Variablen sich jeweils auf einzelne Merkmalsträger (den i-ten Merkmalsträger) beziehen, während Variablen ohne i als Konstanten über alle Merkmalsträger betrachtet werden.

$$y_i = a + b \times x_i + e_i$$

Die hier beschriebene Regressionsgerade schneidet also bei a die Ordinate und folgt einer Steigung von b. Um die Tendenziösität in der Berichterstattung für einen bestimmten Merkmalsträger (i) zu bestimmen, um also y_i zu berechnen, wird dem Achsenabschnitt die Steigung, die mit dem Erscheinungstermin desselben Merkmalsträgers (x_i) multipliziert wurde, und die jeweilige Fehlergröße (e_i) addiert. So weit, so (hoffentlich) bekannt.

Kernidee der Mehrebenenmodellierung ist nun, die zentralen Konstanten der Regressionsgerade, also den Achsenabschnitt a und die Steigung b, eben nicht als feste Konstanten, sondern als dynamische Funktionen zu begreifen. Aus a und b werden also Funktionen, die eine gruppenabhängige Betrachtung erlauben und die jeweilige Abweichung eines Merkmalträgers sowohl von der allgemeinen Regressionsgerade auf Ebene 1 (Abb. 13.2 mittig) als auch von der jeweils zugehörigen Gruppenregressionsgerade auf Ebene 2 (Abb. 13.2 links und rechts) begreifen. In der Mehrebenenmodellierung ist dabei auch von einer Abweichung unterschiedlicher Zentrierungen die Rede, insofern Merkmalsträger entweder vom großen Ganzen (engl. grand mean) oder vom Aggregat der jeweiligen Gruppe (engl. group mean) ausgehend betrachtet werden können. Auf unser Beispiel übertragen: Abhängig davon, aus welchem Medium ein Beitrag stammt, sollten der Achsenabschnitt und/oder die Steigung anders ausfallen.

Bei dieser Flexiblisierung von Achsenabschnitt und Steigung sind drei Herangehensweisen zu unterscheiden. Erstens kann auf eine Flexibilisierung der Steigung verzichtet werden und nur ein gruppenabhängiger Achsenabschnitt a (engl. intercept) in Betracht gezogen werden. Solche Modelle werden Random-Intercept-Modelle genannt. Zweitens kann auf die Flexibilisierung des Achsenabschnitts verzichtet werden und nur eine gruppenabhängige Steigung b (engl. slope) in Betracht gezogen werden. Wenig überraschend heißen solche Modelle Random-Slope-Modelle. Und drittens lassen sich beide Flexibilisierungsschritte kombinieren, in sogenannten Random-Intercept-and-Slope-Modellen.

In weiterer Folge lassen sich in die Flexibilisierung von Achsenabschnitt und Steigung bei Mehrebenenmodellen auch zusätzliche unabhängige Variablen einbauen. So ist es möglich, die Steigung auf Ebene 2 nicht nur zufällig über die Gruppen hinweg variieren zu lassen, sondern beispielsweise einen zusätzlichen Einfluss der politischen Ausrichtung der Redaktion als unabhängige Größe auf Ebene 2 einzubeziehen. Mehrebenenmodelle setzen sich häufig aus unabhängigen Einflüssen aus den verschiedenen Ebenen zusammen.

Darüber hinaus existiert eine Vielzahl weiterer Modellierungsverfahren, etwa zum Grad der jeweiligen Flexibilisierung oder zur Interaktion der einzelnen Parameter über die verschiedenen Ebenen hinweg. Ferner ist es – wie auch bei der einfachen Regression – möglich, Zusammenhänge nicht nur linear zu modellieren. Der Zusammenhang zwischen unabhängigen Variablen und abhängiger Größe könnte beispielsweise auch einer U-Form oder einem exponentiellen Wachstum folgen.

Ein typisches Vorgehen bei der Mehrebenenmodellierung sieht dann vor, mehrere Modelle zu erstellen. Die Modelle unterscheiden sich in ihrer Komplexität, also darin, welche unabhängigen Variablen berücksichtigt werden. Üblich ist, die Variablen entweder einzeln oder je Ebene in die Modellierung einzufügen. Jedes Modell kann dann mit den anderen Modellen verglichen werden – ganz ähnlich, wie das auch bei linearen Regressionen gelegentlich gemacht wird.

Für den Vergleich der Modelle bieten sich zahlreiche Gütekriterien an, wobei insbesondere drei Kriterien den De-facto-Standard bilden: (1) Die Varianz in der unabhängigen Variable, die durch das Modell in der jeweiligen Gruppierung (engl. within variance) sowie durch das Modell als Ganzes über die jeweiligen Ebenen (engl. between variance) erklärt wird. Diese erklärte Varianz wird mit R^2 abgekürzt. Hinzu kommt die sogenannte Intraklassenkorrelation (engl. intra-class correlation; kurz ICC) als Anteil der erklärten Varianz der Ebenen (between variance) an der gesamten Varianz. Die Intraklassenkorrelation gibt also an, wie viel der gesamten Varianz durch die Berücksichtigung der Gruppen erklärt werden konnte. (2) Das Akaike Information Criterion (kurz: AIC; benannt nach dem japanischen Statistiker Hirotsugu Akaike) setzt die Menge geschätzter Parameter zur Summe der Residuen, also der Abweichungen der Merkmalsträger von den Regressionsgeraden, ins Verhältnis. Das AIC berechnet also, wie gut ein Modell die Daten beschreibt, und bemängelt dabei, wenn das Modell allzu viele Parameter schätzen muss. Je geringer das AIC, desto besser das Modell. (3) Das Bayesian Information Criterion (kurz: BIC; benannt nach dem britischen Mathematiker Thomas Bayes, den wir bereits in Kap. 10 kennengelernt haben) funktioniert im Grunde wie das AIC, berücksichtigt aber außerdem die Anzahl an Gruppen. Typischerweise werden AIC und BIC gemeinsam berichtet und interpretiert, da sie sich nur in Nuancen voneinander unterscheiden.

13.2.2 Beispiel Mediensystemeinflüsse

Um das Prinzip der Mehrebenenmodellierung zu veranschaulichen, betrachten wir eine Studie von Melanie Magin und Stefan Geiß (2019). Sie interessieren sich für den politischen und kommerziellen Einfluss auf politische Berichterstattung in unterschiedlichen Mediensystemen. Konkret gehen sie der Frage nach, welchen Einfluss strukturelle Rahmenbedingungen der Meso- und Makro-Ebene auf die Wahlberichterstattung haben. Denn Wahlberichterstattung hat sich deutlich verändert – von einer Parteienpresse hin zu unabhängiger Berichterstattung, von nüchterner Wahlkampfbegleitung zu medial inszenierter Kampagnenberichterstattung, von finanziell abgesicherten zu ums Überleben kämpfenden Redaktionen.

Dafür betrachten Magin und Geiß ausgewählte Wahlberichterstattung der vergangenen sechs Jahrzehnte aus sechs Redaktionen in zwei Ländern. Das klingt komplex und in der Tat sind hier, analytisch betrachtet, sehr unterschiedliche Einflüsse beteiligt: Wahlberichterstattung an und für sich, eine zeitliche Entwicklung über 60 Jahre sowie zentrale Unterschiede zwischen den Ländern, die sich in der Ausgestaltung der jeweiligen Mediensysteme manifestieren. Und natürlich unterscheiden sich auch die Redaktionen ganz maßgeblich voneinander.

Entsprechend modellieren die beiden ein Mehrebenenmodell auf vier Ebenen. Auf Ebene 1, gewissermaßen ganz unten, finden sich 8076 journalistische Beiträge, die etwa auf darin enthaltene bewertende Einschätzungen inhaltsanalysiert wurden. Auf Ebene 2 werden die journalistischen Beiträge in sechs Redaktionen (vier aus Deutschland und zwei aus Österreich) eingruppiert. Jede Redaktion wurde dabei ergänzt um ihre Reichweite und politische Ausrichtung. Diese Beiträge aus ihren Redaktionen werden auf Ebene 3 in die zwei Länder und damit in die zwei unterschiedlichen Mediensysteme verschachtelt, wobei den Mediensystemen wiederum zugeschrieben wurde, ob sie über einen Presserat verfügen, wie umkämpft der Medienmarkt ist oder wie nahe sich Journalismus und Politik in diesem System stehen. Zuletzt sind die Länder noch in 17 zeitliche Epochen eingeteilt, um der politischen und gesellschaftlichen Entwicklung der vergangenen 60 Jahre gerecht zu werden. Die Epochen bilden Wahlperioden ab und wurden nicht um zusätzliche unabhängige Variablen erweitert.

Für die eigentliche Modellierung entwerfen Magin und Geiß acht verschiedene Modelle. Alle acht Modelle sind dabei auf allen oberen Ebenen lediglich in ihrem Achsenabschnitt flexibel gehalten. Es handelt sich also um Random-Intercept-Modelle, die generell davon ausgehen, dass die Steigung der Regressionsgeraden in allen Gruppen identisch ist. Das mag in der analysierten Realität nicht zwangsläufig zutreffen, nimmt aber zumindest einen unbekannten Parameter aus der Modellierung, was die Auswertung für den Computer und die Interpretation für Forschende ein wenig leichter macht. Die acht Modelle unterscheiden sich dann darin, welche der unabhängigen Größen einbezogen sind. Schritt für Schritt werden also die Variablen auf den einzelnen Ebenen ergänzt und die Gütekriterien der Modelle, insbesondere also die erklärte Varianz, AIC und BIC, verglichen. Die Intraklassenkorrelation ICC beträgt dabei für das gesamte Modell .06 – die ganze Betrachtung der Artikel in Gruppen als unabhängige Größe hat also zu sechs Prozent Varianzaufklärung beigetragen.

Letztlich lässt sich feststellen, dass Ebene 4, also die zeitliche Entwicklung, keinen nennenswerten singulären Einfluss auf die Artikel in Ebene 1 hat. Und auch die Gruppierung in Länder auf Ebene 3 vermag die – durchaus vorhandenen – Unterschiede in der Berichterstattung nicht singulär zu erklären. Stattdessen zeigt sich von Ebene 2, also der integrierten Gruppierung einer Redaktion in einem Land in einer bestimmten zeitlichen Epoche, ein systematischer struktureller Einfluss auf die Berichterstattung. Die Wahlberichterstattung lässt sich durch die politische Ausrichtung einer Redaktion und ihre Position im Medienmarkt vergleichsweise gut erklären.

Insgesamt muss aber auch festgestellt werden, dass die Menge erklärter Varianz in keinem der Modelle sonderlich groß ist. Es gibt also sicherlich weitere Einflussgrößen, die in der Studie keine Berücksichtigung fanden. Und dennoch bietet sich die Studie und insbesondere das darin angewandte Mehrebenenmodell hervorragend als Grundlage methodischer Empfehlungen für zukünftige Forschung an: Auf die singuläre Betrachtung zeitlicher Entwicklungen wie auch auf die singuläre Betrachtung von Länderunterschieden kann künftig verzichtet werden.

13.2.3 Mehrwert und Limitationen

Zahlreiche Fragestellungen in der Kommunikationswissenschaft sind bei der Suche nach Einflüssen gruppenabhängig. Das ist sowohl inhaltlich als auch analytisch eine Herausforderung: Inhaltlich lassen sich Einflüsse bei einer allgemeinen Betrachtung nicht auf Gruppen zurückführen, sodass mitunter fälschlicherweise davon ausgegangen wird, dass ein genereller, aber schwacher Zusammenhang besteht – obschon möglicherweise in Gruppe A gar kein und in Gruppe B ein starker Zusammenhang herrscht. So entstehen inhaltliche Missinterpretationen. Analytisch ist die allgemeine Betrachtung von eigentlich gruppenabhängigen Zusammenhängen sogar mehr als nur irreführend. Denn wenn als voneinander unabhängig betrachtete Variablen eigentlich systematisch miteinander einhergehen, sind die statistischen Ergebnisse schlicht falsch und damit unbrauchbar.

Die Betrachtung von Gruppen als unabhängige Größe bei entsprechenden Fragestellungen ist im Kern also unabdingbar. Doch diese Art der Betrachtung schafft den Sprung in den analytischen Kanon der CCS nur langsam. Das liegt wohl an der etwas komplexeren Herangehensweise und wahrscheinlich auch an der entsprechend benötigten Stichprobengröße. Denn wie wir in der Studie von Magin und Geiß gesehen haben, brauchen Mehrebenenmodelle verhältnismäßig viele Daten, um in allen entsprechenden Gruppen genügend Fälle zur Schätzung einer Regressionsgeraden zu haben. Einschätzungen darüber, wie viele Daten auch genügend Daten darstellen, sind schwierig. Eine grobe Faustregel für ein Minimum an Daten, also um eine Unterspezifizierung der Modelle (engl. underfitting) zu vermeiden, bietet für lineare Modelle der zentrale Grenzwertsatz: Demnach sollten in allen betrachteten Gruppen mindestens 30 Fälle vorliegen. Bei Magin und Geiß sind das bei 17 Epochen, 2 Ländern und 6 Redaktionen also $17 \times 2 \times 6 = 204$ Gruppen und damit mindestens 6120 Fälle (zur Erinnerung: in der Studie wurden letztlich 8076 journalistische Beiträge betrachtet). Zu viele Daten gibt es für die Mehrebenenmodellierung kaum; dennoch helfen hier AIC und BIC, die durch ihre Berücksichtigung der verwendeten Parameter auf eine allzu starke Überspezifizierung (engl. overfitting) hinweisen.

13.3   Zeitliche Sequenzen

Immer wieder haben wir es in der CCS mit Längsschnittdaten und Zeitreihen zu tun, etwa bei Tracking-Daten oder bei Datenspenden. Längsschnittdaten und Zeitreihen sind Daten, die mehr als einen Zeitpunkt abbilden. In Tracking-Daten und Datenspenden stecken also beispielsweise Webseitenaufrufe oder Likes zu vielen verschiedenen Zeitpunkten. Auch in Input-Output-Daten oder in simulierten Daten können baugleiche Informationen zu vielen verschiedenen Zeitpunkten gespeichert sein. Sind wir in solchen Daten beispielsweise daran interessiert, ob der Anteil an Nachrichteninhalten bei den Webseitenaufrufen im Zeitverlauf zugenommen hat, so haben wir es mit analytischen Fragestellungen nach zeitlichen Sequenzen zu tun.

Solche Fragestellungen sind insofern besonders, als die Daten nicht unabhängig voneinander sind, sondern in einer Beziehung zueinanderstehen. Die Beziehung besteht darin, dass den Daten eine Reihenfolge mit bestimmten Abständen innewohnt. Ein Wert zu Zeitpunkt 3 ist nunmal später aufgetreten als ein Wert zu Zeitpunkt 1. Die Daten sind über ihre sequenzielle oder zeitliche Dimension miteinander verbunden.

Diese Verbundenheit machen sich verschiedene Verfahren auf verschiedene Arten zunutze. Dabei gilt es jeweils, (1) die Verbundenheit über die sequenzielle oder zeitliche Dimension als Einflussgröße zu isolieren, (2) die zugrundeliegende sequenzielle oder zeitliche Dynamik zu beschreiben, um sie schließlich (3) mit anderen Einflussgrößen kombinieren und zum Beispiel ins Verhältnis zu einer abhängigen Variable setzen zu können.

13.3.1 Grundprinzip Zeitreihenmodellierung

Die wohl bekannteste Familie analytischer Verfahren dafür ist die Zeitreihenmodellierung. Sie zeichnet sich dadurch aus, dass die Abstände der abgebildeten Reihenfolge einheitlich (äquidistant) sind: Zeitreihen im Tagesverlauf weisen also für jeden Tag einen Wert auf, Zeitreihen im Wochenverlauf einen Wert für jede Woche. Auch die Zeitreihenmodellierung folgt dem gerade beschriebenen Dreischritt aus Isolation, Beschreibung und Analyse gegenüber anderen Einflüssen.

Erstens gilt es, die Verbundenheit der Daten untereinander, vermittelt über die zeitliche Dimension, von anderen Zusammenhängen in den Daten zu isolieren. Dafür lassen sich Zeitreihen in drei Komponenten aufteilen: in ihre Saisonalität, den enthaltenen Trend und das verbleibende Rauschen. Die Saisonalität bildet einen wiederkehrenden Rhythmus in den Daten ab. Die durchschnittliche Temperatur in Deutschland ist beispielsweise jedes Jahr im Sommer höher als im Winter, die Fernsehnutzung ist jeden Abend höher als untertags und die Anzahl veröffentlichter journalistischer Artikel ist üblicherweise am Wochenende geringer als von Montag bis Freitag. Ganz egal, wie unsere Fragestellung also eigentlich lautet: Eine gewisse Varianz steckt in vielen Fällen schon allein deshalb in den Daten, weil bestimmte Zeitreihen einer bestimmten Regelmäßigkeit – oder eben: Saisonalität – folgen. Ist das der Fall, gilt es, für diese Saisonalität den entsprechenden zeitlichen Versatz, also zum Beispiel 12 Monate bei jährlicher, 24 Stunden bei täglicher oder 7 Tage bei wöchentlicher Wiederholung, zu identifizieren. Im Duktus der Zeitreihen nennt sich dieser Versatz „lag" (Verzögerung). Daneben steckt in Zeitreihen ein gewisser Trend, also eine generelle Tendenz, der die Zeitreihe folgt. Das kann ein kontinuierliches Wachstum oder ein steter Abfall, eine gleichbleibende Entwicklung oder eine Mischung daraus sein. Der Trend in einer Zeitreihe ist in vielen Fällen das Herzstück, an dem Forschende in der CCS interessiert sind. Was übrig bleibt, was also weder zur Saisonalität noch zum Trend gezählt werden kann, verbleibt in einer dritten Komponente, die als Rauschen bezeichnet wird.

Die Aufteilung einer Zeitreihe in diese drei Komponenten (Abb. 13.3) erfolgt mithilfe statistischer Verfahren, die auf einem von zwei Verständnissen aufbauen. Das additive Verständnis geht davon aus, dass Saisonalität, Trend und Rauschen weitestgehend unabhängig voneinander sind: Die Fernseh- und Videonutzung ist abends höher als untertags (Saisonalität) und nimmt über die Jahre gesehen etwas zu (Trend) – doch diese Zunahme gilt für abends genauso wie für untertags. Es gibt keinen Grund zur Annahme, dass mit mehr genereller Fernseh- und Videonutzung ausschließlich die Nutzung am Abend steigen sollte. Statistisch wird also nach einer Saisonalität und einem Trend gesucht und die ursprüngliche

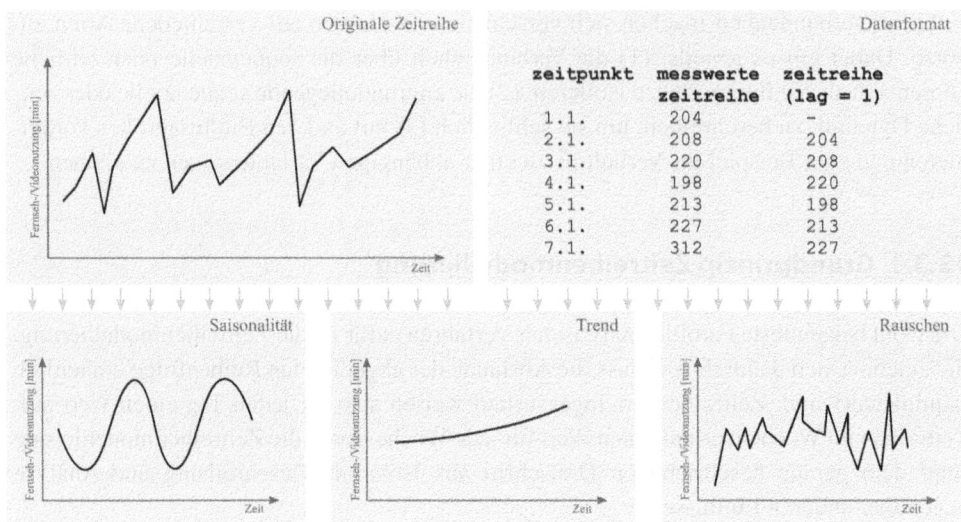

Abb. 13.3 Exemplarische (additive) Zerlegung einer Zeitreihe (eigene Darstellung)

Zeitreihe anschließend so zerlegt, dass die drei Komponenten addiert werden müssen (Saisonalität + Trend + Rauschen), um die Zeitreihe zu rekonstruieren. Ein multiplikatives Verständnis geht hingegen davon aus, dass die Komponenten miteinander in Beziehung stehen, dass sich also die Saisonalität mit fortschreitendem Trend in ihrem Ausmaß ändert: Die durchschnittliche Lufttemperatur ist in Deutschland im Sommer wärmer als im Winter (Saisonalität) und steigt insgesamt über die Jahre hinweg an (Trend). Hinzu kommt aber, dass die Diskrepanz aus Sommer und Winter mit fortschreitendem Trend größer wird, dass also beispielsweise die Sommer noch heißer werden. Statistisch wird die ursprüngliche Zeitreihe so zerlegt, dass die drei Komponenten miteinander multipliziert werden müssen (Saisonalität × Trend × Rauschen), um die Zeitreihe zu rekonstruieren.

Einmal zerlegt soll zweitens die zugrundeliegende zeitliche Dynamik einer Zeitreihe beschrieben werden. Dafür benötigen wir zunächst zwei Werkzeuge der Beschreibung, die gleichsam den Umgang mit Zeitreihendaten verdeutlichen. Denn üblicherweise werden Zeitreihen als lange tabellarische Daten gespeichert, wobei die Analyseeinheit, also die einzelne Zeile, je einen Messzeitpunkt darstellt (Abb. 13.3 oben rechts). Das erste Werkzeug ist die sogenannte Autokorrelation (engl. auto-correlation function; kurz: ACF), für die eine Zeitreihe mit seinen eigenen Werten aus der Vergangenheit korreliert wird. Eine Zeitreihe wird also mit einem bestimmten Lag (z. B. von einem Tag) verschoben und anschließend eine (Pearson'sche) Korrelation zwischen der verschobenen und der nicht verschobenen Zeitreihe berechnet. Die ACF fällt entsprechend hoch aus, wenn eine Zeitreihe recht stabil ist – sie korreliert mit sich selbst aus der Vergangenheit recht stark. Typischerweise berechnet man mehrere ACFs mit verschiedenen Lags, wobei eine stabile Zeitreihe immer bei mehreren Lags eine hohe ACF aufweisen wird. Das zweite Werkzeug ist die partielle Autokorrelation (kurz: PACF). Das Vorgehen ist dabei dasselbe wie bei der

ACF, allerdings wird jeweils die bereits durch frühere Lags erklärte Varianz aus der weiteren Berechnung ausgeschlossen. Die PACF fällt bei stabilen Zeitreihen also nur bei einem Lag von 1 hoch aus und fällt dann auf ein Minimum zurück. Auf diese beiden Werkzeuge aufbauend, haben sich vier Modellierungen zur Detailbeschreibung einer Zeitreihe etabliert:

1. Die erste Modellierung heißt autoregressiv (kurz: AR) und geht davon aus, dass sich die Zeitreihe zu großen Teilen selbst beeinflusst. In diesem Fall wäre die Mediennutzung der letzten Tage ein guter Indikator, um die Mediennutzung der nächsten Tage zu prognostizieren. AR-Modelle zeichnen sich durch eine über die fortschreitenden Lags kontinuierlich sinkende ACF und eine gleichzeitig scharf abfallende PACF aus.
2. Zweitens kann die Modellierung einem gleitenden Mittelwert folgen (engl. moving-average; kurz: MA). Dabei wird immer ein Teil der jüngeren Vergangenheit im Aggregat, also als sogenannter gleitender Mittelwert, betrachtet, welcher hinter dem tagesaktuellen Wert her „gleitet". Die Durchschnittstemperatur eines Tages kann deutlich vom Vortag abweichen, doch die mittlere Durchschnittstemperatur der vergangenen paar Tage ist ein guter Indikator für die Durchschnittstemperatur der nächsten Tage. Bei MA-Modellen fällt die ACF scharf ab, während die PACF mit fortschreitenden Lags kontinuierlich sinkt.
3. Die dritte Zeitreihenmodellierung kombiniert die beiden kennengelernten Modelle als statistisch verhältnismäßig naives ARMA-Modell. Bei ARMA-Modellen sinken ACF und PACF kontinuierlich.
4. Viertens lassen sich AR- und MA-Modelle in gegenseitiger Abhängigkeit ineinander integrieren. Bei diesen ARiMA-Modellen verläuft die ACF typischerweise in Wellen, während die PACF nach einer ersten Welle scharf abfällt.

Drittens lassen sich die identifizierten Modelle ins Verhältnis zu anderen Zeitreihen setzen. Dafür werden zwei Zeitreihen entweder zum gleichen Zeitpunkt, also mit einem Lag von 0, miteinander korreliert oder eine der beiden Zeitreihen wird vor der Korrelation zunächst verschoben, zum Beispiel mit einem Lag von 1. Bei einer derartigen Verschiebung ist auch von einer Kreuzkorrelation die Rede. Aus der Kombination dieser Verfahren, also aus der Autokorrelation, der Korrelation zwischen zwei Zeitreihen ohne Lag und der Kreuzkorrelation, bei der eine Zeitreihe zeitlich verschoben wird, ergibt sich schließlich ein letztes hier betrachtetes Verfahren: die Granger-Kausalität. Die Granger-Kausalität (benannt nach dem britischen Ökonom Clive Granger) geht davon aus, dass im Zusammenspiel zweier Zeitreihen unter bestimmten Voraussetzungen von einer Kausalbeziehung ausgegangen werden kann – denn ein Ereignis tritt zeitlich nun mal vor dem anderen Ereignis auf. Die nötigen Voraussetzungen sehen vor, dass die Kreuzkorrelation einer verschobenen Zeitreihe A auf eine nicht verschobene Zeitreihe B signifikant Varianz zu erklären weiß, während das Gegenteil, also die Kreuzkorrelation einer verschobenen Zeitreihe B auf die nicht verschobene Zeitreihe A, nicht der Fall sein darf (Abb. 13.4).

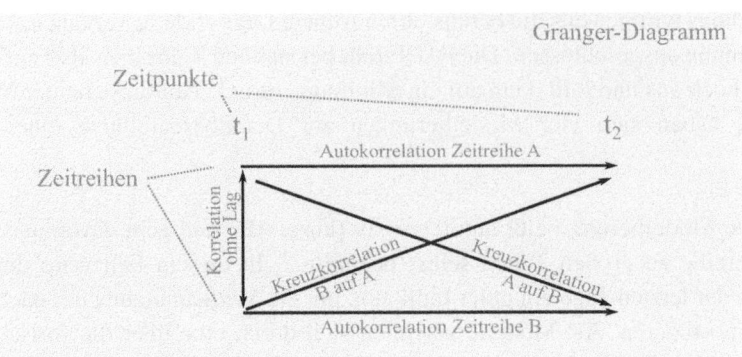

Abb. 13.4 Schematische Darstellung der Granger-Kausalität (eigene Darstellung)

13.3.2 Beispiel Nachrichtendiffusion

Um das Prinzip der Zeitreihenmodellierung zu veranschaulichen, betrachten wir eine Studie, die gemeinsam mit Hans-Bernd Brosius und Gabriel Weimann entstanden ist (Haim et al. 2018). Die Studie geht der zentralen Frage nach, ob in modernen und hybriden Medienumgebungen soziale Medien imstande sind, die Themensetzung der Online-Versionen traditioneller Nachrichtenmedien im Verständnis moderner Nachrichtendiffusion zu beeinflussen – oder ob, mit Blick auf die etwas in die Jahre gekommene Agenda-Setting-Theorie und das Informationsprivileg des Journalismus, eher das Gegenteil zutrifft.

Angelegt ist die Untersuchung im Rahmen der Enthüllungen um die globale Überwachungs- und Spionageaffäre durch den Whistleblower Edward Snowden. Der Fall eignet sich deshalb gut als Untersuchungsgegenstand, da über einen längeren Zeitraum Berichterstattung und öffentlicher Diskurs unter Nutzung einer zentralen Abkürzung stattfand, was sich gut und verwechslungsarm in diversen Medien identifizieren ließ. Beiträge in sozialen Medien sind in der Studie operationalisiert als das Aufkommen von Tweets, Facebook-Posts und Blog-Beiträgen. Traditionelle Nachrichtenmedien wurden durch die Online-Versionen der jeweils beiden Medien mit den größten Reichweiten erfasst und in elf verschiedenen Ländern betrachtet.

Die Daten in der Studie stammen von einem Anbieter aggregierter Medieninhalte. Sie enthalten je Tag die Menge an Tweets/Posts/Blog-Beträgen einerseits und je Tag die Menge an Online-Berichterstattung in den ausgewählten traditionellen Nachrichtenmedien andererseits – jeweils unter dem Suchbegriff „NSA". Der Untersuchungszeitraum umfasst rund dreizehn Monate, für den die Zeitreihen individuell im Papier beschrieben sind.

Für die Zeitreihenmodellierung kommen Granger-Kausalitäten zum Einsatz. Der dabei zentral untersuchte Lag beträgt einen Tag. Es ist wohl davon auszugehen, dass Diffusionsprozesse im Internet typischerweise noch schneller vonstatten gehen. Ein Tag aber ist die kleinste Zeiteinheit, die der Datenanbieter zur Verfügung stellen konnte. Da die Untersuchung in elf Ländern mit verschiedenen Zeitzonen stattfand, werden die Länder isoliert voneinander betrachtet und die jeweiligen Einflüsse (Korrelation, Autokorrelation, Kreuzkorrelation) anschließend gemittelt. Dabei zeigen sich zunächst sehr homogene Ergebnisse, insbesondere in Form von starken Korrelationen zwischen den Medien sowie starken Autokorrelationen, sowohl unter den sozialen Medien als auch unter den Online-Versionen traditioneller Nachrichtenmedien. Die Dynamiken in den einzelnen Medien sind also sehr ähnlich. Unterschiede bestehen hingegen bei den Kreuzkorrelationen, die etwas stärker von sozialen Medien (mit einem Lag von 1) auf die Online-Versionen traditioneller Nachrichtenmedien ausfallen als umgekehrt. Soziale Medien sind also etwas besser imstande, die Themensetzung der Online-Versionen traditioneller Nachrichtenmedien zu beeinflussen als umgekehrt. Dieser Befund wird im Papier schließlich für die einzelnen Länder und auch für Zusammenhänge zwischen den Ländern weiter differenziert.

13.3.3 Mehrwert und Limitationen

Zeitreihen sind in zahlreichen wissenschaftlichen Disziplinen unabdingbar. In der Kommunikationswissenschaft und der CCS sind sie hingegen noch stark unterrepräsentiert. Dabei bieten sie sich für zahlreiche Datensätze an und versprechen dabei zudem einen zentralen Mehrwert: die Möglichkeit kausaler Betrachtung. Zwar erlauben nicht alle Zeitreihenanalysen kausale Schlüsse, doch die grundsätzlich chronologische Anordnung bietet zumindest die Grundlage dafür, bei passenden untersuchten Konstrukten kausal zu argumentieren.

Die Betrachtung von Zeitreihen – oder allgemeiner: von zeitlichen Sequenzen – ist zudem kaum mit Limitationen versehen. Je nach betrachteten Konstrukten gilt es lediglich, Messniveaus zunächst anzugleichen, also etwa die Werte zu standardisieren. Gerade wenn sehr viele und sehr detaillierte Daten vorliegen, stellen zeitliche Sequenzen zudem einen Balanceakt dar, zwischen allzu feiner Granularität und damit viel Rauschen auf der einen Seite und allzu grober Betrachtung und damit einer Unterdrückung möglicher Effekte auf der anderen Seite. Betrachten wir die Mediennutzung beispielsweise im Stundentakt, so wird die Zeitreihe aller Wahrscheinlichkeit nach stark fluktuieren, die Daten werden also recht viel Rauschen enthalten, das es statistisch zu isolieren gilt. Betrachten wir die Mediennutzung hingegen im Wochentakt, so wird die Zeitreihe zwar recht stabil sein, allerdings werden wir gleichzeitig wenig Varianz aufzuklären haben. Gefragt ist also ein Mittelweg, der sich bestenfalls auch theoretisch adäquat begründen lässt.

13.4 Bedingte Sequenzen

Im Gegensatz zu zeitlichen Sequenzen geht es bei bedingten Sequenzen um verkettete Ereignisse, die zwar ebenfalls in einer chronologischen Rangfolge abbildbar sind, die sich aber darüber hinaus bis zu einem gewissen Grad gegenseitig bedingen. Typisch dafür ist das Surfverhalten, das sich in Tracking-Daten abbilden lässt. Dabei folgt auf den Aufruf einer Suchmaschine mit einer bestimmten Wahrscheinlichkeit der Aufruf einer suchmaschinenoptimierten Nachrichtenseite – die Sequenz aus verketteten Ereignissen erfolgt nicht nur zeitlich, sondern sie folgt auch einer gewissen inneren Logik.

Bedingte Sequenzen kommen etwa in der Ökonomie (für die bedingte Vorhersage von Preisentwicklungen), der Sportwissenschaft (zur Trainingsanalyse) oder der Informatik (beim maschinellen Lernen, insbesondere dem sogenannten „reinforcement learning") regelmäßig zum Einsatz. Diesen Anwendungsfällen ist gemein, dass sich der Zusammenhang von zwei Ereignissen nicht allgemein, sondern besser situativ beschreiben lässt. Ob die Tennisspielerin Serena Williams eine Chance zum Gewinn eines einzelnen Spiels nutzt, hängt nicht nur davon ab, wie gut sie gerade in Form ist, sondern es hängt auch davon ab, ob sie im aktuellen Spiel das Momentum auf ihrer Seite wähnt und welche Rolle dabei gerade ihre Gegnerin spielt.

13.4.1 Grundprinzip Markow-Ketten

Um die Logik bedingter Sequenzen zu analysieren, dient sich insbesondere das Verfahren sogenannter Markow-Ketten an. Markow-Ketten (benannt nach dem russischen Mathematiker Andrey Markow) sind ein statistisch recht einfaches Verfahren, das Wahrscheinlichkeiten des Übergangs eines aktuellen Ereignisses in ein anderes Ereignis berechnet. In ihrer grundlegenden – und hier vorgestellten – Variante ziehen Markow-Ketten dabei jeweils nur den aktuellen Zustand in Betracht, sind also im Vergleich zu zeitlichen Sequenzen recht „vergesslich".

Die Arbeit mit Markow-Ketten gliedert sich in drei Schritte: ihre (1) Definition, die (2) Schätzung des Modells und schließlich die (3) Anwendung, die in wissenschaftlichen Arbeiten der Auswertung gleichkommt.

Bei der Definition gilt es, die Gesamtheit der untersuchten Ereignisse oder Zustände zu spezifizieren. Bleiben wir zur Veranschaulichung bei Serena Williams: Um die Wahrscheinlichkeiten des Ausgangs eines Spiels[1] zu prognostizieren, soll für alle Situationen, in denen Williams mit einem Ballgewinn das Spiel für sich entscheiden kann, der aktuelle Punktestand als Ausgangspunkt modelliert werden. Ein einzelnes Spiel im Tennis kann nach einem Stand von 40:0, 40:15, 40:30 oder nach einem Vorteil beim Stand von 40:40 beendet werden. Führt Serena Williams mit einem dieser vier Punkteständen, entscheidet sie bei gewonnenem Ballwechsel dieses eine Spiel also für sich. Verliert sie den Ballwechsel jedoch, ändert sich der Punktestand entsprechend auf 40:15, 40:30 oder 40:40 – und das Spiel wird fortgesetzt. Bei Markow-Ketten darf es keinen Übergang von einem definierten in einen nicht definierten Zustand geben. Deshalb brauchen wir in der Gesamt-

---

[1] Im Tennis benötigt Serena Williams zwei gewonnene Sätze, die jeweils wiederum aus sechs gewonnenen Spielen bestehen. Im besten Fall gewinnt Williams also eine Partie, nachdem sie insgesamt zwölf Spiele gewonnen hat.

schau sechs Zustände: Neben den zum Spielgewinn führenden Punkteständen 40:0, 40:15, 40:30 und Vorteil (nach 40:40) sind das ein bei Ballverlust teilweise resultierendes 40:40 sowie das eigentliche Ziel der Kette, nämlich der Gewinn des Spiels (Abb. 13.5).

Für die Schätzung des Modells setzen Markow-Ketten auf das Format einer sogenannten Übergangsmatrix (engl. transition matrix). Dabei handelt es sich um eine quadratische Matrix, also eine Tabelle mit genauso vielen Zeilen wie Spalten, die für jeden zuvor definierten Zustand jeweils eine Spalte und jeweils eine Zeile vorhält (Abb. 13.5). In den Zellen stehen die Übergangswahrscheinlichkeiten von einem bestimmten Zustand (dem der Zeile) in einen bestimmten anderen Zustand (dem der Spalte). Wichtig ist dabei, dass jede Zustandsänderung in der Matrix abbildbar ist, es also auch hier keinen Übergang von einem definierten in einen nicht definierten Zustand geben kann. Denn Übergangsmatrizen haben die Eigenschaft, dass die Summe einer jeden Zeile immer 1 (oder: 100 %) ergibt. Um nun die Zellen mit den entsprechenden Übergangswahrscheinlichkeiten zu füllen, brauchen wir Daten: Wir betrachten also beispielsweise alle bisherigen Spiele von Serena Williams und zählen, wie häufig es dabei 40:0 stand und wie häufig es anschließend durch Punktgewinn zum Spielgewinn kam. Dieser Anteil (oder: dieser Prozentsatz) kommt als Übergangswahrscheinlichkeit in die Zeile 40:0 bei der Spalte Spielgewinn. So verfahren wir mit allen Kombinationen, um die Übergangsmatrix zu füllen.

Schließlich lässt sich die definierte Markow-Kette anwenden. Deskriptiv können die Werte als solche berichtet und diskutiert werden, denn sie stellen bereits Ergebnisse an und für sich dar. In unserem Beispiel zeigt sich, dass die Wahrscheinlichkeit eines Spielgewinns nach dem Stand von 40:0 höher ist als nach dem Stand von 40:30 (Abb. 13.5). Anders formuliert: Je umkämpfter ein Spiel (40:30), desto unwahrscheinlicher ist ein unmittelbarer Spielgewinn. Doch auch induktiv sind Markow-Ketten für die Anwendung nützlich. Dann nämlich, wenn sie für die Vorhersage von Ereignissen genutzt werden. Auf

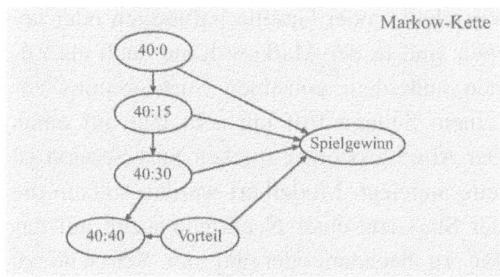

	40:0	40:15	40:30	40:40	Vorteil	Spielgewinn
40:0	-	0.23	-	-	-	0.77
40:15	-	-	0.37	-	-	0.63
40:30	-	-	-	0.40	-	0.60
40:40	-	-	-	-	-	-
Vorteil	-	-	-	0.52	-	0.48
Spielgewinn	-	-	-	-	-	-

Abb. 13.5 Exemplarische Markow-Kette eines Tennis-Spielgewinns (eigene Darstellung)

das Beispiel übertragen, könnten wir eine Vielzahl von Spielen aus der Vergangenheit in eine Markow-Kette überführen und daraus ableiten, dass die Wahrscheinlichkeit, bei 40:0 das Spiel zu drehen – also ohne gegnerischen Spielgewinn erst auf 40:15, dann auf 40:30 und 40:40 sowie schließlich auf Vorteil und eigenen Spielgewinn zu kommen – so gering ist, dass der dafür nötige Aufwand nicht im Verhältnis steht. Klüger wäre es mit Blick auf die Markow-Kette, möglichst viel Kraft und Aufwand in den Gewinn der ersten paar Punkte eines Spiels zu investieren.

Die bis hierhin vorgestellte Variante von Markow-Ketten ist eine sehr grundlegende. Andere Varianten sind imstande, etwas mehr als nur den aktuellen Zustand in Betracht zu ziehen. Diese Varianten unterscheiden sich darin, ob sie mehr zeitlichen Bezug oder mehr situativen Kontext einbeziehen. Sogenannte versteckte Markow-Ketten (engl. hidden Markov models) können auch mit einer versteckten Zwischenschicht umgehen und unbekannte Übergangswahrscheinlichkeiten modellieren. Auch eine Kombination von Markow-Ketten mit Monte-Carlo-Simulationen findet sich regelmäßig in der Literatur zur Generierung eigener Daten, da mithilfe von Markow-Ketten die große Anzahl an benötigten Situationen in Monte-Carlo-Simulationen reduziert werden kann.

13.4.2 Beispiel Surfverhalten

Um das Prinzip von Markow-Ketten zu veranschaulichen, betrachten wir eine Studie von Susan Vermeer und Damian Trilling (2020), die das Verfahren exemplarisch auf das Surfverhalten von Menschen während ihres Online-Nachrichtenkonsums anwenden.

Die Studie baut auf einem Datensatz aus Tracking-Daten auf, der mithilfe eines Browser-Plugins gesammelt wurde. Erfasst wurden Aufrufe von Nachrichtenseiten. Die aufgerufenen Seiten wurden anschließend danach klassifiziert, ob es sich um die Startseiten der Nachrichtenseiten, die Politik-, Wirtschafts- oder Gesellschaftsseiten oder um andere Inhalte handelt. Diese fünf Seitentypen sind in der Markow-Kette auch als Zustände definiert. Aufgerufene Seiten wurden außerdem einzelnen Surf-Sessions zugeordnet, um nicht fälschlicherweise von einem Seitenaufruf um acht Uhr auf einen Seitenaufruf um halb zwölf zu schließen. Der Abschluss einer solchen Surf-Session ist dabei ebenfalls als Zustand der Markow-Kette angelegt. Modelliert werden sodann die Wahrscheinlichkeiten, beispielsweise von der Startseite einer Nachrichtenseite auf das Politikressort zu wechseln, die Surf-Session zu beenden oder auf der Startseite zu verbleiben.

Aus den Tracking-Daten der Studienteilnehmenden, den identifizierten Surf-Sessions und den klassifizierten Seitentypen ergibt sich so eine Markow-Kette, die Übergangswahrscheinlichkeiten entlang des Surfverhaltens bei Online-Nachrichtenseiten abbildet. So ist die Wahrscheinlichkeit, von der Startseite einer Nachrichtenseite auf die Gesellschaftsseiten zu wechseln (gut 50 %) deutlich höher, als von der Startseite auf die Politikseiten zu wechseln (gut 4 %). Die Wahrscheinlichkeit, die Surf-Session zu beenden, ist nach dem Aufruf der Startseite höher als nach dem Aufruf irgendeiner Themenseite.

Diese Art der Modellierung von Surfverhalten erlaubt dabei nicht nur, beobachtetes Surfverhalten aus der Vergangenheit zu beschreiben, sondern auch, daraus Schlüsse für die Zukunft zu ziehen. So könnten diese Daten dazu verwendet werden, Empfehlungen für als nächstes zu lesende Beiträge zu generieren: Aus Sicht der Nachrichtenmedien ist es offensichtlich sinnvoller, Gesellschaftsthemen auf die Startseite zu platzieren, und am Ende von Gesellschaftsbeiträgen zu Artikeln aus dem Politik- oder Wirtschaftsressort zu verlinken.

13.4.3 Mehrwert und Limitationen

Bedingte Sequenzen sind vor allem in der Anwendung verbreitet, etwa für die quantifizierte Beschreibung von Abhängigkeiten oder die Ableitung von Prognosen. Das liegt nicht zuletzt an ihrer Einfachheit: Sowohl ihre Berechnung als auch ihre Interpretation ist verhältnismäßig einfach und klar nachvollziehbar.

Das gilt insbesondere für grundlegende Markow-Ketten, deren primärer Anwendungsfall Übergangswahrscheinlichkeiten zwischen zwei Zuständen sind. Im Gegensatz zu zeitlichen Sequenzen spielt dabei lediglich der aktuelle Zustand eine zentrale Rolle, ein weiterer Blick in die Vergangenheit ist nicht vorgesehen.

Zu den Limitationen bedingter Sequenzen gehört ihre Einschränkung auf aggregierte Wahrscheinlichkeiten. Denn die Einfachheit der Berechnung ist in dieser Form nur möglich, weil die Ergebnisbetrachtung auf Zustandsebene erfolgt, also Wahrscheinlichkeiten zwischen zwei Zuständen im Aggregat betrachtet werden. Nicht ohne Weiteres möglich sind hingegen Betrachtungen auf Individualniveau, also im Beispiel für jedes einzelne Spiel von Serena Williams oder für einzelne Studienteilnehmende in der Tracking-Studie zum Surfverhalten.

13.5 Zwischenfazit und Literaturhinweise

Dieses Kapitel betrachtete vier bislang nicht näher behandelte Datenarten. Alle vier Datenarten, also Gruppen als abhängige und unabhängige Größe, zeitliche und bedingte Sequenzen, tauchen nicht ständig, aber doch regelmäßig im Umfeld der CCS auf. Dennoch sind alle vier Datenarten im analytischen Kanon der Kommunikationswissenschaft bislang nur teilweise angekommen.

Gleichzeitig sind alle vier Datenarten in anderen Disziplinen bereits seit geraumer Zeit fest verankert. Entsprechend viel Forschung und Literatur liegt aus anderen Feldern vor. Die vier Teile dieses Kapitels sollen deshalb an dieser Stelle nur einen ersten Einblick und kursorischen Einstieg in die vier Datenarten geben. Vermittelt werden sollen Grundkenntnisse zur Funktionsweise und zum jeweils genutzten Vokabular.

Bei Gruppen als abhängige Größe gehört dazu in erster Linie die gemischte Herangehensweise aus Induktion und Exploration mit dem zentralen Ziel, Merkmalsträger in

Gruppen zu überführen, die in sich möglichst homogen, dabei aber möglichst unterschiedlich gegenüber anderen Gruppen sind.

Bei Gruppen als unabhängige Größe tragen wir dem Umstand Rechnung, dass in einigen Forschungsdesigns Gruppen als eigentlich maßgebliche Größe Kern der Fragestellung sind. Das ist zum Beispiel dann der Fall, wenn wir an Redaktionsunterschieden interessiert sind, diese aber in einzelnen Beiträgen untersuchen. Dafür bieten sich Mehrebenenmodelle an, die im Wesentlichen wie eine flexibilisierte Regression funktionieren, wobei bei der Regressionsgeraden, anstelle des konstanten Achsenabschnitts und der konstanten Steigung, gruppenabhängige Funktionen eingefügt werden.

Zeitliche Sequenzen bauen auf der Kernidee auf, dass Längsschnittdaten und Zeitreihen mit ihrer chronologisch angelegten Datenstruktur mehr Informationen enthalten als die bloßen Daten. Stattdessen wird die Zeitachse als maßgebliches Instrument zur Beschreibung von Dynamiken und zur Berechnung gegenseitigen Einflusses von mehreren Zeitreihen verwendet. Dafür werden Zeitreihen üblicherweise in Saisonalität, Trend und Rauschen differenziert und mithilfe ihrer (partiellen) Autokorrelation und dem zeitlichen Versatz sowie unter Berücksichtigung eines Lags beschrieben.

Zum Grundverständnis bedingter Sequenzen gehört die Kenntnis einer Übergangsmatrix und ihrer Eigenschaften. Im Gegensatz zu zeitlichen Sequenzen betrachten bedingte Sequenzen lediglich den Übergang zwischen zwei Zuständen und sind in ihrer Grundform auf ein aggregiertes Niveau beschränkt. Dabei sind sie leicht verständlich und insbesondere in den CCS-Anwendungsfeldern stark verbreitet.

Übungen
Die hier vorgestellten Datenarten könnten jeweils eigene Bücher füllen. Entsprechend bedienen sich die Übungen in diesem Kapitel erneut vermehrt Links und Anleitungen an anderer Stelle, die Sie wie immer in den Online-Begleitmaterialien zu diesem Lehrbuch finden: https://datenfruehstueck.github.io/ccs/

Literaturhinweise

- Hox, J. J., Moerbeek, M., & van de Schoot, R. (2017). *Multilevel analysis: Techniques and applications* (3. Aufl.). Routledge. https://doi.org/10.4324/9781315650982
- Kaufman, L., & Rousseeuw, P. J. (2009). *Finding groups in data: An introduction to cluster analysis.* Wiley.
- Wells, C., Shah, D. V., Pevehouse, J. C., Foley, J., Lukito, J., Pelled, A., & Yang, J. (2019). The temporal turn in communication research: Time series analyses using computational approaches. *International Journal of Communication*, 13, 4021–4043

Bilder und multimodale Daten 14

Bislang war in diesem Lehrbuch primär von strukturierten Daten die Rede, also numerischen Daten, Vernetzungen oder mindestens maschinenlesbaren Informationen. Bei Texten als Daten haben wir zudem Möglichkeiten kennengelernt, unstrukturiert-textuelle Daten in numerische Relative zu überführen. Bislang aber ausgeblendet haben wir gänzlich anders gelagerte Datentypen.

Dazu zählen erstens visuelle Daten wie Pressefotos, Memes oder Thumbnails, die auch in der aktuellen CCS-Forschung immer häufiger Berücksichtigung finden. Zweitens fallen darunter auditive Daten wie Radioinhalte, Podcasts oder Ausgaben von Sprachassistenzsystemen, die im Vergleich zu ihrer gestiegenen Nutzungsrelevanz (z. B. Feierabend et al. 2021; Hölig et al. 2021) bislang deutlich zu wenig Beachtung in der Forschung erhalten. Drittens betrachten wir den Umgang mit audiovisuellen Daten, die vor allem in Form produzierter Videos, aber auch in Form archivierter Live-Streams oder aufgezeichneter Videokonferenzen vorliegen können. Sie finden derzeit nur vereinzelt ihren Weg in die Forschung. Viertens schauen wir uns den Umgang mit geografischen Daten an, die derzeit primär in der angewandten CCS zum Einsatz kommen, also beispielsweise in der Data Science oder dem Datenjournalismus.

Der Fokus in diesem Kapitel liegt dabei auf der Verarbeitung solcher Daten. Es geht also nicht um die Generierung künstlicher Bilder oder die Sprachausgabe, sondern um die Verarbeitung und das Management großer Datenmengen aus Bildern, Sounds, Videos oder Geo-Daten.

Für den Umgang mit allen vier Datentypen stehen Dienstleistende zur Verfügung. Sie ermöglichen es, visuelle, auditive, audiovisuelle oder geografische Daten in handhabbare numerische Relative zu überführen. Denn mit numerischen Relativen, also mit Zahlen in

M. Haim, *Computational Communication Science*, Studienbücher zur Kommunikations- und Medienwissenschaft, https://doi.org/10.1007/978-3-658-40171-9_14

tabellarischen oder hierarchischen Datensätzen, die uns im Anschluss vorliegen, können wir in der CCS bestens umgehen. Doch wie diese Überführung in numerische Relative bei den Dienstleistenden im Detail vonstatten geht, ist nicht immer so kontrollierbar und nicht immer so transparent nachvollziehbar, wie es in der Wissenschaft normalerweise Voraussetzung ist. Das spräche dafür, weniger auf Dienstleistende denn auf eigene Lösungen zu setzen. Doch eigene Lösungen wiederum sind bei den hier angesprochenen Datentypen mitunter sehr komplex. Es gilt also im Einzelfall abzuwägen, ob der Mehrwert einer Dienstleistung die technischen Herausforderungen und die Einbußen in Kontrolle und Transparenz aufwiegt.

Und noch etwas: Die Überführung in numerische Relative lassen sich Dienstleistende bezahlen – einerseits in Geld und andererseits insofern, als dass manche Dienstleistende die Daten nach der Verarbeitung für weitere Forschungszwecke einbehalten. Die Bedeutung rechtlicher Grundlagen und ethischer Prinzipien kann also auch an dieser Stelle kaum unterschätzt werden. Ihnen widmen wir uns am Ende dieses Kapitels.

14.1   Visuelle Daten

Die Interpretation von Bildern ist für moderne Computer eine überschaubare Aufgabe. Zwar gehen mit Bildern große Anforderungen an genutzte Ressourcen einher, doch wie der Computer mit Bildern effektiv und effizient umgehen kann, ist mittlerweile und insbesondere in der Informatik gut erforscht. Diesen Umstand machen wir uns in der CCS zunutze, brauchen dafür aber zumindest ein grundlegendes Verständnis von der Datenstruktur, die Bildern zugrunde liegt. Hierbei werden zunächst zwei Strukturen unterschieden: Vektor- und Raster-Formate.

▶   Bei Bildern im Vektor-Format werden grundlegende Formen (z. B. Ellipsen, Polygone, Texte) beschrieben und mitsamt ihrer Farbgestaltung sowie ihren Koordinaten im Bild gespeichert. Vektor-Bilder lassen sich dadurch ohne Qualitätsverlust vergrößern oder verkleinern. Sie werden meist mit der Dateiendung SVG gespeichert.

Bilder im Vektor-Format sind im Kern also textuelle Informationen,[1] die strukturiert die Zusammensetzung visueller Elemente beschreiben: In der ganz linken oberen Ecke ein schwarz ausgefülltes Quadrat mit einer Seitenlänge von 3, genau mittig ein Kreis mit einem Radius von 1,75, ohne Füllfarbe, aber mit einer roten Umrandung, die selbst 0,1 dick ist, und an der Position (3|2), also beim X-Wert 3 und beim Y-Wert 2, ein Text („dada") in Schriftgröße 2,14, hellblau. Bei diesem Beispiel wird schnell deutlich, dass das Vektor-Format wenig Speicherplatz benötigt und sich sehr effizient verarbeiten lässt, sich aber

---

[1] Genau genommen sind SVG-Dateien textuelle Informationen im XML-Format.

gleichzeitig nicht für Fotos eignet. Stattdessen kommt es primär für computergenerierte Grafiken, etwa Diagramme[2] oder Logos, zum Einsatz.

▶ Bilder im Raster-Format werden als Matrix einzelner Bildpunkte gespeichert. Jeder Bildpunkt, ein sogenannter Pixel, besteht dabei aus einer Farbe, die sich typischerweise aus drei Werten (für die auf Bildschirmen verwendeten additiven Grundfarben Rot, Grün und Blau) zusammensetzt. Raster-Bilder sind an die Größe der Matrix gebunden, können also nicht verlustfrei vergrößert oder verkleinert werden. Je nach genauer Ausgestaltung werden sie meist in einem der gängigen Dateiformate als JPG/JPEG, PNG oder BMP gespeichert.

Bilder im Raster-Format sind im Ursprung also eine sehr große Tabelle aus Farbwerten: Der erste Farbwert in der obersten Zeile ist hellgrau, der zweite auch, der dritte ist dann einen Hauch dunkler und der vierte Farbwert ist weiß. So setzt sich das fort, beispielsweise über 4080 Spalten und 3072 Zeilen. Eine Bilddatei dieser Größe umfasst in der Theorie also 12,5 Mio. Rot-, Grün- und Blau-Werte, insgesamt also 37,5 Mio. Zahlen. Das klingt nach viel, entspricht aber lediglich den Fotos, die sich mit einer modernen Smartphone-Kamera (hier konkret: einem Google Pixel 7) schießen lassen. Dennoch wären so viele gespeicherte Zahlenwerte höchst ineffizient, zumal in vielen Fällen benachbarte Pixel ähnliche Farbwerte aufweisen – ein fotografiertes weißes Hemd besteht nunmal aus viel weißer Fläche. Deshalb komprimieren die verschiedenen Raster-Dateiformate diese 37,5 Mio. Pixel und lassen zum Beispiel Zellen in der Matrix leer, wenn sie identisch zur benachbarten Zelle sind (JPG/JPEG), oder sie vermerken für einzelne Bereiche in der Matrix, dass diese identisch zu anderen Bereichen sind, speichern diese redundanten Bereiche also nicht noch einmal mit allen enthaltenen Farbwerten ab (PNG).

Aus diesen sehr großen Farbwertmatrizen ergeben sich für das menschliche Auge Formen und Motive – beispielsweise das angesprochene weiße Hemd, eine Katze oder eine Menschenansammlung vor dem US-Kapitol. Diese Farbwertmatrizen ergeben sich insbesondere für Fotos in natürlicher Weise aus der Funktionsweise digitaler Kameras: Darin fällt das Licht durch die Linsen eines Objektivs auf einen rechteckigen Sensor, der in kleinste rechteckige Pixel unterteilt ist, an denen er die einfallende Lichtintensität misst und in Farbwerte überführt. Die Farbwertmatrizen passen außerdem zur Funktionsweise digitaler Displays, die selbst aus zahlreichen kleinen Pixeln bestehen, die wiederum einen Farbwert annehmen können.

Für den Computer sind diese Farbwertmatrizen zwar verarbeitbar, die sich daraus ergebenden Formen und Motive allerdings nicht als solche ersichtlich. Während beim Vektor-Format Kreise oder Texte gespeichert und beschrieben sind, muss der Computer beim Raster-Format mühsam lernen, zusammenhängende Farben und Kontraste in Formen und Muster und schließlich in Motive zu überführen. Dafür kommen in der Regel Verfahren des

---

[2] So sind nahezu alle Grafiken in diesem Lehrbuch SVG-Dateien, also Bilder im Vektor-Format. Die einzige Ausnahme bildet der Facepager-Screenshot (Abb. 5.5).

überwachten maschinellen Lernens zum Einsatz, die auch als Verfahren der automatisierten Bilderkennung umschrieben werden. Typischerweise sind sie als „convolutional neural network" umgesetzt, bei denen Zwischenschichten eingerichtet werden, um zunächst von einzelnen Farbwerten und Pixeln auf Formen und Muster und schließlich auf Motive schließen zu können. Die Maschine lernt also möglicherweise in einer ersten Zwischenschicht, mehrere benachbarte Pixel in dunkler Farbe als Muster zu gruppieren und in einer zweiten Zwischenschicht, mehrere solcher Pixel-Strang-Muster, die parallel zueinander in einem bestimmten Abstand liegen, als Motiv zu verstehen, um das Vorhandensein eines solchen Motivs schließlich als diskriminierendes Merkmal zwischen Katzen (mit mehreren parallel liegenden schwarzen Schnurrhaaren) und Hunden (keine Schnurrhaare) zu verwenden. Als Goldstandard dienen dafür große Mengen annotierter Bilder (also sehr viele Katzen und Hunde), sodass die automatisierte Bilderkennung nicht nur eine Frage der Ressourcen für das Training, sondern auch eine Frage der verfügbaren Trainingsdaten ist.

14.1.1 Dienstleistende oder selbst aktiv werden?

Die automatisierte Bilderkennung ist für sehr viele Anwendungsbereiche von großer Relevanz: In der Medizin unterstützt sie die Interpretation von Röntgenaufnahmen, in der Sicherheitstechnik hilft sie bei der Identifikation gesuchter Personen auf den Aufnahmen von Überwachungskameras und in der Automobilindustrie ist sie eine zentrale Stütze bei der Live-Erfassung der Umgebung während des autonomen Fahrens. Entsprechend überrascht es nicht, dass nahezu alle großen Technologiekonzerne damit befasst sind. Zwar unterscheiden sich ihre Schwerpunkte und Anwendungsfälle und nicht zuletzt ihre Datensätze, die als Goldstandard zum Einsatz kommen, doch im Bereich der automatisierten Bilderkennung unterwegs sind nicht zuletzt Apple (mit Daten aus Apple Fotos), Google (mit Daten aus Google Photos oder den vielen CAPTCHA-Schutzmaßnahmen), Alibaba (mit Daten der chinesischen Sicherheitsbehörden) oder Xiaomi (mit Daten aus der Xiaomi Cloud). Auch Facebook, Microsoft, Tesla oder Zalando arbeiten an Modellen zur Erkennung von Objekten, Personen, Gesichtern oder Emotionen.

Die Modelle sind heute so ausgereift, dass es für Forschende der CCS unmöglich ist, damit zu konkurrieren. Stattdessen stellen viele dieser Unternehmen ihre Modelle als Dienstleistung zur Verfügung: Über APIs können Bilder dabei im POST-Modus an die Dienstleistenden übermittelt werden, die wiederum erkannte Informationen, also beispielsweise die genauen Koordinaten von im Bild erkannten Gesichtern oder das wahrscheinlich zugehörige Geschlecht als JSON-codierte Daten zurücksenden. Diese Dienstleistung kostet in den meisten Fällen ein wenig Geld. Darüber hinaus behalten sich die Konzerne bisweilen vor, hochgeladene Bilder für zukünftige Trainingsprozesse zu speichern.

Das ist bei den Bildern in einem Forschungsprojekt nicht immer vertretbar. Gerade personenbezogene Bilder können nicht ohne Weiteres über APIs mit Dienstleistenden zur automatisierten Bilderkennung geteilt werden. In solchen Fällen – aber auch, wenn das Forschungsinteresse spezieller ist als die Erkennung von Gesichtern oder Objekten – ist es mitunter sinnvoller, selbst aktiv zu werden. Dabei sollte das Ziel aber stets sein, auf das konkrete Forschungsinteresse bezogene Lösungen zu finden – also nicht mit den Dienstleistenden um das am besten verallgemeinerbare Modell zu wetteifern. Je nach konkretem Forschungsinteresse bieten sich dann einfache deskriptive Verfahren und Vefahren des überwachten maschinellen Lernens an.

Bei einfachen deskriptiven Verfahren werden Bilder in einzelne beschreibende Messgrößen überführt. Dazu zählen beispielsweise Messgrößen des Kontrasts, der Sättigung oder des Farbspektrums. Aus 37,5 Mio. Zahlen je Bild werden also eine Handvoll beschreibende Faktoren. Kontrastreiche Bilder lassen sich so mit verhältnismäßig wenig Aufwand Bildern mit Rotstich gegenüberstellen oder die Farbspektren in der visuellen Berichterstattung für Clusteranalysen einsetzen.

Bei Verfahren des überwachten maschinellen Lernens ist ein entsprechender Goldstandard notwendig, der in Kombination mit neuronalen Netzen idealerweise mehrere Hundert annotierte Bilder im Trainingspaket aufweist. Die neuronalen Netze können dann mithilfe prominenter Pakete und Bibliotheken, etwa der Skript-Bibliothek TensorFlow, unter Konfiguration mehrerer Zwischenschichten trainiert werden. Das funktioniert für sehr klar definierte Zielsetzungen, die auch visuell zum Ausdruck kommen, mithilfe von „convolutional neural networks" gut bis sehr gut – wenn denn genügend Bilder im Trainingspaket vorhanden sind. Dafür sind jede Menge Ressourcen notwendig, idealerweise unterstützt durch Grafikkarten und ihre GPUs.

14.1.2 Beispiel visuelle Texterkennung (OCR)

Ein prominentes Beispiel visueller Daten und der automatisierten Bilderkennung ist die Identifikation von Texten in Raster-Grafiken. Diese Form der Bilderkennung kommt immer dann zum Einsatz, wenn aus Fotos (z. B. abfotografierte Adressen auf Briefumschlägen, gefilmte Umwelt bei Blindenassistenzsystemen) Text extrahiert werden soll. Man nennt dieses Verfahren auch „optical character recognition" (kurz: OCR; optische Zeichenerkennung) und sie eignen sich – trotz ihres fortgeschrittenen Alters – gut dafür, die zentralen Herausforderungen im Umgang mit visuellen Daten zu veranschaulichen.

Da ist zunächst die starke Einschränkung der zentralen Aufgabe in einem scheinbar grenzenlosen Feld: Der Computer soll einzelne alphanumerische Zeichen erkennen. Dabei ist die Vielfalt an Schriftarten und Handschriften, an Blickwinkeln der aufnehmenden Kameras oder an Belichtungssituation enorm. Gleichzeitig ist die abhängige Größe deutlich eingeschränkt: Es gibt beispielsweise im Deutschen genau zehn Ziffern und rund einhundert Zeichen (Buchstaben in Klein- und Großschreibung sowie Satzzeichen). Diese Einschränkung ist unumgänglich, um dem Computer ein klar definiertes und somit erreichbares Ziel vorzugeben.

In den Anfängen der OCR-Forschung hat sich aus dieser Engführung des Forschungsziels ein Standard-Datensatz etabliert: „MNIST" enthält 70.000 Bilder handgeschriebener Ziffern, die allesamt im Format 28 mal 28 Pixel und in Graustufen, also ohne mehrere

Abb. 14.1 Auszug aus
„MNIST"-Datensatz
handgeschriebener Ziffern mit
markierten Pixel (eigene
Darstellung)

Farbwerte, vorliegen (Abb. 14.1). Jedes Bild einer Ziffer lässt sich also in 784 Zahlenwerten, die jeweils zwischen 0 (komplett schwarz) und 255 (komplett weiß) liegen, beschreiben. Die Aufgabe des Computers besteht nun darin, zu lernen, wann eine „6" eine „6" oder wann eine „8" eine „8" ist. Dafür sucht der Computer zunächst nach Mustern, zum Beispiel aus benachbarten Pixeln, die ähnlich dunkel sind, und überführt diese Muster anschließend in Motive, also etwa geschlossene Kreise oder offene Bögen. Und je nach Kombination solcher Motive errechnet der Computer dann Wahrscheinlichkeiten, dass es sich bei zwei geschlossenen Kreisen eher um eine „8" und bei einem geschlossenen Kreis und einem offenen Bogen darüber eher um eine „6" handelt.

An der Identifikation von Texten in Raster-Grafiken lassen sich aber nicht nur die zentralen Herausforderungen im Umgang mit visuellen Daten illustrieren, sondern auch die Fortschritte der OCR-Forschung. Denn modernere Ansätze sind längst nicht mehr nur darauf beschränkt, einzelne Zeichen zu identifizieren, sondern sie reichern einzelne Zeichen mit weiterführenden Informationen umliegender Zeichen an. So kann beispielsweise ein fälschlicherweise als „1" erkanntes, groß geschriebenes „I" leicht automatisiert korrigiert werden, wenn die umliegenden Zeichen „gel" eher auf das Tier („Igel") denn eine unbekannte Zeichenfolge („1gel") hindeuten. Moderne visuelle Texterkennung – und im Übrigen auch moderne automatisierte Bilderkennung – zieht also Kontextinformationen zur erlernten Identifikation einzelner Motive hinzu.

14.2 Audio-Daten

Die Erkennung von Sound stellt für moderne Computer eine große, in der modernen Informatik aber weitestgehend bewältigte Herausforderung dar. Hierfür gilt es zunächst, Schallwellen als eine analoge Größe in ein digitales Audio-Signal umzuwandeln. Dafür wird in festgelegten Zeitabständen der für Menschen hörbare Bereich an Schallwellen abgetastet. Das machen Mikrofone für uns. Als Ergebnis liegen dann Ausschläge der Schallwellen im Zeitverlauf vor, wobei man den maximalen Ausschlag einer Schallwelle in einem bestimmten Zeitfenster auch als Amplitude und die Abbildung als Ganzes als Oszillogramm bezeichnet. Diese Oszillogramme sind von Sprachnachrichten bekannt, bei denen Aufnahmen auch visuell dargestellt werden (Abb. 14.2 oben).

Weitaus herausfordernder ist der zweite Schritt, also die Überführung des anschließend vorliegenden digitalen Audio-Signals in interpretierbare Werte, also etwa in textuelle Repräsentationen gesprochener Sprache. Denn in einem digitalen Audio-Signal stecken in aller Regel nicht nur die gesuchten Kerninhalte, sondern auch jede Menge Umgebungsgeräusche: In Sprachaufnahmen sind möglicherweise Stimmen in der Umgebung zu hören, beim Radio läuft vielleicht Musik im Hintergrund einer Ansage und bei weniger hochwertig produzierten Podcasts ist gelegentlich ein Nachhallen der Stimmen vernehmbar. All das beeinträchtigt die Eindeutigkeit des digitalen Signals, sodass für die Interpretation zunächst versucht wird, die wesentlichen Signale zu isolieren. Anschließend können Teile des Signals ausgeschnitten und auf ein groberes Muster der Amplituden reduziert werden. Ein solches Muster ist dann idealerweise also nicht mehr von der Lautstärke oder der Umgebung abhängig, sondern stellt eine Art Vektor-Abbildung einer Auf-

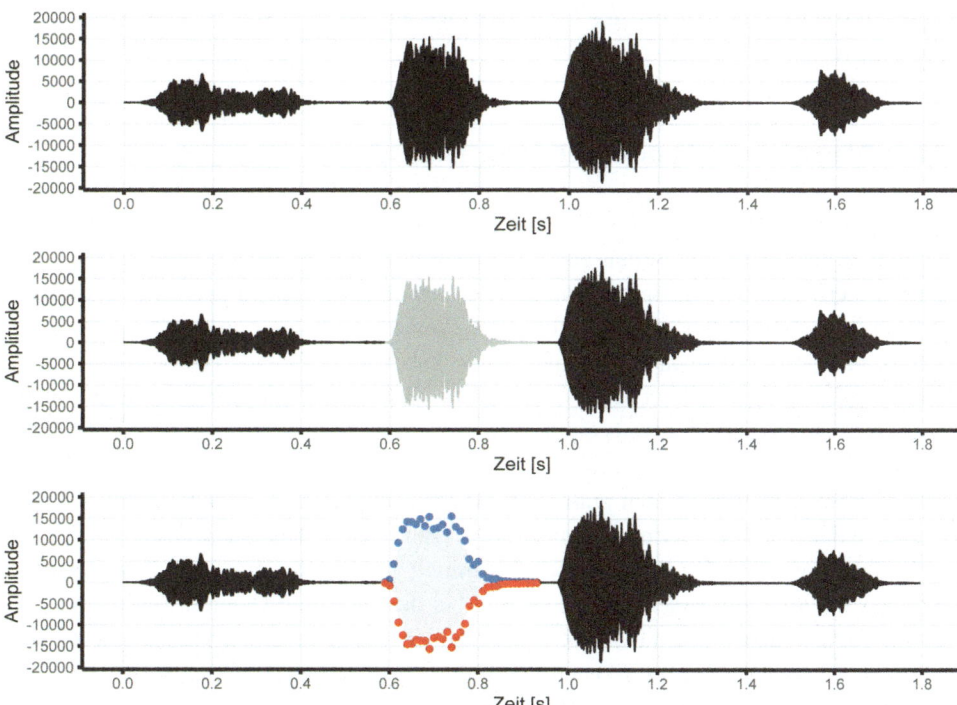

Abb. 14.2 Beispielhaftes Oszillogramm im Ganzen (oben), auf ein Wort isoliert (Mitte) und in Vektor-Repräsentation überführt (unten) (eigene Darstellung)

nahme dar, in der beispielsweise auf einen sehr steilen Anstieg ein kleiner Abfall und ein erneuter Anstieg der Amplituden folgt. Zuletzt kann dieses Muster mit einer Referenzdatenbank voller solcher Muster abgeglichen werden, um die passendste Entsprechung, also ein gesagtes Wort oder einen bestimmten Song identifizieren zu können.

In dieser Verarbeitungslogik ist die Überführung von Audio in für die CCS verarbeitbare Daten also nicht so rechenintensiv wie andere Verfahren es sind. Sie ist aber mit vielen kleinteiligen – und damit potenziell fehleranfälligen – Schritten verbunden und baut auf eine umfassende Referenzdatenbank zum Abgleich der Audio-Signale auf. Solche Referenzdatenbanken gibt es für unterschiedliche Sprachen ebenso wie für einzelne Dialekte, für verschiedene Intonationen ebenso wie für Sprecharten in unterschiedlichen Höhen, für Songs ebenso wie für die Tonspuren von Filmen. Diese Referenzdatenbank ist dabei jene Krux, die die Erkennung von Audio-Daten besser oder schlechter funktionieren lässt.

Eine solche Referenzdatenbank wird üblicherweise aus einer Kombination aus möglichst vielfältigen Aufnahmen und unüberwachtem maschinellem Lernen aufgebaut. Dabei kommen versteckte Markow-Modelle (vgl. Kap. 13) oder neuronale Netze zum Einsatz, die in der Vielzahl bestehender Aufnahmen markante Stellen identifizieren sollen, anhand derer sich beispielsweise Worte trotz unterschiedlicher Betonung, Aufnahmequalität oder sprechender Person identifizieren lassen. Zuletzt gibt es Bemühungen, die Abhängigkeit von Referenzdatenbanken zum Beispiel durch den Einsatz generativer Modelle zu verringern.

14.2.1 Dienstleistende oder selbst aktiv werden?

Auch für Audio-Daten treiben die bekannten Technologiekonzerne die informatische Entwicklung zu maßgeblichen Teilen voran. Denn nahezu alle bieten Assistenzsysteme an, die mindestens menschliche Sprache und meist auch Musik erkennen und verarbeiten können. Dazu zählen etwa Alibaba (Tmall Genie), Amazon (Alexa), Apple (Siri), Baidu (AI Speech), Facebook (ehemals „M", neuer Name unbekannt), Google (Google Assistant), Microsoft (Cortana), Tencent (ASR) oder Xiaomi (Xiao Ai). Im Kern basieren alle diese Systeme üblicherweise auf jeweils eigenen Referenzdatenbanken und jeweils eigens dafür trainierten Modellen.

Viele dieser Konzerne bieten außerdem als Dienstleistende Nutzungszugriff auf ihre Systeme, indem sie ihre Verwendung über APIs ermöglichen. Dabei können Audio-Daten im POST-Modus an die Dienstleistenden übermittelt werden, die wiederum den erkannten Text oder Songtitel zurücksenden. Wie schon bei den visuellen Daten kostet auch diese Dienstleistung in den meisten Fällen Geld. Und auch hier behalten sich die Konzerne bisweilen vor, hochgeladene Audio-Daten für zukünftige Trainingsprozesse zu speichern.

Doch im Gegensatz zu Bildern ist die Erkennung von Sound durchaus auch auf eigene Faust mit adäquaten Ergebnissen umsetzbar. So existieren quelloffene Projekte, die sowohl Referenzdatenbanken als auch definierte Modelle für den Aufbau eigener Referenzdatenbanken mitbringen (z. B. Kaldi, Mozilla DeepSpeech, Mycroft). Für den Aufbau eigener Referenzdatenbanken lassen sich dann entweder ebenfalls frei verfügbare Trainingsdatensätze nutzen (z. B. LibriSpeech, Mozilla Common Voice) oder selbst einige Trainingstexte einsprechen. Diese Umsetzung ohne Dienstleistende ist dabei technisch durchaus anspruchsvoll, im Ergebnis aber lohnenswert – insbesondere, wenn es für ein Forschungsprojekt keine Option ist, die Audio-Daten an Dienstleistende zu übergeben.

14.2.2 Beispiel Spracherkennung (TTS)

Gerade die Überführung von gesprochener Sprache in textuelle Daten (engl. text-to-speech, kurz: TTS) eignet sich gut, den Ursprung und den derzeitigen Stand der Forschung aufzuzeigen. Die Funktionsweise haben wir im Kern bereits kennengelernt: Nach der Überführung analoger Schallwellen in ein digitales Audio-Signal, das also die maximalen Ausschläge der Schallwellen (Amplituden) je Zeiteinheit erfasst, liegt uns ein sogenanntes Oszillogramm vor (Abb. 14.2 oben). Die Aufnahme wird anschließend möglichst gut bereinigt, also ein etwaiges Rauschen unterdrückt. Dann wird versucht, auf Basis von Pausen das Oszillogramm in einzelne Wörter zu zerlegen (Abb. 14.2 mittig). Und schließlich werden die zahlreichen Ausschläge nach oben und unten in ein groberes Muster zusammengefasst, das eine abstrahierte Repräsentation eines gesprochenen Worts darstellt. Aus „Helga" wird so also ein Vektor aus einigen wenigen Amplituden im Zeitverlauf (Abb. 14.2 unten).

Diese abstrahierte Repräsentation der Schallwellen eines Worts wird dann mit den bereits thematisierten Referenzdatenbanken abgeglichen. Dabei wird in moderneren Systemen mehr Wert auf die ersten paar Amplituden, also den Beginn eines Worts, gelegt. Ferner korrigieren – wie schon bei der visuellen Texterkennung – moderne Systeme die identifizierten Worte in einem weiteren Schritt in Abhängigkeit voneinander. Dabei wird geprüft, ob eine mögliche Identifikation A eines etwas undeutlichen Worts im Hinblick auf die grammatische Konstruktion des gesamten Satzes wahrscheinlicher ist als eine mögliche Identifikation B.

14.3 Audiovisuelle Daten

Die Erkennung und Verarbeitung von Videos ist für moderne Computer in erster Linie eine Ressourcenherausforderung. Denn letztlich bestehen Videos aus vielen visuellen Daten im Zeitverlauf und aus ergänzenden auditiven Daten, deren Verarbeitung wir jeweils bereits kennengelernt haben. Drei zentrale Herangehensweisen lassen sich dabei unterscheiden: Standbildanalysen, Objektanalysen und Bild-Ton-Analysen.

Die erste Herangehensweise an Videos besteht darin, ein Video in einzelne Standbilder zu zerlegen und diese Standbilder anschließend gemäß den Methoden im Umgang mit visuellen Daten zu analysieren. Ein Video benötigt mindestens 20 unterschiedliche Bilder pro Sekunde, um vom menschlichen Auge als Bewegtbild wahrgenommen zu werden. Üblich sind bei Filmen in der Regel 24 Bilder pro Sekunde und deutlich mehr bei aufwändigen Filmproduktionen (48 Bilder pro Sekunde) oder bei actionreichen Computerspielen (bis zu 240 Bilder pro Sekunde). Das ist sehr viel zu analysierendes Bildmaterial, von dem außerdem anzunehmen ist, dass es nur bedingt analytischen Mehrwert bietet, jedes einzelne – und für sich kaum wahrnehmbare – Bild einzeln zu verarbeiten. Deshalb wird bei der Standbildanalyse nicht jedes einzelne Bild verarbeitet, sondern es wird eine Stichprobe aus Standbildern gezogen – zum Beispiel ein Standbild je halber Sekunde. Einige Videos zeigen erwartungsgemäß wenig visuelle Veränderung, etwa weil im Rahmen einer Studioaufnahme über einen längeren Zeitraum dieselbe Interviewsituation zu sehen ist, sodass die Stichprobe weiter verkleinert werden kann, also zum Beispiel ein Standbild alle zwei Sekunden für die Analyse ausreicht. Diese Herangehensweise ist für viele inhaltsanalytische Forschungsprojekte eine passable Option.

Mit modernen Methoden lässt sich diese Standbildanalyse noch um zeitliche Zusammenhänge ergänzen. Typischerweise mithilfe von „long short-term memory neural networks", also neuronalen Netzen, bei denen den Neuronen ein persistenter Speicher für eine begrenzte Zeitspanne zur Verfügung steht, wird nach Zusammenhängen zwischen den analysierten Standbildern gesucht: Werden in Standbild 1 eine Frau und ein Mann identifiziert, so beeinflusst das die Wahrscheinlichkeit, dass in Standbild 2 ebenfalls eine Frau und ein Mann zu sehen sind. So soll die Zuverlässigkeit der in den Standbildern erkannten Motive erhöht werden.

Die zweite Herangehensweise an Videos besteht darin, von beweglichen Objekten anstelle von abgebildeten Motiven auszugehen. Die Analyseeinheit wird also um eine zeitliche Komponente ergänzt. Da nicht von allen Objekten als bewegliche Objekte ausgegangen werden kann, konzentriert sich diese Herangehensweise üblicherweise auf Menschen, Tiere oder Fahrzeuge. Auf Basis weniger und unmittelbar aufeinander folgender Bilder wird dabei nach Objekten gesucht, die einem bestimmten Aufbau entsprechen: Ein Mensch könnte dabei beispielsweise als grobes Abbild eines Korpus mit zwei Beinen, zwei Armen und einem Kopf verstanden werden. Die Lokalisierung dieses Abbilds findet dann auch auf den folgenden Bildern statt, wobei der Computer davon ausgehen kann, dass beispielsweise ein Arm im Standbild 2 nur unwesentlich von der Position entfernt sein kann, an der er sich in Standbild 1 befand. Die Objektanalyse ermöglicht es also sowohl, benötige Ressourcen durch die Betrachtung begrenzter Bildausschnitte etwas zu beschränken, als auch bewegliche Objekte über die Zeit zu verfolgen. Diese Analysen sind besonders in der Überwachungs- und Sicherheitstechnik sowie der Automobilindustrie verbreitet, finden aber zunehmend auch in der angewandten Medien- und Werbeforschung Anwendung. Dabei geht es zum Beispiel um Gestensteuerungen oder darum, Menschen in einem Ladenlokal automatisiert zu beobachten, um später die Produktausrichtung anpassen zu können.

Die dritte Herangehensweise an Videos sieht die Hinzunahme der Tonspur vor. Bei derartigen Bild-Ton-Analysen wird die beschriebene Verarbeitung der visuellen Daten um Informationen ergänzt, die sich durch das Gesagte oder durch die unterschiedliche Anzahl an Stimmen ergeben: Sind drei unterschiedliche Personen zu hören, so erhöht das die Wahrscheinlichkeit, dass auch drei Personen zu sehen sind. Ähnlich wie bei der modernen Verarbeitung visueller und auditiver Daten kristallisiert sich also auch bei audiovisuellen Daten heraus, dass durch die Hinzunahme von Kontextinformationen die eigentliche Verarbeitung verbessert wird. Bild-Ton-Analysen richten sich in der Anwendung insbesondere an Aufnahmen, auf denen Menschen zu sehen und hören sind, zumal zu diesen Arten von visuellen und auditiven Daten auf viele Erkenntnisse der Forschung aufgebaut werden kann.

Sowohl die Standbildanalyse unter Zuhilfenahme zeitlicher Zusammenhänge als auch die anderen beiden Herangehensweisen, Objektanalysen und Bild-Ton-Analysen, benötigen sehr viele Ressourcen. Sie sind entsprechend auf möglichst effiziente Modelle sowie auf optimierte Hardware angewiesen. Letztere können erneut Grafikkarten und ihre GPUs oder aber spezialisierte Prozessoren (z. B. TPUs) sein.

14.3.1 Dienstleistende oder selbst aktiv werden?

Für die Verarbeitung und Analyse von Video-Daten dienen sich Technologiekonzerne vor allem Firmenkunden an. Entsprechend sind in diesem Markt insbesondere jene Dienstleistenden vertreten, die wesentliche Teile ihres Umsatzes mit anderen Unternehmen machen. Dazu zählen Amazon (über AWS Rekognition), Google (über die Google Video AI) und Microsoft (über Azure Computer Vision). Die Dienstleistungen können auch zu Forschungszwecken verwendet werden. Nach erfolgter Registrierung (und Bezahlung) werden auch hierfür über APIs Video-Daten im POST-Modus an die Dienstleistenden übermittelt, die entsprechende Annotationen, Motive oder Objekte retournieren. Im Gegensatz zu den freier verfügbaren APIs der Dienstleistenden im Bereich visueller und auditiver Daten, besteht im hier vorherrschenden Business-to-Business-Segment (kurz: B2B) ein anderer Anspruch an den Datenschutz, sodass sich nicht alle Dienstleistenden vorbehalten, die Daten längerfristig zu speichern.

Etwas anders sieht das bei den ebenfalls verfügbaren Dienstleistenden aus dem Sicherheitsbereich aus. Das chinesische Unternehmen Megvii beispielsweise bietet verhältnismäßig kostengünstig seine Modelle zur Videoanalyse über eine API an, behält sich aber vor, die Daten anderweitig weiter zu verwenden. Das Unternehmen gilt gleichzeitig als zentraler Dienstleister von CCTV, dem in China breit eingesetzten System an Überwachungskameras und war 2019 aufgrund seiner Dienste zur systematischen Überwachung der Uigur:innen stark in der Kritik.

Gerade für die Objektanalyse und die Bild-Ton-Analyse sind Dienstleistende für die CCS indes nahezu alternativlos. Zu groß sind die Anforderungen an Trainingsmaterial und Ressourcen, um annähernd gleichwertige Ergebnisse erzielen zu können. Für die Analyse von Videos lohnt es sich für Forschende lediglich dann, selbst aktiv zu werden, wenn sich das Forschungsinteresse auf die bereits bekannten Methoden im Umgang mit visuellen oder auditiven Daten beschränken.

14.3.2 Beispiel „optical flow estimation"

Die Komplexität der Verarbeitung audiovisueller Daten soll hier am Beispiel der sogenannten „optical flow estimation"-Verfahren (übersetzbar etwa als Schätzung des opti-
schen Flusses) näher veranschaulicht werden. Bei diesen Verfahren geht es im Kern darum,
Motive (aus Standbildanalysen) oder Objekte (aus Objektanalysen) mit angemessenem
Aufwand um eine zeitliche Dimension zu erweitern. Die Verfahren tragen also dazu bei,
herauszufinden, ob ein Motiv oder Objekt in einem Video zu Zeitpunkt 1 dasselbe ist wie
ein Motiv oder Objekt zu Zeitpunkt 2.

Bei „optical flow estimation" handelt es sich um differenzielle Verfahren, die Analysen
einzelner Bilder als Ausgangspunkt nutzen. Im Ergebnis sind sie aber an der Bewegung
interessiert, die in Form von Vektoren angestrebt wird. Das kann man sich wie Pfeile vorstellen, die ausgehend von einem Motiv, einem Objekt oder gar einem einzelnen Pixel in
einem Bild des Videos auf jene Position zeigen, die das Motiv, Objekt oder Pixel in einem
der nächsten Bilder des Videos einnehmen wird. Damit ist nicht unbedingt das unmittelbar
folgende Bild gemeint; vielmehr kann sich ein solcher optischer Bewegungsfluss auch
über zahlreiche einzelne Bilder oder über mehrere Sekunden erstrecken.

Die Grundannahme dieser Verfahren besteht in der Persistenz von Licht. Videos benötigen Licht und ein einzelnes Bild einer Aufnahme, in dem bewegte Motive oder Objekte identifiziert werden sollen, besteht immer zu einem gewissen Teil aus hellen (be-
lichteten) Bereichen. Diesen Bereichen haftet eine gewisse Trägheit an. Zwar können sich
auch Lichtquellen bewegen, doch die damit verbundenen Veränderungen in der Szene,
also zum Beispiel die veränderte Richtung des Schattenwurfs von Personen im Lichtkegel
eines vorbeifahrenden Autos, betreffen alle Elemente einer Szene gleichermaßen. Bewegen sich Motive oder Objekte aber, so brechen sie mit dieser Gleichmäßigkeit. Aus
Sicht der Daten bilden sie Abweichungen, die Modelle des maschinellen Lernens zu
identifizieren imstande sind.

Diese Grundannahmen und die darauf aufbauenden „optical flow estimation"-Verfah-
ren sind nicht neu. Bereits in den frühen 1980er-Jahren wurden sie eingesetzt, allerdings
unter Zuhilfenahme manuell getätigter Einschränkungen. Zu diesen Einschränkungen ge-
hörten Verfahren zur Erkennung von Unschärfe: Wird in einem Bild Unschärfe erkannt,
kann im vorhergehenden Bild in jenem Ausschnitt, an dem die Unschärfe ihren Usprung
nimmt, nach Motiven oder Objekten gesucht werden. Die „optical flow estimation" ist
dann nicht an ganze Bilder als (früher) kaum zu bewältigende Datengrundlage gebunden,
sondern kann sich auf einzelne Bildsegmente konzentrieren. Gerade für die Erkennung
bekannter Objekte, etwa eines menschlichen Arms, lassen sich außerdem manuelle Einschränkungen vornehmen, insofern die Bewegung eines erkannten Arms nicht völlig
willkürlich von einem auf das nächste Bild erfolgt, sondern sich die nächste Position
immer in Reichweite der vorherigen Position befindet. Auch so lassen sich Ressourcen
einsparen, insofern nur Bildsegmente und nicht ganze Bilder analysiert werden müssen.

Moderne Verfahren tun das im Wesentlichen immer noch. Allerdings brauchen sie weniger manuelle Spezifikation im Vorfeld, wie die Reichweite eines Arms. Stattdessen

erlernen sie diesen Bewegungsradius aus viel Trainingsmaterial. Über solches Trainings-material verfügen die genannten Unternehmen meist selbst, manches liegt aber auch in öffentlichen Datensätzen vor (z. B. ImageNet, YouTube-8M). Moderne Verfahren haben außerdem mit deutlich mehr Leistungsanforderungen zu kämpfen, insofern visuelle Daten heute viel höher aufgelöst sind, also aus viel mehr Pixel bestehen. Nicht selten ist eine Anforderung an moderne Verfahren zudem, dass die Analyse nahezu in Echtzeit erfolgen muss. Man stelle sich nur vor, was passiert, wenn ein selbstfahrendes Auto für die Analyse der Videoaufnahmen einer die Straße passierenden Katze mehrere Sekunden bräuchte. Aus diesem Grund setzen moderne – also sehr rechenintensive – Verfahren vermehrt auf die Unterstützung durch die Hardware: Fest verbaute Bildstabilisatoren oder Sensoren zur Rauschunterdrückung sollen die Bildqualität verbessern, noch bevor die Bilder überhaupt durch die Software verarbeitet werden. Gerade bei Anwendungsfällen im drei-dimensionalen Raum, also zum Beispiel bei selbstfahrenden Autos, werden außerdem häufig mehrere Kameras kombiniert, um durch die zusätzlichen Perspektiven zusätzliche Informationen zur Tiefe, also der Entfernung von Motiven und Objekten, erfassen zu können.

14.4 Geo-Daten

Die Verarbeitung von geografischen Daten ist für Computer keine besonders anspruchs-volle Aufgabe. Aber Geo-Daten stellen typischerweise Menschen vor einige Heraus-forderungen, denn mit ihrer Verarbeitung und insbesondere mit ihrer Visualisierung gehen zahlreiche Freiheitsgrade und Entscheidungen einher. Wir nähern uns Geo-Daten daher an dieser Stelle in fünf Schritten: vom (1) generellen Sprachgebrauch und (2) der zugehörigen maschinellen Verarbeitung über (3) Versuche der Vereinheitlichung und (4) geografische Grundsatzentscheidungen bis zur (5) finalen Analyse und Visualisierung.

Im generellen Sprachgebrauch werden unter Geo-Daten Postanschriften, Postleit-zahlen, Länder- oder Städtenamen, Stadtteile, Wahl- oder Landkreise verstanden. Das alles sind Geo-Daten, ebenso wie es IP-Adressen bis zu einem gewissen Grad sind. IP-Adressen sind unsere Anschriften, wenn wir im Internet unterwegs sind. Sie sind nicht auf Personen zurückführbar – und auch, um sie auf einzelne Internetanschlüsse zurückzu-führen, müssen richterliche Beschlüsse vorliegen –, aber sie sind aufgrund der dezentral vernetzten Architektur des Internets in der Regel auf Länder oder Städte zurückführbar.[3] Selbstverständlich sind auch GPS-Koordinaten – also die genaue Verortung über Breiten- (engl. latitude) und Längengrad (engl. longitude) – Geo-Daten. GPS[4] (engl. global positio-

---

[3]Testhalber können Sie in einer Suchmaschine Ihrer Wahl nach „ip location" suchen und die ersten Ergebnisse ausprobieren. In den meisten Fällen erhalten Sie zwar leicht voneinander abweichende, aber nicht ganz falsche Einschätzungen darüber, wo Sie sich gerade befinden.

[4]GPS ist dabei eigentlich ein Deonym der US-Anwendung eines globalen Navigationssatelliten-systems. Das von der Europäischen Union betriebene System, auf das auch Smartphones durchaus zugreifen, heißt „Galileo", das chinesische System „Beidou".

ning system) bezeichnet die Verortung einer Position auf der Erde mithilfe von Satelliten: Dabei muss das genutzte Gerät, also beispielsweise das Smartphone, von mindestens vier im Orbit befindlichen GPS-Satelliten deren genaue Position und akkurate Uhrzeit empfangen, um daraus seine Position auf der Erde zu berechnen. Das funktioniert im Außenbereich auf wenige Meter genau.

Dieser Vielfalt an Geo-Daten steht die maschinelle Notwendigkeit der Vereinheitlichung gegenüber. Denn Länder- und Städtenamen gibt es in einer Vielzahl von Schreibweisen (und Sprachen) und es gibt Länder, die die Namen (und Grenzen) anderer Länder nicht anerkennen. Landkreise sind verwaltungstechnisch etwas anderes als Stadtteile (zumindest in Deutschland) und richten sich dabei auch weder nach Postleitzahlen noch Wahlkreisen (oder umgekehrt). GPS-Daten sind je nach Messung nur auf wenige Meter genau und eignen sich insbesondere in Innenräumen oder an Orten mit mehreren Stockwerken nicht zur genaueren Beschreibung der Geografie. Und IP-Adressen ändern sich, ebenso wie Postanschriften, immer mal wieder – wenn Internetanschlüsse umgestellt oder neue Häuser gebaut werden. Aus maschineller Sicht sind Geo-Daten also nicht gleich Geo-Daten. Vielmehr handelt es sich dabei um einen Sammelbegriff für verschiedene Konzepte, die je nach Anwendungsfall genauer spezifiziert werden müssen.

Versuche der Vereinheitlichung gab und gibt es deshalb viele. Zu ein wenig Prominenz geschafft hat es das Unterfangen (und gleichnamige britische Unternehmen) „what3words". Die zentrale Idee besteht darin, die Erde in gedachte Quadrate von je drei Meter Seitenlänge einzuteilen und jedes Quadrat mit einer einzigartigen und unveränderlichen Kombination aus drei Wörtern zu bezeichnen. Der Ort „abhalten.beraterin.anderer" beispielsweise beschreibt den Haupteingang des Berliner Reichstagsgebäudes. So könnten Postanschriften und Wahlkreise abgeglichen, Koordinaten enger konkretisiert und auch Regionen ohne Anschrift (z. B. im Meer) verortet werden. Doch die Idee, und das ist wohl ein zentrales Problem im Umgang mit Geo-Daten, funktioniert vor allem dann, wenn „alle" mitmachen – Google Maps ebenso wie die Bundeswahlleitung, die Deutsche Post ebenso wie jede Stadtverwaltung. Das ist ein utopisches Ziel, sodass der Umgang mit Geo-Daten immer zunächst eine Aufgabe der Datenbereinigung und Vereinheitlichung darstellt.

Im Zuge dieser Vereinheitlichung müssen geografische Grundsatzentscheidungen darüber getroffen werden, in welcher Form die Daten später analysiert und für wen sie wie aufbereitet werden sollen. Denn mit diesen Entscheidungen geht bei Geo-Daten meist eine politische Dimension einher, deren Implikationen es abzuwägen gilt. Zwei Beispiele sollen das illustrieren.

Im ersten Beispiel stellen wir uns vor, dass wir für ein Forschungsprojekt eine Liste der Länder der Welt benötigen. Eine solche Liste gibt es von den Vereinten Nationen, die im internationalen Staatenbund anerkannte Länder protokollieren. Thema erledigt? Mitnichten. Denn es fehlt beispielsweise Taiwan – obschon es von einer Handvoll selbst anerkannter Staaten als eigenes Land anerkannt ist. Ähnliches gilt beispielsweise für den

Kosovo oder Palästina. Selbst die Schweiz, ein eigentlich unumstritten souveräner und anerkannter Staat, ist erst seit 2002 auf der Liste.[5] Ob sich die Staaten-Liste der Vereinten Nationen also als Geo-Daten-Grundlage für unser Forschungsprojekt eignet, hängt stark davon ab, ob die genannten geopolitischen Aspekte dafür eine Rolle spielen (dürfen).

Im zweiten Beispiel sind wir auf der Suche nach Möglichkeiten, die Ergebnisse einer international vergleichenden Studie als eingefärbte Karte abzubilden. Dabei wollen wir auch Ergebnisse für die Ukraine darstellen. Doch je nach Kartenmaterial fällt unsere Darstellung unterschiedlich aus: Das Kartenmaterial des frei verfügbaren Projekts OpenStreetMap beispielsweise stellt die Ukraine gemäß ihrer völkerrechtlich anerkannten und bei der UN vertraglich festgehaltenen Grenzen dar, was auch die Halbinsel Krim als (autonomen) Teil der Ukraine umfasst. Ebenso verhält sich Microsofts Bing Maps sowie der chinesische Geo-Dienst von Baidu. Dem gegenüber steht mit Tencent ein anderer chinesischer Geo-Dienst, der – wie auch das südkoreanische Kakao Maps – überhaupt nur das eigene Land abbildet. Die US-amerikanischen Dienste von Google und Apple, die sonst internationale Grenzen deutlich darstellen, weigerten sich Ende 2022 hingegen, die Ukraine mit genauem Grenzverlauf darzustellen. Stattdessen deuten beide mit einer weicheren Linie den seit der russischen Invasion umkämpften Status der ukrainischen Halbinsel Krim an. Einem Bericht der Washington Post zufolge variiert diese Darstellung bei Google Maps gar mit dem Ursprungsland der zugreifenden Nutzenden (Bensinger 2020). Schließlich stellt der russische Geo-Dienst Yandex seit einiger Zeit überhaupt keine Ländergrenzen mehr dar. Je nach Wahl des Kartenmaterials bilden wir in unserem Forschungsprojekt also unterschiedliche Realitäten ab, die eine klare politische Dimension aufweisen, die so möglicherweise nicht von uns intendiert war.

Diese Grundsatzentscheidungen beeinflussen entsprechend auch die finale Analyse und Visualisierung von Geo-Daten. Denn Geo-Daten sind politisch sehr relevante Daten und in zahlreichen Fällen gibt es nicht den einen Goldstandard, auf den sich alle einigen können. Stattdessen verfügen verschiedene Organisationen und Institutionen über (teils unterschiedliche) Datenbanken mit spezifischen Geo-Daten, die nicht selten auch urheberrechtlich geschützt sind. Nicht zuletzt deshalb greifen im Umgang mit Geo-Daten viele Bibliotheken und Pakete (z. B. in *Python* oder *R*) auf frei verfügbares Material zurück, das etwa bei OpenStreetMap oder bei Wikipedia verhandelt und dargestellt wird. Zumindest Wikipedia wurde aber bereits häufiger ein Fehlen nicht-westlicher Perspektiven vorgeworfen und nachgewiesen (Frost-Arnold 2018). Entstanden ist ein für Geo-Daten sensibles Dreiecksgeflecht aus Eigentumsrechten, gemeinnütziger Internetaktivität und geopolitischer Diplomatie.

---

[5] Grund dafür ist, dass die Schweiz eine UN-Mitgliedschaft laut Staatsvertrag nur per Volksabstimmung anstreben kann – und das mit Verweis auf seine Neutralität über viele Jahre hinweg nicht getan hat.

14.4.1 Dienstleistende oder selbst aktiv werden?

Vor diesem Hintergrund ist die Frage, welche Rolle Dienstleistende bei Geo-Daten spielen können, schwierig zu beantworten. Denn im Umgang mit Geo-Daten kommen Forschende nicht darum herum, selbst aktiv zu werden: Zu sensibel und zu weitreichend sind die Folgen schlecht aufbereiteter empirischer Geo-Daten. Gleichzeitig gibt es spätestens bei der Visualisierung von Geo-Daten kaum Alternativen zu Dienstleistenden. Denn sobald Staaten, Bundesländer oder auch Wahlkreise visualisiert werden sollen, ist Kartenmaterial notwendig, das mit annehmbarem Aufwand nicht selbst erstellt werden kann. Doch auch für die Analyse einiger geografischer Forschungsfragen sind bereits Dienste anderer notwendig. Insgesamt finden sich unterschiedliche Angebote von Dienstleistenden:

- Basisdaten, zum Beispiel Listen von Staaten oder Bundesländern, gibt es in der Regel frei zugänglich bei offiziellen Ämtern oder Institutionen.
- Zensusinformationen, also beispielsweise Bevölkerungszahlen, stellen üblicherweise globale Institutionen wie die Weltbank oder die Vereinten Nationen zur Verfügung.
- Verortungen erlauben die Übersetzung von Postanschriften oder Städtenamen in GPS-Koordinaten. Solche Dienste werden häufig über (kostengünstige) APIs angeboten, etwa von Google Maps oder OpenStreetMap. Sie sind im Ergebnis stark vom jeweiligen Dienstleistenden abhängig.
- Kartenmaterial ist meist urheberrechtlich geschützt und wird entsprechend nur sehr eingeschränkt zur Verfügung gestellt. Globales Kartenmaterial mit offener Lizenz (dabei aber den zuvor genannten Einschränkungen) gibt es bei OpenStreetMap. Solches Kartenmaterial liegt dann in visuellem Raster-Format für einen gesuchten Kartenausschnitt vor. Alternative Angebote, etwa von Apple oder Microsofts Bing Maps, ermöglichen eher das interaktive Einbinden in Webseiten, wobei die Dienste dabei auch Nutzungsdaten beziehen. Kartenmaterial zu Wahlkreisen oder Bundesländern gibt es in der Regel bei offiziellen Ämtern in Form sogenannter „Shape"-Dateien, die Grenzen im Vektor-Format enthalten.
- Distanz- und Routenberechnungen sind oft ohne große Kosten bei den bekannten Geo-Diensten über einfache APIs möglich.
- Fertige Visualisierungen dienen sich schließlich an, die Welt der Geo-Daten scheinbar zu vereinfachen. Solche Dienstleistenden bieten an, tabellarische Daten mit Geo-Informationen selbstständig zu visualisieren und als fertige Grafik zurückzuliefern. Diese Angebote funktionieren teilweise direkt im Browser, teilweise abermals über APIs und kosten meist wenig Geld. Allerdings bauen auch sie im Kern auf die bekannten Geo-Dienste und damit die beschriebenen Einschränkungen auf.

14.4.2 Beispiel Visualisierung der 7-Tage-Inzidenz

Für ein konkretes Anwendungsbeispiel stützen wir uns auf Daten offizieller Quellen und wollen die sogenannte 7-Tage-Inzidenz der Corona-Pandemie an einem zufällig ausgewählten Tag (der 5. März 2022) in allen Städten und Landkreisen Deutschlands berechnen und visualisieren. Die 7-Tage-Inzidenz gibt die Zahl der Neuinfektionen in den letzten sieben Tagen an, wobei die Zahl ins Verhältnis zu den lokalen Bevölkerungszahlen gesetzt und pro 100.000 Menschen ausgewiesen wird. Um also die 7-Tage-Inzidenz je Stadt und Landkreis visualisieren zu können, benötigen wir zunächst drei Datensätze:

- Infektionszahlen der letzten sieben Tage werden in Deutschland vom Robert-Koch-Institut gesammelt und täglich als tabellarischer Datensatz auf seiner Webseite zur Verfügung gestellt. Dabei werden Städte und Landkreise vollständig und separat ausgewiesen – mit einer Ausnahme: Berliner Bezirke werden aufgrund ihrer Bevölkerungszahlen individuell betrachtet.
- Um die Infektionszahlen ins Verhältnis zu Bevölkerungszahlen setzen zu können, benötigen wir für alle Städte, Landkreise – und nun wohl auch für die Berliner Bezirke – aktuelle Bevölkerungszahlen. Die stellt das statistische Bundesamt als tabellarischen Datensatz auf seiner Webseite zur Verfügung.
- Um Städte und Landkreise visualisieren zu können, benötigen wir Kartenmaterial. Das könnten wir beispielsweise über OpenStreetMap oder Apple Maps versuchen, doch der offizielle Weg ist hier gleichzeitig auch der technologisch eleganteste Weg, zumal die Abhängigkeit von Dienstleistenden reduziert wird: Denn während OpenStreetMap oder Apple Maps lizensierte Raster-Grafiken anbieten, stellt das Bundesamt für Kartographie und Geodäsie zahlreiche deutsche Verwaltungsgebiete als sogenannte „Shape"-Dateien (hier übersetzbar als Form) zur Verfügung. Solche Shape-Dateien folgen Dateiformaten wie GeoJSON, GPX oder KML und enthalten die zu visualisierenden Grenzen als Vektor-Pfade. Shape-Dateien sind üblicherweise von offiziellen oder ehemals offiziellen Ämtern (z. B. Ministerien, Ämter für Statistik, Katasteramt, Post/Telekom) erhältlich. Die vom Bundesamt für Kartographie und Geodäsie zur Verfügung gestellten Städte und Landkreise sind dabei kostenfrei unter der Datenlizenz Deutschland nutzbar.

Mithilfe der Infektions- und der Bevölkerungszahlen (Merkmale) können wir in einem nächsten Schritt je Landkreis und Stadt (Merkmalsträger) die 7-Tage-Inzidenz des gesuchten Tags berechnen. Um die Ergebnisse anschließend aber zu visualisieren, ist noch ein letzter Zwischenschritt notwendig: Die Wahl der passenden Projektion.

Denn die Welt ist keine Scheibe, sondern ein Ellipsoid, also eine oben und unten etwas abgeflachte Kugel. Wollen wir diesen dreidimensionalen Körper als zweidimensionale Grafik abbilden, müssen die dreidimensionalen in zweidimensionale Koordinaten übersetzt werden. Man kann sich das wie die Suche nach der geeigneten Perspektive auf einen Globus vorstellen: Schaut man genau zentral auf Deutschland, so wirken beispielsweise asiatische Regionen aus dieser Perspektive etwas verzerrt; umgekehrt verhält es sich, wenn man stattdessen zentral auf Tadschikistan schaut.

Für diese Übersetzung von drei- (Ellipsoid) in zweidimensionale (Karte) Koordinaten gibt es verschiedene Möglichkeiten der Projektion. Es handelt sich dabei immer um mathematisch angenäherte Modelle, denen jeweils ein gewisser Fehler anhaftet. Die Modelle lassen sich auf Basis ihres Fehlers im Wesentlichen in vier Gruppen einteilen: (1) Flächentreue Modelle (z. B. Albers-Projektion) sind bemüht, die Koordinaten so umzurechnen, dass der Flächeninhalt einer Region in der Kartendarstellung möglichst genau dem Flächeninhalt der Region auf unserer ellipsoiden Erde entspricht. Um das erreichen zu können, stimmen bei dieser Projektion aber die Abstände zwischen zwei Orten nicht immer. Dafür bieten sich stattdessen (2) längentreue Modelle (z. B. orthografische Azimutalprojektion) an, bei denen beispielsweise der Abstand zwischen München und Paris – ähnlich wie in der ellipsoiden Wirklichkeit – rund doppelt so lang ist wie zwischen München und Prag. Längentreue Modelle passen dafür allerdings die Positionen der Orte ein wenig an, sodass Flächen oder auch Winkel nicht mehr genau stimmen. (3) Winkeltreue Modelle (z. B. Mercator-Projektion) versuchen entsprechend, diesen Aspekt zu optimieren – auf Kosten der Flächen- und Längentreue. Zuletzt sind (4) vermittelnde Modelle (z. B. Robinson-Projektion) um einen adäquaten Mittelweg bemüht, indem sie einige Referenzpunkte fest verorten und die restlichen Orte daran anpassen. Solche Modelle wirken für das menschliche Auge sehr natürlich.

Die Wahl des passenden Modells für die Projektion ist kompliziert und unter anderem davon abhängig, welcher Maßstab zum Einsatz kommt. Auch Referenzen sind schwierig, zumal sie stark variieren: Apple, Google und Microsoft setzen auf die winkeltreue Mercator-Projektion, die US-amerikanische National Geographic Society auf die vermittelnde Winkel-Tripel-Projektion, der österreichische Schulbuch- und Atlantenverlag Hölzel auf die eigens entwickelte vermittelnde Hölzel-Projektion und die vom Bund herausgegebenen Abbildungen des Deutschlandatlas folgen je nach Maßstab der winkeltreuen Mercator- oder der ebenfalls winkeltreuen Lambert-Projektion. Auf Letztere stützen wir uns auch im vorliegenden Beispiel und wählen eine Lambert-Projektion, die auf Deutschland zentriert ist.[6]

Das Ergebnis (Abb. 14.3) nach so vielen Entscheidungen wirkt dabei schon fast banal – immerhin kennen wir diese Art der Visualisierung bereits seit der frühen Schulzeit. Ergänzend zur geografischen Darstellung teilen wir die Inzidenz dabei noch in neun gleichmäßig große Gruppen aus Städten/Landkreisen ein, um sie entsprechend einfärben zu können. Für das Einfärben folgen wir den Empfehlungen gängiger Farbgestaltung für Kartendarstellungen,[7] deren Kontraste Grenzdarstellungen nicht zu stark überlagern.

---

[6] Diese Kombination aus Übersetzung und Zentrierung ist über viele Länder hinweg standardisiert, um Schulbücher oder statistische Entscheidungsgrundlagen einheitlich zu gestalten. Unsere Deutschland-zentrierte Lambert-Projektion beispielsweise ist in der internationalen geodäsischen Datenbank EPSG mit der Nummer 4839 registriert.

[7] Zum Beispiel bei www.colorbrewer2.org.

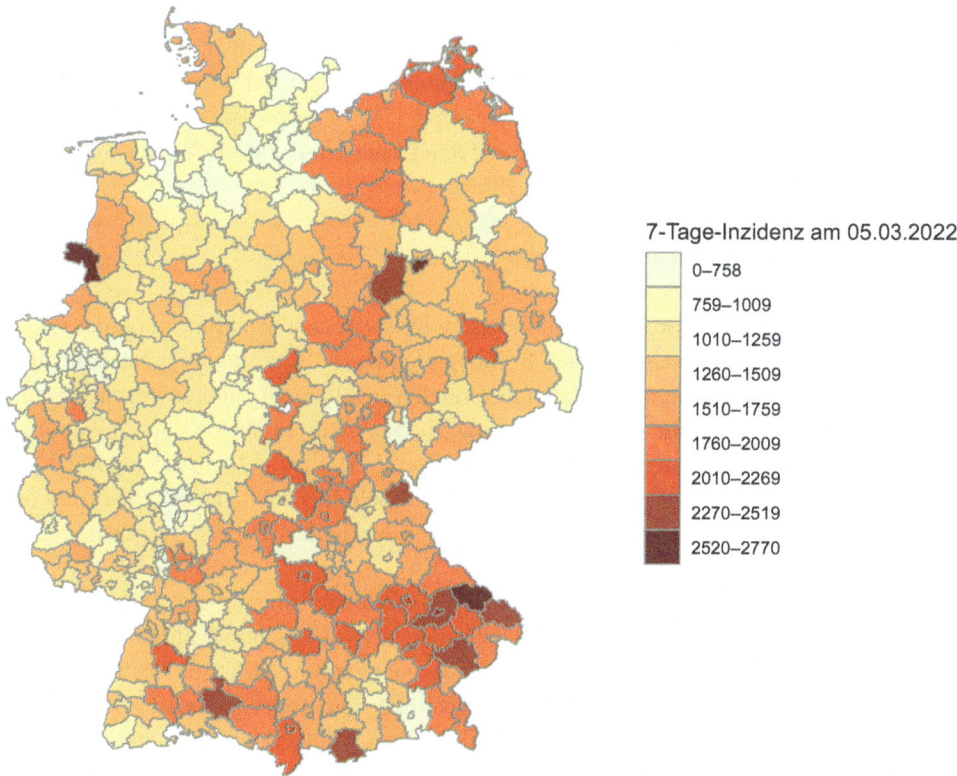

Abb. 14.3 Nach EPSG/4839 visualisierte 7-Tage-Inzidenz am 5. März 2022 in Deutschland (eigene Darstellung)

14.5 Rechtliche Grundlagen

Die rechtlichen Grundlagen sind für Bilder und multimodale Daten von kaum zu unterschätzender Relevanz. Gleichzeitig sind sie mit Blick auf den Verlauf dieses Lehrbuchs mittlerweile altbekannt: Es gelten die Eigentumsrechte, die Daten gehören ihren Urhebenden und dürfen von uns nur mit expliziten Nutzungsrechten oder mit Blick auf die Ausnahmen für die nicht-kommerzielle wissenschaftliche Forschung verarbeitet werden. Weitergegeben werden dürfen sie zudem auch nicht – bis auf die bereits häufiger thematisierten Ausschnitte im Umfang von bis zu 15 % eines Werks zur Veranschaulichung.

Besonderes Augenmerk verdienen hier – abermals – die Rechte des Datenschutzes. Gerade im Umgang mit den zahlreichen Dienstleistenden gilt es dabei, genau auf Nutzungsbedingungen zu achten: Wo verarbeiten die Dienstleistenden die Daten? Werden die Daten längerfristig gespeichert?

Personenbezogene Daten in Bild und/oder Ton verlangen dabei einen besonders sensiblen Umgang. Das liegt nicht zuletzt daran, dass vermehrt Phänomene der künstlichen Nachahmung und Generierung bestehender multimodaler Daten kursieren. Solchen „fakes" oder „deep fakes" leisten wir mitunter implizit Vorschub, wenn wir das dafür notwendige Trainingsmaterial ohne Rücksicht auf den Datenschutz zur Verfügung stellen.

14.6   Ethische Prinzipien

Das ist nicht nur rechtlich problematisch, denn wir wissen aus der Forschung, dass beispielsweise Bilder noch mehr als Texte Rezipierende zu beeinflussen imstande sind (z. B. Paivio 1978). Menschen bringen multimodalen Inhalten ein anderes Vertrauen entgegen, da visuelle oder auditive Medien den natürlichen menschlichen Kommunikationsmodi ähnlicher sind (z. B. Kepplinger 1987). Dieses Vertrauen sollten wir bei der Verarbeitung entsprechender Daten nicht auf die leichte Schulter nehmen und entsprechend genau darauf achten, wer wo Zugriff auf die Daten hat und wie diese gespeichert und verarbeitet werden.

Im Rahmen der Verarbeitung sind gerade Verfahren im Umgang mit visuellen und audiovisuellen Daten außerdem sehr ressourcenintensiv – ein schon häufiger in diesem Lehrbuch adressiertes Thema. Aus technologischer Sicht kommt aufgrund der Komplexität, die insbesondere der automatisierten Verarbeitung von Bildern, Sound oder Videos innewohnt, außerdem eine etwas höhere Fehleranfälligkeit hinzu. Diese etwas höhere Fehleranfälligkeit sollte in der Forschung insofern berücksichtigt werden, als etwa die Text- oder Spracherkennung derzeit durchaus fehlerbehafteter sein kann, als wir das beispielsweise vom Umgang mit Texten als Daten gewohnt sind.

Sie kann darüber hinaus auch das Resultat verzerrter Trainingsdaten sein. Gerade in den Anfängen der Bilderkennung fielen mehrere Verfahren dadurch auf, dass ihre Modelle zu großen Teilen mit Bildern von Menschen mit weißer Hautfarbe trainiert wurden, was die Modelle in der Folge nur sehr schlecht Menschen mit schwarzer Hautfarbe erkennen ließ. Sehen wir einmal davon ab, dass es mit Blick auf den möglichen Missbrauch solcher Modelle keine sehr gute Idee ist, ein Modell darauf zu trainieren, Menschen mit schwarzer von Menschen mit weißer Hautfarbe zu unterscheiden, so müssen wir an dieser Stelle auch festhalten, dass so eine Verzerrung im schlechtesten Fall nicht sofort auffällt. Wie immer also, wenn Verfahren des maschinellen Lernens im Spiel sind, gilt es also auch hier, die Dienste und Modelle so sorgfältig und so umsichtig wie möglich zu validieren.

14.7   Zwischenfazit und Literaturhinweise

In diesem letzten Kapitel widmeten wir uns vier Datentypen, die sich zwar für CCS-Forschungsfragen immer wieder aufdrängen, dabei aber bislang nur wenig methodische Beachtung in der CCS-Studienlandschaft finden. Und das, obschon sie auf jeweils gut erforschte Grundlagen aus der Informatik aufbauen können. Dieses Kapitel soll hierfür entsprechend als Katalysator fungieren und die verfügbaren Grundlagen der CCS zugänglicher machen.

Im Kern stellen alle vier Datentypen für moderne Computer machbare Herausforderungen dar, wenngleich Videos deutlich mehr Ressourcen benötigen als auditive Daten. Für den angemessenen Umgang benötigen alle vier Datentypen ein grundlegendes Verständnis, das kaum mit den bisher kennengelernten Datentypen vereinbar ist. Auf dieses Grundverständnis aufbauend dienen sich allerdings Dienstleistende für unterschiedliche Aufgaben an, um mit Bildern, Tönen, Videos oder Geo-Daten umzugehen und sie idealerweise in numerische Relative zu überführen. Einmal überführt, lassen sie diese Daten schließlich mit den bekannten Verfahren analysieren.

Erwähnenswert ist abschließend noch, dass gerade in jüngerer Vergangenheit die Informatik weniger mit der Herausforderung der Verarbeitung, sondern verstärkt mit der Herausforderung der Generierung visueller, auditiver oder audiovisueller Daten beschäftigt ist. Dabei spielen generative Modelle des unüberwachten maschinellen Lernens eine zentrale Rolle. Für die CCS stellt diese Entwicklung wohl vor allem den Gegenstand eines aufkommenden Forschungsfelds dar, bei dem es um Erstellung, Einsatzmöglichkeiten, Verbreitung, Rezeption und Wirkung solcher artifizieller Inhalte geht. Die hier vorgestellten Verfahren eignen sich dann für die CCS erneut dafür, Inhalte analysierbar zu machen. CCS stellt also auch hier informatisch geprägte Werkzeuge zur Verfügung, wenn sich die Kommunikationswissenschaft digital veränderten Forschungsgegenständen widmet, denen klassische Methoden nicht ausreichend gewachsen sind.

Übungen
Für den Umgang mit den hier vorgestellten Datenarten sind kaum allgemeingültige Anleitungen möglich. Stattdessen geht es vor allem darum, Daten entsprechend sichten, bewerten und mit APIs, auch über den POST-Modus, umgehen zu können. Dafür passende Hilfestellungen und Links zu anderen Materialien finden Sie in den Online-Begleitmaterialien: https://datenfruehstueck.github.io/ccs/

Literaturhinweise
- Jürgens, P., Meltzer, C. E., & Scharkow, M. (2022). Age and gender representation on German TV: A longitudinal computational analysis. *Computational Communication Research, 4*(1), 173–207. https://doi.org/10.5117/ccr2022.1.005.jurg
- Peng, Y. (2021). What makes politicians' Instagram posts popular? Analyzing social media strategies of candidates and office holders with computer vision. *The International Journal of Press/Politics, 26*(1), 143–166. https://doi.org/10.1177/1940161220964769

Literatur

Araujo, T., Ausloos, J., van Atteveldt, W., Loecherbach, F., Moeller, J., Ohme, J., Trilling, D., van de Velde, B., de Vreese, C., & Welbers, K. (2022). OSD2F: An open-source data donation framework. *Computational Communication Research, 4*(2), 372–387. https://doi.org/10.5117/ccr2022.2.001.arau

Araujo, T., Wonneberger, A., Neijens, P., & de Vreese, C. (2017). How much time do you spend online? Understanding and improving the accuracy of self-reported measures of internet use. *Communication Methods and Measures, 11*(3), 173–190. https://doi.org/10.1080/19312458.2017.1317337

Arendt, F., Haim, M., & Scherr, S. (2020). Investigating Google's suicide prevention efforts in celebrity suicides using agent-based testing: A cross-national study in four European countries. *Social Science & Medicine, 262*, 112692. https://doi.org/10.1016/j.socscimed.2019.112692

Balluff, P., Lind, F., Boomgaarden, H. G., & Waldherr, A. (2022). Mapping the European media landscape – Meteor, a curated and community-coded inventory of news sources. *European Journal of Communication.* https://doi.org/10.1177/02673231221112006

Barberá, P., Jost, J. T., Nagler, J., Tucker, J. A., & Bonneau, R. (2015). Tweeting from left to right: Is online political communication more than an echo chamber? *Psychological Science, 26*(10), 1531–1542. https://doi.org/10.1177/0956797615594620

Bates, J. M., & Granger, C. W. J. (1969). The combination of forecasts. *Operational Research Quarterly, 20*(4), 451–468. https://doi.org/10.2307/3008764

Bensinger, G. (2020, Februar 14). Google redraws the borders on maps depending on who's looking. *Washington Post.* https://www.washingtonpost.com/technology/2020/02/14/google-maps-political-borders/

Blei, D. M., Ng, A. Y., & Jordan, M. I. (2003). Latent Dirichlet allocation. *Journal of Machine Learning Research, 3*(4–5), 993–1022. https://doi.org/10.1162/jmlr.2003.3.4-5.993

Bojanowski, P., Grave, E., Joulin, A., & Mikolov, T. (2017). *Enriching word vectors with subword information* (1607.04606; Version 3). arXiv. https://doi.org/10.48550/ARXIV.1607.04606

Breiman, L. (2001). Random forests. *Machine Learning, 45*(1), 5–32. https://doi.org/10.1023/A:1010933404324

Brosius, H.-B., Haas, A., & Unkel, J. (2022). *Methoden der empirischen Kommunikationsforschung: Eine Einführung* (8. Aufl.). Springer VS. https://link.springer.com/book/10.1007/978-3-658-34195-4

M. Haim, *Computational Communication Science*, Studienbücher zur Kommunikations- und Medienwissenschaft, https://doi.org/10.1007/978-3-658-40171-9

Bruford, E. A., Braschi, B., Denny, P., Jones, T. E. M., Seal, R. L., & Tweedie, S. (2020). Guidelines for human gene nomenclature. *Nature Genetics*, *52*(8), 754–758. https://doi.org/10.1038/s41588-020-0669-3

Bruns, A. (2019). After the 'APIcalypse': Social media platforms and their fight against critical scholarly research. *Information, Communication & Society*, *22*(11), 1544–1566. https://doi.org/10.1080/1369118x.2019.1637447

Chan, B., Schweter, S., & Möller, T. (2020). German's next language model. *Proceedings of the 28th International Conference on Computational Linguistics*, 6788–6796. https://doi.org/10.18653/v1/2020.coling-main.598

Clemen, R. T. (1989). Combining forecasts: A review and annotated bibliography. *International Journal of Forecasting*, *5*(4), 559–583. https://doi.org/10.1016/0169-2070(89)90012-5

Devlin, J., Chang, M.-W., Lee, K., & Toutanova, K. (2019). *BERT: Pre-training of deep bidirectional transformers for language understanding* (1810.04805). arXiv. https://doi.org/10.48550/arXiv.1810.04805

Europäische Kommission. (2018). *Ethik-Leitlinien für eine vertrauenswürdige KI*. https://ec.europa.eu/newsroom/dae/document.cfm?doc_id=60425

Europäische Kommission. (2020). *Weißbuch zur Künstlichen Intelligenz – ein europäisches Konzept für Exzellenz und Vertrauen*. https://eur-lex.europa.eu/legal-content/EN/TXT/?uri=CELEX%3A52020DC0065

Feierabend, S., Rathgeb, T., Kheredmand, H., & Glöckler, S. (2021). *JIM-Studie 2021. Jugend, Information, Medien*. Medienpädagogischer Forschungsverbund Südwest.

Fernández-Delgado, M., Cernadas, E., Barro, S., & Amorim, D. (2014). Do we need hundreds of classifiers to solve real world classification problems? *Journal of Machine Learning Research*, *15*(90), 3133–3181.

Finkel, J. R., Grenager, T., & Manning, C. D. (2005). Incorporating non-local information into information extraction systems by Gibbs sampling. *Proceedings of the 43nd Annual Meeting of the Association for Computational Linguistics (ACL 2005)*, 363–370. http://nlp.stanford.edu/~manning/papers/gibbscrf3.pdf

Freelon, D. (2018). Computational research in the post-API age. *Political Communication*, *35*(4), 665–668. https://doi.org/10.1080/10584609.2018.1477506

Frischlich, L. (2021). #Dark inspiration: Eudaimonic entertainment in extremist Instagram posts. *New Media & Society*, *23*(3), 554–577. https://doi.org/10.1177/1461444819899625

Frost-Arnold, K. (2018). Wikipedia. In *The Routledge Handbook of Applied Epistemology* (S. 28–40). Routledge. https://doi.org/10.4324/9781315679099-7

Gehrau, V. (2017). *Die Beobachtung als Methode in der Kommunikations- und Medienwissenschaft* (2. Aufl.). UTB.

Geiß, S. (2021). Statistical power in content analysis designs. How effect size, sample size and coding accuracy jointly affect hypothesis testing – a Monte Carlo simulation approach. *Computational Communication Research*, *3*(1), Art. 1.

Geschke, D., Lorenz, J., & Holtz, P. (2019). The triple-filter bubble: Using agent-based modelling to test a meta-theoretical framework for the emergence of filter bubbles and echo chambers. *The British Journal of Social Psychology*, *58*(1), 129–149. https://doi.org/10.1111/bjso.12286

Graefe, A., Armstrong, J. S., Jones, R. J., & Cuzán, A. G. (2014). Combining forecasts: An application to elections. *International Journal of Forecasting*, *30*(1), 43–54. https://doi.org/10.1016/j.ijforecast.2013.02.005

Granovetter, M. S. (1973). The strength of weak ties. *American Journal of Sociology*, *78*(6), 1360–1380. https://doi.org/10.1086/225469

Günther, E. (2022). *Topic Modeling: Algorithmische Themenkonzepte in Gegenstand und Methodik der Kommunikationswissenschaft*. Halem.

Haim, M. (2019). Capturing the dynamics of online news. In P. Müller, S. Geiß, C. Schemer, T. K. Naab, & C. Peter (Hrsg.), *Dynamische Prozesse der öffentlichen Kommunikation. Methodische Herausforderungen* (S. 38–56). Halem.

Haim, M. (2020). Agent-based testing: An automated approach toward artificial reactions to human behavior. *Journalism Studies, 21*(7), 895–911. https://doi.org/10.1080/1461670X.2019.1702892

Haim, M., Breuer, J., & Stier, S. (2021). Do news actually "find me"? Using digital behavioral data to study the news-finds-me phenomenon. *Social Media + Society, 7*(3), 1–11. https://doi.org/10.1177/20563051211033820

Haim, M., Weimann, G., & Brosius, H.-B. (2018). Who sets the cyber agenda? Intermedia agendasetting online: The case of Edward Snowden's NSA revelations. *Journal of Computational Social Science, 1*(2), 277–294. https://doi.org/10.1007/s42001-018-0016-y

Haller, A. (2019). Die Online-Kampagnen im Bundestagswahlkampf 2017. In C. Holtz-Bacha (Hrsg.), *Die (Massen-)Medien im Wahlkampf: Die Bundestagswahl 2017* (S. 49–72). VS Verlag für Sozialwissenschaften. https://doi.org/10.1007/978-3-658-24824-6_3

Hannak, A., Sapiezynski, P., Molavi Kakhki, A., Krishnamurthy, B., Lazer, D., Mislove, A., & Wilson, C. (2013). Measuring personalization of web search. *Proceedings of the 22nd international conference on World Wide Web*, 527–538. https://doi.org/10.1145/2488388.2488435

Hargittai, E. (2020). Potential biases in big data: Omitted voices on social media. *Social Science Computer Review, 38*(1), 10–24. https://doi.org/10.1177/0894439318788322

Helberger, N., & Diakopoulos, N. (2022). The European AI Act and how it matters for research into AI in media and journalism. *Digital Journalism*, Advance Online Publication. https://doi.org/10.1080/21670811.2022.2082505

Hölig, S., Hasebrink, U., & Behre, J. (2021). Reuters Institute Digital News Report 2021: Ergebnisse für Deutschland. *Arbeitspapiere des Hans-Bredow-Instituts, 58.*

Hupperich, T., Tatang, D., Wilkop, N., & Holz, T. (2018). An empirical study on online price differentiation. *Proceedings of the Eighth ACM Conference on Data and Application Security and Privacy*, 76–83. https://doi.org/10.1145/3176258.3176338

Jünger, J., & Keyling, T. (2017). *Facepager. An application for generic data retrieval through APIs.* https://github.com/strohne/Facepager/

Jürgens, P., Meltzer, C. E., & Scharkow, M. (2022). Age and gender representation on German TV: A longitudinal computational analysis. *Computational Communication Research, 4*(1), 173–207. https://doi.org/10.5117/ccr2022.1.005.jurg

Karlsson, M., & Strömbäck, J. (2010). Freezing the flow of online news. *Journalism Studies, 11*(1), 2–19. https://doi.org/10.1080/14616700903119784

Karras, T., Laine, S., Aittala, M., Hellsten, J., Lehtinen, J., & Aila, T. (2020). Analyzing and improving the image quality of StyleGAN. *IEEE/CVF Conference on Computer Vision and Pattern Recognition (CVPR)*, 8107–8116. https://doi.org/10.1109/cvpr42600.2020.00813

Kauermann, G., & Küchenhoff, H. (2011). *Stichproben: Methoden und praktische Umsetzung mit R.* Springer.

Kepplinger, H. M. (1987). *Darstellungseffekte: Experimentelle Untersuchungen zur Wirkung von Pressefotos und Fernsehfilmen.* Alber.

Keyling, T. (2017). *Kollektives Gatekeeping. Die Herstellung von Publizität in Social Media.* Springer VS.

Klawonn, T. (2020). *Urheberrechtliche Grenzen des Web-Scrapings (Web Scraping under German Copyright Law)* (SSRN Scholarly Paper ID 3491192). Social Science Research Network. https://doi.org/10.2139/ssrn.3491192

Kosinski, M., Stillwell, D., & Graepel, T. (2013). Private traits and attributes are predictable from digital records of human behavior. *Proceedings of the National Academy of Sciences, 110*(15), 5802–5805. https://doi.org/10.1073/pnas.1218772110

Kraft, P. W. (2018). Measuring morality in political attitude expression. *The Journal of Politics*, *80*(3), 1028–1033. https://doi.org/10.1086/696862

Kuhn, M., & Johnson, K. (2020). *Feature engineering and selection: A practical approach for predictive models*. CRC Press.

Kunze, C., & Lemnitzer, L. (2007). *Computerlexikographie: Eine Einführung*. Narr.

Kutyniok, G. (2022). *The mathematics of artificial intelligence* (arXiv:2203.08890). arXiv. https://doi.org/10.48550/arXiv.2203.08890

Laver, M., & Garry, J. (2000). Estimating policy positions from political texts. *American Journal of Political Science*, *44*(3), 619–634. https://doi.org/10.2307/2669268

Lazer, D., Pentland, A., Adamic, L., Aral, S., Barabási, A.-L., Brewer, D., Christakis, N., Contractor, N., Fowler, J., Gutmann, M., Jebara, T., King, G., Macy, M., Roy, D., & Alstyne, M. V. (2009). Computational social science. *Science*, *323*(5915), 721–723. https://doi.org/10.1126/science.1167742

Lazer, D., Pentland, A., Watts, D. J., Aral, S., Athey, S., Contractor, N., Freelon, D., Gonzalez-Bailon, S., King, G., Margetts, H., Nelson, A., Salganik, M. J., Strohmaier, M., Vespignani, A., & Wagner, C. (2020). Computational social science: Obstacles and opportunities. *Science*, *369*(6507), 1060–1062. https://doi.org/10.1126/science.aaz8170

Lemnitzer, L., & Zinsmeister, H. (2015). *Korpuslinguistik: Eine Einführung* (3. Aufl.). Narr.

Magin, M., & Geiß, S. (2019). Beyond time and space: The impact of autonomy from politics and commercialization pressure on mediatization in German and Austrian newspapers – a multilevel approach. *Political Communication*, *36*(4), 543–564. https://doi.org/10.1080/10584609.2019.1608605

Maier, D., Waldherr, A., Miltner, P., Wiedemann, G., Niekler, A., Keinert, A., Pfetsch, B., Heyer, G., Reber, U., Häussler, T., Schmid-Petri, H., & Adam, S. (2018). Applying LDA topic modeling in communication research: Toward a valid and reliable methodology. *Communication Methods and Measures*, *12*(2–3), 93–118. https://doi.org/10.1080/19312458.2018.1430754

Makhortykh, M., Urman, A., Gil-Lopez, T., & Ulloa, R. (2022). To track or not to track: Examining perceptions of online tracking for information behavior research. *Internet Research, 32*(7), 260-279. https://doi.org/10.1108/INTR-01-2021-0074

Manning, C. D., Raghavan, P., & Schütze, H. (2008). *Introduction to information retrieval*. University Press.

McNulty, K. (2022). *Handbook of graphs and networks in people analytics. With examples in R and Python*. Routledge. https://ona-book.org/

Mikolov, T. (2012). *Statistical language models based on neural networks* [Brno University of Technology]. https://www.fit.vutbr.cz/~imikolov/rnnlm/thesis.pdf

Mikolov, T., Chen, K., Corrado, G., & Dean, J. (2013). *Efficient estimation of word representations in vector space* (1301.3781, Version 3). arXiv. https://doi.org/10.48550/ARXIV.1301.3781

Mikolov, T., Sutskever, I., Chen, K., Corrado, G., & Dean, J. (2013). *Distributed representations of words and phrases and their compositionality* (1310.4546; Version 1). arXiv. https://doi.org/10.48550/ARXIV.1310.4546

Nayak, P. (2019, Oktober 25). *Understanding searches better than ever before*. Google. https://blog.google/products/search/search-language-understanding-bert/

Neue deutsche Medienmacher e.V. (2020, Dezember 9). *SPIEGEL TV erhält Medienpreis „Goldene Kartoffel" für verzerrte Berichterstattung über „Clan-Kriminalität"*. NdM. https://neuemedienmacher.de/goldene-kartoffel/beitrag/ndm-medienpreis-goldene-kartoffel-2020/

Newman, N., Fletcher, R., Craig T. R., Eddy, K., & Nielsen, R. K. (2022). *Digital news report 2022*. https://reutersinstitute.politics.ox.ac.uk/sites/default/files/2022-06/Digital_News-Report_2022.pdf

Newman, N., Fletcher, R., Schulz, A., Andı, S., Craig T. R., & Nielsen, R. K. (2021). *Digital news report 2021*. https://reutersinstitute.politics.ox.ac.uk/sites/default/files/2020-06/DNR_2020_FINAL.pdf

Paivio, A. (1978). A dual coding approach to perception and cognition. In H. L. Pick & E. Saltzman (Hrsg.), *Modes of Perceiving and Processing Information* (S. 39–51). Psychology Press.

Pennington, J., Socher, R., & Manning, C. D. (2014). GloVe: Global Vectors for Word Representation. *Empirical Methods in Natural Language Processing (EMNLP)*, 1532–1543. http://www.aclweb.org/anthology/D14-1162

Prommer, E., & Linke, C. (2017). *Audiovisuelle Diversität? Geschlechterdarstellungen in Film und Fernsehen in Deutschland*. Universität Rostock.

Prommer, E., & Stüwe, J. (2020). *Geschlechterverteilung in der Corona-Berichterstattung im deutschen Fernsehen*.

Puschmann, C. (2019). An end to the wild west of social media research: A response to Axel Bruns. *Information, Communication & Society*, 22(11), 1582–1589. https://doi.org/10.1080/1369118X.2019.1646300

Rand, W., & Rust, R. T. (2011). Agent-based modeling in marketing: Guidelines for rigor. *International Journal of Research in Marketing*, 28(3), 181–193. https://doi.org/10.1016/j.ijresmar.2011.04.002

Raschka, S., & Mirjalili, V. (2019). *Python machine learning: Machine learning and deep learning with Python, scikit-learn, and TensorFlow 2* (3. Aufl.). Packt.

Rat für Sozial- und Wirtschaftsdaten. (2019). Big Data in den Sozial-, Verhaltens- und Wirtschaftswissenschaften: Datenzugang und Forschungsdatenmanagement. *RatSWD Output*, 4(6). https://doi.org/10.17620/02671.39

Rauh, C. (2018). Validating a sentiment dictionary for German political language – A workbench note. *Journal of Information Technology & Politics*, 15(4), 319–343. https://doi.org/10.1080/19331681.2018.1485608

Roberts, M. E., Stewart, B. M., & Tingley, D. (2019). stm: An R package for structural topic models. *Journal of Statistical Software*, 91(2). https://doi.org/10.18637/jss.v091.i02

Salganik, M. (2019). *Bit by bit: Social research in the digital age*. University Press.

Sältzer, M., Stier, S., Bäuerle, J., Blumenberg, M., Mechkova, V., Pemstein, D., Seim, B., & Wilson, S. (2021). *Twitter-Accounts der Kandidierenden zur Bundestagswahl 2021 (GLES)* (2.0.0). GESIS Datenarchiv. https://doi.org/10.4232/1.13790

Scharkow, M. (2016). The accuracy of self-reported internet use – A validation study using client log data. *Communication Methods and Measures*, 10(1), 13–27. https://doi.org/10.1080/19312458.2015.1118446

Scharkow, M., Mangold, F., Stier, S., & Breuer, J. (2020). How social network sites and other online intermediaries increase exposure to news. *Proceedings of the National Academy of Sciences*. https://doi.org/10.1073/pnas.1918279117

Schatto-Eckrodt, T. (2022). Hidden biases – The effects of unavailable content on Twitter on sampling quality. In *Grenzen, Probleme und Lösungen bei der Stichprobenziehung* (S. 178–195). Halem.

Schlütz, D., & Möhring, W. (2018). Between the devil and the deep blue sea: Negotiating ethics and method in communication research practice. *Studies in Communication and Media*, 7(1), 31–58. https://doi.org/10.5771/2192-4007-2018-1-31

Seibold, B. (2002a). *Klick-Magnete: Welche Faktoren bei Online-Nachrichten Aufmerksamkeit erzeugen*. Fischer.

Seibold, B. (2002b). Die flüchtigen Web-Informationen einfangen. *Publizistik*, 47(1), 45–56. https://doi.org/10.1007/s11616-002-0003-3

Socher, R. (2014). *Recursive deep learning for natural language processing and computer vision* [Stanford University]. https://nlp.stanford.edu/~socherr/thesis.pdf

Song, H., Tolochko, P., Eberl, J.-M., Eisele, O., Greussing, E., Heidenreich, T., Lind, F., Galyga, S., & Boomgaarden, H. G. (2020). In validations we trust? The impact of imperfect human annotations as a gold standard on the quality of validation of automated content analysis. *Political Communication, 37*(4), 550–572. https://doi.org/10.1080/10584609.2020.1723752

Spielkamp, M. (2019, Juli 22). Wenn Algorithmen über den Job entscheiden. *AlgorithmWatch*. https://algorithmwatch.org/de/wenn-algorithmen-ueber-den-job-entscheiden/

Strubell, E., Ganesh, A., & McCallum, A. (2019). *Energy and policy considerations for deep learning in NLP* (arXiv:1906.02243). arXiv. https://doi.org/10.48550/arXiv.1906.02243

Szigetvari, A. (2020, August 20). Datenschutzbehörde kippt umstrittenen AMS-Algorithmus. *Der Standard*. https://www.derstandard.at/story/2000119486931/datenschutzbehoerde-kippt-umstrittenen-ams-algorithmus

Thelwall, M. (2006). Interpreting social science link analysis research: A theoretical framework. *Journal of the American Society for Information Science and Technology, 57*(1), 60–68. https://doi.org/10.1002/asi.20253

Tromble, R. (2021). Where have all the data gone? A critical reflection on academic digital research in the post-API age. *Social Media + Society, 7*(1), 1–8. https://doi.org/10.1177/2056305121988929

Urman, A., Makhortykh, M., & Ulloa, R. (2022). The matter of chance: Auditing web search results related to the 2020 U.S. presidential primary elections across six search engines. *Social Science Computer Review, 40*(5), 1323-1339. https://doi.org/10.1177/08944393211006863

van Atteveldt, W., & Peng, T.-Q. (2018). When communication meets computation: Opportunities, challenges, and pitfalls in computational communication science. *Communication Methods and Measures, 12*(2–3), 81–92. https://doi.org/10.1080/19312458.2018.1458084

Vaswani, A., Shazeer, N., Parmar, N., Uszkoreit, J., Jones, L., Gomez, A. N., Kaiser, L., & Polosukhin, I. (2017). *Attention is all you need* (arXiv:1706.03762). arXiv. https://doi.org/10.48550/arXiv.1706.03762

Vermeer, S., & Trilling, D. (2020). Toward a better understanding of news user journeys: A Markov chain approach. *Journalism Studies, 21*(7), 879–894. https://doi.org/10.1080/1461670X.2020.1722958

Võ, M. L.-H., Conrad, M., Kuchinke, L., Urton, K., Hofmann, M. J., & Jacobs, A. M. (2009). The Berlin Affective Word List Reloaded (BAWL-R). *Behavior Research Methods, 41*, 534–538. https://doi.org/10.3758/BRM.41.2.534

Wagenmakers, E.-J., Sarafoglou, A., Aarts, S., Albers, C., Algermissen, J., Bahník, Š., van Dongen, N., Hoekstra, R., Moreau, D., van Ravenzwaaij, D., Sluga, A., Stanke, F., Tendeiro, J., & Aczel, B. (2021). Seven steps toward more transparency in statistical practice. *Nature Human Behaviour, 5*(11), 1473–1480. https://doi.org/10.1038/s41562-021-01211-8

Waldherr, A. (2014). Emergence of news waves: A social simulation approach. *Journal of Communication, 64*(5), 852–873. https://doi.org/10.1111/jcom.12117

Wasserman, S., & Faust, K. (1994). *Social network analysis: Methods and applications*. University Press. https://doi.org/10.1017/CBO9780511815478

Watanabe, K. (2018). Newsmap. A semi-supervised approach to geographical news classification. *Digital Journalism, 6*(3), 294–309.

Wettstein, M. (2020). Simulating hidden dynamics: Introducing Agent-Based Models as a tool for linkage analysis. *Computational Communication Research, 2*(1), 1–33. https://doi.org/10.5117/CCR2020.1.001.WETT

Wimmer, B. (2018, Oktober 17). Der AMS-Algorithmus ist ein „Paradebeispiel für Diskriminierung". *futurezone*. https://futurezone.at/netzpolitik/der-ams-algorithmus-ist-ein-paradebeispiel-fuer-diskriminierung/

Stichwortverzeichnis

The manufacturer's authorised representative in the EU is Springer
Nature Customer Service Centre GmbH, Europaplatz 3, 69115 Heidelberg,
Germany. If you have any concerns regarding our products, please
contact ProductSafety@springernature.com

Printed and bound by CPI Group (UK) Ltd, Croydon, CR0 4YY
28/04/2026
02098516-0012